Dr. J.-A. Mathez

Le Passé, les temps présents et la question juive

Dr. J.-A. Mathez

Le Passé, les temps présents
et la question juive
1965

Publié par
Omnia Veritas Ltd

www.omnia-veritas.com

MANIFESTE	9
CHAPITRE PREMIER	12
À propos du Réarmement moral et de son manifeste	12
Les autorités qui se mettent des œillères	12
CHAPITRE II	31
Le Haut Conseil fédéral (suisse), le Conseil national et le Conseil d'État bernois	31
CHAPITRE III	37
La Loterie de la Suisse romande	37
CHAPITRE IV	41
La muette Église nationale vaudoise	41
CHAPITRE V	44
Le Consistoire de Genève s'est endormi, ne le dérangez pas !	44
CHAPITRE VI	49
L'honneur, cette chose plus précieuse que la vie	49
CHAPITRE VII	55
Une page d'ancien régime	55
CHAPITRE VIII	64
Liberté	64
CHAPITRE IX	77
Comment on récompense les héros sous l'ancien régime et sous celui dans lequel nous vivons	77
CHAPITRE X	95
L'endurcissement du Juif	95
CHAPITRE XI	117
Les Protocoles de Sion	117
CHAPITRE XII	157
Les ministres juifs du gouvernement français empoisonnent le cœur et l'esprit des Français	157
Les Juifs auteurs des deux guerres mondiales	157
CHAPITRE XIII	182

Le Kahal 182

Chapitre XIV 219
Juifs et francs-maçons 219
> Affaire Syveton, 1904 234
> Affaire Philippe Daudet 235
> Affaire Prince 237

Chapitre XV 264
La Révolution russe, ses bourreaux et tortionnaires juifs et considérations diverses 264
> Note du « Secret service américain » 265

Chapitre XVI 305
L'antisémitisme et le philosémitisme de M. R. Payot directeur du Journal de Genève, et de M. R. Braichet directeur de la Feuille d'Avis de Neuchâtel J'allais oublier celui de M. Albert Picot ancienne première magistrature de Suisse 305

Chapitre XVII 345
Ce que les Juifs ont commis en Russie dès 1917 et ce qu'ils ont subi en Allemagne dès 1939 345

Chapitre XVIII 373
Lettre à Monsieur le Conseiller national J. Leu Hohenrain (Lucerne) 373

Chapitre XIX 455
Lettre ouverte à Monsieur le Procureur général de la Confédération suisse à Berne 455

Chapitre XX 459
Les Jésuites du Juif errant *d'Eugène Sue*, le militarisme prussien et les « six millions de gazés » L'agresseur 459

Complément et résumé 474
Bibliographie 509
Déjà parus 515

*Nos autorités ont-elles des œillères
ou n'en ont-elles pas ?*

P. Béguin
Réd. en chef de la Gazette de Lausanne

La netteté est le vernis des maîtres.

Vauvenargues

À la mémoire

d'ALPHONSE TOUSSENEL
(1803-1885)

d'EDOUARD DRUMONT
(1844-1917)

d'HENRY FORD
(1863-1947)

d'URBAIN GOHIER
(1862-1951)

et à celle, très haute, ce blé qui lèvera,
de CHARLES MAURRAS
(1868-1952)

Ne pense et ne fais rien que comme si tu étais sur le point de sortir de la vie.

Marc-Aurèle

Le motif seul fait le mérite des actions des hommes et le désintéressement y met la perfection.

La Bruyère

On ne peut parer à des évènements qui naissent continuellement de la nature des choses.

Montesquieu

Dr. J.-A. Mathez

Le Docteur J.-A. Mathez, citoyen suisse, est né en 1897. Il cessa de pratiquer la médecine en 1946. Il est mort en 1974. Il écrivit le présent livre vers 1963-64 et le fit paraitre, à ses frais, en 1965. Ce livre n'était pas fait pour plaire à tout le monde. Il y attaque les juifs, c'est incontestable. On peut à bon droit dire qu'il s'agit là d'un livre explicitement et ouvertement anti-hébraïque. Il revendique le droit d être. Il explique pourquoi.

Ce qui devait arriver arriva. Le livre a été condamné et brûlé par les autorités suisses.

Manifeste

Les choses ont leurs heures, les livres les leurs, et celui-ci qu'on vous présente aujourd'hui, la sienne par excellence.

Plus aucun doute n'est possible, n'est permis, ainsi qu'il en est montré dans ce texte ; les Juifs marchent d'un pas ferme, « firmo gradu » auraient dit les Romains, à la conquête très avancée déjà du monde entier par les moyens qui sont les leurs, qui leur sont propres, ceux de leurs « Protocoles de Sion », c'est-à-dire par tous les moyens permis et non permis, en vue de l'installation, partout, du communisme le tyran monstrueux, l'ennemi acharné de toute vie spirituelle, et qui voit tout aboutir au Juif omnipotent gorgé de toutes les richesses du monde.

La Révolution russe et les révolutions annexes, et leurs massacres, et leurs tortures, et leurs bourreaux, et leurs Chinois sont entièrement l'œuvre du Juif.

Le moment est venu de parler puisque tout le monde se tait, et qu'un silence complice partout, « ephemeridibus volentibus », n'a de cesse de s'étendre et d'envelopper notre planète tout entière !

Autorités de piscines couvertes et découvertes, il n'est pas que les corps dont il faille prendre soin, trop de soins comme vous le faites... ah ! que n'êtes-vous inspirés des sentiments sérieux qui furent ceux de la reine Berthe, des ducs de Savoie et des Bernois !

Vous avez fait et vous faites qu'on les regrette !

Bien incapables que vous êtes de par vos origines, de traiter, de soigner, de réveiller, d'entretenir cette flamme sacrée et divine enfermée dans le cœur de l'homme, et dont Dieu nous a donné la garde vigilante ; bien incapables dis-je, alors que vous êtes de l'essence et de l'origine de ceux de vos ancêtres qui reçurent à bras ouverts, les propageant et les multipliant, les miasmes talmudiques de la Révolution française, cette calamité publique, œuvre des Juifs et de leur franc-maçonnerie.

Car les Juifs, c'est la franc-maçonnerie et la franc-maçonnerie c'est les Juifs.

Peuple suisse, sors de ce sommeil dangereux dans lequel tu vis, et change d'un système politique hors de saison et de raison, et qui te conduit à ta perte.

De ce sommeil, dans lequel t'entretient une presse asservie et complice, et qui jamais ne t'en sortira, prise qu'elle est dans le système du Juif, conquise par lui que ce soit par l'argent ou par la crainte !

Il n'est que de voir à la tête de cette croisade du silence complice, des journaux chevronnés d'années comme « La Gazette de Lausanne » et « Le Journal de Genève », et qui n'ont plus ni science, ni conscience, quand il s'agit de ce problème des problèmes, de cette heure capitale que nous vivons présentement, d'un danger de plus en plus pressant, et dans lequel ne fait que s'entendre à tout instant le cri et la puissance du Juif !

En même temps que partout dans le monde s'inscrivent le désordre, la confusion, les attentats, les crimes et les révolutions, et que nos marchés d'argent sont comme frappés de mort !

C'est le spectacle de ce que nous disent les descendants de Judas dans leurs Protocoles, de cet état dans lequel ils se veulent de faire tomber le monde, avant de s'asseoir, à ciel ouvert, à son gouvernement et d'y sévir par le fer et par le feu.

Comme nos sentiments chrétiens nous disent de jeter bas le diable, il nous faut jeter bas le Juif et son « Talmud », élève et disciple de Satan.

Peuple suisse, reprends-toi pendant qu'il en est temps encore, que le juif ne te prenne pas dans ses serres, et ne te conduise plus dans les chemins que lui marque sa haine du goyim.

Peuple suisse, à toi de prendre les mesures de salut public ; à toi de demander à tes Procureurs généraux, de frapper de mort chez nous la conjuration ourdie par le Juif mondial et ses monstrueuses fortunes, dans tous les pays.

Chefs et ouvriers des syndicats, n'oubliez pas que « le livret de travail » introduit par le juif en Russie en 1932, et qui signa la perte de toutes vos libertés, est à la porte !

Il faut nous défendre sous peine sans cela de périr, et d'être inondé de notre sang versé en abondance, comme il en fut fait en Russie et dans tant d'autres pays devenus communistes.

Il faut décréter d'accusation le Juif sacrilège chambardeur du monde ! auteur de nombreux crimes !

Comme on désarme un criminel, il faut se saisir des armes du juif, et ses armes, c'est son argent, dont la masse immense nous dit la propreté.

Waldstaetten, Waldstaetten, faites un nouveau serment !

Pureté, Beauté, Grandeur de ces trois Suisses du Grütli, et dont le serment porta ses fruits, parce que les Suisses de ce temps étaient en Dieu, et ne regardaient point à ce Satan que le juif pervers et son humble servante la franc-maçonnerie, partout, offrent à nos regards par des voies secrètes, profondes et détournées.

Au moment de terminer la course de ce « manifeste » un peu long, mais qui éclaire et ramasse, évoquons dans nos dangers la mémoire de Caton l'Ancien, cette conscience de ceux très grands que courut Rome ; appelons son esprit, ses vues profondes, et puis parlons sa langue et proclamons, crions, jetons en l'air, ne cessons pas de dire et de redire :

« *Delenda societas arcana cui nomen tria puncta, Judaeorum res, aut mori.* »

Il faut détruire la franc-maçonnerie la chose des Juifs ou mourir.

« *Societas arcana ea docile Judaeorum instrumentum.* »

Cette société secrète, l'instrument docile des Juifs.

« Vivatque periculis praesentibus Catonis memoriam inter nos. »

Et que vive parmi nous dans les dangers présents la mémoire de Canton l'Ancien.

Et toi, U.S.A., prends en charge le Kahal, et détruis cet État dans l'État, au nom de toutes les belles et grandes choses que renferme le cœur de l'homme.

Mais j'allais oublier...

Il est, oui, il est des hommes qui font qu'on respire mieux Caton, n'est-ce pas ? De ces hommes qui sont à vos côtés dans les grandes aventures, et avec lesquels tout est plus clair, plus facile, plus intéressant, plus vivant, parce qu'à tout instant le cœur suit la pensée, la soutient, la nourrit, l'entoure et l'enrichit, lui donne des ailes et la porte jusques aux nues ! C'est là ce que font les vrais amis, et dans les instants de ce livre je n'en ai point manqué.

« Il y a un goût dans la pure amitié où ne peuvent atteindre ceux qui sont nés médiocres » a dit La Bruyère.

On comprendra qu'ici, de par les circonstances et les incidences de ce livre, je ne donne pas de noms.

Ils m'ont encouragé, stimulé, conseillé, gardé des contours et des détours.

Bernard Shaw envoyant pour le spectacle d'une de ses pièces deux entrées à Churchill, les accompagnait de ces mots : « Pour vous et un ami, si vous en avez un. »

Je n'en ai pas eu un mais plusieurs, et du plus grand mérite, auxquels mon cœur s'adresse de plein cœur, leur versant de son tréfonds la reconnaissance et le remerciement !

Un autre moraliste n'a-t-il pas dit : « Un véritable ami est le plus grand de tous les biens et celui de tous qu'on cherche le moins à acquérir. »

Il n'est rien qui soit plus près de Dieu qu'une haute et belle et pure amitié, qui vous porte et vous grandit !

Aujourd'hui, dans ce beau moment qui marque la fin d'un long labeur, une heure sonne, cristalline, brillante, solennelle, unique et vive, l'heure de battre la générale qui marque les grands dangers, auxquels il faut faire face et qu'il faut vaincre !

Vevey (Suisse, Switzerland),
le 31 août 1964.
6, Ancien Port.
Dr. J.-A. MATHEZ

Chapitre Premier

À propos du Réarmement moral et de son manifeste

Les autorités qui se mettent des œillères

À Monsieur P. Béguin, rédacteur en chef de la *Gazette de Lausanne*

Monsieur le rédacteur,

Je revois ces jours que dans votre article du 12 juillet 1963 intitulé « L'Apologue de Caux » dirigé contre le Réarmement moral, dont je ne suis par ailleurs nullement membre, vous vous courroucez de ce que celui-ci ne donne pas de précisions, qui justifient le titre de son manifeste publicitaire « Les autorités qui se mettent des œillères ».

Ces précisions sont-elles vraiment si nécessaires ? Nos autorités sont-elles à ce point préoccupées du problème religieux et de la vie morale, et des conséquences qu'elles impliquent dans la vie de tous les jours, qu'il faille signaler celles qui ne s'en préoccupent pas ? La société n'est-elle pas suffisamment atteinte jusque dans ses bases mêmes, pour qu'on puisse penser que nos autorités ne le soient pas ? N'est-il pas d'observation courante, M. le rédacteur, partout, qu'à l'usine, à l'école, dans les cliniques, dans les instituts, à l'armée, dans les administrations, ce sont les chefs qui modèlent les manières et les habitudes de leurs subordonnés ?

C'est au chef qu'on regarde et tel est le chef, tels sont les subordonnés !

Il n'en est pas autrement de nos autorités supérieures, liées si étroitement au suffrage universel et à ses partis, et qui, par-là, sont pourvues d'un instrument politique devenu entre les mains d'hommes trop souvent sans scrupules et sans droiture d'esprit, le plus critiquable qui soit !

N'y a-t-il pas suffisamment de signes qui montrent à l'évidence un trouble profond qui ne ménage et n'épargne personne ? Il n'y a plus de société a pu dire, il y a quelques années, Alexis Carrel, si l'on entend par là un organisme ordré, hiérarchisé, coordonné, harmonieusement constitué conduit par des principes solides, naturels et sains !

Cette maladie sociale est-elle si peu évidente qu'il soit nécessaire de faire des personnalités ? Outre que les coupables ont bien soin de cacher leur jeu et que, jouissant de grands moyens ou de puissantes protections politiques, personne ne veut ou ne peut s'aventurer à laisser parler son cœur ! Dès lors, en insistant sur ce point, des précisions que vous demandez qu'on vous livre, ne donnerez-vous pas à vos lecteurs l'impression de vouloir en quelque sorte profiter de cette situation de fait, pour les besoins de la cause que vous défendez ?

Cette maladie sociale qui ne retient pas particulièrement votre attention alors qu'elle éclate à tous les yeux, et qui est comme la toile de fond de notre sujet, ne se traduit-elle pas journellement par des divorces en nombre record, par des malversations, des attentats et des crimes ? Les blousons noirs existent-ils, ainsi que l'effrayante délinquance juvénile ?

Ne venons-nous pas d'avoir deux impressionnantes explosions de blousons noirs en Angleterre (mars et mai 1964).

On ne peut parler blousons noirs sans évoquer les terribles émeutes de Stockholm en 1957 ; six à sept mille blousons noirs descendent sur les grands boulevards et sans un cri, sans un mot saccagent tout sur leur passage ; l'ordre n'est rétabli que très tardivement et très difficilement. Questionnés sur leurs mobiles, ils n'en savent rien eux-mêmes.

La voici la réponse : plus de foi, plus de Dieu, plus de respect, plus de politesse, plus d'obligations vis-à-vis du prochain, avantages matériels à satiété, toutes les assurances sociales possibles et imaginables, régime ultra-démocratique moderne de la plus belle eau, mais sans tête et sans cœur dans le fond ; ignorance totale de la religion, indifférence quant à l'importance de la loi morale, absence totale d'idéal.

On voit, dans notre Suisse romande, des autorités scolaires défendre aux institutrices de jardins d'enfants de parler de Dieu à leurs petits élèves. On en voit d'autres qui font venir Sartre de Paris pour entretenir une École supérieure de jeunes filles de ses belles théories ; d'autres encore qui, sans le faire venir, n'en développent pas moins par le menu les plus beaux raisonnements !

D'où vient donc qu'il faille absolument empoisonner de la sorte notre jeunesse ? Qui donne cette note ? Qui orchestre cette abominable musique ?

Partis politiques, autorités responsables, (ô M. le rédacteur en chef de la *Gazette de Lausanne*) protestez donc, mais protestez... si vous le pouvez et si vous l'osez, si le ton qui est le vôtre le permet... et agissez en conséquence... mais aucune illusion n'est permise, vous en êtes bien incapables !

Ravages de la liberté sexuelle la plus complète qui soit, liberté sexuelle qui fait l'objet à *Radio-Sottens* le 7 février 1964, à 21 h. 20, d'une discussion de caractère très nettement pornographique, et dont on favorise encore l'expression (une des dernières innovations), en mêlant, ô Fénelon qu'aurais-tu dit ! garçons et filles dans les établissements d'instruction.

Peu avant à ce même poste de Sottens à 20 h. 50, on parle de Dieu avec mépris. Alcoolisme, très marqué, en Suède particulièrement l'Eldorado matérialiste.

Quand ces gens-là auront-ils fini de nous empoisonner ? La mesure n'est-elle pas encore comble ? qui est cet empoisonneur ?

Le fait est que cette pornographie vient de loin, et que la République française, ce régime nous disait-on qui était tout en vertu comparé à l'ancien, s'y est particulièrement distinguée, et dans celle-ci, les Juifs comme il appert de la lecture de la *France juive,* (tome II, page 456 et suivantes d'Ed. Drumont, Éditions Marpon et Flammarion), où l'Église notamment est abominablement couverte d'ordures, d'images de débauche et d'insanités, à même la rue, à la portée de toutes les familles, et de tous les enfants, sans qu'aucune répression ne sévisse !

Beaux gouvernements, belles institutions ! Comme on sent le Juif là-dedans !

Chez nous, la pornographie a solidement pris pied et trouve dans nos journaux trop souvent des complices !

Au Danemark, à Copenhague, l'inversion sexuelle produit des ravages si profonds, que de grands restaurants sont interdits à la troupe.

J'allais oublier de rappeler les immenses tricheries, d'il y a quelques années, aux examens de l'Académie militaire de West-Point aux U.S.A., cette académie jusque-là temple de l'honneur américain, et qui firent à leur découverte scandale dans tout le pays yankee.

Et dans ce même pays, un exposé tout récent paru dans la *Feuille d'Avis de Neuchâtel* (19 septembre 1963), montrait l'état de plus en plus alarmant dans lequel se trouve la jeunesse ; licence dans tous les domaines la plus grave qui soit ; jeunesse laissée sans protection, programmes de télévision où la violence règne dans le quarante-cinq pour cent des films (comment des autorités qui se respectent peuvent-elles tolérer de semblables dispositions, M. le rédacteur en chef de la *Gazette de Lausanne* ?) Chez nous, l'abus des films policiers ; tout ceci au nom de la *sacro-sainte Liberté.* La situation, aux U.S.A., est telle qu'on se propose de rétablir les punitions corporelles dans les écoles, mais ce sont alors les instituteurs et maîtres qui protestent immédiatement, à cause du danger auquel ils seraient exposés ; il y a des « gang », des groupements dans les établissements d'instruction qui sont maîtres de la situation et font la loi.

La situation encore aggravée aux U.S.A. du fait qu'on ne punit pas les enfants ou si peu, de peur de provoquer des « complexes » ! Toujours la liberté mal comprise.

Le cinéma, instrument de perdition de notre jeunesse ; chez nous encore, des films remplis d'horreurs, de ce que me disent des amis très aptes à en juger, que des commissions de surveillance sans conscience, et aux mains des partis politiques au lieu d'être en celles des gardiens de la morale et de la bonne tenue, comme cela eût été sans aucun doute sous l'ancien régime, laissent passer comme cela se voit à Lausanne !

Et vous trouvez, M. le rédacteur en chef que les autorités des systèmes démocratiques sont à la hauteur de leur tâche ? dans les discours peut-être !

Si la situation n'est pas si grave chez nous, elle est alarmante aussi, et comme les U.S.A. donnent, du fait de leur puissance politique et militaire, le ton partout, nous allons au-devant de difficultés de plus en plus grandes. Voyez plutôt comme nos métiers d'instituteur, de garde-malade, de sœur d'hôpital, de pasteur, où l'on donne de son cœur, sont délaissés. Que dire des désordres vestimentaires et de coiffure si caractéristiques de notre temps ?

Que dire de la teinture des cheveux excessivement fréquente chez la femme, même âgée, et des plus fréquentes chez les hommes où elle était inexistante il y a vingt ans encore. Les cheveux blancs ne se portent plus, faute morale, faute de goût, faute de tact !

Être à sa place, à son âge, voilà le ton qui convient. Il vaut mieux bien porter ses cheveux blancs que mal porter de la coiffure teintée, aux alentours de laquelle les ravages du temps sont partout présents !

Voyez les demoiselles d'honneur à la dernière fête des vendanges à Neuchâtel, qui y défilent aux trois quarts nues.

Honte et flétrissure ! quand on pense à ces belles jeunes filles des cortèges d'autrefois, aux longues robes blanches, l'expression charmante, coiffées avec goût, le buste décemment découvert et barré de l'écharpe de couleur !

Oui, nous sommes tombés bien bas ; mais qui donc dénature et avilit ainsi nos belles adolescentes ? qui donc met au premier rang ces mœurs de vulgarité et de basse sensualité ?

Et la politesse ? Voici ce qu'on lit dans la colonne du lecteur d'un de nos premiers journaux de Suisse romande, exactement le *Journal de Genève*, le 3 octobre 1963, à propos du « Masque de Fer » :

« Pour une fois que le Département de l'Instruction publique fout la paix aux gosses de Genève comme on leur fout la paix en France, en Italie et - j'espère - dans bien d'autres pays encore. » vous Pourriez vous abstenir de protester. Vous vous placez dans une catégorie où je n'aurais jamais eu la malveillance de vous placer. Croyez, Monsieur, à mes sentiments distingués.

JEAN M., Professeur au Collège. »

Professeur de quoi ? Ne serait-ce pas de bonnes manières, puisque, comme il est d'usage en démocratie, les sentiments ou les salutations sont ici aussi distinguées ? Étonnante distinction !

Les bonnes manières, la tenue ? Celle par exemple souvent scandaleuse des jeunes couples dans les trains, les trolleybus, les restaurants, sur la voie publique même, et puis n'importe où, et qui que ce soit qui soit présent, même un enfant dans sa pureté ne m'arrêterait pas !

On froisse, on outrage il n'importe, ainsi, tous ceux qui de tenue, de bonnes mœurs, de correction, d'honnêteté dans toute leur conduite, entendent coiffer leur vie ; la pudeur est devenue l'impudence, l'effronterie !

« Les Barbares » a dit Charles Maurras, et nous en sommes ajouterons-nous, « sont ceux qui heurtent notre sensibilité ».

Que de signes qu'il n'est plus parmi nous de civilisation !

Quand ces hontes, M. le rédacteur en chef de la *Gazette de Lausanne*, qui trouvez que tout est bien ou peu s'en faut, seront-elles remises en place ?

Faudra-t-il que les citoyens qui se respectent descendent dans la rue et y jettent le holà ?

Autorités sans autorité, et sans intérêt et sans amour pour tout ce qui touche aux plus belles et saintes choses, et qui allez (1964) jusqu'à choisir des spectacles où l'on salit et dégrade la pure image de *Davel* !

Négligentes autorités, disons-nous, de tout ce qui fait la parure, l'ornement et la noblesse de l'homme !

Mais qui donc conduit à ce dévergondage sur toute la ligne, devant lequel il n'est que passivité, et même complicité par une abstention qui frappe le regard de tous les hommes avertis ?

Église nationale vaudoise dont le silence scandalise, et qui a oublié jusqu'à son passé d'énergie et d'indépendance sous les Bernois !

Que pensez-vous de ces femmes en pantalons - tellement peu seyants trop souvent - qui fument, boivent, mangent dans la rue, jurent et votent ; ont, femmes mariées abandonnant leurs enfants, des occupations hors de leur domicile. Où est le temps, qui les préparait pour l'avenir, OÙ toutes nos fillettes avaient leur poupée ? c'est qu'elles doivent avant tout faire de la gymnastique ! Des hommes vous dis-je, l'anatomie en moins !

Notez en passant que nous sommes tout à fait pour l'égalité de droit des deux sexes, il s'agit seulement des places respectives réservées à chaque sexe.

Que dire du quatrième commandement du décalogue « tu travailleras six jours ... » foulé aux pieds sans aucune hésitation et sans aucune discussion, étant omis tout simplement. Ce samedi libre est un important élément de démoralisation pour la jeunesse surtout.

Et voici les suicides si nombreux dans notre pays, que nous sommes en tête précédés seulement par le Danemark !

Je passe sur la généralisation du « pot-de-vin » et je m'arrête, quel spectacle, aux délits de mœurs contre les enfants (Congrès des femmes zurichoises, janvier 1963), dont la fréquence s'est augmentée de « façon alarmante » (3000 cas en Suisse en 1962) ; ce chiffre, je vous prie, s'accompagnant de cette remarque des autorités de police, confirmée par le Ministère public, « que seulement une partie infime des délits contre les mœurs parviennent à la police ».

Même note à l'Association pour l'Assistance aux enfants, réunie à Bâle au début d'octobre 1963 (*Gazette de Lausanne* du 2 octobre 1963) : l'expert-conférencier, M. Rüdiger-Herren, fournit à cette occasion certains chiffres qui révèlent une situation dramatique dans notre pays. Une des causes de l'accroissement de ces délits contre les mœurs (dont les deux tiers atteignent des enfants de moins de seize ans), est la haute conjoncture et le mépris des valeurs morales ; c'est la « criminalité du bien-être ».

Devant de telles constatations, M. le rédacteur en chef de la *Gazette de Lausanne*, doit-on vraiment admettre que nos institutions politiques sont à la hauteur de leur tâche et qu'il n'est pas permis d'en envisager la réforme ?

Les enfants particulièrement en danger sont ceux dont le père et la mère travaillent. (Rédaction : les mères travaillent en général pour l'appoint nécessaire à l'achat de l'automobile ; préférer l'automobile à ses enfants et à leur avenir !)

L'automobile ou le désir de paraître, la vanité plus forte que la crainte de la mort (fréquence des accidents terribles) !

Les Grecs disaient que la richesse, sans témoins pour la contempler, était sans intérêt !

Que penser de l'abus du sursis, cette fleur du libéralisme ? Et de la légèreté des peines ? Sinon que nos magistrats judiciaires, eux aussi, subissent l'influence néfaste d'une ambiance décadente et dégradante ! L'Évangile ne dit-il pas : « Qui aime bien châtie bien » ? Vauvenargues n'a-t-il pas produit son aphorisme célèbre : « La sévérité dans les lois est humanité pour les peuples » ? Est-ce que faire un exemple, surtout bien choisi, n'est pas une chose à retentissement ?

Vous voulez des juges fermes et sévères, ils le seront tous les jours dès lors qu'ils sentiront derrière eux et au-dessus d'eux, pour les appuyer et les protéger, un gouvernement et un système politique de solidité, de santé et de raison, en imposant à tous par d'indéniables qualités. Est-ce bien le cas présentement ? On sait par exemple dans quelle situation financière se trouve le canton de Vaud, une des plus mauvaises de Suisse, suite d'années de négligences et de laisser-aller, faute de clarté, de droiture, de courage et d'amour du bien public, malgré tous les Grands Conseils du monde !

Le ressort n'y est plus ; là, comme ailleurs, le système marche à la dérive et à sa perte ; il faut du cœur et de l'âme pour bien vivre et en imposer vraiment ! De toute évidence et ne vous en déplaise, nos autorités en manquent M. le rédacteur en chef !

Joignons à ce tableau cette glorification intensive et exclusive du sport que nos autorités sur toute la ligne favorisent ! La vie morale et la vie physique s'opposant, on en arrive aux merveilleux résultats du temps présent ! Tout ce qu'on donne au corps, on l'enlève à l'esprit ! Le sport panacée de la délinquance juvénile !

Nous sommes ici en plein rousseauisme ; J.-J. Rousseau n'a-t-il pas expressément dit, s'attirant avec raison les foudres de l'Église, « qu'on ne devait s'occuper de l'âme de l'enfant que le plus tard possible, donnant auparavant tout aux sens ».

Que de légèretés et d'inconséquences chez ce magicien de la plume, chez ce raisonneur impénitent !

En passant, signalons les dégâts causés par le sport et ses exagérations sur l'organisme, que les médecins connaissent bien ; et la nocivité du sport chez la femme, organisme délicat (constatations de médecins belges faites il y a quelques années).

Ce n'est partout que camps de sport, football et natation, places de jeu de toute sortes, ski à la montagne, école à la montagne, cross par ci, cross par-là, patins en hiver... piscines de tous les côtés, du sport rien que du sport à propos de tout et de rien... c'est une piscine pour les cerveaux M. le rédacteur en chef de la *Gazette de Lausanne,* dont nous aurions besoin, aux fins de les désembrumer !

Il n'est pas jusqu'aux pasteurs et prêtres qui, au Crêt Bérard (octobre 1963) (maison protestante en mal d'argent, et en mal également d'être dans le mal du siècle), n'éprouvent la nécessité du plus détestable des exemples en s'exhibant dans un match de football ! Sacrifier à la religion du corps, cette folie des temps présents, alors que vous êtes là pour celle de l'esprit !

Ecclésiastes sans dignité, sans respect de vous-même et de la robe dont vous avez été revêtus, vous devriez comprendre que votre place est ailleurs ! Vous êtes là pour le cœur des malheureux, et non pour vous exhiber dans des costumes qui vous sont grotesques, et contribuer ainsi, vous aussi, avec tous les ennemis si puissants de la religion, à son avilissement ! Vous ne vous en froissez pas ? Que sont devenus, Seigneur, en dehors de toute religion, le bon goût et le tact ? Oui, ecclésiastiques sans dignité, vous froissez et blessez vos paroisses tout entières ! Que ne lisez-vous les *Protocoles de Sion* qui vous feraient mieux comprendre ce que vous ne comprenez pas !

Un peu moins de sport qui pousse tant à la grossièreté, aux mauvaises manières et à la sauvagerie ; que de récits sur ce sujet avec ou sans chiens dressés à mordre. La *Feuille d'Avis de Vevey* du 25 mars 1964 annonce des centaines de morts et blessés au cours d'un match à Lima. C'est l'homme livré à ses plus bas instincts !

La politesse, le respect des cheveux blancs, la tenue, l'obéissance, conviendraient mieux à notre jeunesse et ce, pour le plus grand bénéfice de la société... mais voilà, il faut tout faire pour plaire au futur électeur et aux injonctions des puissances qui salissent !

Et vous parents conscients de vos responsabilités, où êtes-vous ? mais là aussi le système a causé des ravages inouïs !

Du reste, le meilleur des constructeurs de notre corps sera toujours une pensée propre, un cœur honnête, une croyance juste. Faisons que se manifeste la pureté de notre âme et nos corps seront les plus beaux du monde !

Toutes les sécrétions, et toutes les fonctions de nos organes sont dépendantes de la pensée qui agit puissamment sur le système nerveux, lequel les commande !

Quand nos artisans ou nos entreprises engagent des jeunes gens, ce qui les intéresse n'est pas les exploits dans le sport, mais bien le sérieux, l'intelligence et l'honnêteté de ceux qui sont à engager !

Autorités désormais sans force pour redresser une situation dramatique, voyez votre œuvre et celle des institutions politiques dont vous êtes chargées d'assurer la marche !

Vous n'éduquez pas et ne préparez pas la jeunesse à la vie, vous la pourrissez ! Je crois savoir que les exemples sont là qui le montrent !

On ne sacrifie pas impunément depuis plus d'un siècle et demi au goût du moment et du système, sans qu'un jour de redoutables sommations se présentent !

Les conclusions de l'expert bâlois, vues plus haut, après beaucoup d'autres, sont un démenti à vos manières de penser et de faire : « une criminalité du bien-être et le mépris des valeurs morales » a-t-il dit.

La religion du corps et de tous ses appétits, voilà la religion de nos temps de dégradation de toutes les belles et bonnes choses d'autrefois !

O malheureuse jeunesse que la démagogie du suffrage universel a fait tomber si bas, où est cet idéal d'antan qui était le propre de ton âge ?

Et vous, Messieurs de la religion du Crêt-Bérard, vous trouvez donc que nous ne sommes pas assez bas, et que vous devez aider à davantage encore de bassesse et de mépris des vraies valeurs, en vous jetant vous aussi, bibles en main, dans la religion des corps, vous y ridiculisant de surplus !

C'est une folie vous dis-je... une folie... mais qui donc nous donne cette folie ?

Il faut voir le zèle impétueux de nos autorités ! On a lu ces jours d'octobre 1963 que la ville de Lausanne en la personne de son syndic, avait, comme très inquiète et comme si la rotation de la terre en cas d'insuccès pouvait en être dérangée, que la ville de Lausanne, dis-je, avait enfin trouvé des lieux où placer une seconde patinoire ! Il faut absolument que les autorités poussent le sport jusqu'à ces dernières conséquences, donnant ainsi à croire qu'elles voient ou font comme si elles le voyaient, le remède souverain à la délinquance juvénile, le péril des périls, un simple et naturel symptôme d'un mal profond pour tous les gens intelligents et de bonne volonté ne l'oublions pas... alors qu'un aveugle honnête verrait qu'elles ne vont faire que l'accentuer !

Autorités hautement critiquables, jusques à quand prendrez-vous vos dispositions dans les *Protocoles de Sion* dont vous êtes, en fait, le sachant et le voulant, ou les subissant de peur d'amoindrir vos positions électorales, les très obéissants et très féaux serviteurs.

Conscience amoindrie de nos magistrats atteinte d'un mal que le système ne guérira pas ! lui, la source même de ce mal.

Je déambulais, un jour, accompagné d'un ami plus âgé, sous les voûtes majestueuses de la cathédrale lausannoise. Vis-à-vis de la chaire sont des stalles : « Là, me dit-il, se voyait autrefois un écriteau portant l'inscription : « *Réservé au Conseil d'État* ». Mais comme le Conseil d'État n'y venait pas, l'écriteau fut enlevé. »

Devenus sans religion et pourvus du suffrage universel irresponsable, incompétent et anonyme de J.-J. Rousseau, générateur de toutes les compromissions, de toutes les flatteries et de toutes les corruptions, nous marchons au nom d'une égalité érigée en système à notre mort sociale.

Quand je pense à ce suffrage universel tombé dans le discrédit que nous savons, et qui s'accompagne de celui des partis politiques dont se désintéresse avec raison la jeunesse, je pense aussi à ce que rappelait le prophète disant : « Un seul du côté de Dieu est une majorité ! »

Et je pense aussi à l'un de nos grands journaux, *Le Journal de Genève* - c'est dire de quel égarement nous sommes frappés - parlant de l'autodétermination des Papous !

Genève, profondément pénétrée et contaminée par l'essence judéomaçonnique de ses institutions internationales inutiles et dangereuses, ayant perdu tout bon sens et toute personnalité, n'est plus là que pour suivre et répéter ce qu'elle entend qu'on lui dit.

Elle est sur les pas de prendre la devise du Juif « Ubi aurum, ubi patria », ou encore d'en intervertir de sa devise et de dire « Post lucem tenebrae ».

Calvin ne me contredirait pas ! suffrage universel ! racine de tous nos maux, et qui appelle la pensée de La Bruyère « Il en coûte à l'homme de mérite de faire assidûment sa cour ».

Il la fera peut-être, et rarement, quand le maître est de qualité et de mérite ; mais quand il faut adorer celui qui n'a rien de ce qu'il faut pour qu'on l'adore, il s'abstiendra, il s'éloignera.

Le suffrage universel, à quelques exceptions près, a éloigné des hauts emplois les hommes de qualité, d'honnêteté, de caractère. On ne rappellera jamais assez que les *Protocoles de Sion,* ce manuel de combat des Juifs contre le genre humain, ignoré de M. R. Payot directeur du *Journal de Genève* et de M. Albert Picot ancienne première magistrature de Suisse, sont de fervents adeptes du suffrage universel parce que, disent-ils, des hommes de troisième plan, sans éducation et sans manières y foisonneront, en seront les élus que nous dominerons aisément. En outre, la presse dont nous serons maîtres, disent-ils en 1885, nous donnera les moyens de commander au suffrage universel.

Le suffrage universel est le tyran des temps d'aujourd'hui, le plus néfaste, le plus hypocrite et le plus stupide des tyrans, auprès duquel le chapeau de Gessler n'était que fétu de paille. Qu'on l'enlève et le jette par terre, ainsi que son accompagnatrice, les partis politiques, véritables parasites sociaux générateurs de tant de maux, n'ayant jamais en vue que leurs intérêts de partis, négligeant ceux supérieurs de l'État.

C'est par eux que nous dégringolons tous les jours davantage, qui dénaturent la société et son esprit, jusque dans ses rouages les plus intimes et les plus nécessaires. O Coriolan ! Coriolan de Shakespeare, c'est toujours cette démagogie qui t'irritait tant au service de bas intérêts !

O représentation populaire, illusion de pouvoir excellent ; J.-J. Rousseau lui-même, l'homme qui se contredit tous les jours par les caprices d'une plume magique, n'a-t-il pas dit que dès l'instant que le peuple s'était choisi des représentants, il avait perdu sa liberté !

Dans l'idée d'obvier partiellement à de si graves inconvénients, la Ligue vaudoise avait avec à-propos proposé, il y a quelques années, que le président du Conseil d'État vaudois soit sans dicastère, et préposé ainsi à la défense de ces intérêts supérieurs. Peine perdue, les partis politiques veillaient. Aucun succès auprès de la « dame sans tête », notre démocratie et son suffrage universel n'ayant jamais si bien mérité qu'ici le qualificatif d'absurde que lui donna P. Bourget !

« Des millions d'ignorances ne font pas un savoir. Un peuple consulté peut à la rigueur dire la forme de gouvernement qui lui plaît, mais non celle qui lui convient. » (*Taine*)

Et notez bien, que pour nous, dans ces ignorants de Taine, il n'y a pas que des gens peu développés intellectuellement, mais beaucoup d'autres qui n'ont ni le temps, ni les possibilités qu'il faudrait, pour étudier et juger du problème posé, par eux-mêmes. À chacun son métier dit le bon sens.

Le suffrage universel, de nos jours discrédité et peu fréquenté, n'est plus qu'une vaste comédie à la merci des forces d'argent.

On a vu ce qu'en ont fait les régimes communistes d'où devaient sortir, nous disait-on, la vertu et le talent, en mettant de côté les profiteurs bourgeois, par le moyen de leur liste unique !

Les régimes aristocratiques n'ont jamais constitué des tyrannies monstrueuses comme celles de Chine, de Russie et d'ailleurs encore. On verra plus loin d'où est venu ce communisme.

Au début du XIX$_e$ siècle, Joseph de Maistre n'a-t-il pas dit qu'on gouvernait les peuples par la religion ou la violence ? Notre époque n'en donne-t-elle pas la démonstration ? Nous n'avons plus de religion, et après d'autres nous marchons à la violence de toutes parts, à propos de tout et de rien, dans le privé comme dans le national. Nous venons ces jours (octobre 1963) d'en avoir une démonstration avec le Lama.

Le Conseil national, sorte d'atteinte à l'*habeas corpus*, propose dans certaines circonstances des mesures de contrainte absolue à l'égard du corps médical, sans que nul besoin ne s'en fasse par ailleurs sentir et ce, sans doute, au nom de cette liberté, thème de discours électoral ou de fête patriotique, chantée et célébrée sans cesse.

Des hommes aux études jusqu'à trente ou trente-cinq ans, et qu'on entend contraindre comme on ne le ferait pas d'écoliers. Quoi de plus ingénieux pour faire tomber la qualité d'une profession !

Rien n'est plus autoritaire, stupide, intéressé, inhumain, contre nature et tentaculaire, que ce grand régime de bavards irresponsables chroniquement assemblés pour notre malheur !

Et de surplus, des parlements de jeunesse, partout, comme pour ajouter à la confusion. O ver rongeur des « Protocoles » ignoré de nos grandes gloires, et sans cesse animé et sans cesse en action !

Tandis qu'à Zurich pendant quatre mois, on laissait des ouvriers plâtriers à prétentions de salaire et d'heures de travail exorbitantes, tenir la ville en suspens d'un mal suraigu d'appartements... pour finir par leur donner raison ! (1963)

Désordre, contrainte, anarchie ! Pourquoi ? Pour qui ? Par qui ?

Et vous pensez, M. le rédacteur en chef de la *Gazette de Lausanne*, que nos autorités exposées à toutes les tentations sont indemnes de tout mal important ?

Tout le monde, par exemple, n'est-il pas d'accord pour reconnaître que le niveau intellectuel et moral du Conseil national n'est plus celui d'autrefois ? Feu P. Grellet ne l'a-t-il pas dit déjà et redit ? N'est-on pas d'accord aussi, M. le rédacteur, que le personnel politique en général n'a plus le recrutement qu'il avait autrefois ? Nous en donnerons une nouvelle preuve dans un instant.

De plus, on me dit que la radio, il y a peu, a fait entendre un ou des Conseillers d'État vaudois proclamant leur incroyance ?

Beau régime et beau système par ma foi, et qui n'est pas sans causer à tous ceux qui pensent raisonnablement les plus cruelles inquiétudes ! où allons-nous est le cri général qui s'entend !

Voilà, M. le rédacteur en chef de la *Gazette de Lausanne*, comment se comportent nos autorités, leurs façons de faire toujours liées étroitement à leurs intérêts particuliers d'autorités ; des intérêts supérieurs, du désintéressement, l'amour du bien public, à d'autres temps ; nous sommes le pays légal, loin de nous le pays réel et sa personnalité.

J-J. Rousseau dans un moment de sincérité a pu dire que quand un peuple en démocratie s'était donné des représentants, il avait perdu ses libertés ! En tout cas, la Révolution française et ses despotes, ainsi que Napoléon Ier et tous ceux que jusqu'à nos jours nous avons vécu de par le monde, en sont une belle démonstration : de beaux discours en fraternité s'accompagnant d'une tyrannie sanguinaire souvent sans pareille !

Voyons maintenant J.-J. Rousseau fêté comme un dieu en 1962 ; il est l'homme des pétitions de principe, du paradoxe ; le père de la démocratie moderne et l'ancêtre de sa démagogie ; il est aussi le premier des romantiques et l'éducateur pour rire de notre jeunesse ! Il est l'homme de l'égalité systématique, mais pas quand il s'agit de lui-même (je n'ai vu nulle part que cette observation ait été faite), quand il défend les prérogatives de ce Conseil général de Genève, autorité législative souveraine dont il fait de naissance partie, et qui lui donne précisément ce titre de « citoyen de Genève » qu'il arbore fièrement dans ses écrits, et qui tourne le dos à ses idées d'égalité !

Combien de fois J.-J. Rousseau s'est-il contredit ? Sujet de thèse !

Il faut toujours se souvenir quand on parle de Rousseau, de la phrase lapidaire et prestigieuse du procureur général Tronchin, contemporain de J.-J. Rousseau, un de ses meilleurs critiques et contradicteurs quoiqu'en peu de pages, avec Mgr Christophe de Beaumont, contemporain lui aussi ; deux hommes qui l'ont bien jugé, et prévu les conséquences funestes de ses belles théories, dont nous voyons aujourd'hui dans toute leur gravité, s'étaler, à tout moment, sous nos yeux, les tragiques effets !

Et cependant, comme dit plus haut, il fut fêté l'an passé partout et « *in globo* », comme un oracle et comme un dieu !

Le régime qui nous gouverne partout, a fêté et encensé Rousseau à peu près comme celui d'Hitler a encensé Nietzsche. Il faut souhaiter pour le bonheur des peuples, que le premier rejoigne le second dans sa chute, et que nous revenions enfin au temps de la douceur de vivre, du tapis vert et de la raison, et même de la raison d'État si précieuse dans les grands dangers que peuvent encourir les États.

Ne sommes-nous pas en grand danger ?

Par qui et pourquoi Rousseau fut-il ainsi encensé en 1962 ? Nous le verrons plus loin.

Avec plus de raison, d'intelligence politique et de bonne foi que les gens du XX$_e$ siècle, le procureur général Trouchin a pu dire, parlant de l'*Émile* et du *Contrat social* - « Il y a dans ces deux livres qui étincellent d'audace et de génie, des vérités sublimes et des erreurs pernicieuses ; le christianisme exalté et insulté à la fois ».

Il est sur la terre, lui aussi, le grand Français Charles Maurras, qui nous a laissé un de ses aphorismes préférés.

> *L'inégalité ou la décadence*
> *L'inégalité ou l'anarchie*
> *L'inégalité ou la mort.*

Rappelons ici qu'en Russie présentement l'échelle des salaires par mois varie de 700 roubles à 30.000 roubles ; nous sommes loin des belles théories socialo-communistes sur les « gros » qui mangent tout, comme si un bon directeur n'était pas la chose la plus précieuse du monde.

On a lu dans la presse que chez nous, les villes de Bâle et Bienne (1963) ont dû battre en retraite qui tendaient à l'égalisation des traitements.

On ne peut aller, n'est-ce pas, Montesquieu, contre la nature même des choses ! Il faut les stupides démocraties pour en prétendre le contraire !

C'est dans ces idées fausses d'un homme sans expérience politique d'aucune sorte et pas maître de lui-même, mais pourvu du plus grand talent littéraire, que gît tout le mal de notre temps.

Sa prose merveilleuse et d'un genre si nouveau, le feu qu'elle renferme, la musique qu'elle dégage, son élégance, l'harmonieux équilibre de toutes ses parties, le rythme souverain qu'elle balance sans cesse, fit illusion à lui-même le tout premier pour une part sans nul doute, fit illusion, disons-nous, à tous ceux qui quand elle parut, la lurent, sur la valeur de ses exposés !

Là est le drame dont les effets n'allaient pas tarder d'exploser !

« J.-J. Rousseau » a dit Amiel, est le « théoricien de la souveraineté populaire », et il a dit aussi, très justement, que dans les écrits du grand Genevois, « l'on respirait bien davantage la fureur démonstrative que l'atmosphère de la vérité ! »

Sous l'ancien régime, Dieu gouverne les hommes ; les rois sans être des saints, l'honorent publiquement, et comme Louis XV s'humilient devant lui et publiquement. Les paroles remarquables du Grégoire VII de Canossa (1077) reviennent à la mémoire : « Nous avons soin, avec l'assistance divine, de fournir aux empereurs, aux rois et autres souverains, les armes spirituelles dont ils ont besoin, pour apaiser chez eux les tempêtes furieuses de l'orgueil ».

Où sont de nos jours les chefs d'État qui s'humilient devant Dieu ?

Il n'y a plus que le général Weygand bras droit de Foch, vainqueur en Pologne en 1920 lors de l'invasion bolchéviste, âgé de 93 ans, pour dire qu'il travaille à un livre qu'il terminera « si Dieu le permet ».

On lit sur les monnaies des rois de France au XIIe siècle, l'exergue suivante : « *Christus vincit, Christus imperat, Christus regnat* ».

Sous les grands Louis, l'appellation suivante se rencontre très souvent : « Louis par la grâce de Dieu roi de France ».

Le roi de France guérit les malades. Le François Ier de Pavie prisonnier à Madrid se voit aussitôt entouré de malades. Comme tous ses prédécesseurs, il les touche et leur dit : « Le roi te touche, Dieu te guérit ». Jean le Bon, après la bataille perdue de Poitiers (1356), prisonnier à Londres, voit les malades accourir. Guillaume de Nogaret, envoyé de Philippe le Bel, devant Boniface VIII à Anagni (1303) au pied du trône pontifical, proclame fièrement : « Par les mains du roi, mon maître, Dieu fait des miracles évidents ».

On voit le cardinal Chigi légat du Saint-Siège dire :

> « *qu'on voit le roi de France accomplir des prodiges, non seulement dans son royaume, mais dans les pays étrangers (1664).* »

Sous François Ier, l'archevêque de Milan témoigne du pouvoir guérisseur des rois de France :

« Dieu a donné ce don de guérisons miraculeuses au seul roi de France, non à cause de sa personne, mais de sa fonction, dont nulle autre dignité sur terre n'est pourvue fut-ce le pontificat romain lui-même ».

On voit par-là, et il faut y insister dans les temps que nous vivons, que plus qu'aucune autre dynastie, la capétienne est dans la main de Dieu. Ce don surnaturel, elle le tient de l'onction par l'huile de la sainte ampoule lors du sacre à Reims de chaque roi, ampoule reçue du Ciel lors du sacre de Clovis, apportée par une colombe.

> « *La sainte liqueur qui par une colombe - comme nous tenons fermement que ce fut le Saint-Esprit mis sous cette forme - fut apporté du ciel en son bec en une petite ampoule ou fiole, et la mit à la vue du peuple entier en la main de Mgr saint Rémi (archevêque de Reims)* ». (*Chronique de Guillaume de Metz*).

Un siècle de grande foi, dirons-nous, et de grande révérence à Dieu, autorise de grands miracles !

Dans les poèmes du moyen âge, nous dit Funck de Brentano, le roi de France porte l'appellation merveilleuse de « sergent de Dieu ».

Quand Louis XVI envoie à M. de Launay, gouverneur de la Bastille, un prisonnier, il lui dit : « je vous envoie Monsieur un tel et je prie Dieu qu'il vous ait en sa sainte garde ».

Louis XVI, le plus chrétien des rois de France ! après saint Louis ! Et son égal de par son saint martyre, dont les derniers instants sur l'échafaud sont un morceau superbe de bravoure tranquille, frémissante quand même et à jamais mémorable, qui permettrait de dire, mourir comme un Capétien !

Et Marie-Antoinette dans ce moment de grandeur et d'horreur ne lui est pas inférieure ! qui dit au bourreau : « Dépêchez-vous » !

Est-ce donc possible de mourir ainsi ? Oui, ça l'est, certes, mais seulement quand on sent, comme l'a senti ce souverain déjà tout entier dans la grâce de son Seigneur, par son cœur, la présence des célestes voix dans lesquelles et par lesquelles, tous les jours qui précèdent, secondé d'un prêtre admirable tremblant d'un tel moment, il s'était appliqué de vivre !

Quand on meurt ainsi, c'est qu'on appartient à une grande race, la race des rois de France !

Oui, c'est quelque chose de grand qui meurt, et qui prend avec soi la grandeur de la France, faite de son très glorieux et très humain passé capétien !

Que de larmes, mères françaises, vous versâtes suite de l'abominable forfait, et que de sang répandu partout par vos enfants.

C'est le courroux du Ciel qui a parlé, ainsi en est-il quand on écoute et suit de mauvais bergers ! Quels étaient ces mauvais bergers ?

Que de soulagement pour vous en 1815, comme l'a dit Talleyrand dans ses *Mémoires,* que cette présence à Paris des souverains alliés s'y promenant en toute liberté, sans aucun garde, et apportant enfin un terme à tant d'aventures glorieuses, mais inutiles, insensées, douloureuses.

C'était cette douceur de vivre et ses bons souverains qui revenaient parmi nous, ô moment de consolation et de baume dont on baignait son âme ; ils revenaient avec Dieu, et c'est quand Dieu est à la première place que l'homme est grand, qu'il est de civilisation, qu'il est sublime, qu'il est incomparable parce que le reflet et la réflexion en toutes choses de son Maître.

C'était cette douceur de vivre vous éloignant enfin des tempêtes diaboliques de la Révolution et de ses crimes, et des paroles de ses monstres, celle de Couton : « Il n'est pas question de donner quelques exemples, mais d'exterminer les implacables satellites de la tyrannie ou de périr avec elle » ; celle de Saint Just : « Ce qui constitue la République, c'est la destruction totale de ce qui lui est opposé ». (Lavisse, *Révolution française,* T. II page 173)

Ce retour de douceur de vivre qui n'a duré qu'un moment et s'est de nouveau perdu. C'est quand il n'y a plus de Dieu que les hommes sont déchaînés !

On lit dans le *Journal de Genève* du 22 juin 1964 à la Situation :

> « *Des précautions sans nom sont prises à Stockholm où Khrouchtchev doit arriver aujourd'hui : la résidence du Premier soviétique sera surveillée de terre, de mer et du haut des airs !* »

Dire que Louis XIV mangeait dans la Galerie des Glaces, et que tout le monde pouvait sans contrôle entrer, le voir et déposer des placets !

Où est la liberté ? Où est l'humanité ? Où est la civilisation ? Où est la beauté et la douceur de vivre ?

Napoléon, le grand romantique après Rousseau ! l'un par sa plume, l'autre par l'épée et la violence commettent des désastres. « Le premier pas, a pu dire plus tard Ernest Renan, sera pour la France de reprendre ses rois ».

Napoléon a dit Thiers, « le génie impuissant devant la raison méconnue ».

« Napoléon est un joueur passionné. » *(Clausewitz)*

Avec J.-J. Rousseau et dès la Révolution française, la France est séparée de Dieu.

Immense contraste, capitale différence de l'ancien régime d'avec le nouveau ; l'un avec Dieu, l'autre sans Dieu, outre que les institutions politiques diffèrent du tout au tout.

Chez nous, les radicaux vaudois vont à la marche au pouvoir, assoiffés d'appétits, au cri d'« À bas des mômiers ». À un moment donné, quand l'Église libre se forme, des écriteaux apparaissent sur lesquels on lit : « À bas Jésus-Christ, vive l'Église Nationale ». À l'église Saint-Laurent, sur la table de communion, le buste d'un des grands buveurs de sang de la Révolution est mis en place.

J.-J. Rousseau n'est pas ce qu'on peut appeler un incroyant ; on sait comment il a célébré la conscience : « Conscience, consciences, instinct divin, immortelle et céleste voix ... », mais il est déiste et non théiste, c'est-à-dire qu'il ne croit pas à la divinité du Christ et aux miracles. Et son système politique est ainsi fait qu'il ne laisse nulle place à Dieu ; l'homme, rien que l'homme ; le peuple est la clef de voûte exclusive de son système politique. La souveraineté populaire est le sommet de tout.

Tout près de nous, nous voyons une illustration parfaite et vivante de l'idée mère de ce système révolutionnaire parti de France, et qui s'est répandu partout, en la personne de Georges Clémenceau, toujours au premier rang quand il s'agit de s'attaquer à Dieu. « Les catholiques sont citoyens romains, non Français » *(Aspects de la France* 6/5/55). Paul Morand dans sa *Dame blanche des Habsbourg* (1962) rapporte cette autre parole « Il faut chasser les Habsbourg, monarchie papiste ».

En 1881, par haine de la monarchie et de ce qu'elle représente, il applaudit à la démolition des restes du palais des Tuileries suite d'un vote de la Chambre des députés, alors que l'on pouvait les relever !

Palais de Catherine de Médicis, cher au cœur de tant de Français et de tant d'amis de l'histoire et de l'art !

On sait le caractère et la mentalité détestables de celui dont Jaurès a pu dire « qu'il marcherait sur la France pour atteindre un adversaire » et qui rendent la lecture de *Grandeur et misère d'une victoire* si pénible. L'apothéose de 1918, moins pure qu'elle n'est partout décrite comme nous le verrons plus loin, ne réussit pas à faire oublier la lamentable carrière politique d'un des esprits les plus sectaires et les plus mal disposés qui soit, très largement compromis déjà dans le scandale de Panama ! Son caractère, ô paradoxe, est exactement à l'opposé de ce que dit la fameuse formule de phraséologie républicaine :

Liberté, Egalite, Fraternité.

Cassant, très autoritaire, sans honneur, méchant, vénal, sont des qualités qui lui sont siennes ; c'est le « commandité du Juif Cornélius Herz » comme l'appelle Drumont (*Fin d'un monde* p. 270). Clémenceau trafique de la Légion d'Honneur et fait décorer le beau-père de son frère, Juif viennois pourvu d'un casier judiciaire (*Ibidem* p. 286). Ennemi de son pays, la Vendée chrétienne « il a osé dire en pleine Chambre des députés des paroles infâmes (*Ibidem* p. 274) : « Lorsque la France avait contre elle toute l'Europe, la Vendée lui a plongé un poignard dans le dos ».

Le même Clémenceau, président du Conseil, interdit au chef de l'État et aux ministres d'assister au *Te Deum* de la victoire célébré à Notre-Dame le 17 novembre 1918 (*Aspects de la France* 10/5/62).

Admirateur passionné de la Convention, sur laquelle il a cette parole qui doit être soigneusement retenue : « La Convention n'a été grande que parce qu'elle avait peur du Comité de Salut public ». Clémenceau, surnommé avec raison le « Tigre » ou encore le « Tombeur de ministères », est craint de tout le monde politique français à cause de sa parole, et de ses qualités de duelliste tant au pistolet qu'à l'épée.

Clémenceau acharné à diviser la France l'est beaucoup moins pour la défendre ; durant la guerre de 1870 en effet, âgé de 29 ans il est embusqué à Marseille. Pendant la Commune, il est à Paris ; maire de Montmartre et par sa complicité tacite, cause la mort des généraux Lecomte et Clément Thomas, alors qu'un mot de lui pouvait les sauver. Clémenceau a toujours détesté les curés et les officiers, tant est que sa conduite et ses procédés à l'égard du maréchal Foch sont parfaitement répréhensibles. À celui-ci qui lui demande d'être informé des futures conditions de la paix aux fins de disposer en conséquence ses troupes, la réponse est brutale : « Cela ne vous regarde pas » (*Aspects de la France* 15/3/62). Clémenceau est aussi, contre espèces sonnantes et trébuchantes d'après Ed. Drumont, l'homme du trop fameux Juif Cornélius Herz pourvu, à 43 ans, du plus haut grade de la Légion d'Honneur, ce qui le met pratiquement au-dessus des lois.

Un autre Juif plus tard le suivra comme son ombre, c'est le fameux Georges Mandel au nom chrétien, mais un pur Rothschild, menteur comme un vrai Juif, qui se dit avoir appartenu à l'École normale supérieure quoique n'y ayant jamais mis les pieds *(Aspects de la France* Massanes p. 8, 4e col. 26/3/64) et en l'honneur duquel (quel honneur !) l'avenue Henri Martin à Paris n'est plus que l'avenue Georges Mandel. Ce Mandel est ami intime de Paul Reynaud.

Clémenceau restera, croyons-nous, comme le représentant le plus typique et le plus néfaste de l'homme politique français de gauche d'avant 1914, à cause surtout de ses accointances juives et sa haine du catholicisme.

Ajoutons qu'à Versailles, il fut en 1919-1920 un ardent protagoniste du démembrement de l'Autriche-Hongrie (dont nous avons pu depuis regretter amèrement l'absence) « nation papiste » disait-il, et nous ajouterons, hiérarchisée, avec des classes sociales bien marquées et naturellement développées, et une noblesse de tradition et de biens-fonds ; toutes raisons pour les Juifs dynamiteurs de la société, de la détruire, marchant là aussi, et une fois de plus dans les sentiers de la politique talmudiste toute-puissante lors de la conclusion du Traité de Versailles, puisque le secrétaire général assistant à toutes les séances de Lloyd Georges, Wilson et Clémenceau en était le Juif Mantoux (encore un nom trompeur et au centre du monde du moment). Georges Clémenceau, les hommes avertis te verront comme tu es - pas beau ! Ce Mantoux mort à Genève, il y a quelques années, à la tête de l'École des Hautes Études politiques ou quelque chose d'ainsi, couronné des plus beaux éloges qui soient ! Plus on a de puissance, plus d'éloges on reçoit n'est-ce pas La Fontaine ? la qualité ne joue point de rôle quant à celle de celui qui les reçoit.

On nous trouvera sévère pour celui qui, en 1917, concrétise avec d'autres les efforts de la France et ses succès.

C'est qu'il faut juger autrement aujourd'hui qu'on ne le fit après la victoire des Alliés en 1918 ; maintenant que la France souffre et gémit sous le joug des grands Juifs, et qu'un directeur de la banque Rothschild est président du Conseil des ministres ! succédant à un autre Juif ; juifs à la puissance desquels, contre avantages déshonorants, Clémenceau dans sa carrière a fortement contribué. Dans la dernière partie de sa vie politique, on le voit continuellement flanqué de son Mandel Rothschild.

On sait qu'après la victoire de 1918, Clémenceau posa sa candidature à la présidence de la République et qu'il ne fut pas élu ; le Parlement par ses voix catholiques lui préféra Deschanel. C'est non l'ingratitude du pays, mais la passion antireligieuse de Clémenceau qui se refusait à la reprise des relations diplomatiques avec le Saint-Siège, qui fut à l'origine de cet événement *(Aspect de la France* 25/10/62 p.8 6e col.).

Georges Clémenceau, nous préférons l'appui et le secours tutélaires du Seigneur à l'orgueil, à la jactance, et aux arrogances de tes propos de poussière et de néant !

Nous avons montré l'esprit de la Révolution et de la Convention - c'est cette assemblée-là, rappelons-le, qui de 1792 à 1795, répandit abondamment des flots de sang - resté si vivant chez ce Clémenceau de frénésie, et si irréductible dans ses erreurs et ses défauts de caractère... comme si l'on pouvait voir juste dans un tel état d'esprit ! encadré de surplus d'un instrument politique si peu fait pour conduire un pays dans la bonne voie !

Continuons notre périple, M. le rédacteur en chef de la *Gazette de Lausanne,* mais auparavant rappelons de combien de scandales la vie parlementaire française - la mère de toutes nos régressions - et son système maçonnique fut semée, à commencer par le fameux scandale de Panama (1888-1890) où, cette compagnie déjà au-dessous de ses affaires, demande à la France d'émettre sur son territoire un emprunt à lots... accordé grâce à la complicité d'un certain nombre de parlementaires... on devine sous quelles conditions... dont Clémenceau.

La vie parlementaire française est pendant des années et des années l'instrument premier de démoralisation du peuple français et, indirectement, de toutes les nations qui regardent du côté de la France, chez laquelle par ailleurs les tripotages électoraux sont bien autre chose que chez nous.

Qui ne se souvient de l'acquittement de la femme Caillaux après son assassinat de Calmette quelques mois avant la déclaration de guerre de 1914 ; qui ne se souvient de Caillaux lui-même condamné pour intelligence avec l'ennemi, à trois ans de prison par la Haute-Cour en 1920, puis ministre des finances et député en 1925 ! Même comédie pour Malvy tout aussi coupable, peut-être davantage ! C'est encore là sans doute une nouvelle expression de l'égalité et de la moralité républicaines. Qui ne se souvient de l'assassinat du conseiller Prince devant son refus d'accorder de nouvelles remises dans l'affaire Stavisky, escroc juif de grande envergure, suicidé en 1934, pour empêcher qu'il ne révèle les nombreux parlementaires compromis, et dont l'avocat est Camille Chautemps, grand personnage parlementaire et maçonnique...

Nous allions oublier l'assassinat du fils de Léon Daudet par la police politique bien entendu mandatée ! Que de choses encore, que de choses ; régime fini, régime pourri, régime maçonnique, qui partout arrive à sa fin, et talmudiste... à quand un peu d'air pur... à quand l'accomplissement du vœu d'Ernest Renan : les Français gouvernés par des Français, et de plus par leurs princes, qui l'on faite et non défaite !

On disait que vous étiez des tyrans, rois de France... Voyez plutôt partout la violence qui règne parmi nous ; la France même, sous une main de fer inhumaine et étrangère à sa race !

Voyons maintenant à la lumière de tout ce que nous avons dit, voyons dans les temps immédiatement actuels comment se présente la situation.

N'avez-vous pas lu, car enfin cette maladie sociale s'est étendue partout puisque les principes politiques rousseauistes se sont généralisés, n'avez-vous pas lu, dis-je, M. le rédacteur en chef de la *Gazette de Lausanne,* le scandale récent survenu aux U.S.A. ? Celui de la Cour suprême politisée par Roosevelt et qui l'est restée depuis, interdisant au nom de la loi, sur tout le territoire du pays, l'ouverture des classes dans toutes les écoles par l'invocation divine, comme cela se faisait depuis toujours, parce que les Juifs avaient élevé une protestation !

Ceux qui adorent Dieu s'inclinant en nombre immense devant ceux qui l'ont crucifié, ô bassesse et lâcheté des temps présents !

On dit que les U.S.A. sont encore plus malades que nous socialement, la furie de l'égalité y étant poussée à ses dernières conséquences ; ce fait avec d'autres paraît bien le démontrer. Ou sont-ce plutôt les influences juives qui s'y exercent plus puissamment ? On sait que le Juif Goldberg, secrétaire d'État au Travail, est entré, il y a peu, à la Cour suprême invariablement composée de neuf membres dont certains, actuellement, sont très probablement francs-maçons ou Juifs (en plus de Goldberg s'entend).

Il y a quelques années, j'eus sous les yeux, envoyée par une amie et tirée d'un journal américain, une photographie montrant les neufs membres de la Cour suprême réunis, avec, sous certains, leur appartenance maçonnique mentionnée. Symptôme intéressant n'est-ce pas, car voilà quelque chose qu'on n'a pas osé faire dans nos parages ! Mais cela viendra si nous n'y prenons pas garde !

Comme si l'on ne savait pas les garanties d'équité qu'on nous offre quand un juge franc-maçon se trouve en présence d'un de ses frères. Nous avons vécu de tels moments au Tribunal fédéral et nous parlons en connaissance de cause. Notez en passant que cette présence ne devrait jamais être, notre code de procédure l'interdisant, qui fait au juge le devoir de prendre les devants et de se désister en de pareils cas !

La franc-maçonnerie, les Juifs, les *Protocoles de Sion* source d'infection de chaque pays, de chaque nation !

Foin de toutes vos lois que les coquins tournent comme ils veulent, foin de tant de lois d'étalage, de parure et de fausse sécurité.

Le régime qui nous régit manque de toute évidence, et c'est là une notion indiscutable, de ce qu'on avait tant avant 1789, l'honneur et l'honnêteté qui facilitent et clarifient tout.

Quel plus bel exemple en pourrions-nous donner que le contenu de ce qui va suivre.

Je vous quitte M. le rédacteur en chef de la *Gazette de Lausanne*, mais l'espace d'un instant seulement, le temps de changer de chapitre, car je vous dois de poursuivre et d'achever ma démonstration dans le sens qu'en a dit le Réarmement moral.

CHAPITRE II

LE HAUT CONSEIL FÉDÉRAL (SUISSE), LE CONSEIL NATIONAL ET LE CONSEIL D'ÉTAT BERNOIS

Oui, M. le rédacteur en chef de la *Gazette de Lausanne*, nous commençons ici un nouveau chapitre, il en vaut la peine.

Il est des choses qui demandent du relief, de l'isolement, de l'espace autour d'elles, de la présentation ; un chapitre à elles seules destiné les encadre très favorablement ; et mises encore sur un piédestal, afin que de tous côtés, elles soient vues, que le besoin d'en faire ainsi soit d'illustrer une page mémorable du Bien et du Mal.

Allons donc de l'avant, avançons dans notre travail, revenons à nos moutons le terrain suisse, et laissez-moi vous prouver ma bonne volonté de vous complaire dans toute la mesure du possible, à vous M. le rédacteur en chef de la *Gazette de Lausanne*, qui dans votre article du 12 juillet 1963, demandiez au Réarmement moral attaquant nos autorités, des précisions, et qu'elles soient de chez nous, et qu'elles ne soient pas simplement que sporadiques et individuelles, permettez-moi dis-je, de faire pour vous des personnalités qui ne pourront donc être que morales !

Commençons si vous le voulez bien, par un aréopage de sept magistrats parfaitement solidaires dans le cas particulier, très haut placé, le Conseil fédéral ! ni plus, ni moins.

Le Conseil fédéral vraiment ?

Il y a quelques mois, c'était je crois en mai (j'écris ceci à mi-juillet 1963), tous les journaux ont relaté que le Conseil fédéral, en l'espèce ses délégués, avaient reçu en audience d'une part le monde patronal, et d'autre part le monde ouvrier : et que ceux-ci réunis, notre haute autorité avait demandé instamment, recommandé, exhorté et discouru pour que tout le monde soit raisonnable, et s'abstienne de nouvelles prétentions de prix ou de salaire. Dans le même temps, le Conseil fédéral s'adressait aux grandes maisons suisses, pour qu'elles s'engagent à ne point augmenter leur prix dans l'année en cours ; celles-ci répondent avec empressement et s'engagent.

Et maintenant que va-t-il se passer ? Ceci, tout simplement, que notre haute autorité, trompant la confiance de tout le monde, au vu et au su de toute la Suisse, *comme si de rien n'était*, se fait octroyer par une commission du Conseil national une augmentation de traitement de plus du tiers de celui-ci !

Voilà, justement, ce Conseil national dont nous parlons plus loin pour dire son abaissement, et annoncer que nous le prouverions ; voilà le geste révélateur, le moment très grave qui montre qu'il n'y a plus d'honneur dans nos autorités ! Nous avons beaucoup parlé, nous autres Suisses, non sans des airs supérieurs, à propos de l'affaire Profumo, de la haute décadence des mœurs politiques anglaises ! Il n'empêche que le ministre sans parole a dû aussitôt démissionner !

Quant à notre Haut Conseil fédéral, M. le rédacteur en chef de la *Gazette de Lausanne,* est-ce que nous rêvons ? Est-il possible quand il s'agit des intérêts supérieurs du pays, de pousser le cynisme et le sans-gêne plus avant ? Est-ce qu'il n'appartenait pas à notre plus haute autorité, dans un moment critique pour le pays, de montrer l'exemple au lieu de palabrer seulement ?

On se rappellera en reniant cette démocratie verbeuse tombée si bas, la parole du grand ministre espagnol Cisnéros de Ximénès au XVIe siècle, que « les rois doivent faire les choses avant de les dire ! »

On entrait autrefois au Conseil fédéral pour servir, pour montrer en toutes choses au pays le bon exemple, et pour honorer son nom. C'était ce que pensaient les honnêtes gens !

Maintenant, l'argent est roi, c'est un roi qui tout avilit !

Le rôle et les devoirs de nos hautes autorités fédérales n'impliquaient-ils pas tacitement, qu'elles aussi, dans cette occasion mémorable, allaient se montrer à la hauteur de la situation pour laquelle elles chapitraient ? Quel exemple pour la Suisse entière ! et quel meilleur moyen de la démoraliser plus encore aurait-on pu choisir ?

Haut Conseil fédéral, crois-moi, ne sois pas fier de toi, et abstiens-toi désormais dans tes palabres de discourir sur la vertu !

O mânes des ancêtres héroïques ; être à même de faire un si grand geste, frappant à tous les cœurs, et ne s'en point saisir !

Voilà, M. le rédacteur en chef de la *Gazette de Lausanne,* sans aller chercher plus loin pour l'instant, ce qui montre à l'évidence l'atteinte profonde de l'esprit public de nos hauts magistrats.

Supposons maintenant (nous écrivons ceci le 16 juillet 1963) que le Conseil fédéral ait eu l'attitude contraire, et qu'il ait refusé toute augmentation de traitement. Sans être grand politique, on voit aisément le retentissement d'un tel geste chez nous tous, et les armes données partout à ceux qui pensent encore au bien du pays !

Disons le mot, cette acceptation a scandalisé tout ce qui dans le pays est encore capable de raison et de cœur !

Oui, l'esprit de Winkelried est bien mort parmi nous !

On s'imagine maintenant quelles influences délétères vont se répandre partout, et quels appétits vont s'allumer et s'exercer sans contrainte d'aucune sorte, puisque le Conseil fédéral dans un moment critique a donné le plus détestable des exemples !

Hauts dignitaires sans parole d'une démocratie verbeuse, qui n'êtes plus que l'ombre de vous-mêmes ! si nous allions maintenant reprendre nos ouvriers, et leur demander pour l'an prochain de s'assagir quant aux salaires !

À la date du 17 octobre 1963, j'ajoute ces lignes : M. le rédacteur, laissez-moi m'étonner que vous-même à la tête d'un important journal, vous parliez dans votre article du 15 ou 16 octobre intitulé « Cote d'alerte », de la situation grave de notre monnaie, sans jeter l'anathème au Conseil fédéral qui le mérite mille fois.

Vous ne l'aviez pas fait en mai, vous ne le faites pas aujourd'hui. Est-ce que les problèmes doivent être traités en profondeur ou superficiellement ? avez-vous du courage oui ou non ? de la sincérité ? l'amour de la vérité qui fait aller au coupable ? Ce que je sais, c'est que le colonel Secrétan n'aurait pas agi comme vous l'avez fait !

La décadence et la dégradation s'accentuent d'un système politique que P. Bourget, en 1900, parlant du suffrage universel, qualifiait avec raison d'absurdité comme nous l'avons dit ; mais il faut le répéter sans cesse maintenant que tous les funestes effets s'en étalent sous nos yeux.

À la date du 30 décembre 1963, moment où nous revoyons tout notre texte, nous devons à cet endroit-ci apporter quelques commentaires de complément, qui aggravent encore la situation, et montrent combien catastrophique et coupable a été l'attitude et la conduite du Conseil fédéral. Maintenant, que, comme nous l'avions prévu, et ce n'était pas difficile, ô Conseil fédéral sans caractère et sans amour du bien public, maintenant que de toutes parts, se faisant fort de ton geste, se sont élevées - à commencer par les plâtriers de Zurich (été 1963) - et s'élèvent encore des demandes et des exigences comminatoires d'augmentations de salaires, s'élèvent, dis-je, en même temps que s'abaisse la valeur du franc dans un pays en pleine prospérité économique.

Autorités suprêmes, honte à votre geste du plus bas des étages !

Mais venons à ces précisions que nous avons à donner et qui vous chargent plus lourdement encore.

Partout, on lut dans les journaux, au moment où cette si grave affaire pour l'avenir de notre vie économique et financière se déclenchait, qu'une commission du Conseil national était à l'origine des nouveaux traitements accordés aux membres du Conseil fédéral.

Or, nous avons appris, il y a quelques semaines, qu'il n'en était pas ainsi ! C'est le Conseil fédéral lui-même qui s'est octroyé cette si substantielle augmentation de traitement, et le Département fédéral des finances n'a fait qu'en aviser le Conseil national !

Conseil fédéral, ton rôle est-il de démoraliser notre pays ? En tout cas, tu es à la source et on ne l'oubliera pas, de la péjoration monétaire qui atteint de plus en plus notre franc.

Haut Conseil fédéral, as-tu lu les *Protocoles de Sion* et ce qu'on y dit de l'esprit public ? à leur N°5 ?

Tu avais l'occasion unique de faire de la haute et grande et belle politique ; un geste de ta part, et tout rentrait dans le silence ; le concert des exigences sans fin avait enfin par ton exemple trouvé son maître.

Indignité et flétrissure !

Si le Conseil national paraît dès lors étranger à l'initiative de ton geste, il n'en est pas moins très coupable et responsable devant les citoyens suisses conscients, de n'avoir pas jeté dans son hémicycle le mot appliqué à Corneille, le fameux holà.

Après Agélisas hélas, après Attila holà ! Ce mot holà, qu'on jette à la face de ceux qui ont cessé d'être d'utilité, et non pas ici au nom des intérêts supérieurs de la poésie, mais de ceux non moins grands et beaux du pays tout entier !

Il fallait, Haut Conseil fédéral, qu'on vous montre l'inopportunité absolue après tant de chapitrages à autrui de votre geste, et qu'un holà du Conseil national vous retire ce que vous vous étiez de votre propre chef octroyés, vous moquant ainsi du pays tout entier et de ses intérêts les plus élevés et les plus sacrés !

L'indignité du Conseil national avait rejoint celle du Conseil fédéral, scandaleuse et tragique unanimité.

Car les exigences satisfaites du Conseil fédéral devaient être suivies, nous le savons, de celles, préparées, du Conseil national.

Ce ne sont plus des hommes politiques de haut grade qui déploient devant les yeux de la nation une louable activité, mais de vulgaires trafiquants qui s'entendent comme larrons en foire !

Vous avez préféré de bas intérêts personnels d'argent aux intérêts supérieurs du pays, pour la défense desquels, vous aviez été choisis !

Chevalier d'Assas, Winkelried français, toi qui donnas ta vie pour ton pays et ton roi, vois ce qu'ont fait les descendants des héros de Marignan ! et de Saint-Jacques-sur-la-Birse, qui meurent jusqu'au dernier, en combattant les troupes de ton dauphin capétien, assurant ainsi, pour parler comme de Vallières, les Thermopyles de la Confédération des huit cantons.

Vois les ancêtres et vois les descendants !

Vois le sacrifice qui est divin, qui élève, qui grandit ; et l'égoïsme, le profitage d'êtres sans gloire et sans feu et sans amour-propre !

Ne marquez-vous pas ainsi le glas d'un système qui a fait son temps, autorités devenues des infériorités ?

Il faudra, Messieurs, vous résoudre à en changer sous peine d'en mourir.

Vois ici, chevalier d'Assas, comme dans ton malheureux pays privé de ses conducteurs naturels, ce que de folles institutions politiques parties d'une tête d'écervelé, ont fait des hommes, les héros devenus des fantoches !

Là aussi la salissure a passé et fait son œuvre, cette salissure qui s'attache à tout instant à faire tomber plus bas l'esprit public, nos journaux n'étant plus que l'ombre de ce qu'ils devraient être ! Nous verrons plus loin d'où la salissure, sans cesse sur la brèche, provient, et quels en sont les auteurs.

N'oublions pas non plus que le Conseil fédéral est avant tout une représentation radicale et socialiste, et que ces deux partis politiques ne sont pas précisément des hauts lieux où l'honneur et la parole donnée sont chose sacrée !

Du reste, la veulerie du Conseil fédéral n'est pas d'aujourd'hui. En 1939, son manque de caractère, son manque d'équité et de discipline morale avaient éclaté aux yeux de tous, contribuant à pousser nos populations à dépenser hors de propos, en interdisant toute hausse des loyers ; le pouvoir les poussant, et les mettant ainsi dans l'habitude de ne pas faire face à leurs obligations, alors que partout on bénéficiait d'indemnités de renchérissement.

Toujours des solutions boiteuses, des solutions de lâcheté, de compromis, de facilité, où les intérêts de l'équité sont continuellement mis en cause et piétinés. Des fantoches avons-nous dit, des fantoches !

Pourquoi donc ne pas avoir décrété tout simplement une augmentation des loyers selon l'index de renchérissement !

C'était simple, c'était juste, c'était sain ; et cela évitait tout ce que nous avons par la suite vécu d'ennuis, de discussions et de complications !

Non, non, il fallait que la démocratie pourrisseuse ait sa place et son mot à dire ; c'est ainsi qu'à propos de tout et rien, elle est là, toujours là, à toute occasion, à tout instant !

Mais qu'est, ou qui est, donc, cette démocratie pourrisseuse ?

Nos chers Waldstaetten ont vécu dans leur belle nature et sur les rives grandioses de leur cher lac, sous un régime de démocratie ; elle n'était pas pourrisseuse !

Mais M. le rédacteur en chef de la *Gazette de Lausanne,* le Conseil fédéral n'est pas seul, et d'autres magistrats lui tiennent compagnie ! Voyons un peu ces autres personnalités morales, celles que vous demandez, M. le rédacteur, qu'on vous livre.

Dans l'affaire en cours du Jura bernois, le Conseil d'État bernois ne s'est en effet pas mieux comporté, qui viole sa parole, puisqu'il avait promis aux communes sur lesquelles des terrains étaient octroyés à l'État de Berne, que celui-ci n'en ferait que l'usage qu'agréeraient celles-ci.

Nous avons vu, ces derniers jours encore, les brillants résultats de cette politique de tromperie et de profitage, de cette parole violée par une haute autorité qui ne se respecte plus ! Les seuls responsables de l'état actuel des choses ne sont pas seulement ceux qui se défendent avec de faibles moyens, qu'on veut pourvoir de deux places d'armes, comme si le canton des Grisons n'existait pas ; canton mieux protégé de l'ennemi que les emplacements choisis à deux pas de la frontière française. On s'imagine le nombre de Confédérés suisses allemands que ces installations comporteront, et combien de la sorte, on atteindra les objectifs visés par l'État bernois :

La germanisation du Jura

On est en train d'écraser et d'étouffer sans vergogne un petit peuple et ce, avec si peu de protestations de nos concitoyens, jusqu'à ce jour (15 août 1963).

Cela aussi est grave : le temps est à l'égoïsme et au bien-être matériel, tant que moi-même je suis bien... tout est pour le mieux dans le meilleur des mondes.

Ce peuple jurassien a son histoire, sa géographie, sa mentalité, sa langue, ses coutumes ; il ne se sent plus protégé mais attaqué par l'ours de Berne... ah ! si c'était encore l'ancien temps, où les vieilles familles patriciennes bernoises qui parlaient français chez elles, si naturellement distinguées, qui n'avaient pas germanisé le canton de Vaud, qui n'avaient pas connu la calamité des partis politiques dont nous mourons, et pourvues de cette haute civilité qui avait fait ses preuves dans la région lémanique ; ah ! si elles étaient encore là, tout peut-être se présenterait sous un autre jour !

Ce petit peuple, très différent de ses maîtres actuels, veut retourner à sa propre vie, millénaire, qui a fait ses preuves d'unité et d'harmonie sous la crosse de ses évêques, protestants et catholiques côte à côte marchant.

Il est, en effet, très visible que dans le Jura même, le principal adversaire de l'indépendance, est le parti radical et ses Loges maçonniques, toujours là pour éloigner nos populations de la religion, et d'une parfaite entente entre catholiques et protestants qui, pourtant, adorent le même Dieu.

D'autre part, il ne fait pas de doute que lors du vote décisif, l'État de Berne abusant de sa force, exerça de très fortes pressions parfaitement incorrectes, qui se concrétisent précisément dans l'énorme écart entre les 24.000 voix de l'initiative et les 15.000 voix de la votation.

Vous aviez employé la force presqu'à ciel ouvert et la ruse, et votre adversaire a trouvé la sienne dans le mystère et l'habileté !

C'est une parade qui en vaut bien une autre ! et C'est votre manque de parole, État de Berne, ne l'oublions pas, votre manque d'honneur, qui est à l'origine de la présente phase de lutte !

Chers amis bernois, suivez le conseil de Talleyrand, et accordez et donnez pendant que vous avez encore du mérite à le faire, et avant qu'une nécessité implacable ne vous en fasse une obligation !

Chapitre III

La Loterie de la Suisse romande

Et maintenant, M. le rédacteur en chef de la *Gazette de Lausanne*, arrêtons-nous à Lausanne, quartier général de la Loterie de la Suisse romande, qui n'a jamais fini, depuis vingt-cinq ans, de voyager et de se déplacer, célébrant à grands renforts de discours des plus hauts personnages politiques, de chœurs et de musique variée, les mérites du « veau d'or ». Je vois par exemple, qu'au début de mai 1963, la Loterie romande est au Grand-Saconnex, commune suburbaine de Genève, où elle est reçue avec les plus grands honneurs, puisque le président du Grand Conseil est là, ainsi que quatre conseillers administratifs de la ville de Genève ses plus hauts magistrats, et d'autres personnages importants encore ; tous sont reçus par le président de la Loterie romande. Le président du Grand Conseil rend hommage ! à la Loterie romande (je vous prie, rien que ça !) « Indispensable, dit-il, à nos œuvres de charité ».

À voir ce personnel politique d'un système de troisième rang, à voir ces fantoches jouant leur mascarade, et s'envoyant compliments et courbettes dans une cérémonie qui a quelque chose de paganique, le mot de Pie VII à Napoléon vient tout naturellement sur les lèvres !

Oui, c'est de la comédie, de la comédie d'hypocrites, où l'on vous cache à ciel ouvert quelque chose de fort important, le destinataire principal des ébats de toute une machinerie hautement protégée, comédie unique en son genre puisque depuis vingt-cinq ans elle se joue, trouvant toujours, M. le rédacteur en chef de la *Gazette de Lausanne*, pour la servir, dans les plus hautes sphères de notre personnel politique, des personnages complaisants dont l'amour-propre est entaché, c'est le moins qu'on puisse dire ; comédie unique en son genre puisqu'elle se joue sans interruption depuis plus de vingt-cinq ans et toujours avec le même succès !

On voit quelles influences ces séances itinérantes s'étendant à tout le pays romand, se répétant fréquemment, et à grands renforts de publicité, honorées de la présence des plus hauts magistrats, peuvent à la longue exercer sur le moral de tout un peuple.

On se souviendra que l'an passé, en 1962, le vingt-cinquième anniversaire de cette Loterie a été fêté à l'égal d'un événement national, et, à cette occasion, la radio nous annonçait que des représentants des Conseils d'État de tous les cantons romands étaient présents, et que même le président du Conseil des États était là ; et les ondes ajoutaient aussitôt que ce dernier ne l'était qu'à titre privé ! On voit ce qu'il faut penser d'une telle restriction ! J'allais oublier qu'à cette même cérémonie assistaient également l'ancien syndic de Lausanne et le nouveau.

La Loterie romande est devenue, en fait, une véritable institution d'État entre les mains d'un groupement privé, d'un parti politique, et qu'on entend désormais faire entrer dans les mœurs.

La Loterie romande, le fief du parti radical discrédité !

Voilà, M. le rédacteur en chef de la *Gazette de Lausanne*, vous désiriez autre chose que des cas sporadiques de fléchissement civique. Voilà donc comment nos plus hauts magistrats travaillent en cœur à la lente décomposition morale de nos populations, confiance en l'argent et en les jeux de hasard, ignorance de Dieu... en se présentant en nombre à une cérémonie de bas étage, dégradante déjà par la seule importance qu'on lui donne, dont on vante pour mieux donner le change, les réalisations philanthropiques, omettant de dire qu'elles ne sont seulement qu'une part du profit, l'autre allant dans une proportion et un total qu'il ne nous est pas donné de connaître, mais qu'il faudrait bien que nous connaissions, au parti politique que chacun sait, celui que nous venons de nommer ! Là, est la raison d'être de la Loterie de la Suisse romande !

Nos ancêtres se réunissaient pour prier et honorer Dieu ; le dieu des temps modernes est devenu l'argent sous l'influence de qui l'on sait, et cet argent comme pour Vespasien n'a pas d'odeur !

M. le rédacteur en chef de la *Gazette de Lausanne*, ne sont pas seulement coupables ceux qui prennent de la main des espèces sonnantes et trébuchantes, mais avant tout ceux qui argumentent, et portent atteinte par leurs agissements à la conscience de tout un peuple !

Amiel a dit ce grand mot : « Notre âme est un dépôt solennel ». Malheur à ceux qui portent atteinte à ce dépôt solennel !

Je me rappellerai toujours ce pasteur exemplaire, corps et âme à sa paroisse, climat sibérien, sans désemparer trente-huit ans pasteur dans un pays de loups, et signifiant en substance à la Loterie romande son fait, qui vient célébrer ses fastes dans sa paroisse : je tiens à vous faire connaître que s'il n'en tenait qu'à moi, vous ne mettriez jamais les pieds dans mon village ; quant à votre argent, nous n'en voulons pas la moindre miette pour nos œuvres d'Église.

Voilà qui détonne singulièrement d'avec ce milieu d'expédients et de profitage d'argent qui, de sang-froid, donne le plus détestable des exemples à nos populations.

Voilà encore qui sent terriblement le talmudiste et sa franc-maçonnerie, très expert à détériorer, à avilir tous les beaux sentiments du cœur humain !

Dis-moi qui tu fréquentes et je te dirai qui tu es !

On ne sait si c'est la Loterie romande qui honore les hauts magistrats ou les hauts magistrats qui honorent la Loterie de la Suisse romande !

Corruption organisée, savante, effrontée, diabolique de l'esprit public par ses magistrats !

Notez que cette Loterie vient de voir son attrait augmenté, en ce sens que dès la prise du billet, l'on est fixé sur sa qualité, gagnante ou non, et que ses postes de vente se multiplient.

Que d'amateurs, que d'acheteurs à Saint-François des billets de la Loterie romande (juin 1964).

Tous les cœurs bien placés sont émus de telles pratiques, tous les cœurs sont en éveil. Ils aimeraient tout faire pour que l'atmosphère de nos temps, détestable, s'éclaircisse et s'élève.

Tous les cœurs, dis-je, sauf celui de l'Église nationale vaudoise en servitude depuis 1789, et qui s'y trouve fort bien, et qui, jamais, que je sache, ô libertés d'ancien régime, n'a fait entendre sa voix, vitupérant comme elle le mérite la Loterie de la Suisse romande, véritable institution d'État pour le bénéfice du parti radical !

M. le rédacteur en chef de la *Gazette de Lausanne*, veuillez encore considérer ceci, et dites-nous bien, je vous prie, vos réflexions. A quinze jours de ce pitoyable anniversaire démoralisant, grotesque et ridicule, René Morax notre grand dramaturge décédait ; aucun corps constitué important n'était présent à la cérémonie funèbre !

Aliénor, le roi David, Judith, pleurez, pleurez sur cette démission de l'esprit et de la culture !

Et toi Hercule, délègue de ta force et de ta puissance, aux fins de nettoyer les écuries d'une société corrompue !

On accourt aux singeries de la Loterie romande, on n'éprouve aucun besoin d'accompagner les derniers instants d'un auteur, dont les grandes pièces ont fait vibrer nos âmes profondément !

Voilà des signes qui montrent, M. le rédacteur en chef de la *Gazette de Lausanne*, de quelle importance est la chute des vraies valeurs dans le cœur de nos magistrats ! Ce que les vraies valeurs perdent, les mauvaises le gagnent et ce, sous des modalités diverses !

Quand entend-on encore le nom de Dieu dans la bouche de nos magistrats ? Les rois de France, tout grands qu'ils étaient, s'humiliaient profondément devant Dieu et aucun n'eut osé s'en abstenir.

Les Bernois étaient attentifs à l'état d'âme de leurs sujets c'était des sujets qu'on respectait, et maintenant ce sont des égaux qu'on corrompt !

On ne peut conduire les peuples dans des voies sages et chargées de bénéfices profitables à tous, qu'en montrant l'exemple, qu'en étant soi-même irréprochable ; nos autorités remplissent-elles leurs devoirs ? sont-elles à la hauteur de leur tâche ?

Nous avons vu le Conseil fédéral (suisse) notre plus haute autorité, le Conseil national, le Conseil d'État bernois, les plus hautes autorités de nos cantons romands, faillir à leur devoir, faillir à leurs promesses formelles, faillir à leur parole dans des événements d'importance nationale et qui viennent dans ce texte de s'écouler sous nos yeux.

Il vous est donc possible, M. le rédacteur en chef de la *Gazette de Lausanne*, qui en prétendez le contraire, de répondre à la question posée plus haut, en disant qu'elles remplissent en s'oubliant sur le principal de moins en moins leur devoir, que la notion du magistrat modèle d'honneur et d'esprit de sacrifice a perdu singulièrement de sa force et que, surtout, le mal n'est point arrêté, mais continue, en s'étalant, de mordre aux trois dimensions de l'espace.

Il est incontestable que depuis 1789, notre peuple s'est progressivement éloigné de Dieu, du Bien, du Beau, de la Vérité, de la Vie telle qu'elle doit être comprise, guidé par d'insuffisants bergers, et que les résultats de cette politique sont là qui s'étalent sous nos yeux, s'intensifiant présentement presque à vue d'œil ; notre peuple, poussé dans cette voie par des forces dont un examen serré, courageux, connaisseur, impitoyable nous révèlera toute la réalité, permettant ainsi de désigner par son nom le malfaiteur du genre humain.

Chapitre IV

La muette Église nationale vaudoise

Et si nous allions à cette heure un peu du côté des choses de la religion, M. le rédacteur en chef de la *Gazette de Lausanne*.

Église nationale vaudoise, où es-tu ? Ose-t-on faire appel à ta présence ? Ose-t-on rompre le silence dont tu t'entoures ? Ose-t-on savoir ce que tu penses du temps présent ? de nos autorités sans parole ? de ce culte du « veau d'or » que figure la Loterie de la Suisse romande tel qu'il se pratique sous nos yeux, sans cesse et depuis plus de vingt-cinq ans, et de toutes parts du pays, de la manière que nous avons dite ailleurs, et pour le plus grand dommage de nos populations ?

Parle donc un peu, l'Église nationale vaudoise, parle donc un peu comme a parlé, nous l'avons vu, le noble pasteur dans ses montagnes quand il a dit, je cite de mémoire, s'adressant à la Loterie romande, qui va célébrer sous peu sa cérémonie dans sa paroisse : « Je tiens à vous faire connaître que s'il n'en tenait qu'à moi, vous ne mettriez jamais les pieds dans mon village ; quant à votre argent, nous n'en voulons pas la moindre miette pour nos œuvres d'Église. »

Encore une fois, pourquoi ce silence obstiné de ta part ? Le vingt-cinquième anniversaire de la Loterie romande fêté, l'an passé, à l'égard d'une institution d'État, l'éclat et le retentissement donnés à cette fête, ne t'ont pas entendu mais auraient dû t'entendre ! C'est là que l'ancien régime eût parlé !

Sentinelle et gardienne de nos consciences, il t'appartenait de parler dès l'instant qu'on voyait les jeux de hasard glorifiés, on peut le dire, par les plus hauts magistrats de nos pays romands !

Jamais le « veau d'or » n'a de nos hautes autorités reçu pareille consécration !

Et si l'on pense encore que la Loterie romande n'est que l'instrument de combat d'un parti politique selon toutes apparences !

Ton silence aussi, Église nationale vaudoise, est un signe des temps !

Auparavant déjà, quand s'est installée la semaine de cinq jours dangereuse à chacun, mais à la jeunesse surtout, ton inertie avait surpris. Pourquoi n'avoir point parlé du décalogue de Moïse et de son quatrième commandement, alors que personne, chose remarquable, n'en parlait ? Tu devais en parler, puisque l'Écriture sainte ne comptait plus pour personne, et rappeler le sublime message, le remède à toutes choses !

Hélas, ce qui comptait tant pour les temps passés, est la lettre morte des temps présents. Pourquoi et comment ? Nous le verrons ailleurs dans ce texte.

Église nationale vaudoise, ne crois-tu plus à ta mission ! ?

Est-ce que les propos et émissions de *Radio-Sottens* ne devraient pas retenir ton attention, et t'engager à des ripostes régulières ?

Est-ce que la pornographie de la *Gazette de Lausanne* des 23 et 24 novembre 1963 n'aurait pas dû te voir protester publiquement ! Quand alors protesteras-tu ?

Es-tu frappée d'ataxie ? Es-tu frappée de mort vivante ? As-tu une mission ? Faut-il, pour te donner du courage, qu'on te pousse en avant tant l'inertie paraît te convenir ?

De tous côtés, on te voudrait agissante ; ne vois-tu pas, dans cette même *Gazette de Lausanne*, les articles littéraires du Juif Bloch-Michel entremêlés si souvent de politique bolchéviste, et aussi de pornographie (26 et 27 août 1962) ?

Les Juifs, Conseil synodal qui fait comme si tout était bien, sont les spécialistes de la pornographie (Ed. Drumont *La France juive* t. II p. 456 et suiv.). Jette-toi donc un peu sur eux et allons au cœur de tous nos maux !

Ce *Radio-Sottens,* bolchévisé lui-même aussi et pornographique (7 février 1964). Combien de fois, Eddy Bauer dans la *Feuille d'Avis de Neuchâtel*, n'a-t-il pas stigmatisé et fustigé les façons de penser et de faire en politique de ce nid cryptocommuniste juif de Lausanne !

L'autre jour encore, le *Magazine* de la *Feuille d'Avis de Lausanne* profane et blasphème la religion par un dessin sur le baptême (avril 1964).

On te signale la chose, Conseil synodal sans ardeur et sans zèle pour ton Maître, hélas ton absence de réaction devenue habitude ne peut te faire sortir de ton silence !

Très fâcheux silence d'un Conseil synodal le plus atone qui soit !

En France, la grande muette est l'armée, en Pays de Vaud la grande muette est l'Église nationale vaudoise !

On dit que cette Église a toute sa liberté, de se taire je pense.

Église nationale vaudoise, donne-nous aujourd'hui même des preuves de ta liberté d'action. Quelle plus belle opportunité en auras-tu jamais ?

Le fait est, que de tous côtés, l'on attend que tu te jettes dans la bataille, pour y défendre les droits du Ciel.

Souviens-toi de l'apôtre Pierre, et ne nous rappelle pas quelque chose de son attitude et de son cri trois fois répété, et dont les siècles retentiront toujours.

Souviens-toi, Conseil synodal, souviens-toi de ton divin Maître quand il a dit : « Ne croyez pas que je sois venu pour apporter la paix, mais l'épée... »

Tu sais, comme moi, que dans les siècles passés, dont on nous dit sans cesse qu'ils ont été de tyrannie et d'oppression, - souvenons-nous donc du doyen Bridel qui a parlé « du gouvernement paternel des Bernois » et du doyen Curtat de même avis -les églises faisaient, et avaient toute liberté de faire entendre leur voix quand elles le jugeaient bon.

Les rois de France reçoivent les remontrances de tous les grands corps constitués de l'État, et y font réponse.

Plus près de toi, la « Classe » de Neuchâtel est célèbre par ses démêlés avec son Conseil d'État, auprès duquel elle intervient, estime-t-elle, de droit, quand ce pourquoi elle vit est en jeu !

À Genève, la Compagnie des pasteurs ainsi que le Consistoire, le second surtout, avec une très grande liberté d'action et par usage établi, adressent du haut de la chaire des remontrances sévères, soit au Petit Conseil, soit au Conseil des Deux-Cents, soit encore au Conseil général. Il y en a de célèbres, dont celle à l'élargissement de Perrin surnommé le Catilina genevois ! Mais admirable équilibre des forces, elles en reçoivent aussi, quand il y a lieu, des Deux-Cents et du Petit-Conseil ! C'est un véritable dialogue de puissance à puissance !

Quel contraste avec ce qui suivit chez nous le départ des Bernois. La Révolution, faite au nom de la liberté, persécute l'Église vaudoise au point qu'il faut attendre la Constitution fédérale de 1848, pour que la liberté religieuse soit établie en Pays de Vaud, que la Constitution cantonale n'assurait pas.

Voilà le travail des marchands de liberté, beaux parleurs et menteurs !

C'est ainsi qu'en 1821, le gouvernement vaudois interdit à l'Église de faire partir des missionnaires en terre africaine.

« La haine des mômiers » était un des éléments qui avait « amené la victoire du parti radical, et ses chefs ne cachaient pas leurs sentiments à l'adresse de l'Église » a pu dire Charles Gilliard (*Dictionnaire historique et biographique suisse*, t. 7, p. 68).

Toi-même, sous les Bernois, n'as-tu pas fait preuve d'indépendance ? Souviens-toi de Viret, souviens-toi de tes cinq classes et de leur activité ; de leur victoire sur Berne dans l'affaire du Cancellbüchlein. À propos du Consensus de 1675, tu ne t'inclines qu'après une longue résistance !

Tu vas donc, si j'ai bien compris, Église nationale vaudoise, persister d'assister, muette et passive, à la destruction de toutes nos belles valeurs morales, pour les voir remplacées par du sartrisme et les horreurs des Protocoles !

Est-ce là ton dernier mot à cette dégradation progressive, systématique, organisée, déjà profonde, sournoise et maligne et diabolique de notre jeunesse, cette jeunesse fanée dès avant qu'elle ne fleurisse ? et que tu ne mets Conseil synodal aucun zèle à défendre !

Église nationale vaudoise, il te faut fourbir tes armes, en dégainer, et combattre avec joie et courage, ce bon combat dont il est tant parlé dans les Écritures.

Chapitre V

Le Consistoire de Genève s'est endormi, ne le dérangez pas !

Pour le Juif grand savant Klausner (1934, *Vie de Jésus*), Jésus n'a pas fait de vrais miracles, il guérit des névroses, il pratique des exorcismes ; pour les Isaac et les Aron ibidem. Voici le propos d'Aron (*Les Années obscures de Jésus* 1960, p. 88) : « Tout ceci sans que par son élévation vers Dieu, le nouvel initié ait jamais le sentiment d'abandonner l'histoire des hommes. La Communauté d'Israël va compter un prêtre de plus - la nation juive ne comptera pas un citoyen, ni un laïque de moins. »

Et celui de Klausner (*Vie de Jésus*, p. 593 et suivantes) : « Le jour où il sera débarrassé des récits de miracles et du mysticisme, le livre de morale de Jésus sera l'un des plus précieux joyaux de la littérature juive de tous les temps. »

Salomon Reinach dans son *Orpheus* de 1909 donne des miracles évangéliques une appréciation de grand sceptique. Comment en serait-il autrement ! Ce peuple juif, de l'aveu même de l'auteur, n'ayant plus de nos jours que de vagues réminiscences de la religion de ses ancêtres.

Les appréciations bibliques faites par des rationalistes sont entachées d'un vice fondamental ils n'ont aucune idée de la vie spirituelle et de ses possibilités ; c'est dire que leurs avis n'ont qu'une valeur très, très relative.

C'est donc là le point de vue des Juifs et celui des chrétiens rationalistes ralliés à leurs thèses.

Ces derniers sont-ils nombreux ? Je ne sais. En tout cas, le pasteur Schorer de Genève est de leur nombre sur des points essentiels, capitaux : Jésus n'est pas le Fils de Dieu, et le plus beau et le plus saint des miracles de l'Écriture, la conception spirituelle de Jésus par la Vierge Marie ne correspond à rien, Jésus fut conçu comme le plus commun des mortels !

Quelle audace ! et que celle-ci se conçoive et s'exprime dans les murs de la « Rome protestante », sans que nulle réaction ne s'ensuive du gardien de la doctrine : le Consistoire ! N'est-ce pas là une audace aussi, peut-être plus importante encore que la première !

Cette audace dans le silence, quel signe plus révélateur des temps que nous vivons, où le libéralisme destructeur le dispute à l'agnosticisme !

Tout est libre, tout est permis, tout se met en discussion, rien n'est intangible !

Calvin, Calvin, voile ta face pour nous cacher tes larmes, pour nous cacher tes pleurs ; avoir tant combattu, tant lutté, tant souffert d'outrages et d'attaques, pour que tes successeurs le deviennent si peu !

On ne sait, en pensant au pasteur Schorer, s'il faut parler de matérialisme religieux ou de religion matérialiste ! Posons déjà qu'en parlant ainsi qu'il le fait, il est dans la ligne de Rousseau dont on a présent à l'esprit la célèbre apostrophe : « Enlever les miracles de l'Évangile et toute la terre est aux pieds de Jésus-Christ. »

Justement voilà, il fallait que le pasteur Schorer, épousant la franchise de Rousseau qui ne croit qu'à lui-même, ne dissocie pas le miracle de la naissance de Jésus si bien rapporté dans Saint-Luc, de tous les miracles des Écritures, et qu'il nous dise enfin sur ce point le fond de sa pensée.

Il se devait, disons-nous, c'était d'honnêteté, de ne pas séparer de tous les miracles de la Bible la conception surnaturelle de Jésus, d'en traiter globalement, et de nous dire que s'il méconnaissait le plus grand, le plus beau, et le plus saint des miracles, il en méconnaissait aussi tous les autres, ces diadèmes de l'Écriture, ces pierres angulaires de la doctrine !

Comme si, du reste, depuis ces temps reculés, ces temps bibliques, l'histoire de l'Église n'avait pas connu d'autres miracles !

Nous lui accordons cependant, et nous espérons qu'il se rend bien compte de cet élément d'appréciation, et qu'il sait transposer dans le temps, que les temps présents, si fâcheux, ne sont guère favorables à l'éclosion de miracles ; il y faut une atmosphère et un culte à Dieu, des états d'âme, dont nous sommes bien loin et bien incapables, de par le système détestable instauré par les démocraties modernes, dont la base est celle antichrétienne et maçonnique que nous savons.

Ce qui est sûr, c'est que les affirmations téméraires et dégradantes du pasteur Schorer coïncident étrangement avec celles, juives, des temps présents et de toujours, depuis plus de deux mille ans, de plus en plus marquées, et complètement dépourvues de base biblique, qui s'efforcent de semer le doute et l'incroyance dans nos cœurs de chrétiens.

C'est un devoir sacré que nous avons de tout faire pour nous en protéger.

Catholiques, protestants, serrez vos rangs, marchez la main dans la main, qui adorez le même Dieu ! Et repoussez les propos funestes du Juif talmudiste et de ses acolytes !

Ne voit-on pas ce pasteur Schorer, dans ses écrits, faire suivre son nom régulièrement de l'épithète « ancien pasteur de la cathédrale », comme pour donner par-là plus d'éclat, de retentissement et de poids à ses écrits suspects.

La cathédrale vous donne du poids, Monsieur Schorer, mais s'en enlève beaucoup à elle-même et à sa cité !

Notons encore qu'il découle, en fait, des opinions du pasteur Schorer, que pour lui, bien que le cycle biblique se soit quant au Christ par deux fois fermé selon la prophétie fameuse de Daniel ainsi que d'autres, d'abord lors de la destruction de Jérusalem et de la dispersion, puis à la fondation en 1920 du « Foyer national juif », que pour lui, dis-je, comme pour les Juifs talmudistes, le Christ n'est pas encore venu ; il ne le dit pas nommément, mais cela ressort *ipso facto* de ses conceptions dogmatiques, puisque pour lui Jésus-Christ n'est qu'un homme et point du tout le Fils de Dieu !

Non content d'attaquer la chrétienté dans ses plus chers trésors, cette notion du surnaturel, cette notion de toute puissance divine si éloignée des conceptions terrestres, et qui fait tant de bien, et donne tant d'assurance et de tranquillité à nos cœurs fatigués des vaines prétentions d'ici-bas, le pasteur Schorer éprouvait un jour le besoin d'attaquer le grand Calvin lui-même, et de le faire attaquer par d'autres... ; un beau jour l'idée lui vient, tout entière de lui nous dit-il, idée qu'il trouve naturelle et lumineuse (on voit par là sa méconnaissance, à moins qu'il ne s'agisse d'autre chose, de certains problèmes inhérents à la puissance politique juive qui touche à tout ' et à ses visées) de s'adresser à Stefan Zweig, Juif talmudiste de la plus belle eau, aux fins d'écrire contre Calvin en faisant l'apologie de Castellion.

Pasteur Schorer, ce qu'a dit Pascal des Juifs, vous est applicable entièrement, absolument ; vous aurez tout fait pour que cette épithète vous revienne de plein droit : « Les ténèbres des Juifs effroyables et prédites. »

C'est même un peu comme si vous étiez chargé de nous inoculer le virus talmudiste !

Mais au fait, n'êtes-vous pas peut-être devenu Juif ? Vous savez, je pense, qu'un arrêt récent de l'instance suprême des tribunaux israéliens vient de décréter que l'appartenance à la nation juive ne tient pas à la race, mais à la religion !

Vous profanez les Écritures et maintenant, de plus, vous profanez la mémoire de Calvin ! Le grand réformateur a-t-il mérité d'être raconté et jugé par le Juif talmudiste de qualité Stefan Zweig, dont la vie s'est terminée par un suicide ?

On pense ici, sans le vouloir, aux quatre syndics de Genève qui, après avoir en 1538 condamné Calvin à l'exil, moururent tragiquement.

La religion ne commande rien de pareil et le tact et le goût bien moins encore ! Vous montrez seulement par-là de quel esprit vous vous nourrissez, et de quel côté sont ceux que vous admirez !

Comme vous avez rabaissé Jésus, vous éprouvez le besoin de dégrader Calvin, homme de foi, de génie, l'homme de l'*Institution chrétienne*, de sacrifice, de travail intense, et dont la religion sans cesse - ce que vous passez sous silence - doit se mêler de considérations politiques ; homme d'humilité aussi, relisez donc dans l'*Histoire de Genève* de Jean Picot, l'adresse de Calvin au Petit Conseil dans les derniers jours de sa vie, une très belle et grande chose !

Calvin par Stefan Zweig ! C'est un peu comme si nous disions une Vie de saint Louis par Clémenceau.

Calvin par Stefan Zweig !

Ce Juif talmudiste a écrit une vie de Mary Baker Eddy remplie d'outrages, de calomnies et de mensonges, alors que la religion de cette femme éminente est si belle, si pratique, conduisant pour chacun à de nouvelles perspectives dans nos possibilités de vie spirituelle.

Calvin par Stefan Zweig, c'est aussi comme si l'on disait Vie du maréchal Pétain par le général de Gaulle !

Consistoire de Genève ! j'aimerais que tu me dises quelles sont exactement tes fonctions dans l'Église ? Je croyais les connaître ; et je ne comprends plus très bien non plus tes silences ; est-ce que tu délibères, peut-être très longuement, aux fins d'arrêter de grands jugements ?

Ou bien, en es-tu à te remémorer cette mémorable fin du dix-huitième siècle, où les propos de d'Alembert dans l'*Encyclopédie* conduisaient pour toi à de grands embarras ?

On dit que l'attente de tes réactions qui mirent tant de temps à venir, fut un des beaux moments de la vie de Voltaire !

Silence et attente que tout le monde trouvait trop longs, et que Madame Huber expliquait en disant, que le Consistoire délibérait pour chercher un état à Jésus-Christ !

Oui, on avait trouvé long, au dix-huitième siècle, le temps que tu mis à répondre à l'article Genève paru dans l'*Encyclopédie,* qui n'avait pourtant duré que quelques mois.

Que dire alors de ton inaction profonde, en regard des affirmations blasphématoires du pasteur Schorer, dans ses conférences données à la salle du Conservatoire pendant l'hiver 1943-1944 ?

Au dix-huitième siècle, c'était quelques mois d'attente ; au vingtième siècle, deux siècles plus tard, vingt ans se sont passés sans que la voix du Consistoire ne se soit fait entendre !

Le Consistoire, nous dit-on, est le gardien de la doctrine !

Mesure, Consistoire inconsistant, Consistoire du siècle et non plus du Ciel, mesure à la longueur d'un silence dont on ne peut plus prévoir la fin, la hauteur de ta chute, l'abaissement qui te frappe !

Sans doute, ne veux-tu pas heurter de front, et même de biais, le vent qui souffle dans le Genève d'aujourd'hui, tout à l'échelle d'un monde que méconnaîtrait Calvin !

Relis donc Hérodote puisque les Écritures ne t'animent plus, et que le courage t'abandonne ; revois la victoire de Salamine, relis l'entretien de Thémistocle avec Euribiade, quand le second ne veut pas combattre alors que le premier en brûle.

Consistoire de Genève, n'as-tu pas le besoin de remporter quelque éclatante victoire, dans une ville où la pure doctrine de Calvin est en péril du fait du talmudisme, qui l'enveloppe de toutes parts, le ver rongeur, le poison mortel !

Il faudrait qu'armé d'une résolution invincible, tu puisses dire comme Thémistocle à son Euribiade d'inertie et d'indécision, le fameux : « frappe, mais écoute. »

Oui, le mal est si profond, qu'il faudrait que tu reçoives des coups, que tu désires en recevoir, pour que tu sortes de la torpeur qui te frappe ; il faudrait que comme Euribiade, grâce aux dispositions secrètes de Thémistocle agissant sur les Perses, tu sois obligé de combattre, de te jeter dans la mêlée, d'engager le peu de force et d'autorité qui te restent, et que seule une victoire pourrait faire renaître.

Hélas, il n'y a plus à Genève, à longueur de vue, dans son atmosphère de miasmes onusiens, de Thémistocle possible, au Consistoire ou hors du Consistoire, pour lutter contre « l'ennemi du genre humain. »

Calvin, ces jours encore, début de juin 1964, et une fois de plus, la combientième ? et ses compagnons de lutte, ces superbes pierres des Bastions de relief et de puissance, ces guerriers de la foi, couverts d'un liquide qui les abîme pour longtemps, peut-être pour toujours !

Hommes d'armes du Ciel, qui vous protégera des mains de ceux qui outragent et blasphèment ?

Pourquoi vous attaque-t-on si souvent ? N'est-ce pas pour frapper et faire tomber l'esprit public, et créer des états psychologiques conduisant à des bouleversements et à des tremblements de terre sociaux ?

C'est une atmosphère d'indifférence, de mollesse, et même de reniement sur les choses essentielles qu'on respire à Genève, et si Jésus n'est pas frappé, crucifié, et percé dans son propre corps, on voit bien qu'il l'est de plus en plus, dans sa pensée et dans sa vie morale et spirituelle.

Consistoire de Genève, continue ton sommeil dangereux, achève de marcher par ton silence coupable et ton apathie, dans les pas du Juif talmudiste, ennemi de Jésus-Christ et de toute vie spirituelle.

La Jérusalem de Jésus avait ses pharisiens et saducéens, ennemis de la doctrine du Fils de Dieu, qui les gênait.

Genève, aujourd'hui, n'a-t-elle pas aussi parmi ses gentils de nouveaux pharisiens et saducéens ?

Chapitre VI

L'honneur, cette chose plus précieuse que la vie

Les lois sont une chose, M. le rédacteur en chef de la *Gazette de Lausanne*, leur abondance une autre, leur application selon les hommes.

Ce qui vaut mieux que tout, c'est l'honneur !

Beaucoup trop de lois pour pas assez d'honneur serait une formule qui conviendrait assez à notre temps.

Nous n'avons jamais eu autant de lois et à la fois tant de désordre, d'anarchie et de déshonnêteté sous toutes ses formes, dans la société, que de nos jours !

On n'aurait jamais vu, sous l'ancien régime, président de l'Association internationale des anciens combattants, un homme qui n'avait jamais mis les pieds sur le front.

Ainsi fait la France.

Pas assez de cet honneur des anciens temps, dont le gardien redoutable était l'épée du gentilhomme, le seul privilège qu'en 1789, et pour cause, on ne lui prit pas !

L'honneur, a dit Montesquieu, est le fondement de la monarchie. Taine, après des recherches approfondies, confirme la chose absolument.

Les lois se tournent, contournent et détournent ; l'honneur est intangible !

Qu'est devenu de nos jours le droit d'asile pour tous les pays la Suisse comprise, les Juifs et sa franc-maçonnerie aidant ?

Un très bel exemple, à côté d'autres, tiré des archives de la Bastille, est l'illustration parfaite de l'honneur. Un libelle circule à Paris sur Louis XV et la marquise de Pompadour. Son auteur est dénoncé par un de ses amis, Leroy de Fontigny. La mère du dénonciateur l'apprenant, malgré qu'il s'agisse de la personne du roi, se rend aussitôt chez le ministre de la police d'Argenson, exigeant pour son fils la déportation aux colonies. Le ministre s'incline, non sans résistance.

Comme si ce périlleux et impitoyable privilège de l'épée n'en devait pas justifier d'autres ne faisant pas couler le sang, privilèges indispensables à la constitution des élites ! On ne peut constituer une société sans élite et une élite sans privilèges.

La noblesse (qui se marque le plus souvent par la particule) a pu dire Joseph de Maistre, n'aurait que cette qualité qu'elle est quelque chose de tout à fait en dehors et au-dessus de l'argent, qu'elle trouverait sa pleine justification ! Parole profonde et que notre âge nous permet d'apprécier dans toute son ampleur !

L'essentiel est que les classes sociales soient ouvertes, mais pas trop pour des raisons évidentes.

À Venise, grande cité aristocratique millénaire, le « Libro d'Oro » montre qu'il faut plusieurs siècles pour faire passer le nombre des familles aristocratiques de 1200 à 1600.

Mais on voit des ascensions plus rapides. Le père de Nicolas Perrenot de Granvelle, premier conseiller d'État de Charles-Quint et son garde des Sceaux, en même temps que son bras droit, était notaire et juge-châtelain du bailliage d'Ornans (la patrie de Courbet), le grand-père forgeron au même lieu.

En France, sous l'ancien régime, dans les derniers siècles, il y a 4000 charges qui anoblissent (Taine)...

Les régimes communistes eux-mêmes n'ont rien de plus pressé que de se constituer, ne disons pas une élite, le mot serait trop fort ; il s'agit seulement au début du moins d'arrivistes, mais une classe dirigeante, le parti communiste dans lequel même sont des degrés. Nous savons maintenant qu'il n'y a rien de plus hiérarchisée que la société communiste russe.

Allez donc vous mettre en travers des dispositions qui sont l'expression de la nature des choses ; ô Jean-Jacques Rousseau ! une fois de plus l'homme des pétitions de principe !

Pas assez de cet honneur, disons-nous, dont sont imprégnés le Vatel du Grand-Condé (1671) et l'admirable capitaine neuchâtelois de Marval (1654) qui perd la vie pour l'honneur, et dont la rapière, témoignage émouvant, orne les murs du musée militaire de Colombier.

Sous l'ancien régime, l'honneur est d'un prix inestimable, rien ne récompense mieux que lui.

À la bataille de Bouvines, en 1214, le chevalier d'Estaing sauve la vie du roi Philippe-Auguste et ne veut de son souverain, que de pouvoir ajouter à son blason une troisième fleur de lys.

Maurice de Saxe, maréchal de France et vainqueur à Fontenoy, a l'honneur de la présentation du livre de l'Opéra, qui n'est que pour le roi et les princes du sang ; et Mademoiselle Maix personnifiant la gloire lui remet la couronne de laurier. À cela, Louis XV ajoute les grandes entrées, c'est-à-dire le droit de pénétrer dans la chambre du roi quand il est encore couché, et la jouissance à vie du château de Chambord.

Il n'est pas jusqu'au roi de France, lui-même, qui ne fasse passer l'honneur au premier rang de ses préoccupations et de ses aspirations, comme le fit Jean-le-Bon prisonnier des Anglais, après avoir subi le désastre de Poitiers en 1356, vaincu par le Prince Noir fils d'Edouard III.

Le traité désastreux de Brétigny le libère en 1360, mais il laisse son fils en otage comme gage de son exécution. Ce fils s'étant évadé, Jean le Bon retourne à Londres se constituer prisonnier. À ceux qui voulaient l'en dissuader, il laisse cette parole mémorable : « Si la bonne foi était bannie de la terre, elle devrait trouver asile dans le cœur des rois. »

Jean le Bon, père de Charles V le Sage - à bon père bon fils - mourut peu après son retour à Londres.

Quelle richesse de rois que cette lignée capétienne d'admirable continuité, comme on y sent vivre l'âme de la France... et que l'histoire n'a pas fini d'admirer, de vanter et de faire à son avantage d'utiles comparaisons : la France sous le culte de l'honneur par ses rois, et la France d'à présent sans honneur par ses Juifs !

Cette notion de l'honneur sous l'ancien régime est si vivante et si vibrante, l'honneur au-dessus de tout, l'honneur la chose la plus précieuse qu'il soit au monde, qu'aucun édit, jamais, ne put éteindre l'usage du duel son vigilant gardien.

Il est bon d'aborder des moments terribles avec une conscience pour soi.

Et il est bon, souvent, de laisser que les faits parlent seuls et par eux-mêmes !

De nos temps, pas assez de cet honneur dont la devise des Cent-suisses et le Lion de Lucerne (1821), aux flancs percés de coups, nous parlent éloquemment, fleur de cet ancien régime si critiqué, si dénaturé, si calomnié... je dis bien fleur qu'on ne peut discuter, qui se concrétise dans le fameux *Summum justiciae caput* des Capétiens que Saint Louis a particulièrement illustré.

Il est même arrivé que le saint roi, dans des cas où il était parti, était choisi par ses adversaires comme juge du litige !

De quel secours serait aujourd'hui cet honneur, pour alléger et purifier des mœurs et des cœurs, que plus de 150 ans d'une effrayante et basse démagogie, au service des absurdités politiques de Jean-Jacques Rousseau et consorts, a porté à son sommet d'expression ! J.-J. Rousseau, l'ancêtre de la démagogie moderne ; l'homme dont Amiel a stigmatisé le « prodigieux orgueil » ; la tête la moins objective qui soit ; c'est « la plume qui brûle le papier » de Voltaire.

On juge l'arbre à ses fruits, et nous voyons que ceux de la démocratie moderne sans Dieu sont détestables et sans appel ! comme nous l'avons montré au chapitre premier de ce texte.

Il faut changer d'un système incapable de s'améliorer, ou de se guérir par ses propres moyens. C'est le *aut aut* des Latins, *mutare aut mori* !

L'ancien régime a honoré la religion ; les empereurs et les rois, tout imparfaits qu'ils étaient se sont inclinés devant la Majesté divine, donnant aux peuples le meilleur des exemples. Louis XV est un modèle d'humilité. À Venise, grand État aristocratique, la religion est honorée grandement ; elle est aux premières places comme en témoignent tant de compositions des plus grands peintres. Que de doges agenouillés, priant, revêtus de tous leurs ornements ! À Pâques, chaque année, un prisonnier est relâché.

Il n'y a que la religion, nous l'avons vu plus haut, qui permette de pratiquer avec quelque succès l'art de gouverner. Hors d'elle point de salut !

L'ancien régime n'a pas laissé une jeunesse et la société dans l'état où nous voyons qu'elle est présentement. La jeunesse était, disait-on, l'âge de l'idéal.

Cet ancien régime, dont les consistoires de village nous dit M. O. Dessemontet dans une conférence (*Feuille d'Avis de Vevey*, du 19 juin 1964), sorte de comité des mœurs, par leurs activités « ont empoisonné la vie des Vaudois. »

Il faut ne rien voir de la présente et profonde décomposition sociale de nos temps, pour se permettre de juger avec tant d'assurance et d'autorité, une institution qui avait le grand avantage de reprendre les gens avant qu'ils n'aient eu à en répondre devant les juges. Son fonctionnement n'avait pas de caractère infamant ; elle était souvent d'utilité pour l'intéressé et surtout pour son entourage.

C'était conçu dans le même esprit que les conseils de famille, eux aussi d'ancien régime, et dont l'utilité, assise sur ce bloc d'or et d'airain qu'était l'honneur, déploya tout au cours des siècles une bienfaisante activité.

Le fameux et pitoyable et désastreux et anarchique « moi » de Rousseau et du romantisme, d'orgueil et d'égoïsme, n'existait pas encore.

Il fallut qu'à la Révolution, les Juifs s'en mêlent, pour que tout change, et nous conduise à ce présent désarroi dont nous aurons bientôt, quant à ses origines, à nous occuper principalement.

La première tête politique contemporaine, Ch. Maurras († 1952) a pu dire, nous l'avons vu :

L'inégalité ou la décadence
L'inégalité ou l'anarchie
L'inégalité ou la mort.

Cette inégalité politique, condition première d'une saine politique de gouvernement, déjà se voit justifiée par la notion du Karma si courante en Orient et si vérifiée, de ce Karma bagage de qualités et de défauts, de fortune et de destinée, de ce dossier, de ce bilan en quelque sorte dans l'ordre moral que nous apportons en naissant et en commençant une nouvelle vie, bilan qui éclate à tous les yeux, inégalité première et foncière qui fait que personne n'est égal à son voisin... la vie se poursuit, est éternelle, et nous la pratiquons tous dans des conditions et des circonstances différentes. C'est une inégalité de source ; c'est une inégalité morale, résultante de vies antérieures, devant laquelle nous avons à nous incliner. C'est une inégalité de l'Évangile, cette histoire de la vie ; voyez par exemple Exode XX, verset 5, et ch. XXXIV, verset 7 : les fautes, les vices, les manquements des parents dans l'éducation de leurs enfants retentissent sur leur progéniture jusqu'à la troisième et quatrième génération.

Nous avons à nous incliner devant de telles lois, qui sont de celles à la source même de l'univers, en homme de foi et de science bien comprise. Car, nous n'avons pas, je suppose, la prétention de savoir mieux disposer et des âmes et des choses que le Maître de toutes choses !

Nous avons quitté la décadence de l'aphorisme de Ch. Maurras, celle-ci consommée ; et poursuivant la folie de l'égalité systématique contre nature, concrétisée notamment par le suffrage universel, juge souverain des problèmes les plus difficiles, nous entrons dans l'anarchie ; si évidente pour qui sait tant soit peu voir, par ce bouleversement des valeurs, leur nivellement quand ce n'est pas leur renversement, et l'affreuse domination et prééminence de l'argent sur toute la ligne.

Tous les progrès matériels et scientifiques n'y changeront rien, car le vrai progrès est de nature spirituelle ; jamais, peut-être autant que dans nos temps d'âge spatial, cette grande vérité n'est apparue plus clairement !

Urbanité, bon sens, modestie - notre temps est celui de l'orgueil, l'orgueil de Jean-Jacques Rousseau précisément, un orgueil qui fait frémir ; c'est celui des salutations très distinguées que tout le monde envoie ; raison, conscience du ridicule et du déplacé, tenue, personnalité, ordre, hiérarchie, honneur, bon goût, rouages sociaux harmonieux, respect des belles choses et des saintes choses - à quelles horreurs nos peintres ne nous ont-ils pas presque accoutumés - sont les marques d'une nation civilisée.

Civilisation implique nécessairement religion, qui discipline et harmonise l'homme, et Saint Louis le savait qui faisait marquer du fer rouge les lèvres de ceux qui blasphémaient !

« Les parvenus de l'intelligence connaîtront les antiques distinctions de vie et de mœurs, la supériorité des manières, l'affinement et la culture souveraine du goût », a pu dire C. Maurras.

Faisons de la science en politique comme nous en faisons en physique, en chimie et en astronautique, et tout ira bien.

Nous roulons à grands pas au précipice où nous a conduit le prodigieux talent littéraire de J.-J. Rousseau, l'homme qui ne se contrôle pas, et dont l'influence dans la seconde moitié du XVIIIe s., comme nous le savons tous, fut énorme.

Encore une fois, c'est le *aut aut* impitoyable des Latins qui commande souverainement notre destin ! Changer ou mourir !

Chevalier d'Assas à l'aide ! Reviens parmi nous, nous avons besoin de toi, reviens ; toi qui fus, le sachant et le voulant, mortellement atteint, pour avoir défendu l'honneur de ton nom et la sauvegarde de ton Royal-Auvergne !

Tu savais, n'est-ce pas, qu'il est des choses plus précieuses que la vie, et Paris s'est souvenu de toi, dont une de ses rues se pare de ton nom glorieux ; récompense de héros, et qui crie, chevalier d'Assas :

Tibi laurea corona ea quae adeo placebat Julio Caesari !

(À toi cette couronne de laurier que Jules César aimait tant à porter.)

Chapitre VII

Une page d'ancien régime

Marquis de Dangeau, marquis de Dangeau, charmante et belle nature, courtisan de bon ton et dépourvu de bas-côtés, délicatesse de tes manières, comme de ton esprit, toi qui gardes jusques à ton dernier soupir, malgré d'ardentes sollicitations, le secret absolu du contenu de ton journal dont Duclos nous a dit : « Dangeau ne dort tranquille que quand il a mis son registre au courant ! »

Et Fontenelle, que dit-il dans l'éloge funèbre à l'Académie française du marquis de Dangeau : « Il gagnait au jeu presque à coup sûr, et sans que cette attention intérieure ne l'empêche d'être à la conversation et de paraître aimable. »

Il y a là dans ces gentilshommes d'ancien régime, dans tous, mais peut-être davantage dans les cadets de familles, un dévouement à l'État, un esprit de sacrifice sans phrases, une discipline intérieure qui n'est que le fruit et l'expression de certains beaux sentiments. Taine a célébré les cadets de familles à l'épée dès le berceau, et qui partent pour la carrière des armes et la gloire du roi !

C'est, je crois, Philippe de Ségur dans sa « Campagne de Russie », qui parle de ces gentilshommes qui, pendant toute la durée de ce terrible hiver, ne manquaient pas chaque matin de se faire la barbe.

Admirables instituteurs de la vie !

On ne se penchait pas sur sa personne sous l'ancien régime, à se tâter, à se soigner, à se questionner sur la nature de ses maux ; mais être charitable était une loi naturelle dans le royaume des descendants de St-Louis, au témoignage même du socialiste Louis Blanc auteur d'une « Révolution française ». On pensait à ses devoirs, on tenait sa place avec discipline, dignité et simplicité.

Le sentiment de responsabilité personnelle vous habitait, et le temps des assurances et des sécurités de toutes sortes qu'on demande à l'État, et qui finit par faire plus de mal que de bien, n'avait aucunement cours.

L'épée à vos côtés vous gardait, vous faisait noble et c'était justice, car elle vous faisait encourir aussi les plus grands dangers. C'était le privilège dangereux comme nous l'appelons, qui vous détachait de votre personne et vous mettait très naturellement au-dessus des autres, n'en déplaise à Rousseau, « théoricien de la souveraineté populaire », toujours trop entier dans ses jugements et ses constructions de l'esprit.

On savait mourir sous l'ancien régime comme un Capétien, sans phrases et sans histoire, avec une bravoure de grande race.

L'orgueil de nos temps, si répandu et si ridicule, qui altère si profondément l'homme, était inconnu. On avait le sens des valeurs et des vraies situations sociales ; souvenons-nous du « très humble et très obéissant serviteur » répandu à tous les étages de la société et que seul, le roi n'emploie pas !

Voyez donc le marquis de La Tour-Maubourg, héros des guerres napoléoniennes, grand maître ès cavalerie, perdant à Leipzig une jambe emportée par un boulet, et qui console son valet de chambre et ordonnance qui s'en désole : « Tu n'auras qu'une seule botte à faire reluire ! » dont Philippe de Ségur justement a dit : « C'était un être à part : toujours prêt sans être empressé, calme et actif, d'une sévérité de mœurs remarquable, mais naturelle et sans ostentation ; du reste, simple et vrai dans ses rapports, n'attachant la gloire qu'aux actions et non aux paroles ».

Marquis de Dangeau, pourquoi donc ta mémoire, l'évocation de ton nom, caressent ainsi mon esprit ? Parce que ta bonté est un autel que tout le monde célèbre et qu'autour de toi, à Versailles, une grande chose vit et palpite, dont tu méconnais les intrigues et les ambitions, un royaume tête de l'univers, dont un roi conscient de ses devoirs tient sans cesse, et sans faiblir, et jusqu'à son dernier souffle de vie, les rênes directrices !

La marquise de Montespan n'a-t-elle pas dit, cette langue la plus acérée qui soit à Versailles, n'a-t-elle pas dit de notre Dangeau « qu'on ne pouvait s'empêcher de l'aimer ni de s'en moquer » ; ainsi parle Saint-Simon qui voit les beaux côtés du marquis et peut-être exagère les faiblesses de celui que Louis XIV aimait, alors que l'« espion de son siècle » comme a dit Sainte-Beuve n'est pas dans les grâces du Maître !

« C'est chose étrange » a dit Louis XIV, « que M. de Saint-Simon ne songe qu'à étudier les rangs et à faire des procès à tout le monde ».

Il faut, marquis de Dangeau, il faut célébrer les grandes beautés de l'esprit humain !

Charmante et belle nature, faite pour comprendre, soigner et cultiver toute la grâce et la bonté de celle de son maître !

Charmante et belle nature, dans l'harmonie, la sonorité et la douceur de ton nom si beau, que tu portes si bien, marquis de Dangeau !

Si charmante et belle nature, que ne se peut pour elle concevoir la maxime pertinente de La Bruyère disant : « La Cour ne rend point heureux, elle empêche qu'on le soit ailleurs ».

Héros de civilité, de modestie et d'honnêteté, chante avec La Rochefoucauld : « La civilité est le désir d'en recevoir et d'être estimé poli ! »

Il n'est pas jusqu'à l'immortel Boileau qui ne veuille se faire gloire et parure du marquis de Dangeau, qui, dans sa satire cinquième, lui donne le départ de ses premiers vers :

La noblesse, Dangeau, n'est pas une chimère
Quand, sous l'étroite loi d'une vertu sévère,

> *Un homme issu d'un sang fécond en demi-dieux,*
> *Suit, comme toi, la trace où marchaient ses aïeux.*

Toi, qui n'aurais point aimé le grondeur, partial, et talentueux Michelet qui n'aimait pas ton maître, toi digne entourage de ton auguste souverain, dont les derniers instants te voient présent, et dont, si simplement et si poétiquement, tu nous as dit : « Le Roi est mort ce matin à huit heures un quart, il a rendu son âme sans effort comme une chandelle qui s'éteint ».

Tu fus, comme ton roi, un des ornements de ce Versailles dont retentit encore le monde, et qui retentissait lui-même de la musique divine des grands poètes,

> *Quelle fut sa réponse et que devins-je Archas*
> *Quand j'entendis ces mots prononcés par Calchas*
> *Ainsi parle Racine dans « Iphigénie ».*
> *Qu'en quelque obscurité que le ciel l'eût fait naître*
> *Le monde en le voyant eut reconnu son Maître !*

chante-t-il encore dans « Britannicus », pensant à Louis XIV, nous dit Voltaire, en écrivant ainsi.

Louis XIV, lui-même, n'a-t-il pas été dans sa prose un grand poète ? N'a-t-il pas dit parlant du cardinal de Polignac : « Je viens de m'entretenir longtemps avec un homme et un jeune homme, qui m'a toujours contredit et qui m'a toujours plu. » (Dangeau III - de *Genlis*, p. 384.)

Oui, l'admirable prosateur que fut Louis XIV, non tant la prose de sa plume que celle vivante, imposante, harmonieuse, chargée de noblesse, de grâce et de musique, qui à tout instant, le fait parler, lui roi de France, comme s'il était aussi le roi de cette langue française, qui devient sous lui la première du monde !

Je dirais que sa prose est la rivale et la parente de celle de Bossuet, n'a-t-il pas dit :

> « *Cette soumission que j'ai pour Dieu est la règle et la mesure de celle qui nous est due.* »

Ils sont tous les deux de remarquables improvisateurs, et professent l'un pour l'autre la plus vive des admirations.

C'est qu'ils se comprennent, se retrouvent l'un dans l'autre, se font écho par la pensée et par le cœur !

C'est pourquoi celui dont Boileau, cet autre ornement de Versailles, aurait pu dire, ainsi parle Joseph de Maistre, ce qu'il a dit d'un autre :

> *Esprit né pour la cour et maître en l'art de plaire*
> *Et qui sait également et parler et se taire...*

peut dans ce sermon pour le mardi de la troisième semaine du Carême, parler sérieusement du haut de la chaire à celui qui n'a pas encore, dans un second mariage, trouvé le remède à son péché, et lui dire :

« Il y a un Dieu dans le ciel qui venge les péchés des peuples, mais surtout les péchés des rois. C'est lui qui veut que je parle ainsi, et si votre Majesté l'écoute, je lui dirai dans le cœur ce que les hommes ne peuvent pas dire. »

Les rois de France, nous le voyons, dans le plus grand d'entre eux, laissent parler les serviteurs de Dieu, qui leur donnent ainsi publiquement leçon.

Quel plus salutaire exemple pour les peuples.

Et cette critique à l'adresse de la puissance royale un instant défaillante, faite au nom du Ciel, n'affaiblit pas, a pu dire encore J. de Maistre, chez les peuples, leur loyauté à la Couronne, mais au contraire la fortifie, l'élève et la grandit.

Genre humain, humanité, il faut respirer cette réalité première des beaux sentiments, qui sont et restent comme l'expression même, l'apanage de la vie ! et porter de nouveau vos regards vers ceux qui, à la face de leurs peuples, reconnaissent leurs fautes, savent s'en humilier devant Dieu, et savent aussi, mieux que quiconque, les Juifs le reconnaissent eux-mêmes dans leurs Protocoles, vous protéger des atteintes du Juif, maître de nos temps et profanateur de tout ce nous aimons.

Peuple français, quand on a passé par les mains de grands rois, on ne tombe pas dans celles des fils de Judas ou bien alors il n'est plus rien de toi !

Qui a dit parmi les tiens : « Celui qui désire être bien gouverné est royaliste et celui qui désire gouverner républicain » ?

Puissance, gloire, politesse, art consommé de la conversation : floraison d'homme de lettres, de peintres et de sculpteurs, femmes d'élégance et de charme, se groupant naturellement autour d'un roi qui les aime, et dont Saint-Simon nous a dit qu'il savait, dans un monde qui comptait les plus brillants causeurs, faire un conte mieux que personne !

Comme ce temps d'élégance naturelle et de vie policée se propageant de haut en bas, de belles manières, de grands serviteurs les Louvois, les Colbert, les Villars, et de hauts devoirs au service de l'État comme le roi lui-même le premier, étaient bien faits pour un homme comme toi, marquis de Dangeau tout en bonté et honnêteté, et dont les qualités et les ornements de l'esprit, délassent et distraient ce grand serviteur de tous par son application sans relâche, et le zèle de tous ses instants, que fut le Roi-Soleil !

Comme au IIe siècle de notre ère les Autonins rassemblent les écrivains, Louis XIV les groupe, les chérit et les honore... c'est peut-être trente fois, dit Sainte-Beuve, que le roi assistera au spectacle d'Esther !

Ce sont les grands hommes qui font les grands siècles a dit non sans raison Voltaire, aidés, ajouterons-nous, d'institutions politiques qui les soutiennent et les portent assez naturellement à bien faire !

Quelle efflorescence de talents, de génie, de beauté, de politesse, de belles manières, de grandeur et de science même, par Pascal et Descartes, que ce XVIIe siècle français !

« Sire » a pu dire Bossuet au début du règne de ce Louis XIV auprès duquel déjà il se sent naturellement porté... « Sire, il se remue pour votre Majesté quelque chose d'illustre et de grand et qui passe la destinée des rois vos prédécesseurs. »

Paroles connues, paroles très belles !

Quel meilleur répondant pour un souverain, ô Michelet tendancieux, guidé trop souvent par des sentiments communs de plébéien, envieux d'une noblesse de nom qu'il n'a pas !

Humanité, équilibre, mesure et pondération héréditaires des Capétiens !

Louis XIV, nous dit Saint-Simon, ne s'emporta que deux seules fois dans sa vie, la première quant à Louvois lui déclarant qu'il a donné l'ordre, pratiquant la politique de la terre brûlée, de détruire la ville d'Aix-la-Chapelle ; la seconde, quant à Lauzun dans un jour d'insolence : « Ouvrez la fenêtre, dit Louis XIV, que j'y jette ma canne, qu'il ne soit pas dit que j'aie bâtonné un gentilhomme. »

Louis XIV, dont le tact si royal a pu dire Joseph de Maistre n'a peut-être jamais été égalé, et dont La Bruyère comme Saint-Simon ont célébré la grâce souveraine !

« Une façon de faire des grâces qui était comme un second bienfait » nous a laissé La Bruyère. Et Saint-Simon de lui faire écho : « Jamais personne ne donna de meilleure grâce et n'augmenta tant par là le prix de ses bienfaits ! »

Louis XIV, ajouterons-nous, un esprit inculte de par les manquements dont il a souffert dans sa jeunesse, et s'entourant de beaux et savants esprits, signe certain d'une grande âme, ô Michelet, qui l'avez dénaturé à plaisir.

Humanité des rois de France !

Georges Gaudy, héros et écrivain des deux guerres mondiales, vient de rappeler, à propos du livre sur la Croix-Rouge de M. Boissier *(Aspects de la France,* 7 novembre 1963), l'excellente et exceptionnelle organisation sanitaire de la bataille de Fontenoy, qu'il faut attribuer par ailleurs à l'action personnelle de Louis XV nous dit-il.

On sait que de l'avis de tous et à tous égards, dans cette bataille célèbre, Louis XV fut absolument remarquable. Parcourant après la victoire le champ de bataille, il dit à son fils le dauphin *(Aspects de la France,* 12 juin 1959) - « Voyez tout ce que coûte un triomphe. Le sang de nos ennemis est toujours le sang des hommes. La vraie gloire est de l'épargner. »

Calomniateurs de l'ancien régime, retenez donc cette grande pensée, vous qui ne l'avez point épargné.

C'est de cette même bataille de Fontenoy de la première guerre de Sept ans que date le mémorable et fameux : « Messieurs les Anglais, tirez les premiers. »

La politesse, la noblesse d'âme, le « fair play », le beau geste, qu'on n'oublie même pas devant la mort ! quoi de plus révélateur des mœurs d'un temps !

Mesurez, misérables moments d'aujourd'hui, où tout est à l'argent et au profit, le peu que vous êtes devenus à l'école de mauvais maîtres : le Juif et sa Révolution française sanglante.

En 1754, Louis XV interdit le refus des sacrements ordonné par Mgr Chr. de Beaumont, qu'il exile, aux mourants non pourvus d'un billet de confession signé d'un prêtre janséniste.

C'est sans doute en pensant à sa malheureuse passion pour le beau sexe, qu'il ne put jamais vaincre, que Louis XV, la modestie même, tellement que B. Fay a pu dire que son humilité était un vice, eut cette haute et belle parole : « Un descendant de Saint Louis ne peut être damné s'il ne profite pas des petites gens, et s'il exerce bien la justice » (in Funck Brentano, *Le Roi*).

Un exemple de cette humilité. C'est, je crois, l'évêque d'Amiens qui est à la Cour ; quand il s'en va, Louis XV lui demande de ne le point oublier dans ses prières. L'évêque (je cite de mémoire) :

« Croyez bien, Sire, que je prie journellement pour votre Majesté, et que je donnerais tout mon sang et ma vie, pour que Dieu vous accorde ce que toujours je Lui demande pour votre Majesté. » Louis XV, qui a bien compris ce que l'évêque entend dire, lui répond simplement : « Continuez de prier, monsieur l'évêque. »

Et enfin, dernier trait d'humanité de ce Louis XV tant attaqué et dénaturé. Sa Majesté refuse l'offre en 1760, en pleine guerre de Sept ans, de l'inventeur Duprez, dont la découverte est capable de détruire toute une flotte en peu de temps. Des essais préalables ont montré toute la valeur de la découverte. Mais Louis XV, dit B. Fay, dans son *Louis XVI* « n'en voulut pas, car elle se serait tournée un jour contre les Français et tous les hommes des autres nations. »

Si le roi de France avec tous ses pouvoirs et l'humanité de sa race eût été là, aurions-nous eu cette barbarie sans nom du bombardement des villes allemandes ? Là, aussi, la marque du Juif frénétique !

« La République en France, a dit Drumont, n'est pas un homme pensant, raisonnant, recherchant la vérité et la proclamant, c'est un orgue de Barbarie jouant des airs de civilisation. »

Grandes manières et humanité des XVIIe et XVIIIe siècles.

Voilà qui s'appelle de la civilisation ! temps barbares qui partirent de 1789 et qui s'exacerbent présentement.

Faut-il quitter ce chapitre des beaux sentiments que sont l'humanité et la charité chrétienne, si précieux à rapporter pour nous faire une idée juste de l'esprit d'une époque de l'histoire, sans rappeler la mémoire de Louis XVIII et de son admirable mouvement à l'égard de Tallien, le principal artisan avec Fouché de la chute de Robespierre au 9 thermidor. Tallien et Fouché, tous deux régicides et adeptes et exécuteurs des plus violentes méthodes révolutionnaires !

Le retour des Bourbons en 1815 trouve Tallien abandonné de sa femme, pauvre et isolé. Louis XVIII l'apprenant, dit à Pasquier, modérateur des passions politiques comme son maître, le digne chancelier et pair de France, descendant de celui de la Ligue et d'Henri IV : « Voulez-vous, Pasquier, vous rendre chez M. Tallien pour le prier d'accepter une pension de cent livres sur ma cassette personnelle. » Louis XVIII se souvenait sans doute de la recommandation faite par Louis XVI, peu avant de monter sur l'échafaud, à Marie-Antoinette, que le petit dauphin ne cherche jamais à se venger de ceux qui avaient causé sa mort. (*Aspects de France*, 3 octobre 1963.)

Chose fut dite et faite ; Tallien pensionné par le frère du roi décapité !

Capétiens, admirables Capétiens, défenseurs des hautes et bonnes choses, modérateurs naturels des passions politiques !

Et vous Français, et vous tous hommes de cœur et de bien, comparez et jugez : la magnanimité de Louis XVIII, et la férocité sanguinaire de la Libération envers tant de magnifiques Français, que rien n'arrête, pas même un maréchal de France sauveur de sa patrie en les années 1916 et 1917.

Cette férocité est celle de la Révolution française, de toutes les révolutions les plus récentes, communistes très souvent, engendrées toujours et encore par celui qu'à juste titre, on a dénommé « l'ennemi du genre humain. »

Mansuétude des rois de France, inclinons-nous ! Des milliers, des dizaines de milliers, peut-être des centaines de milliers de Français répandus sur tout le territoire, dont la Révolution a chargé la conscience et qui ne se sont nullement inquiétés en 1814 ; Lenôtre en a témoigné dans ses écrits de nombreuses fois ; à commencer par le sinistre Amar, membre du Comité de Sûreté générale, pourvoyeur très zélé de la guillotine.

Il y a trop de coupables, il y a eu trop de victimes, la patrie a trop souffert, elle a trop perdu de sang et trop vécu de convulsions, elle a besoin d'un grand repos ; il faut passer l'éponge, c'est de nécessité nationale, et c'est un geste que les rois de France qui sont équilibrés, de mesure et de tact, et qui sont sans partis politiques et au-dessus de tous les partis, savent souverainement accomplir. L'histoire nous le dit, l'histoire nous le montre !

France ingrate, quand rendras-tu des comptes à ta conscience ?

« Pour beaucoup de Français, a dit Drumont, la maison Rothschild est devenue la maison de France. »

Jusques à quand ? Jusqu'au moment qui verra, partout, le Juif chassé des positions qu'il occupe.

Vous direz qu'en 1815, il y a Ney et Labédoyère et d'autres, encore que le temps, si je ne fais erreur, ait été laissé à certains d'entre eux de prendre le champ.

La monarchie en France frappe aux responsables si haut situés soient-ils, et non aux petites gens comme le disait Louis XV.

Ney et Labédoyère ont fait que la France de 1815 ne sera plus celle de 1814 par les traités.

Un tort immense lui a été causé par la folle équipée napoléonienne partie de l'île d'Elbe, alors que la première Restauration ne s'était accompagnée d'aucune exécution.

Tous ceux qui pensent, connaissent et raisonnent, se rendent compte, partout, de l'inanité des systèmes judéomaçonniques qui nous régissent, étrangers à nos mœurs et à nos cœurs, et partis de celui pourri et malintentionné du Juif talmudique.

Les Juifs n'ont-ils pas dit dans leurs Protocoles que les princes, les rois, les aristocrates étaient les meilleurs défenseurs des peuples ?

Il faut refaire une civilisation, revenir aux réalités politiques des temps passés, des XVIIe et XVIIIe siècles, et même remonter plus haut.

Il faut jeter bas ces parlements rousseauistes d'illusions ; que nous montrent en Suisse les événement de ces jours mai-juin 1964 avec ce scandale des Mirage ? si ce n'est l'insuffisance dans ses tâches du Conseil national.

Ces parlements, fruits du suffrage universel et de ses partis politiques, cette absurdité ! Une institution, nous le répétons dans ce livre, comme le suffrage universel qui donne lieu à tant d'abaissement et de chutes, n'est pas une bonne institution !

Regardons au passé, instruisons-nous de ses leçons, mais surtout crions bien fort et bien haut, en partant de l'allemand qui le dit si bien :

Los von den Juden !

Nous l'avons dit déjà dans ce texte, nous ne reviendrons à la civilisation que quand on ne parlera plus du Juif, qui ne mérite qu'une seule place, la dernière, tant qu'il est et reste l'éloigné de Dieu, et que son infamie éclate à tous les yeux.

En pays civilisé, les choses se hiérarchisent.

C'est très bien ainsi, c'est ainsi que cela doit être ; pourquoi ? À cause de l'endurcissement du Juif, comme en a dit le merveilleux évêque et prosateur, l'aigle de Meaux, le Bossuet des grands jours et de toujours !

Il n'y a pour nous de civilisation que hors du Juif et de ses acolytes radicaux-maçonniques !

Nous n'avons plus rien de la civilisation des grands siècles de l'histoire, où les monuments qui célébraient les choses sacrées, tel de nos jours le monument de la Réformation à Genève, n'étaient pas, comme celui-ci, salis et outragés de si nombreuses fois, qu'on évite d'en énumérer le nombre, qui jette la honte sur nos temps et leur donne la dénomination qu'ils méritent.

Le Juif est l'auteur, ne l'oublions jamais, de la Révolution française et de tous ses crimes, qui laisse les ouvriers sans défense, et cause le déclin, puis la chute des gouvernements chrétiens.

Le Juif perturbateur-né, que l'on trouve partout où règnent désordre, anarchie et révolution, comme l'on trouve présentement le Juif Giniewski s'occupant, nouvel arrivé à la *Feuille d'Avis de Neuchâtel* du 24 juin 1964, de l'Afrique du Sud. (Voir index sous Giniewski).

Nous avons assez des Juifs, la mesure est comble !

Que reviennent les grands siècles de l'esprit humain, et que pour cela, le Juif impie soit dénoncé pour ce qu'il est, et très prestement chassé !

« Si ton œil droit est pour toi une occasion de chute, arrache-le et jette-le loin de toi. »

Chapitre VIII

Liberté

Que dire de cette liberté devenue de nos jours la liberté de tout faire, et dont a beaucoup parlé l'illustre Genevois en enflammant les esprits, l'accouplant sans cesse à l'égalité et à la bonté de l'homme dès sa naissance. Ce sont précisément les grandes pétitions de principe desquelles est sortie la fameuse et ridicule, et théâtrale, et démagogique, et mensongère, et donc amorale déclamation de 1789 : Liberté, Égalité, Fraternité ; simple formule à jeter de la poudre aux yeux, à dérouter, à tenter, à corrompre, à faire oublier toutes nos obligations morales et toute la discipline qui doit être la nôtre, et toute l'inégalité présente dans nos personnes physiques et morales. En toutes choses, il faut distinguer et diversifier ; ce que, Rousseau, tu n'as pas su faire !

Parti dès sa jeunesse sans guide et sans parents, n'ayant point reçu d'éducation, courant à tous les vents au gré de sa fantaisie, des équipées par-ci, des équipées par-là, il est bien clair que l'obéissance et même une certaine contrainte lui sont insupportables, et que l'ancien régime, qui était tout ordre et hiérarchie, n'était pas pour lui plaire et qu'il n'en voyait aucun des avantages.

Rousseau n'a pas de discipline intérieure, il ne se commande pas à lui-même, il est son propre prisonnier. N'a-t-il pas dit : « Agir contre mon penchant me fut toujours impossible : on dirait que mon cœur et ma tête n'appartiennent pas au même individu. Le sentiment plus prompt que l'éclair vient remplir mon âme, mais au lieu de m'éclairer, il me brûle. Je sens tout et je ne vois rien. »

Il faut de la liberté intérieure, Jean-Jacques Rousseau, pour bien juger de la liberté extérieure, de ce qu'il nous en faut, et vous n'en aviez point ! Si vous aviez eu de cette liberté intérieure, vous auriez parlé autrement de la liberté dans la société, de la liberté politique, et vous n'auriez pas dit péremptoirement : « Émile ne fera rien par obéissance », ce qui est du plus mauvais pédagogue qui soit ; et vous n'auriez pas non plus médit outrancièrement de l'ancien régime comme vous l'avez fait, éternel reproche à vous jeter à la face, et tant il faut vous corriger, vous fustiger de cet orgueil qu'Amiel, plus honnête et plus véridique que tous ces abominables laudateurs de l'an passé (1962), qui dans une société en décomposition du fait de vos affirmations vous ont couronné de lauriers, a qualifié de prodigieux !

La liberté intérieure dont vous manquiez si superbement est mentale (M. Starobynski ne me contredira pas qui a décrit l'état paranoïaque de Rousseau) ; l'antiquité nous en parle déjà quand l'auteur préféré de Zwingli le prestigieux Sénèque déclare : *Imperare sibi maximum imperium est.*

Sénèque n'est pas même un chrétien de nom, mais il a beaucoup de la morale du chrétien ; il est déjà très éloigné de la mythologie gréco-latine à l'instar de Socrate et Platon. Il est un grand moraliste, précédant de nombreux siècles ceux qui sont un ornement de la pensée française ; il voit tous les dangers des plaisirs et des satisfactions matérielles ; n'a-t-il pas dit : *magna pars libertatis bene moratus venter* (un appétit bien réglé est une grande partie de notre liberté), dans ce siècle de goinfrerie et de gourmandise que fut souvent celui des empereurs du premier siècle de notre ère.

Cette liberté mentale que vous n'avez point connue, Jean-Jacques Rousseau, et dont ce qu'en a dit saint Augustin frappe et résonne au cœur de tous les croyants : « Celui qui est bon est libre même s'il est esclave, celui qui est méchant est esclave même s'il est roi ! »

C'est Dieu qui donne cette liberté mentale, Jean-Jacques Rousseau, dont vous avez tant manqué ! Elle gouverne très harmonieusement notre pensée par un attachement indéfectible à la vie morale et spirituelle.

L'ancien régime, tout imparfait qu'il fût, marche avec Dieu, et c'est parce qu'il marche avec Dieu, qu'il est humain et de caractère « modéré » comme l'a dit le très objectif Montesquieu, laissant très loin derrière lui les régimes de contrainte et de violence du XXe siècle, toujours pourvus comme l'ancêtre de 1789 de formules magnifiques, dont ils sont la négation, qu'ils violent effrontément ! Incroyable besoin de mentir ! qui sent son Juif.

Simplicité, humanité, bonne façon, naturel, humilité, revenez, revenez, prions Dieu qu'Il nous les redonne ; soif des belles choses nourriture de nos âmes !

Les rois, les empereurs s'inclinent devant la Majesté divine. C'est une royauté de droit divin parce qu'elle gouverne par délégation divine, qui fait que les rois commandent à leurs enfants et à leurs sujets !

De là, la formule du « très humble et très obéissant serviteur » que tout le monde emploie sauf le roi. L'autorité à tous les degrés est émanation divine !

Cette autorité-là est donc très naturellement opposée aux Juifs du Talmud et du ghetto. Souvenons-nous toujours de Renan déclarant que les chaînes du Talmud ont fait les chaînes du ghetto ; ce sont des chaînes méritées, ce sont des chaînes légitimes dirons-nous ; elles sont de punition et de châtiment. Revenez de vos erreurs et nous vous recevrons dans nos bras !

Cette autorité-là tient sous surveillance étroite les faits et gestes du Juif mal intentionné, sans accorder jamais à celui qui est devenu le dynamiteur de notre société et de nos temps et de nos mœurs, ô sagesse et justice profondes, sans lui accorder jamais, les droits et les libertés de ses propres sujets.

Il n'y avait pas dans ces temps-là de libéralisme destructeur, dispensateur éhonté de sursis et de peines légères, toujours prêt à excuser, à transiger, à pardonner ; le libéralisme ne connaît plus l'Évangile qui dit, c'est si vrai, c'est si juste : Qui aime bien, châtie bien. Tout est à l'individu coupable, trop souvent perdu quoi qu'on fasse ; c'est le moi de Rousseau et du romantisme qui triomphe une fois de plus. Et rien n'est à la société saine qui vit dans ses devoirs, et qu'on se doit de protéger par de salutaires exemples.

Il y a cette fois deux criminels, celui qui commet le crime et celui qui le juge ! Circonstance aggravante à ce libéralisme néfaste, c'est que les Juifs dans leurs tristement fameux *Protocoles de Sion* (écrits aux environs de 1885 et dont l'authenticité, répétons-le, est incontestable jusqu'à preuve du contraire), le recommandent chaudement, précisément comme élément destructeur de la société... ; ou favoriser et développer à outrance par une presse à notre dévotion celui qui existe, ou s'il n'est pas là, le créer et en inonder nos journaux, disent-ils.

Le roi - nous prenons toujours l'exemple de la France serviteur de Dieu, et son aristocratie de naissance - qu'on renouvelle et de façon très appréciable au vu et au su des services rendus - et non d'argent, croyante ou quand elle ne l'est pas respectueuse des choses divines, sont l'armature essentielle ou principale de la société.

Le régime issu de la Révolution française est un régime sans Dieu, et il l'est de plus en plus : d'où le mal profond dont nous sommes frappés !

La souveraineté populaire, de par J.-J. Rousseau, est son dieu.

Il est inutile d'insister sur les facilités que cette liberté mentale que Dieu nous donne, apporte à ceux qui sont appelés à gouverner les peuples, mais que ne supportent, hélas, que les gouvernements bien intentionnés, qui respectent ou partagent la croyance chrétienne. Il n'y en a plus de nos jours, le virus talmudique et maçonnique ayant agi et agissant encore !

Combien plus douces et naturelles, la chrétienté présente, sont alors les règles et les lois qui régissent les sociétés et les nations. Il n'y a pas de civilisation sans religion, comme le grand Le Play (1800-1882), l'économiste et sociologue distingué, l'a souvent répété.

J.-J. Rousseau tout à ses paradoxes et à sa démagogie, tout à son inexpérience totale en ces matières et à son orgueil, tout à son enthousiasme brûleur de vérités et tout à son talent qui fait pâlir sa raison, tout à son désir de briller, d'innover, d'émouvoir, ne comprend rien et ne voit rien de cette évidence, que les temps présents rendent aveuglante !

Montesquieu, esprit de sagesse, de modération et de science, ce que Rousseau n'est pas, et pénétré de sa matière comme Jean-Jacques ne le fut jamais, a rendu hommage aux monarchies européennes d'ancien régime, pratiquant la séparation des pouvoirs, qui sont, nous l'avons dit déjà un peu plus haut, pour lui, des institutions modérées !

Que d'exemples n'avons-nous pas, de cette liberté et de cette humanité d'ancien régime, devant lesquelles les plus grands s'inclinent.

Il est bon d'en passer quelques-uns en revue, alors que de tous côtés, de nos jours, les libertés essentielles sont brimées. Notons que sous l'ancien régime, les rois n'ont jamais eu la centième partie des pouvoirs que se sont conférés les démocraties modernes, tentaculaires, autoritaires, verbeuses, et mensongères ;

le vrai pouvoir y est, en effet, souterrain et secret. Souvenons-nous seulement de la parole de Disraéli, le ministre juif de la reine Victoria, grand personnage, un des premiers rôles avec Bismarck au Congrès de Berlin en 1878, qui a vu de par sa position et ses compétences, et sa qualité de Juif, et son prestige, beaucoup de choses de très près, quand il nous dit dans *Coningsby* p. 183 : « Le monde est gouverné par de tout autres personnages que ne se l'imaginent ceux dont l'œil ne plonge pas dans les coulisses. » Nous reviendrons ailleurs sur ce point.

Voyons donc maintenant de cette liberté dans le pays d'où sont partis les régimes modernes dits démocratiques : la France.

Sous l'ancien régime, avant et après la Réforme, dans les pays catholiques, l'instruction est assurée par l'Église ; et les consciences comme les esprits, voyez régimes modernes d'oppression qui voulez tout régir et tout contraindre ! sont absolument entre les mains de l'Église et non de l'État. L'Église, aux côtés du Parlement de Paris et des treize autres parlements essaimés sur la France, est une grande puissance qui a ses libertés, ses pouvoirs, et ses habitudes.

C'est une grande puissance, c'est un grand corps de l'État, et le roi Philippe-Auguste tout roi qu'il était, s'en aperçut bien dans les dernières années du XIIe siècle, lorsqu'il lui fallut, s'inclinant après une longue résistance, devant le pape Innocent III défendant les lois saintes du mariage, renoncer à son Agnès de Méranie qu'il avait choisie comme troisième épouse, qu'il aimait plus que lui-même, et dont l'amour était partagé. Ce fut là, a pu dire l'historien suisse contemporain Edmond Rossier, l'auteur très apprécié des *Profils de reines* et de *Sur les degrés du trône*, sans compter bien d'autres ouvrages dont *L'Histoire politique de l'Europe de 1815 à nos jours,* mais chez lequel le préjugé démocratique gêne à certains de ses aperçus, a pu dire : « Ce fut là le plus grand triomphe jamais remporté en France par le pape et son Église. »

Le fameux Fouquet, homme de péculat et de brigue, que Louis XIV lorsqu'il accède au trône, trouve sur ses pas dans les premiers postes de l'État, et qu'il entend pour l'exemple et au vu de toute la France, faire condamner à mort, ne lui peut d'abord rien parce qu'il est procureur général du Parlement de Paris. Ce n'est qu'après avoir par ruse obtenu qu'il se démette de ce grand emploi, qu'il le peut faire arrêter par le fameux et légendaire d'Artagnan d'Alexandre Dumas. Traduit alors devant le Parlement de Paris, le roi ne peut obtenir la mort de Fouquet et doit, ô pouvoir soi-disant absolu des rois de France, se contenter du bannissement perpétuel par 13 voix contre 9. Par deux fois, nous le voyons ici, le roi est mis en échec : devant cette charge de procureur général du Parlement de Paris, et devant une condamnation que pour le bien de l'État Louis XIV voulait qu'elle fût capitale.

Voici maintenant le cardinal de Rohan dans l'affaire du Collier (1784-1786) de si fâcheux retentissement à l'époque, puissant personnage et par son nom et par sa fonction dans l'Église, sous Louis XVI, qui est acquitté par le Parlement de Paris par 26 voix contre 22, alors que le roi et Marie-Antoinette désirent sa condamnation.

Pour l'intérêt général de ce que nous écrivons, ouvrons une parenthèse de quelques instants, et disons qu'Edouard Drumont, grand connaisseur en ces matières, considère la fameuse affaire du Collier comme une machination typiquement juive destinée à salir la monarchie. C'est en effet, dirons-nous, plus que probable.

Les rois, disent les *Protocoles de Sion,* l'aristocratie, le Pape et dans les temps plus récents le tsar, sont nos plus grands ennemis, et nous devons (ô peuples ajouterons-nous qui par vous-mêmes voudriez commander à des choses que vous ne connaissez pas et pour lesquelles vous n'êtes pas faits), et nous devons disent-ils, tout faire pour les abattre, car ils sont les obstacles et les barrières à notre puissance talmudiste, que nous voulons universelle.

Ces confidences involontaires (à l'origine (1885), les *Protocoles* sont un document ultra-secret) doivent sans cesse nous être présentes et, cependant, sont si souvent passées sous silence quand on étudie la Révolution française. Accablons, disent-ils encore, pour cela, l'aristocratie dans ses bien-fonds par des impôts qui les écraseront.

Ed. Drumont, décédé en 1917, a pu dire, tout Français qu'il était, que la caste des officiers prussiens était en Allemagne la meilleure défense contre une domination juive. Nous racontons ailleurs dans ce texte un épisode marquant qui le montre bien (voir index sous Bismarck et les Juifs, le fils de Bleischröder).

Ville de New York et vous, échelles du pouvoir à Washington, où sont donc vos officiers prussiens ?

Revenons à nos moutons ; la liberté, sans les phrases et grands discours du mode démocratique, qui règne dans les anciens temps en France, en Angleterre, en Autriche (il faut en excepter les principautés italiennes très tyranniques), en Suisse et pour laquelle, comme nous le verrons encore, les doyens Curtat et Bridel constituent la meilleure référence qui soit, d'une qualité infiniment supérieure à tout ce que le parti radical si discrédité pourrait nous apporter, ont si bien parlé.

Il existe à Paris un privilège municipal qui défend au roi d'y avoir des troupes.

Nous voyons Monseigneur Christophe de Beaumout, archevêque de Paris, modèle des princes de l'Église, consacré tout à son Dieu et à ses grands devoirs, interdire à Marie-Antoinette de prendre comme confesseur son prêtre philosophe l'abbé de Vermont.

Que d'exemples, que de rappels pourrions-nous faire encore, qui montrent que le roi et les aristocrates ne font pas tout ce qui leur passe par la tête agissant aux dépens de ceux qui dans l'échelle sociale sont au-dessous d'eux. Il nous en faut rappeler deux épisodes.

Voici d'abord le récit du prestigieux Saint-Simon dont la plume n'aura jamais fini de nous étonner comme de nous enchanter.

Il s'agit du duc de Charnacé et d'un paysan, dont la maison placée en travers de l'avenue conduisant au château du duc, la barre complètement à mi-distance.

« Jamais, Charnacé ni son père, n'avaient pu réduire le paysan à la leur vendre, quelques avantages qu'ils lui en eussent offerts. »

Le voilà bien ce fameux despotisme d'ancien régime !

La Révolution française, et le régime le plus despotique que la France ait connu Napoléon Ier, pourraient y prendre des leçons.

Pour finir Charnacé à bout de patience, amoureux des belles choses et de son avenue qu'il veut impeccable, use d'un stratagème.

Le paysan était aussi tailleur ; Charnacé le fait venir, lui dit qu'il doit partir pour la cour au plus vite, mais qu'il lui faut un habit neuf. Il faut presser les choses et ne pas perdre une minute.

On convient d'un prix ; mais le paysan ne quittera pas le château ; il y mangera, y couchera et ne s'en ira que l'habit terminé et seyant.

Marché conclu ; le paysan-tailleur se met aussitôt au travail. Charnacé lui non plus, ne perdra pas son temps.

Toutes mesures prises, toutes dispositions intérieures soigneusement notées, la maison est démontée et reconstruite au pas raccourci et redoublé à quelques cents mètres de l'avenue. Elle est même, je crois, prête avant que l'habit ne le soit !

Celui-ci terminé, le duc lâche son homme à la nuit tombante, qui la passe alors tout entière à la recherche de sa maison !

Il croit avoir perdu la raison. C'est le jour seulement qui la lui montre, dans laquelle il pénètre, l'ouvrant de sa clef et tout s'y trouvant dans l'état d'auparavant !

En France nous le savons, à Paris surtout, tout finit par des chansons et des mots et des traits d'esprit, qui sont roi et balayent tout.

Et Saint-Simon d'en terminer : « La journée ne fut pas bien avancée, que la risée du château et du village l'instruisit du sortilège et le mit en furie. Il veut plaider, il veut demander justice à l'intendant ; et partout, on s'en moque. Le roi le sut qui en rit aussi et Charnacé eut son avenue libre. »

N'est-ce pas charmant, n'est-ce pas tout à fait dans l'esprit de la « douceur de vivre... ? »

Ce paysan né chicaneur, ami de la dispute, qui ne disputera plus ; tout en gardant sa maison, aussi intacte, aussi complète qu'elle ne l'était auparavant !

Quelle minute de charmant absolutisme que celle que nous venons de vivre !

Quoi de plus beau qu'une avenue plantée, accédant après un beau parcours, à la demeure qui lui rend la pareille en grandeur et majesté !

Quel dommage que les dispositions du temps n'aient point permis à La Fontaine, doublant le duc de Charnacé et Saint Simon, de nous en faire une fable suivie de sa morale lapidaire.

Saint-Simon a de sa plume suraiguë tant jeté d'esprit et de flammes que beaucoup s'en est perdu ! Saint-Simon, relevé par La Fontaine, c'eût été le plus beau des régals littéraires.

Encore un épisode, si vous le permettez, qui nous fait remonter plus haut dans l'histoire de France.

C'est en l'an de grâce 1087, Guillaume le Conquérant, après sa conquête de l'Angleterre, revenu guerroyer dans sa Normandie natale et y perdant, suite d'une bataille, la vie.

Le roi, revêtu de ses plus beaux habits, entouré de toute la pompe que l'Église et les peuples accordent aux puissants du jour, est sur le point d'être descendu dans son caveau, quand tout à coup, nous dit la chronique, un Normand du nom d'Asselin, du sein de la foule s'écrie : « Clercs et évêques, ce terrain est à moi ; c'était l'emplacement de la maison de mon père ; celui que vous allez y déposer m'en a dépouillé sans me le payer et je vous défends de le couvrir de la terre qui m'appartient. »

Tout est arrêté, la cérémonie suspendue, les évêques entendent que justice soit rendue sur le champ à cet homme lésé dans son bien. Soixante sous d'argent, somme considérable pour l'époque, nous dit-on, sont aussitôt versés au quémandeur véhément.

Temps passés, temps passés, qui aviez tant pour vous puisque Dieu vous était indéfectiblement attaché, que de vils calomniateurs intéressés, se sont dressés de leurs bas étages pour vous dénaturer et vous falsifier !

Le Parlement de Paris refusant en 1760 l'enregistrement du décret de Louis XV sur les armoiries, qui par-là reste sans aucun effet.

Voici maintenant Henri II qui demande au pape l'introduction de l'Inquisition en France, lequel l'accorde, mais qui s'en voit refuser l'enregistrement par le Parlement de Paris ! C'est alors lettre morte.

Et c'est Henri IV, monté sur le trône, qui veut garder à titre personnel ses bien de Navarre et qui, après une longue lutte avec le Parlement de Paris qui dure de 1590 à 1607, doit s'incliner devant l'arrêté de celui-ci, ordonnant que les biens et pays de Navarre soient incorporés au domaine royal.

Voici encore Louis XI, se voyant refuser obstinément par le Parlement, l'abolition de la pragmatique de Charles VII qu'il vient d'accorder au pape Pie II.

Rappelons encore le « don gratuit », en guise d'impôt, de l'Église de France au roi, à l'État, dont le chiffre à bien plaire peut varier, et à la fixation duquel le roi n'a aucune part, aucun droit.

Les Parlements de Province votent de leur propre chef et en toute indépendance des crédits pour le roi.

Et le roi de France lui-même, comment se comporte-t-il dans ses conseils ? est-ce le poing sur la table ou la sage délibération au cours de laquelle le maître met ses serviteurs à leur aise ? Prenons celui qui porta la France à son plus grand lustre et à son plus haut prestige. Louis XIV, nous dit Louis Bertrand, dans ses conseils, opine toujours le dernier, et sauf deux exceptions dont une était une affaire du chapitre de Chartres, il a toujours partagé l'avis de la majorité.

Souvenez-vous, Louis XIV est un homme de beaucoup de bon sens et nullement autoritaire. Jacques Bainville a fait remarquer qu'il rendit toujours une bonne partie des territoires qu'il avait conquis, et que de son temps il avait passé pour timide !

Pas timide dans ses Conseils, alors que Louis XV le fut, ajouterons-nous, ce qui fait qu'il décide beaucoup sur rapports qu'on lui soumet.

Rappelons donc puisque la pensée nous en vient à l'instant, que dans le Pays de Vaud, c'était toujours pour le duc de Savoie, comme nous le dit le *Pays de Vaud* de R. Pâquier, toute une affaire et toute une histoire, d'obtenir des États de Vaud qui se réunissaient pour en décider, la levée de quelques troupes.

Dans la Neuchâtel toute proche, à son accession en 1707 au trône de la Principauté, le roi de Prusse reconnaît les articles généraux et particuliers de sa bourgeoisie ! Ce qui n'empêche pas qu'à l'avant-dernier 1er mars à Neuchâtel (1963) un discours de parti politique parle sans rire du « joug » des rois de Prusse !

Les ignorants beaux parleurs du suffrage universel !

C'est du joug de vos mensonges ! partis politiques professeurs de morale ! qui faites flèche de tout bois, qu'il faudrait bien plutôt que nous parlions, vous les auteurs premiers de la démoralisation de nos populations !

À vous s'adressent les premiers mots de la première catilinaire, quand votre appellation prend la place de celle de Catilina : *quo usque tandem abutere, partes politicae, patientia nostra ?* Jusques à quand partis politiques abuserez-vous de notre patience ?

Puisque nous sommes un instant en Suisse, voyons qu'à Genève cité aristocratique, sous l'ancien régime toujours, le Conseil général formé de l'assemblée des bourgeois - alors que le Petit Conseil et les Deux Cents ressortent de l'aristocratie -, organisme unique dans la Confédération helvétique sauf erreur, en tout cas dans les cantons aristocratiques, s'il n'a pas la possibilité d'initiatives, est autorité souveraine en matière de lois, d'impôts, de guerre ou de paix.

Cependant, le 2 avril 1570, le Conseil général pour éviter différentes difficultés décide de renoncer à se réunir fréquemment, et s'abstiendra même de le faire si toutes les propositions du Petit Conseil sont approuvées par les CC.

Ce n'est qu'au XVIIIe siècle qu'il reprendra, non sans batailler, l'exercice de toutes ses prérogatives.

On n'insistera jamais assez sur l'importance d'apporter des faits précis pour combattre la calomnie de la tyrannie des temps d'avant 1789. La Révolution française et son Napoléon Ier, comme déjà dit, furent des modèles de tyrannie et de tyrannie dans des flots de sang !

C'est une puissance dans l'État que celle du Parlement de Paris, avec laquelle, sans cesse, les rois de France doivent compter. Dans tous les grands moments, elle est là ; son importance varie cependant suivant les circonstances, et suivant l'autorité et le prestige du roi.

À la mort du troisième fils de Philippe le Bel, Charles IV le Bel, qui n'a laissé que des filles, le Parlement intervient souverainement en proclamant l'application de la loi salique.

Ah ! ce principe héréditaire comme il avait de grandes et bonnes choses pour lui ; comme nous pouvons bien en juger dans nos temps d'instabilité politique dans tant de pays !

C'est, je crois, Jacques Bainville qui a dit, et c'était alors des temps qui ne sont plus, de mortalité infantile et générale souvent effrayants, que la succession d'un roi en France était toujours un problème délicat et difficile à résoudre, propre à de redoutables conséquences. Qui l'a mieux montré que Louis XIV accablé de décès dans sa famille légitime et qui voit l'autre prospérer... « Dieu me punit » a-t-il pu dire au maréchal de Villars partant pour Denain en 1712.

Grande parole dans la bouche d'un grand roi ! qui reconnaît ses fautes et s'humilie !

C'est encore notre Parlement de Paris, cette fois mal inspiré et piétinant la loi salique, qui refusera la royauté à Henri IV pour la donner à son oncle le Cardinal Charles de Bourbon, qui prend le nom éphémère de Charles X.

Au moment des guerres de religion, Catherine de Médicis court sans cesse nous dit Guizot, mendier des crédits au Parlement.

En 1420, au traité de Troyes, et c'est là sa grande tache, le Parlement de Paris signe la déchéance du Charles VII au profit d'Henri V roi d'Angleterre, qui épouse la fille de Charles VI et d'Isabeau de Bavière et se voit proclamer régent de France.

Le Parlement de Paris résiste au roi par les remontrances et le refus de l'enregistrement, et le roi se défend par ses lettres de jussion et ses lits de justice.

Le pouvoir absolu des rois de France qui s'exerce libre de toute la phraséologie de la fameuse et très trompeuse « Liberté, Égalité, Fraternité », est une légende, une invention, une calomnie de tous ceux qui en 1789 et suivantes années, par leurs mensonges, leurs vols - biens des émigrés, biens ecclésiastiques, biens surtout immenses des corporations, - leurs attentats, leurs violences, l'abondance du sang versé, le cataclysme social, national, et international par ses répercussions, ont, ainsi que leurs successeurs et descendants, la nécessité absolue de chercher et de trouver des excuses et des pardons à leurs forfaits.

Liberté, Égalité, Fraternité, formule menteuse, on sent que les Juifs sont derrière, ces professionnels du mensonge !

Les rois de France n'ont aucun pouvoir sur la jeunesse, nous l'avons vu, que les systèmes politiques actuels à l'école et dans les années qui suivent, s'arrachent, la flattant, la pourrissant aux fins de bas intérêts électoraux.

L'instruction de celle-ci échappe totalement à la royauté, elle est entre les mains de l'Église qui donne et l'instruction et la religion. Le pouvoir royal assure à l'Église totale liberté pour former les cœurs et les cerveaux des jeunes générations. Où est, je vous le demande, la tyrannie ? Dans les temps passés ou dans les temps présents ?

Quant à la justice, elle est également en dehors du pouvoir royal, puisque les juges achètent leurs charges et se trouvent dès lors libres de toute contrainte intéressée.

Rappelons le *Summum justitiae caput* des rois de France, qui depuis Saint Louis surtout, constitue le fleuron de leur couronne.

Louis XV a pu dire pensant à sa passion pour le beau sexe : « Un descendant de Saint Louis ne peut être damné s'il ne profite pas des petites gens et s'il exerce bien la justice. »

Ces juges ne dépendront finalement quant aux décisions qu'ils prennent, que des treize Parlements de province auxquels s'ajoute celui de Paris, qui sont instance suprême et jugent donc sans appel.

Cependant, le Conseil d'État, sous l'autorité du roi, par sa section du Conseil des parties, peut casser les jugements de ces cours souveraines. J'ignore de quelle fréquence ont été les décisions de ce Conseil des parties, peu fréquentes sans doute, à en juger par les deux grandes affaires de Fouquet et de Rohan jugées par le Parlement de Paris. Pour Fouquet, Louis XIV commue simplement la peine en bannissement perpétuel.

Où est, je vous le demande, la tyrannie ?

Quand on se remémore les influences politiques sans fin, ni limites et sans nombre, dont tant de causes en France ont souffert sous les Troisième, Quatrième et Cinquième Républiques !

Pour la Troisième, souvenons-nous seulement de l'affreux scandale Caillaux (1914), femme d'un président du Conseil en 1911 et chef du Parti radical-socialiste avant la Première Guerre mondiale, qui assassine le journaliste Calmette détenant des documents compromettants pour son mari. Elle est acquittée !

Pour la Troisième République encore, retenons seulement l'assassinat par la police politique du conseiller Prince qui s'oppose (1934) à une nouvelle remise, la dix-neuvième, de l'affaire du Juif levantin Stavisky, énorme scandale financier, défendu par Camille Chautemps haut personnage politique, plusieurs fois ministre et président du Conseil, et haut personnage maçonnique, c'est le « Prince au sublime Secret ». Et Stavisky, lui, meurt à Chamonix (1934) dans des conditions très mystérieuses, on comprendra sans doute ce que cela signifie : il ne fallait pas qu'il parle !

À l'actif de la Troisième également, l'assassinat par la police politique du fils de Léon Daudet, grand patriote, très grand pamphlétaire, courage de lion ; on avait exploité très habilement une fugue qui avait éloigné le jeune homme pendant quelques jours du foyer maternel. On l'assassine en simulant un suicide (1923).

Quant à la Quatrième, la plus sinistre sans doute, qui ne se souvient de ces tribunaux populaires qui n'ont de tribunal que le nom, et qui massacrent à la

Libération cent dix mille Français dont la plupart de haute qualité, partisans de celui qui, en 1917, sur les champs de bataille, sauva son pays de la défaite.

Et voici, sous la Cinquième, ces Cours de Sûreté de l'État, créatures par excellence du régime de dictature juive sous laquelle vit présentement notre voisine, qui paraît comme si elle avait perdu jusqu'à la mémoire de ses rois et de son grand passé !

Le Parlement de Paris, dont les origines pour Funck de Brentano remonteraient au temps de Philippe-Auguste, qui, partant pour les Croisades, délègue des pouvoirs pour le temps de son absence, est une puissance avec laquelle le pouvoir royal doit sans cesse compter ; en lui vendant l'hérédité de ses charges, la royauté avait créé à ses côtés un pouvoir d'importance, et même d'importance décisive à certains moments. Tellement qu'une fois sous Louis XV en 1753 et une fois sous Louis XVI, le 14 août 1787, celui-ci est exilé. Comme déjà dit, si à certains moments l'importance politique du Parlement de Paris est moindre - en 1713 Louis XIV fait enregistrer d'office par le Parlement de Paris la fameuse bulle « Unigenitus » contre les Jansénistes - à d'autres, elle redevient de premier plan. Joseph de Maistre lui reprochera toujours d'avoir exigé la convocation des États généraux de 1789. On voit intervenir, dit Guizot, le Parlement même dans le domaine religieux, quand un pape multiplie les excommunications, enjoignant alors de donner la communion.

On voit sous Louis XVI, le Parlement de Bretagne se rebeller qui n'entend pas souffrir la moindre entrave au libre choix de ses députés (B. Fay).

En 1787, le Parlement de Paris refuse l'enregistrement des impôts consentis par les notables, créant ainsi de nouvelles difficultés.

Tous les édits, décrets des rois et bulles des papes, les impôts nouveaux n'ont force de loi qu'enregistrés par le Parlement.

Dangeau, le témoin de Boileau dans une de ses satires, cet homme qu'on ne pouvait s'empêcher d'aimer a dit Mme de Montespan de méchante nature, et dont l'exactitude et l'honnêteté ont été célébrées par Mme de Maintenon, un des courtisans préférés de Louis XIV, dit dans son journal que le roi remercie le Parlement de Bourgogne d'avoir accordé les crédits qu'il demandait.

Primitivement pouvoir judiciaire, les attributions du Parlement de Paris s'étendent et deviennent même religieuses ; au XVIIIe. s., le Parlement de Paris est janséniste et républicain.

On voit le Parlement de Paris casser les testaments de Louis XIII et Louis XIV. Malgré le mot d'Henri IV s'adressant au peuple français : « Je suis un homme comme vous », les rois de France sont les seuls dans leur royaume à ne pouvoir tester comme il leur paraît bon, et sont les seuls aussi dans leur royaume à ne pouvoir se marier comme il leur semblerait bon.

C'est qu'ils doivent se soumettre aux intérêts supérieurs du royaume ; la raison d'État commande, le roi obéit.

Tyrannie de l'État sur le roi qui s'incline ; grand exemple pour tous, incitant au sacrifice, à la soumission, à l'altruisme !

En 1784, le pape lance une bulle d'excommunication contre la franc-maçonnerie, mais le Parlement en refuse l'enregistrement et ce geste, dit B. Fay, n'aura pas peu contribué à propager la franc-maçonnerie, à ce point que la majorité des monastères ont leurs loges.

Le Parlement de Paris, par certaines de ses attributions, n'est pas sans quelque ressemblance d'avec le Conseil général de Genève, toutes proportions gardées ; ce sont des puissances négatives (le Parlement de Paris disait Talleyrand est une puissance négative) c'est-à-dire dépourvues du droit d'initiative ; c'est bien vrai, mais cette négativité n'empêche pas que ces institutions ne soient au moment voulu de redoutables obstacles.

Ne quittons pas ce chapitre des libertés de l'ancienne France qui en est tout émaillée. Il y a jusqu'à des pays de franc-salé où l'impôt sur le sel, la fameuse gabelle, le plus impopulaire des impôts de France, est absent. Gabelle vient de l'italien *gabella,* de l'arabe *al- gabala,* impôt, recette, mot transmis de Sicile par les Normands. On en a fait gabelou qui avait encore cours dans notre jeunesse ; qu'en est-il aujourd'hui ?

Parmi les plus importantes libertés d'ancien régime, on ne peut manquer de citer celles que possèdent les corporations, imposants groupes, puissantes associations où, si les règles sont sévères, les protections le sont aussi pour les ouvriers. Elles sont partout répandues, formées de leurs apprentis, de leurs compagnons, et de leurs maîtres consacrés par la confection du chef-d'œuvre. Elles ont leurs prévôts ou échevins, et leurs jurés qui veillent à l'observation des statuts et règlements de la corporation. Beaucoup de corporations sont dotées d'œuvres de solidarité, de mutualité. Taine a insisté sur toutes les belles qualités sociales de ces corporations, sur la qualité de leurs productions, sur la bonne mentalité qui y régnait, sur les bons rapports entre patrons et ouvriers, sur les intérêts communs qui les liaient. Ces corporations ont joué un grand rôle au moyen âge et jusqu'en 1789. Dans les moments de danger national, en 1635, et 1782, on les voit lever des armées, construire des flottes avec l'argent qu'elles mettent à la disposition du roi.

Celles-ci, supprimées par Turgot en 1776, sont rétablies la même année sitôt après le départ de ce ministre, par Louis XVI, avec les attendus suivants : « En faisant cette création, nous voulons donner aux ouvriers un moyen de défense, nous voulons qu'ils puissent jouir en commun de leur intelligence, qui est le bien le plus précieux de l'homme. »

Les corporations en France, de droit public, jouissaient de la personnalité civile qui leur donne le droit de posséder des propriétés mobilières et immobilières, de recevoir des dons, de plaider.

On peut juger par-là de leur importance et de leur indépendance dans l'État. Leur fortune s'élevait au chiffre énorme de cinquante milliards de francs suisses d'avant 1939.

Le fameux *Livre des métiers* rédigé sous Saint Louis par Estienne Boileau, prévôt de Paris magistrature d'épée et non prévôt des marchands, l'ancêtre de notre Boileau-Despréaux, donne les statuts des différentes corporations en même temps qu'il est un beau monument de vieux français.

En Suisse, quant aux corporations, une distinction fondamentale s'impose : les cantons où celles-ci jouent un rôle politique : Bâle, Zurich, Schaffhouse, Saint-Gall et Coire ; elles font partie des Petit et Grand Conseils ; à Zurich, grâce à Brun lui-même aristocrate, dès 1336, les treize corporations sont participantes aux Conseils de la Ville.

Par contre, à Fribourg, Berne, Soleure et Lucerne, les corporations n'ont pas accès au pouvoir politique. L'aventure Hans Waldmann possible à Zurich, ne l'eût point été à Berne ; témoin la mort de Henzi au XVIIIe siècle quoique de bien meilleure extraction que Waldmann. À Genève, les corporations paraissent n'avoir joué aucun rôle.

Par décret du 17 mars 1791, la Constituante supprime les corporations, s'empare de tous leurs biens et défend sous peine de mort de les reconstituer. Ces biens ne seront jamais restitués et aucune indemnisation faite en 1815.

« Oh ! liberté, a dit Mme Roland, que de crimes l'on commet en ton nom ! »

« La suppression des corporations, si elle favorisa l'essor industriel au XIXe siècle, a eu pour conséquence de diviser et d'affaiblir la classe ouvrière, et de contribuer à la formation d'un prolétariat misérable. »

Ouvriers qui me lirez peut-être, voyez bien où sont vos vrais amis !

Gœthe, du haut de sa sagesse olympienne, n'a-t-il pas dit, en substance, que les révolutions n'étaient que du profitage d'argent enrobé de grands mots !

Chapitre IX

Comment on récompense les héros sous l'ancien régime et sous celui dans lequel nous vivons

Voyons maintenant à l'histoire de deux hommes tout entiers voués au culte de Napoléon, qui le suivirent tout au long de sa carrière, jusqu'au dernier sursaut de sa grande chevauchée, et dont un sera déclaré de haute trahison en 1815, Drouot, pour avoir participé à l'équipée du débarquement de Fréjus qui causera un tort inestimable à la France.

Nous verrons alors comment à la chute de Napoléon, Louis XVIII les reçoit ; puis, portant la comparaison à notre XXe s., nous assisterons au forfait commis sur la personne d'un officier du plus haut grade, sauveur de son pays par deux fois, la nature la plus droite et la plus honnête qui soit, chef de l'État dans les circonstances les plus difficiles qu'il soit possible d'imaginer, du fait des fautes de prédécesseurs les seul coupables ; ce chef, poursuivi, outragé, insulté, condamné à mort pour crime de haute trahison par un chef d'État, l'Isabeau de Bavière du XXe siècle toujours occupé de faire la politique de l'étranger et nous savons lequel, piétinant de propos délibéré le sol sacré de la patrie, décomposant son empire, abandonnant les richesses inestimables du Sahara, jetant à la rue plus d'un million de Français et de harkis dont il trahit la confiance.

On ne peut faire de rappel et de comparaison plus suggestive, plus parlante, plus éloquente de par les faits seuls déjà ; il est si facile d'interpréter et de juger comme à son goût.

Les faits et les faits seuls parleront, et montreront à l'évidence tout ce qui sépare et distingue les temps d'avant la Révolution française d'avec ceux qui la suivirent, pour atteindre enfin les temps présents, où le mal est à ce point marqué, qu'il faudra en changer sinon périr.

Drouot, ce chef-d'œuvre de tant des plus belles qualités d'un brillant militaire aux côtés d'un grand capitaine, est né à Nancy en 1766. Il est le troisième enfant d'une famille de douze ; son père est boulanger, et les douze enfants font que la famille est pauvre ; elle ne peut l'être que par là ; car Drouot, toute sa vie, portera sur lui un diamant, le souvenir de son enfance, de sa jeunesse dans une très modeste famille, où la pauvreté s'accompagne de l'expression journalière des plus beaux sentiments chrétiens !

Il n'est de fois dans cette carrière de soldat, comme nous avons dit, aux côtés d'un grand capitaine, qu'il n'en rappelle le souvenir béni.

C'est ce qui fera que, jamais, les ambitions terrestres n'auront quelque prise sur lui.

Heureux ceux qui portent un tel flambeau, source d'eau vive, céleste parfum, sentinelle qui défend des embûches et des faiblesses de notre course terrestre !

Toute sa vie sera pour exprimer l'amour des lettres, l'amour des hommes, l'amour de Dieu proclame Lacordaire, qui lui donnera dans une superbe oraison les dernières paroles qu'on reçoit ici-bas !

En 1774, à trois ans, je dis bien trois ans, notre enfant se présente à la porte des Frères des Écoles chrétiennes pour y commencer d'apprendre.

Il n'y avait pas dans ces temps-là de Sartre, de Picasso, de Juifs tout puissants, pour empoisonner notre jeunesse, mais des autorités attentives aux choses essentielles !

On le refuse vu son âge ; mais il pleure, il pleure beaucoup, et ce beaucoup fait qu'enfin on le reçoit.

Les parents remarquent ses dons, ses qualités, son application, et malgré leur peu de moyens, le laissent suivre des écoles plus élevées.

L'étude n'est pas facile dans cette maison pendant les mois d'hiver surtout, où les lampes à huile s'éteignent très tôt le soir, et s'allument très tard le matin. Douze enfants ! il faut de l'économie et les lampes à huile doivent permettre d'en faire !

Que de fois, nous dit Lacordaire, l'enfant studieux apprit ses leçons à la clarté des fours, dans lesquels le pain se cuit et se dore !

Mais il faut aussi porter le pain à domicile, ce dont doit prendre sa part le jeune Drouot troisième de la lignée des douze.

Il n'y a pas de bourses d'études dans ces temps-là, quoique bien des facilités soient présentes aussi ; parce que les temps veulent que la charité, la vraie, celle qui enrichit, qui se cultive dans les cœurs et non pas celle mécanique et anonyme, du « progrès social » de nos jours, soit présente.

C'est le temps des vocations nées, et non des bourses d'études lancées à tout vent par un nouveau bond de démagogie !

L'enfant est si sérieux que son seul désir est de devenir chartreux. Il le serait devenu mais 1792 est là, et là aussi, la folle Convention et ses décrets d'explosion, déclarant la guerre aux nations qui l'entourent.

Il faut partir non pour aller à Dieu, mais pour obéir à des hommes sanguinaires, maîtres d'un pouvoir subitement acquis, et qui les rend comme fous !

Mais notre enfant connaît ce qu'il se veut et ce qu'il sait.

Le grand La Place venu de Paris, est à Nancy ; il est là pour procéder à l'examen des candidats se présentant pour l'école de sous-lieutenant d'artillerie.

Toute la classe est réunie ; La Place questionne les candidats quand on heurte, puis on entre.

On éclate de rire, c'est une espèce de petit paysan, en sabots, le bâton à la main, qui est là, tout interdit et tout ingénu. - Que voulez-vous ? lui dit La Place, croyant notre enfant dans l'erreur. - Je viens, Monsieur, répond-il avec sang-froid, me présenter au concours d'admission de sous-lieutenant d'artillerie. La classe n'en croit pas ses yeux, mais La Place le fait asseoir et ne tarde pas trop à l'interroger ; le jeune homme l'étonne, puis le surprend par la clarté de son esprit, son savoir, et la précision de sa pensée dans toutes ses réponses.

La Place se retient alors à son examen, en augmente les difficultés, passe aux prémices du calcul infinitésimal, et voit toujours devant lui des réponses de toute rigueur qui l'enchantent.

Il ne peut s'empêcher d'embrasser ce merveilleux enfant déjà si savant, et pourtant si modeste, et qui le restera toujours.

Le cœur de Drouot, c'est quelque chose comme l'étoffe du plus beau des velours frappés, où les figures en creux et en relief marquent les qualités les plus belles et les plus rares qui se puissent trouver dans ce cœur unique de soldat ; tout y est comme de damas de grand prix ; on respecte et l'on admire, comme si l'on était devant les plus belles tapisseries de Beauvais qu'on puisse rêver, et dont Fontainebleau est si merveilleusement pourvu.

C'est un autre genre de beauté, mais qui fait toucher à la *Beauté en soi* de Socrate dispersée partout et qui, de tant de manières et de façons, se manifeste. Les cœurs en tremblent et sont comme saisis d'émotion suspendue ! Ce sont des minutes qu'on écoute et qui vous font vivre dans un éther plus pur !

Mais c'est mieux encore, c'est du brocard tout entier broché de ses fils de soie, d'or et d'argent. Rien n'est trop beau, rien n'est trop riche, pour figurer le cœur le plus vertueux qui se puisse voir, où tout est pour autrui !

Drouot est celui qui pourrait dire, mais ne dira jamais : je suis celui qui s'oublie toujours !

On le verrait faire des miracles tant tout en lui est de sainteté.

Ses qualités sont le plus beau des parterres de fleurs qui puisse à nos yeux s'étaler ; que de couleurs, que de parfums, que de pureté, que de fraîcheur, que de grâce, que de douceur, de fragilité, dans toutes ces délicieuses corolles se fermant et s'ouvrant, seulement et toujours, vers le ciel ; c'est qu'elles sont si pures qu'elles ne peuvent regarder autre part c'est du Ciel qu'elles ont besoin et non de la main des hommes.

La Hollande ne dit-elle pas dans *la Tulipe noire* de l'exubérant et bon Alexandre Dumas : « C'est offenser Dieu que de mépriser les fleurs ? »

Chez Drouot tout est beau, mais surtout la profonde humilité qui le peint tout entier, et c'est par cette humilité, ce besoin d'aider, cette faim de servir dans l'obscurité, sans que ce service n'apporte rien des choses aux alentours desquelles et pour lesquelles, tant d'ambitions parmi les hommes s'exercent, et qui peuvent les conduire si bas tout en les couvrant des plus belles apparences.

Un désintéressement inouï ; il refuse de Napoléon de nombreux avantages d'argent et de rang, de peur d'altérer les sentiments purs qui sont en lui, et qui lui sont plus chers que tout ce qui peut l'être au monde. C'est la vertu récompensée par la vertu !

Gouverneur de l'île d'Elbe, et rendant en fin d'année ses comptes à Napoléon, celui-ci qui embrasse tout sans rien étreindre voit que Drouot s'est oublié. Napoléon proteste, mais Drouot ne s'incline pas.

C'est un homme qui vit pour la beauté et la pureté de ses sentiments !

Il n'a de cesse qu'il ne donne, et son cœur n'a besoin que de se dépenser.

En 1815, tous les avantages que lui offre Louis XVIII pour s'attacher un homme d'une qualité si rare, ses arrérages de solde d'un total de Fr. 42000.- à lui remis, son grade de lieutenant général maintenu, ne peuvent rien changer à sa détermination irrévocable, à 42 ans, de quitter une vie qui lui ménageait encore les plus grands honneurs.

« – Je ne veux pas, Sire, pendant que mon bienfaiteur est dans les fers, prisonnier sur un rocher perdu dans l'immensité des mers, cueillir le moindre des avantages. »

Et Louis XVIII de dire, signant son admiration d'une parole profonde : « – Je chercherais vainement dans mon royaume un second Drouot. »

Voilà bien pourquoi Drouot est en retard sur tous ses camarades de volée, colonels ou généraux, si ce n'est maréchaux comme Macdonald ; alors que lui, premier de sa promotion, n'est encore que capitaine ! Il faut enfin que le général d'artillerie Baston de Lariboisière perde la vie en 1809 à Kœnigsberg, pour que celui-ci remette, mourant, comme le plus précieux des biens, à Napoléon, son aide de camp Drouot.

Tout notre Drouot est là, admirable de modestie, refusant d'instinct les grandeurs de ce monde, sachant les dangers qu'elles font courir. Mais il ne peut se dérober ; dans le sillage de Napoléon, il prendra rapidement ses grades, pour devenir l'indispensable bras droit du maître dans les problèmes d'artillerie.

Drouot, c'est l'homme qui déplace en pleine bataille des batteries de cent cinquante canons avec la vitesse du vent. « Il n'y a pas, a dit à Sainte-Hélène Napoléon, au monde, deux généraux comme Murat pour la cavalerie et Drouot pour l'artillerie. »

Drouot est à Waterloo, mais avant d'être à Waterloo, il est avec Napoléon en Russie ; Drouot est de ceux qui, pendant ce terrible hiver, se raseront tous les jours, sans en manquer un ; le miroir suspendu à la bouche d'un canon, sa veste enlevée, sa chemise dégrafée, à la vue de ses troupes ; c'était là un temps et des épreuves que Drouot embrasse avec ferveur et joie profondes ; c'est un temps pour les grands cœurs, ceux qui battent de toutes leurs ailes quand tant d'autres s'éteignent et se meurent ! Il est enfin utile comme il aime l'être au milieu d'un monde abattu d'une épreuve terrible ; sa joie est immense ; ses hommes pénétrés jusqu'au plus profond de leur âme, d'avoir avec eux, dans ces temps terribles, un chef tel qu'on ne peut en souhaiter de meilleur !

Il ramène en Allemagne, ce chef d'une ardeur de feu, tous ses canons, sans en avoir perdu un seul, et presque tous ses soldats.

Ce que peut faire un homme quand il est dans la main de Dieu !

Drouot est toujours aux côtés de Napoléon à la poursuite de son épopée, caressant sa carrière de météore, voulant absolument la poursuivre sans fin ; mais les jours deviennent sombres, le temps des grandes victoires est passé, c'est encore Lützen, Bautzen et Dresde, où la science de Drouot fait tout pour compenser l'inexpérience de ses artilleurs Marie-Louise ; Leipzig ; l'île d'Elbe dont Drouot est le gouverneur ; Waterloo où Drouot est au nombre des géants.

C'est lui qui depuis Paris conduira la vieille garde derrière la Loire ; il faut la sagesse de ce Nestor des temps modernes pour tempérer, puis calmer, puis licencier cette troupe de laquelle sortiront beaucoup de ces « demi-soldes » aux têtes brûlées, qu'enflamme depuis toujours le génie dévorant de Napoléon ; ces « demi-soldes » admirablement peints par Balzac dans son *Ménage de garçon*, avec l'immortelle figure du sabreur Philippe Brideau, le modèle du fils ingrat !

La première Restauration, celle qui suivit la campagne de France et l'abdication à Fontainebleau de Napoléon, le 11 avril 1814, ne s'accompagne d'aucune exécution, d'aucune répression.

Le roi est là, l'humanité des Capétiens aussi. La France a tant souffert, le cataclysme fut si profond, le sang partout versé dans tant de batailles si abondant, que le roi laisse passer, il y a tant de blessures qu'il faut guérir ; il faut pacifier, éteindre les passions dans une nation soumise à tant de convulsions sanglantes depuis ce 1789, qui, au dire des beaux parleurs, devait être l'annonciateur des temps nouveaux !

Modération du plus modérateur des gouvernements qu'aient connu nos voisins ; Louis XVIII fut exactement le roi qu'il fallait pour vivre de tels moments.

C'est la modération célébrée par Montesquieu comme une des qualités premières des Capétiens.

La seule grande mesure que prit Louis XVIII directement en rapport avec les événements révolutionnaires, fut l'exil des régicides.

Avouons que c'est bien peu, ne rappelant en rien la fameuse Libération (si l'on peut dire) qui s'accompagne de ses cent cinq mille victimes selon la déclaration à la Chambre du ministre Frey.

Il faudra la folle équipée de Napoléon débarquant à Fréjus le 1er mars 1815, « cette invasion d'un seul homme » a dit Chateaubriand, pour tout gâter. C'est le maire de Fréjus qui le lui dit, que Napoléon avait fait appeler : « Sire, nous commencions d'être tranquilles, vous allez de nouveau tout bouleverser. »

Oui, tout bouleverser, c'est le mot ; de par l'égocentrisme monstrueux de ce dieu des batailles, tout bouleverser en détruisant l'admirable travail de Talleyrand à Vienne, où l'on est encore précisément quand Napoléon débarque, alors que la France s'y trouve en excellente posture.

Tout le monde sait que le dommage causé fut immense, et que le second Traité de Paris du 20 novembre 1815 ne ressemble en rien au premier du 30 mai 1814 !

Eh! bien, la clémence des rois de France est toujours là, et les exécutions se réduiront à un minimum. Il y a bien la Terreur blanche dans le sud, mais elle est plus guerre civile qu'action du pouvoir légitime.

C'est ici que nous retrouvons notre Drouot derrière la Loire, licenciant ses dernières « demi-soldes ». Mais il apprend qu'il est proscrit pour crime de haute trahison ; c'est alors que comme toi, maréchal Pétain, il accourt. Le voilà qui vole vers Paris ; la plus belle conscience des temps napoléoniens ne peut supporter, un instant, telle appellation, sans qu'il n'aille s'en expliquer devant des juges.

Il se présente à la prison de l'Abbaye où, à son nom, on refuse de le recevoir à plusieurs reprises.

Mais comme il avait insisté auprès des frères des Écoles chrétiennes à trois ans pour y entrer, il insiste et son insistance fait qu'enfin on le reçoit.

L'homme est admirable à tous les instants de sa vie !

Après huit mois d'incarcération, les juges le reçoivent et l'acquittent par quatre voix contre trois. Le jugement n'est pas rendu qu'une voiture de la Cour est là qui l'attend ; Louis XVIII le reçoit, tout de bienveillance, le remercie de tous les services à la France rendus, et de tout ce que sa vie a montré de beau et de grand.

Il est bon, tout roi que l'on est, de voir et de respirer d'un homme, dont tout en lui est d'une rayonnante beauté !

Louis XVIII s'incline devant la décision de Drouot de ne pas reprendre du service, et le laisse aller avec regret, lui disant qu'il n'y aurait point d'appel à son jugement et qu'il est tout à fait libre.

Il veut enfin vivre sa vie ce Drouot, celle dont lui parle sans cesse ce cœur de diamant dont il est porteur depuis toujours !

Toujours plus près de Dieu, sans cesse sous sa main ; le soldat s'en va, c'est le moine qu'il devait être qui paraît enfin, qui s'empare de tout, et qui, désormais sans en porter l'habit, gouvernera et mettra dans le silence de l'infini, le héros de tant de batailles légendaires !

Drouot s'éteindra à Nancy âgé de septante-trois ans, ses douze dernières années frappé d'une cécité absolue, sans qu'une plainte, jamais, ne puisse de lui s'entendre !

C'est ainsi qu'agit un roi de France, n'écoutant que les intérêts supérieurs de son royaume, envers un soldat qui n'avait jamais été des siens et qui, comme Larrey, professait un véritable culte pour l'empereur.

C'était l'homme d'État qui avait agi, mais aussi toute son intimité, qui voulait qu'une si belle nature que ce Drouot, qu'une si haute vie, qu'un soldat sans tache et sans reproche, soit et reste à cette place d'honneur qu'il n'avait en fait jamais quittée.

Le roi de France avait laissé parler son *Summum justitiae caput*.

C'est aussi que les rois de France se doivent de ne pas laisser passer de tels hommes sans les saluer, et les honorer de leur présence !

Talleyrand, si dépravé, et qui n'est qu'une hirondelle ne faisant pas le printemps, ne serait pas de cet avis je pense, au moins quant à lui qui n'aimait que l'argent et le beau sexe ; il a toujours été très loin de la devise des armes de sa maison : « Ré que Diou » ; et puis placé comme il l'était, si haut et si près du roi, n'en étant séparé que par les princes du sang !

Sa famille par un de ses représentants, avec trois autres de même illustre lignée, après avoir juré par la vie et la mort fidélité au roi, transportent la sainte ampoule - brisée, rappelons-le, à la Révolution en 1793, par le représentant Ruhl - de Saint-Denis à Reims lors des sacres.

N'a-t-il pas dit en effet : « Par la grâce de Dieu est un protocole d'ingratitude pour les rois ? »

Oui, ce sont de bons rois, car ils ont à leur service des serviteurs qui sont à leur côté des décades et des décades, des Sully, des Vergennes, des Choiseul, des Richelieu, des Mazarin. Un roi de France est comme une maîtresse de maison, dont la bonté et les qualités se mesurent à la longueur des états de service de ses serviteurs.

Du Guesclin a si hautement et si longuement servi, que Charles V le Sage le veut à ses côtés, pour dormir en la basilique de Saint-Denis, de son dernier sommeil.

Louis XIV sait, comme Louis XVIII pardonner, oublier et remercier quand il le faut et se doit. Recevant le Grand Condé de Rocroy et de Lens, mais qui l'a trahi pendant la Fronde en s'alliant à l'Espagne, il lui dit, l'attendant au haut d'un grand perron dont les escaliers sont gravis lentement par l'illustre vainqueur que l'âge appesantit et qui s'en excuse, il lui dit l'admirable parole à jamais mémorable tant elle est chargée de divine musique : « Mon cousin, quand on est chargé de lauriers comme vous l'êtes, on ne saurait aller plus vite. »

C'est ici qu'on se rappelle Saint-Simon plus équitable envers Louis XIV qu'on ne l'a dit, proclamant qu'il n'est à Versailles, comme nous l'avons déjà vu plus haut, parmi tant de brillants causeurs, personne, qui sache conter comme le roi-Soleil.

Nous avons parlé plus haut de Larrey en parlant de Drouot, les voyant tous deux comme de pures images d'un héroïsme de rêve.

Larrey est un autre Drouot, tous deux du commencement à la fin, dès même la campagne d'Italie, compagnons fidèles et de tous les instants du « Corse aux cheveux plats ».

Napoléon appellera Drouot le « Sage de la grande armée » et Larrey l'« homme le plus vertueux que j'ai connu dans les armées françaises. »

Chez ces deux hommes, il n'est que la sagesse et l'habileté qui puissent le disputer à la bravoure. Larrey était-il, comme Drouot, un grand chrétien ?

Le fut-il comme Drouot, jusque dans les moindres parcelles de son cœur, où tout est à la grâce divine ? Je ne sais, mais il se pourrait, quand on est à ce point vertueux, bien qu'il soit presque téméraire de vouloir l'être comme Drouot le fut. S'il ne le fut pas, Dieu le recevra comme s'il l'avait été. Écoutons plutôt.

Né en 1766, il est à vingt-huit ans chirurgien en chef des armées françaises faisant campagnes partout, pris d'abord dans ce chef-d'œuvre de la campagne d'Italie où le génie du capitaine le dispute à l'ardeur des troupes subjuguées. Il est à toutes les phases de cette filière de gloire et de fulgurances, qui finit à Waterloo, où Larrey est blessé et fait prisonnier.

Libéré, rentré en France, il n'est nullement inquiété malgré son ralliement à Napoléon aux Cent jours, et comme Drouot, son culte connu pour l'empereur. Louis XVIII le nomme chirurgien en chef de la garde royale !

Comme nous sommes loin, n'est-ce pas, d'un Paul Morand interdit d'Académie française par le général de Gaulle, pour avoir été ambassadeur de l'illustre maréchal ?

Que la vie doit être belle, quand on peut la vivre à l'ombre d'un beau sacrifice vécu dans le sillage d'un grand homme ! Que le vêtement en est de richesse et de splendeur ! Il faut, Seigneur, pour être heureux et tranquille, et rempli de tes bienfaits, qu'ici-bas, en servant les hommes on ne quitte pas de te servir !

Vous venez de voir, adeptes de ceux qui crient à tous les vents « Liberté, Égalité, Fraternité », comment se comporte un roi de France, et comment, au son de phrases creuses et hypocrites, vous agissez dans votre Libération, en assassinant et vous repaissant des plus hideuses vengeances... jusqu'à porter la main sur un maréchal de France parfaitement innocent et sauveur de sa patrie ! Mais dont le sacrifice, comme celui de Ch. Maurras, servira à la présence, bientôt, de la France ancestrale, libérée comme nous-mêmes, et comme le reste du genre humain, de la race dangereuse par excellence qu'est le Juif loin de Dieu et de son Ancien Testament, l'auteur de notre décomposition sociale, l'auteur et le seul introducteur du communisme dans tous les pays !

De ce Juif envoûté dans son erreur de par un péché jamais reconnu, jamais avoué, et le sujet, jamais, du moindre repentir et même du moindre regret !

Le juif sait cependant qu'un châtiment exemplaire lui est promis par la prophétie. Nous parlions d'envoûtement, il n'y a pas de mot qui ne soit ici mieux à sa place que celui-là !

Comme nous sommes loin de ces gens-là, comme nous nous sentons différents d'eux, et comme nous chérissons tout ce qui exalte ce qui doit l'être !

Au nom de toutes les beautés et de toutes les grandeurs que Dieu a déposées dans le cœur de l'homme, il faut tout faire pour chasser des positions qu'il occupe, le Juif, le corrupteur de l'esprit humain !

Nous admirons ce que les ennemis de Jésus n'admirent pas, nous vivons de ce qu'ils ne connaissent pas, nous pensons en tout à leur contraire ; nous remercions des héros comme Drouot, Larrey, le chevalier d'Assas, d'où qu'ils soient, d'avec qui ils furent, pour toutes les fleurs d'émotion profonde que dans nos cœurs ils ont fait paraître. Joffre, l'impavide, nous pénètre d'admiration ; mais le Juif à la mentalité exécrable, qui ne connaît que son argent, tout ce qu'il en peut prendre au « goyim », et sa vengeance, ose porter la main sur un soldat pénétré de gloire et d'années, montrant par là toute l'ignominie de sa personne !

C'est que pour le goy (ou goye) (goy ou goye au singulier et goyim au pluriel, mot hébreu), la férocité est sa marque ; c'est la névrose homicide de Marat un des siens, toujours présente, et qui le suit à chaque pas, ne le quittant jamais.

Civis helvetice ! cave Judaeos ! (Citoyen suisse, prends garde aux Juifs) ! nous crie Caton l'Ancien.

Les Drouot, les Larrey, les chevaliers d'Assas, le Grand Condé, en qui la réincarnation, selon certains, prétend retrouver le génie d'Alexandre-le-Grand... l'illustre maréchal Pétain l'image vivante pour des siècles d'un pur sacrifice à la patrie, et puis aussi ce Joffre tout d'airain revêtu.

O son admirable tranquillité d'esprit, ô l'impavide impassibilité, sa solidité de montagne, son naturel contre lequel tout s'écrase et s'évanouit !

Seigneur, il faut pratiquer le culte des grands hommes, cette terre étrangère au Juif abîmé dans ses bas plaisirs, et dont il a fait l'atmosphère de nos temps ; grands hommes dont la puissance n'est grande que par celle que par toi il leur est dispensé.

Il faut que de ce Joffre on rappelle un épisode qui ne se doit jamais point oublier, celui que Pierrefeu dans son beau G.Q.G. a rapporté et dont le temps n'éteindra pas le souvenir.

Nous sommes en février 1916, la monumentale bataille de Verdun, véritable pluie de fer a débuté le 21 février... moments tragiques pour la France, à moitié surprise, qui voit le destin flotter dans l'espace rempli d'une indécision redoutable ! Un très grand danger est à sa porte. Pendant ces journées d'angoisse, un ami intime de Joffre téléphone tous les soirs aux fins de nouvelles fraîches : « – Allô, le grand quartier général des armées ? – Oui, ici l'officier d'ordonnance de service du général en chef. – Ici, le général Etienne, quelles nouvelles, comment cela va-t-il ? Que dit le général ? – Le général, répondait invariablement l'officier, il dort. – Il dort, ah ! il dort, mais c'est très bien, s'il dort c'est que tout va bien. »

Justement, ajouterons-nous, mais ce n'est même pas sûr, tant ce sommeil est maître de tout ! Jamais dans ce temps de fer et de feu Joffre n'est plus grand que quand il dort !

On serait tenté de dire que ce sommeil grandiose de par les circonstances, ce merveilleux tonique pour le calme, le sang-froid et la confiance de tout un état-major, a été le grand vainqueur de la lutte gigantesque !

D'autant que de Moltke, de l'autre côté, lui, n'en a pas de ce sommeil de pierre ! Homme de scrupules, le poids des événements l'écrase ! et ses moyens d'action s'en vont !

Que c'est beau, quel sujet de profondes méditations, d'admirations passionnées, que ces vies exemplaires artisanes de grandes scènes de l'histoire, répliques dans nos temps de celles de Plutarque !

C'est le mot de Lucain, contemporain de Néron et sa victime, qui sans cesse est sur nos lèvres :

Humanum paucis vivit genus, c'est par peu d'hommes que vit le genre humain !

Nous nous sommes laissés entraîner par cet attrait magique que provoquent les grands moments de l'histoire. Qu'il est bon de contempler les grands hommes dans tout l'éclat de leur savoir et de leur puissance, et de revivre avec eux des instants pathétiques, des moments de catastrophe ou de gloire.

C'est Suétone, je crois, qui a dit de César, qu'il n'était jamais plus modéré que dans la victoire et plus résolu que dans l'adversité.

Il regretta beaucoup la mort de Pompée et pleura, vainqueur, devant sa dépouille décapitée en mer, devant Alexandrie, sous les yeux mêmes de sa femme et de son fils, par le chef des eunuques d'un ministre de Ptolémée XII qui lui devait son trône. Les meurtriers furent punis par César.

Comme J. Bainville l'a dit, les Bourbons en 1815, en reprenant possession du trône de leurs ancêtres, rendent un immense service à la France, menacée sans eux d'asservissement ou de démembrement.

Louis XVIII se montre admirable pacificateur des esprits, et gouverne avec sagesse et discernement dans des moments de très grandes difficultés. Il reprend pour lui et les siens les grands peintres de l'Empire, les Gros, Gérard et Girodet, les trois « G » a-t-on dit, sans oublier beaucoup d'autres choses. Ch. Maurras lui a reproché le système des chambres délibérantes !

Louis XVIII ne pouvait et ne saurait oublier tout ce que Larrey avait fait pour la vie et les souffrances des soldats français, et que son courage sans bornes et son dévouement sans limites, ont fait baptiser par toute l'armée la « Providence du soldat ».

Napoléon, de son côté, n'oubliera pas au chapitre 2e de son testament, de léguer au poste 15° cent mille francs à Larrey, l'accompagnant justement du fameux « l'homme le plus vertueux que j'aie connu » ; au poste 18° cent mille francs à Drouot, sans commentaires ; mais un peu plus loin, Napoléon ajoute que Drouot sera son « demandé » auprès du gouvernement français.

Nous savons que les cent mille francs donnés à l'un et à l'autre se réduiront, pour chacun, après réductions obligées, à soixante mille.

Quel beau titre de gloire que ce nom de « Providence du soldat » ! comme il arrache des larmes, quand on pense à la somme de souffrances de grands blessés qu'il fallut pour qu'on le voie prendre corps !

La « Providence du soldat » ne connaît pas, les jours de bataille, le repos ni la peur. Larrey a créé, en 1793, les « ambulances volantes » qui donnent aux soldats des soins immédiats sous le feu même de l'ennemi, et Larrey y est en personne, toujours actif, toujours sans peur, mais non pas sans y être blessé plusieurs fois, notamment à Waterloo et Saint-Jean-d'Acre.

En 1815, Louis XVIII nomme Larrey chirurgien en chef de la garde royale, puis chirurgien en chef des Invalides et de l'Hôpital du Gros-Caillou.

En 1820, admis à l'Institut de France, Larrey, baron de l'Empire, auteur de nombreux travaux de chirurgie militaire, voit ou plutôt ne voit pas son éloge funèbre prononcé par Pariset en 1845.

Drouot statufié à Nancy ; Larrey à Paris devant l'Hôpital militaire du Val-de-Grâce par David d'Angers ; tous deux revêtus de l'insigne honneur de se pouvoir lire dans le testament du dieu des batailles, de l'illustre soldat, du jouteur invincible, du « joueur passionné » de la guerre comme l'a dénommé Clausewitz.

Trop « joueur passionné » des jeux de Mars pour être grand homme d'État.

Il faut absolument qu'il poursuive sa carrière de météore dans l'éclat et le bruit des batailles. Hors de celles-ci, point de salut !

Il n'y a pas d'homme, a dit Alexis Carrel, qui se soit si peu connu que Napoléon. Les jeux de la guerre, tout remettre à la fortune des armes, plutôt qu'à la raison et au bon sens.

Ce qu'il a bien connu, senti, et il en a parlé plus d'une fois, c'est qu'il était un instrument de la Providence dont il n'avait par ailleurs qu'une connaissance purement intellectuelle, et qui le briserait quand son heure aurait sonné.

« Je suis, a-t-il dit, une parcelle de rocher lancée dans l'espace. » Parcelle ajouterons-nous n'était-elle même pas de trop ?

Par deux fois, le géant laissa passer des occasions d'asseoir son règne sur une base solide. La rupture de la paix d'Amiens par les Anglais, pour avoir annexé le Piémont au lieu de le rendre au roi de Sardaigne comme il s'y était engagé (Talleyrand) ; puis, plus fort encore, n'écoute pas Metternich durant l'armistice de Dresde qui, visiblement avec lui alors qu'arbitre de la situation et craignant une puissance trop grande des Russes et surtout de la Prusse, lui conseille d'abandonner certaines de ses conquêtes dont les villes hanséatiques. Entretien dramatique sans résultat pour Metternich, et qui, rencontrant Berthier qui demande des nouvelles et s'il est content : « Oui, je le suis, dit Metternich, car j'ai éclairé ma conscience, je vous assure que votre maître a perdu la raison. »

Avoir tant de Larrey, tant de Drouot, tant de soldats dévoués jusqu'à la mort, et ne point avoir égard à quelque repos qu'il faudrait leur donner.

C'est que Napoléon est des temps nouveaux précisément, il a beaucoup lu Rousseau, il a répété et relu le *Werther* de Gœthe ; et Jacobin et franc-maçon, il est en violent contraste par ses idées et sa personne avec tout ce qui fut jusqu'alors ; il est de ces temps d'orgueil, de violence, d'égocentrisme et d'inexpérience, de ces temps de cruauté et de rapacité, d'instincts primitifs lâchés, où l'habitude est prise de faire couler le sang en abondance à l'intérieur comme à l'extérieur. La raison, l'équilibre, la mesure, le bon sens s'en sont allés, au fur et à mesure que les idées folles de Jean-Jacques Rousseau, développées avec le plus grand talent par celui-ci, prennent pied, puis sont comme l'expression même des temps nouveaux. Le passé n'est plus là pour rien.

Napoléon est le second pas du romantisme, c'est l'épée obéissant à la plume du Genevois.

Mais c'est aussi et encore le lâcher tout des plus mauvais éléments de la nation, qu'une main invisible, celle des Loges dirigées par les Juifs, celle du Talmudiste qui veut reprendre ou garder en main sa Révolution ; cette main-là, précisément, que Napoléon sentait et redoutait en Fouché, le redoutable guillotineur, régicide, et thermidorien, qui en avait gardé le contact.

Napoléon, romantique, n'a-t-il pas dit qu'« il était seul d'un côté avec le monde de l'autre » (P. Bourget, *Illustration*, 1921, p. 400).

Thiers n'a-t-il pas justement dit de Napoléon : « Le génie impuissant devant la raison méconnue. »

Thiers n'a-t-il pas dit encore de l'homme du dix-huit Brumaire qu'il fut un administrateur distingué, un militaire génial, mais un diplomate le plus fou si Alexandre-le-Grand n'eût existé.

Une agitation perpétuelle, une instabilité marquée semée de colères folles ; car Napoléon est grondeur et son principe est d'inspirer la crainte, le meilleur stimulant, dit-il, pour faire travailler son monde ; un certain degré d'incohérence, une activité prodigieuse ! qui fait dire à Châteaubriand qu'il défaisait le soir ce que le matin l'avait vu faire. Je ne sais plus qui a dit que c'était un temps où l'activité prodigieuse de Napoléon était devenue un fléau public, alors que Talleyrand avait élevé la paresse à la hauteur d'une vertu.

À Mme de Clermont-Tonnerre qui lui dit qu'il bâtit des échafaudages pour cacher de nouvelles constructions, il répond avec la vitesse de l'éclair : « Parfaitement, Madame, je ne vis jamais que dans deux ans. »

Voilà bien tous les temps nouveaux parfaitement concrétisés, admirablement personnifiés, et qui rendent compte de beaucoup de choses, et qui expliquent si bien pourquoi les héros d'ancien régime et ceux qui sont de notre temps subissent des sorts si différents.

Qui ne se souvient de Clémenceau répondant à Foch qui demande à être informé des conditions de la paix en 1918 aux fins de dispositions à prendre : « Cela ne vous regarde pas. »

Encore un mot qui juge tout un siècle et ce Clémenceau, qui eut été, n'en doutons pas un instant, le plus parfait guillotineur qui soit, de 1792 à 1795.

Lors de la signature du Traité de Versailles dans la Galerie des glaces, ni Joffre, ni Foch, ni Pétain ne sont admis.

On sait le sort d'un autre héros, le général Mangin.

Oui, Napoléon c'est le romantisme en action, avec tous ses dangers, et dont il allait faire la plus belle et la plus éclatante démonstration.

Oui, c'est que le « Corse aux cheveux plats » n'est plus maître de sa personne, que comme Rousseau il est conduit et ne conduit plus. Il est lui aussi comme dans un état paranoïaque, qui le prive d'un suffisant contact avec l'extérieur !

Quelle perpétuelle leçon que l'histoire, et c'est en pensant à Napoléon peut-être, ou même certainement, que Metternich a pu dire : « Le vrai chef-d'œuvre est de durer. »

Il faut savoir en tirer des leçons pour sa personne, pour sa patrie ; et pour le monde tout entier ; à l'heure présente par exemple, et qui pourtant voit ce monde s'en préoccuper si peu.

Oui, que nous sommes loin maintenant, n'est-ce pas, très loin des temps pacifiques et chrétiens d'ancien régime, où les batailles se font sans haine, où la paix règne dans les cœurs comme dans les foyers, comme dans les nations, parce qu'il est un Dieu devant lequel les plus grands, les empereurs et les rois, s'inclinent profondément. Grand exemple et grande leçon pour les peuples !

Oui, nous en sommes très loin, voyons-le donc bien, une fois de plus, en entrant dans le particulier de certains moments de notre XXe siècle, et en restant sur cette terre de France, la mère de la Révolution, et de laquelle partira, nous a dit Joseph de Maistre, la contre-Révolution.

Voyons ce que la France a fait de cet officier général sauveur de Verdun en 1916, commandant en chef des armées françaises en 1917, qui les sauve des mutineries presque généralisées à tous les corps d'armée, par une sage politique qui le fait courir d'un bout à l'autre du front des armées, aux fins de voir par ses yeux et de réprimer par ses ordres les abus et le manque général de confort dont souffrent ses troupes, alors que les rapports de service qui lui parviennent, proclament que tout est pour le mieux partout.

L'ordre ramené, sa sage politique de l'économie des forces permet, elle seule, de supporter puis d'amortir la grande offensive allemande de mars 1918 partie de toutes ses forces la Russie hors de la lutte ; puis de rendre possible la soudure d'avec les innombrables soldats américains.

Cet homme chargé de gloire et de lauriers, ce regard de l'aigle qui embrasse et cette sagesse de Nestor qui conduit, en lequel vivent et brillent tant de hauts faits de sa race, l'objet de l'admiration, de la vénération et de la reconnaissance de tant de ses soldats !

Que d'outrages et de meurtrissures ainsi faits et sans rougir, à l'honneur et aux sentiments intimes de tant de Français et d'amis de la France, en condamnant ce soldat, parure de l'armée française ! et qui vivra ses dernières années dans un état de sacrifice surhumain qui ne se suspendra pas, après une condamnation à la peine capitale pour crime de haute trahison. Son grand âge, l'illustre soldat est né en 1857, voit la peine commuée en détention perpétuelle.

Oui, c'est un crime qui crie vengeance !

Est-il nécessaire de dire que le maréchal est parfaitement innocent de tout ce dont on l'accuse !

Mais rien ne peut faire contre le besoin que l'on a de châtier ce grand serviteur.

Ceux qui le condamnent savent, mais feignent de ne point savoir, qu'en France libre, il a fait passer par les armes vingt-neuf espions ayant travaillé pour les Allemands ; feignent de savoir qu'il a passé des accords secrets avec les Anglais. On oublie que Laval, en plein hôtel Matignon, s'évanouit de fatigue, après deux heures de discussion, avec le Führer de la main-d'œuvre allemande

(Association française pour la défense du maréchal Pétain, *Aspects de la France*, 4 avril 1958).

En fait, Pétain est une très grande figure qui ne saurait que commander le respect et l'admiration de tous les honnêtes gens !

Les carnets de Jules Ferry mort au champ d'honneur le 15 septembre 1918, disent : « Une seule personnalité défie toute critique : Pétain. »

Clémenceau ne cesse de dire que Pétain fut admirable de désintéressement à Doullens, en 1918, lors de l'institution du commandement suprême des troupes alliées, qui voit Foch passer devant son ancien chef !

C'est l'amiral Leahy, dans ses Mémoires, ambassadeur des U.S.A à Vichy de novembre 1940 à mai 1942, qui rend justice au maréchal pour sa résistance à l'ennemi !

C'est le général suisse Guisan qui s'écrie : « Tant que la dépouille du maréchal Pétain (réd. qui l'a demandé) ne repose pas à Douaumont, la France est en état de péché mortel. »

Belle et grande parole !

C'est le général de Sérigny, ancien chef du cabinet militaire du maréchal, qui en pleine séance de ce tribunal de bêtes fauves, s'approche de son ancien chef, s'agenouille, et lui baise la main.

Il faut que ce maréchal ait été bien grand, pour qu'en pareil moment, on ait osé d'un tel geste, honorant celui qui le reçoit, honorant celui qui le donne !

Vous avez vu Louis XVIII devant Drouot et Larrey, images vivantes du culte napoléonien. Vous venez de voir en action le beau parleur de Londres, le discoureur de Brazzaville, l'homme des Juifs. C'est maintenant qu'on peut parler des « fourgons de l'étranger » qui logent, puis ramènent en France celui qui l'a divisée dans un moment si grave, qui commandait l'union de tous.

Nous avons vu par Louis XVIII comment on respectait, comment on admirait ; vous venez de voir comment on outrage, comment on commet le plus lâche et le plus injuste et le plus dégradant des attentats !

Un maréchal de France, une illustration de son histoire, âgé de plus de quatre-vingt-dix ans, condamné à la détention perpétuelle dans un île, claustré dans un très humide cachot, que seule l'épouse fidèle peut journellement visiter.

Et c'est là qu'il meurt !

Français, Latins, Européens et l'Univers, hommes conscients et informés, répétez sans cesse autour, aux alentours et sans détours à la manière de Cicéron :

Quo usque tandem abutere patientia nostra Judaei ?

Jusques à quand Juifs abuserez-vous de notre patience ?

Comment cela se peut-il, comment tant d'injustices à l'égard d'un si grand homme ?

Que s'est-il passé ? Quelles sont les raisons profondes de tels agissements ? Pourquoi ne sont-ce pas ceux qui ont lancé dans l'aventure, dans la guerre, ceux qui de surplus ne devaient y entrer qu'après avoir consulté le Parlement et qui ne le font, violant la Constitution ; et qui ne devaient entrer en guerre que préparés, armés, cuirassés dans les airs comme sur la terre et sur les eaux et qui ne l'étaient pas ! pourquoi ne sont-ce pas là les coupables ?

O prodige d'inqualifiables attitudes ! ce sont ceux qu'il faudrait condamner qui condamnent, ceux qu'aucun honneur, qu'aucune honnêteté, qu'aucun sentiment élevé n'habitent, qui frappent sans pitié, commettant l'abominable forfait atteignant au cœur de tant de valeureux soldats de la Première Guerre mondiale, dans la personne d'un de leurs plus grands généraux, qui frappent l'histoire de toute une nation, la marquant d'une flétrissure.

Que dit la mémoire de ces rois de France dont, à chaque instant, le *summum justitiae caput* reste le plus beau, le plus grand, et le plus constant des exercices qu'on se puisse donner dans la pureté des fleurs de lys ?

Je dis et je prétends qu'on ne comprend telle atrocité, tel renversement de tous les sentiments qui doivent nous conduire et nous garder sans cesse, qu'en comprenant bien que pour les Drouot et Larrey, assembleurs non pas de peuples comme dans Homère, mais de belles âmes et d'exploits héroïques, c'est la vieille France qui parle dans ses rois quand il s'agit de les juger ; et que quand on ose porter la main, et tenter pour donner le change sur les auteurs de toutes les fautes commises, de mettre l'infamie sur un homme irréprochable, un grand officier général commandant d'armées, ce que ni Drouot ni Larrey ne furent jamais, et porteur des plus éclatants états de services, il ne peut y avoir comme auteur d'un tel crime, que celui qui n'est jamais à court de cruautés, d'audaces, de férocités et d'ignominies, l'étranger aux sentiments de tous les peuples, l'homme qui accuse toujours et ne s'accuse jamais, le fléau du genre humain, le descendant de Marat, l'animateur du chaos et du néant, le plus dangereux et le plus constamment à craindre de tous les peuples vivant sur notre planète, l'impudence personnifiée, et dont Disraéli au siècle passé donnait un exemple resté célèbre.

Lors d'une séance au Parlement, voyant le prince consort, dans sa loge, il s'écrie, lui, premier ministre juif, s'adressant aux membres de la Chambre des Communes : « Messieurs, nous ne pourrons en parler que quand l'étranger ne sera plus parmi nous. »

Le prince Albert, l'objet de tous les respects, qui fit si belle union avec sa reine, fils du duc de Saxe-Cobourg, traité d'étranger par le plus étranger des peuples qui soit à toute nation, et qui s'en va quittant la salle très affecté !

La reine Victoria n'aimait pas Disraéli, et lui reprochait la mort prématurée du prince !

Ces Juifs complètement étrangers à ce Dieu devenu le nôtre, et qui réalisent des conditions particulières d'atrocité, ayant trouvé un comparse digne de leur propre félonie, un instrument et un exécuteur en la personne du beau parleur de Brazzaville, lui-même autrefois tenu sur les fonts baptismaux par le vainqueur de Verdun, qui n'aura jamais négligé de le suivre et de l'appuyer dans sa carrière !

Il n'est que le Juif et son Kahal et ses Loges et de Gaulle des leurs, pour mettre sous nos yeux un si frissonnant spectacle !

Oui, C'est sa marque, c'est son signe, on ne peut s'y méprendre c'est ainsi que nous connaissons son passage, comme Nicolas Il tsar de toutes les Russies et toute sa famille massacrés comme des bêtes, l'ont connu ; comme l'ont connu son père et son grand-père, les tsars Alexandre II et III assassinés, empoisonnés, comme l'ont connu Louis XVI et Marie-Antoinette guillotinés, et dont la mort avait été décidée à l'assemblée des francs-maçons français et allemands de Francfort en 1785 ; comme l'a connu aussi Gustave III de Suède, abattu à bout portant d'un coup de pistolet par un gentilhomme dans un bal masqué de la cour. (Les preuves sont là, n'en déplaise à Monsieur R. Payot, directeur du *Journal de Genève*.)

Quelle audace, direz-vous, est-ce possible ? Quelle férocité, quels criminels, quels dangereux individus, quels gangsters que ce Kahal couvert de toutes les protections par les U.S.A., qui s'y trouve « tabou », et qui est maître et seigneur absolu de la plus grande ville du monde : New York ! Honte aux U.S.A. ! tombés si bas, et qui ne peuvent se relever que par un coup d'éclat !

Voilà qui est rassurant n'est-ce pas ? On voit par là comme nous pouvons compter sur les U.S.A. pour lutter contre les Juifs et leur communisme, l'enfant bien-aimé, l'objet de tous leurs soins.

C'est d'ordre du Kahal, de toute évidence, qu'on a frappé le grand maréchal et nous tous avec lui ! nos cœurs en frémissent encore !

Ce grand homme avait fermé les Loges, la chasse gardée des Juifs, le Grand Orient de France rue Cadet, auteur de nombreux crimes ! et pris des mesures raisonnables contre les Juifs, l'« ennemi du genre humain », criminel lui aussi.

Il est des hommes et des événements qui sont l'apanage de l'univers !

On peut voir ainsi, que ces messieurs et leurs Loges ne craignent pas de s'attaquer aux chefs d'État, avec ou sans couronne ; et l'histoire nous enseigne que partout où ils tombent, c'est à eux d'abord qu'il faut penser, pour le passé, pour le présent et pour l'avenir !

Dans une autre partie de notre texte, nous examinerons les ravages causés en France, depuis le début du siècle, par ces messieurs de la judéomaçonnerie et dont la liste est édifiante ; il s'agit d'une organisation internationale qu'il faut considérer sous toutes les latitudes.

Il faut, sous tous les climats, que la leçon donnée au prix de toutes ses souffrances par l'illustre maréchal et chef d'État, ne soit pas perdue ! Elle ne le sera pas, vous dis-je.

On peut s'étonner, et protester, que dans un pays comme le nôtre, des magistrats puissent accéder à de très hautes places, étant membres d'une société aussi malfaisante que la franc- maçonnerie, de réputation détestable, laquelle reçoit ses ordres de l'étranger.

Elle est en mains propres des Juifs aux fortunes monstrueuses, qui en constituent la direction suprême à New York.

Révolutionnaires dans l'histoire, révolutionnaires et destructeurs de nos sentiments les plus beaux et les plus respectables, tels sont les Juifs !

Et il faudrait, que les chrétiens laissent libre d'accomplir toute action mauvaise celui qui n'a jamais cessé, un jour, d'en commettre, depuis qu'il s'est trouvé « éclaboussé du sang de Dieu » ?

Il faut détruire la franc-maçonnerie, instrument des Juifs.

Et il faudrait que tous ceux qui savent, et connaissent bien cet angoissant problème, qui devrait requérir l'attention de tous les hommes d'État et n'en retient aucune, n'assurent pas la protection et le savoir de ceux qui ne savent pas ?

Comment peuvent-ils savoir, puisqu'à ce sujet les journaux sont muets, sans que le rouge de la honte ne leur monte au visage !

Le malheur de nos temps, c'est que beaucoup de gens qui ne savent qu'à la petite mesure d'un problème, se mêlent d'en parler péremptoirement ! ne l'embrassant que très incomplètement.

C'est justement celui des démocraties, où tout le monde parle sans que beaucoup connaissent.

Si nous voulons avoir des héros et ceux-ci récompensés selon leur vertu, il faut, grand maréchal, l'ami et le souvenir avec Ch. Maurras, de tous les cœurs qui se nourrissent de vos mémoires et de vos sacrifices, il faut que nous puissions crier, paraphrasant le peuple de Rome, croyant le beau et vertueux Germanicus délivré d'un mal mortel alors qu'il ne l'était pas, il faut que nous puissions crier :

Salvae patriae, salva orbis terrarum, Judaei in vincula confecti ! « Nos patries sont sauvées, l'univers est sauvé, les Juifs sont réduits à l'impuissance. »

Vous avez travaillé pour la France, mais aussi pour tous les peuples inconscients des grands dangers qu'ils courent, et qui vous doivent reconnaissance.

Pourquoi de si belles âmes doivent-elles accomplir de si douloureux sacrifices ? Ch. Maurras, le maréchal Pétain, Nicolas II, Louis XVI sont de très belles âmes.

Montaigne s'écriait : « Que sais-je, que sais-je ? »

Maréchal Pétain Charles Maurras Léon Daudet défenseur par l'épée et défenseurs par la plume, les lauriers du Grand Condé et du chevalier d'Assas doivent aussi couronner vos fronts de beauté et d'irréprochable vertu !

Quand verrons-nous vos noms dénommer et parer dans toute la France de belles avenues ? et quand serez-vous devant un peuple recueilli se nourrissant de votre souvenir, sous vos rois enfin revenus et non plus méconnus, statufiés à la mesure de votre grandeur et de votre sacrifice ?

J'ai pensé dans ce chapitre qui prend fin, pouvoir faire, par analogies et comparaisons historiques, parler les événements seuls, sans qu'on puisse par la discussion ou des digressions, en dénaturer la profonde signification, ou en diminuer la valeur qui nous paraît indéniable.

On ne peut avoir mieux fait que Louis XVIII ne fit avec Larrey et Drouot, qui sont des hommes d'une si complète et si haute valeur, que de grands événements, qui touchent à la vie même d'un peuple, se doivent de s'incliner devant eux !

On ne peut, d'autre part, avoir agi plus mal que ne le fit l'Isabeau de Bavière du XXe siècle, envers un soldat de la plus haute valeur à tous égards, figure qui restera dans l'histoire comme celle des plus beaux dons et des plus grands sacrifices.

Cet Isabeau de Bavière, porté aux nues par une presse qui n'a plus rien, et pour cause, de l'indépendance de celle d'autrefois !

C'est dire la valeur de son témoignage !

Comme on comprend que celui qui piétina les droits sacrés de son pays, qui abandonna son empire colonial, qui abandonna ses départements algériens contrairement à ses promesses, pour les remettre entre les mains d'individus de bas étage, qui n'eurent rien de plus pressé, comme il était prévu, que d'en faire des pays communistes ; qui trahit 150.000 Harkis morts de la confiance mise en lui, qui laisse sur cette terre algérienne 280.000 orphelins ; et qui en chasse un million de Français ses compatriotes, passant la mer, n'ayant comme tout bien que le costume qui les revêt, et qui traînent une vie de misère dans le sud de la France ; dont ils foulent le sol d'un pas fiévreux de désespoir, tandis que la pensée ne peut encore se détacher de tout ce qui fut laissé et perdu, de par la faute d'un seul homme et de ceux qui, dans l'ombre et le secret, le commandent souverainement, absolument... n'en déplaise à Monsieur R. Payot, directeur du *Journal de Genève*.

Comme on comprend, disons-nous, que personne, jamais, n'ait vu cet homme sourire ou ses yeux s'éclairer !

Quand les Juifs, ces chambardeurs du monde comme nous disons, et leur servante, la franc-maçonnerie, auront-ils fini de le mettre dans le désordre et l'anarchie par tous les moyens permis et non permis ?

Le Protocole de Sion n° 18 n'a-t-il pas pour titre : « Organiser le désordre ».

L'ignominie du Juif ! Ces Juifs français que le maréchal Pétain avait refusé de livrer aux Allemands, et qui avait créé tant de difficultés pour les Juifs étrangers, que seulement la dixième partie environ de leur total avait été déportée en dix-huit mois (in Rassinier *Drame des Juifs européens*, p. 163).

Chapitre X

L'endurcissement du Juif

Quel est le peuple, quelle est la nation qui devrait être la première du monde par ses vertus, par son passé, par ses exploits, par ses croyances ? Quel est le peuple, quel est le seul peuple dont l'histoire nationale soit en même temps l'histoire religieuse, et celle-ci, celle de tous les peuples de la chrétienté avant la descente du Fils de Dieu parmi nous ! Ce peuple devrait être, n'est-ce pas, par définition déjà, l'exemple et l'instituteur de tous les peuples chrétiens ?

Qu'en est-il ? comment se fait-il qu'il n'en soit point ainsi ? Que s'est-il passé pour ce qui devrait être ne soit pas ?

C'est que ce peuple s'est éloigné de Dieu, de son Yahvé, de son Élohim, de son Adonaï ; une fois de plus, après tant d'autres fois, mais une fois de plus qui, à elle seule, dans le temps, fait plus que tous les éloignements du passé réunis.

Prodigieux éloignement ! prodigieuse durée ! et qui ne cesse de nos jours encore, de persister de durer ! Comment se fait-il qu'il en soit ainsi ? c'est que tout simplement la vie d'ici-bas, semée de tentations, a fait perdre à ce peuple la notion de celle de l'au-delà ; c'est que tout simplement surtout, le cœur de la nation tout entière s'est durci, un endurcissement de fer et d'acier, parti de la forfaiture commise sur le Christ par les bergers de ce peuple, qui sont plus à leurs intérêts de classe et de privilèges, qu'à ceux du Maître de toutes choses !

Endurcissement de fer et d'acier dont nous devons ici faire la démonstration, aux fins de distinguer, de mesurer, et bien mettre en évidence, tous les aspects du plus grave et du plus imposant, et du plus métaphysique de tous les problèmes qui soient à notre heure !

Voyons de ce peuple donc quelques traits de l'admirable passé, qu'admirent tous les chrétiens, et que seul n'admire pas celui qui devrait admirer et s'en sentir tout entier pénétré !

Notons d'abord que dans cet admirable passé d'avant notre ère, les moments de faiblesses ne manquent pas ; que de fois dans les Écritures, Dieu ne s'irrite-t-il pas contre son peuple ! que de fois, par les prophètes, les avertissements et les courroux de Yahvé se manifestent. Que d'infidélités, que de reculs, que de fois le peuple d'Abraham et de Jacob se jette dans les bras de Baal et de Moloch !

Oui, c'est vrai, mais aurions-nous, nous-mêmes, fait mieux ? aurions-nous été de meilleurs gardiens de ces si précieux trésors que le Dieu Tout-Puissant et si généreux, dispense à tout instant, a tous les cœurs bien disposés ?

Rien n'est moins sûr ! C'est qu'Israël, voyons donc bien les choses, est seul de son espèce ; partout, à ses alentours, règne une mythologie effrayante ;

partout des dieux nombreux, anthropomorphes, règnent, qui agissent comme des hommes, dans la bassesse et la passion !

Oui, aurions-nous fait mieux ? Quel entourage, quelle perpétuelle tentation, de s'éloigner de Celui qu'on ne connaît que par une sévère discipline de l'âme et du cœur, et qui demande beaucoup pour dispenser beaucoup !

Mais le plus extraordinaire, c'est de voir que le plus grand et le plus ample des éloignements de Dieu qu'ait connu Israël, s'est produit, dure, s'étend, se prolonge, alors que de tous côtés au travers des siècles, la religion de ses pères s'est répandue, nourrissant les peuples de son pain de vie, bien que les héros de l'Ancien Testament, que les grands hommes de Dieu, soient devenus lettre morte à leurs descendants, tellement lettre morte que c'est le Talmud, ce « ramas »disait Bossuet se servant sans doute d'un euphémisme, ce code de confusion, de haine et de mauvais goût, sans plus aucune trace de vie spirituelle dirons-nous, qui les nourrit et les entretient dans leurs plus détestables penchants.

Jugez de ce que peut produire dans le cœur de l'homme de semblables dispositions, sans cesse cultivées, sans cesse entretenues par de mauvais bergers ; c'est comme un feu d'enfer qui consume, qui détruit, qui ronge, et rend ce peuple autrefois illustre, le plus éloigné qui soit, le plus étranger qu'il est possible de l'être, de ce glorieux passé dans la main de Dieu que toute la chrétienté révère, dont toute la chrétienté se nourrit, alors que le peuple juif tout entier, lui-même, ne le connaît plus !

Spectacle, événement, phénomène, extraordinaires et impressionnants !

Salomon Reinach, en 1909, n'a-t-il pas dit que ses coreligionnaires n'avaient plus qu'un vague respect pour la religion de leurs ancêtres !

Et depuis lors, comme cette progression dans le mal s'est encore marquée ! c'est une soif de domination universelle qui sans cesse secoue les entrailles de ce peuple égaré, une soif de tyrannie, d'argent ; il faut détruire et corrompre ces goyim exécrés comme le Talmud nous dit qu'ils doivent l'être ; une soif de haine, de vengeance, nous sommes les coupables, dans leurs cœurs pervertis par deux mille ans de vie conduite dans une offense continuelle à la face du Ciel ! tout dans ces cœurs est dénaturé et renversé ; la mauvaise foi est maîtresse absolue du champ de bataille ; dans ces cœurs qu'habite une résolution invincible aux forces humaines, tout le mal est à autrui et rien à l'éloigné de Dieu !

Nous l'avons dit déjà : le Juif de l'ère chrétienne, très loin de celui des temps anciens, est un homme qui accuse toujours et ne s'accuse jamais !

Voilà le mal, voilà le diable, voilà ce que fait et dit l'homme, dont la conscience n'est plus qu'une mauvaise conscience !

Peuple juif à la mauvaise conscience, tu es avant tous ceux qui t'ont combattu au cours des siècles et t'ont persécuté, l'auteur des persécutions dont tu souffres !

Avant tous tes persécuteurs, tu es la cause de tes persécutions !

Voilà ce que dirait un cœur honnête, et voilà ce que ne dit pas, depuis deux mille ans, ce peuple tout entier dans les bras du diable, et qui animé, sans aucune relâche, des plus mauvaises intentions à l'égard de la chrétienté, si bien marquées dans les *Protocoles de Sion* dont nous parlons ailleurs, ne cesse, partout, de provoquer des guerres et des troubles !

Que les chrétiens se battent entre eux et que moi, Méphistophélès toujours aux aguets, je récolte les fruits résultant de leurs affaiblissements réciproques !

Je suis l'auteur de la Première Guerre mondiale (Henry Ford *dixit*), j'ai provoqué la Seconde Guerre mondiale indirectement, en instituant le couloir de Dantzig qui frappe au cœur de tous les Allemands, et dont Hitler ne cessera d'agiter et faire flotter l'argument !

On ne doit jamais oublier que le *Juif est révolutionnaire par instinct*, cela découle déjà si naturellement de son état mental, lui-même conséquence de sa position religieuse !

Je le répète et il faut le répéter, car notre presse asservie n'en dit jamais le moindre mot, la Révolution russe avec sa famille impériale massacrée comme des bêtes, et ses 28 millions de Russes (chiffre officiel du gouvernement russe), avec ou sans torture, massacrés eux aussi, est leur œuvre et rien que leur œuvre !

Nous examinerons ailleurs quelles sont leurs responsabilités dans le massacre pendant la Seconde Guerre mondiale des onze mille officiers polonais dans la forêt de Katyn.

Les Juifs ont la conscience chargée des 110.000 Français massacrés lors de la Libération, dont le plus grand nombre sont des fidèles du très illustre et très grand maréchal Pétain ; car en France, le Juif est maître et souverain.

Encore une fois, voilà, de ces choses capitales, ce que ne dit pas une presse plongée dans un silence profond et que l'on vous proclame ici à cor et à cri ; la conjuration du silence de notre presse comme il faut l'appeler, et dont elle ne rougit plus depuis longtemps !

Lâcheté et bassesse des hommes !

Pascal, Pascal, n'as-tu pas dit : « À mesure qu'on a plus de lumière, on découvre plus de grandeur et de bassesse dans le cœur de l'homme » ?

À toi la grandeur, merveilleux sauveur des armées françaises en 1916, image vivante du sacrifice ! Pourquoi faut-il que des âmes si hautes et si transparentes, irréprochables, nouveau Louis XVI, subissent un sort de réprouvé et de criminel ?

Joseph de Maistre répétait : « Le bonheur des méchants, le malheur des bons, c'est là le grand scandale de la raison des hommes. »

À vous la bassesse, adversaires du grand maréchal et les grands amis des Juifs talmudistes !

Quelle leçon pour nous tous, mes frères, que cette tragédie juive déroulant au cours des siècles son destin tragique, et qui paraît à nos vues présentes sans fin et cependant...

Nous avons vu le mal, nous avons vu le diable sans cesse en action, et conduisant chez ce peuple égaré deux mille ans d'histoire à son service !

Grande leçon, haute leçon, que cette expression de vérité ! Nous avons vu le mal et tout ce qu'il conduit et produit.

Voyons maintenant ce glorieux passé d'un peuple, qui, ô prodige, n'en veut plus rien connaître ! Que cette page, grande, belle et merveilleuse par ses prophètes, de ses rapports avec Dieu, complète la fresque, et déroule à nos yeux le contraste stupéfiant de ce peuple aujourd'hui plus que jamais dans les serres du diable, qui lui répète sans cesse, par le Talmud, ses propos insensés d'une puissance terrestre sans limites, et qui fut autrefois le bras droit de Dieu !

Oui, tournons quelques-unes de ces pages d'un grand passé, que par le mépris et le scepticisme qu'en manifestent les Juifs, montrent bien, et mieux que toute autre chose, l'ampleur de leur éloignement à ce Dieu, à ce Yahvé, et à nous-mêmes qui le reconnaissons, l'adorons, nous efforçant d'obéir à ses voix.

Écoutez, écoutons ce passé prodigieux et surnaturel, d'autant prodigieux que nos temps en sont vides, ainsi que de grands sentiments, et bien incapables de n'en rien reproduire !

Voici le merveilleux Daniel, le puissant visionnaire par Dieu choisi et qui, malgré sa qualité de Juif captif, est aussi homme d'État des Chaldéens d'abord et des Perses ensuite.

Il est l'homme de la fosse aux lions que sa seule présence rend inoffensifs, l'homme qui prédit les guerres du peuple juif d'avec la Syrie, qui prédit les exploits sinistres, les massacres de Juifs d'Antiochus IV Epiphane qui interdit la circoncision, et qui place des porcs sur leurs autels comme sacrifice. Daniel prédit la mort d'Antiochus Epiphane dans le temps et la manière, qui mourra « mais non de main d'homme. » C'est-à-dire en l'espèce de langueur.

Voici Daniel appelé par le fils de Sargon conquérant de cette Samarie qui fait partir la première captivité, et qui voit courir devant ses yeux une main libre de toute attache, écrivant : « compté, compté, pesé et divisé. » Et Daniel alors : « Compté, ton règne a pris fin ; pesé, tu as été pesé dans la balance et tu as été trouvé léger ; divisé, ton royaume sera divisé et donné aux Mèdes et aux Perses. »

Et la Bible d'en terminer superbement, laconiquement et sans ambage : « aussitôt Belschatsar donna des ordres et l'on revêtit Daniel de pourpre, on lui mit au cou un collier d'or et on publia qu'il aurait la troisième place dans le royaume. Cette même nuit Belschatsar, roi des Chaldéens fut tué. Et Darius le Mède s'empara de son royaume étant âgé de soixante-deux ans. »

Le voici ce Daniel qui met fin en relisant Jérémie à la captivité de Babylone, lequel avait dit qu'elle durerait septante ans, et qui obtient de Cyrus le retour des Juifs en Palestine que beaucoup ne font pas.

Mais le grand titre de gloire de Daniel sont ces septante semaines d'années qui verraient, comptées depuis la vingtième année d'Artaxerxès à la Longue Main, le ministère de Jésus- Christ fils de Dieu, le Messie. Ministère qui précéderait la ruine de Jérusalem alors, dit Bossuet, que l'oracle de Jacob avait dit sans préciser davantage, qu'au temps où viendrait le Christ, il n'y aurait plus de royaume de Juda.

Que dire d'Elie, ô l'admirable poésie que la poésie du Ciel, nourri par les corbeaux, et qui ressuscite le fils de la veuve ! et qui jette son manteau sur Élisée conduisant sa charrue, l'appelant à Dieu, et lui donnant la prophétie et le don des miracles !

Cet Elie, d'Achab et Jézabel dévorée par les chiens !

Cet Elie, qui par un temps de famine, reçoit comme Clovis à son couronnement, son huile d'En-Haut, et qui se renouvelle sans cesse !

C'est le bois de son autel des sacrifices qu'il a inondé d'eau, et qui reçoit le feu du Ciel, en confondant la multitude des prêtres de Baal !

Que dire de Joseph qui explique les vaches grasses et les vaches maigres, la famine produite par la prodigieuse absence de crue du Nil pendant sept ans, que l'archéologie et ses tablettes confirment !

Et ce chemin de Damas de saint Paul, « ce miracle inouï » dit Bossuet ; cet homme assoiffé du sang des chrétiens, et dont le seul désir n'est plus que de les servir et les multiplier !

Que d'événements dans l'Ancien Testament, et dont le nombre, qui passe l'imagination des hommes est sans nombre, incompréhensibles à nos vues humaines, remplis de la puissance de Dieu, et qui, cependant, s'accompagneront de la part du Juif d'un endurcissement qui fait frémir et trembler.

Il s'installera à demeure dans les derniers siècles qui suivent les derniers petits prophètes, les Zacharie, les Malachie et les Aggée, pour n'en plus changer jusqu'à l'avènement du Christ et jusques aux temps mêmes de nos jours !

La religion est devenue formaliste, rituelle, superficielle, et Bossuet parle alors d'un « prodigieux aveuglement de l'idolâtrie avant la venue du Christ. » (*Discours sur l'histoire universelle*, deuxième partie, chapitre 16.) Aussi, c'est autour du Christ et de tout ce qui l'annonce, de tout ce qui le vit, et de tout ce qu'il vécut, que les chefs des Juifs, les pharisiens, le souverain sacrificateur et le Sanhédrin, sans oublier les sadducéens, montreront toute l'obscurité et la surdité de leur cœur, que rien ne peut ébranler ni éclairer.

Une obstination dans l'erreur qui sera séculaire, millénaire, et qui fait éclater dans nos mémoires comme des pièces à exergue les maximes de Sénèque : *Imperare sibi maximum imperium est* (se commander à. soi-même est le souverain pouvoir) ; et de saint Augustin « Celui qui est bon est libre même s'il est esclave, celui qui est méchant est esclave même s'il est roi. »

Peut-on dire que les grands Juifs aux monstrueuses fortunes sont des hommes libres ?

Le Juif talmudique est ligoté, enroulé, étouffé dans un corset comme de fer, qu'il est bien incapable de par son endurcissement de faire éclater ! Situation tragique dont nous sommes, nous autres, sans le secours de Dieu, bien incapables de le libérer.

Ce diamant du ciel qu'était Jésus ! cette pierre infiniment précieuse qui nous était envoyée ! aux fins de nous montrer tout ce qui était en nous, toutes les richesses que nous possédions, et que nous étions susceptibles de mettre en valeur ; n'a-t-il pas dit que nous ferions un jour tous les miracles qu'il avait faits !

Cette pierre précieuse qu'Israël avait laissé passer d'un cœur froid et impénétrable à la vérité, non seulement passer, mais sur laquelle elle avait porté la main s'écriant « que son sang retombe sur nous et sur nos enfants », impliquait pour elle, de par la qualité suprême de la personne de Jésus, les conséquences les plus graves et les plus funestes qui soient ; conséquences que l'histoire au cours des siècles a déposées dans nos mémoires, et qui sont encore présentes à nos yeux aujourd'hui, sans que, comme nous l'avons dit déjà, il nous soit donné d'en voir à vues humaines le terme.

A vues humaines ? et cependant nous nous doutons que le pouvoir des Juifs qui gouvernent le monde, infernal et tout-puissant, est tellement avancé, tellement souverain déjà, qu'il ne saurait guère tarder, semble-t-il, d'amener quelque intervention du Ciel, pour nous délivrer d'un poids et d'une atmosphère qui deviennent irrespirables.

De plus en plus, c'est le Juif qui pense et qui agit, ô sacrilège, à travers le chrétien, tellement que beaucoup déjà ne le sont plus !

Nous sommes ici dans un cadre, où les événements et les prévisions perdent de leurs qualités et significations terrestres, pour se développer sur un plan où nos conjectures n'ont plus beaucoup de valeur, et s'éteignent faute de solidité, à moins que Dieu ne nous envoie quelques messages visibles à tous les yeux et revêtus de sa gloire et de sa puissance.

Mais sommes-nous, dans un temps et dans des mœurs, où Dieu puisse trouver l'humanité prête à l'entendre ?

Nos autorités sont-elles de la qualité qu'il faut pour recevoir, comprendre et suivre de tels messages ?

Est-il possible d'aider les cœurs endurcis ?

Nos autorités sont-elles habituées à compter avec Dieu ?

Est-il besoin de répondre à semblable question, tant celle-ci se répond à elle seule et d'elle-même ! Oui, elles sont plus sensibles aux influences du Juif talmudiste dont elles ne nous défendent pas, qu'aux messages que Dieu devrait pouvoir nous envoyer !

La vérité, c'est qu'on ne compte plus avec Dieu, qui demande bonté, pureté, humilité, amour du prochain, fidélité, renoncement aux joies matérielles, chasteté, pour qu'on entende dans son cœur la voix douce et subtile de Sa présence.

De grands commencements se terminent facilement par de spectaculaires événements, et il est bien certain, en effet, que la puissance du Juif dans notre monde matériel est immense, aidée de sa franc-maçonnerie et de notre passivité, et qu'à vues humaines la situation est désespérée !

Voyez seulement encore une fois notre presse, partout, très attentive à ne leur déplaire en rien ; là, toutes les portes leur sont ouvertes qui sont fermées à ceux entendant mettre en éveil !

L'audace du Juif talmudiste des temps présents est l'égale de celle des temps passés, dont nous reprenons maintenant l'histoire.

Ici, mieux que souvent ailleurs, les temps passés illuminent, éclairent, et résolvent quantité d'interrogations et de supputations des temps présents !

Voyons donc l'audace et l'impudence des temps passés dont le point de cristallisation, si j'ose dire, se trouve placé sur la personne du Christ, et sur tout ce qui se rapporte à cet événement unique dans l'histoire des hommes.

Cette audace extrême à nier la nature divine du Christ, après tous les signes annonciateurs qui leur en avaient été donnés, doit être encore et toujours soulignée, l'audace première impliquant naturellement les audaces secondes, et suivantes, et dernières, celles que nous vivons.

Rappelons donc quelques-unes des audaces premières à nier la nature divine du Christ, sans l'énumération desquelles leurs impudence et outrecuidance présentes ne peuvent être estimées à leur juste valeur.

Que de signes annonciateurs ! que de prophètes ont annoncé les temps du Fils de Dieu sur la terre ! C'est Esaïe ch. VII, v. 14, huit siècles avant l'ère chrétienne qui dit : « C'est pourquoi le Seigneur lui-même vous donnera un signe. Voici une vierge sera enceinte, et elle enfantera un fils, et on appellera son nom Emmanuel » ; ce sont les psaumes de David le psaume 22 par exemple : « Ils ont percé mes mains et mes pieds... ils se partageront mes vêtements, ils tirent au sort ma tunique » ; c'est Moïse dans le Deutéronome 18, v. 15 ; c'est II Samuel annonçant le « Fils de David au trône éternel » ; C'est Esdras ; c'est Jérémie... c'est Ézéchiel parlant du Bon Berger... que de messages chez les uns et que d'obscurité, d'obstination chez les autres. Que d'appels de Dieu reçus dans un désert de pierres et de sable !

Nous avons vu déjà l'oracle de Jacob, dont Bossuet à plusieurs reprises parle dans son *Discours sur l'Histoire universelle,* indiquant la concomitance du ministère du Christ et de la ruine de Jérusalem et de son royaume de Juda, sans que l'oracle nous dise lequel des deux événements précède l'autre !

L'oracle de Daniel était connu, lui aussi, de tout Israël, annonçant le Christ pour l'heure où il parut justement. C'est une des dates, comme dit déjà Bossuet, solidement établies des Écritures. Il s'agissait de septante semaines d'années qui s'écouleraient comptées à partir de la vingtième année d'Artaxerxès à la Longue Main. L'oracle de Daniel, outre qu'il précisait la date à laquelle apparaîtrait le Christ disait encore une chose que l'oracle de Jacob n'avait pas dite, c'est que la mort du Christ précéderait la ruine de Jérusalem !

C'est là précision fort gênante au Juif talmudiste qui ne lâche pas sa mauvaise foi, sa compagne habituelle depuis qu'il s'est séparé de Dieu ; rien ne l'arrête d'en manifester quelque chose même quand il s'agit de la Majesté divine !

Voilà pourquoi l'impudence juive parmi les hommes est si marquée et si répandue, et qu'elle est partie liée de sa personne !

Le Juif ne se met-il pas avant Dieu dans les *Protocoles*, ces protocoles révélateurs, et dont jamais ne font leur sujet, ceux mêmes qui président aux destinées de sociétés des sciences morales, n'est-il pas vrai M. Olivier Reverdin conseiller national et adepte convaincu de la démocratie judéo-maçonnique ?

Josèphe, l'historien de grande valeur et général juif fait prisonnier devant Jérusalem par Titus, et devenu l'ami de ce dernier, nous assure que la prophétie était bien connue déjà avant le règne d'Alexandre le Grand (*Antiquités juives*, 11.8.5).

Le Christ, de son côté, a affirmé que la prophétie de Daniel était authentique et qu'elle s'accomplirait.

Et voilà qu'arrive l'admirable entretien de Jésus et de la Samaritaine au cœur honnête, simple, droit et sensible malgré qu'elle soit pécheresse, et qui vibre et parle et chante de par la présence et la puissance et la pureté divine de Jésus ; cette eau vive dont il est parlé puis « Seigneur, lui dit la femme, je vois que tu es prophète ; je sais que le Messie doit venir (celui qu'on appelle le Christ) ; quand il sera venu, il nous annoncera toutes choses. » Jésus lui dit : « Je le suis moi qui te parle. »

Y a-t-il quelque chose de plus beau que ce dialogue de fraîcheur, de grâce, de grandeur, et de majesté, de vérité et de lumière, qui s'échange si simplement entre une humble femme et la perfection de Dieu descendue dans la chair, pour éclairer les hommes en accomplissant les prophéties ?

Qu'il eût été bon qu'un Raphaël dans ses Chambres du Vatican nous en ait laissé le spectacle, que les siècles après les siècles contempleraient toujours avec le même zèle et le même tressaillement !

Mais tout cela n'est rien pour le Juif revêtu de ses mensonges, de ses outrecuidances et de ses ténèbres, nullement sensible à la Beauté en soi de Socrate ; c'est lui qu'on doit croire qui a tant défrayé l'histoire, et qui, tous les jours encore, notre texte en apporte de nombreuses preuves, entend mentir et faire le faussaire à la face du Ciel et des hommes !

La condamnation de Jésus se voit remplie de faux témoins ; les affaires d'Allemagne de nos jours voient les faux ou les fantaisistes témoins pulluler. Rien ne vous enserre davantage qu'un premier péché dont on ne veut point revenir !

Mais continuons notre examen, il y a tant de choses encore qu'il faut, à ce chapitre, dire aux fins d'une vue exacte de ce problème moral et psychologique qu'est la mentalité détestable du juif ; je dis bien sa mentalité, non sa personne comme il convient à un homme qui se dit chrétien.

Il y a d'abord ce que tout le monde sait que le Christ a dit et qui s'est réalisé.

Il y a ce chant du coq de Pierre que Jésus lui annonce et qui suivra tout de suite son reniement.

Petite chose direz-vous ? il n'y a pas de petites choses, quand elles se développent et se marquent sur cette scène impressionnante, qui embrasse le sort de notre univers tout entier.

Jésus n'a-t-il pas annoncé sa passion, sa résurrection ? Jésus n'a-t-il pas prédit la ruine de Jérusalem et la dispersion du peuple juif ?

Son corps a-t-il été retrouvé une fois la descente de la croix accomplie ? Jamais rien de pareil.

Klausner, premier auteur juif à avoir écrit une *Vie de Jésus* (1934) ne s'embarrasse pas pour si peu ; le corps, nous dit-il, a été jeté à la fosse commune. Inutile d'insister sur cette invraisemblance, alors que Jésus est accompagné et suivi jusqu'au Calvaire par sa mère, Marie-Madeleine, les apôtres et beaucoup d'autres personnes ; Jésus, comme Jean-Baptiste, a été, ne l'oublions pas, un grand rassembleur de foules ! et ce n'est pas de ces foules qu'est partie sa condamnation, mais bien des hauts personnages politiques et religieux : pharisiens, Sanhédrin (le sénat du peuple juif) et puis aussi du souverain sacrificateur le plus haut personnage de de l'État, et sans oublier non plus les sadducéens.

Dans la fosse commune ? et que dit la Bible, la merveilleuse Bible qui anticipe et cristallise des événements bien avant leur jour ?

Elle dit huit siècles avant l'ère chrétienne par Esaïe, eh. 53, v. 8 et 9 : « Il a été enlevé par l'oppression et le jugement des hommes. On a mis son sépulcre parmi les méchants, son tombeau avec le riche. »

N'est-ce pas admirable que cette divine prescience ? ne nous écrase-t-elle pas ?

Arimathée est un homme riche et considéré, membre du Sanhédrin, qui a refusé d'acquiescer à la condamnation de Jésus. C'est lui qui se rend chez Ponce-Pilate aux fins de pouvoir prendre le corps de Jésus, encore sur la croix... et qui a rendu l'âme très vite, très tôt, à la sixième heure, après que le pays eût été plongé durant trois heures dans l'obscurité.

Est-il une obscurité dans l'histoire qui soit plus éclairante que celle-ci, qui éclaire tout, qui explique tout, qui magnifie tout, qui convainc chacun hormis l'éternel négateur du Vrai ! d'un miracle à l'échelle du monde ! donnant bien à signaler que c'est le Fils de Dieu qui est sur la croix, entre ces deux brigands accomplissant les Écritures, sans que l'on puisse, dit saint Augustin, humainement, s'en expliquer la nature, la lune dans son plein ne permettant selon nos règles l'éclipse ! C'est aussi la terre qui tremble, et le voile du temple qui se déchire de haut en bas au moment où Jésus expire.

Mais surtout, c'est plus qu'une obscurité, ce sont les ténèbres qui sont là pendant les trois heures du jour, et qui font qu'on voit les étoiles du ciel !

Ponce Pilate s'est étonné de la courte durée de l'agonie de Jésus, qui donne son accord à Arimathée !

Sans doute, que Dieu n'a laissé souffrir son Fils que le temps qu'il fallait, pour que les choses s'accomplissent de la manière qu'elles le furent.

Nous avons parlé d'un Esaïe qui, huit siècles à l'avance, donne le nom de celui qui, seul au Sanhédrin, est à la hauteur des circonstances et s'occupe d'ensevelir Jésus. Comme Dieu a dû le bien recevoir ce d'Arimathée, et l'accueillir sur les parvis du plus beau des cieux !

Voici Michée, le petit prophète du VIIIe siècle lui aussi ; autre merveille, l'annonciateur du lieu de naissance du Christ :

> *Et toi Bethléem Ephrata, petite entre les milliers de Juda,*
> *De toi sortira pour moi, Celui qui dominera sur Israël*
> *Et dont l'origine remonte aux temps anciens,*
> *Aux jours de l'éternité. (Ch. 5, v. 1.)*

Quand on parle d'incroyants, on se doit d'en distinguer deux sortes : ceux qui s'en font gloire et opposent un barrage invincible à toute tentative de les éclairer ; et puis ceux qui, ne croyant pas, s'en désolent, tant ils aimeraient sentir et croire cette présence divine.

Le Juif talmudiste est de la première sorte, et l'on est frappé dans tous leurs écrits de la façon basse et vulgaire dont ils parlent des choses divines ; c'est comme s'il s'agissait d'un champ ou d'un chat. C'est comme si la vie spirituelle n'existait pas, c'est comme si les héros de l'Ancien Testament, leurs ancêtres, n'avaient pas été. O ténèbres des Juifs effroyables et prédites, a dit Pascal ! répétons-le une fois encore ! tant elle parle à la réalité ! cette expression d'un grand croyant !

Rien, rien ne peut convaincre l'invincible égarement de cet étrange peuple, qui, nous donne bien par son comportement, l'impression d'événements dirigés selon des voies qui ne sont point les nôtres.

Renier son père et sa mère depuis plus de deux mille ans puisqu'avant le Christ déjà, Israël n'était plus ce qu'il avait été !

Continuons donc à porter nos pas dans les marques de ces événements impressionnants.

Bossuet a insisté sur cette puissance de vie et de mort que les Juifs avaient conservée sous toutes les dominations étrangères même à Babylone, et qui, dit-il, disparaîtrait au temps où le Messie viendrait ; les rabbins le savaient et leur Talmud le dit formellement ajoute-t-il.

N'oublions pas pendant que nous y pensons l'admirable prescience de Jésus s'adressant à ses disciples. Il y eut, nous le savons, une première campagne romaine contre Jérusalem en 68 par Cestius, qui se tient à une certaine distance de la ville, ne l'enserrant pas ! Il précède de deux ans le siège de la ville par Titus, *qui la détruira par la faute des Juifs,* comme nous le verrons, ces Juifs, toujours prêts à charger les Romains de fautes dont ils sont souvent les seuls auteurs.

On pouvait déjà dire, de ce temps, ce que ce texte a répété plus d'une fois, le définissant si bien selon notre expression, « le Juif est un homme qui accuse toujours et ne s'accuse jamais ! »

Jésus pensant à ses disciples, nous dit Bossuet qui a visiblement beaucoup lu Josèphe, notre général juif excellent historien et contemporain des événements menés par Titus, leur dit alors, distinguant les deux campagnes militaires comme si elles étaient sous ses yeux, qu'il fallait quitter la ville avant qu'elle ne soit assiégée, dans la phase où elle ne serait qu'investie, permettant encore d'en sortir.

Encore le pouvoir prophétique de Jésus, annonçant l'abondance dans les temps qui suivront sa mort ou plutôt son ascension, l'abondance de faux messies, abondance qui contrastera singulièrement d'avec leur totale absence depuis les temps, au V$_e$ siècle, des derniers petits prophètes jusqu'à l'arrivée de Jésus !

Que de signes ; il y en a tant qu'aucune résistance, celle du Juif exceptée, ne devrait pouvoir y résister.

Voyons un peu maintenant ce que Malachie, Aggée et Zacharie les derniers petits prophètes, au VIe et Ve siècles avant la venue du Christ rappelons-le, nous ont laissé, qui nous parlent du Christ et de son temps et de ce qui l'accompagne.

Comme Bossuet, avec sa plume prestigieuse et son esprit très français de synthèse et de clarté, sait bien mettre en relief tout ce qui doit prendre de l'importance dans un texte !

Voici la remarquable prédiction, à elle seule déjà suffisante, pour convaincre le peuple juif tout entier s'il en avait le moindre désir :

> « *Malachie (Ve siècle av. J.-C.) reproche aux Juifs d'offrir des victimes, des hosties, c'est-à-dire des animaux, des produits du sol également, ainsi que des libations... défectueuses... de moindre qualité, de rebut dirions-nous.*
>
> *Et alors, sermonnant son monde, il voit le temps où* « *l'offrande* » *sera toujours* « *pure* », *jamais souillée,* « *qui sera présentée à Dieu* » *et non plus seulement à Jérusalem, mais* « *depuis le soleil levant jusqu'au couchant.* » *Les Juifs n'y auront plus part, mais seulement les gentils, chez lesquels, dit Malachie,* « *le nom de Dieu sera grand.* »

N'est-ce pas remarquable ? c'est dès Jésus et l'institution de la sainte Cène que les sacrifices d'animaux cessent, qui remplissent les pages de l'Ancien Testament ; et chose plus remarquable encore, les Juifs n'y auront plus part !

Donner à Dieu toujours la plus belle part, la meilleure des offrandes.

Malachie voit aussi, à quatre siècles et demi des événements, ce qu'il adviendra, et Dieu met dans sa bouche ces mots : « J'envoye mon ange pour me préparer les voies, et incontinent vous verrez arriver dans son saint temple le Seigneur que vous cherchez, et l'ange de l'Alliance que vous désirez » qui entrera, dit Bossuet, comme dans sa propre maison.

Admirable ! la Bible le dit assez dans son Nouveau Testament, que Jésus est dans le temple comme s'il ne l'avait jamais quitté ; Sa sagesse éclate de toutes parts, Il parle souverainement ; qui ne serait ému en voyant l'admirable Fils de Dieu revêtu de toute sa science des Écritures, considérant toutes choses avec une autorité qui n'appartient qu'à lui.

Que cette évocation nous touche profondément, qui remue jusqu'à nos fibres les plus intimes, et qu'en pensées nous évoquons avec empressement et délices, voyant ce beau jeune homme discutant et discourant, tout d'assurance et d'inspiration célestes.

O Juif, malheureux enfant, au trésor des grandes choses du cœur et de l'âme totalement étranger, ne pensant qu'argent, que vie médiocre de tous les jours, que révolutions, que goyim, sans rien qui vous soulève, et vous retienne dans l'éther des joies pures et sans cesse par l'Esprit renouvelées !

Malachie finit en annonçant le précurseur, cet « Elie », ce Jean-Baptiste, ce « nouvel Elie » dit Bossuet, « remarquable par sa sainteté, par l'austérité de sa vie, par son autorité et par son zèle. »

Il n'y aura plus, dit Malachie, de prophète entre moi et le précurseur.

« La netteté, répétons-le une fois encore dans ce texte, la netteté est le vernis des maîtres ! » (Vauvenargues.)

Que de précisions, que de possibilités, d'asseoir sa certitude que notre maître Jésus est bien l'oint du Seigneur, son représentant sur la terre, que Dieu nous laisse l'espace d'un instant d'éternité ! le moment suffisant d'une parfaite démonstration !

Et que ce Jean-Baptiste, une fois paru, et qui sait retenir de grandes foules et parler clairement, n'ait jamais, à aucun moment retenu l'attention et la franchise des Juifs, pharisiens et sadducéens, alors que sa prédication annonce l'arrivée dans l'immédiat du Fils de Dieu et, qu'en effet, celui-ci paraît et se manifeste dans toute sa gloire et sa puissance surnaturelles !

Qui ne relit dans son cœur, dans ce silence des profondeurs mystérieuses de nous-mêmes, l'apostrophe de Jean-Baptiste à Jésus : « Es-tu Celui qui doit venir ou devons-nous en attendre un autre ? » Et Jésus répond par des arguments de valeur terrestre sans réplique : « Allez rapporter ce que vous entendez et ce que vous voyez : Les aveugles... Heureux ceux pour qui je ne serai pas une occasion de chute. »

Zacharie (500 ans av. J.-C.) voit, quant au Seigneur, l'« entrée du roi pacifique, du roi Sauveur qui entre monté sur un âne dans sa ville de Jérusalem. »

Prodigieux, n'est-ce pas ? et que les Juifs osent encore à la face du monde, dans l'intention évidente de faire de nous des apostats, prétendre comme ce misérable Aron dans son livre *Les années obscures de Jésus*, p. 88 : « Tout ceci sans que par son élévation vers Dieu, le nouvel initié ait jamais le sentiment d'abandonner l'histoire des hommes. La communauté d'Israël va compter un prêtre de plus ; la nation juive ne comptera pas un citoyen ni un laïque de moins. »

Est-il possible, de pousser l'impudence et le mensonge des réalités, aussi loin que ces misérables pourchasseurs de l'image sainte et rayonnante du Fils de Dieu ne le font ! Ils ont bien garde de nous suivre dans le domaine des réalités précises, que la Bible nous offre de toutes parts, par la parole de ses prophètes qui voient comme ils parlent et qui parlent comme ils voient, jetant à des siècles d'éloignement, dans l'espace, des morceaux, des jalons de vie biblique ; ne sachant plus comment faire pour se sortir de leurs mensonges millénaires, de leur mauvaise foi tutélaire, emprisonnés de toutes parts par leurs contradictions.

Rentrés maintenant en Israël, le cycle biblique une fois de plus fermé (il l'était déjà dès la prophétie de Daniel accomplie, c'est-à-dire dès la destruction de Jérusalem), ne permettant plus à tout honnête homme le moindre doute sur la personnalité de Jésus, les voilà qui repartent, infâmes imposteurs, sur leurs antennes de mensonges et d'audace ! Quelle repoussante nation cette éloignée du Ciel tout encore « éclaboussée du sang de Dieu. »

Et notez que Zacharie a dit d'autres précisions, et mesurez par-là l'insolence, le besoin de faire le mal, de gens qui prétendent au gouvernement du monde, et sont à deux doigts de le réaliser de façon absolue ; notre presse avilie et en servage marchant d'un cœur pécheur et tranquille ; et mesurez alors par-là l'état de notre dégradation, dans leur sillage !

Oui, nous avons des autorités et de belles autorités, qui s'occupent de l'accessoire, de patinoires comme le syndic de Lausanne membre du parti radical et franc-maçon ! Il faut croire d'après les façons de faire de ces messieurs, que le sport pour eux est le remède souverain à la délinquance juvénile ; ils le croient ou plutôt font comme s'ils le croyaient, ménageant ainsi des intérêts qui leur sont plus chers que tout au monde ! Alors que le principal est passé sous silence, et que la judéomaçonnerie précisément continue de saper notre société, aux fins d'instaurer chez nous, comme elle le fit en Russie, une révolution sanglante.

O Zacharie, tiens dans ta main ce peuple infidèle, et donne-lui la correction qu'il mérite, pour tant de siècles passés dans le mal et l'offense à tous nos sacrements.

Et l'on voudrait répudier l'antisémitisme ! Saint-Père, souvenez-vous comme il a été dit une fois déjà ici, que vous êtes dans les Protocoles une des premières victimes désignée par les bêtes féroces que sont les grands Juifs talmudistes aux fortunes monstrueuses.

Mais Zacharie a dit encore d'autres choses, pasteur Schorer, démolisseur de toutes les beautés de notre vie intérieure, le défenseur attitré des thèses juives, le pasteur matérialiste qui marche dans les eaux des puissants ennemis du Christ, vous-même sur ce point de leur avis quant à sa divinité.

Ennemi de Calvin, ne direz-vous pas peut-être de lui ce qu'en a dit Voltaire : « Une âme atroce avec un esprit clair. »

Comme si une âme pouvait être atroce qui est toujours pure !

Comme si Voltaire pouvait comprendre quelque chose aux choses de l'âme !

Il les comprend si peu, que comblé de bienfaits par Louis XV, et ignorant la reconnaissance, il n'a rien de plus pressé que de le quitter pour aller parader à Postdam ; ce qui fait dire à la belle marquise, grande pécheresse mais aussi femme remarquable, qui lui en écrit, si vous faisiez cela « en mon particulier, je ne vous le pardonnerais jamais. Bonjour. » (*Louis XV et Madame de Pompadour*, p. 232, de P. de Nolhac.)

Oui, je regrette pasteur Schorer que, pour l'exemple, vous n'ayez pas vécu dans les temps de Saint Louis, qui eût fait mettre le fer rouge sur vos lèvres corrompues par le blasphème que vous répandez à plaisir tout à vos alentours !

Tout est permis dans un monde en dissolution, et tout s'excuse, et tout se passe dans un silence coupable.

La société est à ce point atteinte par la corruption juive, qu'on voit une société pastorale suisse aux propos et dispositions d'esprit honteuses, constituées de quelques pasteurs rationalistes et matérialistes et de quelques médecins, aux effectifs très faibles, claironner de par le monde des folies libérales, comme si l'univers tout entier devait souffrir à conséquence de l'inconduite de sinistres débauchés !

Zacharie a dit encore, ô Seigneur est-ce que tu n'as pas montré assez de ta puissance et de ta science, pour que le monde tout entier se prosterne à tes pieds ? Il a dit encore et prophétisé les guerres de Syrie qui ravageront Israël, Jérusalem prise et saccagée, « Judas même combattra contre Jérusalem. »

C'est un aigle, vous dis-je, que ce prophète hautement inspiré et qui, de plusieurs siècles à l'avance, ne laisse rien que ses yeux ne voient.

Voici que « Dieu est acheté trente deniers » et que cet argent sert à l'achat du champ du potier, exactement ce qui fut ! ! !

Zacharie voit encore « le pasteur frappé et les brebis dispersées. »

Il parle également « du regard que jette le peuple sur son Dieu qu'il a percé. »

« Mais, dit Bossuet, ce que Zacharie a vu de plus grand, c'est le Seigneur envoyé par le Seigneur pour habiter dans Jérusalem, d'où Il appelle les gentils pour les agréger à son peuple et demeurer au milieu d'eux. » Admirable prescience que Dieu seul peut manifester.

Aggée, lui, parle que le « désiré des gentils arrivera » dans le second temple. Le Sauveur des gentils y paraîtra.

« La paix y sera établie, tout l'univers ému. »

Il n'y a plus, dit Aggée (V$_e$ siècle av. J.-C.), « qu'un peu de temps pour qu'il paraisse. »

Petits prophètes que ces trois derniers que la Bible nous donne, mais annonciateurs avertis et bien inspirés, et dont les paroles sont singulièrement précises et parlantes.

Ne venez plus, Juifs de mauvaise foi, nous parler de ce que vous pensez de notre Maître, de ce Maître qui ne fut jamais le vôtre, et que vous n'avez que trop souvent outragé et insulté.

Que de signes qui signent l'affreuse misère morale de ces éloignés du Ciel abîmés dans leurs erreurs ; les cultivant et s'en repaissant, outrageant Dieu par leur aveuglement ; et sans cesse aux aguets aux fins d'attaquer, de corrompre, de salir et d'avilir et détruire notre société, laquelle bientôt, aura tout perdu de ce qui fut son honneur, sa fierté et sa parure !

À ce moment, le Juif outrecuidant se découvrira complètement, et instaurera, sans tarder un instant si nous n'y mettons pas ordre, le régime communiste, son régime.

Mais nous n'avons pas fini ; il y a dans ce qu'il nous reste à dire, des choses si parlantes, si éloquentes de la mauvaise foi juive à ne point reconnaître en la nature du Christ, et de tous les événements qui l'entourent, et l'encadrent, ce quelque chose d'unique, d'une qualité si extraordinaire, que précisément elle n'est plus terrestre, mais divine, que nous ne pouvons pas et ne devons pas la passer sous silence.

Vous y verrez dans toute son ampleur l'extraordinaire de ce peuple, qu'on croirait envoûté pour toujours, si la prophétie ne nous disait pas qu'il n'en sera pas ainsi !

Quelques mots d'abord sur la résurrection de Lazare, le plus prodigieux des miracles du Christ ; Lazare, le frère de cette Marie qui dans la dernière semaine, à Béthanie, oignit la tête et les pieds du Christ, qui y voit le signe de son prochain ensevelissement.

Lazare est mort depuis quatre jours et son corps dégage de l'odeur. Cette résurrection accomplie à deux pas de Jérusalem a un immense retentissement et c'est là, précisément, dirons-nous, ce qui emporta les dernières hésitations du souverain sacrificateur et du Sanhédrin, qui, s'ils laissaient encore aller les choses, n'en seraient plus, après de tels prodiges, les maîtres.

C'est alors qu'on décide la mort de Jésus, mais celui-ci s'éloigne aussitôt, voulant sans aucun doute, comme le dit Emmaüs, que les derniers événements de sa carrière, sa passion, sa crucifixion et sa résurrection se produisent au moment de la Pâque.

Ces deux événements se conjuguent admirablement, le premier la résurrection de Lazare, conduisant très naturellement au second, l'arrestation et la mort de Jésus.

Il fallait souligner, dans un texte comme celui-ci, ce mémorable enchaînement de deux événements d'exceptionnelle importance, qui se portent et se justifient si naturellement l'un l'autre à nos esprits humains.

Mais là, comme ailleurs, le Juif garde sa mauvaise foi, et la voix du diable, une fois de plus, reste la plus forte, qui lui fait tout simplement nier l'existence du miracle de Lazare.

Savez-vous ce que voudrait l'impudence du Juif ? Qu'on puisse faire des miracles nanti de son abominable mentalité ! Il ne comprend pas. Ou ne veut pas comprendre que tout, là, est question de disposition d'esprit, de croyance, de pureté, de vertus de tous ordres, de compréhension de notre être véritable.

Mais vous allez voir encore, que cet esprit démoniaque résistera à toute une série d'événements de nature supraterrestre par leurs caractères, et que nous tenons ici à bien rapporter, tant ils montrent, après tant d'autres événements, l'obstination invincible d'un peuple une fois de plus dans les bras de Baal, qui ne relâche nullement son étreinte séculaire.

Nous avons vu plus haut l'attaque romaine sur Jérusalem, Cestius d'abord en 68 av. J.-C., lâche, avec investissement plus ou moins discontinu, qui permet à ceux qui veulent sortir de le faire. C'est ce que font tous les chrétiens que Jésus, prophète une fois de plus, avait avertis et prévenus : « Quand vous verrez les armées entourer Jérusalem sachez que sa désolation est proche, alors que ceux qui sont dans la Judée se retirent dans les montagnes. »

Mais en 70 arrive Titus fils aîné de Vespasien, surnommé les « Délices du genre humain », parce qu'il est un homme de grande vertu, qui disait souvent, comme on sait, quand du soleil levant au soleil couchant son cœur n'avait pas parlé, « j'ai perdu ma journée » (*Diem perdidi*).

Que dire de ce siège et de cette prise de Jérusalem s'accomplissant à *même mois et même jour* que celle de Nabucodonosor !

Voyons d'abord deux fameux prodiges dont Bossuet n'a pas omis de parler, les tenant de Tacite et de Josèphe.

Quarante ans avant la destruction du temple, soit à peu près dès le moment de la mort du Christ, il n'y avait pas de jour, comme le Talmud le rapporte et les rabbins en ont la tradition, que le temple ne fît entendre des bruits partis on ne sait d'où et ne montrât des choses étranges, de nouveaux prodiges, à ce point qu'un rabbin s'écria « O temple, ô temple, qu'est-ce qui t'émeut et pourquoi fais-tu peur à toi-même. » Le jour de la Pentecôte, le temple laisse entendre une voix qui paraît venir des profondeurs et dit : « Sortons d'ici, sortons d'ici. »

Le temple est abandonné par Dieu qui le réprouve, parce que ses enfants ont trahi sa confiance, dit Bossuet.

Le second prodige éclate, lui, aux yeux de tout le peuple, alors que le premier était resté confiné dans le milieu des rabbins. C'est encore Josèphe, le général Juif et excellent historien qui le rapporte, et qui l'a vécu, puisqu'il en est contemporain et qu'il est sur les lieux (liber 7 ch. 12 *De bello judaico*).

Un paysan se mit à crier : « Une voix est sortie du côté de l'Orient, une voix est sortie du côté de l'Occident, une voix est sortie du côté des quatre vents, voix contre le temple, voix contre les nouveaux mariés et les nouvelles mariées, voix contre tout le peuple. »

Battu, chassé, condamné, fouetté, sermonné ; renvoyé comme un insensé dit Bossuet, il parcourt sans cesse le pays, puis s'enfermant dans la ville avec les assiégés ; pendant *sept ans,* il ne cessa un instant de crier : « Malheur, malheur à Jérusalem » ; dans la ville investie et entourée de puissantes machines de guerre de Titus, il ne cesse de faire le tour des remparts, criant son « Malheur, malheur à Jérusalem », puis pour finir « et malheur à moi ! » À l'instant, il est frappé par un jet de pierre de catapulte et pour jamais sa voix cesse enfin de retentir.

Je rappelle que cet extraordinaire prodige est rapporté par le général juif Josèphe, déjà mentionné, dont l'exactitude et la conscience historiques sont restées intactes jusqu'à nos jours !

Tout le monde est impressionné par de telles manifestations, seul le peuple juif y est sourd et n'en parle naturellement jamais ; le diable aidant, quand il s'agit de défendre sa thèse d'un Jésus qui n'est ni Fils de Dieu ni même prophète !

O impudence du Juif qui n'est pas de ce monde, et dont la mesure est incommensurable !

Et ces gens-là entendent gouverner l'univers ! et ces gens-là, quoiqu'il en soit, quel que soit l'éclat de la vérité, outrageant les hommes et le ciel, mettent la lumière sous le boisseau !

O puissance des ténèbres dans celui qui s'est éloigné de Dieu pour avoir crucifié son Fils !

Et maintenant quelques mots sur le siège lui-même de Jérusalem conduit par Titus en personne, et qui présente, lui aussi, des particularités de caractère impressionnant, supraterrestre.

Titus est un grand prince, il est de haute vertu ; se rendant compte de l'inutilité de toute résistance de la part des Juifs, et pensant peut-être aussi aux beaux yeux de la princesse juive Bérénice dont la beauté a trouvé le chemin de son cœur, il leur envoie Josèphe aux fins de les en convaincre.

Souvenez-vous de Racine :

> *Et que le jour commence et que le jour finisse*
> *Sans que jamais Titus puisse voir Bérénice.*

La mémoire de Titus méritait bien de si beaux vers !

« Que ne leur dit-il pas pour les émouvoir » dit Bossuet qui connaît ce *De Bello judaico* de Josèphe par cœur.

Et voici Josèphe lui-même, s'adressant à ses compatriotes : « Sauvez la cité sainte ; sauvez-vous vous-mêmes ; sauvez ce temple, la merveille de l'univers, que les Romains respectent et que Tite ne voit périr qu'à regret. »

Rien ne fait, rien n'est entendu, la cité est dans la famine, les mères mangent leurs enfants ; dans les derniers instants même, quand tout s'écroule, que le feu est partout, ils croient à l'impossible, leurs faux prophètes à leurs côtés leur promettant encore la victoire et la gloire.

Comme le dit en peu de mots le merveilleux Bossuet, de ces mots qui font de puissantes images, de ces mots et de ces phrases dont il a le secret, dans l'élégance, la simplicité et le choix parfait des termes : « Dieu leur a envoyé une efficace d'erreur qui les fait croire au mensonge. »

Un événement de même ordre se produira cinquante ans après la prise et la destruction de Jérusalem, sous Adrien, où nous voyons « un voleur, un scélérat » du nom de Barchochebas, se disant le Messie, et qui trouve tous les rabbins autour de lui, sans leur avoir donné le moindre signe de caractère surnaturel ! Ce faux messie les pousse à la révolte, partout où ils sont, contre l'Empire romain, leur promettant la victoire et l'empire du monde. Noyée dans le sang, la révolte s'éteint, 600.000 Juifs sont massacrés, bannis de la Judée « pour jamais » dit Bossuet.

Adrien fait passer la charrue là où se trouvait le temple.

Mais ce qu'il faut souligner, fait d'une rareté telle qu'elle n'a peut-être pas d'exemple dans l'histoire, c'est que pendant tout le siège, quand les Juifs ne combattent pas sur les murailles, ils s'entrégorgent possédés du plus démoniaque des esprits qui soit, *divisés en trois factions qui se combattent et s'entretuent férocement.*

Nouveau prodige ; Nabucodonosor avait fait détruire délibérément le temple de Salomon. Titus devant des témoins romains et juifs, dit Josèphe, donne l'ordre qu'on l'épargne. Mais ajoute Josèphe, un soldat poussé comme par une « inspiration divine », se fait lever par ses camarades et jette le feu à l'intérieur de l'édifice.

Titus accourt, donne tous les ordres pour l'extinction, mais le feu prend partout et tout est consumé.

La puissance des hommes n'est rien devant la puissance de Dieu et les Juifs l'apprendront hélas bientôt qui l'ont oubliée !

Les prophéties sont ce qu'elles sont, des arrêts inéluctables, des décisions suprêmes, devant lesquelles les hommes comme des roseaux ne peuvent que se courber bien bas !

Voici qui le montre encore ; et quelle image, et quel prodige ! O juifs, y a-t-il au monde quelque chose qui puisse parler à votre cœur de fer ? à votre endurcissement ?

Julien l'apostat est frère du grand Constantin et devient empereur à la mort de Constance, fils de Constantin. Bon général, bon homme d'État, il pénètre jusqu'en Assyrie. Mais il est orgueilleux et l'ostentation est son dieu ; il abandonne le christianisme, devient stoïcien et persécute les chrétiens.

Il se met un jour dans la tête de vouloir faire mentir les prophéties, il recherche les Juifs « qui étaient le rebut du monde. » Il leur donna des sommes immenses pour reconstruire le temple et les assista de toutes les forces de l'Empire, dit Bossuet, s'en référant aux saints Pères et historiens ecclésiastiques qui le rapportent d'un commun accord. »

Des secousses violentes, répétées, des globes de feu s'échappant du sol et brûlant les ouvriers, le feu du ciel s'y ajoutant, font que tous les efforts n'arrivent à rien, que tout est abandonné sans que rien n'ait été reconstruit !

Julien ne régna que deux ans et mourut en juin 363 mortellement frappé en Assyrie.

Les Juifs ont beaucoup insisté sur la cruauté des Romains, et comme la vérité historique les intéresse beaucoup moins que le mensonge dans lequel ils vivent depuis des siècles, bien des choses ont été déformées, qui par leur ténacité dans le mal et leur ardeur au service des mauvaises causes qui servent leurs intérêts matériels, prennent alors figure de vérité historique ; notre passivité ou même la complaisance de beaucoup ne faisant encore qu'y ajouter !

Y a-t-il une parcelle de noblesse dans le cœur du Juif talmudiste ? Où est-elle ? Qu'on me la montre. Vous ne prendrez pas pour de la noblesse d'âme l'ignoble, grotesque et ridicule article de la *Feuille d'Avis de Lausanne* du 25-26 janvier 1964, vantant les idées du Juif converti Nordmann, où la charité est commercialisée, industrialisée, mécanisée, ravalée, dégradée, avilie, en rapportant bon argent comptant.

Youtre de youtre va ! qui touche d'une main sacrilège à tout ce qui est beau, qui est saint dans le cœur du chrétien !

Toujours l'esprit des *Protocoles de Sion*, le bréviaire du Juif corrompu !

C'est là la grande idée que vante de toute sa fausse conviction le rédacteur de la *Feuille d'Avis de Lausanne*, la grande idée de ce Nordmann de poussière et de néant, qui n'a de Suisse que le nom et de chrétien que l'épithète ; la grande idée de ce Juif, et c'est cousu de fil blanc, et mêlé de procédés voilés d'intimidation pour ceux qui n'éteindraient pas leurs lumières, c'est qu'il s'agit d'une entrée en matière par voies insidieuses à l'instauration du régime communiste en Suisse !

La « Compagnie suisse d'investissement » entreprise générale de Charité S.A. dirons-nous, prêtera à ses amis et rien qu'à ses amis qui, eux, en feront ce qu'ils voudront. Elle cherchera aussi à s'en faire de nouveaux ! On mêlera, on confondra la propagande communiste à la bienfaisance qui fera façade et aura bon dos.

Les frais généraux s'en mêlant, bien malin sera celui qui s'y retrouverait.

Ceux-ci seraient-ils aussi élevés que ceux de la Chaîne du Bonheur recueillant pour le barrage italien rompu, et qui s'élevèrent me dit-on à 30 % de la somme totale ! Ce chiffre est-il exact ?

Outre qu'il n'est pas d'usage et de tradition, chez les chrétiens de parler frais dans des occasions de charité. Chez les Juifs convertis ou non, comme l'on voit, il n'en est pas ainsi ; de semblables délicatesses ne sont pas de mise.

Encore de la charité commercialisée.

Toujours dénaturer et salir ce qui est beau, toujours marcher d'accord avec les Protocoles !

De plus, dans cette « Compagnie suisse d'investissement », il y aura lieu de s'inspirer de la Loterie de la Suisse romande qui bénéficie de l'expérience d'un quart de siècle, dont une partie des bénéfices, probablement la plus importante, va on ne sait où. Ou plutôt on s'en doute, au parti radical avec ou sans ses Loges et ses Juifs.

Quoiqu'il en soit, on disposerait de sommes très grandes qui se prêteront parfaitement à des fins de révolution communiste suisse et mondiale !

J'ai répété de nombreuses fois dans ce texte, qu'à l'origine, les Juifs sont partout les seuls auteurs du communisme, instrument sans pareil de tyrannie, de tortures et de profits et dont ils sont les seuls bénéficiaires.

Un exemple classique. Pendant la dernière guerre mondiale, Mac Arthur se fait fort d'écraser dans l'œuf le communisme chinois. Les qualités de cet officier général ne permettent pas d'en douter.

Et cependant le président Truman démocrate y met son veto on sait de quelle force sont les influences juives aux U.S.A. dans le parti démocratique particulièrement.

La ville de New York, la plus grande ville du monde, est complètement entre les mains des Juifs, quoiqu'ils n'y soient pas les plus nombreux.

Honte aux U.S.A. et à leur gouvernement sans discernement et sans courage !

N'oublie pas non plus, peuple suisse, que le conseiller aux États G. Despland, haut dignitaire des Loges maçonniques où les Juifs sont rois, membre du parti radical et conseiller d'État retraité, du haut des émoluments de sa présidence de l'Exposition nationale suisse, patronne hautement cette nouvelle forme de bienfaisance spectaculaire, dégradante parce que de rapport, et qui ouvre, disions-nous, de larges perspectives de travail à la propagande communiste juive.

Un Juif converti peut-être plus qu'un Juif talmudiste, d'ailleurs très probablement lui aussi des Loges maçonniques de fait ou de cœur, et un haut dignitaire de ces Loges dont la réputation est ce qu'elle est, mauvaise, dans les circonstances présentes, ne sauraient inspirer confiance !

On se demande du reste ce que l'Exposition nationale suisse peut avoir de rapport avec une opération financière de cet ordre ! sinon que la seconde entend faire usage de l'éclat de la première et de son caractère exceptionnel !

Jamais encore à notre connaissance, l'Exposition nationale suisse n'avait été prétexte à de vastes mouvements d'argent tel que celui qu'aujourd'hui l'on nous propose.

Citoyen suisse, fais bonne garde à ton pécule et à ta liberté, et n'oublie jamais que le Juif aux fortunes monstrueuses est le père et la mère du communisme.

Le communisme partout sous notre gouverne, suprême ambition du Juif ! et près d'être réalisée si tu n'y mets, peuple suisse, bonne fin.

Le Juif ne sort jamais de son argent, et chez lui tout s'argente même les plus belles qualités du cœur humain ; celle aussi que nous prenons dans l'Évangile et nulle part ailleurs, la charité, l'admirable charité pure de toute compromission !

Quand nous appelions le Juif le « salisseur de l'esprit humain ! »

Et ce sont des gens comme ça qui président à Radio-Sottens les forums de vie civique et de politique intérieure.

Quand le scandale cessera-t-il ?

Quand ces forums seront-ils présidés par des Suisses, et non par des étrangers les pires ennemis à notre sang, à notre pensée, à notre cœur, à nos traditions, à notre histoire !

Le passé de nos Waldstaetten, l'endroit béni si frais, si pur, si grandiose dans le cirque de montagnes et d'eaux profondes de ce Grütli d'émeraude, profané par la main de ce peuple de youtres, qui ne sent et ne vit que par l'argent ! et la haine des goyim.

Je disais donc qu'ils avaient fait aux Romains de Judée une détestable renommée, sans doute dans l'idée de pouvoir plus aisément les charger de la mort du Christ !

Vous avez vu l'histoire de Titus, tous les soins qu'il prend pour ramener à la raison et à des sentiments humains ce peuple déjà touché, travaillé et ravagé par les conséquences de son crime tout récent. On voit Klausner déjà cité, dans sa *Vie de Jésus,* charger à fond contre les Romains. Ils sont les auteurs de la crucifixion dit-il, car nous ne la connaissons pas, nous ne l'avons jamais pratiquée dans notre histoire. Mais en parlant ainsi, le Juif ment ; il le sait, mais il nous croit des ignorants. Or, nous l'avons dit déjà, vingt à trente ans, avant l'arrivée de Pompée, dans leurs guerres civiles sous Jannée (104-78) les Juifs mettent en croix huit cents pharisiens !

Ah ! encore une fois les fieffés menteurs, les faussaires de l'histoire ! ! ! Il faut que tout soit à leur marque et par n'importe quel moyen.

Et ces gens-là sont nos égaux, que dis-je, nos maîtres ; nous allons passer sous leur joug et subir notre révolution russe sanglante !

Daniel avait prévu dans sa prophétie l'abomination de la désolation, c'est-à-dire en langage d'Ancien et de Nouveau Testaments dit Bossuet, l'abondance des idoles autour de Jérusalem (deuxième partie, ch. 22, *Discours sur l'Histoire universelle).* Le mot abomination signifie idole.

C'est que les enseignes romaines précisément portaient Jupiter, Mars... mais leurs Césars aussi adorés comme des dieux. « Et parce que », dit Bossuet qui s'en réfère à notre célèbre Josèphe général juif contemporain des événements répétons-le toujours (Josèphe *Antiquités judaïques* XVIII, c. v.), « les idoles selon les ordres de Dieu ne devaient jamais paraître dans la Terre sainte, les enseignes romaines en étaient bannies ». (Bossuet, deuxième partie, ch. 22.)

Tant qu'il est resté aux Romains quelque considération pour les Juifs, dit Bossuet, ils ne font jamais paraître leurs enseignes en Judée. Vitellius, passant dans cette province pour porter la guerre en Arabie, fit marcher ses troupes sans enseignes, car on révérait encore la religion judaïque, et l'on ne voulait pas violenter le sentiment religieux de l'ancien royaume de Judée.

Voilà donc, dirons-nous, une image qui n'est pas tout à fait celle fabriquée de toutes pièces par ces Juifs toujours en quête de mensonge, d'amenuiser leurs responsabilités par tout ce qui peut y servir, et par n'importe quel moyen, dans leur marche perpétuelle aux échappatoires, et à leur course éternelle aux invraisemblances qui les serrent de toutes parts.

C'est là le destin justement d'un mensonge et d'une mauvaise foi multipliés !

Nous avons vu n'est-ce pas l'abondance extrême de signes et de faits qui marquent les prodigieux événements qui atteignent à Jésus Fils de Dieu descendu sur la terre.

Nous avons tenu, comme déjà dit, à en passer la revue, aux fins que ces événements eux-mêmes établissent bien plus que nos considérations, les abîmes dans lesquels se repaît depuis deux mille cinq cents ans le disciple de Baal, l'auteur de nombreux crimes rituels jusqu'à nos jours, le chasseur de crucifix des écoles de France, le trouble-fête universel de nos temps, qui, partout, est un élément de désordre, d'anarchie, de révolution, de dégradation et de pourriture ; c'est le bacille de l'avilissement de la nature humaine.

Mais nous avons le Pasteur des peuples et son Fils l'Emmanuel, le Successeur de Moise l'enfant de Bethléem, le Fils de David pour nous sauver du danger mortel à nos portes mêmes jamais aussi près parvenu.

Et cependant, ô divine et belle aurore d'un jour nouveau, on trouve présentement à Jérusalem deux pasteurs juifs messianiques qui, entourés d'une colonie de quelques centaines de membres ont reconnu Jésus-Christ comme leur Maître.

On a de tout temps vu des conversions de Juifs, quelques-unes sincères ; 250.000 Juifs au cours du XIXe siècle, dispersés partout dans le monde auraient quitté le judaïsme (Le Cossec).

Mais cette fois nous sommes dans le royaume de Juda, et c'est une véritable petite église organisée qui est en marche.

À la fois, petit et grand événement, et qui marque, espérons-le un affranchissement d'un endurcissement millénaire, une libération d'un passé ténébreux, que nous verrons s'amplifier : voilà notre vœu le plus cher !

Nous les saluons avec la plus grande joie et le plus grand respect, heureux, infiniment, d'un tel moment.

Nous sommes avec vous le petit David !

CHAPITRE XI

LES PROTOCOLES DE SION

Abordons maintenant la question des *Protocoles de Sion*, une des pièces maîtresses dans le débat qui nous occupe.

Une partie d'entre nous autres Suisses se souviendra, je pense, de ces fameux Protocoles dont on parla tant à l'époque, et dont il n'est plus présentement fait mention nulle part. Singulier silence à lui seul déjà très parlant, étant donné les événements et la situation présente, comme nous l'allons voir dans un instant.

Mais vous pourriez aussi, si vous êtes pressés et mus par une curiosité très agissante, demander à nos journaux de rafraîchir votre mémoire à ce sujet.

Essayez ! je vous garantis un insuccès complet.

Les *Protocoles de Sion* sont le manuel de combat des Juifs dans leur lutte contre les non-juifs, soit comme ils disent, les « goyim ».

Les premières mentions des *Protocoles de Sion* datent des années 1885, 1886, *on les trouve en lecture chez les Juifs d'Odessa. C'est absolument prouvé*, les témoignages sont là dit de Vries (1933), ce qui n'empêche pas les *Jüdische Presszentrale* de Zurich du 15 décembre 1933, de déclarer que les Protocoles ont été rédigés par la police secrète russe, après la guerre désastreuse russo-japonaise de 1905. C'est un très grand mensonge, car à ce moment les Protocoles existent depuis plus de vingt ans, rédigés d'abord en hébreu, puis traduits en français et enfin en russe. Bernstein (il s'agit là d'un très important témoignage) éditeur de la *Free Press de Détroit* U.S.A., déclare en présence de M. William Cameron secrétaire d'Henry Ford, *qu'il avait lu à Odessa les Protocoles en hébreu en 1895*.

Il est établi que les Juifs de tous temps ou en tout cas depuis très, très longtemps, depuis des siècles et des siècles, très probablement depuis les temps des premières dispersions sous Sargon et Nabucanetsar, ont eu leur gouvernement secret et des instructions les régissant et les dirigeant.

La dernière édition des Protocoles faite par le Kahal, ce gouvernement secret comme nous savons (qui ne l'est plus de nos jours, ajouterons-nous, parce que sa puissance est telle qu'il n'a plus besoin de l'être, et qui réside à New York, la première ville juive du monde, 1.500.000 Juifs en 1920, 3.750.000 en 1964), d'après L. Fry, aurait été exécutée par Asher Guisberg, l'un des quatre Juifs qui, le 2 novembre 1917, dictèrent à Balfour la célèbre déclaration octroyant aux Juifs des droits sur la Palestine. En 1886, Guisberg résidait à Odessa.

Selon W. Creutz, qui prend lui-même ses renseignements dans le remarquable volume, dit-il, de L. Fry : *Waters flowing Eastward* (1934), un exemplaire en français de ces instructions du Kahal fut volé dans une loge maçonnique parisienne dénommée « Mizraim », par un Juif membre de celle-ci, du nom de Shorst alias Shapiro, contre la somme de deux mille cinq cents francs. Celui-ci s'enfuit par la suite en Égypte où il est assassiné.

Schorst avait remis la pièce à Mlle Justine Glinka fille d'un général russe, qui l'expédie en Russie accompagnée d'une traduction russe, au général Orgewski à Saint-Pétersbourg, aux fins de le transmettre à son chef le général Chérévin, ministre de l'Intérieur, qui la portera à la connaissance du tsar. Mais Chévérin, nous dit-on, à la merci de quelques Juifs richissimes, n'ose pas s'acquitter d'une mission si périlleuse, et garde la pièce dans ses archives où on la trouve après sa mort en 1896.

Justine Glinka, elle aussi, est poursuivie par les Juifs ourdisseurs de complots et les nihilistes leurs plats serviteurs qui, indirectement, arrivent à la faire bannir de la Cour de Russie. Exilée dans ses terres en Orel, elle remet au gouverneur de cette province Alexis Sakhotin, une copie des Protocoles, lui disant par la même occasion que Sypiaguim ministre de l'Intérieur, venait d'être assassiné pour avoir tenté d'enrayer les activités révolutionnaires juives. Sakhotin montre le document à deux de ses amis, Stepanov et Nilus. Le premier fait des copies et Nilus les fait imprimer en 1901.

Je retiens ici qu'il y a discordance quant à cette date, d'avec les indications de de Vries, dont l'écrit (1938) est postérieur de quelques années à celui de W. Creutz dont la date de parution n'est pas indiquée, mais qui, d'après le texte, paraît devoir se situer dans les années 1934/1935. De Vries indique comme date de parution de l'édition de Nilus l'année 1905.

Vu l'importance de tous ces faits pour l'établissement de l'authenticité des pièces, je termine en donnant le texte même de W. Creutz : « Une grande partie de ces informations sont extraites du livre de L. Fry. Elles sont corroborées par une déposition photographiée faite par Philippe Stepanov chambellan, conseiller, etc., etc. Le document est contresigné par le prince Dimitri Galitzin.

« Cette déclaration de valeur irréfutable date du 17 avril 1927. Stepanov y déclare que le manuscrit des Protocoles lui fut confié en 1895 par le major Sakhotin. Il le fit reproduire et donna copie à M. A. I. Kelepowsky (le chef de la maison du Grand-Duc Serge de Russie). Celui-ci, après en avoir pris connaissance, soupira et murmura : « Trop tard ! » Peu après, le Grand-Duc périt victime d'un attentat. »

On le voit, dans ces quelques lignes, trois assassinats ! On s'imagine ce qu'il faut de moyens pour atteindre de si hauts personnages et de si nombreux ; car ils furent légion, dont celui de Stolypine en 1911, ministre de l'Intérieur du tsar Nicolas II, aux conséquences incalculables comme nous le verrons ailleurs.

D'après W. Creutz, le 18 août 1921, le *Times* (de Londres) écrivait : « Le document n'attira aucune attention jusqu'à la Révolution russe en 1917 ; alors, l'écroulement soudain et inattendu d'un grand empire, par les agissements des Bolchévistes et *la présence d'un grand nombre de Juifs dans leurs rangs* (réd. c'est nous qui soulignons) firent réfléchir bien des gens : on chercha une clause plausible au désastre. Les « Protocoles » parurent fournir une explication, car la *tactique des Bolchévistes était analogue à celle préconisée dans ce livre* (réd. c'est nous qui soulignons). »

De nombreuses éditions des « Protocoles » parurent un peu partout, malgré de vigoureux efforts pour supprimer leur publication. Une version fut imprimée à Londres sous le titre : *Le Péril juif*. Elle fit sensation : l'opinion publique fut alarmée par cette révélation soudaine d'un complot sinistre, ayant pour but la ruine totale de notre civilisation aryenno-chrétienne.

Le *Times*, toujours d'après W. Creutz, s'occupe lui aussi de ce grave problème, et le 8 mai 1921, donne un article sensationnel dont voici quelques passages particulièrement à retenir : « Que signifient ces Protocoles ? Sont-ils authentiques ? Une bande de criminels a-t-elle élaboré ces plans diaboliques ? Voit-elle aujourd'hui avec triomphe leur réalisation ? Sont-ils falsifiés ? Mais alors, comment expliquer ce don de prophétie qui fit décrire les événements par anticipation ? Avons-nous lutté pendant ces années terribles afin d'écraser l'impérialisme allemand, pour être confrontés aujourd'hui avec une puissance encore plus menaçante ? Quoi ! N'aurions-nous échappé au prix d'immenses efforts à une *Pax germanica*, que pour succomber ensuite à une *Pax judaïca* ? »

Puis, à la fin de l'article, ces mots : « Si les Protocoles sont réellement l'œuvre des sages d'Israël, alors tout ce qu'on pourra dire, entreprendre et accomplir contre les Juifs devient légitime, nécessaire et urgent »

« Paroles impressionnantes » ajoute W. Creutz.

Il me semble, en effet, qu'elles le sont, et surtout qu'elles devraient l'être encore, alors qu'elles ne le sont plus du tout, du fait d'une presse asservie qui n'en parle jamais et depuis longtemps ; et ce malgré le fameux jugement de Berne en 1934, ce qui fait, et c'était le but à atteindre, que nos populations, ne parlons même pas de nos autorités, en ont perdu jusqu'à la mémoire, alors que ces autorités, M. le rédacteur en chef de la *Gazette de Lausanne*, devraient sans cesse en entretenir le souvenir ! nous maintenant tous en état d'alerte.

Nos autorités sont-elles alors à la hauteur de leur tâche ?

On voit très bien d'où venaient les ressources des nihilistes bien incapables par eux-mêmes de les avoir ; il n'est pas nécessaire d'être une voyante pour en connaître la source ! Ceux qui ont fait de toutes pièces la Révolution russe, les Juifs, sont évidemment aussi et de loin ceux qui l'ont préparée. Quand je disais que nous avions en face de nous les pires gangsters internationaux que l'on puisse imaginer ! ayant à leur actif également, la mort de deux tsars, Nicolas II abattu comme une bête avec toute sa famille en 1920 le 18 juillet sans l'ombre d'un jugement - ils eussent été bien embarrassés de trouver des raisons - et celle de son grand-père Alexandre II assassiné par les nihilistes le 13 mars 1881, qui avait aboli le servage en Russie en 1863 (très postérieurement aux événements reconnaissent également avoir empoisonné Alexandre III, *Imperial Orgy* p. 212-215 Edgar Saltus, éditeurs Boni et Liveright New York. À cette liste, s'ajoute encore le tsarévitch).

Quand ces forbans seront-ils mis à l'ordre ? Quand le monde aura-t-il des autorités qui soient des autorités pour nous en protéger ? et non pas seulement de plats valets d'individus, qui osent, au nom de Dieu, faire usage et pratique d'aussi abominables écrits que sont le Talmud et les *Protocoles de Sion.*

O marquis de La-Tour-du-Pin, comme tu les as bien vus, quand tu les appelas, « les ennemis du genre humain » !

Il s'agit de savoir si ces étrangers à toutes les nations seront indéfiniment les maîtres de toutes les nations ? Quand, autorités dûment renseignées, mettrez-vous de côté ces « œillères » intentionnelles, dont le Réarmement moral vous accuse à juste titre « d'être pourvues » ?

Autorités dénaturées, ou comme dit l'un de mes amis : « Infériorités et non pas autorités », quand vous occuperez-vous des choses qui nous sont vitales ? Et la vie justement est de Dieu !

Mais êtes-vous capables de vous occuper des choses de Dieu, si essentielles à l'art de gouverner, comme le faisaient nos autorités d'ancien régime ? Avez-vous ce qu'il faut, les origines ? le passé ? la doctrine ? pour combattre les ennemis de Dieu, de ce Dieu, qui, seul, peut mettre la paix entre les hommes et leur assurer le bonheur à tous ?

That is the question exactly !

Avant de quitter le problème de l'authenticité du document en cause, et pour nous donner une idée de la bonne foi avec laquelle les Juifs traitent de toute cette affaire, voici, rapporté de de Vries (1938, *Les Protocoles de Sion constituent-ils un faux ?* ») un épisode qu'il importe de retenir : lors du lancement de la première édition allemande, les Juifs pensant que les chrétiens n'avaient aucune connaissance des éditions russes, prétendirent que l'édition allemande était une pure invention ! Mais l'Allemand Gottfried zur Beek (pseudonyme de Müller von Hausen) qui publiait cette édition allemande, répondit qu'il l'avait traduite du russe, et qu'un exemplaire de cette édition russe se trouvait au British Museum enregistré sous la cote 3926d.17. Les Juifs produisent alors une déclaration du British Museum déclarant que le livre indiqué n'était pas enregistré sous la cote 3296d.17 ! Partie gagnée pour les Juifs ? Non, car en s'adressant au British Museum, au lieu de donner le chiffre 3926, ils indiquent, pensant que la chose passera sans autre suite d'inattention, le nombre 3296 en invertissant les chiffres 2 et 9 ! Mais supercherie découverte !

Ceci dit, revenons à notre première édition russe faite par des chrétiens. Celle de Nilus comme nous l'avons vu.

Ce Nilus sera torturé par la Tchéka lors de la Révolution russe et meurt en 1927.

La diffusion des éditions française, russe, allemande, anglaise s'opère, et le très singulier contenu de cet affreux document fait à travers le monde beaucoup de bruit, comme nous l'avons vu en donnant des extraits plus haut de la presse anglaise. Les Juifs, alors, bien obligés de faire quelque chose, allèguent qu'il s'agit purement et simplement d'un faux !

C'est, comme nous savons, leur habituelle manière de faire tout ce qu'on découvre de leurs manœuvres déshonnêtes et maléfiques est un faux, comme si l'on pouvait avoir foi en aucune de leurs affirmations, et comme si leur réputation de fieffés menteurs n'était pas dûment établie ! On n'est pas impunément en dehors du genre humain depuis deux mille ans, sans qu'il en résulte de graves désordres dans un état mental, vivant et se repaissant d'un péché et d'une infidélité à Dieu de tous les instants !

Où les Juifs allaient-ils s'adresser pour intenter action ? Il s'agit, comme le dit de Vries, d'une affaire à retentissement mondial, et l'on pourrait penser dès lors qu'une grande capitale d'un grand pays aurait à la juger.

Point du tout, nos Talmudistes s'adressent aux tribunaux de la petite capitale d'un petit pays, le nôtre, et de sa capitale Berne. À relever qu'à l'affaire des Protocoles, les Juifs joignaient d'autres publications, toujours d'après de Vries, très habilement placées, dont un article de Théodore Fischer intitulé *Schweizermädchen hüte dich vor schändenden Juden*. Pensant que s'ils n'obtenaient rien sur les Protocoles, les publications autres y jointes leur donneraient peut-être un certain gain de cause ; leur première prétention défaillante serait alors relevée, secourue par la seconde où des chances pouvaient être envisagées. Cela permettrait de créer de la confusion, et avec un peu de cette mauvaise foi déployée dans le cas du British Museum, et l'aide des agences mondiales de nouvelles qui sont leur propriété, de se donner les apparences d'un succès.

En fin de procédure, il y eut en effet une condamnation à 100 francs pour l'article précité de Fischer sur un total de 28 000 francs à la charge du Juif !

Nous disons en fin de procédure ; en effet, l'affaire se fit en deux temps, une première instance favorable aux Juifs, mais celle-ci couronnée par un jugement de la Cour suprême des tribunaux bernois.

Voyons ce que dit de Vries (1938) qui a étudié ce problème avec beaucoup de soin et de perspicacité : « Un juriste qui a assisté aux deux procès a publié dans la revue *Hammer* de décembre 1937 des renseignements qui laissent rêveur, et d'après lesquels le juge (réd. de la première instance) n'était pas financièrement indépendant d'un Juif au moment du procès. Ce renseignement très grave n'a à ma connaissance reçu aucun démenti. La *Neue Berner Zeitung* du 29 octobre 1937 formulait un autre grief, non moins sérieux, contre le juge, qui fut obligé par ses supérieurs d'intenter un procès au journal, procès qui n'est pas encore jugé.

« Quoiqu'il en soit, on a l'impression pénible que le juge (réd. de la première instance) n'était pas l'homme qualifié pour se prononcer dans une affaire aussi délicate. Serait-ce la raison qui avait amené les Juifs à faire leur procès à Berne ? »

À ceci s'ajoutent, dit de Vries, des irrégularités de procédure de cette première instance, qui feront que le jugement en sera cassé par la Cour suprême :

1. Le procès-verbal de certaines dépositions avait été dressé par les sténographes privés des plaignants juifs ;
2. Les témoins à décharge n'ont pas été convoqués ;
3. Le premier juge accepte des pièces produites par les plaignants, de photographies venues de Moscou insuffisamment légalisées, et de traductions défectueuses de documents russes ;
4. La Cour suprême « a sévèrement critiqué le choix des experts, mais surtout celui du troisième, l'expert Loosli » ; qui, pour pouvoir utiliser au profit de ce qu'il entend démontrer de favorable aux Juifs, déplace la déclaration Radziwill faite en 1905 pour la placer en 1895 ! ! !

C'est en 1934, sauf erreur, que la Cour suprême des tribunaux bernois rendra son jugement sur cette grande affaire des Protocoles, elle déboute les Juifs de leurs allégations que les Protocoles sont un faux, qui n'insistent pas, ne recourant pas au Tribunal fédéral.

Faut-il que les attendus du jugement de la Cour suprême bernoise aient été bien étayés, pour que ces messieurs aux monstrueuses fortunes n'aillent pas plus loin, plus avant ?

Ces Protocoles montrent que les Juifs prétendent à la domination, à la mise en servitude du genre humain, par tous les moyens, même les plus sanguinaires et les plus barbares, les « goyim » ne les engageant à rien.

Charmante nation que chaque pays héberge dans son sein belle civilisation dont nous goûtons déjà tant d'effets ! société agréable ! voisinage intéressant !

Et ces gens font maintenant la loi chez nous, et nous allons nous laisser imposer leur effroyable mentalité de profiteurs en toutes choses de bas étage, et d'individus aux intentions les plus coupables envers le genre humain, dont ils nous ont déjà donné ne l'oublions pas, des preuves éclatantes lors de la Révolution française, *dont ils disent eux-mêmes avoir été les auteurs au protocole n° 3, p. 32* (édition Vieille-France 1924), (inutile de dire que nous nous en doutions depuis longtemps) ; de la Révolution russe et révolutions adjacentes, leur œuvre aussi comme ils l'ont déclaré ; et lors de la Libération leur œuvre également !

Napoléon après Austerlitz a conduit toutes ses affaires, même peut-être jusqu'à la fin, tant de détestables habitudes avaient été prises dont il était prisonnier, et tant il comptait sur son génie militaire sans défaut, dans l'idée de la monarchie universelle qu'il réaliserait sous son égide.

Eh ! bien les Juifs, à leur tour font de même, et les deux guerres mondiales ont singulièrement travaillé pour eux : la monarchie universelle disent-ils sera leur affaire ; elle est dans l'ordre des prophéties talmudiques comme l'a dit Baruch Lévy dans sa lettre à Karl Marx que nous citons dans ce texte (voir sa place à l'index sous Baruch).

Oui, les Juifs sont si puissants, que faisant flèche de tout bois, avec la mauvaise foi qui les caractérise toujours en ces sortes d'affaires, nous les voyons déjà, dit de Vries, en 1938, accréditer leur propre version du procès.

Selon la *Jewish Chronicle* du 5 novembre 1937, la Cour d'appel bernoise a déclaré les Protocoles une falsification et une littérature sans valeur *(a forgery and must be regarded as trashy literature).* Cette falsification est prouvée *(the falsity of the Protocols having been proved).*

Or, dit de Vries, le tribunal a dit que l'authenticité des Protocoles n'avait pas été prouvée, ce qui ne signifie pas qu'il s'agit d'un document falsifié. La Cour suprême ajoutait d'ailleurs que la première instance n'aurait pas dû s'occuper de cette question.

La Revue juive de Genève de novembre 1937 et le *Journal des Nations* « grand ami de tout ce qui est juif, bolchéviste ou communiste », dans son numéro du 3 novembre 1937, disent que « la preuve de l'authenticité des Protocoles n'avait pas été fournie » tout en omettant de dire que la Cour suprême avait blâmé la première instance de s'être occupée de la question d'authenticité, question qui n'était pas de son ressort.

Ainsi parle de Vries, grand connaisseur comme déjà dit de la chose ; et qui ajoute avec raison, désirant qu'en toute objectivité le problème soit posé comme il doit l'être : la *critique historique admet partout qu'un document est considéré comme authentique tant que son inauthenticité n'a pas été prouvée.*

Aussi, ajoute encore de Vries, quand les Juifs proclament à cor et à cri que l'authenticité n'a pas été démontrée, ils renversent les rôles, puisque nos Talmudistes avaient introduit devant les tribunaux bernois en qualité de demandeur, affirmant que les Protocoles étaient un faux !

Or, tous les essais de fournir cette preuve ont lamentablement échoué.

Et toujours bien informé, de Vries déclare encore, gros argument à sa thèse : « Il est prouvé que le gouvernement provisoire du prince Lwov franc-maçon, a fait remettre au Juif Winawer tous les documents relatifs aux Protocoles se trouvant au ministère de l'Intérieur et à la Préfecture de Police. Si, parmi ces documents une preuve, ou même un semblant de preuve de l'inauthenticité des Protocoles avait été trouvée, les Juifs se seraient empressés de la publier.

Ajoutons à notre tour que ce qui eut emporté toutes les convictions, c'est évidemment la production du document princeps édité par le Kahal de New York, destiné à ses différentes loges, écrit en français, volé dans la loge parisienne du « Mizraim » par le Juif Shapiro par la suite assassiné en Égypte - là, encore, est une présomption de preuve -, mais qui n'a pas été faite.

Où est cette pièce envoyée par Mlle Glinka à Saint-Pétersbourg, cœur de l'affaire ? Est-elle encore intacte ou fut-elle détruite par les terroristes révolutionnaires russes en sa qualité d'objectif de première importance ? Très possible et très à leur portée, puisqu'ils ont assassiné au service de leurs maîtres juifs pourvoyeurs des plus puissants moyens, dans tant de leurs attentats, tant de hauts et puissants personnages. Faire disparaître un document, malgré tout, paraît plus facile que de s'attaquer à un tsar ou à un ministre.

Le document princeps trouvé à la mort de Chérévin dans les archives du ministre de l'Intérieur, où s'en est-il allé ? On n'en parle plus ! On parle seulement de copies. Est-il resté dans les archives après qu'on en ait pris de nouvelles copies ?

Ou bien sa disparition serait-elle le fait justement du prince Lwov, qui l'aurait remis avec d'autres pièces à ce Juif Winawer dont nous parle de Vries, le tout alors se noyant dans un silence de mort, et la pièce faisant retour à son officine new yorkaise de départ le Kahal.

Voilà, me semble-t-il, un peu comme on pourrait situer la question à notre heure d'aujourd'hui !

Un moyen resterait à disposition ; mais qui serait assez puissant pour le tenter aux U.S.A. ? une perquisition surprise dans les archives du Kahal ? Que de découvertes intéressantes on y ferait ! laquelle, normalement, depuis bien avant déjà, mais surtout depuis le procès de Berne, devait être exécutée.

Les U.S.A. prisonniers des Juifs !

« Charbonnier est maître en son logis », c'est-à-dire comme dit Larousse, que le plus pauvre homme agit chez lui à sa guise.

Et les U.S.A. qui sont si riches, et qui ne sont même pas comme le plus pauvre homme qui soit, ô Franklin prophétique ! (Voir index sous Franklin, avertissement.)

Hélas, avez-vous déjà vu un gouvernement dit démocratique capable de prévoir et d'agir avec suite ? Il y est de mode d'attendre toujours, et de reculer les grands problèmes, celui des Juifs par exemple sous peine, sans cela, de mécontenter l'électeur !

Voyez l'impréparation française en 1914 et 1939, alors que tout annonçait la guerre !

Voyez donc bien ce qu'est ce puissant gouvernement, nous diton, des États-Unis, sans réaction et sans défense devant le plus dangereux ennemi intérieur qui se puisse imaginer !

Vous pouvez voir déjà, nous entrerons dans le vif du sujet plus loin, chrétiens qui ne faites rien pour votre foi et votre Dieu, rien pour vous protéger d'un mal pestilentiel, ce que comptent pour ces « gangsters » de la vie internationale, pour ces Juifs chasseurs de crucifix des écoles de France, pour ces gens assoiffés de tyrannie et d'un esprit de vengeance qui ne pardonne pas - comme si nous étions responsables des fautes qu'ils ont commises - ce que compte pour eux l'Ancien Testament de leurs pères ! Eux qui ne vivent que de leur Talmud qui les ensorcelle !

Que de gens émettent des opinions catégoriques et pro juives sans avoir embrassé ce problème comme il convient, sans l'avoir étudié sous tous ses aspects le politique surtout, et sans tenir compte des réalités vivantes, que notre triste époque présente sans cesse à nos yeux ; animés trop souvent de ce libéralisme destructeur de la société, le haut ami des Juifs, qui n'ont pas assez de mots dans leurs infâmes Protocoles pour en souligner et vanter les maléfiques effets.

Hélas en démocratie, la phraséologie électorale aidant, et la démocratie étant ce qu'elle est, contre nature, il est habituel de parler d'un problème sur le mode catégorique sans en avoir fait une étude justificative (Radio-Sottens le 5 janvier 1964 : L'impossible antisémitisme, abbés Bouvier et Chavaz. *Feuille d'Avis de Neuchâtel* 14.11.62 : Jules Isaac et l'antisémitisme, P. L. B. *Tribune de Lausanne* Antisémitisme et antijudaïsme, F. Lovsky. *Tribune de Lausanne* H. Pernet, 17 février 1964, d'inspiration maçonnique).

Il est cependant vrai, chrétiens, que vous êtes par une presse asservie, tenus dans l'ignorance de la réalité !

En tout cas, reconnaissons que les Juifs sont présentement plus près de la monarchie universelle que ne le fut jamais Napoléon !

Juif téméraire, prends garde ! ce ne sont pas les hommes qui arrêtèrent Napoléon et le brisèrent comme fétu de paille, mais les glaces, les neiges, le froid terrible d'un hiver précoce, le froid terrible d'une main qui n'est pas celle d'ici-bas !

Ces Protocoles étaient naturellement un document secret destiné aux seuls Juifs, donnant presque par le menu la méthode à suivre pour détruire la société chrétienne, détruire en elle tout sentiment moral ou patriotique ; les « goyim » - appellation générale donnée à tous les êtres humains qui ne sont pas Juifs – ne seront plus qu'une masse amorphe et bassement jouisseuse (précisément ce qui s'étale de tous côtés à nos yeux présentement), une « semence de bétail ». En un mot, c'est un code de haine et de nuisance contre le genre humain !

Nous n'avons pas eu le courage de relire de a) jusqu'à z) un aussi effroyable et sinistre document que sont ces *Protocoles de Sion*, sortis, peut-on dire, des cavernes du diable ; c'est un digne complément (par antiphrase), une mirifique, toujours par antiphrase, adjonction au fameux Talmud de leurs ancêtres, les sadducéens et pharisiens des premiers siècles de l'ère chrétienne, très proches de ceux qui crucifièrent Jésus. Comme on le voit, le sinistre passé continue de vivre dans les descendants d'aujourd'hui.

En voici, d'après W. Creutz, un résumé. Je rappelle que ces Protocoles paraissent avoir été rédigés aux environs des années 1885/1886 en 1895 comme nous l'avons vu, ils sont en lecture à Odessa.

Il faut :
1. Corrompre la jeune génération par des enseignements subversifs ; (réd. : c'est fait, blousons noirs, délinquance juvénile).

J'ai entendu il y a trois ou quatre ans, ou même davantage, à Genève, la Juive J. Hersch, au grand aula de l'Université je vous prie, d'ailleurs bien loin d'être rempli - y a-t-il beaucoup de professeurs qui donnent leur cours dans un grand aula ? - donner son cours inscrit dans six facultés (seulement ! ! !) dont la médecine ! la théologie ! ! ! (Voyez-vous ces futurs pasteurs apprenant à prêcher et à penser des lèvres de l'auguste Juive ?), et même le droit ! ! !

Est-ce qu'à ce moment M. Albert Picot était encore chef du Département de l'Instruction publique ?

Impudence juive toujours semblable à elle-même, et qui ne se connaît point de bornes !

Renan disait, comme vous savez, que rien comme la bêtise humaine, ne donne la notion de l'infini ; je propose qu'on en change, et que désormais ce soit de l'impudence juive qu'il s'agisse.

Voulez-vous un nouvel exemple de cette impudence ?

Un certain Paul Giniewski dans un livre intitulé *Complices de Dieu. Définition et mission d'Israël*, demande, tenez-vous bien, que la chrétienté tout entière fasse aux Juifs acte de repentir, de contrition pour les persécutions subies au cours des siècles.

À cela, une seule réponse. Est-ce nous ou les Juifs qui avons crucifié Jésus-Christ ? Mais encore ; qu'est-ce ce titre *Complices de Dieu ?* ai-je bien lu, est-ce croyable ? Complices, c'est-à-dire qui a part à un crime, à un délit d'un autre !

Dieu commettant des délits ?

O race abominable, qui n'a jamais fini et cessé d'outrager et surtout de profaner et de blasphémer, n'es-tu donc pas encore parvenue tout en bas de ta chute ?

Impudence et mensonges juifs notion de l'infini !

Dans ce cours de notre Juive, on ne parlait que de révolution, de désordres, d'anarchie, de luttes qui n'en finissaient pas ; tout ceci à propos de deux auteurs naturellement communistes ou qui l'ont été, sans que l'on sache s'ils ne le sont point encore, dont une Juive déséquilibrée Suzanne [Simone, éd.] Weill, et Camus.

Je voyais sur le visage de tous ces jeunes, du moins de ceux à mes côtés, de tenue et de manières convenables, de la surprise et comme de l'égarement ; ils étaient comme effarés ; égarement que donne le diable, qui vous tente et vous corrompt !

N'as-tu pas honte, criminelle Genève, tant abaissée depuis que des institutions internationales toutes pro juives t'habitent et t'encombrent, de ta complicité à l'œuvre des Juifs ?

N'as-tu pas honte d'exposer ainsi ta jeunesse ?

Je vous alerte Consistoire et Compagnie des pasteurs de Genève, mais inutilement hélas, tellement il nous paraît que le mal est profond et vos réactions inexistantes !

Est-ce que la Juive J. Hersch est vraiment la personne qu'il nous faut, pour enseigner notre jeunesse dans le droit chemin, et lui montrer ce qu'est une vie régulière ?

Ceci dit reprenons nos Protocoles :

2. Détruire la vie de famille (réd. : c'est fait les femmes désertent leurs foyers).
3. Dominer les gens par leurs vices (réd. : que de vils politiciens).
4. Avilir les arts et prostituer la littérature (réd. : c'est fait. Le Juif Picasso en est un parfait exemple. Vu ces jours encore le catalogue n° 36 W.H. Schab de New York, au revers de la couverture duquel se voit une gravure de Picasso de caractère pornographique).
5. Miner le respect pour la religion ; discréditer autant que possible les prêtres, en répandant sur leur compte des histoires scandaleuses ; encourager « la haute critique » afin de saper la base des croyances, et provoquer des schismes et des disputes dans le sein de l'Église.

Réd. : c'est fait. Déchristianisation, démoralisation en masse de nos populations par le cinéma (à Lausanne, grosse insuffisance de la commission de contrôle des films) ; les journaux, article répugnant de la *Feuille d'Avis de Lausanne* des 25-26 janvier 1964 traitant de la grande idée du Juif Nordmann avilissant et dégradant la charité ; par la radio, Radio-Sottens en bon rang, par exemple émission du 6 février 1964 sur la liberté sexuelle de caractère pornographique. Mépris à l'égard de Dieu, peu avant, dans une autre émission au même poste, où l'on parlait de biologie cellulaire. Radio-Sottens, de toute évidence, entend que pour ses auditeurs, le Bien et le Mal soient à égalité. On sent que le Juif converti ou non a passé par là ! Passivité des Églises, passivité des autorités ; à Zurich, quinze députés au Grand Conseil demandent la suppression de la faculté de théologie et son remplacement par une faculté humanistico-socialiste. Cette abomination est baptisée par le bolchéviste *Journal de Genève* « d'initiative originale » (31.1.64), encore là un signe d'abaissement et de chute ; atteintes répétées au repos et au respect dominical).

6. Encourager le luxe effréné, les modes fantastiques, les dépenses folles et éliminer graduellement la faculté de jouir des choses saines et simples (c'est fait. On ne saurait dire mieux. Nous sommes en plein mauvais goût à tous égards.)
7. Distraire l'attention des masses par des amusements populaires, des jeux, des compétitions sportives, etc. ; amuser le peuple pour l'empêcher de penser (réd. : c'est fait. Abêtissement du genre humain par le sport, mépris des choses de l'esprit).
8. Empoisonner les esprits par des théories néfastes ; ruiner le système nerveux par le vacarme incessant, et affaiblir les corps par l'inoculation de diverses maladies (réd. : les belles théories d'un Sartre à l'honneur).
9. Créer un mécontentement universel et provoquer la haine et la méfiance entre les classes sociales (réd. : objectif réalisé).
10. Dépouiller l'aristocratie aux vieilles traditions de ses terres, en la grevant d'impôts formidables, la forçant ainsi de contracter des

dettes ; substituer les brasseurs d'affaires aux gens de race, et établir partout le culte du veau d'or (réd. objectif réalisé).

11. Envenimer les relations entre patrons et ouvriers par des grèves et des lock-out, et éliminer ainsi toute possibilité de bons rapports qui résulteraient d'une coopération fructueuse.

(Rappelons que les corporations qui assuraient une protection indiscutable des ouvriers furent supprimées par la Révolution française, loi Le Chapelier, avec interdiction absolue sous peine de mort de les reconstituer) ; (réd. : Nous avons connu ça dans toute sa rigueur ; présentement, toutes les revendications de salaire étant accordées sans autre au nom de la « paix sociale » ; en même temps que la dépréciation de notre franc s'accentue.)

En France, sous l'ancien régime, les corporations sont des institutions privées tout en étant de droit public ; elles sont des foyers de liberté parce ce que ce sont de puissantes organisations et qui vivent par elles-mêmes. Mais le roi a un droit de surveillance et d'intervention.

Comme on voit dans nos circonstances présentes, comme le contrôle, la surveillance de l'État manque, aux fins de veiller aux intérêts supérieurs du pays dont, dans notre système, personne ne s'occupe autrement qu'en grands mots et phrases sonores.

Encore une fois et toujours la « dame sans tête » de Ch. Maurras ! Diabolique « paix sociale » !

12. Démoraliser les classes supérieures par tous les moyens, et provoquer la fureur des masses, par la vue des turpitudes et des stupidités commises par les riches (réd. : les journaux et leurs manchettes font une chasse effrénée aux événements provoquant chez le lecteur des sensations malsaines de tous ordres, aucun détail n'est omis).

Là, aussi, insuffisante action de notre système ; à quand, la censure aux fins de salubrité mentale publique ? Laissera-t-on les Juifs nous salir davantage encore, les Juifs et leur franc-maçonnerie ? À quand la fermeture des bars à café ?

13. Permettre à l'industrie d'épuiser l'agriculture, et graduellement transformer l'industrie en folles spéculations (réd. : attaques répétées du gouvernement français contre sa paysannerie, le plus sûr obstacle au communisme déjà à moitié réalisé).

14. Encourager toutes sortes d'utopies, afin d'égarer le peuple dans un labyrinthe d'idées impraticables (réd. : disparition du bon sens, de la raison, du jugement).

15. Augmenter les salaires sans bénéfice aucun pour l'ouvrier vu la majoration simultanée du coût de la vie (réd. déjà vu).

16. Faire surgir des « incidents » provoquant des suspicions internationales ; envenimer les antagonismes entre les peuples ; faire éclore la haine et multiplier les armements ruineux.

(Réd. : de tous côtés, le monde est embrasé de luttes féroces de peuple à peuple, de race à race, Afrique, Asie, Amérique du Nord, du Sud... Tyrannies abominables du communisme d'origine juive.)

17. Accorder le suffrage universel, afin que les destinées des nations soient confiées à des gens sans éducation (réd. : le monde est gouverné par le suffrage universel anonyme, incompétent, irresponsable, lui-même gouverné par les journaux, ceux-ci soumis aux puissances d'argent).

Le suffrage universel disent les Juifs est notre affaire, il amènera au pouvoir beaucoup d'hommes sans envergure, partis de rien, sans principes, sans dignité, dont nous serons facilement maîtres.

18. Renverser toutes les monarchies et établir partout des républiques ; intriguer pour que les postes les plus importants soient confiés à des personnages ayant à cacher quelque secret inavouable, afin de pouvoir les dominer par la crainte d'un esclandre « à la Panama » ou « à la Bayonne » (réd. objectif réalisé).

Ce qu'il reste de monarques n'est plus que figurants, dont le plus beau, le grotesque Abyssin, que les Juifs ne laissent en place, que pour ridiculiser cette fonction royale des temps de civilisation d'autrefois.

Quand les reverrons-nous ? quand le Juif talmudiste aura repris sa place, la dernière, condition *sine qua non.*

Assez de ce libéralisme qui voit toujours tout ce qui est en haut tomber sous les pas des bas-côtés de l'homme.

De la sévérité, beaucoup de sévérité !

Qui aime bien, châtie bien ; rien n'est plus vrai.

Effroyable histoire de la République française méritant le plus terrible des réquisitoires. Celui de Joussain (*Aspects de la France*, 8.6.64), peuplée, semée, écrasée de scandales, d'escroqueries, de crimes, d'hommes politiques abjects et néfastes ; ne rappelons que le fameux Briand, dit « l'apôtre de la paix », sorti des bas-fonds de la société, fêté comme un dieu à Genève, l'artisan premier de la Deuxième Guerre mondiale par tous ses abandons, et dont chaque *apparition à Genève s'accompagnait d'une visite aux Rothschild !!!* (Lu, en son temps dans le *Journal de Genève,* probablement à la mort de Briand en 1932).

19. Abolir graduellement toute forme de Constitution afin d'y substituer le despotisme absolu du bolchévisme (réd. : objectif en bonne voie de réalisation dans nombre de pays).

20. Organiser de vastes monopoles, dans lesquels sombreront toutes les fortunes lorsque sonnera l'heure de la crise politique (réd. : nous y allons à grands pas).

21. Détruire toute stabilité financière ; multiplier les crises économiques et préparer la banqueroute universelle ; arrêter les rouages de l'industrie ; faire crouler toutes les valeurs ; concentrer tout l'or du monde entre certaines mains laisser des capitaux

énormes dans la stagnation absolue à un moment donné suspendre tout crédit et provoquer la panique.

(Réd. : de tous côtés, l'extraordinaire inertie de nos marchés d'argent européens fait l'objet de conversations, sans qu'aucun chroniqueur boursier comme il se doit n'aille au fond des choses ! Les capitaux, comme frappés de mort, ne cessent de perdre de leur valeur malgré une activité industrielle sans pareille. L'Italie est en mal de trésorerie suite de troubles politiques.

Il est hors de doute, que les énormes capitaux juifs, obéissant aux visées politiques de ces messieurs, sont capables de produire de tels troubles. Tout le monde est d'accord là-dessus !

Il n'y a peut-être qu'un seul groupement, dit Henry Ford en 1920, où Juifs et non Juifs ne sont pas mêlés, c'est celui de la finance, c'est celui des banques : il y a là aux États-Unis deux mondes complètement séparés. Les banques juives ont plus de liberté d'action et par là de puissance, parce qu'elles travaillent avec leurs capitaux propres, tandis que les banques non juives n'ont que celui de leurs clients ! (Réd. c'est nous qui soulignons.)

En matière d'argent et de visées politiques, les Juifs sont capables de tout et de tous les crimes. Exemple : Rothschild après Waterloo jouant la comédie à la Bourse de Londres, ruinant les Anglais, gagnant d'un seul coup 40 millions de livres. Leurs énormes gains sur l'emprunt tunisien pendant que les Français se battent à Austerlitz. L'énorme escroquerie de l'affaire Mustapha Pacha (1885). Les pilleries de Cornélius Herz protégé de Clemenceau contre bon argent. Le Juif Stavisky (1933), escroc de haut vol qui exerce pendant des années les pires voleries, dont celle des bons de caisse de Bayonne grâce à la pourriture du Parlement français, et qu'on finit par arrêter grâce à l'Action française (article de Maurice Pujo du 3 janvier 1934), mais qui cause l'assassinat du conseiller Prince refusant de nouvelles remises à son avocat C. Chautems, haut personnage maçonnique et ancien président du Conseil ; la fameuse mère Hanau... nous nous arrêtons non faute de matière, mais de crainte de vous lasser !

Le Juif est roi en France et partout il épuise les Français, selon ce que Franklin avait prévu pour les U.S.A.

22. Préparer l'agonie des États ; épuiser l'humanité par les souffrances, les angoisses et les privations, car la faim crée des esclaves !

Réveillez-vous citoyens de tous pays, c'est la dernière minute qui sonne. Votre presse et vos autres moyens d'information sont entre les mains du Juif et de sa franc-maçonnerie qui, tel qu'il est, doit être l'honni du genre humain !

À toutes les belles perspectives qui nous sont réservées par ce résumé, j'ajouterai l'attention particulière que ces Juifs forcenés ont réservé à la presse et à tous les moyens d'information, qu'ils soient par les ondes ou par les revues ou tous autres écrits. S'emparer de la presse fut un de leurs grands objectifs et *en 1920 déjà*, comme le dit bien Henry Ford, *toute la presse de New York est entre leurs mains* ; il y a à New York 27.000 kiosques à journaux, 25.000 sont entre des mains juives.

Comment, un gouvernement conscient de ses responsabilités, peut-il laisser les choses en arriver là, voilà ce qui immédiatement vient à l'esprit ? N'est-ce pas sa condamnation même ? On voit un roi de France armé de sa raison d'État en pareille occurrence, telle que l'histoire nous les a montrés : un Philippe-Auguste, un Saint Louis si religieux et cependant si ardent à se défendre d'une emprise papale qu'il estime excessive, un Philippe le Bel, un Charles VII, un Louis XI, un Louis XIII avec son Richelieu, un Louis XIV faisant bon marché, mais non sans de grandes difficultés, d'un Fouquet.

La raison d'État implique souvent le secret le plus absolu ; comment y parvenir, avec des Chambres délibérantes qui sont de véritables lanternes à projection et qui veulent, trop souvent incompétentes, avoir réponse à tout, et avec des réponses de partis bien entendu.

Au siècle passé, en 1866 sauf erreur, lorsque par le Juif Crémieux, le traité de commerce franco-suisse enfin se renouvelle, avec comme condition *sine qua non* des Français, que les Juifs français aient chez nous tous les droits de nos résidents étrangers, résidence, commerce, propriété... il s'y trouve une clause qui interdit aux Suisses de posséder une imprimerie en France.

On voit par cette précision intéressante que les Juifs ont déjà des idées de derrière la tête quant à la presse et l'importance, comme aujourd'hui, d'en être maître.

C'est le renouvellement de ce traité de commerce, qui nous oblige d'accorder aux Juifs ce que le peuple suisse ne voulait pas leur donner, tant était grande la défaveur dont ils jouissaient chez nous Frédéric Godet, Pestalozzi, Jakob Burckardt sont antisémites ce qui nécessita la révision de certains articles de la Constitution fédérale de 1848.

Seule la Franc-Maçonnerie suisse avait fait campagne pour les Juifs ! Retenez ce signe à mettre avec beaucoup d'autres, montrant l'intimité de ces deux groupements d'individus n'en formant en réalité qu'un seul...

À la Libération (1945), tous les journaux français qui ne sont pas du bord de celle-ci, sont spoliés de leurs presses d'imprimerie ; on les paralyse, en inventant s'il le faut des raisons d'agir ainsi, *allant jusqu'à accuser* l'Action française *de collaboration avec l'Allemagne !*

Il ne faut plus savoir que faire pour en arriver là !

Ai-je besoin de rappeler le texte d'Abetz qui lave mieux que tout de tous soupçons *l'Action française :* « D'autre part, à côté des chefs officiels presque tous choisis dans la caste militaire, on voyait prendre la direction des esprits par une école idéologique dont la thèse fondamentale était la haine de l'Allemagne. C'était *l'Action française* avec Ch. Maurras, héritier de Jacques Bainville, dont la thèse éternelle, la tradition de l'histoire de France, se résumait dans la lutte contre l'unité allemande... »

On rappelle ici que *l'Action française*, plus tard *Aspects de la France*, est le plus honnête des journaux français, et que jamais elle ne reçut pour la marche de son journal, la moindre parcelle des fonds secrets du Ministère des affaires étrangères ou d'ailleurs ; elle n'en accepta même pas dans le temps du maréchal Pétain.

De nouveau, comme on voit, le Juif menteur et son Isabeau, par le mensonge et le vol, qui dépouillent les meilleurs des citoyens français de leurs moyens d'expression.

Voilà comment parlent les champions de Liberté, Égalité, Fraternité.

Comme la Révolution française a commencé chez elle et ailleurs (chez nous à Stans, 1200 enfants et femmes incendiés et brûlés vifs, réfugiés qu'ils étaient dans une église) en tuant, pillant, volant, couvrant le pays de mensonges, ainsi de même cette Libération qui porte si mal son nom.

Dans les deux cas, le Juif est de toute présence.

Rappelez-vous, le Juif est révolutionnaire par instinct. Il est « l'ennemi » tant qu'il n'a pas retrouvé la religion de ses pères, « l'ennemi du genre humain » !

On ne peut sortir de ce dilemme !

New York en leurs mains, de cette pulsation première du monde issue de la Guerre de 1914-1918, le mal allait s'étendre, sa propagation grandement facilitée par les gouvernements partout de la « dame sans tête » et de ses parlements inconscients, voués à leur vie médiocre, anonyme, et sans horizons de partis politiques. On se remémore ici le propos de Ch. Maurras : « La timidité des bonnes assemblées dépasse de beaucoup la nocivité des mauvaises. »

Aux États-Unis même, dit Ford en 1920, la puissance des Juifs est telle qu'ils peuvent dominer à peu près tous les organes de presse qui ne leur plaisent pas.

Nous ajouterons, qu'à l'heure actuelle, trois journaux (il s'agit du tirage de chacun des cinq premiers jours de la semaine) sont aux U.S.A. pour le tirage des exemplaires au premier rang : le *New York Times* : 729.790 exemplaires, le *New York Herald* : 442.573 exemplaires, et le *Christian Science Monitor* au total 500.000 exemplaires, ce dernier édité à Boston, Chicago, Los Angeles et Londres, de Mary Baker Eddy. Les deux premiers, propriété juive ! le troisième, le journal de la Science chrétienne, et qui n'accepte pas d'annonces juives dans ses colonnes ; voilà des gens avertis ! (Pour les deux journaux juifs, l'édition européenne est également comprise).

Les Juifs sont les gens les mieux informés du monde, du fait déjà de leur dispersion, et de leur solidarité, quand il s'agit d'entretenir le combat qui doit être permanent contre les « goyim ». Il n'y a pas pour eux disent-ils de secret d'État.

La presse est au protocole n° 12 le sujet principal de leurs développements ; comment ils la conçoivent, comment il faut en user, s'en rendre maître, ce que les États « goyim » disent-ils ne savent pas faire (plus délicats ajouterons-nous que ces marchands de miasmes talmudistes, ce qui n'est certes pas difficile !). Contre les récalcitrants, dans ce protocole et dans d'autres, ils ont prévu toute une stratégie, de façon à les combattre et les liquider le plus rapidement possible.

Dans ce même protocole n° 12, p. 74, voici ce qu'ils disent des quelques grandes agences mondiales de nouvelles, qui les rassemblent et les communiquent aux journaux : ... « Aucune information ou annonce ne sera publiée sans notre visa. Il en est déjà ainsi depuis que les nouvelles de toutes les parties du monde sont transmises par l'intermédiaire de quelques agences où elles sont centralisées. Ces agences seront alors (je rappelle que ce texte a été écrit aux environs de 1885) entièrement en notre pouvoir, et ne donneront plus que les nouvelles que nous leur permettrons de publier. »

Je rappelle également que depuis qu'en 1885 ce texte impératif du Kahal, gouvernement mondial des Juifs à New York, a été écrit, les choses ont marché, et que toutes les nouvelles de ces grandes agences mondiales dont nos journaux sont pleins, ne nous sont données qu'après visa du talmudiste.

C'est dire à quelles sources nous nous abreuvons ! et de quelle méfiance il importe que nous soyons armés, pour lire de tels textes ! terre bénie de nos journaux, hélas !

J'ai donné plus haut le résumé des Protocoles d'après W. Creutz ; je me contenterai, maintenant et en complément, d'attirer l'attention sur certaines affirmations et recommandations de nos chasseurs de crucifix des écoles de France. Ainsi, celle-ci, que nous reprendrons un peu plus loin (Protocole n° 12, p. 79) :

« Quand nous aurons atteint la phase du nouveau régime, phase transitoire à notre avènement au pouvoir, nous *ne devrons plus permettre de traiter de la corruption sociale* (c'est nous qui soulignons) ; on devra croire que le nouveau régime a tellement satisfait tout le monde qu'il ne se commet même plus de crimes. »

Il faut, ajouterons-nous, que l'on s'habitue peu à peu à la mauvaise atmosphère qui fait de l'homme une bête ; il faut jeter l'anathème aux « moralisateurs ».

Nous reviendrons sur ce point un peu plus loin.

Un autre point sur lequel nous attirons l'attention : le protocole n° 2, qui a pour titre « La guerre économique prépare le gouvernement international ».

Le gouvernement international, la disparition des frontières, la disparition des patries, le grand objectif des Juifs ! Au lieu de mille objectifs principaux, un seul, unique, bien placé, à New York, ville juive tout entière dans les mains du Juif qui, en 1920 déjà, y tient tout et gouverne tout (Henry Ford *dixit*).

Vous voyez dès lors ce qu'il faut penser de l'O.N.U. et des raisons qui l'ont fait quitter Genève pour s'installer à New York ? Vous savez, n'est-ce pas, que l'O.N.U. est dans une triste situation financière ; qui va régler le très gros déficit ?

Celui qui le règlera commandera la politique de cet organisme de désordre, très à gauche, comme son prédécesseur la Société des Nations, création spécifiquement juive.

Les Juifs le reconnaissent eux-mêmes. Le 27 août 1922, au Congrès sioniste de Carlsbad, le président du comité exécutif Nahum Sokolow avait déclaré : « La Société des Nations est une idée juive, et Jérusalem deviendra un jour la capitale de la paix mondiale. Ce que nous avons accompli après un combat de vingt-cinq ans, nous le devons au génie de Théodor Herzl. »

Le *Jewish Telegraph Agency* communique ces paroles au monde entier, elles paraissent le lendemain dans le *New York Times* (28 août 1922).

D'autre part, j'ai attiré plus haut l'attention sur ce que dit Ford de la beaucoup plus grande liberté des banques juives, quant au maniement de leurs capitaux !

Je vois dans un périodique français *Exil et Liberté*, février 1964 un article intitulé « Les Nations Unies. Un front populaire à l'échelle des États » de Suzanne Labin ; C'est exactement ça.

Quelques citations au chapitre du protocole n° 15 sur la franc-maçonnerie vue par les Juifs :

« Quand nous serons définitivement les maîtres à la suite des révolutions que nous aurons fait éclater simultanément dans tous les pays » (réd. : exactement le tableau de notre temps) ; plus loin : « Telle a été jusqu'à ces derniers temps, l'autocratie russe, notre seul ennemi dangereux dans le monde avec le Pape. »

Nous avons dit déjà quel nombre impressionnant de crimes politiques terroristes sont partis de nihilistes, eux-mêmes actionnés par les Juifs, on ne saurait le répéter assez les auteurs de la Révolution russe : à commencer par Alexandre II, le grand-père de Nicolas II assassiné dans un attentat à la bombe, puis Nicolas il massacré avec toute sa famille sur ordre du Kahal naturellement, comme des bêtes, sans le moindre jugement (1918). Quantité de ministres, dont Stolypine abattu à coups de revolver en 1911 en plein théâtre de Kiev, qui avec la confiance de Nicolas II allait rénover la Russie en résolvant la question agraire : grandes propriétés, moyennes et petites exploitations paysannes.

Sentant le danger, les dynamiteurs de la société l'abattent. Malynski, l'auteur polonais, nous a parlé en grand connaisseur de l'aventure Stolypine *(Une main cachée dirige...*, page 216).

Vous pouvez, je crois, vous rendre bien compte du sort qui nous attend, si ces brigands de grand chemin, un jour, sont tout à fait les maîtres chez nous.

Il importe donc de se grouper contre une si redoutable bande de malfaiteurs assoiffés de domination totale, universelle.

Une partie de leur puissance vient de la totale absence de résistance à leur égard, et de leur groupement *persona gratissima* près les gouvernements.

Sur les Loges maçonniques. « Celles-ci seront centralisées sous une seule direction, disent les Protocoles, *connues de nous seuls* » (c'est nous qui soulignons). Le socialiste Louis Blanc (1811-1882) dans son *Histoire de la Révolution française* au chapitre 3 du tome 1 intitulé « L'Illuminisme », dit bien en effet, que dans les hauts grades de la franc-maçonnerie, les cérémonies n'évoquent que l'histoire d'Israël autour de la captivité de Babylone.

D'autre part, j'ai fait remarquer déjà comme il paraissait singulier que Philippe-Égalité ait pu, grand-maître de la franc-maçonnerie, être guillotiné !

C'est donc que des personnages plus puissants étaient derrière lui et plus haut que lui, et le rejetaient, son immense fortune utilisée, parce que de ce sang royal envers lequel il importait de n'avoir plus aucun respect !

Quand nous serons tout à fait les maîtres, nous la détruirons (la franc-maçonnerie) ; à nous seuls le pouvoir, les « goyim » à nos pieds et sous notre verge : voilà ce que signifie ce protocole n° 15 !

Sur le libéralisme, que disent les Protocoles ? Écoute bien parti libéral, ami du sursis et des peines légères, ce que disent les Juifs (protocole n° 15, pp. 90 et 93 ; no 1, p. 28, Edition Vieille-France). Le libéralisme est un agent de destruction de la société, il nous faut tout faire pour favoriser celui qui existe, et le créer là où il n'est pas. Voilà, parti libéral, comment vous êtes promis à la mort sans phrase, car le Talmudiste entend être le seul maître de la situation : « Le rôle des utopistes libéraux sera » définitivement terminé dès que notre gouvernement aura été reconnu » (protocole no 13, p. 82).

Page 90 : « Nous tuons les francs-maçons, de telle façon que nul ne nous soupçonne pas même les victimes ; ils meurent tous quand cela est nécessaire, et en apparence de mort naturelle. Sachant cela, même les frères n'osent protester, et c'est ainsi que nous avons déraciné chez les francs-maçons le moindre désir de révolte contre nous, car *tout en prêchant le libéralisme aux « goyim »*, nous tenons notre peuple et nos enfants sous une discipline de fer » (réd. c'est nous qui soulignons).

Puis encore cette déclaration-ci (Edition Vieille-France *Protocoles de Sion* n° 10, page 65) :

« Quand nous avons injecté le *poison du libéralisme* dans l'organisme d'État, tout son régime politique s'en trouva modifié ; les États furent infectés d'une maladie mortelle, la décomposition du sang : nous n'avons plus qu'à attendre la fin de leur agonie.

« Les gouvernements constitutionnels sont nés du libéralisme qui a remplacé l'autocratie, qui était le salut pour les goyim ; car une constitution, comme vous le savez, n'est qu'une école de disputes, de discussions, de dissensions, d'agitations stériles, de partis ; en d'autres termes, une école d'affaiblissement du fonctionnement des États. »

Parti libéral, tu te dois de revoir tes idées qui, comme tu vois, sont hautement prisées par le Juif destructeur de toute moralité et de toute spiritualité, les seules choses ici-bas qui soient pour nous de continuels bienfaits.

N'oublie pas non plus que la délinquance juvénile a doublé en dix ans, de 1953 à 1963.

Grave dans ta mémoire le précepte de Vauvenargues : « La sévérité dans les lois est humanité pour les peuples. »

Et cette phrase charmante des Protocoles : « Nous n'avons pas à compter les victimes, cette semence de bétail. »

Nous l'avons vu, certes, en Russie et ailleurs ; aussi, espérons-nous que par la suite nous pourrons dire un homme averti en vaut deux.

Parti libéral encore un mot, je l'allais oublier.

Que de gens se demandent jusques à quand les liens qui te lient à la *Gazette de Lausanne* dureront.

La *Gazette de Lausanne,* en effet, n'est plus ce qu'elle fut au temps où vous unîtes vos destinées ; elle est devenue un journal très à gauche, tout en présentant des contradictions dans sa ligne politique aux fins de dérouter. Elle a été de tout temps partisan du général de Gaulle, homme de paille des Juifs comme chacun d'informé le sait. La *Gazette de Lausanne* a été chaud partisan de l'indépendance algérienne qui a fait couler des flots de sang, alors que tout le monde savait déjà qu'elle deviendrait ce qu'elle est devenue, un pays communiste, que la France plaça entre les mains d'un individu de bas étage et condamné de droit commun. La *Gazette de Lausanne* est un journal dans la manche des Juifs, elle refuse les articles qui se permettent des remarques et observations sur les faits et gestes de la race mortellement dangereuse, comme il m'est arrivé.

La *Gazette de Lausanne* est procommuniste aussi, forcément, puisque tout le monde sait, quoique aucun journal ne le dise, que les Juifs sont les auteurs incontestés du communisme qui leur a permis d'asseoir de monstrueuses tyrannies ; la *Gazette de Lausanne* est aussi pornographique à ses heures, par exemple dans son fameux numéro du 23-24 novembre 1963 et à deux endroits. Il n'y a pas jusqu'à son rédacteur G. Duplain qui, dans ses chroniques historiques, ne nous dise qu'il n'est pas partisan des classes sociales strictes ! La chronique littéraire du Juif Bloch-Michel est également dans les colonnes de la *Gazette de Lausanne* pornographique à ses heures, par exemple les 26 et 27 août 1962.

Jusques à quand parti libéral resteras-tu dans cette galère ? Serais-tu devenu juif et communiste toi aussi ?

Revenons à nos Protocoles. Sur le communisme, notamment protocole 20, p. 110 : « Dans notre système gouvernemental, le souverain sera censé être l'unique propriétaire de tous les biens mobiliers ou immobiliers... » ou encore : protocole no 1, p. 31 : « En politique, il est nécessaire de s'emparer sans hésitation de la propriété d'autrui, si par ce moyen nous pouvons obtenir sa soumission et le pouvoir. »

Les Juifs les champions du communisme, les Juifs de France aux monstrueuses fortunes, se repaissant du peuple français devenu exsangue !

La prédiction de Benjamin Franklin (voir index), adjurant les Américains de ne pas recevoir dans leur sein les Juifs sous peine des plus graves conséquences, se réalise présentement en France avec une force et une réalité saisissantes ! La France a perdu toutes ses colonies, ses départements algériens aux richesses pétrolifères sahariennes incalculables lui ont échappé volontairement.

Chez nous, comment se fait-il que M. Chantre puisse dans son *Bulletin national d'information,* pendant vingt ans, nous parler du communisme russe, l'objet de toutes ses critiques, sans nous dire que les Juifs en sont les auteurs ?

Au protocole n° 7, p. 54 : « Nous devons créer le désordre, des dissensions et la haine dans toute l'Europe... »

« Nous devons être à même de détruire toute opposition, en faisant déclarer par ses voisins la guerre aux pays qui osent se dresser contre nous » (p. 55).

En 1914, l'Allemagne est dirigée, du fait de Guillaume II, par un gros nigaud, Bethmann-Hollweg, qui ne sait ce qu'il se veut *(Mémoires de Bülow,* t. III, p. 31), incapable de tenir fermement les rênes d'un gouvernement. Que s'est-il passé ? Les Juifs sont très puissants en Allemagne ; von Rathenau ami de Guillaume II, Ballin ami de de Bülow... Dans le *Bismarck* d'Émile Ludwig, p. 405, l'auteur parle de rapports très intimes de Bismarck avec Bleischröder le banquier juif « qui joue le rôle de second dans l'Empire. » De Moltke et d'autres tentent de séparer Bismarck de Bleischröder.

Henry Ford (je l'ai déjà dit et je le répète) a formellement déclaré dans l'*American Boston,* pour les avoir entendus le dire sur son bateau de la paix, que les Juifs étaient les auteurs de la Guerre de 1914-1918 (*Protocoles de Sion,* Edition Vieille-France 1924, p. 238).

Dès 1916, les U.S.A. sont sous l'emprise d'un dictateur juif (Henry Ford *dixit)* Baruch, qui, tambour battant, prépare, organise et fait partir en guerre l'Amérique.

En 1939, la France part en guerre, en la déclarant à l'Allemagne sans en prendre l'autorisation du Parlement comme la Constitution l'en oblige. Elle est dirigée à ce moment par Daladier le type du radical-socialiste de bas étage ! Ce sont, comme on le sait maintenant, les Juifs tout-puissants qui en ont ainsi décidé.

Hitler, qui entend que les Allemands soient maîtres chez eux, est en conflit aigu avec les Juifs ; il faut donc que les « goym » se jettent dans la bataille pour en découdre avec lui !

Une des grandes tactiques des Juifs, affaiblir les « goyim » pour en récolter les fruits, les mettre à leur merci.

Protocole n° 9, p. 59. Sur les partis politiques : « *Les divisions des partis nous les ont tous livrés,* parce que pour mener une lutte de partis, il faut de l'argent, et c'est nous qui le détenons » (c'est nous qui soulignons).

O parti radical-socialiste français dont les élections en 1932 sont financées par l'escroc juif Stavisky !

O Jaurès, instrument des Juifs par ton journal, *L'Humanité* (1905), dont le capital de fondation est juif.

On sait que chez nous le parti radical a pour habitude, au moment d'élections, de faire des quêtes dans les grands et moyens établissements, où des sommes rondelettes sont récoltées. On connaît ce que donne la Banque Cantonale Vaudoise.

Que donne la Nestlé ?

Et surtout que donnent les grands Juifs résidant en Suisse, dont les fortunes, si elles ne sont pas celles des Rothschild, sont tout aussi énormes mesurées à l'échelle de grandeur de notre pays !

Comptez donc, dans ces conditions, sur les partis politiques pour défendre les intérêts supérieurs d'un pays, quand ces partis sont à la crèche, à chaque élection, de ceux qui les attaquent et les minent et à l'égard desquels, précisément, il importerait de garder toute son indépendance, toute sa liberté.

Vous voyez, chers amis, que ce beau régime à phrases sonores est avant tout affaire d'argent ; vous voyez n'est-ce pas, sous quelle comédie nous vivons ; l'argent prime tout le reste. Sans oublier celui récolté par la Loterie de la Suisse romande, quitte à ce que nos populations prennent de mauvaises habitudes, s'appauvrissant en valeurs morales. Comme on a commencé, on continue. À Lausanne, les postes de vente de la Loterie se multiplient.

Protocole n° 5, p. 50 : « Le plus important problème pour notre gouvernement est d'affaiblir l'esprit public. »

Est-il assez tombé bas notre esprit public ? Les signes révélateurs de cette débâcle sont-ils assez marqués ? Les avons-nous montrés ? Tout le tableau, une fois encore, qui se déroule sous nos yeux, est l'illustration parfaite de la grande fresque maléfique dressée par l'ennemi du genre humain dans son manuel de combat des Protocoles !

Dans le protocole n° 20 : « Nécessité pour les Juifs de pousser les « goyim » aux budgets déséquilibrés et aux emprunts. »

Les emprunts, forme moderne de l'usure, disent-ils, qui se succèdent, et plus ils se succèdent, laissant de moins en moins d'argent frais pour faire face à la situation. Mécanisme de nigaud, et dont on pourrait se passer dans une bonne mesure, si nos États n'avaient pas pris l'habitude de vivre au-dessus de leurs moyens, ce qui fait le beurre des prêteurs et de ceux qui brassent dans la politique.

Ce peuple, qui se dit encore le peuple de Dieu !

Est-il présent ce Dieu dans cet effroyable exposé des plus bas et des plus crapuleux instincts que sont les Protocoles de Sion ? Oui, ils l'osent même, suprême impudence de nos gangsters internationaux !

Voici quelques fleurs de leur effroyable mentalité : « La véritable autorité ne cède devant aucun droit, pas même celui de Dieu » (protocole n° 22, p. 23).

Autre perle : « Chacun de nos sacrifiés vaut mille « goyim » devant Dieu. »

On voit bien, n'est-ce pas, ce qu'est en réalité le bien de ces messieurs, qui ne peut être d'ailleurs que ce qu'il est là, le compagnon de nos brigands et forbans de la vie internationale et nationale, le nouveau Baal ! l'éternel Baal !

O que de perversion dans ce Talmud et dans ces Protocoles !

Je rappelle la parole d'Ernest Renan, que les liens du Talmud ont conditionné ceux du ghetto ! Voici maintenant le protocole n° 20, où nous trouvons (p. 113) cette phrase qui est pour nous une chose très naturelle, qui est ce que nous pensons depuis des mois et des mois, cette inertie de mort qui frappe les marchés boursiers de toute l'Europe sans raison économique valable ou financière non plus qu'il soit ici possible d'invoquer, puisque tout marche très fort dans l'industrie et le commerce, et que la bourse de New York a depuis des mois assez bonne tenue, ayant récupéré une partie des pertes survenues en 1962. C'est, comme nous le pensons depuis longtemps déjà, que le facteur économique est cette fois sous la dépendance de contingences politiques de la plus haute importance ; il s'agit d'augmenter le désordre et la confusion chez nous, comme cela est chanté sur tous les tons dans les Protocoles de Sion : « Il nous a *suffi de retirer l'argent de la circulation pour provoquer des crises économiques à l'intention des* « *goyim.* »

Confusion politique, dépréciations monétaires, chute des valeurs boursières, embarras de trésorerie en Italie ; communisme en grand progrès en Italie ; la France où le Juif est roi, roi politique et peut-être davantage encore roi économique et financier. J'ai rappelé déjà le mot de Jules Guesde (1845-1922), socialiste français intègre : « Les financiers sont les rois de la République » ; les monstrueuses fortunes juives ; et là, aussi, de toutes parts, dans toutes les classes, un resserrement de vie du fait de moyens de plus en plus limités, de par l'activité de celui qui accuse toujours et ne s'accuse jamais ! Titre du protocole n° 18 : « Organiser le désordre ».

Comptez donc, dans quelle mesure, ces marchés d'argent persistants à rester si bas ou même à descendre encore, alors que beaucoup ont acheté haut ou même très haut, tant certaines de nos maisons inspiraient confiance, ont diminué les fortunes, diminué l'indépendance de ceux qui les possèdent, et augmenté *ipso facto* la puissance des Juifs plus près que jamais de son summum. Leurs énormes fortunes surtout si elles se conjuguent, comme déjà dit, sont largement suffisantes pour produire les effets qui sont présents partout sur nos marchés européens.

Le Juif est-il oui ou non l'homme du désordre et des révolutions ? Son dossier n'est-il pas tel que nous devions le suspecter systématiquement d'être partout le chevalier du Mal ? Le genre humain n'est-il pas pour lui « semence de bétail » ?

Appauvrissement du chrétien, c'est-à-dire enrichissement du Juif !

Jusques à quand ce système de folie va-t-il durer ? Quand nos gouvernements nous défendront-ils du Juif talmudiste plus talmudiste que jamais ? quand abandonneront-ils leurs « œillères » pour me servir de l'expression du Réarmement moral ?

C'est par une action concertée, corruptrice ou menaçante, que peu à peu la puissance des Juifs s'est faite dominante aux U.S.A. sur la presse, la radio, le cinéma, le théâtre ; en tenant ces postes-là, nous tenons la puissance mondiale ont raisonné les Juifs. C'est ce qui est arrivé, comme personne ne se mettait au travers de leur route, si bien que même les pays catholiques se gardent de les attaquer. C'est ainsi que le mal n'a fait que croître et embellir, et que le contrôle mondial de la presse et des ondes leur est échu !

Et dans notre petite Suisse direz-vous ? Ibidem répondrons-nous à quelques très rares exceptions près. Et comment le savez-vous ? Le danger mortel qui nous menace par la très grande puissance juive et ses vues corruptrices et conquérantes, et qui n'est jamais abordé !

Ce problème angoissant, cette épée de Damoclès suspendue sur nos têtes, est lettre morte dans notre presse chloroformée !

Désirez-vous des précisions ? récentes ? Les voici. H. Guillemin avait, dans la *Gazette de Lausanne* du 5-6 octobre 1963, publié une pointe sèche sur Jaurès décrivant tout en beauté cet homme politique.

Il me parut que certains côtés peu développés par l'auteur méritaient d'être soulignés, mis en relief.

Voici la lettre telle que je la rédigeai :

Monsieur le Rédacteur en chef de la *Gazette de Lausanne*,

J'ai lu le bel article du très talentueux H. Guillemin sur Jaurès dans le numéro des 5 et 6 octobre de la *Gazette de Lausanne*, lequel exalte les beaux côtés de l'homme. Quelques allusions sont faites à son rôle politique ; avec, à son avantage, de n'avoir point abandonné comme Millerand, Briand et consorts, ses idées socialistes aux fins d'accéder au pouvoir.

Jaurès est resté fidèle à ses idées, reniant tout opportunisme : très bien ; mais encore fallait-il qu'en agissant ainsi, il contribue au bien général de son pays. Il est facile, à l'abri des responsabilités, de jouer les rôles d'apôtre de la paix !

Par son prestige, par l'exemple de sa politique antimilitaire et antipatriotique systématique qui lui coûta sans doute la vie, et par son refus jusqu'au dernier moment à toute objectivité dans l'appréciation des situations internationales, Jaurès a manqué d'objectivité, d'honnêteté.

Jaurès a contribué à la Guerre de 1914-1918 et à son impréparation française.

Le 14 novembre 1906, alors que discourant au Reichstag, le chancelier de Bülow parlait du vif patriotisme des Français, on lui cria de l'auditoire « Et Jaurès ? » (*Mémoires* de de Bülow, tome II, p. 264).

Alors que l'Allemagne dans les dernières années d'avant le conflit avait augmenté son budget militaire de 220 %, la France ne relevait le sien que de 70 % ; le service militaire de trois ans rétabli à la dernière minute.

À la déclaration de guerre, mobilisation française en pantalons rouges, alors que toute l'armée allemande, à la surprise totale des Français, est-ce à peine croyable ? est revêtue de gris vert. Nombre de divisions de réserve allemandes en première ligne, fait également ignoré des Français. Les Allemands richement pourvus en artillerie lourde alors que leurs adversaires n'en ont point.

Autre chose : en 1905, Jaurès fonde *L'Humanité*, journal subversif, dont le capital de fondation est entièrement souscrit par les grands Juifs de Paris. Est-ce juste, est-ce bien ?

Qui ne sait que depuis notamment la fondation par Crémieux en 1860 de l'Alliance israélite universelle, les Juifs ont leurs politiques nationale et internationale.

Les Protocoles de Sion sont ce qu'ils sont, et le jugement de Berne (1934) a débouté le demandeur de sa prétention qu'ils étaient un faux !

O mânes de Jaurès, qu'il est facile de tenir de beaux discours au service d'une belle éloquence ! Il eut été plus utile pour ton pays de te souvenir du *Si vis pacem, para bellum*. Sans doute, comme nous connaissons l'atmosphère détestable du Palais Bourbon, ne l'as-tu pas voulu malgré toutes les belles qualités qu'on te donne !

Jaurès fut un de ces hommes de parlement qui sont tout à leur parti avant d'être à leur pays ; est-ce beau, est-ce grand ?

Montaigne a dit : « Le vrai miroir de nos discours est le cours de nos vies. »

Qui ne connaît les tendances et réactions générales du Parlement français jusqu'en 1939 quant au budget de la guerre : la défense de la patrie s'efface devant les intérêts des partis !

Tragiques économies génératrices de désastres, les Français l'ont vu en 1914 comme en 1939 !

La Suisse, à ces deux mêmes dates, en écoutant la sagesse de l'adage latin plus haut cité, elle aussi, en a vérifié toute la justesse, mais sans perdre abondamment le meilleur de son sang comme sa voisine ; parce qu'elle était, si l'on excepte l'absence de plans d'opération, tout entière et la première, prête à combattre, l'arme au pied !

Certes, Jaurès aura, sur le plan intérieur, contribué à défendre les ouvriers français dépouillés de leurs avoirs dans les corporations, puisque celles-ci à la fin du XVIIIe siècle sont dissoutes et tous leurs biens, immenses, saisis par l'État qui se les approprie sans la moindre indemnisation ! (Loi Le Chapelier du 15 juin 1791). Les ouvriers français sont ainsi laissés sans défense par la Révolution française !

Et cependant, que Jaurès n'est-il encore là, pour voir où ont abouti les régimes tels que le sien : au plus bas matérialisme, à la dictature, au communisme la quintessence de la tyrannie.

Pourquoi ne s'être point joint, comme on le lui proposait, aux catholiques des cercles ouvriers du néo-corporatisme français ? C'eut été mieux pour la France, et dans le moment et pour l'avenir, comme nous pouvons bien en juger présentement. Plutôt que d'être l'instrument d'une caste de hauts financiers internationaux, tout entiers pénétrés de l'esprit des Protocoles de Sion

(Vevey, le 6 novembre 1963.)

Envoyée à la *Gazette de Lausanne* celle-ci ne la publie pas, sans même me faire parvenir un mot. Elle est coutumière du fait la politesse n'étant pas son fort. Envoyée au *Journal de Genève*, celui-ci la refuse accompagnée des considérations suivantes

> Cher Monsieur,
> Monsieur R. Payot m'a transmis votre lettre du 6 novembre. Il n'est malheureusement pas dans l'usage des journaux romands de se porter la

contradiction, lorsqu'un tiers n'est pas d'accord avec une opinion émise. C'est la première raison pour laquelle nous n'avons pu insérer votre lettre. Elle serait suffisante, mais je manquerais de franchise si je n'ajoutais pas que nous ne pouvons faire écho à l'antisémitisme que vous affichez en conclusion. Notre journal a, dans ce domaine, une tradition que nous voulons croire objective et qui nous interdit de généraliser de telle manière des accusations aussi graves. - Cela dit, nous sommes conscients des problèmes que vous évoquez concernant l'antimilitarisme socialiste, et sur ce point du moins nous pourrions aisément nous mettre d'accord. Mais, encore une fois, comme l'objet de votre lettre est l'article de M. Guillemin paru dans la *Gazette de Lausanne*, nous devons renoncer à vous publier. - J'espère vivement que vous voudrez bien comprendre nos raisons et je vous prie de croire, cher Monsieur, à mes sentiments les meilleurs.

Genève, le 15 novembre 1963.
Signé : B. Béguin.

Comme vous voyez, on y parle de mes accusations très graves comme si elles tombaient du ciel, n'étaient pas étayées par des faits patents (le capital juif de fondation de *l'Humanité*) et comme si la formidable puissance juive aux fortunes monstrueuses n'existait pas ! (au moment de la commune, Rothschild possède à Paris cent cinquante maisons dont aucune n'est touchée par la révolte communiste que Rothschild alimente) *(France juive*, tome I, p. 401) ; formidable puissance juive, disons-nous, assise sur le Talmud, qui domine le monde, achevant de le décomposer !

À quand la confiscation de tous ces biens illicites dont il est fait un si mauvais usage ?

Nous l'avons vu déjà, les Juifs sont des révolutionnaires nés, des perturbateurs impénitents de l'ordre établi par ceux qui furent les chrétiens !

On voit donc ce qu'il faut penser d'une telle réponse de ces messieurs de Genève.

J'aurais pu répondre : ce qui est grave ! très grave ! c'est qu'il ne soit plus possible de faire paraître dans notre presse suisse, le moindre mot concernant les Juifs, ces gangsters de la vie internationale.

Sois honoré de la belle compagnie qui est la tienne, *Journal de Genève*, qui laisse à la porte les autochtones pour n'entendre que le tentateur et despote cousu d'or !

On t'a élevé, Calvin, un monument de la Réformation ; hélas, à Genève comme ailleurs, il n'y a plus de Réformation que dans les pierres des Bastions, qui signent et glorifient les annales de ton temps !

Grand réformateur de tous les instants et de toutes les minutes d'une vie de labeur surhumain, remplie d'attaques et d'outrages même, je me souviens de tes émouvantes confidences écrites à Viret dans un moment de désespoir !

Calvin était si frappé des mauvaises dispositions qui régnaient dans la ville, qu'il écrivit à son ami Viret « que si Dieu ne lui tendait la main, il était prêt à succomber, et qu'il désespérait de pouvoir conserver aucun ordre ni même aucune apparence d'église dans Genève. » (*Histoire de Genève*, Jean Picot, tome I, p. 421.)

Il faut être un Schorer pour s'attaquer sans cesse à l'homme infatigable de la Réformation malgré une débile santé... et prendre encore le secours d'un Juif talmudiste pour multiplier les attaques à la noble et grande figure du protestantisme.

Schorer, Labhardt, membres de la commission pastorale suisse, ardents apôtres du rationalisme et du libéralisme poussés jusque dans leurs dernières et scandaleuses conséquences et inconséquences ! Ce libéralisme du Juif des Protocoles, tant vanté et prôné par celui-ci, comme agent de décomposition sociale !

Les quatre syndics qui condamnèrent Calvin à l'exil moururent tragiquement ; le Juif Zweig, auteur de *Castellion contre Calvin* sur la suggestion de Schorer, finit sa vie par un suicide !

Le document revenu de Genève pour cause de refus, je l'envoie cette fois à la *Nation*, organe de la Ligue vaudoise qui me fait parvenir deux lettres, la première de Me Regamey un des fondateurs de la *Nation* avec le colonel Moulin sauf erreur, ou alors venu tout après celui-ci.

> Monsieur le Docteur,
> N'étant pas moi-même le rédacteur du journal *La Nation*, j'ai transmis votre article à Me A. Manuel en le priant de prendre contact avec vous.
> À mon avis, une réaction à l'article de Guillemin sur Jaurès est saine et utile. Il semble, en revanche, peu opportun d'y mêler les Protocoles des Sages de Sion.
> Veuillez croire, Monsieur le Docteur, à l'assurance de mes sentiments les meilleurs. Lausanne, le 5 novembre 1963.
> Signé : M. Regamey.

La deuxième, plus tard, de la rédaction de la *Nation*

> Monsieur,
> Au nom de la rédaction de la *Nation,* je vous communique qu'il ne nous est pas possible de passer votre article sur Jaurès, ce que nous regrettons. - En effet, cet article n'est pas conforme à la ligne politique de notre journal. - Veuillez agréer, Monsieur, l'expression de mes sentiments distingués.
> Signé : A. Manuel, avocat. Lausanne, 27 novembre 1963.

On croit rêver ; ces messieurs de la *Nation* sont un milieu d'avocats ; les *Protocoles de Sion* par leur contenu et par la réalisation de leurs visées qui s'étalent, aveuglantes, sous nos yeux, de toutes parts, sont un acte d'accusation terrible, une arme qu'on aurait dû depuis longtemps utiliser, mais qui n'apparaît plus nulle part. C'est une pièce maîtresse, mais dont ne parle jamais une presse asservie, ignorante de ses devoirs, ayant perdu tout esprit d'indépendance, ployée sous les forces de l'argent, loin de tout idéal et de tout esprit de sacrifice

Venez voir Waldstaetten du Grütli, ce que sont devenus ceux pour lesquels vous avez combattu et versé des flots de sang ! Voyez leur abaissement, leur veulerie, l'abjection qui les tient et les tenaille, et dans laquelle, ils se trouvent et se sentent si bien !

Pourquoi ne parlent-ils jamais des *Protocoles de Sion* ? Mais c'est que ceux-ci sont défavorables aux Juifs ! défavorables ? euphémisme vous dis-je, c'est la condamnation pure et simple, implacable et très grave, d'individus qui complotent par tous les moyens contre la sûreté d'États, assez bêtes et assez bas et assez veules, et assez corrompus, pour les recevoir dans leur sein.

Imaginez un instant que le jugement de Berne (1934) ait donné raison au demandeur juif qui prétendait que les Protocoles étaient un faux ! C'est alors que tous les jours de l'année, notre presse asservie aurait sans en oublier un, parlé des *Protocoles de Sion*, produit d'imagination et d'enfantement de par des gens déshonnêtes, annonciateurs de l'ère hitlérienne.

Hitler vu sous l'angle d'une lutte implacable entre lui et le Juif mondial répandu chez tous ses adversaires, se considère déjà sous un angle qui n'est pas précisément celui de toujours. Il est bien évident qu'à l'avènement d'Hitler, les Juifs se sont rendus compte que les Allemands entendaient cette fois être maîtres chez eux, et que les choses n'iraient plus comme elles allèrent sous Bismarck, de Bülow, et Guillaume II, où les Juifs étaient *persona gratissima,* d'où la lutte sans merci qui s'engagea entre ceux qui étaient chez eux et ceux qui prétendaient y être (voir *Europe réelle*, novembre 1963, « Hitler a-t-il déclaré la guerre aux Juifs ou les Juifs ont-ils déclaré la guerre au peuple allemand ? »).

Les nazis trouvent pendant qu'ils luttent contre les communistes, les B'naï Brith installés dans toute l'Allemagne et les dirigeant.

Qui sont les *B'naï Brith ?* Écoutons ce qu'en dit la Vieille France n° 321 (22.3.23) : « La formidable organisation juive des B'naï Brith « qui tient le globe dans ses tentacules », a naturellement un siège et des ramifications en Allemagne : quartier général (Lagenheim) à Berlin dans un magnifique édifice ; et nonante-sept loges comprenant 14.000 membres dans tout le Reich. A la plupart des Loges sont annexées des fédérations de Juives auxiliaires.

» Le « Grand Président » est un Juif de Kattowitz, avocat berlinois, Dr Berthold Timendorfer, ancien vice-président du Hilfsverein der deutschen Juden. »

Un gouvernement qui soit un gouvernement ne saurait évidemment tolérer un semblable pouvoir à côté du sien, qui a naturellement joué un rôle de premier plan dans le mouvement communiste en Allemagne.

Dommage qu'Hitler n'ait pas su mieux agir, avoir de la religion dans son cœur, faire preuve de diplomatie, de moins de violence et de précipitation dans ses actes de portée internationale, donnant ainsi par l'eau qu'il jette à leur moulin, bonne prise aux Juifs professeurs de morale.

Hélas ! n'est-ce pas là, une fois de plus, la condamnation de la dictature partie d'où on ne sait, et du pouvoir à n'importe qui, et du pouvoir à coup de suffrage universel !

Frappantes analogies entre Napoléon et Hitler dont les défauts les servent d'abord, puis les desservent ensuite !

O pouvoir héréditaire, ô rois, ô princes et empereurs et aristocrates, les meilleurs protecteurs (protocole n° 3, p. 39) des « goyim » disent les Juifs eux-mêmes ; et doivent dire aussi les temps d'aujourd'hui, s'ils veulent survivre, qui ne connaissent justement que la spécialisation, sauf en politique et en gouvernement.

Il nous faut pour que les affaires marchent bien des spécialistes de l'art de gouverner, des hommes de tradition et de réflexion, d'expérience et d'habitude, d'éducation et de savoir-vivre, qui se passent le flambeau de l'un à l'autre le roi est mort, vive le roi disent les Français ; ce quelque chose de grand et de noble qui frappe à nos cœurs, les fait vibrer, les fait mieux battre, et qui soit pourvu de la fameuse modération dont Montesquieu lui-même a couronné nos gouvernements d'ancien régime !

En dehors de cela point de salut ! Périsse plutôt que nos patries, plutôt que le genre humain ! la mémoire de Rousseau et de son système !

Périssent les institutions internationales de Genève et New York animées d'un détestable esprit, plutôt que l'humanité !

Périssent les Juifs plutôt que la chrétienté et le divin Jésus !

Je répète que les six millions de Juifs massacrés ou gazés de la propagande effrénée des Juifs sont un pur mensonge, et que Rassinier, socialiste français, ancien député, historien et ancien pensionnaire des camps de Dora et Buchenwald, en a fait la démonstration péremptoire. (Voir de cet auteur : *Le Procès Eichmann,* 1962 ; également *Le Drame des Juifs européens,* 1964.)

En des temps normaux, en des temps d'autorités qui se respectent et qui n'auraient pas d'« œillères », et non pas en temps d'autorités sans autorité qui s'impose, en des temps d'infériorité comme nous avons déjà dit qu'un de nos amis disait, le jugement de Berne en 1937, établissant en fait l'authenticité des visées juives attentatoires à nos pays chrétiens et à leur destinée, devaient, partout, être suivies immédiatement de mesures de rigueur et de sûreté.

On peut voir ici ce que valent les affirmations tonitruantes de M. le rédacteur en chef de la *Gazette de Lausanne* répondant au Réarmement moral qui parle d'autorités qui ont des œillères !

Cette passivité totale, surtout que nous avions vécu la Révolution russe et ses vingt- huit millions de victimes avec ou sans torture, avec ou sans Chinois, et son massacre de la famille impériale, est peut-être le plus grand de tous les scandales !

C'est ici que se place la parole du héros finlandais, le maréchal v. Mannerheim : « Les Alliés porteront devant l'histoire la honte » éternelle d'avoir ouvert toutes grandes les portes de l'Europe au communisme. » *Judaeorum causa* ajouterons-nous.

Et toi *Journal de Genève*, le trop grand ami des Juifs pour me servir d'un euphémisme, qui feins de tout ignorer du danger le plus grand couru par les chrétiens depuis le début de leur ère ; combien de fois dans l'année, les Juifs, sous une forme ou sous une autre, ont-ils dans tes colonnes reçu la place de ta première page !

Hier encore, le 5 janvier 1964, M. R. Payot, dans le *Journal de Genève*, se moquant de ses lecteurs, écrit un article de fond sur le « pouvoir personnel du général de Gaulle » (sic), où tout est rapporté à de Gaulle et rien à ceux qui sont derrière lui, les Juifs ; le maniant, le tenant, homme de paille et de pacotille, destructeur de la puissance de la France, alors que de Brazzaville il en accusait le maréchal Pétain qui la maintint tout entière jusqu'à son départ. De Gaulle, l'Isabeau de Bavière du XXe siècle !

M. Payot a passé comme chat sur braise sur ce qu'il importait pour lui de ne pas dire, on reconnaît son habileté, on déplore son manque de courage et d'esprit de vérité.

Nous proposons pour M. Payot aux fins qu'elle parle à sa conscience, une médaille d'or, dans l'exergue de laquelle, figurera ce qu'il n'a pas osé dire, ce que le Juif Disraéli a dit : « Le monde est gouverné par de tout autres hommes que ceux qui paraissent. »

Calvin, renie et pleure sur la cité pour laquelle tu fis tant ! Tu donnas tout jusqu'à l'épuisement de toutes tes forces ; et maintenant, tout entière, Genève est dans les bras du veau d'or, les pasteurs rationalistes y faisant de larges audiences ; comme ce Rousseau, tête folle et téméraire, qui s'écriait avec le plaisir d'étonner et de faire briller tout l'éclat de sa plume : « Enlevez » les miracles de l'Évangile et toute la terre est aux pieds de Jésus-Christ. »

Esprit de la Réformation, ardent, purificateur, aimant et vivant son Dieu, il n'y a plus à Genève de Calvin, de Consistoire, de Compagnie des pasteurs, qui soient prêts à se jeter en avant pour y recevoir des coups !

Voilà ce qu'a fait, ce qu'ont donné cent cinquante ans de ce régime démocratique moderne à dictature souterraine judéo-maçonnique impitoyable, dépourvue d'humanité. Nous sommes en Suisse au bord du gouffre du fait de cent cinquante ans de gouvernement radical, l'émanation même de cette Révolution française, faite, comme le dit très bien Ford, par une minorité agissante ; toute petite serait-elle même, ajouterions-nous, puisque Clémenceau, ce rappel de conventionnel-né au XXe siècle, très renseigné de toutes ces questions, a pu dire, nous l'avons relevé déjà : « La » Convention a fait ce qu'elle a fait, parce qu'elle avait peur du Comité de salut public. »

Dommage que Clémenceau ne soit pas allé plus avant dans ses affirmations ! Il s'en est bien gardé pour plusieurs raisons, lui qui, avec son frère, a passé une grande partie de sa vie dans le sillage des Juifs, dont le plus important fut Cornélius Herz (sur ce Juif voir Ed. Drumont, *Fin d'un monde* à l'index), grand aventurier par Clémenceau à quarante-trois ans grand-officier de la Légion d'honneur, c'est-à-dire pratiquement au-dessus des lois !

Mais le Comité de salut public, composé de quatorze membres, est sous la dépendance de Robespierre qui en est le président dès juillet 1793 ; et Robespierre est dans des Loges comme son père vénérable à Arras ? Alors, alors ? Tout incorruptible qu'il soit, les ordres sont les ordres, et comme on a vu en ces mêmes temps, des loges militaires où des sergents commandent à des colonels et généraux titrés, l'on peut bien voir un Robespierre gouverné par des gens qui n'apparaissent pas dans la vie publique, mais qui sont tout en haut de la hiérarchie maçonnique ! Et l'on sait qu'à cette place, Ed. Drumont, avec sa grande connaissance de ces matières, met les grands Juifs. Et pour notre part, nous ajouterons que le protocole de Sion n° 3, p. 42, Edition Vieille-France 1924 dit ceci : « Rappelez-vous la Révolution française que nous avons appelée « grande » ; nous connaissons bien les secrets de sa préparation, car elle fut notre œuvre. »

Nous venons de quitter l'aphorisme de Disraéli qui parle dans le même sens.

C'est Talleyrand, en France, qui, à la Constituante, avait pris l'initiative en faveur des Juifs, qui reçoivent par vote de celle-ci, tous les droits de la citoyenneté française.

Le premier pas était fait, et si par ailleurs Talleyrand plus tard rendit de grands services à son pays et à l'Europe, il n'empêche qu'il est ainsi à l'origine de tous les maux dont souffre notre voisine présentement, qui voit ce que M. R. Payot ne voit pas ou ne veut pas voir, la primauté des Juifs dans tous les domaines.

Les Juifs placés dès lors sur un terrain de facilité, n'allaient pas tarder, en gens délicats ! qu'ils sont, à devenir des rapaces avides de tout et de rien. Quand il s'agit de combattre le « goyim », il n'y a rien de plus solidaires que les Juifs.

On allait marcher à pas de géants. Voici par exemple cité de W. Creutz, une lettre de Baruch Lévy à Karl Marx (1818-1883) qu'il est fort intéressant de méditer en pensant à toutes ces institutions internationales présentes, qu'elles soient de Genève ou de New York, toutes orientées très nettement à gauche et filles de la défunte Société des Nations, elle-même née du Traité de Versailles dont la conception judaïque est évidente. Un autre Baruch, rappelons-le, a été en 1916, 1917, l'artisan majeur de l'intervention américaine en Europe (Ford) ; celui-là même accusé en plein Congrès américain d'avoir volé deux cents millions de dollars à l'État ; et l'entourage de Wilson qui est Juif, ne l'oublions pas, lors de la confection du Traité de Versailles, est peuplé de talmudistes en nombre tel, nous l'avons déjà vu, que les journaux français n'osent pas publier leurs noms : « Le peuple juif compte de venir collectivement son propre Messie ! Il atteindra à la domination universelle par l'unification des autres races et la disparition de leurs frontières. Une république universelle sera établie, et dans cette nouvelle organisation, les « Enfants d'Israël » constituent l'élément régnant. Ils savent comment influencer et dominer les masses. Le gouvernement de toutes les nations glissera imperceptiblement (réd. Eh ! oui, c'est si facile, il n'y a rien d'organisé contre eux, mais au contraire, une complaisance générale à leur égard. Philippe le Bel, génie politique, montre-nous la voie qui nous sauvera ! Que n'avons-nous de raison d'État » et de maître pour s'en servir, au lieu de ces gouvernements fantoches qui, partout, dans le monde gouvernent sans gouverner) dans les mains juives grâce à la victoire du prolétariat. *Toute propriété individuelle sera placée à la disposition des chefs d'Israël* qui posséderont les richesses de tous les peuples. Ceci sera l'accomplissement de la prophétie talmudique. Lors de la venue du Messie, les Juifs auront en mains les clefs de toutes les trésoreries du monde. »

Comme vous voyez, pour le Juif, depuis le moment de Jésus, et même dès avant, la vie spirituelle et les temps prophétiques se ramènent toujours à des problèmes d'or et d'argent !

En 1905, en France, les Juifs poursuivant impitoyablement le travail destructeur de notre société, fondent de leurs seuls capitaux *l'Humanité* de Jaurès, journal subversif socialo-communiste.

Jaurès, instrument des Juifs, célébré comme un grand homme ! alors que cet instrument ne fit que concourir à travers deux grandes guerres où les Français perdirent le meilleur de leur sang, à la situation présente où le Juif est en France le maître et seigneur.

Jaurès, le grand homme d'Henri Guillemin.

Peu à peu l'emprise sur la presse allait s'accentuer, pour, la passivité totale des autorités aidant, en arriver à l'état de choses actuel, dont nous avons parlé plus haut en l'illustrant d'exemples personnels.

Le programme des Protocoles se développe sous nos yeux sans qu'aucune autorité, sans qu'aucun pays, sans qu'aucun homme, aucun chef ne parle ou n'agisse ! Cependant que notre société, ce qu'il en reste, donne tous les jours davantage, des signes de décomposition ou d'abaissement !

Et cependant que le rédacteur en chef de la *Gazette de Lau*sanne trouve que nos autorités sont bien à la hauteur de leur tâche, et qu'il n'y a nullement lieu de dire qu'elles auraient des œillères comme le prétend le Réarmement moral !

Nous prétendons qu'il y a dans notre presse une conspiration du silence, et vous prétendez M. P. Béguin, à votre tour, que nos autorités font tout leur devoir, elles qui participent également à la conspiration du silence, et ne prennent nulle mesure pour nous défendre du virus talmudique destructeur ! Et puis encore, pourquoi votre journal répandu dans la bourgeoisie, s'est-il tant éloigné des conceptions de ce grand chef, le colonel Secrétan, dont la mémoire dans vos colonnes, eût mérité d'être dans les faits mieux célébrée que vous ne le fîtes jamais... pour se jeter dans des manières de voir et de faire, dont l'orientation à gauche ou très à gauche, étonne tout le monde, et fait qu'on se pose des questions ?

Vous trahissez littéralement la confiance de tous ceux qui, depuis des années, sont vos lecteurs, et vivent dans la mémoire du grand colonel !

Ne m'avez-vous pas vous-même refusé, à propos de Jaurès et de l'article d'Henri Guillemin sur celui-ci, au début d'octobre 1963, à moi vieil abonné de la *Gazette de Lausanne,* ayant quelques connaissances de certains côtés de Jaurès dont H. Guillemin, à mon sens, parlait trop brièvement, à moi vous le demandant, refusé l'hospitalité de la colonne du lecteur ? Et ce, dans un silence complet, sans vous donner la peine de m'en écrire le moindre mot.

Je sais, certes, que vous ne faites jamais réponse aux lettres qui vous sont adressées, et que vous mettez tout à la corbeille à papiers. Vos collègues de Genève et de Lausanne ont eu, du moins, la politesse de me faire connaître leur refus.

Ce refus que vous me fîtes, venait-il peut-être de ce que dans ma lettre, je parlais des *Protocoles de Sion*, et de l'*Humanité* journal subversif de Jaurès fondé en 1905, et dont le capital de fondation était entièrement versé par les grands Juifs de Paris ! je dis peut-être, simple formule. Ce refus, auquel, à vous lire dans la *Gazette* du reste je m'attendais, est absolument dans la ligne de votre journal, telle qu'elle se présente de nos jours !

Colonel Secrétan, vois ce qu'on a fait d'un organe qui par toi avait acquis une si grande et si belle autorité !

Vous êtes, vous autres rédacteurs de la présente *Gazette de Lausanne,* avec les gens des *Protocoles de Sion* contre ceux - vous me l'avez prouvé par votre refus d'insertion - qui, dans un moment de grand danger pour notre pays et le monde entier, veulent de ces Protocoles d'infamie en éclairer le peuple suisse.

Il est seulement étonnant que dans de telles conditions le parti libéral soit encore à vos côtés. Sans doute, est-ce un effet précisément des idées libérales, dont les applications de nos jours sont si étendues, se prêtant à tant d'interprétations complaisantes.

Ainsi du sursis systématique, ainsi des peines légères, ainsi des affirmations et intentions abominables de la race dangereuse dans les Protocoles de Sion !... Tout est prétexte à libéralisme.

Que meure la société ! pourvu que le libéralisme tant vanté dans les *Protocoles de Sion* comme élément de destruction sociale, vive et donne de nouvelles fleurs... empoisonnées !

Le libéralisme, l'enfant chéri des *Protocoles de Sion* !

Oui, oui, Monsieur le rédacteur, vous êtes bien de la conspiration du silence ! et les grandes phrases de vos bulletins, d'ailleurs souvent contradictoires, ne sont là que pour jeter de la poudre aux yeux !

Mais pourquoi donc êtes-vous tellement à gauche, le plus à gauche des journaux lausannois, d'un certain point de vue en tout cas ?

Car vous l'êtes, c'est incontestable. Vous n'êtes plus le journal du colonel Secrétan ; de qui êtes-vous le journal ?

Ces dernières années, vous avez été constamment dans le camp du général de Gaulle, dont tout le monde chez les gens renseignés, sait qu'il est l'homme de paille des Juifs, comme notamment le prouve le nombre incroyable de Juifs dans les hauts postes de l'État et dans l'enseignement supérieur. Vous avez été constamment dans le camp de ceux qui voulaient une Algérie indépendante, qu'on savait devoir devenir alors communiste, ce qu'elle est présentement, d'où redoublement de danger pour nous autres Suisses et ce qui reste dans l'Europe de l'ouest, de non touché par le communisme, encadrés que nous sommes d'une Italie très communisante et de la France à moitié communisée.

Il faut encore pour vous, je pense, que la main communiste se pose sur le détroit de Gibraltar, signant le beau travail de ce singulier chef d'État qu'est le général de Gaulle. Et alors, même, serez-vous satisfaits ?

Il n'était pas nécessaire d'avoir en Algérie une plate-forme communiste ! À la dernière parade militaire à Alger, l'estrade montre huit à dix officiers chinois. Plus récemment encore (début de janvier 1964), le ministre des Affaires étrangères de Chine est à Alger où ce sont des embrassades ! Khrouchtchev lui-même, ne reste pas en arrière, et n'a rien à refuser à cette Algérie, anciens départements français ?

Soyez satisfaits, brillants rédacteurs d'un journal déconsidéré soyez contents, applaudissez à votre belle politique.

Il y a présentement 280.000 orphelins en Algérie (*Gazette de Lausanne* du 28.12.63).

Au moins, 150.000 harkis, fidèles serviteurs et défenseurs de la France, en les promesses de laquelle ils avaient mis toute leur confiance, ont été massacrés, déclare l'Association nationale des familles et amis des parachutistes coloniaux (*Aspects de la France*, 9.1.64).

Un million d'hectares seront communisés (*Journal de Genève* du 30.3.63).

Et les destinées de ces beaux départements entre les mains d'un individu de droit commun et de sa clique ! Cette Algérie à l'heure actuelle couverte de marasme et de mendiants (mai 1964).

Et puis l'Algérie secourue par ses deux partenaires communistes en mal de rivalité, écrasant le Maroc et verrouillant la Méditerranée ! Voilà le danger le plus grave dont nous sommes menacés !

La honte devrait vous monter au visage, d'avoir participé et contribué par vos écrits, à l'élaboration d'un tel chef-d'œuvre, inondé du sang et des souffrances de tant de malheureux !

Êtes-vous pour les intérêts ou contre les intérêts de la Suisse ? Êtes-vous encore patriote ou non ?

Êtes-vous pour la civilisation ce qu'il en reste, ou pour la barbarie juive ?

Mais pourquoi donc vouloir aller toujours à gauche, lancer dans votre *Gazette* tous ces temps (début de décembre 1963) d'immenses titres communisme, communisme... puisque tous les pays qui sont communistes ont faim, et importent d'immenses quantités de blé, sans parler d'autres déficiences ?

Le bon sens, la sagesse, le particulier, l'homme libre iront au contraire en sens opposé, et de gauche passeront à droite.

Pourquoi donc n'allez-vous pas à droite ? Quel est ce mystère ? Quelle est la raison profonde de vos agissements ? Un chimiste dirait de votre étrange conduite et de vos attitudes, qu'elles sont un véritable virage de papier de tournesol !

Vous avez été de ceux qui contribuèrent par leurs écrits, à jeter à la rue un million de Français laborieux, créateurs de richesses en Algérie, et qui traînent maintenant une vie de misère dans le sud de la France.

Que sont devenus leurs biens ? Qui en est possesseur ? Quels sont les bénéficiaires de ce cataclysme économique, social et antinational ordonné par un chef d'État d'un genre nouveau, sinon les éternels brasseurs d'argent ?

Et vous êtes avec ces gens-là ? Un pays tel que la France, agissant de la sorte, est un pays qui méconnaît ses plus élémentaires devoirs, et qui se met au plus bas des nations !

De plus, circonstance aggravante, vous n'êtes pas sans savoir ce que tout homme tant soit peu renseigné connaît : que les créateurs du communisme ce sont les Juifs ; vous le savez, vous ne pouvez l'ignorer. Tout le monde sait qu'ils ont fait la Révolution russe, massacré comme des bêtes la famille du tsar, et mis à mort, avec ou sans torture, avec ou sans Chinois passés maîtres en ces matières, comme on le sait, vingt-huit millions d'hommes, chiffre officiel de l'U.R.S.S. donné dans la célèbre affiche de Kiev ! (Marie Kerhuel, *Le Colosse aux pieds d'argile,* p. 156).

Vous ne pouvez l'ignorer, tout le monde le sait ; les Protocoles le chantent sur tous les tons ; nous sommes les champions de la révolution communiste, que nous installerons à notre profit partout ! à notre heure ! en abattant les rois, les empereurs, le pape et tous les aristocrates. Et que dit cette lettre de Baruch Levy à Karl Marx que nous venons de citer : « Toute propriété individuelle sera placée à la disposition des chefs d'Israël. »

Est-ce clair, est-ce net ?

Et vous refusez dans vos colonnes les écrits de ceux qui entendent faire connaître ce qu'il en est exactement ! et vous implantez chez nous la mentalité et les programmes des éternels étrangers à toutes les nations ?

Vous voulez donc que la Suisse devienne communiste ? Tout ce que vous faites donne à le penser.

Et vous osez, Monsieur le rédacteur en chef de la *Gazette de Lausanne,* prendre de grands airs, et déclarer dans votre apologue de Caux, que vous entendez protéger vos lecteurs d'influences que vous estimez mauvaises ! Pour ce qui est des influences mauvaises, ce sont les vôtres qui le sont, dans votre fameux numéro des 23-24 novembre 1963, où vous produisez un article de votre fabrication qui est une profanation et un blasphème à l'Évangile, et par lequel vous avez heurté et scandalisé les honnêtes gens, tels qu'il n'en existe plus désormais à la *Gazette de Lausanne,* ceci s'ajoutant à tout ce que plus haut, dans votre ligne de conduite, nous avons relevé de suspect et même de scandaleux.

Votre ligne politique, voilà ce que je constate, est exactement celle des Talmudistes qui, partout, dans le monde, à l'heure présente, marque le pas !

Que deviennent alors les intérêts de la Suisse et de nos populations, qui, dans leur très grande majorité, se séparant de leurs journaux asservis, n'entendent pas marcher dans des voies qui les conduisent tout droit à subir la loi du communisme talmudiste, faisant alors les frais d'une nouvelle Révolution russe ou hongroise ou bavaroise... dans le sang et les tortures !

Voici cet article qui salit ceux qui l'ont écrit et introduit, et qui achève de déclasser et faire tomber la *Gazette de Lausanne* : « Le mariage entre hommes, il faut y réfléchir », déclare une commission de la Société pastorale suisse.

> « C'est assez étonnant, mais c'est un fait. Une commission de la Société pastorale suisse a étudié le problème, toujours plus aigu, de l'homosexualité dans la société moderne. Et elle conclut entre autres : « La proposition, tendant à légaliser et à promouvoir les relations durables entre homosexuels, mérite une sérieuse réflexion. » La citation n'est pas extraite du rapport de la Commission d'études sociales de la Société pastorale, mais du résumé qu'en a donné hier le Service de presse protestant romand. Elle est donc digne de foi.
>
> » La Commission compte des pasteurs, des médecins et des professeurs. Elle avait chargé le Dr Th. Bovey, le pasteur G. Spérri, les professeurs van Oyen et F. Labhardt de lui présenter des rapports sur la question.
>
> » L'homosexualité, lit-on encore dans le résumé du S.P.P., est une maladie, un développement déficient, une déviation de la sexualité. Il ne sert à rien de se laisser aller à des jugements moralisateurs à son sujet. L'homosexualité n'est qu'une manifestation et une conséquence du péché universel qui a modifié la condition humaine. Elle n'est en tout cas pas le péché par excellence, comme si les seuls péchés sexuels étaient condamnables. En tant que manifestation du péché, elle n'est pas plus répréhensible que n'importe quel péché d'ordre social ou économique par exemple. »
>
> » D'autre part, la commission admet « Il est nécessaire que la loi protège les jeunes des dangers de l'homosexualité ». C'est dire que l'allusion aux « relations durables » ne peut en aucune manière être interprétée comme une sorte d'approbation donnée aux pratiques homosexuelles. Mais c'est dire aussi que, cette fois la question du « mariage entre hommes » (ou entre femmes) est ouvertement posée par la Commission de la Société pastorale... et qu'elle mérite une sérieuse réflexion. »

Vous assimilez donc avec ces messieurs les pasteurs d'un nouveau genre, l'homosexualité, maladie pour vous et non appétit du vice, à n'importe quel péché. C'est dire que tous les péchés sont des maladies, et que les pécheurs sont excusables et irresponsables !

Et ce sont des pasteurs qui parlent ainsi, et non des bavards et des hypocrites ennemis d'une société honnête et ordonnée

Marchands de syllogismes immoraux ! que vous êtes !

Savez-vous, en prenant connaissance de cette flétrissure, de cette abomination, M. le rédacteur en chef de la *Gazette de Lausanne* devenue pornographique, et qu'on n'a sans doute pas osé faire paraître, sans que vous en eussiez connaissance et n'eussiez donné votre assentiment, savez-vous quel fut le premier mot qui me jaillit des lèvres ? *Protocoles de Sion* ! salir, avilir, corrompre les « goyim », les mettre dans la débauche et le vice, en faire des horreurs, des êtres abjects que nous autres Juifs, une fois le mal achevé, nous réduirons en poussière, ou en sang à la russe, les mettant ainsi en esclavage !

Mais la mesure de votre infamie n'était pas suffisante, il fallait ajouter une deuxième horreur à la première, et vous bien mettre et asseoir dans cette pornographie dont votre sieur Bloch-Michel, dans une de ses chroniques littéraires toujours entremêlées de considérations politiques à la juive, soit révolutionnaires et destructrices, aimait aussi bien à parler.

Il fallait, comme si la mesure de votre déshonneur n'était pas suffisante, joindre à cet article de boue et d'horreur, une illustration placée à votre calendrier de la télévision, qui manifeste, une seconde fois, dans le même numéro, la note pornographique dont vous entendez gratifier vos lecteurs.

Je comprends certes bien, M. le rédacteur en chef de la *Gazette de Lausanne,* que vous trouviez les manifestes du Réarmement moral - je rappelle que je n'en fais nullement partie - insupportables, puisque c'est d'une telle nourriture que vous entendez gratifier vos lecteurs !

On ne peut être à la fois avec le Bien et le Mal ; il faut choisir et vous avez choisi !

Vous avez désiré faire bande à part de tous les journaux suisses qui, au nombre de nonante-quatre si je me souviens bien, publièrent le manifeste qui fit partir votre colère, déclenchant la parution de votre apologue de Caux du 12 juillet 1963, dans lequel vous vous érigiez le chaud défenseur, partout, de nos autorités et de la bienséance.

Ainsi le 12 juillet 1963, vous êtes pour la bienséance et les 23-24 novembre 1963, vous êtes pour la pornographie !

Très suspecte et singulière contradiction ! et qui en dit long sur l'échelle de vos valeurs !

Nous avons vu, je crois, tout au long de ce texte, ce qu'il faut penser de l'état d'esprit de nos autorités ; quelle en est la hauteur, la profondeur et la largeur !

M. le rédacteur de la *Gazette de Lausanne*, savez-vous ce qu'on dit dans les *Protocoles de Sion*, dont les Juifs rappelons-le, malgré toute leur puissance et leurs habituelles tromperies, n'ont pas pu à Berne, en 1933/34, prouver comme ils le prétendaient, qu'ils étaient un faux ?

Savez-vous, M. le rédacteur de la *Gazette de Lausanne*, savez-vous ce qu'on dit au protocole n° 12, édition Vieille-France 1924 p. 79 ? Savez-vous, dis-je, ce qu'ils disent ?

Ceci :

« Quand nous aurons atteint la phase du « nouveau régime », phase transitoire à notre avènement au pouvoir, nous ne devrons plus permettre à la presse de traiter de la corruption sociale ; on devra croire que le nouveau régime a tellement satisfait tout le monde qu'il ne se commet plus de crimes. »

Voilà, M. le rédacteur en chef de la Gazette de Lausanne, la raison pour laquelle, le manifeste du Réarmement moral n'a pas et ne trouvera désormais plus de place dans les pages de votre journal !

Voilà où nous en sommes, et à quoi se livrent des gens qui n'ont rien à refuser aux talmudistes et à une société pastorale suisse qui, par son titre à grand spectacle, pourrait faire croire au grand nombre, mais qui n'est composée que de quelques pasteurs libéraux, rationalistes, matérialistes, à la Schorer, qui se sont, eux aussi, et avec vous, couverts de honte à jamais !

Le Juif talmudiste est, comme je l'ai bien montré et appelé, faisant néologisme, « le salisseur de l'esprit humain » !

Y avait-il une occasion plus opportune de faire ce néologisme ? Nous ne le pensons pas. Vous êtes *Gazette de Lausanne* en très belle compagnie.

Le Consistoire amorphe et atone de Genève, le synode ou le Conseil synodal de la silencieuse Église nationale vaudoise, vont-ils manifester quelques protestations ou bien laisseront-ils passer une fois de plus ?

Si nous laissons passer, il arrivera qu'il n'y aura plus ni vice, ni débauche, seulement des maladies.

Et les gens des Protocoles auront fait quelques nouveaux progrès. Comme si la maladie ne partait pas de la pensée et d'états psychiques et du péché précisément ? Et comme si le libre arbitre n'existait pas ?

Et puis, dit la Société pastorale suisse, il n'y a pas à moraliser, pas de moralisateur ; c'est exactement, étrange coïncidence, ce que disent les *Protocoles de Sion* comme nous venons de voir :

« Dès la phase du nouveau régime, il n'est plus permis de parler de corruption sociale. »

Les moralisateurs sont avertis par cette compagnie de youtres, qui entendent donner des directives exclusives au genre humain !

C'est ce que nous verrons !

Du reste, ce mot de moralisateur est à tout instant jeté dans l'atmosphère, parti, sans doute, comme une consigne, des officines judéo-maçonniques et des journaux à leur dévotion et de la radio.

A la Caton, répétons sans cesse : *delenda cui nomen .'. societas res Judaeorum* (il faut détruire la franc-maçonnerie, la chose des Juifs).

Le *Journal de Genève* ne tient naturellement pas à rester en arrière dans cette croisade contre les moralisateurs, trônant dans la judéo-maçonnique Genève internationale, autrefois dite la Rome protestante de par le grand et héroïque Calvin.

Pleure une fois de plus sur ta cité, Calvin, qui n'a plus besoin désormais que de subir à son tour la Réforme !

Le *Journal de Genève* fait paraître dans la première quinzaine de mars 1964 et en première page comme il se doit, un article intitulé : « Faites-vous la morale ». (Je n'ai pas lu l'article.)

Vraiment le *Journal de Genève* est un ami trop éprouvé des Juifs, et Goldwater n'était pas élu par la Convention du parti républicain (juillet 1964), que M. R. Payot mettait en marche sa plume talentueuse mais philosémite s'il en est, ignorant de but en blanc le dossier chargé de ses amis, et intitulant son article : « Le triomphe de Goldwater » ; quelle occasion de faire sa cour ; article que je n'ai pas lu, ai-je dit, il est des choses qui font mal !

Ainsi, par et pour quelques débauchés, transformés en malades par la Société pastorale suisse, on s'imagine aisément le mal que pourront faire de pareilles admissions proclamées *urbi et orbi* ; comme elles se prêteront à de funestes généralisations, fixant l'attention sur des conceptions malsaines, qui donneront des idées à ceux qui n'en avaient pas ou n'en auraient pas eu !

Encore un pas dans notre chute de l'esprit public !

Attaquez l'esprit public disent les Protocoles, attaquez-le sans cesse ! Et quel est le titre du protocole n° 18 ? - « Organiser le désordre ».

Nous disions qu'ils étaient les « salisseurs de l'esprit humain. »

On voit sans peine ce que la société, ce qu'il en reste, souffrira de telles dispositions ; elle se pourra tout permettre, se laisser aller à toutes les extrémités et à tous les débordements, et sans aucune honte, puisqu'il sera, de par ces messieurs de la Société pastorale suisse, si facile de trouver excuse et compréhension, en invoquant le nom de maladie.

Libéralisme criminel poussé jusqu'à l'absurde ; libéralisme, on ne le répétera jamais assez, l'enfant chéri des Juifs dans les Protocoles en tant qu'élément de destruction, et de la Société pastorale suisse animée d'intentions suspectes et coupables !

Pasteurs d'un nouveau genre, plus en quête de médecine matérielle que de médecine des âmes !

Le grand Pasteur, l'homme du charbon, de la rage, du ver à soie, l'homme des bacilles et des bactéries, grand chercheur et grand chrétien, nous a laissé le mot pasteuriser.

La Société pastorale suisse fait à son tour néologisme, et crée le mot dépasteuriser !

Société pastorale suisse, crois-moi, laisse donc choir ta robe elle te quitte si naturellement ; tu ne crois plus aux forces d'En-Haut mais à celles parties de la main des hommes !

Avec armes et bagages, le poids de tes convictions changé d'épaule, dépose ta couleur noire et demande entrée à la cohorte des « hommes en blanc ».

Il faut être aurait dit La Fontaine dans une morale en quatre lignes, il faut être logique avec soi-même.

J'oubliais une question : M. le rédacteur en chef de la *Gazette de Lausanne* : est-il exact que pendant la dernière guerre vous reçûtes des U.S.A. des presses d'imprimerie d'un prix élevé, nullement en rapport avec la situation financière de la *Gazette de Lausanne* ?

Voilà ce qu'on dit chez les gens bien renseignés. Est-ce exact ? Vos lecteurs, je suis sûr, aimeraient à en connaître.

N.B. : Confirmation de tout ce que nous avons dit, la *Gazette de Lausanne* est le défenseur des intérêts du communisme juif. En effet, je sais par des amis, n'en n'étant plus l'abonné, que l'avortement de la révolution communiste au Brésil d'avril-mai 1964 a fait que la *Gazette* en a dans ses colonnes versé de chaudes larmes !

Est-ce croyable ! on croit rêver ! quel virage ! Les chimistes dans leurs laboratoires n'en n'auront jamais vu de plus beau ! Cette respectable *Gazette de Lausanne* d'autrefois qui donnait des coups de patte à ceux qui ne marchaient pas droit ! c'est elle maintenant qui doit en recevoir.

Elle a passé d'un camp dans l'autre !

Le libéralisme devenu la monstrueuse tyrannie communiste ! ! !

Chapitre XII

Les ministres juifs du gouvernement français empoisonnent le cœur et l'esprit des Français

Les Juifs auteurs des deux guerres mondiales

O Franklin, grand citoyen des U.S.A., tu n'avais que trop vu juste ; que reste-t-il de ce profond sentiment religieux des pilgrims qui faisait leur force et conduisait leur vie ? Fatidiques hélas ! ont été tes paroles. (Voir index sous Franklin, avertissement.)

Oui, vois donc ton malheureux pays comme tous les nôtres, du reste, désorganisé socialement, tout abaissé et annihilé moralement par une égalité furieuse et antinaturelle et même antichrétienne, qu'entretiennent partout, les conceptions artificielles et de commande que la politique du suffrage universel et de ses partis, simple marionnette entre les mains des puissances d'argent, et sans cesse déployant ses funestes effets, implique impitoyablement.

Le dollar, argument de finalité et suprême raison !

Des syndicats assoiffés de pouvoir et d'appétits et jamais satisfaits, dirigés par des gangsters secondés d'avocats véreux, auxquels on ne peut rien, autre véritable État dans l'État, et dont le plus célèbre est celui des transports ! qui voit le sinistre Hoffa son chef enfin trouver son maître après dix ans d'exactions.

Une jeunesse dans un état de décomposition morale avancée, une délinquance juvénile dépassant tout ce qu'on peut imaginer, un jeune homme sur cinq ou six ayant maille à partir avec la police, des programmes de télévision dans les 45 % des cas montrant et prêchant la violence, sans qu'un gouvernement digne de ce nom y mette le holà et vous appelez cela, M. le rédacteur en chef de la *Gazette de Lausanne*, des autorités ayant conscience de leurs responsabilités, des autorités que nous pouvons respecter et admirer... Notez que chez nous, l'abus des pièces policières est évident, et qu'elles ne peuvent exercer que le plus mauvais effet sur notre jeunesse.

Le mal est si grave aux U.S.A. (qui donnent dans le monde le ton, ne l'oublions pas, de par leur puissance militaire, économique, financière et politique) qu'on a proposé de rétablir les châtiments corporels dans les écoles... mais holà, les instituteurs ont protesté immédiatement, se sentant menacés par les « gangs » qui règnent dans les écoles et y font la loi ! (Voir *Feuille d'Avis de Neuchâtel* du 19 septembre 1963.)

Où êtes-vous, où êtes-vous, mœurs civilisées d'ancien régime qui étiez toutes, nous disait-on et nous dit-on encore, on l'ose, toutes de tyrannie et d'oppression ; elles étaient voilà de religion, et Dieu était à l'honneur, à cette première place qui ne doit être qu'à Lui !

Ceux qui nous gouvernaient étaient de mesure et d'éducation, leurs régimes comme Montesquieu nous l'a déjà dit, étaient des régimes modérés ! Et Montesquieu en ces matières, je vous prie, n'est pas Rousseau, il est beaucoup mieux que Rousseau !

Il s'agit, n'est-ce pas, Benjamin Franklin ! de faire maintenant ce que personne ne fait, d'aller au fond des choses, de proclamer quel est l'ennemi, de débrider l'abcès gigantesque, et d'en crever la paroi.

Nous voulons voir clair et quitter ce monde fini et corrompu, tout en phrases creuses et tonitruantes.

Rien en surface, tout en profondeur, c'est là notre formule. O Franklin, comme tu l'avais bien vu et prévu, le virus talmudiste a tout pénétré et tout corrompu !

Notez qu'aux États-Unis le mal est particulièrement grave à *New York,* et que c'est là, précisément, comme nous l'avons vu, *que gouvernent les Juifs dans tous les domaines,* l'instruction et l'éducation comprises ! Henry Ford le dit déjà en 1920 dans son *Juif international,* édition allemande, au chapitre 30 intitulé *New York unter dem Kahal.*

Le Juif, a pu dire le marquis de La-Tour-du-Pin, le père du néocorporatisme français, la nature la plus noble et la plus haute qui soit, celui que le comte de Chambord, suprême éloge, appelait le « courtisan de l'exil », a pu dire que le Juif était l'« ennemi du genre humain » !

Et votre serviteur appellerait le Juif talmudiste. Car il y en a d'autres maintenant établis à Jérusalem même, hélas ! encore en petit nombre, comme nous verrons plus loin, les Juifs messianiques conduits par deux rabbins messianiques, qui reconnaissent Jésus-Christ comme leur maître, comme le Fils de Dieu, et que nous pressons sur notre cœur ; nous l'appellerons ce Juif talmudiste, le salisseur de l'esprit humain.

Nous n'avons, notez-le bien, aucune haine pour le Juif talmudiste. Nous avons seulement l'absolue nécessité de nous protéger, de nous défendre de sa détestable mentalité !

Comme il est pénible depuis toujours aux chrétiens, ce sentiment de savoir et de sentir, que le peuple de Celui que nous adorons est l'ennemi mortel de ce même Jésus. Peuple juif, cesse donc d'être en contradiction d'avec le monde entier, et reviens donc tout simplement de tes erreurs comme tant d'autres, avant que de nouvelles foudres ne descendent sur ta tête et ton cœur égarés. Ce sont donc, ne le comprends-tu pas, ton erreur, ton péché, ton éloignement de Dieu et le très mauvais exemple que tu donnes au chrétien, qui sont à l'origine des maux endurés au cours de tant de siècles !

Notre plus cher désir serait de te voir changer, sans que tu sois obligé de passer par les terribles épreuves, dont parle Zacharie dans son quatorzième et dernier chapitre.

Nous nous souvenons de tous les livres répugnants sur la vie sexuelle ou d'autres sujets, publiés par les Kahns, les Blums et consorts, dans l'intention évidente de nous corrompre et de nous avilir, et nous répétons que nous les appelons les « salisseurs de l'esprit humain ».

Les Juifs sont les grands manitous de la pornographie (Edouard Drumont *France juive*, tome 2, p. 456 et suivantes).

Saint-Simon avait fait néologisme en l'honneur de la vertu et de Vauban en créant le mot patriote, nous faisons néologisme pour souligner le vice et la race qui le propage sans cesse parmi nous ; car salisseur n'est pas français qui trouve ici un si juste emploi.

Le Juif Léon Blum († 1950), l'année même où il est président du Conseil (1936-1937) (pour la première fois dans l'histoire de France un Juif est chef du gouvernement français ; les choses devaient marcher depuis) réédite son livre sur le mariage dans lequel notamment, il considère l'inceste comme une chose absolument normale ! Peut-on pousser l'audace et l'impudence plus loin !

Et il est des gens qui prennent des airs offusqués, et qui vous adressent des reproches chrétiens, en vous jetant à la tête comme le plus grand des crimes à commettre, le fameux antisémitisme Rappelons la signification du mot antisémitisme selon Larousse doctrine de ceux qui sont opposés à l'influence des Juifs.

Ce livre de Léon Blum dont un critique littéraire très connu de Suisse romande, en 1962, a pu dire :

« Quand on lit certaines pages de *Mariage* qui firent scandale à l'époque, et dont il faut reconnaître, que les libertés de la morale sexuelle, telles qu'on les prône actuellement, sont insuffisantes à les faire considérer comme insignifiantes ou anodines. Ce qu'elles contiennent de provocateur n'a rien perdu de sa violence, et l'intime appel à l'anarchie qui perce sous le sérieux des analyses ne laisse pas encore aujourd'hui de gêner ! »

C'est très simple, voici quelques lignes de ce texte édifiant publié par un premier ministre français en exercice (1936-1937) :

> « Il apparaît nécessaire que la femme, elle aussi, ait sa vie de garçon, de passion et d'aventures.
>
> » La liberté de l'instinct ne gâte pas la fraîcheur de la jeunesse. Elles reviendront de chez leur amant avec autant de naturel qu'elles reviennent du cours ou de prendre le thé chez une amie.
>
> » Vous m'objecterez comme le moraliste : et les enfants ? Il faut bien que je réplique : des enfants on n'en aura pas. Si l'on parvient à en régler si exactement le nombre et le terme dans les mariages d'aujourd'hui, pourquoi ne voulez-vous pas qu'on arrive à les prévenir dans les unions polygamiques.

» Je n'ai jamais discerné ce que l'inceste a de proprement repoussant. » (*Le Mariage*, p. 82.)

Mais quand on pose à ce vilain Juif pour lequel M. Albert Picot (en quelle compagnie vous trouvez-vous M. Albert Picot ancienne première magistrature de Suisse, et en compagnie de quel propos ? on mesure par là le degré d'abaissement auquel est parvenue Genève qui s'est couverte d'argent mais aussi d'amoindrissements et de chutes pour ne pas sortir des euphémismes) pour lequel disions-nous M. Albert Picot n'a jamais assez d'admiration et d'excuses à sa conduite à exprimer (voir *Journal de Genève* du 14 mai 1963) ; quand on lui pose à ce vilain Juif la question (*Le Péril juif* Roger Lambelin 1924, p. 232) : « Élèveriez-vous ainsi votre fille ? » M. L. Blum a demandé à réfléchir. « Nulle question ne m'a plus tourmenté a-t-il répondu et je ne saurais encore que décider. » Et il avoue au cours de son traité : « J'ai renoncé depuis longtemps à me trouver d'accord avec moi-même. » En réalité, ajoute R. Lambelin, il trouve tout simple de pervertir et de profaner ces jeunes filles chrétiennes, mais il n'établit aucune comparaison entre celles-ci et les filles d'Israël. »

Comprenez-vous, citoyens suisses inconscients, maintenant et enfin, pourquoi chez nous comme ailleurs, les bars à café qui pullulent ne sont pas fermés qui empoisonnent notre jeunesse.

Quand les grands Juifs sont de passage à Genève, M. Albert Picot ne tient plus en place ; ainsi au passage du ministre juif français Daniel Mayer président de la Ligue des droits de l'homme formation paramaçonnique, c'est M. Albert Picot qui le reçoit au Cercle de la Presse (*Journal de Genève* du 19 mars 1962).

Est-ce que cet ancien grand et premier magistrat de Suisse, par ses accointances juives, n'est pas le plus fâcheux des exemples ? En ce sens que beaucoup, alors, pensent pouvoir donner toute leur confiance aux Juifs, le peuple le plus dangereux et le plus corrompu qui soit sur la terre tout entière, nous le démontrons ici, poursuivant sa conjuration par tous les moyens aux fins de monarchie mondiale juive sans Dieu, car il n'est plus trace de vie spirituelle dans ce peuple égaré !

Horreur des horreurs, un président du Conseil des ministres de France qui parle de la sorte ! au temps même qu'il occupe le poste directeur d'un pays qui ne devrait pas, dans la règle, être le sien, à voir l'usage qu'il en fait et la race qui est sienne.

A-t-on, oui ou non, le droit et le devoir d'être antisémite ? est-ce qu'un chrétien doit pousser la veulerie et la lâcheté à ce point de se tenir en dehors d'un tel débat, Consistoire de Genève chevalier de la doctrine ?

On voit nos temps d'autrefois à la parution de telles affirmations parties d'un chef d'État !

Toujours se taire, toujours laisser passer, ainsi le veut le libéralisme ravageur de nos beaux sentiments !

Consistoire de Genève, oses-tu me dire que tu n'es pas antisémite ? et toi, Église nationale vaudoise, vas-tu prolonger ton sommeil d'indifférence à tout ce qui se passe de dramatique autour de toi, prolonger ton silence de pierre, au lieu de prendre position sur le problème capital de nos temps, l'hégémonie et la pourriture talmudistes ?

Fédération suisse des Églises protestantes laissez de côté votre œcuménisme, et jetez-vous sans tarder un instant du côté où l'on reçoit des coups ! ou encore défendez les âmes de votre troupeau en mettant votre œcuménisme au service de l'antisémitisme ; là où est la voie du salut ! s'unir contre l'esprit malin du Juif !

Et vous, très Saint-Père dans votre Rome antique, allez-vous donc oublier que les *Protocoles de Sion* (écrits en 1885) vous désignent avec le tsar de toutes les Russies, maintenant loin de nous, comme une des premières victimes qu'il faut abattre (protocole n° 15) ; la compagnie des aristocrates et des empereurs et des rois, ce qu'il en restera ! suivra votre sort !

Mais ne terminons pas ce chapitre des intentions coupables de nos pharisiens envers le genre humain, sans encore mentionner d'autres faits révélateurs de leur mentalité ; de cette absence d'honneur, de galanterie dans la pensée et dans les gestes, de délicatesse, qui nous fait, nous autres souvent, nous accuser nous-mêmes avant de nous en prendre à autrui.

Il faut qu'ils nous salissent à leur image.

Si j'avais à définir le Juif talmudiste, je dis bien talmudiste, car il reste entendu que tous ne le sont pas ; mais les grands, ceux qui comptent, ceux qui sont les monstrueuses fortunes, ceux-là le sont et cela seul importe ici, puisque la masse ne bouge pas tout en suivant ; si j'avais à le définir, dis-je, je dirais que *le juif est un homme qui accuse toujours et ne s'accuse jamais !*

« Malheureusement pour les oreilles délicates a dit Drumont, il y a toujours dans le monde quelque Juif qui crie et réclame quelque chose. »

Comme on sent que cette race a été, pour employer l'expression des Goncourt, « éclaboussée du sang de Dieu », tant son comportement est extraordinaire et sa nature étrange ; notez que les effets de la faute commise et jamais reconnue, ne font au fur et à mesure qu'ils se prolongent, qu'augmenter et multiplier sur le peuple juif tout entier leur retentissement psychique, mental et moral.

Voyons donc encore un peu l'esprit démoniaque en action de nos saducéens du XX$_e$ siècle. Voici Naquet, homme politique, ancien ministre, Juif (les dictionnaires français, autre signe de servitude de cette nation en décadence si marquée hélas !, ne mentionnent plus la qualité de Juif en vertu, comme on sait, du décret Marchandeau qui l'interdit) décédé en 1916, qui, ministre, fait rétablir en 1884 dans le Code civil français le divorce.

Ce même ministre Naquet, est l'auteur d'un livre abominable « d'une hardiesse et d'une logique inouïe » dit son éditeur, intitulé *Religion, Propriété et Famille* où les biens et les femmes sont mis en commun. Le 18 juillet 1884, à la Chambre des Députés, un seul orateur catholique ose déclarer : « Le mouvement qui va aboutir à la loi du divorce est, dans le véritable sens du mot, un mouvement sémitique, un mouvement qui a commencé à M. Crémieux pour finir à M. Naquet » (*France juive*, tome I, pp. 112 et 114).

Naquet a écrit sur le mariage les mots suivants, toujours dans l'idée bien entendu de détruire notre société, de la salir ; le Juif talmudiste le « salisseur de l'esprit humain » comme nous le disons ! Il vaut la peine, vraiment, d'introduire un tel substantif dans notre langue et je le propose, tant celui qui le porte le porte bien : « Le mariage est une institution essentiellement tyrannique et attentatoire à la liberté de l'homme, la cause (admirez bien vous tous qui osez, téméraires que vous êtes, vous dire adversaires de l'antisémitisme ! le serez-vous donc jusques dans l'ignominie ?) de la dégénérescence de l'espèce humaine ; c'est une institution génératrice de vice, de misère et de mal : il faut lui préférer le concubinage ou l'union libre sans intervention de l'autorité, sans consécration religieuse ou légale. Le mariage existant, la prostitution fait plus de bien que de mal. » (Drumont, *Fin d'un Monde*, p. 112.)

Lecture recommandée aux philosémites inconditionnels que sont M. R. Payot directeur du *Journal de Genève* et M. Albert Picot ancienne première magistrature de Suisse.

C'est presque aussi beau que du Léon Blum, n'est-ce pas ? Que voilà d'aimables ministres hautement pénétrés des responsabilités de leurs charges ! et très dignes successeurs des rois de France !

Il valait vraiment la peine de faire une Révolution française pour en arriver là.

Le diable en personne ne parlerait pas autrement que ces deux hauts personnages d'un passé politique récent. Comme on sent que ce n'est écrit que pour faire du mal à l'humanité chrétienne, aux fins de lui glisser dans le cœur de mauvaises pensées, qui retentiront bien un jour.

Voici un autre Juif, Paul Bert mort en 1886, ministre de l'Instruction publique, auteur d'un livre intitulé la *Morale des Jésuites* que je n'ai pas lu, mais dont on devine les tendances à l'Eugène Sue, pris en flagrant délit de mensonge par Edouard Drumont, quand il donne à Louis XIV, dans son testament, la phrase suivante de pure invention ; « je suis lieutenant de Dieu, disait Louis XIV dans son testament, je possède la vie et la fortune de mon peuple en toute propriété. Lorsque je prends une résolution, Dieu m'envoie son esprit. » (*France juive*, tome 2, p. 437.)

S'il est une chose sur laquelle tous les honnêtes gens s'accordent, c'est celle de tout ce qui touche aux derniers instants et les rappelle, du roi Soleil, dont celle qui nous a laissé ce bel aphorisme rapporté par Guizot (*Histoire de France*, tome 4, p. 535) : « Il n'y a rien de plus habile qu'une conduite irréprochable », Madame de Maintenon, a pu dire cette parole connue et mémorable : « J'ai vu le roi mourir comme un saint et un héros... Je quitte un monde que je n'aimais pas. »

Notez encore que le vilain Juif parle dans cette phrase de faussaire avec le bas esprit ordinaire au Talmudiste qui s'essaye aux grandes et belles choses de la vie, alors qu'il ne la conçoit que sous la forme de propriété et de fortune ; la bassesse des hommes d'argent incapables de quitter leur vie de prison et de ténèbres, qui les enserre, qui les condamne, et les conduit à la perdition !

Je dois dire, que voyant pour la première fois la phrase inventée, j'eusse eu la même réaction qu'Ed. Drumont, tant le langage de Louis le Grand a toujours une note haute dont la noblesse ne trompe pas !

Écoutez plutôt : « Cette soumission que j'ai pour Dieu est la règle et la mesure de celle qui nous est due. »

Est-ce beau ? est-ce profond ? est-ce musical ? c'est comme quelque grande phrase d'opéra qui retentit dans le silence de nos cœurs !

J'ai déclaré déjà que Saint-Simon avait dit de Louis XIV, que personne comme lui, à Versailles, ne savait conter.

Nietzsche a parlé de la musique dans la phrase, Rousseau fut un grand musicien de la phrase. Quelle plus belle musique dans une telle phrase que ces mots tombés de l'auguste bouche d'un grand roi !

On se demande ce qu'eût été ce roi sans instruction de par sa jeunesse qu'on néglige, si, au contraire de ce qui fut, son esprit avait été très tôt paré des plus beaux ornements de la culture.

« La lecture est à l'esprit ce que vos perdrix sont à mes joues » disait le frère de la marquise de Montespan, le duc de Vivonne, grand chasseur amoureux du grand air qui couperose son teint, à Louis XIV qui n'avait jamais rien lu, et lui demandait à quoi la lecture pouvait servir !

Ces deux phrases, celle de ce grand roi et celle de ceux qui gouvernent présentement la France, à elles seules, figurent si bien l'ancien et le nouveau régime. L'ancien avec toute sa grandeur, sa grâce, son élégance de manières et de propos, son ton de gens bien élevés presque à tous les étages de la société, qui ne se font pas comme aujourd'hui gloire de proclamer leur athéisme ! Et puis, cette bonne humeur, ce caractère équilibré et spécifiquement gaulois, dans un temps où la France est gouvernée par des Français. Le nouveau régime, dont les défauts, les lacunes, la frénésie, les mensonges, la bassesse, le mauvais goût, le despotisme juif dictatorial, les scandales de tous ordres s'accusent tous les jours davantage !

Le premier régime, français ; le second, étranger à ses mœurs, à ses manières de penser et d'agir.

Un cœur qui est noble parle noblement avec ou sans culture et comme, au fond, l'on comprend que ce Juif faussaire et ministre de l'Instruction publique de France, ait spontanément modifié la robe dont il entendait revêtir la pensée d'un roi, pendant le règne duquel, il n'y avait à Paris que quatre familles juives et cent cinquante y allant et venant sur permission.

En 1705, il y a dix-huit Juifs à Paris (*France juive*, tome 1, p. 218).

Mes chers amis, a-t-on jamais entendu un Juif parler noblement ? Un Juif talmudiste est-il capable de parler noblement ? Non, car il faut s'élever pour le faire, et le Juif depuis deux mille cinq cents ans n'est plus que le plus terre à terre des peuples !

C'est dans un manuel que ce singulier ministre de l'Instruction publique de France insère cette phrase menteuse qu'il dut retirer dans les éditions suivantes nous dit Ed. Drumont *(France juive,* tome 2, p. 438).

On pourrait allonger indéfiniment la liste de ces belles illustrations juives de la vie politique française, sans oublier le fameux Lockroy, ministre lui aussi, époux second de la femme d'un des fils d'Hugo, François je crois ; auquel nous allons consacrer quelques instants à cause d'événements scandaleux, dont il est quasi sûrement, disons sûrement l'auteur, quand on connaît l'individu et la haine du Talmudiste contre la religion qui est la nôtre et devrait être la sienne, et chez lequel Hugo termina, le malheureux, sa vie.

Le Juif Simon dit Lockroy, plusieurs fois ministre ; fils d'un comédien ; député de la Seine, décédé en 1913 *(France juive,* tome 2, p. 428), petit-fils de Julien de la Drôme régicide, dont la femme, « vraie lécheuse de guillotine », est à côté de David quand il dessine Marie-Antoinette sur sa charrette, les mains liées derrière le dos.

Type du politicien à tout faire, membre des Loges, il a publié le *Journal d'une bourgeoise* sous la Révolution, soit les impressions de sa « tigresse de grand-mère » dont il ne donne que les initiales, nous dit Drumont.

Selon Drumont, c'est à ce Lockroy de malheur, chez lequel donc, Hugo vécut les dernières années de sa vie aux côtés de sa bru remariée et de ses petits-enfants qu'il adorait, que l'on doit l'absence de prêtre aux côtés du plus grand poète que la France ait connu du moins quant au verbe, et ses obsèques civiles (France juive, tome 2, p. 432). Ecoutons Drumont : « Le grand titre de Lockroy auprès de la Franc-Maçonnerie a été de s'introduire dans la famille de Victor Hugo, et d'y monter la garde pour empêcher que celui qui avait été un si grand poète religieux ne retourne au Christ. L'affaire a été admirablement menée. On prit l'aïeul par l'amour qu'il avait pour ses petits-enfants. Quelle douleur ce dut être pour le poète de voir ce vilain moineau installé ainsi dans le nid de l'aigle ; qui saurait exprimer l'intensité du regard plein d'une hostilité sourde, que le vieillard d'une si magnifique bonhomie envers tous (Drumont a quarante-quatre ans à la mort d'Hugo en 1885), lançait parfois sur Lockroy imperturbablement assis dans son rôle de père nourricier, immobile dans une posture à la fois arrogante et très basse ? Que se passa-t-il au lit de mort ? Les dernières heures de ce souverain de l'intelligence furent entourées d'autant de mystère que celles d'un souverain de droit divin. »

Cet Hugo dit Drumont, qui avait tant écrit sur Dieu, la prière et la religion, et qui ne parlait de l'avenir qu'en ajoutant toujours *Deo volente (France juive,* tome 2, p. 217).

Absence de prêtre dans les derniers moments et obsèques civiles du poète génial ! Félicité suprême pour les Loges, qui montrent bien là leur athéisme fondamental, auquel certainement les Juifs, qui y sont grands maîtres, ne sont pas étrangers.

Juifs monstrueux qui ne respectez rien, pas même les derniers instants du génie !

Quel exemple pour tout un peuple, quel enseignement pour les jeunes générations, qu'on frappe ainsi au plus profond de la pensée et de l'imagination ! Quel est le foyer de France où l'on vit tant soit peu par l'Esprit, qui n'ait été frappé comme par la plus douloureuse des blessures, en apprenant que là, où sont présents tous les grands hommes de France, toutes les illustrations de son magnifique cerveau, que là Dieu est absent !

C'est de nouveau, dans cette violence inouïe de situation et de circonstances, qu'on reconnaît sans s'y tromper un instant la marque fatale du Talmudiste !

Quel élément de démoralisation, de déchristianisation, imposé d'un seul coup, à tout un peuple, par des scélérats, qui marquent dans le même temps, d'une tache, la mémoire d'un illustre vieillard ! Les derniers instants du dernier des hommes sont sacrés à tous les humains, mais le Juif les choisit, ces instants-là, pour faire violence aux dernières respirations d'un homme, qui demande, à ses côtés, la présence du prêtre et des consolations que lui seul il peut donner.

Peuple français, admirateurs passionnés de son génie verbal, souvenez-vous des obsèques civiles d'Hugo, et de ceux qui en furent les auteurs et qui, aujourd'hui, partout dans le monde, pour bien assurer leur domination, et la rendre plus perverse et plus redoutable, ne cessent de troubler nos cœurs et de menacer nos croyances ! Il arrivera bien un jour où...

Chaque dimanche, me dit-on, les ondes françaises ont leur heure de franc-maçonnerie et d'athéisme !

On a dit parlant d'Ed. Drumont mort en 1917, âgé de soixante-seize ans, que son œuvre n'avait pas abouti puisque la montée juive n'avait pas été jugulée. C'est vrai et ça ne l'est pas. N'est-ce pas une très grande affaire que d'écrire un livre tel que la *France juive,* véritable acte d'accusation qui demande tout de même qu'on prenne de tous côtés des sûretés, des assurances, qu'on s'entoure de toutes les vérifications possibles.

Ed. Drumont a fait sa part quand il a constitué ce dossier, et forgé du plus bel acier cet instrument ; que seul son courage, sa ténacité, sa bravoure lui ont permis d'amener à chef, non sans avoir, dans de nombreux duels, exposé sans compter sa vie, notamment avec Clémenceau, dont il a plus d'une fois signalé et stigmatisé la vénalité pro juive.

C'est un dossier qu'il dépose entre les mains des après-venants, entre les mains de tous ceux qui trouvent à redire à l'activité néfaste et redoutable de la race mortellement dangereuse des Juifs, ennemis de notre Dieu, de Jésus-Christ, et de tous ceux qui ne voient de paix et de bonheur qu'en Eux.

« Les Juifs, dit Drumont, n'aiment pas les petits enfants des chrétiens, parce que dans leurs yeux se voit la pureté et la félicité du ciel. »

Rien de plus juste, frappante observation !

La douceur, la tendresse, la confiance d'un regard d'enfant, cette limpidité, leur sont insupportables, ajouterons-nous, c'est comme un vivant reproche à leur mauvais état de conscience, qu'ils n'aiment pas qu'on leur rappelle.

C'est pourquoi, tout le moyen âge a connu les enlèvements d'enfants chrétiens par les Juifs aux fins de sacrifice ; dans d'assez nombreux cas, on en recueillait le sang, les mises à mort plus fréquentes aux environs de la Pâque juive.

Ces sacrifices sont naturellement niés par les Talmudistes jamais à court de mensonges quand il s'agit de combattre les « goyim ».

En réalité, les faits sont nombreux et indiscutables ; on a connu de tels sacrifices jusqu'en 1840, 1883 *(France juive,* tome 2, p. 381 et suivantes)... en 1913, en Autriche retentissante affaire de crime rituel *(Protocoles de Sion* d'Urbain Gohier, p. 22).

Et si l'on remonte, ajouterons-nous, dans le temps, on s'aperçoit que l'histoire religieuse du peuple juif renferme de nombreux cas semblables, et que toutes les fois que les Juifs dans leurs infidélités au Maître de toutes choses, se sont éloignés de Lui pour se jeter dans les bras du dieu païen Baal, et du dieu Moloch représentant l'un de ses aspects, les sacrifices d'enfants se pratiquent. On voit dans le *Nouveau dictionnaire biblique,* édition d'Emmaüs 1961 sous Moloch, que Baal recevait à Tyr des sacrifices humains. Le culte de Moloch comportait des holocaustes d'enfants brûlés vifs. Moïse s'élève contre cette coutume abominable et condamne à mort l'Israélite coupable d'un tel crime (Lév. ch. 18, v. 21). Salomon vieillard, pour plaire à ses femmes, exécute de tels sacrifices. Dans les siècles qui suivent, des enfants sont sacrifiés par le feu sur le haut lieu de Topheth dans la vallée de Hinnom comme la Bible en témoigne à de nombreux endroits, soit Ps. 106 v. 38, Jr. 7 v. 31 ; 19, v. 4, 5, Ez. 16 v. 21 ; 23 v. 37, 39, Es. 30 v. 33.

Achaz fait périr ses propres enfants (II Chr. 28 v. 3), Manassé de même un de ses fils. Les Israélites du Nord s'adonnent aussi à de tels sacrifices (II Rois 17 v. 17, Ez. 23, v. 37).

En quelque sorte, on voit bien que chaque fois que Dieu ne conduit plus Israël, celui-ci s'adonne aux sacrifices d'enfants qui sont dans de telles circonstances comme de tradition chez lui. Nous avons donc là des preuves. Elles sont indiscutables. Idem pour les pratiques criminelles des Juifs au moyen âge, et celui qui pourrait douter est prié, si *tamen per Pontium Aquillam licuerit* pour parler comme César, si M. R. Payot et M. A. Picot le permettent, d'ouvrir la *France juive* de l'admirable Drumont au tome II, p. 382 (et suivantes) qui commence par ces mots : « Par malheur, d'innombrables faits contredisent le témoignage fort suspect de Renan. »

Drumont a constitué un dossier de grande valeur, qui nous montre à l'évidence, les influences pernicieuses que les Juifs exercent sur nous. À nous d'en user à toutes fins utiles. Avis à nos journaux dépourvus de tout intérêt à ce sujet, et qui nous encombrent de longs développements insipides d'agences, dont les propriétaires sont ceux que nous savons, toujours armés des mêmes préoccupations édifiantes à notre égard.

Il n'y a plus de journaux en Suisse, comme dans le monde entier d'ailleurs, quand il s'agit de ce problème des problèmes ! ! !

Voilà où nous en sommes, suite logique de plus de cent cinquante ans de régime démocratico-maçonnique au passé ténébreux.

Toujours, le Juif y poussant de toutes ses forces, les bas intérêts du moment, toujours des profitages qui nous diminuent, toujours par des partis politiques semer la discorde, qui nous ont conduits au mécontentement général de tous les instants des temps présents, où personne n'est plus satisfait de son sort malgré des avantages matériels de tous ordres. Toujours faciliter, toujours amoindrir l'effort de l'homme, qui seul donne du prix et du mérite aux choses. Toujours des autoroutes, des patinoires, des amusements de toutes sortes, qui déroutent et des plaisirs qui corrompent !

Nos journaux, autrefois de tenue et de devoir, contribuent largement à l'abaissement général de toutes nos personnes. Il n'y a rien pour l'idéal, pour la beauté en soi, pour l'harmonie, pour la paix parmi les hommes, pour la poésie, pour d'aimables propos, pour la charmante politesse le plus beau de tous les sports, qui sortent nos populations de leurs occupations journalières, aux fins de leur faire entrevoir quelques lueurs de la vraie vie tout en bonté, en égards, en altruisme, toute regardant vers les plus hauts sommets, vers ces cimes dont la pureté et l'isolement grandioses retiennent et frappent le regard de l'homme !

Oui, l'homme ne vit pas seulement de pain et c'est le malheur de nos temps de ne le plus connaître Il n'est pas présentement, jusques aux plus hauts magistrats, qui n'aient plus rien à consacrer au dévouement et au civisme, et à l'honneur d'être cheville ouvrière de grandes manifestations comme l'Exposition nationale, dans le plaisir de se donner à de belles réussites, et de n'avoir pour récompense que la reconnaissance publique et surtout, la satisfaction d'un grand devoir accompli !

Mais voilà justement ce que nous n'avons plus, le délicieux sentiment du devoir accompli ! Nous sommes aux siècles des Droits de l'homme et de la primauté absolue de l'argent !

On nous dit que M. Despland, radical chevronné, conseiller aux États, conseiller d'État retraité, des Loges maçonniques, reçoit comme président de l'Exposition nationale un traitement de cent mille francs. Est-ce exact ?

Tout donne à le penser ; sans doute, pris d'émulation, aura-t-il voulu se mettre à cet égard à même hauteur que le bel exemple donné par le Conseil fédéral ; ce Conseil fédéral, si fertile en belles phrases patriotiques et sonores !

Ou bien, peut-être, a-t-il pensé que ses hauts grades dans la franc-maçonnerie, lui donnaient droit à de non moins hauts grades à l'échelle des valeurs sonnantes et trébuchantes.

Plus que jamais, quand on voit tous ces hauts magistrats si avides d'argent, et si peu de l'admiration et du respect du citoyen, l'on se remémore l'expression triviale qui fait loi et fureur et juge de tout dans nos temps, « ça paie ou ça ne paie pas. »

On voit, en effet, que nous n'en sortons pas, et que l'Exposition nationale, l'« Expo » comme on dit (on ne dira jamais assez comme ce régime issu de la Révolution française est sans esthétique, sans éthique et sans amour du Beau ; la langue française en pâtit comme tout le reste profondément, qui voit les mutilations s'ajouter les unes aux autres ; tout se tient c'est le cas de le dire, tout est conséquence) soit M. G. Despland, croit qu'il se doit (on se demande vraiment pourquoi) d'appuyer de tout son poids de haut magistrat et de haut gradé des Loges (quel honneur quand on sait tout le mal dont est l'auteur cette odieuse société secrète internationale et dont nous donnons ailleurs des exemples) l'institution d'une « communauté nationale d'investissement », idée géniale nous dit-on avec fracas, partie d'un Juif converti, le sieur Roger Nordmann.

Ce sont maintenant ces gens-là qui sont les têtes de file partout ô décadence profonde de nos mœurs politiques !

Ce monsieur entend, en effet, faire argent de tout, même de la charité, même de la noblesse du cœur chrétien, à laquelle il ne comprend rien, mais qu'il entend détruire.

Et puis songez donc à la somme d'argent qu'on va rassembler, et quelle clientèle intéressée se tiendra à nos côtés, et quels seront ceux qui seront l'objet de nos soins, et quel regain de puissance placée dans notre main juive et dans celle de la franc-maçonnerie notre fidèle servante.

Quelles facilités, alors, de jeter la Suisse dans le communisme quintessence de la tyrannie, objet suprême de nos désirs !

Nous, Juifs, nous avons fait la Révolution russe nous seuls nous tenons la France à la gorge ; l'Italie hésitante il faut que la Suisse soit submergée de notre puissance... déjà la Suisse romande montre d'évidents et graves symptômes de domination juive.

Vive le communisme, et à nous l'empire du monde, et la mise sous la glèbe des « goyim ».

Je répète comme une vérité incontestable, que les Révolutions russe et annexes ont été faites par les Juifs et par les seuls Juifs, et que le massacre de vingt-huit millions de Russes (chiffre officiel du gouvernement russe donné dans l'affiche de Kiev) et de la famille impériale leur est, à eux seuls, imputable.

Peuple suisse, vas-tu bientôt présenter la gorge aux appétits sanglants de ceux qui entendent régir le monde de leur main sale, et de leur mentalité barbare de Talmudistes ?

De plus, on se demande en l'honneur de quel saint, l'Exposition nationale doit être en quelque sorte liée d'une manière ou d'une autre, ne serait-ce seulement que pour la recommander à la sollicitude du peuple suisse, à une affaire d'argent lancée sous le couvert de beaux mots par un Juif converti, qui l'est bien peu, puisqu'il retourne ou plutôt qu'il reste dans son argent !

Salomon Reinach, dans l'*Orphéus*, en 1909, un des leurs, nous a dit ce qu'il fallait penser de la conversion d'un Juif ! (p. 311).

Et, ajouterons-nous, d'un Juif occupant une situation importante. *Civis helvetice semper opus est tibi dicere : cave Judaeos !*

De plus, nous savons la confiance que l'on peut avoir en les Juifs dans leur commerce avec les chrétiens !

Le Talmud n'enseigne-t-il pas qu'il faut faire le plus de mal possible aux « goyim » ?

En réalité, cette « Communauté nationale d'investissement » est une vaste machinerie judéomaçonnique, à laquelle franc-maçonnerie, plus que probablement, le Juif converti R. Nordmann appartient de cœur ou de fait, puisque très à gauche comme tout Radio-Sottens ! si justement attaquée de nombreuses fois par M. Eddy Bauer.

Tous les hauts postes de la franc-maçonnerie sont tenus par les juifs, la direction suprême connue d'eux seuls comme ils le disent eux-mêmes dans les Protocoles ! (n° 15).

Nous n'entendons pas être guidés dans nos cœurs et notre pensée par le peuple honni de Dieu depuis deux mille ans, par le peuple ennemi mortel du divin Jésus.

Confédérés suisses allemands, que votre œil ne quitte pas de vue vos frères de la Suisse française infectée de judéo-maçonnerie beaucoup plus que vous-mêmes, de par le voisinage et les affinités linguistiques et culturelles d'avec la France la proie des Juifs, je dis bien la proie ; tyrannie qui s'y appesantit tous les jours un peu plus : tout y est tenu et régi par le Juif.

« Communauté nationale d'investissement » partie d'un Juif converti, plus que probablement dans les Loges ou c'est tout comme, et patronnée par un haut dignitaire des loges maçonniques, le conseiller aux États Despland membre du parti radical ; voilà, n est- ce pas vrai, de quoi nous mettre en confiance par les temps qui courent ! Nous avons le droit et le devoir de nous méfier !

Confédérés, repoussons de toutes nos forces, cette offensive judéo-maçonnique, cette « communauté nationale d'investissement », destinée à nous jeter dans le communisme par voies détournées et insidieuses, selon toutes apparences.

Nous verrions chez nous une révolution russe, ses flots de sang avec ou sans torture, ses spoliations totales faisant disparaître toutes nos libertés et tout ce que nous aimons ; craignez la haine féroce du juif, la névrose sanglante de Marat authentique Juif, « cuite et recuite » depuis des siècles comme l'ont dit les Goncourt.

Le Talmud, le livre de chevet du Juif, lui fait gloire et devoir de faire le plus de mal possible au « goyim ».

Feu Jakob Schiff, le grand banquier juif de New York, s'est en son temps vanté publiquement d'avoir dépensé plus d'un milliard de francs pour faire la Révolution russe.

Il ne faut pas que la « Communauté nationale d'investissement » soit le milliard de notre pays, et que le sieur R. Nordmann en soit le Jakob Schiff.

Encore une fois, les temps présents étant ce qu'ils sont, une société financière patronnée par un Juif converti ou non et un franc-maçon de haut grade, ne peuvent inspirer confiance, parce que le Juif révolutionnaire-né et sa servante la franc-maçonnerie sont les agents et les auteurs du communisme comme ils nous en ont donné les preuves ! C'est très simple, n'est-ce pas ! et c'est irréfutable !

Alerte vous tous, jeunes et vieux, riches et pauvres, ouvriers propriétaires de vos maisons et de vos jardins, et de votre pécule, et de votre temps ; bourgeois, intellectuels maîtres de vos cerveaux, paysans libres dans vos fermes, aristocrates les défenseurs naturels de nos populations disent les Juifs eux-mêmes dans les Protocoles, catholiques, protestants, Réarmement moral, High Church, Scientistes chrétiens du Christian Science Monitor, le deuxième en puissance des journaux U.S.A., soyez en état d'alerte au nom de tout ce qui vous est cher et sacré !

Pensez à ce qui vous unit et non à ce qui vous distingue.

Le désordre augmente dont profitera le Juif, terribles manifestations de blousons noirs en Angleterre en mars et mai 1964.

« Un désordre organisé » ! dit le protocole 18 !

Tous les chrétiens doivent devant le danger redoutable s'unir d'un seul geste, d'une seule main, sans perdre une seule minute !

L'instinct révolutionnaire, profondément enraciné dans le cœur du Juif, est en marche plus que jamais et notre presse asservie !

Descendant des Waldstaetten, chausse des bottes de sept lieues, aux fins de compenser le temps perdu de par une presse tout entière sous la main du Juif, et d'aller vite, et de parer les coups de la redoutable bande du Kahal !

Et surtout pas un centime dans la « communauté nationale d'investissement » !

Ne faites qu'un corps, qu'une seule pensée, qu'un seul bras, pour détruire la judéo-maçonnerie dans notre pays, qui n'est que le lit du communisme talmudiste.

Tout à l'argent, tout par l'argent, le barème du XX_e siècle, que nous devons au pouvoir corrupteur du chasseur de crucifix des écoles de France, et qui nous conduit au ruisseau par les chemins tortueux du sadducéen maléfique !

Un monde dans le néant de la poussière et du non-sens, menacé du plus grave danger jamais couru par l'humanité, la monarchie juive universelle des Protocoles de Sion tout près de sa complète réalisation, toute prête à se mettre à ciel ouvert.

La situation est à ce point que *les défenseurs de la chrétienté,* ceux qui veulent marcher tambour battant et faire preuve de dynamisme à l'égard des destructeurs de notre société, *se voient refuser l'hospitalité de nos journaux !*

Nous sommes devenus des étrangers chez nous, nous nous sommes pourvus de *notre nouveau chapeau de Gessler !*

Vieille Confédération helvétique, bientôt millénaire ! Vieille Confédération suisse, si valeureuse au cours des siècles, serait-il possible que tu trembles sur tes bases ? Serait-il possible que tu meures sans combattre ? seras-tu dépouillée de tout ce que tes ancêtres ont conquis, sans que tu fasses un geste, sans qu'un son ne sorte de ta bouche ? Es-tu donc encore du sang de ceux qui furent les héritiers en bravoure et en gloire de la légion romaine ?

Cette infanterie suisse légendaire ! parure des temps passés, que les ennemis innombrables de Saint-Jacques-sur-la-Birse ne retient pas. C'est là que par ton courage, une défaite devient une victoire ! C'est là que par ta bravoure et ton sacrifice de héros, Saint-Jacques devient, comme ton chantre de Vallières nous l'a dit, les Thermopyles de la Suisse. « Nos âmes à Dieu et nos corps aux Armagnacs ! »

Léonidas, aidé de la nature, n'avait pu retenir les Perses ; mais toi tu arrêtes, tu retiens, et fais que ces Armagnacs du futur Louis XI se retirent, dont la victoire devient une défaite !

Et tes descendants serviteurs alors de Lucifer se laisseraient par le Juif dégénéré, le traître à nos bonnes intentions, l'auteur des *Protocoles de Sion,* se laisseraient, dis-je, mettre le joug infâme ?

Et nous en verrions la réalisation ?

Soyons unis, Confédération suisse, et soyons avec tous les hommes de cœur où qu'ils soient, pour combattre le Juif « ennemi du genre humain » et sa très obéissante servante la franc-maçonnerie.

Admirons Ed. Drumont, ce très grand Français, toujours lui, bravant tous les dangers, surmontant toutes les difficultés attachées à ce devoir qu'il s'est donné de tout faire et de tout oser (il passera ses dernières années dans l'isolement et la maladie), pour compléter et terminer son œuvre de salut public, contre la race la plus dangereuse qu'il soit sur la terre possible d'imaginer dans son état actuel d'esprit, race à laquelle il n'est pas permis d'accorder la moindre parcelle de confiance !

Voyez seulement comment elle a répondu au geste de ce grand honnête homme que fut Nicolas II, dont ils avaient déjà assassiné le père et le grand-père, les tsars Alexandre II et III leur accordant la Douma... par un redoublement de terreur et d'assassinats aboutissant à la Révolution, et au massacre de la famille impériale russe, sans autre forme de procès, par des émissaires juifs dûment désignés par le Kahal new yorkais.

Pour le tsar Alexandre III empoisonné par les nihilistes le 13 mars 1881, voir dans *The Imperial Orgy* d'Edy Sulkes, p. 212 à 215 (Vieille-France n° 212, *Protocoles de Sion,* p. 198, ou index).

Les nihilistes sont les fidèles exécutants des Juifs aux monstrueuses fortunes !

Comme on le voit, le Kahal est la plus redoutable bande de criminels qui soit, qui n'hésite pas un instant à mettre à mort quatre tsars successifs, grand-père, père et petit-fils ; et arrière-petit-fils, le tsarévitsch ! qu'il faut ajouter puisqu'abattu après son père.

Et nous serions gouvernés par des criminels ?

Et nous commettrions cet outrage à la mémoire de nos ancêtres profondément attachés aux vraies valeurs, et nous suivrions la ligne de conduite de nos journaux de complicité par leur silence ?

Est-il permis, Consistoire de Genève et Église nationale vaudoise toujours muets, alors qu'il faudrait parler, d'être antisémites, c'est-à-dire de s'opposer à l'influence des Juifs ?

La Fédération suisse des Églises protestantes trouvera-t-elle un moment pour parler courageusement au lieu de se perdre dans un œcuménisme sans danger, même de tout repos ?

Est-ce qu'on se défend contre la peste et le choléra ?

Je dis qu'Edouard Drumont a suivi pas à pas la progression lente, mais continue, de la puissance juive en France tout au long du XIX_e siècle. Dans les années 1830, 1840 (*France juive,* tome I, p. 353 et suivantes), les réactions dans la nation française contre les Juifs sont encore très vives et nombreuses, bien que le gouvernement n'y participe aucunement. Les Rothschild et compagnie, les Hirsch et consorts sont attaqués ouvertement et sans ambage ; des brochures paraissent bourrées de détails sur les tripotages des Juifs. Il est encore à ce moment d'assez nombreux journaux indépendants comme il n'en est plus de nos jours, qui attaquent et fustigent les magnats pour lesquels rien n'existe que l'argent.

Mais le temps passe et au fur et à mesure qu'il s'écoule, peu à peu nos pharisiens de France, les pouvoirs gouvernemental et secret aidant, accentuent leur travail de sape. Les décrets ministériels les favorisent de plus en plus, et les réactions du public ne tardent pas à perdre beaucoup de leur virulence.

En 1880, dit Drumont, les choses en sont à ce point, qu'on en arrive à interdire les rôles de Juif dans les pièces de théâtre. Shakespeare lui-même et son « Marchand de Venise » ne trouvent pas grâce.

En 1888, dit Drumont, il est déjà très dangereux d'être l'adversaire du Talmudiste.

Qu'en est-il de nos jours ? Ce danger multiplié par cent ! Tant mieux pour ceux qui s'exposent, car ils s'exposent pour Celui pour lequel on ne s'expose jamais assez !

Gloire à ton saint nom, Maître de toutes choses ; que comptent quelques minutes d'ici-bas auprès de l'éternité du suprême Nirvana auquel nous aspirons et travaillons !

Prends garde talmudiste nouveau Goliath, prends bien conscience de ta mauvaise conscience, et n'oublie pas la roche tarpéienne et un certain verset d'Ézéchiel, dont on ne sait bien s'il s'applique aux temps de la dispersion babylonienne, ou plutôt à ceux de la dispersion de nos temps, ce que croit Le Cossee *(Israël pays promis,* p. 51) ; et n'oublie pas non plus que Théodor Herzl t'a prédit des pogroms mondiaux qui permettront seuls que le monde retrouve son repos !

> « *Ils sauront que Je suis l'Éternel, leur Dieu, qui les avait emmenés captifs parmi les nations et qui les rassemble dans leur pays. Je ne laisserai chez elles aucun d'eux.* » *Ézéchiel 39, v. 28.*

Comme il est facile de voir de nos jours, avec le recul dont nous disposons, qu'au fur et à mesure que s'assure la puissance juive, la décomposition de notre société se marque davantage, la relation est aveuglante !

Depuis son Austerlitz des deux guerres mondiales, le Talmudiste parle de plus en plus haut et de plus en plus souvent.

Faisons que les chrétiens se battent et que nous soyons là pour la récolte des fruits de la victoire !

Ainsi, il en fut fait.

Voici à cet égard la déclaration faite par Henry Ford au *Boston American* :

> « *Je suis très content d'avoir risqué l'aventure de mon bateau de la paix. L'enseignement que j'en ai recueilli vaut tout l'argent qu'elle m'a coûté. C'est là que j'ai découvert qui contrôle le monde et qui a lancé la guerre : les Juifs. Non seulement les Juifs mènent le monde, mais c'est eux seuls qui ont déclenché la guerre.*
>
> » *J'en avais une cargaison sur mon peace ship (sur mon bateau de la paix) et je sais ce que je dis des Juifs. Ils sont le pouvoir mondial, et nous autres, pauvres naïfs, sommes traînés à la remorque.* »
>
> « *Quand les Juifs qui mènent le monde jugent qu'il ne marche pas à leur gré, ils déclarent simplement une nouvelle guerre.* » (Voir *Vieille-France* n° 361 du 21.3.24 ou *Protocoles de Sion,* édit. V-Fr. p. 238.)

D'un autre côté, je rappelle ici, sans en pouvoir donner la référence complète du moins pour l'instant, que Cendrars a déclaré que la Première Guerre mondiale avait été décidée dans un couvent tenu à Toulouse, quelques années avant 1914 et l'attentat de Sarajevo, où périt l'archiduc héritier d'Autriche-Hongrie François-Ferdinand et sa femme, le 28 juin 1914.

Si nous ajoutons à cela l'absence de Guillaume II en croisière dans les fjords norvégiens au moment où tout se décide, l'incapacité très notoire, que dis-je catastrophique, de Bethmann-Hollweg l'homme aux « traités qui ne sont que des chiffons de papier » et du « Not kennt kein Gebot », l'Émile Ollivier des Allemands, au poste de chancelier de l'Empire allemand, incapacité marquée par son caractère faible, son indécision, sa versatilité, son absence de coup d'œil, de flair, d'intuition, d'expérience des hommes et des choses, de relations (il est de très fraîche noblesse), de connaissance des grandes capitales étrangères et de leur monde de diplomates n'ayant jamais quitté l'Allemagne (voir *Mémoires de Bülow*, t. III, p. 31, 62, 134), et l'on comprendra que les Juifs avaient la partie facile pour tout embrouiller et compliquer.

D'autre part, il importerait bien de savoir quel rôle ont joué les Juifs dans la nomination de ce chancelier, dont l'insuffisance et le manque d'envergure éclataient au premier coup d'œil, tellement qu'elle est même visible sur le personnage vu de dos ! ! ! *(Mémoires de Bülow*, tome II, p. 512). Guillaume II, ne l'oublions pas, est un homme très influençable, et qui communique par fil spécial avec le grand Juif allemand que fut v. Rathenau. De Bülow, lui, est très bon ami de cet autre grand Juif allemand que fut Ballin, directeur de la « Hamburg-Amerika Line », dont la photographie est donnée dans ses Mémoires (tome II, p. 272) ; ce Ballin ami intime de Jakob Schiff ! le principal des Juifs qui firent la Révolution russe !

Quel rôle aussi ont-ils joué dans le renvoi en 1909 de de Bülow absolument injustifié, voilà ce qu'il serait intéressant de connaître. Se sont-ils rendus compte qu'avec lui la partie serait trop difficile et présenterait trop de risques, et peu de chances de réussite ? Et qu'il fallait auparavant qu'il quitte la Chancellerie ? Pour qu'on y mette un incapable.

Voilà qui était plus facile, puisque Guillaume II ne supportait pas, très orgueilleux, de personnalités de premier plan à ses côtés, et qu'il en avait longtemps rongé son frein avec de Bülow, voulant régenter et tout conduire à sa guise.

Ces dispositions d'esprit en rapport évident avec la malformation de son bras gauche, cette mutilation qu'à tout instant, il devait exposer dans tant de grandes cérémonies aux yeux de tout le peuple allemand et qui, sans doute, devait être à l'origine des nombreuses crises nerveuses de dépression qui le frappèrent.

Cette malformation du bras gauche provoquée, à la naissance, par l'application du forceps (les fers), qui déchire le plexus nerveux cervico-brachial.

Petites causes grands effets ; chute d'un empire, révolutions, bouleversements, communisme juif, ô philosophie de l'histoire !

De Bülow donne l'impression d'avoir mésestimé le danger juif en Allemagne, malgré les conseils, qu'à son début dans la carrière, le prince médiatisé v. Hohenlohe ancien chancelier lui avait donnés ; mais il n'y a cependant nul doute pour l'auteur de ces lignes, qu'en 1914, à la place de Bethmann-Hollweg, il aurait arrêté les Juifs dans leurs entreprises et tambour battant !

De Bülow fut un grand chancelier, très inspiré de son maître Bismarck qu'il aimait beaucoup, tout en déplorant ses innombrables colères au Reichstag notamment !

Du côté de l'Autriche-Hongrie, comment se présentait la situation ? Ecoutons Malynski, l'homme averti par excellence, dans la *Veillée des Armes*

(1929), parlant de l'archiduc François-Ferdinand l'héritier de l'empereur François-Joseph son oncle (p. 250) : « homme intelligent et dans la force de l'âge » ; indépendance de son caractère, catholique très pratiquant, ami du Saint-Siège et l'ayant proclamé bien haut dans un discours significatif : *ami de la paix*, tenant à ses distances vis-à-vis de l'Allemagne protestante.

> « En s'exprimant avec une si forte franchise, il s'était révélé comme l'homme qui ne se laisserait pas tromper par les nuances et les apparences qui constituent la toile d'araignée du Juif, et qu'il saurait aller chercher la vérité au fond des problèmes modernes »... de tels hommes « ne sont nullement désirables au point de vue du progrès de la subversion nationale » (p. 251).

Et encore page 254 : « L'archiduc, dont la présence aux affaires » risquait d'empêcher la grande guerre, que deux générations de Juifs avaient préparée avec une si louable persévérance, était décidément de trop dans ce bas monde. »

Voilà pour la Première Guerre mondiale. La seconde, ne l'oublions pas, a son premier germe dans le couloir de Dantzig qui fit bouillonner l'Allemagne tout entière.

À Versailles, en 1919, Wilson le président des U.S.A. lui-même juif, est accompagné d'une pluie de grands Juifs, à ce point que les journaux français n'osent pas en donner la liste *(Protocoles de Sion,* édition Vieille-France, p. 271).

Sans le couloir de Dantzig, aurions-nous eu Hitler et la Seconde Guerre mondiale ? Rien n'est moins sûr !

Ecoutons maintenant encore, et très attentivement, ce que dit le Polonais comte Malynski que j'ai connu, et qui termina sa vie à Lausanne, homme d'information, de grande culture, de science, de clairvoyance, de synthèse et d'analyse rigoureuse ; ce qu'il dit dans sa *Galerie des Glaces* parue en 1930, je dis bien en 1930, p. 131 ; dans le même chapitre, il prévoit la guerre avec certitude, dans un avenir très proche, du fait des dispositions du Traité de Versailles quant à son pays ! « C'est ainsi que la situation se présente pour la Pologne qui, bien qu'ayant pris part à la signature du Traité de Versailles, ne l'a fait qu'en qualité de figurante, à laquelle on a passé une plume, pour qu'elle contresigne des solutions qui n'étaient pas nécessairement les siennes.

> » *Après lui avoir refusé péremptoirement la Lituanie, la Ruthénie (Ukraine) et à plus forte raison la Lettonie avec leurs débouchés sur la mer, on se comportait comme si cette question n'avait jamais été posée. Force fut donc à la Pologne de faire fond et même dans la suite, de se cramponner des pieds et des mains aux seuls débouchés qu'on voulait bien lui offrir, quelque déraisonnable, absurde et remplie d'incalculables périls futurs, que fut cette solution.* »

Je répète et souligne que ceci est écrit en 1930 par un Polonais de la plus haute compétence en ces matières !

Au nord Dantzig avec son couloir, ajoute Malynski, économiquement, était pour la Pologne la meilleure solution, mais les dangers politiques qui lui étaient inhérents étaient tels, qu'il fallait l'écarter absolument, pour se porter sur la Lituanie, la Lettonie, qui avaient l'inestimable avantage de ne pas amputer l'Allemagne, et la Prusse surtout, de cette partie vivante de son territoire qui fut en Europe le berceau des chevaliers teutoniques.

Les U.S.A., à Versailles, en 1919, on n'en peut douter, pratiquent une politique juive et rien que juive, tout à ses visées de domination mondiale par les germes qu'ils déposent d'une nouvelle guerre, tellement que le secrétaire d'État américain Lansing a pu dire (cité de Rassinier *Le Procès Eichmann*, p.193) cette parole qui en dit long et doit être soigneusement gardée, qu'il s'était trouvé « dans l'obligation morale de combattre presque toutes les initiatives de son président »

Voilà qui est accablant pour les Juifs et montre, une fois de plus, la millionième, qu'ils sont toujours Juifs avant d'être du pays qu'ils habitent ! d'où l'absurdité de leur accorder dans n'importe quel pays la moindre citoyenneté !

On peut regretter que dans les dernières années qui précédèrent la guerre de 1939, alors que l'Allemagne avait retrouvé sa puissance militaire qui aurait fait prime, la Pologne ne se soit pas, sans s'occuper de ses piètres alliés, arrangée directement avec Hitler, aux fins d'abandonner le couloir et d'avoir alors son accès à la mer à l'extrémité est de la Prusse orientale, sur le Niémen et par Memel.

Était-ce possible ? était-ce faisable ? C'eût été, il est certain, une parade admirable, aux intentions machiavéliques de guerre montées de toutes pièces à Versailles par les Juifs en 1919.

Certaines chances de succès, c'est le moins qu'on puisse dire, étaient présentes en attirant l'attention d'Hitler sur ce côté du problème, les tendances germanophiles du colonel Beck aidant.

Il n'est pas une question de l'ordre national ou international qui ne se doive d'être également examinée du point de vue problème juif !

> *« On n'écrira, a très justement dit Drumont, l'histoire contemporaine qu'après avoir forcé l'armoire d'or des Rothschild » (Fin d'un Monde, p. 134).*

Pour résoudre ce problème du couloir dans le sens que nous venons d'indiquer, il eût fallu du côté polonais un très grand homme d'État dans le plein de sa carrière, de son autorité, de son prestige ! une sorte de Talleyrand ; ce Talleyrand n'avait-il pas dit « Tout ce qui est exagéré ne compte pas » ?

Pilsudski († 1935) en eût-il été capable ?

Et pourquoi, du reste, les hommes d'État alliés à Munich, en 1938, ne résolvant que l'accessoire soit l'abandon des Sudètes à l'Allemagne par la

Tchécoslovaquie, devant l'imminence d'un danger terrible, n'ont-ils pas mis en avant la solution radicale du problème, soit la suppression du couloir avec compensation sur le Niémen et Memel ? Pourquoi, mais pourquoi donc ?

Parce que les Juifs étaient avec leur Roosevelt et leur Daladier, qui veillaient, dans l'ombre de leur puissant arrière-plan, à la réalisation de cette deuxième guerre mondiale préparée de toutes pièces à Versailles en 1919.

Traité de Versailles = puissance des Juifs maléfiques Couloir de Dantzig son expression.

Souvenez-vous toujours du mot de Malynski « péremptoirement », c'est-à-dire sans réplique, sans discussion possible, alors que s'il était une solution qu'il fallait discuter, c'était bien celle du couloir de Dantzig, tant elle était semée des plus terribles perspectives.

Absence de toute discussion à ce sujet, révélatrice des plus coupables intentions des Juifs, voilà ce qu'on peut affirmer.

Retenons et répétons ici, renforçant encore nos positions, que le Juif président Wilson est entouré à Versailles de Clémenceau, dont nous avons montré la plus grande partie de sa carrière se passant au service des Juifs, flanquée d'abord du Juif Cornélius Herz, puis du Juif Mandel Rothschild.

Quant au troisième grand partenaire de Versailles Lloyd George, voici ce qu'en dit quelqu'un de beaucoup plus compétent que moi, encore notre Malynski, dont les exposés sont magistraux de raison, de logique, de clarté et de rigueur ce qu'il en dit dans *Une main cachée dirige...* (1933) p. 365 : « M. David Lloyd George, l'homme qui a peut-être fait le plus en son temps pour le bolchévisme, bien que dès la première heure, il ait été parfaitement renseigné sur sa signification véritable, et sur sa nature, et dont le dévouement bien connu pour tous les aspects du judaïsme a rarement été dépassé. »

On peut voir, ainsi, de quelle manière à ce Versailles de malheur (1919) étaient défendus les intérêts de la sagesse, du bon sens, de la raison, de la paix, ces intérêts qui sont ceux de la chrétienté.

Les Juifs, les auteurs des deux guerres mondiales ; allons-nous enfin nous défendre et les arrêter ? L'histoire ne dit-elle pas ce que nous avons à faire ?

Revenons après cette sorte de long aparté sur le plan international à nos Juifs de France, ne citant plus que quelques exemples fautes d'espace, alors que l'on pourrait en citer des centaines et des milliers, rien qu'en puisant à la seule source de la *France juive* de Drumont publiée en 1886.

Voici par exemple Camille Dreyfus qui, en février 1885, en Conseil municipal de Paris, interpelle pour qu'on proscrive Victor Hugo (rien que ça) de l'école, parce que le nom de Dieu se trouve dans les œuvres du poète et qu'on y parle de prière. Le Conseil municipal approuve le Juif et une enquête sévère est prescrite dit Ed. Drumont.

Ces Juifs sont vraiment possédés du démon !

Je dis que tous les bons chrétiens correctement informés ne peuvent être qu'antisémites ! Toujours se rappeler Jésus quand il a dit : « Je suis venu avec l'épée mettre la division... »

Nous avons le devoir de nous protéger du poison qu'est le Juif talmudiste, et le devoir, n'en déplaise à la presse suisse au-dessous de tout à cet égard, d'en informer et d'en protéger notre prochain, par les moyens restreints qui restent à notre disposition puisque tout entiers, à quelques exceptions près peut-être, nos journaux se refusent à recevoir les écrits qui mettent en cause nos pharisiens des temps présents, *Gazette de Lausanne* et *Journal de Genève* en tête !

Quel beau titre de gloire, presse décapitée de ta dignité !

Messieurs de la presse décapitée, protestez si vous osez ! et dites donc une fois de plus que vous avez les coudées franches !

Ne craignons pas de justifier davantage notre antisémitisme ainsi défini, qui ne peut rencontrer que l'accord de tous les chrétiens et de tous les honnêtes gens partout répandus sur la terre.

C'est à ce vilain Blum, Juif de la plus stricte observance, propagateur d'insanités, un des responsables de la guerre de 1939, en ce sens qu'il défait les accords de Laval faits à Rome qui assuraient la position de l'Italie aux côtés de la France ; c'est à ce faux Français, c'est à ce large pourvoyeur des communistes durant la guerre civile espagnole, à ce champion de la politique juive à outrance négligeant les intérêts les plus évidents de nos voisins, c'est à cet allié, à ce partisan échevelé, à ce verseur d'huile sur le feu lors des massacres du 6 février 1934 sur la place de la Concorde à Paris, des protestataires aux voleries de Stavisky et de ses acolytes parlementaires (huitante tués, huit cents blessés), que va l'admiration d'un des grands chefs du parti libéral de Genève, M. Albert Picot pour ne pas le nommer, comme il appert de la lecture du *Journal de Genève*, considérant d'autre part comme plus bas que terre dans la manière sinon dans les mots, le grand et beau soldat et chef d'État que fut le maréchal Pétain sauveur de la France en 1916 et 1917 (*Journal de Genève* du 14 mai 1963).

Ce trait montre à l'évidence que le parti libéral, lui aussi, n'a plus une notion saine et juste des choses, et surtout du problème juif, tel qu'il se présente à l'heure d'aujourd'hui, la plus grande menace, ne cessons de le redire, *la plus grande menace jamais courue par la chrétienté depuis ses origines !*

Les chefs du parti libéral ? de nouveaux sadducéens et pharisiens, un nouveau sanhédrin de chrétiens cette fois, un nouveau souverain sacrificateur, qui se moquent de leur chrétienté et de la défense de Jésus, puisqu'ils pactisent avec les fils de Judas dans un silence de complicité ; savent-ils le danger que nous courons ou ne veulent-ils pas le savoir ?

Les intérêts de parti sont si exclusifs et si malsains ?

On sait le rôle primordial qu'ont joué les Juifs à la Révolution française, tout-puissants comme ils le sont déjà dans les Loges. *Ils déclarent du reste dans les Protocoles que ce sont eux qui l'ont faite* (protocole n° 3).

On sait les accusations du genre abominable, immonde, apportées par Hébert du « Père Duchêne » au tribunal qui condamne Marie-Antoinette à mort, peut-être uniques dans l'histoire du monde. Tous le détail des séances a naturellement été réglé à l'avance par ces messieurs de la justice à sens unique... eh ! bien ce tribunal est présidé par un Juif, le Juif Hermann !

Le chrétien ne doit-il pas être obligatoirement antisémite ? N'ai-je pas dit que le Juif était le « salisseur de l'esprit humain » ?

Ed. Drumont assure que le cordonnier Simon, qui bat et corrompt avec cynisme et cruauté l'admirable petit dauphin si bien disposé, est Juif. L'infamie du procédé porte en effet, ajouterons-nous, à penser de prime abord à la marque juive. Les *Protocoles de Sion* desquels notre presse ne parle jamais, répétons-le sans cesse, ne disent-ils pas que tous les moyens même les plus abjects, sont à employer contre les « goyim » ?

Citons encore quelques modèles de cette détestable mentalité du Juif talmudiste, en voici un saisi ces jours que nous donnons avec quelques détails.

Le 27 avril 1962, le ministre de l'Éducation nationale (il s'agit bien entendu de la France) a prescrit d'inscrire sur la liste des « hymnes patriotiques » qu'il est indispensable de savoir chanter si l'on veut décrocher son certificat d'études primaires, le « Chant des Partisans ». Or, le « Chant des Partisans » était propre au maquis F.T.P., créé, organisé et encadré par le Parti communiste à partir de juin 1941, date de l'invasion de la Russie par Hitler. C'est essentiellement un chant révolutionnaire et terroriste. Il suffit d'en citer le second couplet pour en être convaincu

> *Montez de la mine, descendez des collines, camarades*
> *Sortez de la paille les fusils, la mitraillette, les grenades.*
> *Ohé ! les tueurs à la balle et au couteau, tuez vite !*
> *Ohé saboteur, attention à ton fardeau dynamite.*

Et le journal dont j'ai donné ce texte ajoute encore : « On aurait pu demander aux associations de parents d'élèves s'ils étaient d'accord pour que leurs mioches apprennent ces médiocres excitations au meurtre. De toute façon, on est en droit de s'étonner que le gouvernement, qui admet l'objection de conscience, impose aussi l'éloge du tueur aux mémoires enfantines. »

J'ajoute pour que tout soit bien clair, qu'il est bien entendu que présentement, la France vit sous dictature juive incontestable, bien *qu'aucun journal, notez ce fait, je vous prie, n'en dise traître mot* : Et notre presse se targue, proclame et fait partout retentir qu'elle est libre comme l'air ! ! ! M. R. Payot si vous vous distinguiez ! Il y a présentement cinq cent mille Juifs en France mais d'après Roland Dursanne *Europe réelle* février 1964, ce chiffre est certainement inférieur à la réalité. Il y a bien des probabilités que ceux-ci vont se concentrer à Paris, comme ceux des U.S.A. se sont concentrés à New York, où leur densité d'habitation est telle, dit Ford, dans leurs quartiers, que si le reste de la ville de

New York était habitée à la même échelle, la ville dénombrerait quatre-vingt-douze millions d'habitants. En conquérant Paris comme New York le fut, le Juif assiéra très solidement ses positions, surtout que la France est autrement centralisée que ne le sont les U.S.A.

Comme c'est grave et révélateur !

La peste juive est tellement plus grave que la violente action nazie, n'en déplaise à M. René Cassin, dans la *Tribune de Genève* de 1960, président de l'Alliance israélite universelle ; qui n'existe plus, n'a duré qu'un instant, conditionnée d'ailleurs en partie du moins par la première, alors que la première mine notre société depuis deux mille ans, pour arriver au degré de puissance que l'on voit aujourd'hui éclater de toutes parts.

Le roi Saint Louis (nous nous excusons, n'en déplaise à M. Albert Picot, grandement, de placer ce saint roi, dans notre texte, à côté d'individus qui sont tout sauf des Français, comme le montrent bien leurs propos, et leurs carrières politiques nullement au service de la France), dont l'esprit de justice et la sainteté ont traversé les siècles, très préoccupé du problème juif en parfait chrétien qu'il était, fit examiner le Talmud par une commission solennelle présidée par Guillaume d'Auvergne, et à laquelle les rabbins assistent, qui doivent dit Ed. Drumont, « reconnaître que le Talmud contenait des prescriptions contraires, non seulement à toute société chrétienne, mais à toute société civilisée. »

Voici quelques précisions :

« Jésus-Christ est plongé dans l'enfer, dans l'eau toujours bouillante... la sainte Vierge a engendré son divin Fils à la suite d'un adultère commis avec un soldat nommé Pandara... les églises chrétiennes sont des cloaques, les prédicateurs des chiens aboyeurs. » Il y a des passages où il est ordonné de tuer le meilleur « goyim ».

> *« La parole donnée au « goyim » n'engage pas. Chaque jour dans leurs prières, les Juifs doivent lancer trois fois des malédictions contre les ministres de l'Église, les rois et les ennemis d'Israël. »*

Vous avez bien entendu M. R. Payot, directeur du *Journal de Genève* ? le célèbre philosémite inconditionnel ?

Comme conclusion aux délibérations de cette assemblée, le Talmud est condamné et tous les exemplaires qu'on peut saisir, brûlés. Saint Louis, très bon, ne prend aucune mesure de rigueur à l'égard des Juifs, mais une ordonnance de 1254 leur défend de se livrer à l'usure, d'attaquer et blasphémer les croyances des Français au milieu desquels ils vivent, et stipule qu'ils doivent avoir des métiers honnêtes.

Copiez, copiez, partis politiques aux horizons limités, les prescriptions de ce roi antisémite comme les Jakob Burckhardt, Pestalozzi et Frédéric Godet de nos temps, tous hommes distingués et d'une honorabilité sans taches, et qui fut un saint.

Le vrai chrétien, disons-nous, est antisémite dans toute la mesure possible ; c'est une question de vie ou de mort pour nos corps ; je dis bien nos corps ; souvenons-nous des massacres de la Révolution française, de la Révolution russe et de la Libération en France ; pour nos corps donc et pour nos âmes !

Ecoutons donc pour finir, en nous consolant par ces grands hommes qui sont à nos côtés, notre Frédéric Godet dont les descendants ne le suivent pas toujours, malheureusement pour nous autres pauvres lecteurs, quand il dit dans ses *Études bibliques* (4e édit. 1889 p. 371-72 et 385) :

> « *Comme Israël seul a pu enfanter le premier Judas, lui seul aussi produira le second, qui, dans le temps marqué, aura l'honneur de tenir sérieusement en échec le règne de Dieu sur cette terre.* »

Ne sommes-nous pas dans ce temps-là ?

« Je m'entretenais un jour avec un rabbin de la plus violente espèce. Enfin je lui dis, pensant l'ébahir un peu : « Voulez-vous que je vous dise toute ma pensée ? C'est vous qui serez un jour notre verge. » Sur quoi il me répondit avec un sourire froid : « Et voulez-vous que je vous dise toute la mienne ? Votre verge, nous le sommes déjà ». Il avait raison, et il en savait évidemment plus que moi-même là-dessus. »

Jusques à quand le seront-ils ?

Il nous faut faire pour qu'ils ne le soient plus, en recevant Dieu, en nous éloignant du peuple blasphémateur.

Chapitre XIII

Le Kahal

Le Kahal de New York est un organisme si puissant qu'à la table des matières de l'édition allemande du livre d'Henry Ford, *Le Juif international* (*Der internationale Jude, The international Jew*), le trentième chapitre est intitulé « New York sous le gouvernement du Kahal ». Il n'existe pas que nous sachions, de traduction française du livre d'Henry Ford, ce qui est éminemment regrettable, d'autant que ce ne sont évidemment pas les grands éditeurs parisiens maintenant que la France est sous dictature juive, qui prendront l'initiative de combler cette lacune ! Ni même les nôtres de Suisse romande bien entendu non plus.

Nous allons donc nous étendre sur cet organisme du Kahal, un des points cruciaux, une des têtes, la plus importante, de l'activité juive aux U.S.A., laquelle, en partant de là, de cette plate-forme du monde que leur est New York, entend se rendre maître absolu de l'univers.

Il existe aux États-Unis deux grandes organisations qui traitent de la puissance juive ; qui s'occupent de grouper tous les Juifs, de les embrigader, diriger et gouverner : 1) l'American Jewish Comitee (le comité juif américain) et 2) justement le Kahal, dénommé encore le Kehillah. Ces deux organismes, d'importance capitale dans la politique intérieure américaine, sont à peine connus de la plupart des gens ; on peut compter, dit Ford, qu'une personne sur cent à New York, tout au plus, connaît ces organismes ; et pourquoi donc en est-il ainsi ? C'est que, « si on les voit une fois mentionnés dans la presse, ce n'est qu'en termes tout à fait vagues et indéterminés ; et si une opinion s'exprime à leur sujet, ce n'est que pour les envisager, que comme de banales et habituelles sociétés, comme nous en avons nous-mêmes ».

Voilà qui est fort intéressant et nous donne déjà une idée de la primauté juive à New York, si grande, que personne, dit Ford, n'ose parler à cœur ouvert de ce cerveau politique juif, dont l'activité se déploie sans cesse, et en toute liberté, et en toute sécurité, quoique ses buts ne prêtent à aucune équivoque : être les maîtres absolus des U.S.A. et du monde, et par tous les moyens s'il le faut.

Étonnez-vous, du reste, que la situation soit aux U.S.A. ce qu'elle est, puisque beaucoup de présidents des États-Unis ont été francs-maçons (voir index sous francs-maçons, liste des), que dans la franc-maçonnerie les Juifs sont les maîtres, et que ces présidents jouissent beaucoup plus que chez nous de pouvoirs étendus !

Tout se passe, dirons-nous, comme si les non-Juifs avaient perdu la faculté de discerner et de distinguer, et comme si les Protocoles de Sion, révélateurs des intentions maléfiques et diaboliques des Juifs, n'existaient pas, cet acte d'accusation de si grande valeur, et dont personne ne parle plus, chose à peine croyable.

En 1920, dans son livre *Le Juif international*, Ford parle beaucoup des *Protocoles des Sages de Sion* ; on nous dit, dit-il, qu'ils sont une invention ? Et que dit donc Disraéli dans son *Covensby* où l'on voit un grand Juif pratiquer les édifiants préceptes des Protocoles ?

On parlait beaucoup des Protocoles dès après la première guerre mondiale ; nous avons donné deux extraits de la presse anglaise de 1921 (voir index sous *Morning Post* et *Times*). Ce qui conduit précisément à l'obligation pour les Juifs, sous peine de perdre la face, d'attaquer à Berne (Suisse), y alléguant que les Protocoles sont un faux.

Ils sont déboutés de cette prétention (1937).

On parlait beaucoup des Protocoles, on n'en parle plus de nos jours ! on devrait en parler bien davantage, puisqu'ils mettent en pleine lumière les plans machiavéliques des Juifs, qui, présentement et précisément, s'étalent sous nos yeux dans toute l'expression de leur réalité et de leurs réalisations. Nous donnant ainsi des armes pour les confondre et les réduire à merci.

Voyez donc, Monsieur le rédacteur en chef de la *Gazette de Lausanne*, qui prétendez que tout est bien, voyez donc nos autorités qui dans aucun pays, sauf en Allemagne, ne prennent les mesures qui s'imposent dès le grand procès de Berne jugé, qui aurait dû faire naître aussitôt et partout de nouvelles *Catilinaires* !

Oui, de nouvelles Catilinaires et de nouveaux Cicérons !

N'en trouve-t-on pas ? Il faut absolument qu'on en trouve, comme il est absolument nécessaire qu'on se défende de la peste ou du choléra.

Raison profonde de cet état de fait ? C'est que de 1930 à nos jours, la puissance juive n'a fait de par notre inertie des plus coupables, que croître et embellir, pour en arriver à nous réduire à cet état de passivité et de silence, dont notre presse donne le plus triste et le plus typique des exemples !

Où sont, de nos jours, des protestations telles que celles du *Times* de Londres et du *Morning Post* de 1921 dont nous parlons dans ce texte.

C'est que les hommes sont ce qu'ils sont devenus depuis l'avertissement solennel et prophétique de Franklin (voir index sous Franklin), sans courage, sans entrain, sans plus aucun désir de se sacrifier pour le bien public ; ils ne sont plus animés que d'un patriotisme de pacotille ; il n'y a plus, pour eux, de ces saintes et belles choses, qui vous font vraiment vivre en combattant pour elles !

« Les Indiens appelaient un certain beau lac le sourire du Grand Esprit » ; partout où passe et infecte le virus talmudiste d'une race égarée, il n'y a plus de sourire du Grand Esprit.

Hitler a pris des mesures contre les Juifs ; eh ! oui ! le procès de Berne lui donnait en toute justice le droit d'en prendre, et nous n'en serions pas où nous en sommes, dans une situation des plus critiques et des plus dangereuses, si l'attitude infiniment coupable des autorités de la plupart des pays n'avait pas été ce qu'elle fut. Est-ce que charbonnier ne doit pas être maître en son logis ?

Ce Kahal, et Ford le dit expressément, est le facteur le plus important de la vie politique new yorkaise !

Notons que ce qui se passe aux U.S.A. en 1920, moment où Henry Ford publie son livre, est exactement le tableau de ce qui se présente chez nous de nos jours ; cette force juive de premier ordre s'étend aux cinq parties du monde et toujours, par notre presse, passée sous silence, comme si elle n'existait pas ! Des amis allemands absolument dignes de foi m'ont assuré qu'en Allemagne aujourd'hui (1963), on n'osait même plus prononcer le nom de Juif ! Chez nous, on voit des historiens écrire des Histoires de l'Europe de trois cent cinquante pages de 1815 à nos jours, sans qu'une seule fois le facteur juif y soit envisagé. Quelle valeur ont-elles ?

Drumont a pu dire : « On n'écrira l'histoire contemporaine qu'après avoir forcé l'armoire d'or des Rothschild » (*Fin d'un Monde*, p. 134).

C'est la supériorité de Malynski, l'auteur polonais, d'avoir écrit de belles pages d'histoire sans perdre de vue, une minute, le problème juif.

Le Kahal de New York, reprend Ford, est pour deux raisons de la plus haute importance :

    a) C'est d'abord un véritable État dans l'État et
    b) Par son comité d'affaires, qui forme la section 12 de l'American Jewish Comitee, assure l'administration de New York.

« L'administration juive de New York constitue la partie essentielle du gouvernement juif aux U.S.A. »

Ces deux organismes politiques juifs commencèrent leur activité à l'occasion, d'une part, des constatations du général Bingham que la moitié des crimes commis à New York l'étaient par des Juifs et d'autre part, quand le gouvernement des U.S.A. réunit les documents les plus défavorables pour les Juifs qui soient, quant à la traite des blanches.

Nous ajouterons que de nos jours, on sait parfaitement bien, de Poncins notamment l'a démontré, dans son livre *Espions soviétiques dans le Monde*, 1961, que les Juifs foisonnent dans les organismes d'espionnage aux U.S.A. constituant la très grande majorité de ses effectifs. N'est-ce pas normal étant donné la rapacité de la race, et que dans aucun pays, elle ne s'estime, en âme et conscience si l'on ose dire ! de la nation dans laquelle elle vit. C'est du reste être bon Talmudiste que de faire du mal au « goyim » ! Ne l'oublions jamais !

Donner à un Juif la nationalité et la citoyenneté du pays qu'il habite, c'est introduire le loup dans la bergerie ! Voilà ce qu'enseigne l'histoire politique du passé ! Celle des temps présents, hélas ! est plus parlante qu'elle ne le fût jamais !

Depuis la dispersion des Juifs, qu'il s'agisse d'avant ou d'après l'ère chrétienne, depuis leur disparition en tant qu'État politique indépendant, les Juifs ont toujours eu leur Kahal, leur gouvernement secret, qui ne l'est plus de nos jours, du fait de sa puissance qui s'estime pouvoir braver tous les dangers !

Mettons-nous un instant, si vous le voulez bien, sur le plan international quant à cette puissance du Kahal et examinons-en quelques aspects.

On sait que lors du Traité de Versailles (1919) Wilson, président des U.S.A., y fut la créature des Juifs, il est lui-même Juif, qui l'entourent de tous côtés. À son retour d'Europe, Wilson fut donc assez fraîchement accueilli ; son secrétaire d'État, Lansing, lui porta le coup fatal en déclarant que pendant toute la durée de la Conférence, il s'était « trouvé dans l'obligation morale de combattre presque toutes les initiatives du président » (cité de Rassinier, *Le véritable procès Eichmann*, p. 198).

Une des nombreuses conséquences de ce fait : il est reconnu à la Pologne et à la Roumanie leur Kahal (gouvernement propre des Juifs).

Remontons maintenant dans l'histoire et venons-en à un événement fort peu connu, où le Kahal certainement, vu son importance, a eu son mot à dire pour ne pas dire plus, et qui éclaire à merveille la juiverie (elle ne mérite, ici tout particulièrement, pas d'autre appellation, n'en déplaise au journaliste suisse romand qui le mercredi 11 mars 1964 a qualifié par deux fois la famille Rothschild d'illustre) dans ses appétits d'argent, dans ses appels au sang des « goyim », et dans son mépris de toute humanité, quand elle intervient sur les plus hauts plans de la vie nationale et internationale des États.

On se souviendra, dans la Guerre franco-allemande de 1870, de Bazaine investi dans Metz en août. Mac Mahon, chargé de le secourir, ne fait pas mieux et se laisse, lui, enfermer dans Sedan avec l'empereur, où il y capitule le 2 septembre 1870.

Le 14 septembre, révolution à Paris et république. Nouveau gouvernement avec une fournée (Drumont dit « presque tous les membres ou au moins beaucoup (*France juive,* tome I, p. 381) de Juifs dont Crémieux, Simon, Picard, Camille Sée secrétaire de l'Intérieur, Edmond Adam à la Préfecture de police, Jules Favre (Affaires étrangères), Juif selon M. de Bismarck dit Ed. Drumont.

Entrevue de Ferrières (18-20 septembre) entre Bismarck et Jules Favre (Ferrières résidence des Rothschild !)

Capitulation de Bazaine à Metz le 27 octobre, libérant quantité de troupes allemandes ; Napoléon III, nous venons de le voir, avait précédé Bazaine dans la capitulation.

Qui ne voit que tout est consommé, que tout est joué ? Tout le monde n'est-ce pas ?

Il faut donc conclure, déposer les armes, et à une autre fois s'il y a lieu, dans dix, vingt ou cinquante ans, d'en découdre de nouveau. Voilà ce que dit le bon sens par la voix de Drumont.

Mais Gambetta n'est pas de cet avis, individu de foire et de bas étage, de bohème et de café, créature des Juifs dans toute sa carrière et député (Gambetta Juif selon les uns, non Juif selon les autres, Drumont dit Juif, *Le Précis de l'Affaire Dreyfus* de Dutrait-Crozon dit non.)

C'est alors dit Drumont auquel nous cédons la parole (*France juive*, tome I, p. 386) qu'« un monsieur (il s'agit justement de Gambetta) né de parents restés Italiens, à peine Français lui-même, puisqu'il n'avait opté pour la nationalité française qu'au dernier moment, et avec la certitude qu'une infirmité le dispenserait de tout service, doublement étranger puisqu'il était Juif et qui, en tout cas, ne représentait que les douze mille électeurs qui l'avaient nommé, vint dire : « Mon honneur est tellement chatouilleux, mon courage est d'une essence si rare, que je ne puis consentir à ce qu'on fasse la paix et que, de mon autorité privée, je veux continuer cette guerre à outrance. »

C'est que deux milliards d'indemnité de guerre, « c'était bien maigre pour les Juifs, qui traînent après eux tout un personnel d'affamés auxquels on avait promis les dépouilles de la France. »

Il fallait donc que ce Gambetta de champ de foire embouche la trompette de la guerre jusqu'au dernier homme, et qu'on forme de nouvelles armées battues d'avance, mais qui permettraient une indemnité de guerre plus substantielle du fait de la prolongation de la guerre. Histrion plastronneur va !

Voyons donc ce que dit Bismarck à ce sujet (Ed. Drumont, *France juive*, tome I, p. 385) à M. Werlé, maire de Reims, qui en quittant le chancelier, consigna fidèlement le texte exact de cet entretien dans le journal qu'il tenait des moindres faits de l'occupation prussienne ; le *Figaro* a reproduit une partie de ce document.

Le roi de Prusse quitta Reims pour se rendre à Ferrières, le mercredi 14 septembre, vers dix heures du matin.

La veille, M. de Bismarck vint trouver M. Werlé et lui dit : « Nous partons demain ; je quitte le cœur gros. Nous espérions signer la paix à Reims, c'était la volonté du roi et mon plus ardent désir : c'est dans cet espoir que nous sommes restés dix jours ici. On nous force de continuer la guerre... on le regrettera.

» – Monsieur le comte, interrompit M. Werlé, la France n'a aucun intérêt à continuer la guerre, et, pour qu'elle refuse la paix, il faut que vos conditions soient inacceptables.

» – Je vais vous les dire, reprit Bismarck ; nous demandons deux milliards, Strasbourg avec une bande de terrain de quatre ou cinq lieues de large jusqu'à Wissembourg, afin que le Rhin coule des deux côtés dans des villes allemandes. Nous demandons la réunion des Chambres, car c'est avec elles seules que nous pouvons traiter, et c'est, ajouta-t-il, cette dernière condition qui rencontre le plus de difficultés. »

Quel acte d'accusation pour les Juifs que de telles circonstances et de tels événements, et il est des journalistes pour leur donner l'épithète d'« illustres » ! tel que M. Braichet.

Il faut prolonger une guerre sans issue pour plus que doubler l'indemnité de guerre, quitte à faire des veuves et des orphelins, et à porter de graves préjudices à la France.

Dans toutes les conférences où se joua le sort de la France, dit Drumont, le Français natif, l'homme du sol et de son histoire « n'intervien en aucune façon. Le dialogue se poursuit entre deux Juifs étrangers. » L'un est Italien et descend d'Allemands qui s'appelaient Gamberlé, l'autre est Suisse, s'appelle Schweizer de son nom primitif, Simon de son nom littéraire. Ni l'un, ni l'autre n'ont reçu pour gouverner aucune espèce de mandat. (*France juive*, tome I, p. 389).

C'est sans doute, dirons-nous, que tous les Juifs qui gravitent autour de Bismarck depuis longtemps, dont Bleichschröder est le plus important, ont tout naturellement appelé leurs collègues de France, et qu'entre eux tous, ils se jouent des intérêts de la France comme de ceux du roi de Prusse, pour ne penser qu'aux leurs propres, sous le bâton du chef d'orchestre le Kahal.

Nous avons déjà dit ailleurs que sur les cinq milliards réglés par la France, les Allemands, d'après Drumont, n'en reçurent tout au plus que neuf cents millions.

Comme l'on voit, commission de conséquence !

Continuons notre revue de la suprématie juive kahalienne dont nos journaux sont satisfaits ; qui ne dit rien consent !

Lors de la signature du Traité de Versailles en 1919, ni Joffre, ni Foch, ni Pétain n'assistent à la cérémonie ; et le 30 juin 1919, à la tribune du Sénat, un sénateur se plaint que toutes les places aient été occupées par ce qu'il nomme le « harem empanaché des Douze Tribus », c'est-à-dire par des Juifs (*Protocoles de Sion*, Urbain Gohier, page 283).

Wilson, à Paris, que nous savons avoir été littéralement chambré par les Juifs l'étant lui-même, dépose des fleurs sur la tombe d'un soldat américain ; une infirmière à ses côtés, une juive, c'est Mme Esther Crémieux femme de l'administrateur du *Journal* (ibidem p. 283).

Où loge M. Wilson pendant son long séjour en France ? chez le Juif Wiener, qui a épousé la veuve du richissime Juif Bischoffsheim et se fait appeler Francis de Croisset (ibidem p. 279).

C'est une règle chez les Juifs que tous les personnages politiques importants français, anglais, américains soient accompagnés, c'est-à-dire surveillés et contrôlés par un ou plusieurs Juifs en vue des intérêts juifs.

On en pourrait citer des centaines et des milliers de cas (pour exemples, voir Urbain Gohier, *Protocoles de Sion*, p. 270).

Parmi les différentes éditions des *Protocoles de Sion*, celle de la Vieille-France 1924 est la plus précieuse, parce qu'en dehors des Protocoles rédigés par les Juifs qui dévoilent leurs visées mondiales et leurs procédés dégoûtants pour y atteindre, Urbain Gohier donne de nombreux articles de journaux, ainsi que des considérations personnelles pertinentes infiniment précieuses. Livre rare.

A Paris, en pleine Première Guerre mondiale (22 juillet 1917) un décret institue pour le ravitaillement un Office central des Céréales ; y sont nommés les Juifs Bernheim, Bollack, Benedict, Bloch, L. Dreyfus, P. Mayer, Isidore Suss,

Ullmann, E. Dreyfus, Fernand Lévy, Matthieu Lévy, Camille Weill (ibidem p. 289).

A la bataille navale du Jutland (31 mai 1916), c'est l'amiral anglais Percy Scott qui l'a révélé, un mystérieux télégramme arrête les destroyers anglais lancés à la poursuite des Allemands. L'auteur du télégramme : la puissance occulte des Juifs. C'est *a terrible crime* dit l'amiral anglais P. Scott (ibidem p. 269).

Aux Dardanelles, même comédie ; l'attaque des navires alliés est arrêtée, alors que les Turcs n'ont plus que quelques boulets à disposition. Raison, la puissance occulte (ibidem p. 269).

En 1918, l'armistice est imposé par la Puissance occulte. Pétain accourt chez Foch pour protester, il a préparé 150.000 hommes de troupes uniquement françaises, pour battre les Allemands jusque dans le cœur de l'Allemagne. Foch est inflexible parce qu'ayant reçu des ordres, c'est évident ; Pétain pleure (*Aspects de la France*, 15 mars 1962) ; de qui des ordres ? de Clémenceau, Wilson et compagnie, pardi, Juifs ou hommes des Juifs ; Clémenceau toute sa vie fut avec les Juifs, il a avec eux la haine du chrétien, il est l'homme de paille du Juif Cornélius Herz, l'aventurier patenté et de haut vol.

Pétain peut pleurer, nous sommes des cœurs de pierre.

Ces soldats auraient mérité d'entrer en vainqueurs en Allemagne, une satisfaction légitime gagnée cent fois, un besoin de l'âme, de quoi meubler sa mémoire de grandeur, de prises d'armes et de fanfares, quelque chose qui vous tient à tout et ne vous lâche qu'à la dernière miette de votre vie, les lauriers du vainqueur qui font qu'on oublie, dans des minutes émouvantes, toutes les peines et toutes les larmes versées dans la boue des tranchées... mais allez donc le faire comprendre au Juif qui n'a que son argent dans la tête et que le vide dans son cœur !

C'est précisément pourquoi, M. Braichet de la *Feuille d'Avis de Neuchâtel*, contrairement à ce que vous pensez, le Juif n'a rien d'illustre !

La puissance occulte du Kahal n'a que faire de toute cette verdure et toute cette fraîcheur dont nous avons, pour vivre, un besoin toujours présent ; c'est comme de la lumière qui chante et qui vibre, et se renouvelle et résonne sans cesse !

Le cœur et la noblesse du maréchal Pétain peuvent pleurer l'armistice précoce, qui prive le soldat de sa récompense de parades, de fanfares et de fierté. Le Juif, lui, ne pleure que son argent

Deux mots sur le Juif Mantoux, Juif à nom français. Les débats qui aboutissent au Traité de Versailles se firent dans le plus grand secret entre les quatre représentants de France, Angleterre, Italie et U.S.A.

Un cinquième est présent, notre Juif Mantoux, à toutes les séances « modestement qualifié d'interprète », qui renseigne, tout en contrôlant et surveillant, au jour le jour, le Kahal et ses financiers, sur la situation et les décisions prises ; on voit avec quels bénéfices et avantages pour ceux-ci (ibidem p. 279).

Nous pourrions multiplier les exemples de cette puissance, tant elle est active et tant l'inertie et la passivité des « goyim » lui facilitent la tâche.

Quelles sont un peu les limites de cette puissance ? Où s'arrête-t-elle ? Peut-elle tout ? Y a-t-il des risques qui la retiennent, ou des obstacles haut situés dans le monde des peuples qui lui font renoncer à ses entreprises ?

Va-t-elle jusqu'à toucher à nos têtes d'État ? Oui, rien ne la retient dans ses audaces, elle compte sur des facilités de tous ordres pour tout détruire, éteindre, et noyer dans le mystère et le silence. « Les Juifs, dit très justement Urbain Gohier, sont supérieurement intelligents pour la destruction, ils ne possèdent pas le seul génie vraiment supérieur, le génie du bien » (*Protocoles de Sion*, Vieille-France, p. 130).

Il est acharné, dirons-nous, pour détruire en salissant et dégradant, ainsi le veut sa position vis-à-vis du Ciel, la frénésie de Marat qui est de sa race lui servant de moteur et d'exemple.

Et cependant on connaît les crimes du Kahal dont aucun journal n'a parlé et ne parle, et dont quelques hommes seulement, dont le besoin de vérité est très grand, nous ont entretenus.

Louis XVI, roi de France et Marie-Antoinette sont morts des ordres du Kahal par le canal de l'Assemblée de Francfort en 1785 qui les condamne à mort, ainsi que Gustave III roi de Suède, abattu dans un bal masqué, à bout portant, d'un coup de pistolet. Voici ce qu'en dit Drumont, le grand Drumont, le merveilleux Drumont (1841-1917), cent fois sacrifiant d'avance sa vie aux fins de tenter d'éloigner de la France l'étreinte pestilentielle et féroce des frères et des fils de Marat ! dont nous sommes aujourd'hui les spectateurs révoltés ! et peu nombreux, puisque notre presse, *Journal de Genève* et *Gazette de Lausanne* en tête, sur tout ce problème juif, pratique, en s'appliquant beaucoup, une politique de criminel silence et d'éteignoir !

Voici ce que dit Drumont à ce sujet : « Ces faits sont aujourd'hui hors de conteste. Voir à ce propos la lettre de Monseigneur le cardinal Mathieu datée du 7 avril 1875, et celle de Monseigneur l'évêque de Nîmes du 17 janvier 1878, publiée dans *L'Univers*. Ces deux lettres figurent dans les *Œuvres pastorales* de Monseigneur Besson. »

> Il y a dans mon pays, écrit le cardinal Mathieu, un détail que le puis vous donner comme certain. Il y eut à Francfort en 1785 une assemblée de francs-maçons, où furent convoqués deux hommes considérables de Besançon qui faisaient partie de la société : M. de Reymond inspecteur des postes, et M. Maire de Bouligney président du Parlement. Dans cette réunion, le meurtre du roi de Suède et celui de Louis XVI furent résolus. MM. de Reymond et de Bouligney revinrent consternés, en se promettant de ne jamais remettre les pieds dans une Loge, et de se garder le secret. Le dernier survivant l'a dit à M. Bourgon, qui est mort à près de nonante ans, possédant toutes ses facultés. Vous avez pu en

entendre parler ici, car il a laissé une grande réputation de probité, de droiture et de fermeté parmi nous. Je l'ai beaucoup connu et pendant bien longtemps, car je suis à Besançon depuis quarante-deux ans, et il est mort récemment. Il a raconté souvent le fait et à moi et à d'autres. Vous voyez que la secte sait à l'avance monter ses coups - c'est là en deux mots son histoire.

P.-S. - M. Bourgon était président de chambre honoraire à la Cour. (*France juive*, tome 1, p. 271.)

Plus récemment exécution d'Alexandre II (1805-1881) par attentat terroriste des nihilistes à la bombe (1er mars 1881).

Alexandre III, fils du précédent (1881-1894 (Vieille-France n° 212, *Protocoles de Sion*, p. 198). Un mystère planait sur sa mort, aujourd'hui les Juifs se font gloire et honneur (l'honneur d'un juif qui ne passe jamais que par son argent et ses haines) de l'avoir assassiné par empoisonnement, et ceci dans *The Imperial Orgy* du Juif Edgar Saltus chez les éditeurs juifs Boni et Livebright, New York, p. 212 à 214.

Voici ce qu'on y lit :

Cependant Israël agonisait. Dans une région où l'autre gibier devenait rare, un prince chassait les juifs. Il n'y avait qu'un recours : l'appel à Dieu. Dans les synagogues secrètes, les cierges furent renversés. Et au nom qui contient quarante-deux lettres ; au nom de Tetragrammaton ; au nom des Globes et des Roues ; au nom de Celui qui a dit : « je suis celui qui est et qui sera », le Grand Ban, Schammatha, fut prononcé. Les Ofanim furent adjurés de répéter la malédiction. Jehovah fut supplié de faire pleuvoir sur le tsar toutes les exécrations du Rouleau de la Loi. Le Seigneur des Armées fut supplié de l'effacer de dessous les cieux.

Si Zakkarin avait été un terroriste (il aurait tué le tsar et il aurait été mis en pièces aussitôt ; Zakkarin n'était pas un terroriste ; il était un médecin. Comme médecin, il prescrivit un remède que, par précaution, il avait apporté avec lui... L'auguste malade daigna le prendre. Et Zakkarin le regardait !

Oh ! comme il eût été passionnant de saisir ce regard ! shakespearien, troublant mais calme, c'était un regard qui disai : enfin !

Il y avait autour de l'empereur ses officiers, ses serviteurs, des gardes, des cosaques, le Procureur du Saint-Synode. Ah ! Ah !...

Il y avait le médecin.

L'empereur, inconsciemment surexcité, tendit la tête vers le médecin :

– Qui êtes-vous ?

Zakkarin penché, murmura : « Un juif ! »

– Un juif ! cria le boucher obèse.

Zakkarin se tourna vers l'entourage, expliqua ; « Sa Majesté est en délire. »

Il se tourna de nouveau vers son patient et murmura encore. « Vous êtes condamné ! »

Alexandre, pour jeter un cri d'épouvante, s'était soulevé. Mais le murmure fit son œuvre. Et la drogue était plus active encore. Il retomba. Le Grand Ban aussi était tombé. Où le terrorisme avait échoué, Israël avait réussi.

« Pleure, Russie ! » disait le communiqué officiel dans le premier numéro de la « Novoyé Vremia ». « L'empereur est mort ! »

On offrit à Zakkarin la croix de Nevski et les diamants habituels. Par dérision, il les accepta.

Nicolas II, la tsarine, leurs filles et le tsarévitch égorgés « dans des circonstances tellement atroces qu'elles écœurent même des libéraux. »

Le président de la République française, plus récemment (1932), a été assassiné sur ordre du Grand Orient a pu dire Léon Daudet, qui connaît son sujet pour y avoir laissé son fils, dans sa *Police politique.*

On voit à quels redoutables bandits nous avons à faire, et en quelles mains sont les destinées du monde grâce à l'inefficace comme dit Bossuet, grâce à la décadence et aux origines des institutions politiques qui gouvernent partout dans le monde de nos temps.

C'est dire si le dossier de ces gangsters juifs est chargé, et de quel nombre de crimes il est peuplé, connus et inconnus. Signalons encore en passant le dénommé Shapiro qui vole à Paris à la loge Mizraim dans les années 1880 et quelques, la pièce originale des *Protocoles de Sion* et qui est assassiné en Égypte. Nous avons vu chez nos voisins français (voir index sous Syveton) comment toute cette machinerie criminelle actionne ses différents leviers, partant d'ordres donnés par le Grand Orient de France rue Cadet, à Paris.

Dans tout crime de nature tant soit peu politique, à quelque hauteur qu'il soit, surtout s'il est très haut, la mauvaise réputation du Kahal et de sa franc-maçonnerie, étayée sur un dossier et des antécédents qui comptent comme nous venons de le voir, et sont à eux seuls une offense et une honte perpétuelles à tout esprit de civilisation, autorise dans tous les cas à mettre en discussion leur culpabilité. C'est bien ce que nous faisons, et ce qu'on fit au 19e siècle aux U.S.A. entre 1820 et 1860 ; la franc-maçonnerie, cette filiale du Kahal dirons-nous, est accusée longtemps, mais par la seule opinion publique sauf erreur, d'avoir été l'auteur de l'assassinat du journaliste William Morgan qui l'a soumise à ses attaques *(Libertés françaises* n° 14, p. 64).

Dans tous les cas dis-je, et précisément là où on ne l'a pas fait, dans le cas de Kennedy, dont l'expression, le beau visage charmaient et retenaient, des yeux brillants et clairs qui parlent, dont l'activité a donné satisfaction, et dont la jeunesse autorisait à penser à de nombreuses réélections, trois ou quatre ou même plus... (on sait que Franklin Roosevelt a régné pendant quatre législations). De plus, exemple unique, dans l'histoire des États-Unis, il est catholique d'ascendance irlandaise, donc pas franc-maçon, alors que ceux-ci ont tenu depuis Washington celui-ci compris, de très nombreuses présidences comme nous l'avons vu ailleurs dans ce texte (voir index sous U.S.A.). Ajoutez à cela l'évidente complicité de la police, telle qu'elle ressort de l'examen des photographies des pages 67 et 68 de *Match* du 7 décembre 1963, police dont la pourriture ne doit pas être bien éloignée de celle de la France !

Il faut envisager le Kahal partout où des crimes de conséquence sont présents, l'envisager systématiquement, régulièrement, obligatoirement.

Il faut même savoir, s'il le faut, remonter l'histoire, que nous sommes susceptibles, alors, d'éclairer, sachant de nos jours des faits et possédant des connaissances - ce qui est précisément le cas du sujet qui nous occupe - peu développées à la date d'événements passés, qui attendent de nous, conséquemment et rétrospectivement, des aperçus ou même des affirmations nouvelles.

Dans tout attentat situé très haut, contre des chef d'État ou des têtes couronnées, envisager l'action possible des forbans mondiaux kahaliens.

À cet égard, en retenir deux.

Le premier, l'attentat de Sarajevo, en 1914, qui nous jette dans une guerre que les Juifs désiraient de toutes leurs forces, surtout que le prince héritier François-Ferdinand d'Autriche était un homme de caractère et de compétence, de religion et de sérieux, très Saint-Siège, ce qui n'était pas, vous le pensez bien, pour plaire aux Juifs qui, dans leurs Protocoles, comme nous l'avons vu, se voyaient deux ennemis principaux, le tsar de toutes les Russies et le souverain pontife à Rome, qu'il s'agissait d'abattre.

Ce prince avait, comme a dit Malynski, donné dans les dernières années du règne de son oncle François-Joseph, des signes évidents du programme qui était et serait le sien, de fermeté, de raison, de bon sens et d'orthodoxie et surtout de paix ; avec lui, rien à faire et rien à attendre pour nous, ont tout de suite compris les Juifs. Cet homme se mettra en travers de nos entreprises.

Malynski, l'homme auquel on ne fait pas prendre des vessies pour des lanternes, admet la présence juive à l'attentat de Sarajevo.

Il est un autre prince héritier auquel je pense, lui aussi doté très richement par la nature, fort bien de sa personne, et dont Charles Maurras a souvent parlé, soulignant ses brillantes qualités, telles qu'elles faisaient présager un très grand règne.

Mais ce prince avait parlé. Fils aîné de Louis-Philippe, auquel on a souvent reproché, sans oublier ses qualités, ses appétits d'argent et précisément ses accointances rothschildiennes, il n'était pas du tout porté comme son père vers les Juifs, mais au contraire se rendait parfaitement compte du danger immense qu'ils représentaient, pour l'avenir et la tranquillité de notre monde.

Ses qualités de raison, de jugement, d'indépendance d'esprit, sa science militaire, son immense popularité, son entregent remarquable, sa connaissance parfaite du journalisme et des journalistes qui l'aimaient, n'avaient pas échappé aux Juifs de l'époque, qui pouvaient discerner en lui un adversaire redoutable à leurs entreprises de chaos, d'anarchie, de crimes et d'hégémonie mondiale.

Comment est mort ce prince si doué, ce prince visiblement du plus grand avenir, cet émule en talents et sérieux du François-Ferdinand de Sarajevo ?

Né en 1810 et mort en 1842 ; il avait acquis « une immense popularité, sa mort fut un deuil universel, on lui fit de magnifiques obsèques. »

On peut poser presque avec certitude, que ce prince clairvoyant présent, la Révolution de 1848 n'aurait pas eu lieu.

Cette mort ? accidentelle. Quel accident ?

« Il périt de la manière la plus déplorable le 13 juillet 1842 près du château de Neuilly, en s'élançant de sa voiture dont les chevaux s'étaient emportés. » (Bouillet 1864.)

Des chevaux qui s'emportent et qui ne s'emportent pas sans raison ? Le plus souvent, ce sont des raisons qu'on discerne et qui peuvent être nombreuses, naturelles ou *provoquées*.

Supposons une route très fréquentée, et qu'un piéton jette sous les pieds d'un cheval un pétard dont le bruit, pas trop fort, serait plus ou moins éteint par le vacarme des carrosses et des voitures qui, dans ce temps, contrairement aux nôtres, en font beaucoup. Les chevaux s'emballent et le piéton coupable se glisse dans la foule.

Ce n'est là qu'un exemple.

D'un autre côté, il serait extrêmement intéressant de lire dans les journaux de l'époque ce qu'il en fut exactement d'un accident qui causait la mort d'un prince qui, comme François-Ferdinand, s'il avait vécu et nouveau Philippe le Bel, aurait peut-être ou même probablement, brisé ou paralysé les entreprises de conjuration de ce ramassis de Juifs gangsters de haut vol, qui ne reculent, comme ils le disent dans les Protocoles, devant aucun crime pour atteindre leurs buts, et comme nous l'avons vu justement dans ce texte. Rothschild nouveau Fouquet.

Ils doivent être arrêtés - il le faut ; qu'un d'Artagnan se trouve, qu'un Louis XIV soit là -, ils doivent être brisés, paralysés, enchaînés, ces malfaiteurs du genre humain ; n'ayant plus à l'actif de leur bilan, que le pain et l'eau, qu'on donnait aux enfants dans un temps où on les punissait encore.

U.S.A. de malheur, qui ne faites rien et pourriez faire beaucoup, quand allez-vous sortir à cet égard d'une léthargie qui vous déshonore et vous laisse à la merci du Juif barbare ?

Il est de salubrité mondiale de perquisitionner au Kahal, États-Unis de faiblesse, de veulerie, de lâcheté, inconscients de vos vrais devoirs, victimes de vos erreurs sans nombre pour n'avoir point suivi les conseils de Franklin ! oui, agissez et sans tarder.

C'est déjà beaucoup d'attente pour des gens aussi entreprenants et pressés que sont les Juifs de nos temps.

Ne voit-on pas présentement et justement le Juif Goldwater sur les rangs comme candidat à l'élection présidentielle ? et qui donne des avis d'ultra-conservateur.

Encore une fois, crions très haut *cives orbis terrarum cavete Judaeos* (citoyens du monde, faites attention aux Juifs).

En cas de réussite, ce serait sauf erreur le second président des U.S.A. juif, Wilson en ayant été le premier comme nous l'avons vu ! en attendant que les

U.S.A. ne soient plus que le roi fainéant entre les mains de son maire du palais. On verra des Mérovingiens jusqu'aux U.S.A.

Les Juifs ne sont-ils donc pas assez puissants aux U.S.A. pour marcher, comme en France, à la tyrannie et au communisme juif sanglants ?

Et l'on dit que vous êtes le peuple le plus puissant du monde ? Ce que vous êtes ? Vous n'êtes plus que l'instrument du Juif et bientôt la risée du monde.

Les U.S.A. ne nous ont pas montré toutes les hontes et turpitudes de leur régime ; il leur a fallu des années et des années pour condamner (1964) le sinistre Hoffa, véritable gangster et chef du syndicat des transports !

Que de maladies dans nos démocraties, et que de signes de fatigue et même d'extinction elles accusent !

Nous approchons de la fin tant mieux, l'atmosphère est devenue irrespirable aux hommes de goût et de discipline intérieure, et les Juifs l'espèrent aussi selon leur Talmud qui les aveugle, leur promettant les rênes du monde, l'empire de l'univers !

À New York, écoutez bien chers amis, écoutez bien, le Kahal a ses propres tribunaux, promulgue des lois, juge souverainement dans des grèves, exécute des décisions. Les Juifs préfèrent leurs tribunaux à ceux du pays.

New York, dit encore Ford, est aux Juifs ce que Rome est aux catholiques et La Mecque aux Musulmans ; les Juifs entrent aussi librement à New York qu'ils ne le font en Palestine !

Pour beaucoup, New York, ô Franklin, est devenue Jew York !

Et ce sont ces gens-là qui couvrent leur race de privilèges et qui sont, disent-ils, ennemis de toute politique raciale !

L'audace et l'effronterie juives sont décidément sans limites, et n'ont d'égales que la veulerie, l'ânerie comme disait Montaigne, l'absence d'idéal, la lâcheté et l'inconscience des chrétiens.

Et c'est dans ces temps-là que se donne le *Stellenvertreter*, le *Vicaire*, criante nouvelle offensive judéo-maçonnique, destinée à semer davantage encore de désordre et de dispute dans le monde, ceci en concordance parfaite avec les Protocoles, où les saintes choses qui commandent le respect des gens bien nés, doivent être systématiquement piétinées, salies, détruites dans les esprits ; ces jours encore, attentat au plastic à Coppet, tentant d'y détruire la sépulture de la famille Necker (mai 1964).

C'est dans ces moments-là, dis-je, qu'on nous annonce que Vatican III discutera prochainement (dès le 14 septembre 1964) de la condamnation sous toutes ses formes de l'antisémitisme !

Désordre, anarchie, attentats, insécurité, violences, affaissement des mœurs, tout cela précède notre prise directe de pouvoir disent encore les Protocoles.

Reprenez donc ce numéro de *Match* du 7 décembre 1963, et regardez les photos des pages 67 et 68 : la passivité de la police dans l'assassinat de Kennedy vous y apparaît surprenante toujours et encore. Le protocole 18 : « Organiser le désordre ».

« Dans ce Kahal de New York se réunissent les Juifs de toutes conditions sociales ou politiques, le patron juif comme son ouvrier juif qui fait grève, les Juifs les plus rouges et les plus révolutionnaires comme les plus grands capitalistes. Ils ne sont pas nécessairement entre eux les meilleurs amis du monde, mais la haine des non-Juifs est le lien qui les unit tous. » (Henri Ford 1920).

Le Kahal est davantage « une association à buts offensifs que de protection, et c'est dans l'ouest de New York que des centaines de milliers de Juifs se préparèrent et s'armèrent pour renverser et détruire l'empire des tsars » (Henry Ford 1920), dont le fameux Trotsky, le tortionnaire du peuple russe comme nous verrons ailleurs, ajouterons-nous.

Sois fier de tes exploits, peuple américain, incapable de te débarrasser d'un poison mortel, qui te mettra bientôt dans l'esclavage des ennemis de Dieu et de Jésus-Christ.

Abominables institutions politiques que celles qui produisent de tels effets !

Le Kahal a divisé la ville de New York comme l'Amer. Jewish Comitee a divisé le territoire tout entier des États-Unis. On y compte huit districts, et chacun de ceux-ci renferme cent quartiers ; les conseils de district dirigent selon les ordres du Kahal.

Les Juifs s'accumulent à New York, entrant comme ils veulent aux U.S.A. et ne vont pas plus loin, s'y empilant dans cette ville à un point que 570.000 Juifs sont logés dans la centième partie de la ville.

« Si la ville, dit encore Ford, de New York tout entière était habitée selon la densité des quartiers juifs, sa population s'élèverait à plus de 90 millions ! »

Il est bien évident ajouterons-nous, que cette abondance d'émigrés juifs à New York est dirigée ; il s'agit de submerger cette ville d'un flot tel que les Juifs y soient absolument maîtres et seigneurs (ils le sont du reste déjà comme nous l'avons vu), et que tout le reste des États-Unis n'ait plus qu'à suivre docilement. Dès lors, on comprend bien la raison pour laquelle l'ONU, organisme d'inconséquences, quittant les lieux de Genève, s'est installée à New York avec son parlement de malheur, qui complique, prolonge, et généralise les conflits (voir affaire de Cuba)... c'est pour que cette institution onusienne subisse davantage encore l'emprise talmudiste, c'est de toute clarté !

Est-ce que tout cela est croyable, imaginable, est-ce qu'on rêve ? N'est-ce pas le tableau parfait d'un pays gouverné par la « dame sans tête » que sont les pays dits démocratiques ? Comment un gouvernement qui se respecte, qui est attentif à ses devoirs, peut-il laisser aller les choses à ce point ? Et ce, avec un peuple politiquement aussi dangereux et aussi envahissant par tous les moyens que ne l'est le peuple juif, obéissant tout entier à des « gangsters » de la vie internationale ?

Je m'en réfère pour parler ainsi, notamment au contenu des *Protocoles de Sion*, au massacre de la famille impériale russe et au rapport du « Secret Service » des U.S.A. de 1919 communiqué à ses alliés, et dont on donne dans ce livre une partie du contenu (voir Index sous *Secret Service*), dont notre presse prétendue libre ne parle jamais, se contentant de passer dans ses colonnes les moindres plaintes du dernier des Juifs, que lui transmettent les grandes agences mondiales de nouvelles, toutes en mains juives ou peu s'en faut.

Répétons encore avec Drumont : « Par malheur pour les oreilles délicates, il y a constamment dans le monde un Juif qui crie et réclame quelque chose. »

Et voilà justement, un de ces Juifs d'infection qui vient de crier, et c'est des U.S.A. naturellement ; où, là, ils crient de plus forte voix qu'ailleurs, tellement ils se sentent chez eux et les maîtres à totalité ou à peu près (*Feuille d'Avis de Neuchâtel* du 8.4.64).

Quel est ce membre de l'éternelle race criante ? c'est Goldberg tout simplement, dont les cris nous sont transmis par une agence U.P.I., et qui éprouve le besoin de parler de l'antisémitisme en Russie atteignant, dit-il, « des proportions alarmantes ».

Que fait-il ce Goldberg ? Il est juge à la Cour suprême des U.S.A. composée de neuf membres où les Juifs ont naturellement trouvé bon, et les U.S.A. d'inconséquence et de malheur aussi, de se loger. Ce n'est du reste pas le premier Juif à s'introduire dans cette maison. Mais d'abord reproduisons la dépêche, dont l'impudence extrême ne saurait être assez soulignée, qui parle comme si rien n'était d'un passé récent, rempli des abominables massacres et tortures infligés au peuple russe lors de la Révolution, par une bande de Juifs partis de New York (quelques centaines de milliers dit Ford comme nous l'avons vu).

On peut juger par là ce que vaut l'équité de ce Goldberg, menteur par omission, supprimant d'un trait de plume, pour les besoins de sa cause, toute la Révolution russe et ses infâmes et innombrables bourreaux et tortionnaires juifs américains et russes.

On le voit ce Goldberg départageant, drapé dans sa robe de justice, entre Juifs et non-juifs.

Des gens qui n'ont pas d'honneur ne doivent être juges nulle part, stupides Américains. On ne mélange pas l'ivraie et le bon grain.

Sinistre Goldberg va ; personnel politique aux mains sales.

Introduire les menteurs patentés à la Cour suprême qui, depuis plus de deux mille ans, ne font que mentir ; il fallait toute la science des U.S.A. pour en arriver là, à ce degré d'inconséquence !

Ces Juifs qui n'ont jamais leur conscience que dans leurs poches ! Ces Juifs menteurs comme les arracheurs de dents d'autrefois !

Le Juif, le menteur héréditaire, téméraire et légendaire, dont le mensonge, quand la race et la religion parlent, est comme un quelconque pain quotidien.

Le mensonge devenu réflexe et dont on se nourrit ! Voyons ces deux dépêches :

Antisémitisme en Union Soviétique.
Appel des Juifs américains au gouvernement de Moscou.

> Cinq cents dirigeants de vingt-quatre organisations juives américaines ont lancé un appel au gouvernement soviétique pour qu'il mette fin à l'«antisémitisme officiel » dont, selon eux, sont victimes les trois millions de juifs soviétiques. Cet appel fait partie des résolutions adoptées au cours d'une conférence de deux jours, destinée à la préparation d'une campagne en faveur des juifs d'Union soviétique. Le sénateur Javits a déclaré, au cours de la dernière séance de cette conférence, qu'il était prêt à se rendre en U.R.S.S. accompagné de M. Arthur Goldberg, juge à la Cour suprême des États- Unis, et du sénateur A. Ribicoff, pour examiner avec les autorités soviétiques le statut des juifs vivant en Union soviétique. (« Feuille d'Avis de Neuchâtel » du 8.4.64.)
>
> Le Dr Prinz, président du Congrès juif américain, a affirmé, de son côté : « Nous ne cherchons pas à obtenir des privilèges spéciaux (pour les juifs soviétiques), privilèges dont ne bénéficient pas les autres minorités. Mais nous continuerons notre combat jusqu'à ce que notre voix soit entendue. Une journée de prières sera organisée dans toutes les synagogues des États-Unis, pour attirer l'attention de l'opinion publique sur la situation difficile des juifs d'U.R.S.S. Des représentants de la conférence seront enfin reçus par M. Dean Rusk, secrétaire d'État. » (« Feuille d'Avis de Neuchâtel » du 8.4.64.)

D'abord qu'est-ce qu'un membre de la Cour suprême des U.S.A. a à faire dans des assemblées de race et de politique ?

Rien n'est-ce pas ; on ne voit pas chez nous pareille manière de faire de la part de notre Tribunal fédéral !

Je vous dis que l'impudence juive n'a pas de limites !

Je dis « comme si de rien n'était ». Vous allez voir ailleurs dans ce texte, exactement au chapitre de la Révolution russe et de ses bourreaux juifs, si les Russes ont le droit et le devoir d'être antisémites comme toute la terre devrait l'être.

De quels massacres, de quelles tortures, de quelles abominations, faites en grand, sur des ordres qui frappent et s'étendent à la Russie tout entière, ont été victimes les Russes, au moment de la Révolution et dans les années qui suivent, de la part des Juifs partis de New York avec la bénédiction du gouvernement des U.S.A. !

Honte à toi, peuple américain déchu de tes droits de maître et seigneur, d'avoir laissé partir ces Juifs bêtes féroces dont nous montrerons les horreurs.

Les Russes ne font présentement que de tenir en laisse les descendants des pires gredins et chenapans qui soient, et ne font que ce que, vous U.S.A., devriez faire mais ne faites pas, parce que tout simplement vous n'avez plus rien de l'esprit des pilgrims et de Franklin !

Vous n'êtes pas un peuple vainqueur, mais un peuple vaincu Encore un peu et vous serez à la laisse du Juif !

Vaincu sans combat par race de menteurs, de voleurs, d'espions, d'escrocs, de faussaires, d'assassins, de bourreaux, qui osent se donner des airs de petits saints, justement parce qu'ils sont ce qu'ils sont : les serviteurs de Satan.

À cet intéressant chapitre des méfaits de la bande talmudiste, je ne citerai que deux exemples, il y en a légion ; celui de Bernard Baruch « l'homme le plus puissant d'Amérique », président du Comité du Matériel de guerre (1917), président du bureau des industries de guerre (1918), chef de la délégation financière des États-Unis à la Conférence de la Paix (1919), accusé en plein Congrès par le représentant Mason (Illinois), d'avoir volé deux cents millions de dollars sur les métaux de guerre (*Protocoles de Sion* édition Vieille-France p. 278).

Et quelque chose de tout récent qui met tellement bien en évidence le « fieffé menteur » comme je dis.

Prenons donc Paul Rassinier, Le Véritable Procès Eichmann ou Les Vainqueurs incorrigibles, juin 1962, édition des Sept Couleurs. Paul Rassinier, dont la rigueur admirable et le besoin de vérité ne sauraient être assez soulignés ! et ouvrons-le à la page 224. Nous y sommes en plein document Kurt Gerstein qui parle des camps à chambre à gaz de Belzec avec capacité de gazés de 15.000 personnes par jour, de Sobidor idem 20.000 par jour, de Treblinka (tout ceci en Pologne) de 20.000...

Or ce Kurt Gerstein (p. 223) est gradé des SS, fait prisonnier par les Français aux premiers jours de mai 1945 à Rottweil (Wurtemberg) ; expédié à Paris, prison de Cherche-Midi, il s'y suicide. (Ici nous dressons déjà l'oreille, connaissant par ce livre ce dont est capable la Sûreté générale française en matière de suicidés, agissant sur les ordres du Grand Orient rue Cadet.) Mais il y a mieux, ce Kurt Gerstein a, nous dit-on, laissé un document, celui que je viens de citer, princeps, puisqu'il fait partir le mensonge des « six millions de gazés » du fieffé menteur qu'est le Juif talmudiste, écrit, tenez-vous bien, en français et daté du temps où Gerstein était encore en Allemagne ! ! !

Terminons en donnant la parole à Rassinier, tout en rendant hommage à la qualité de ses ouvrages et au courage qui sans cesse l'anime, et le fait se dresser d'instinct contre les affirmations odieuses des menteurs téméraires que sont les Juifs :

> « Mais d'abord, qui était ce Kurt Gerstein ?
>
> A cette première question, la lecture des quarante-deux volumes du compte rendu du Procès de Nuremberg ne permet pas de répondre : pour des raisons que le lecteur ne tardera pas à comprendre (Réd. celles que nous avons dites), le Tribunal, en effet, n'a pas voulu entendre parler ni de Kurt Gerstein ni de son récit : de la liasse de documents produits par
>
> M. Dubost, il n'a retenu que deux factures à la date du 30 avril 1944, l'une pour Auschwitz, l'autre pour Orianenburg.
>
> Le lendemain, 31 janvier 1946 cependant, les journaux du monde entier reproduisaient sans sourciller et chacun à sa manière, le récit de Kurt Gerstein, dont la lecture avait été refusée à l'audience et dans une forme telle que personne ne pouvait douter de son authenticité et de son admission comme preuve par le Tribunal.

> C'est de cette « offensive de presse » que date l'exploitation qu'ont fait de ce document depuis quinze ans - on gagne sa vie comme on peut - ces historiens éminents... (*Le Véritable procès Eichmann* p. 224). »

Nous avons dans ce livre parlé souvent de l'impudence juive et de sa faculté téméraire de mensonge ; nous en avons donné, bien obligés de nous limiter, quelques exemples.

Les six millions de gazés par fournées de dix à quinze ou vingt mille personnes par jour et ce dans plusieurs camps, resteront désormais indissolublement attachés à la personne du Juif, le studieux écolier du Talmud, le souffletant de sa mauvaise foi, et permettront d'ajouter une nouvelle épithète à celles déjà bien entrées dans nos mémoires, et que souvent nous avons cité dans le cours de ces lignes : le Juif est un menteur téméraire, c'est-à-dire comme dit Larousse, un menteur hardi, avec impudence. Le Juif ou le menteur téméraire !

Jusqu'où le Kahal ne peut-il pas mentir ?

Juif téméraire, insupportable, quo usque tandem abutere patienta nostra ?

Faut-il donc, Kahal de malheur, te rappeler que ton Theodor Herzl (1860-1904), théoricien et fondateur de sionisme, t'a prédit à toi et à ton peuple des pogroms mondiaux ? Veux-tu tout faire absolument pour que de toutes parts on te rejette, pour que de toutes parts las et repus de tes mensonges et de ta hardiesse incessante, on te jette à la face ton ignominie, toi le trouble-fête dans tous les pays, l'animateur de tous les désordres partout et nulle part, de toutes les révolutions, toi le conjuré, le comploteur de l'ordre établi. Faut-il attendre plus longtemps encore, pour que nus comme des vers, nous soyons dépouillés de tous nos biens partis, emmagasinés dans tes coffres-forts ?

Quand arrêtera-t-on la conjuration juive contre le genre humain ? Quand mettra-t-on la main sur le Kahal ? Quand le « salisseur de l'esprit humain » sera-t-il réduit au silence ? La coupe n'est-elle pas pleine ? Quand dépouillera-t-on le Juif voleur, menteur, bourreau, assassin, espion, de tous ses biens ? Puisqu'il les emploie à des buts qui sont condamnables, et attentent à tout ce qui nous est cher, à tout ce que dans nos âmes, nous appelons beau, nous appelons grand, nous appelons juste ; Seigneur, il faut que parmi nous la plus puissante expression de Satan périsse !

Ajoutons entre nous que Kurt Gerstein peut être en toute tranquillité porté sur la liste des « suicidés » à la mode Sûreté générale, qui écrit des rapports en langue française sur territoire allemand, dans un chambardement général !

Arrêtons-nous à ce sujet pour le quitter, nous verrons dans un autre chapitre de ce livre les Juifs de New York ou mieux de Jew York, partis en toute quiétude de leur ville, pour détruire un empire l'allié des États-Unis.

Les U.S.A. félons à l'Europe par leurs Juifs !

Voilà, grand pays tombé pour cause de Talmud, comment s'enchaînent et se déchaînent de grands événements dont les origines sont impures, et parties d'un système politique contre nature, rousseauiste, de folie, d'égalité furieuse, vous conduisant à l'abîme tout droit !

Mutare aut mori ; civis americane cave Judacos tibi periculum mortale. Le Juif tendon d'Achille des U.S.A. !

(Changer ou mourir ; citoyen américain, fais attention aux Juifs, danger mortel pour toi.) Le peuple américain ne doit jamais perdre la mémoire de Caton l'Ancien s'il veut survivre.

Un des organes de la puissance juive est la *Jewish Telegraphic Agency* ; les Juifs sont partout dans le monde, étroitement liés entre eux par leur Kahal et des associations secrètes redoutables, telle que par exemple la Loge des B'nai Brith, capable de tout à l'image de l'organe directeur suprême ; espions nés, êtres sans dignité et sans honneur, ils sont, disent-ils eux-mêmes, les gens les mieux informés du monde, auxquels il n'est pas de secret d'État.

Le siège central de la *Jewish Telegraphic Agency* est, comme on se doit de le dire vraiment ici, à Jew York ; c'est dire si l'on est chez soi, et capables de prendre, en toute occasion, toutes les sûretés dont ont besoin des humains en mal de faire le mal. Bureaux d'informations à Londres, Paris, Berlin, Varsovie, Jérusalem... et des correspondants partout.

Dans le cas particulier, bureau d'informations est un euphémisme, qui signifie pour une race en guerre perpétuelle avec les « goyim », trop souvent, centrale juive de l'espionnage.

Cette *Jewish Telegraphic Agency* fournit des renseignements à de grandes agences comme *Reuter* et *L'Associated Press,* qui trompent ainsi, nous dit Urbain Gohier en 1924, leur clientèle de journaux sur l'indépendance et l'origine de leurs dépêches.

Le *Bureau juif de correspondance* joue également un rôle important dans la politique juive dit aussi Urbain Gohier en 1924.

C'est sans doute la *Jewish Telegraphic Agency* qui a lancé, faisant dire au Tribunal de Nuremberg le contraire de ce qu'il avait dit, la fable des « six millions de gazés » partie des récits mensongers attribués à Kurt Gerstein comme nous venons de le voir, très opportunément disparu pour s'être suicidé ou avoir été « suicidé » comme nous sommes autorisés de le penser, connaissant les habitudes criminelles du Kahal et des Loges.

C'est vous dire ce que valent cette bande de gredins, de gangsters qui les dirigent, et combien à propos de tout et de rien, nous devrions nous garder comme du feu, de pareils informateurs.

Ce sont là des questions de toute première importance, mais elles n'intéressent pas nos autorités qui ne s'occupent que de petites et grandes futilités et d'autoroutes !

Il est des routes pour la circulation des véhicules et il est des routes qui, suivies, conduisent à une bonne politique ; nos autorités ne s'intéressent qu'aux routes à véhicules !

Les voyez-vous aborder de grands problèmes, ceux de l'heure qui nous font écrire ici, dans des assemblées chroniquement réunies de partis politiques ; et de plus, suprême ressource et suprême déraison et magistrale erreur, en appeler au suffrage universel bisexué, dans tout ce qui touche aux grandes affaires du domaine national.

Ce que ces dames en mal de parler et de pérorer, cette fois du haut d'une tribune, ne diraient-elles pas ?

Autant dire que les problèmes sont insolubles et les solutions adoptées, boiteuses, bâtardes, inefficaces et jamais prises à la racine du mal.

Suffrage universel, non-sens universel ; au début du siècle, P. Bourget, visionnaire, parle de l'absurdité du suffrage universel !

Les grandes choses, qui décident de la vie des États, se décident dans le silence des cabinets à tapis vert et non sur la place publique. Elles ont besoin de discrétion et même de secret !

Une institution, comme nous le répétons, telle que le suffrage universel et ses partis politiques, la quintessence de la tyrannie, la tyrannie des temps modernes, qui conduit à tant d'abaissement et de chutes n'est pas un principe de gouvernement qui se doit d'être retenu.

Il y en a d'autres plus simples, plus efficaces, plus directes, plus à la source des choses, plus naturelles, mais qui ne se conçoivent qu'en l'absence des partis politiques ; les associations économiques et professionnelles, qui connaissent et savent, par expérience, de ce qu'elles parlent, prennent alors le pas, et servent d'éléments d'informations et de discussion à un gouvernement de compétences, de gens qui s'estiment et s'apprécient, et pour lesquels le bien de l'État est une notion vivante et non simplement théorique.

Et c'est ici que peuvent alors, fort bien, venir se placer les fameuses remontrances d'ancien régime ! Il faudrait se garder de tous côtés, et le système tout en phrases et articles de loi, et très pauvre en honneur n'est-ce pas Haut Conseil fédéral, ne fait que nous découvrir et nous laisser sans défense, alors que l'ennemi bimillénaire est toujours à nos côtés, faisant sa vie de ses attaques frénétiques aux « goyim », stylé, relancé, dirigé, réchauffé et sans cesse stimulé dans son jeu par le souverain du monde, le criminel Kahal, dépositaire de sommes immenses par ses grands chefs.

Nous sommes sous la férule du Kahal criminel ! cela paraît tous les jours plus visiblement ; ne serait-ce que par cette pornographie dans les journaux d'abord, mais qui maintenant, par ses jeunes couples, s'étale partout, dans la rue, dans les restaurants, les véhicules de transport, avec un sans-gêne et une brutalité sans pareilles.

Ce Kahal, éternel ennemi du genre humain, toujours en mal d'offensives antigoyim sous de multiples formes, en mal de mordre, de léser, d'assassiner par son communisme, et de nous ruiner dans nos biens par ses attaques concertées antigoyim sur les marchés d'argent !

Quand on pense à ce qui s'est passé en France sous nos yeux !

Celle-ci, de propos délibéré, jetant par-dessus bord ses provinces algériennes, agitant comme partout dans le monde, à la suite de campagnes de presse de grand style et habilement menées par ceux que l'on devine, le slogan que l'ère du colonialisme est close, créant ainsi des situations psychologiques à retentissements pratiques, et abandonnant alors des biens réels et en puissance, immenses, partis de dépenses, immenses elles aussi, faites par l'État français, qui verse cependant encore deux milliards de N.F. à l'Algérie par an. Comprenne qui pourra !

Qui est le bénéficiaire de ces bénéfices colossaux en puissance ? Est-il besoin de questionner beaucoup ? de réfléchir ? de se creuser la tête ? Non.

Le chef du gouvernement français, Pompidou, n'est-il pas un Rothschild directeur à la Banque Rothschild ? Serait-il possible de travailler dans de meilleures conditions de réussite en profitages de grand style ?

Malheureux restes de chrétienté, la nudité des vers ne sera rien en regard de celle que vous laissera la perte de nos biens !

Le Juif toujours le Juif ! Ben Bella condamné de droit commun et chef (ô malheureuse civilisation piétinée dans ses derniers restes) de l'État algérien par de Gaulle alias les Juifs, étant bien incapable par lui-même, cela saute aux yeux du moindre connaisseur des habitudes de ces messieurs, de rien entreprendre sans le secours des manitous de l'or.

Ben Bella et son État devenu misérable par le départ des Français, ne seront pas longtemps propriétaires du Sahara, roulés et mis à la broche par les princes du Mal.

C'est assez quelque chose comme *l'affaire de Mustapha Pacha* de la seconde moitié du siècle passé (Ed. Drumont, *Fin d'un monde,* p. 287), mais multipliée par cent ou mille quant à l'importance des intérêts engagés affaire dans laquelle une bande de Juifs aidée de hauts dignitaires politiques français, s'empare en réalisant dans le futur des bénéfices colossaux, de biens immobiliers domaniaux et inaliénables appartenant au beylicat de Tunis.

Encore Drumont, le magnifique Drumont, au service des plus hauts intérêts de sa patrie, et toujours au péril de sa vie, constituant ce magnifique dossier des agissements des grands chefs et acolytes du Kahal, pratiquement intouchables de nos jours quels que soient leurs méfaits !

Le bey de Tunis perd des biens inaliénables et domaniaux ; la France perd son Algérie et d'incalculables richesses sahariennes, s'accompagnant d'épouvantables tragédies humaines !

Est-ce que tous ces faits, petits et grands, ne sont pas la condamnation pure et simple des institutions politiques qui nous gouvernent, si peu vigilantes aux problèmes d'importance, et qui entendent toujours, comme au plus beau temps de leurs plus beaux discours, condamner les siècles passés qui, au fur et à mesure que s'approfondit leur abaissement, leur portent davantage ombrage !

Eh ! oui, on voit un Louis XI, un Philippe le Bel, un Charles VI, un Charles VII, un Louis XIV, un Richelieu, on voit chez nous nos grandes familles aristocratiques (quelque chose de plus propre et plus beau que la démagogie enrobée d'argent mal porté des temps que nous vivons), on voit une Marie-Thérèse l'emballement de tous ses magnats hongrois *moriamur pro rege nostro*, on voit Ferdinand d'Aragon et son Isabelle, tenant en laisse et de court, la race au péché bimillénaire ! dans de semblables circonstances !

Je rappelle, qu'en 1306, pour cause de salut public, Philippe le Bel roi de France et professeur ès sciences politiques, que nous avons dans ce texte cité plus d'une fois, donne un édit qui expulse les Juifs de son royaume et ordonne la confiscation de tout ce qu'on peut saisir de leurs biens.

À la fin du même siècle, Charles VI les réexpulse.

Philippe le Bel était à l'inverse de nos temps, il protégeait ses sujets et non les Juifs !

L'Angleterre les avait chassés en 1290 ; le Midi de la France en 1395, l'Espagne et la Sicile en 1492.

La mentalité du Juif, n'en déplaise à M. R. Payot directeur du *Journal de Genève*, travaillée par deux mille cinq cents ans d'erreurs et de reniements innombrables, nous est tellement étrangère ; des événements grandioses et de l'ordre divin nous séparent d'eux si irrémédiablement, que la répulsion est instinctive. Il nous est impossible d'être en confiance.

Il y a une vingtaine d'années, dans la région de Vevey-Montreux, il fallut des années aux Juifs pour trouver à y installer un grand home. Personne ne voulait d'eux.

Et c'est justice, aurait dit Bossuet, à cause de leur endurcissement. Ces misérables Juifs qui veulent nous empêcher de parler de morale, la plus belle partie de nous-mêmes !

Que pense de telles situations M. P. Béguin rédacteur en chef de la *Gazette de Lausanne* ?

Nos autorités du système démocratique (lire judéomaçonnique) sont-elles dans le monde à la hauteur de la situation ? qui laissent au Juif toute liberté de se gorger de nos dépouilles ; et ce que nous avons dit n'est que quelques exemples parmi beaucoup d'autres !

C'est encore Drumont parlant à Paris du baron Hirsch, un émule de Rothschild, tout aussi puissant que ce dernier, un de ceux qui sans aucun doute ont leur mot à dire au Kahal, et qui nous dit : « Le baron Hirsch a grandi à mesure que la France s'abaissait. » (*France juive*, tome II, p. 85.)

Attendrons-nous, pour prendre des mesures, que nous soyons par le Juif pauvres comme Job ?

Franklin n'avait parlé que pour les U.S.A., ses paroles fatales s'adressant maintenant à l'univers tout entier !

Il faut faire ce que l'histoire a fait, il faut dépouiller le Juif conjurateur contre le genre humain de ses armes, soit son argent ou mourir !

Le Juif, l'ennemi mortel des « goyim », l'ennemi mortel du Saint-Siège, l'ennemi mortel de Jésus-Christ notre Maître, celui qui au protocole vingt-troisième se place avant Dieu !

Mais comment l'abattre ? Comment y faire avec une puissance qui engendre le vertige ? La puissance, grâce à notre laisser faire, aux épouvantables et gigantesques fortunes, et qui jette l'humanité dans le servage des « ennemis du genre humain ».

Note rassurante, note divinement encourageante ; c'est nous qui sommes aujourd'hui le petit David et sa fronde, et le Juif est cette fois le Philistin barbare et sa puissante armure !

Nos journaux, eux, n'ont pas assez du jour et de la nuit, pour s'abreuver à pleins bords à ces sources juives ennemies de la chrétienté.

La sagesse et l'histoire montrent que tant que le Juif n'est pas revenu de ses erreurs, il faut de temps en temps à cause du poison mortel qu'il répand, prendre à son égard des mesures de prudence, et même de rigueur, comme il faut qu'il en soit ainsi aujourd'hui.

Et nous savons en Suisse, combien notre pays mit de résistance à leur accorder au XIX$_e$ siècle (1866) des droits qui finirent par être ceux de tout le monde. Il fallut que la France par le Juif Crémieux, futur premier président de l'Alliance juive universelle, nous mit le couteau sur la gorge au moment du renouvellement du traité de commerce franco-suisse ; faisant de l'obtention par les Juifs français résidant en Suisse, des mêmes droits que tous les résidents étrangers y habitant, une condition *sine qua non* de renouvellement.

Lors de la votation qu'occasionna la modification de certains articles de la Constitution, seule la franc-maçonnerie fait campagne pour les Juifs.

Car la franc-maçonnerie, c'est le Juif et le Juif, c'est la franc-maçonnerie. Ne cessons pas d'emboucher cette trompette !

Un seul vrai remède, chers amis de tous les mondes et de tous les partis : renoncer aux folles institutions rousseauistes, et revenir à des modes de gouvernements qui soient tout de même un peu dans la réalité des choses ! Des hommes propres et responsables, avec des conseils restreints. Des associations économiques aux conseils judicieux et d'expérience, loin de ces assemblées délibérantes chroniquement assemblées, au nombre toujours trop grand, et aux responsabilités toujours anonymes, expression des partis politiques véritables parasites sociaux. Des néocorporations à base saine et chrétienne, des intérêts communs aux patrons et ouvriers ; associations de droit public, libres, mais pourvues d'un droit de regard, de surveillance et d'intervention de l'État, dont l'absence se fait cruellement sentir, de nos jours, aux fins d'éviter des exagérations et des abus de pouvoir tant des patrons que des ouvriers.

Les salaires exagérés de nos temps jamais satisfaits amenant l'écroulement de notre monnaie ! l'abus des plaisirs et la débauche.

Les médecins, les avocats, les notaires sont contrôlés, et redressés quand il le faut, il n'y a pas de raisons pour qu'un des facteurs les plus importants de notre vie économique et nationale ne le soit pas !

Les corporations d'ancien régime étaient d'une façon générale pourvues d'institutions de mutualité en France comme en Suisse.

On les voit en France, très patriotes, dans les moments critiques (1636, 1740, 1756) embrasser de grandes tâches, construire des vaisseaux, lever des armées.

De quel retour en arrière n'avons-nous pas besoin ? De quelle tranquillité n'est-il pas urgent que nous soyons pourvus ; peuple suisse, peuples de tous les continents, vous ne retrouverez la tranquillité que quand le pêcheur endurci sera dépouillé de sa monstrueuse puissance ! Il n'y a pas à sortir de là !

« La netteté est le vernis des maîtres. »

C'est ici question de péril national, de salut public, d'être ou de ne pas être, de vie ou de mort !

L'autorité est de droit divin, Jean-Jacques, et ta folle souveraineté populaire nous a conduit où nous sommes, au bord de l'abîme. Les lois de l'univers insondable sont de Celui qui donne le mouvement et la vie ; et « mettre en doute l'existence de Dieu », ou en limiter la puissance comme tu l'as fait en profanant, « revient à douter de notre propre existence. »

Oui, les lois de l'univers sont de Dieu et non des hommes, il faut donc que ce soit Dieu qui nous gouverne et non les hommes ; il faut qu'elles retentissent sur nous, et nous régissent en partant d'une inégalité première, celle du Karma, présente à nos côtés quand nous naissons. Ainsi le veut la justice divine, la seule qui soit souveraine, infaillible, et qui fit justement ton enfance de déshérité, alors qu'à tes côtés, la rue des Granges toute proche, te montrait des enfants et des adolescents entourés de tous les avantages de la fortune.

Marchand de pétitions de principe ! qui ose sur de telles fragilités construire des édifices que tu croyais inébranlables !

Grand responsable de beaucoup de choses, instrument inconscient du Kahal, vois comme nous mourons d'un mal qui ne pardonnera pas si nous n'en changeons. Mais il faut que tu meures avec le mal, et qu'après les adorations hypocrites de l'année 1962 du deux cent cinquantième anniversaire de ta naissance, tu connaisses l'infortune qui doit être la tienne.

Tes belles théories engloutissent toute civilisation, que les flots du Rhône t'engloutissent, toi, ton Île et ton incommensurable orgueil ! ce « prodigieux orgueil » d'Amiel.

Il te restera la gloire littéraire !

Buffon avait mérité son épitaphe : *majestati naturae per ingenium*. (À la majesté de la nature par le génie.)

Tu as dit de Buffon qu'il avait été la plus belle plume de son siècle ! et moi, si je disais, que pour une fois tu fus modeste, et qu'avant celle de Buffon, doit paraître la tienne !

Mais qu'après Buffon, tu sois, pour l'usage que tu fis de cette plume merveilleuse ; et ton épitaphe pour moi ne serait que *male ingenio adhibito*. (Au génie dont il est mal usé.)

Vous pouvez, incapables et gens de mauvaise foi, tonner avec Rousseau sur l'ancien régime. Il y avait de la grandeur, de la dignité dans celui-ci ; la charité est là et Dieu occupe la première place. La douceur de vivre est présente, les gens bien élevés sont au premier rang dans une société ordonnée. La modestie n'est pas oubliée, et chacun occupe dignement sa place. C'est un règne de vie policée et de bonnes manières. On sait rire et s'amuser sainement ; l'abêtissement par le sport est inconnu, et celui-ci n'est pas considéré comme la panacée universelle à tous nos maux ; ô orgueil et « ânerie » dirait Montaigne des hommes ! C'est le temps des jeux de société, où l'esprit s'aiguise, et la conversation se développe et s'enrichit.

Le gouvernement dans les nations est en mains d'hommes de poids, de métier, de tradition, d'honneur, de science et de savoir-vivre et faire. On ignore les redditions sans condition à la juive, c'est-à-dire à la Wilson et à la Roosevelt ; il y a des conférences, des tapis verts, et des palabres de fous comme celles de l'O.N.U., qui mettent le monde en secousses sans fin, sont inexistantes.

Que diraient ces diplomates consommés, ces Kaunitz, ces Metternich, ces Talleyrand, de voir que les destinées du monde sont au Bureau International du Travail, comme à l'O.N.U., entre les mains de Noirs à peine sortis des langes de leur tam-tam des temps passés, dont Hannon et Polybe nous parlaient déjà dans leurs périples ?

Soyez bien sûrs cependant que les Protocoles de Sion et le Kahal sont là derrière, qui rendent tous ces Noirs, à Genève ou ailleurs, si suffisants et insolents par ordre. Ces jours encore, on les voit particulièrement grossiers à l'Université de Fribourg (*Aspects de la France* 14.5.64 Jamet). Honte et flétrissure à la diplomatie du XXe siècle, n'en déplaise à M. R. Payot, qui trouve que tout est pour le mieux dans un monde où la pourriture le dispute à l'hypocrisie.

Les vues agressives et conquérantes des Juifs et de leur Kahal en 1920 aux U.S.A. ne sont pas mises en doute une minute, nous l'avons vu par Ford. Toute la presse, dit-il, est entre leurs mains ou sous leur main. Deux des trois gros tirages de journaux américains sont ceux de journaux juifs !

À Washington, une pluie de Juifs dans les hauts postes de l'État !

Rien ne les arrête ; maîtres, souverains de New York la plus grande ville du monde, nous les voyons ces jours marcher à la mainmise sur les U.S.A. tout entiers, en présentant à l'élection présidentielle (au suffrage universel la sagesse des nations ! comme chacun sait) un candidat juif au nom de Goldwater. Quand on pense aux pouvoirs étendus du président des U.S.A., on tremble ! Et quand on pense aux maux incalculables engendrés par le président juif Wilson à Versailles en 1919, dont la Seconde Guerre mondiale, on tremble mille fois plus encore !

Les chances de ce candidat : importantes, puisqu'il sera le champion de sa race, et de ses deux grands journaux *New York Times* et *New York Herald,* et que l'expérience a montré que le candidat sur lequel les Juifs portent leur choix est celui qui est élu !

J'ai parié avec moi-même que pas une fois dans le cours de la campagne électorale, ce Goldwater, qui paraît, d'après ce qu'on peut lire entre les lignes, jouir de peu de considération - comme partout, les hommes de qualité chassés par le stupide suffrage universel se tiennent en dehors des allées du pouvoir, laissant la place aux arrivistes et à un personnel politique de troisième ordre - ne serait qualifié de Juif. Jusqu'à ce jour (15 juin 1964), qui voit comme nous l'avions prévu, connaissant la puissance du Juif, les chances de ce candidat s'augmenter qu'on considérait comme faibles... jusqu'à ce jour, dis-je, j'ai gagné. Que ce soit aux U.S.A. ou quelque part ailleurs dans le monde, c'est le silence complet à cet égard ; et ce sera ainsi jusques au bout de l'aventure, personne ne se permettant de parler des inconvénients d'un tel choix.

Vous sentez la puissance du Kahal et la lâcheté des hommes, salis et corrompus au contact du « salisseur de l'esprit humain » !

Si Dieu n'était pas là, je ne donnerais pas cher de notre sort dans les balances du monde !

Demandez donc au *Journal de Genève* et à la *Gazette de Lausanne* de vous parler de Goldwater en spécifiant qu'il est Juif.

Je n'ai pas même besoin d'ouvrir ces deux journaux pour m'assurer de leur ligne de conduite à cet égard ; ce sont des quotidiens gagnés complètement à la cause des Juifs.

Mais que vois-je dans la *Feuille d'Avis de Neuchâtel* du 8 et 9 juillet courant, deux articles de fond de M. Braichet, volumineux, dans lesquels on en mettrait bien cinq de M. Payot admirables toujours de clarté et de synthèse, deux articles sur un même objet intitulé : « Qui est Goldwater » ?

Le titre est admirable quand on considère le volume du texte, et qu'il ne nous est pas dit tout en défendant, le prenant au sérieux, Goldwater, l'essentiel de ce qu'il faudrait qu'on sache, que Goldwater est Juif.

La politique internationale des Juifs existe-t-elle Monsieur Braichet ? Les Juifs constituent-ils une nation ? Le Juif n'est-il pas Juif avant d'être du pays qu'il habite et dont il a, ô prodige, la citoyenneté ? Les Protocoles de Sion existent-ils Monsieur Braichet ? Le rapport du *Secret Service américain* de 1919 est-il une réalité ? Quels sont les auteurs des deux guerres mondiales ? Qui a fait la Révolution russe et autres et leurs tortures et leurs massacres ? Qui a rempli les fosses de Katyn des corps de onze mille officiers polonais massacrés, et je crois mutilés ? Ou encore connaissez-vous un organisme de primordiale importance qui a nom de Kahal, le gouvernement mondial des Juifs résidant à New York, et maître absolu de cette ville, la plus grande du monde ? quoique n'y étant pas de loin les plus nombreux ?

Que de points d'interrogation auxquels vous vous garderez bien de répondre ! Il n'est pas permis d'être si superficiel.

Il n'est pas permis d'être à ce point pro juif et partial. D'en oublier jusqu'au *b a ba* d'un problème qui gouverne le monde, et dont la presse, quel plus bel exemple que votre présent article, passant sur ce sujet comme chat sur braise, évite très soigneusement de s'engager.

Tout le monde sait que la presse se discrédite tous les jours davantage ; n'est-ce pas juste de la voir ainsi ? n'est-ce pas dans la règle d'un jeu honnête que de la mettre de côté et bien bas, elle, qui n'a plus le souci et le besoin de la rectitude et de l'intégrité ?

C'est ainsi que de lâchetés en lâchetés, on marche à plus de lâchetés encore, pour tenir des positions dès lors qui n'ont plus rien qui soit de la réalité !

C'est là un de ces petits signes du grand mal dans lequel nous sommes tombés ! Alors que ce problème est celui de tous les instants et qu'il est pour nous capital de se défendre du Juif, de se distinguer de lui, une presse asservie et veule ne connaît à cet égard que le plus profond des silences ; jeter le Juif hors de nos organisations est pour elle le cadet de ses soucis ! Réduire au silence celui qui remplit le monde de ses clameurs et de sa puissance, il n'est rien pour elle qui ne l'intéresse si peu.

Mais les professeurs d'université s'en mêlent aussi - on se demande pourquoi dont les chaires devraient occuper tous les instants - et trois cents d'entre eux pour la seule petite Suisse se jettent aujourd'hui même dans la mêlée, ne connaissant rien au problème juif bien entendu, pour que notre pays ne livre plus d'armes à l'Égypte qui les tournerait contre Israël ! *Feuille d'Avis de Vevey* 20.6.64).

Pour un peu, à les écouter, nous formerions croisade pour aller défendre l'« ennemi du genre humain » !

O l'écœurante judéomaçonnerie, où tout le monde crie et s'agite, cependant que le Juif du Kahal accentue sa pression sur la presse cela saute aux yeux.

Le 24 juin 1964, la *Feuille d'Avis de Neuchâtel* conduite par le pro juif M. Braichet de l'« illustre famille Rothschild » - jugez par-là de l'échelle selon laquelle sont classés ses sentiments - publie un article de révolution, sur l'Afrique du Sud, par ce Juif impudent et insolent qui s'appelle Paul Giniewski, auteur d'un livre intitulé *Complices de Dieu. Définition et mission d'Israël*.

Dieu, pour ce vilain Juif sali dans son ignominie, commet des fautes et des délits ! Nous en parlons ailleurs (voir index sous *Giniewski*).

La *Feuille d'Avis de Neuchâtel* M. Braichet en tête, a franchi le Rubicon et met sa main dans celle du Juif blasphémateur !

Que va faire M. Bauer si solide et si justement sévère pour la bolchéviste juive Radio-Sottens ?

Messieurs, faites vos jeux ; et d'une manière ou d'une autre, accordez ou désaccordez pour toujours vos violons, que nous soyons au net.

J'ai dit ailleurs, qu'une statistique faite à l'année, du nombre de jours où le *Journal de Genève* donne en première page des articles où l'on parle des Juifs (je n'ai pas besoin de dire dans quel sens) serait intéressante ; le 23 juin 1964, soit hier en première page, bien en évidence, tout en haut à droite, l'article que nous reproduisons ici *in toto*.

LE LIVRE DU JOUR

Quand les Juifs étaient chez nous des étrangers
Florence, Guggenheim - Grunberg : *Les Juifs en Suisse*, Zurich 1962.

Ce petit livre est issu de conférences prononcées en 1958 et 1960 à Zurich et à Radio- Beromünster. Avec une très grande clarté, il retrace l'histoire de la situation juridique et politique que les différents États et cantons suisses ont fait aux Juifs au cours des siècles. Un chapitre est consacré aux Juifs dans les villes du moyen âge ; un autre à la très curieuse « institution des villages juifs » de Lengnau et Oberendingen dans l'Argovie aux XVIIe et XVIIIe siècles. Dans une seconde partie, l'auteur étudie les étapes de la lente et laborieuse émancipation des Juifs dans la Suisse de la Restauration et de la Constitution de 1848. Dans certaines régions et notamment en Argovie, il fallut attendre 1879 pour voir les Juifs enfin mis sur pied d'égalité avec les autres citoyens suisses. Un utile résumé chronologique rédigé sous forme de tableau complète cet opuscule qui rappelle à propos une page peu connue de notre histoire nationale.

J.-D. C.
Traduit de l'allemand par Madeleine Lévy.

On peut vraiment, ajouterons-nous, parler de notre histoire nationale à propos des Juifs qui s'en moquent éperdument ; nous avons dans ce texte (voir index sous *Juif*) montré comment pour notre malheur, nous avons été amenés et obligés au XIXe siècle d'accorder en 1866 l'égalité des droits aux Juifs révolutionnaires nés, destructeurs de tout ce qui est beau, grand, saint. Il n'y a que le *Journal de Genève* pour trouver qu'il en soit bien ainsi.

Nous avons, en effet, lieu de nous féliciter d'avoir donné au Juif la citoyenneté suisse, à voir l'état de misère morale, de décomposition, et de barbarie dans lequel nous sommes tombés, qui ferait frémir nos bonnes grand-mères, et qui est l'œuvre du Juif et de sa franc-maçonnerie, et de lui seul.

Nous savons quel est le degré de patriotisme du Juif ; *ubi aurum ubi patria* (où est l'or, là est ma patrie) est sa devise.

Le Juif ne connaît que cela, et nous en avons dans ce texte donné un très parlant exemple (voir index sous *Juifs, patriotisme*).

Le fait est que de tous côtés, la « race criante » comme nous disons, est de plus en plus agissante. Nous sommes soumis à une propagande qui ne se relâche pas un instant, dirigée de haut, et dont les consignes sont suivies systématiquement par les journaux qui chez nous, de notoriété publique, sont rattachés à la franc-maçonnerie ; à un malaxage de nos cerveaux à la sauce kahalienne, pour nous jeter bientôt dans de nouvelles manifestations de leur puissance qu'il faudra d'après eux que nous subissions.

Il s'agit maintenant, vous dis-je, de leur reprendre ce titre de citoyen suisse, de le leur reprendre pour l'avoir mal porté.

Entre l'honneur et le Juif s'étale une immensité d'étendue que rien de nos moyens ne peut effacer, et que seul Dieu par sa puissance, sa sagesse et sa gloire resplendissante peut résoudre, peut faire qu'elle se dissipe, qu'elle ne soit plus.

Sauf erreur, si ce Goldwater petit-fils de Juifs polonais est élu président des U.S.A., ce sera le second jusqu'à ce jour qui soit Juif.

Signe des temps !

Puissance du Kahal, quand trouveras-tu pour le repos et le bonheur des hommes, une limite à tes pouvoirs ?

Et cependant Ford en 1920, le grand homme des automobiles et du *Juif international*, qui n'a pas craint, comme tant d'autres le craignent, de nuire à ses intérêts matériels en défendant ceux de sa patrie, émet des doutes sur la durée de la puissance juive !

Grand citoyen américain, préoccupé du sort de ton pays attaqué jusque dans sa substance même par des forcenés assoiffés sans cesse de nouveaux appétits coupables, que Dieu t'entende, et que Dieu donne au monde les forces nécessaires et l'intelligence de la situation, pour détruire cette hégémonie dégradante tous les jours plus menaçante, et dont sans cesse nous voyons sous nos yeux de nouveaux signes paraître.

Celui-ci, par exemple, les cartes de Noël ; leur rareté, la discrétion de leurs inscriptions, leur laconisme. *Verlag Henke* de Zurich en présente quelques-unes sans autre indication que « Noël béni ».

Je n'en ai vu aucune avec le nom de Jésus, avec ou sans citation biblique ou poésie. Quand ce scandale cessera-t-il ? Quand aurons-nous des cartes dignes de cette merveilleuse fête, et du Seigneur qu'elle nous a donnée ? des cartes comme nous en avions autrefois. Quand nos églises atones et frappées comme de mort, elles aussi de la conjuration du silence, se bougeront-elles pour éditer quelques cartes explicites qui donnent l'atmosphère de ces grands moments de la chrétienté ?

Sommes-nous encore chez nous ?

Quand aura-t-on fini de plaire au Juif salisseur de tout ce qui est beau. Nous ne voulons pas, nous ne voulons rien savoir des Talmudistes et de leur Kahal !

Les Juifs, continue Ford, malgré toute leur jactance et leurs audaces, sont poursuivis par la peur de cette puissance qui est, ils le savent bien, dans la Vérité. Aussi, faut-il, dit-il, porter au grand jour toutes leurs manœuvres, et toute leur stratégie maléfique contre le genre humain.

C'est l'évidence, les malfaiteurs travaillent dans l'ombre, ainsi de la judéo-maçonnerie ; et les consciences transparentes à la pleine lumière.

Souvenons-nous de celle dont Saint-Simon a dit « qu'elle avait » (à cinquante ans) de grands restes de beauté, des yeux vifs et » spirituels, une grâce incomparable... quand elle a dit « Il n'y a rien de si habile qu'une conduite irréprochable. »

La conduite du Juif est-elle irréprochable ? Poser la question c'est la résoudre, sans qu'il soit besoin même d'y répondre.

Tout le monde ne peut pas se battre à visage découvert !

Ils sont de grands coupables contempteurs des plus saintes choses dirons-nous, de ces esprits passionnés de mauvais sentiments à l'égard du genre humain, ils sont les dominateurs souverains de la plus grande ville du monde dont ils assurent, dit Ford, l'administration, la police, la santé publique, la surveillance des écoles. Un comble, ajouterons-nous, et qui explique l'état effroyable de la jeunesse dans cette ville, et la disparition dans les écoles par jugement de la Cour suprême des États-Unis, composée de neuf juges avec des Juifs parmi, Goldberg présentement s'il n'y en a pas d'autres encore, Brandeis du temps de Wilson... de l'invocation divine au début des leçons, qui fit scandale il y a quelque six mois... sans que les choses aillent plus loin. En démocratie tout, ou à peu près tout, se résume et concrétise en manifestations oratoires. L'exercice de la justice, les finances, la presse, tout est entre les mains du Kahal dans la plus grande ville du monde.

Contre tout cela, il importe de jeter l'anathème, et de constituer un front solide de défense.

Le Seigneur n'a-t-il pas dit : « Ne croyez pas que je suis venu apporter la paix sur la terre ; je ne suis pas venu apporter la paix, mais l'épée. Car je suis venu mettre la division entre l'homme et son père, entre la femme et sa mère, entre la belle-fille et sa belle-mère : et l'homme aura pour ennemi les gens de sa maison. » Matthieu 10, v. 34-36.

On ne fait pas la paix avec le méchant ! on se sépare de lui, et on se protège de lui !

L'expérience millénaire a montré qu'aucune confiance, en effet, ne peut être accordée aux grands Juifs talmudistes qui mènent le monde, capables en conformité justement de ce Talmud, de tous les forfaits et mensonges envers les « goyim ». Ce serait leur rendre bien mauvais service que de la leur donner ; ce serait les encourager, de plus et encore, dans une voie sur laquelle un jour, il leur faudra rétrograder, à coup d'épreuves terribles, telles qu'elles sont annoncées dans les prophéties ! et ma foi bien nécessaires et bien méritées.

Vous pouvez, vous tous hypocrites qui faites figure de parler et de penser au nom de la charité et de l'amour, qui, la main sur le cœur, répudiez tout antisémitisme pour cacher que votre ligne de conduite est une réalité guidée par vos intérêts et non par votre conscience ; vous pouvez vous féliciter de votre attitude et belle conduite, alors que le danger est plus menaçant que jamais. Vous êtes avec le diable parce que ce diable vous assure de votre or !

Que reste-t-il maintenant de cette persécution dont les Juifs nous assurent qu'ils sont l'objet dit Ford ? Rien, si ce n'est la conscience, le sentiment profond que la route qu'ils suivent aboutira à un obstacle.

Dans les faits, en effet, New York paraît plus puissante que Washington.

Ce qu'il en reste ? C'est-à-dire que ce sont maintenant les grands temps du Kahal, où les chrétiens sont les persécutés et les Juifs les persécuteurs, comme il en fut aux premiers siècles de notre ère !

Maîtres de la France, maîtres absolus de New York la plus grande ville du monde autant dire sa capitale, ils présentent ces jours nous l'avons vu, un des leurs Goldwater, pour la présidence des États-Unis, lequel vient de commencer sa campagne électorale.

Pilgrims, Benjamin Franklin, tout paraît consommé sauf intervention du Ciel, avec ou sans le secours des hommes !

Très bien, ajouterons-nous encore, pour reprendre notre Ford et cette crainte d'un obstacle final qui habiterait dans le cœur de tout Juif, mais quand sera cet obstacle ? Plus de quarante ans se sont écoulés depuis l'écrit du grand Américain. Quand sera-ce ce moment béni où nous pourrons à nouveau, délivrés de la peste talmudique, respirer l'air pur des hauts sommets ? Est-ce pour demain ? Nous l'aimerions ; mais le genre humain se bat-il avec un entrain tel que la victoire soit près de paraître à l'horizon ? Aide-toi et le Ciel t'aidera dit l'Évangile !

Il faudrait qu'il en soit de nous comme il en est des Juifs tous réunis sous le drapeau de l'« antigoyisme », y réalisant une solidarité parfaite.

Soyons unis comme ils le sont, aux fins de nous protéger de leurs influences pernicieuses sur la nature desquelles, nous avons dans ce texte insisté longuement et par faits précis.

Catholiques, protestants, high church, luthériens, scientistes chrétiens, vieux-catholiques, calvinistes, presbytériens écossais, musulmans, bouddhistes du Nirvana, Réarmement moral de tant de bonnes volontés, brahmanes berceau du bouddhisme, unissez vos efforts, pratiquez ici le meilleur des œcuménismes, non un œcuménisme de détails et de futilités, mais un œcuménisme de choses capitales, un œcuménisme de vie spirituelle et de surnaturel, un œcuménisme de base, de fond dont la solidité soit de pierre ; luttant avec constance et persévérance, pour combattre d'arrache-pied les doctrines pernicieuses de « l'éloigné de Dieu » comme nous l'appelons.

C'est en lui résistant, et non en lui cédant, que nous travaillons pour son bien comme pour celui de notre univers tout entier. Il n'est pas de cohabitation possible du Talmud d'avec les Ancien et Nouveau Testaments, du Kahal de gangsters et de nos chefs d'Églises !

Mais à Jérusalem, existe maintenant une colonie, une petite église de Juifs messianiques ; deux rabbins messianiques sont là présents, Jésus est leur Maître.

Avec cette admirable petite église[1], marchons pour convaincre et guérir, avec zèle et fermeté, et surtout si Dieu l'ordonne, avec sévérité et coercition.

---

[1] Voir à ce sujet Israël, pays promis, peuple choisi, Édit. Études. Vérités à connaître. C. Le Cossec, 24 rue Commandant Aujol. Rennes (I et V).

Jeanne d'Arc, la belle, douce, et bonne Lorraine disait à ceux qui voulaient que Dieu fasse tout et les hommes rien : « eh ! bien, nous bataillerons et Dieu donnera la victoire. »

C'est cette même merveilleuse enfant dit Ciel de nos frères catholiques, qui répondait à l'un de ses enquêteurs, lui demandant comment elle reconnaissait les anges qui lui parlaient, en lui disant de source et de vive voix « À leur conseil. »

Comme nous sommes loin, de nos jours, de cette palpitante présence divine et grandiose, sise en le cœur d'une bergère de Lorraine, qui chevauche la France en en changeant l'histoire !

Mais, il faut maintenant qu'à ce chapitre, précisément, nous parlions de la Fête de Jeanne d'Arc !

Cette fête de Jeanne d'Arc, chaque année célébrée au mois de mai, et pour l'établissement de laquelle au début de notre siècle, *L'Action française*, consciente des vraies valeurs religieuses et politiques, fit je ne sais combien de jours de prison je crois dix mille, fut, cette année, comme les précédentes, marquée par la seule présence du ministre des Armées, M. Messmer, « présence qui ne dura exactement que deux minutes et cinquante secondes. » (*Aspects de la France* 14 mai 1964.)

Et c'est ensuite le cortège qui défile, devant l'admirable Jeanne de Frémiet, en l'absence de son gouvernement, spectacle extraordinaire !

C'est un divorce sur une chose sacrée, c'est le « pays réel et le pays légal » de Charles Maurras en opposition irréductible, le pays réel ce qu'il en reste du côté de Dieu, le pays légal tout entier dans la main du diable des Juifs !

Voilà ce qui de par le monde gouverne, quelques pays dans l'ordre et la tenue exceptés : le mépris absolu de ce que tout peuple civilisé porte fermement dans son cœur.

Le Juif est un barbare !

Juifs, ennemis de tout ce qui est perfection dans le Bien, de tout ce qui est immaculé, ennemis de cette pureté admirable des yeux d'enfants transparence de l'au-delà, et qui vous fait commettre tant de crimes rituels dans la Bible, et hors la Bible, et jusques à nos jours ; ennemis de tout ce qui nous vient du Ciel, ennemis de Jésus-Christ Fils de Dieu, ennemis de Jeanne d'Arc et de tout ce qui éclate et resplendit dans le cœur résolu d'une belle jeune fille, l'âme de la France en détresse, la compagne, la conseillère, et l'honneur des Capétiens de l'avoir écoutée !

France gouvernée par des Juifs aux ordres du Kahal criminel et de sa servante le Grand Orient de France rue Cadet à Paris, criminel lui aussi, France gouvernée par des Naquet, par des Paul Bert, des Crémieux, des Lockroy, des Simon, des Picard, des Schrameck, des Debré, des Pompidou, des Blum... ce

---

En outre, ce mouvement juif messianique fait paraître un petit journal gratuit intitulé : Shalom. S'adresser : Comité de l'Israël messianique, 15 rue Jaurès, Grainville (Manche). Pasteur Boisaubert.

Blum qui reçoit les admirations de M. Albert Picot... on parle même de Pompidou, suprême offense à l'histoire de France, comme successeur de de Gaulle.

France, France, ne perds pas ton courage ; un jour fera que les vilains Juifs seront par terre chez toi comme partout, et les rois de ton sang qui t'ont faite, de retour et sans parlements, cette incarnation non pas du pays mais de l'esprit de parti ; l'engeance de ce cerveau gâté de Rousseau, et qui fait partir des gouvernements de médiocrité et de profiteurs, dont les hommes de qualité aux vues larges, et d'éducation, se gardent comme du feu et de plus en plus !

Cette fête de Jeanne d'Arc fêtée par des Français malgré leur gouvernement !

« En France », nous l'avons dit déjà je crois, et nous le redirons encore, « la République est le gouvernement de l'étranger. » (Charles Maurras.)

Quel meilleur signe du pouvoir maléfique des Juifs, de leur ignominie et dont le youtre Léon Blum fut toujours si parfaitement l'expression, que cet abandon, que cet oubli dont on veut que les Français se pénètrent, de la plus grande et de la plus belle page de leur histoire !

Monsieur Albert Picot, ancienne première magistrature de Suisse qui, comme nous l'allons voir, préférez le Juif Léon Blum au maréchal Pétain, voulez-vous alors nous dire si de même vous préférez le Juif Blum à Jeanne d'Arc, cette héroïne des temps chrétiens où l'on entendait et écoutait les envoyés de Dieu, alors que de nos jours, il n'est plus que la voix de diable qui partout s'entend, et que vous-même entendez et écoutez si bien, alors que le Juif du Talmud est sans cesse à vos côtés ?

Il s'agit de faire un choix ! ou l'on est avec le youtre Léon Blum destructeur de la France ancestrale, l'apologiste de l'inceste (voir index sous Blum), l'homme qui rompt les accords conclus à Rome par Laval en 1936, et qui nous auraient peut-être évité la guerre de 1939, et sa bande et ses acolytes ; ou c'est alors la divine enfant remplie de voix célestes, l'espoir de tant de Français des temps passés comme de ceux d'aujourd'hui, et dont nous aimons à rappeler et revivre, catholiques ou protestants, les étonnantes et sublimes intuitions.

Admirez, Monsieur Albert Picot, ancienne première magistrature de Suisse, le beau travail de ceux de ce Kahal dont vous n'êtes jamais assez en mal de dire du bien, et qui s'appliquent, par le plus odieux des systèmes, celui des Protocoles, à éteindre dans la mémoire des descendants des Celtes, des Gaulois et des Francs, jusques aux derniers vestiges de ce qu'elle a de plus précieux et de plus beau !

Monsieur Albert Picot, ancienne première magistrature de Suisse, par votre exemple qui n'est jamais assez près du Juif, vous contribuez à leurs œuvres en jetant l'erreur, la confusion et la confiance en le Juif dans la pensée de vos concitoyens !

Voici ce que disait M. Albert Picot dans le *Journal de Genève* du 14 mai 1963, parlant de son ouvrage *Quelques années difficiles de la République de Genève* :

« Ce fut en février 1932 que la conférence du désarmement se réunit à Genève au Palais du Conseil général. Elle fut ouverte par M. Léon Blum premier ministre à Paris, un prestigieux orateur, d'une éloquence classique. Personne alors ne pensait qu'une si haute personnalité serait en 1940 incarcérée par le gouvernement Pétain, traduite à Riom devant une cour spéciale, accusé d'être l'auteur de la défaite française à cause de ses réformes sociales. La défense fuit alors si pertinente, que Vichy arrête le cours de cet extraordinaire procès qui pour une défaite militaire jugeait des homme politiques et non pas des soldats. »

Ce qui fait qu'on gagne les batailles, dirons-nous, c'est l'esprit d'une armée, surtout d'une armée sortant directement du peuple comme c'est le cas depuis 1789, date des grands massacres de guerre comme on sait ; et ça, Monsieur Albert Picot, c'est de l'ordre politique ; l'esprit combattif de l'armée française très amoindri, bourré qu'il est de communisme et de Front populaire, par des hommes sans conscience tels qu'Herriot et Blum, pour lesquels les arguments de politique intérieure sont *l'a, b, c* de tout.

On se souvient de cette déclaration de guerre sans consulter le Parlement, pure machinerie juive comme on le sait aujourd'hui.

Qui ne se souvient du télégramme de Roosevelt, le pro juif par excellence, aux francs-maçons français les poussant à la guerre.

Qui ne se rappelle l'état d'impréparation française par carence du parlement : en chars d'assaut, en aviation ?

Front populaire, communisme, vacances, congés payés, c'est le branle-bas du charivari... cependant qu'Hitler arme et surarme, et qu'un enfant de chœur verrait ce qu'il en adviendra !

Voilà ce que l'amour du Juif ne veut pas voir !

Il ne faut pas croire au Juif Monsieur Albert Picot, il ne sait que mentir, que corrompre les peuples par son Kahal qui est son dieu, et tenter par ses mensonges de déshonorer des nations entières comme il le fait du peuple allemand de nos jours, et comme il tente de le faire des Français, en jetant l'oubli de Jeanne d'Arc dans leurs cœurs !

Ce peuple allemand, la victime d'une bande de primaires, de cruels et de sauvages ; les Hitler, les Himmler, les Bormann ayant pris, à la faveur de circonstances spéciales créées par les Juifs, le pouvoir !

Au moment de l'armistice, en 1918, le Juif Wilson n'exige-t-il pas des Allemands la déposition des Hohenzollern et de toutes leurs autres dynasties, ces gardiennes naturelles du peuple allemand ?

Et le Traité de Versailles, conception purement juive de ce même Wilson et de ses deux acolytes Lloyd Georges et Clémenceau, ne dépose-t-il pas un tonneau de poudre sous forme de couloir de Dantzig en plein chair polono-allemande ? Origine par toi voulue de la Seconde Guerre mondiale, diabolique Kahal !

Le Juif implantait alors son enfant chéri, le communisme, en Allemagne, lequel à son tour, avec d'autres facteurs, donnait naissance au mouvement nazi ou des chemises brunes, qui le combat ; et comme il s'agit de se colleter, et de luttes dans les rues de grande brutalité, le mouvement n'est pas dirigé par des professeurs d'université et des savants, mais par des brutes à l'image de celles, communistes, que vous Juifs aviez formées.

Dans le précédent chapitre, j'ai parlé déjà de ces événements, il n'importe ; on ne saurait assez y revenir, en effet, aux fins de montrer et souligner *l'immense culpabilité des Juifs* dès les événements de 1914, eux-mêmes partis d'agissements antérieurs, sur lesquels, de diverses manières, nous avons insisté dans le cours de ce livre.

C'est ainsi peuple juif que l'on est puni par où l'on a péché, que l'on récolte ce que l'on a semé, que l'on est l'artisan de son malheur, et ce n'est que justice ; les balances du monde n'ont fait que vous renvoyer tout ce mal que vous aviez fait en Russie à la Révolution.

Le Juif est sans honneur, et cependant il ose constituer des comités d'honneur où le nom de M. Albert Picot se trouve ! nous en reparlerons !

Ne le voit-on pas ce peuple juif qui ment ces jours encore (juin 1964), et jusques sur les murs de ses synagogues sous le couvert toujours de la puissance du Kahal, devant laquelle tout le monde s'incline ; ce possédé du diable faisant argent de ses morts, et qui vient d'en inscrire sur les murs même de celle de Genève, y parlant de ses « six millions de Juifs massacrés », l'étonnant mensonge comme nous verrons ailleurs ; toute la Genève politique et religieuse sur les lieux, béatement inclinée devant le Juif, et participant à son mensonge et ouïssant, ô prodige, un serment du grand rabbin genevois !

Monsieur Albert Picot y était-il ?

Et voilà, de par Genève, le Talmud devenu l'égal en attendant qu'il les écrase, de l'Ancien et du Nouveau Testaments !

C'est le jeu de ses belles institutions internationales, inutiles et dangereuses avons-nous dit quelque part dans ce texte, qui le veut ainsi (index v. *S. d. N., ONU*).

Calvin, Calvin, quelle étrange coïncidence ! Ces jours encore (début de juin 1964), on vient de t'outrager dans tes superbes pierres des Bastions, une fois de plus, après combien d'autres, alors que pas loin de toi, toute la chrétienté de Genève, réunie, est aux pieds du Juif, comme repentie et prête à faire pénitence.

Calvin que reste-t-il des temps où, par toi, tout était à Dieu

C'est le mot de Rassinier qui revient en mémoire, parlant de « l'extraordinaire effondrement intellectuel et moral de notre temps » (*Drame des Juifs européens* 1964, édit. des Sept Couleurs, p. 77).

Cependant que le monumental mensonge kahalien et de synagogue, des « six millions de Juifs massacrés » parti d'un faux et d'un autre mensonge, continue sa route, ne désirant que déshonorer l'Allemagne tout entière, alors que dans tous les pays, les camps ont vu bien souvent des sous-ordres abuser de leur pouvoir, et même très cruellement.

Parlez-nous donc un peu des camps de concentration des Soviets, de leurs horreurs, dont vous fûtes les instigateurs et les maîtres, Juifs insolents ! et de ce que vous fîtes à Katyn !

Comment est-ce possible ? pourquoi de tous côtés l'accueil genevois de ces jours se répétera-t-il ? Très simple, c'est que les camps d'Allemagne seuls ont reçu des Juifs et que les Juifs sont des menteurs ! et des êtres insupportables dont personne ne veut.

C'est aussi que le Kahal est ce qu'il est et ne devrait pas être : le gouvernement le plus puissant du monde, et qu'il importe pour la sûreté de nos vies, de nos biens, de nos cœurs et surtout de Dieu même, *qu'on le réduise à l'impuissance.*

Cette puissance maléfique du Kahal, ne redoutant pas d'aller jusqu'à s'attaquer, de plein front, à l'une des plus belles héroïnes de tous les temps, conduite par un Dieu saint et puissant ; cette héroïne, pierre précieuse, comme aucun autre peuple que le français n'en possède de pareille dans son livre d'épopées !

On voit ce qu'il advient de ceux qui marchèrent dans les pas de leur Judas ! ils ne peuvent s'arrêter de faire le mal ; ils ont crucifié le Christ, rappelez-vous « que son sang retombe sur nous et sur nos enfants » ; renié leurs pères, dont tant de héros du Ciel dans l'Ancien Testament remplissent nos cœurs d'une joie qui n'est pas faite de main d'homme ; ils piétinent tout ce qui nous est cher ; même la grande et belle et maintenant sainte Jeanne d'Arc n'est point épargnée par eux Que de titres, à côté de combien d'autres, à la reconnaissance des chrétiens !

Una vice quoque modo Ciceronis repeto quo usque tandem abutere Judaei patientia nostra ?

Opus est nobis Cicerone novo ad christianam fidem servandam ?

Une fois de plus à la manière de Cicéron je répète : jusques à quand abuserez-vous Juifs de notre patience ?

Nous avons besoin d'un nouveau Cicéron pour sauver la chrétienté !

Messieurs de Genève, grands amis des Juifs inféodés à leur système, nous en avons fini ; mais pas avant cependant qu'il ne vous soit dévolu, pour notre détermination dernière, de nous dire clairement, franchement, et sans équivoque aucune, si vous êtes avec le Juif destructeur de la France royale et de sa bergère lorraine, ou bien si vous quittez le Juif et ralliez la cause sainte et grande de Dieu et de sa chrétienté.

Oseriez-vous persister d'être par vos Juifs les ennemis de Jeanne d'Arc ?

Les catholiques et les protestants n'adorent-ils pas le même Dieu, et ne doivent-ils pas lutter en commun contre « l'ennemi du genre humain » dont il est ici tant parlé, sans qu'aucun doute ne subsiste sur sa qualité ? et sur ses intentions ?

Voulez-vous que Drumont ait raison quand il dit que « le protestantisme moderne est le compère du Juif » (*France juive* t. 2 p. 569).
Le Juif et son Kahal, de nos jours, le péril des périls !

Fig. 1. - On savait les juifs les plus grands menteurs de l'univers, c'est le menteur héréditaire, téméraire, légendaire et de toujours depuis deux mille ans.

Le mensonge célébré dans les synagogues, et dont il est écrit sur les murs mêmes de celles de Genève.

Le mensonge des « six millions » de gazés, et dont il est écrit sur les murs mêmes de celle de Genève en présence de tout le monde civil et religieux de la cité allobrogienne, expression même de la capacité de mensonge du Juif.

Et tout est ainsi à l'avenant dans les statistiques produites par les descendants de judas, et dont Rassinier du haut de sa compétence indéniable a célébré la confusion, les tromperies et l'inexactitude dans les calculs (ibidem pp. 93, 159 et 167, *Drame des Juifs européens*. Rassinier, 1964).

Voilà des gens qui fourrent dans leurs statistiques 3.350.000 juifs en Pologne (statistique Paul Hilberg, ibidem, p. 123) en 1939 pour prendre un exemple, et qui n'en trouvent plus que 50.000 en 1945, ce qui fait 3.300.000 de massacrés par les nazis, alors que les Allemands dans leur zone d'occupation n'en trouvent que 257.740 (ibidem, p. 175) quand ils prennent possession du pays et ce, pour raison d'émigration, dans de différentes directions, commencées dès l'arrivée au pouvoir du colonel Beck, et qu'il est d'une impossibilité totale que les juifs ignorent qui sont les gens les mieux renseignés du monde.

Étonnez-vous qu'avec de pareilles méthodes, ces brigands du chiffre escaladent les millions, qu'il faut par ailleurs absolument atteindre pour en toucher six, et qu'ils trouvent des chrétiens pour participer à leurs mensonges.

Vile et basse Genève, corrompue par les institutions internationales du juif, et qui renie une fois de plus son grand passé et ses grands hommes.

Calvin voit tout ça car les morts voient de l'au-delà, et s'agite dans sa tombe.

Genève fait souffrir ses morts, mais fait sa cour au Juif de dégradation, d'escroquerie, de crimes et de néant.

Et c'est Pascal qui s'en mêle aussi, et qui jette quelques-unes des belles paroles qui firent partie de sa célébrité, s'écriant aux fils de Judas : « Les ténèbres des juifs effroyables et prédites » ; et s'écriant aux chrétiens, à cette Compagnie des pasteurs, à ce Consistoire de Genève le plus inconsistant qui soit : « À mesure qu'on a plus de lumière, on découvre plus de grandeur et de bassesse dans le cœur de l'homme. »

Nous l'avons dit déjà, Genève n'a plus besoin désormais que de subir à son tour la Réforme.

Page suivante

Photo d'un article intitulé :

À Genève, cette plaque commémore le martyre de six millions de Juifs Sur la photo de la plaque, dans la synagogue de Genève, on peut lire :

« Parce qu'ils étaient juifs, 6 millions d'hommes, femmes et enfants ont été tués pendant l'ère nazie, victimes innocentes d'un monde lourd de péchés. Que Dieu se souvienne de leur martyre. »

Chapitre XIV

Juifs et francs-maçons

Monsieur le rédacteur en chef de la *Gazette de Lausanne,* il n'est pas possible de porter un jugement sur la question soulevée par le Réarmement moral sans examiner deux problèmes cruciaux dans l'état actuel des choses, problèmes jamais abordés par nos journaux et nos autorités ; les voilà bien les fameuses œillères, les voilà, les voilà encore et de nouveau, les plus opaques et les plus systématiques qui soient ! et pour cause ; je veux parler de la franc-maçonnerie et du problème juif, ce dernier capital en l'occurrence, et qui domine, par son importance et ses effets de sape et de destruction sur la société chrétienne, sur ce qu'il en reste, pour tous les gens renseignés et qui appellent un chat un chat, les temps présents.

Ces deux puissants groupements au travail souterrain, secret, en fait n'en font plus qu'un comme il appert de mille et une raisons dont le développement à lui seul nous conduirait à un volume. Ne prenons pour le moment du moins qu'une de ces raisons, celle qui tombe sous le sens commun ; ces deux organisations mondiales ne sont jamais entrées en conflit ! Du reste, les Protocoles, cet acte d'accusation de la plus haute valeur, dressés par le Kahal gouvernement autrefois secret des Juifs, et qui datent approximativement des années 1885, reconnaissent que les Juifs sont maîtres de la franc-maçonnerie (protocole n° 15).

Comment résister à une telle puissance, quand notre esprit miné par des institutions politiques dépourvues de raison et de bon sens, sorties de la tête en feu d'un rêveur, engendrant une démagogie systématique, périodique, et obligée, cultivée souverainement par les partis politiques aux dépens des intérêts supérieurs des nations, depuis plus d'un siècle et demi, comment dis-je, dans de telles conditions d'esprit public, résister aux effets d'une puissance dont la grandeur s'étend partout... alors que seuls quelques esprits dispersés, dans un silence complet de la presse, combattent des idées et dénoncent des manœuvres qui nous conduisent tout droit à la perte de toute civilisation.

On ne fait pas une civilisation, quelque chose de beau et de grand, en partant d'une symbiose telle que celle du Talmud et de la franc-maçonnerie !

Heureusement, mais heureusement qu'il y a David et Goliath, le Goliath des Philistins devenu le Goliath talmudiste de nos temps ; et nous sommes, nous autres chrétiens, cette fois, le petit David.

Celui qui est du côté de Dieu peut tout attendre. Vous avez votre or Juifs pharisiens, mais nous aurons notre fronde !

A-t-on jamais proposé quelque chose de consistant pour lutter contre un tel danger, dont les effets partout éclatent aux yeux les moins prévenus ! A-t-on proposé de se grouper, de s'assembler aux fins de résister et de vaincre, de défendre les trésors que les siècles nous ont laissés, dont le plus précieux le christianisme ? Où sont-elles, Monsieur le rédacteur en chef de la *Gazette de Lausanne*, ces autorités-là qui se préoccuperaient de ce problème fondamental, et qui n'auraient pas d'œillères, où les trouvez-vous ? Ne sont-elles pas gravement coupables de nous laisser dans l'ignorance du danger mortel qui nous menace, et de n'avoir rien fait jamais, même tenté de faire, pour nous en préserver ?

Elles ne le peuvent, c'est bien clair, puisque par la Révolution française, elles en émanent !

Ce problème est-il à l'ordre du jour dans nos journaux, dans le vôtre, Monsieur le rédacteur en chef de la *Gazette de Lausanne* ? Est-il le sujet d'examens approfondis ? de discussion ? de propositions ? Vous savez comme moi qu'à cet égard, c'est partout le silence de mort ! Quel symptôme de capitale importance, qui révèle à lui tout seul l'intensité du mal, la puissance de l'ennemi, et la défaillance des autorités !

Mais revenons à la franc-maçonnerie. On sait comment elle agit, par voies détournées et secrètes. Il n'est pas rare du tout, et tous les gens renseignés le savent, qu'elle conjugue et concentre les efforts de tous ses membres pour commettre une véritable conjuration à l'égard d'un seul individu, le plus souvent parfaitement honnête, et précisément victime de son honnêteté. On sait qu'il existe un article de loi qui défend formellement de telles pratiques. Mais ces gens, dans les faits, dans de très nombreux cas, sont au-dessus des lois ; c'est ce qu'on appelle l'égalité démocratique ! Il n'est que quand le scandale est patent à tous les yeux qu'il faut enfin en changer !

La franc-maçonnerie est l'enfant chéri de nos autorités, du moins quand elles sont radicales ; tout le monde sait que dans nos grandes administrations, les postes et les chemins de fer par exemple, sans compter les administrations cantonales, n'avancent que ceux qui sont des loges à quelques exceptions près. Liberté, Égalité, Fraternité, encore et toujours formule mensongère ; la franc-maçonnerie est l'aile marchante du parti radical. Les origines remontent très loin dans le temps ; on en connaît le recrutement, détestable, où les arrivistes et les gens sans principes foisonnent, pour lesquels le « c'est la politique, que voulez-vous » sert d'argument et de conscience. Elle met toujours en avant ses buts philanthropiques et d'entraide ; d'entraide, dirons-nous, aux dépens des honnêtes gens, qui, eux, se conduisent ou s'efforcent de se conduire selon les règles habituelles. En pratique dépourvue de tout idéal, elle n'a pour elle que ses déclarations hypocrites et solennelles. Elle s'applique incessamment à placer ses hommes aux postes de commande ; dans les administrations, dans les journaux, à la radio, à la télévision ; certains de ses membres les accumulent à grands renforts d'éloges dans les journaux et les assemblées. Et c'est alors, pour elle, un jeu d'enfant dans la vie de tous les jours, de diriger toutes choses selon les enseignements des Loges et des Juifs.

Dans la *Feuille d'Avis de Neuchâtel,* Eddy Bauer parlant de l'interpellation Joseph Leu du 19 septembre 63 au Conseil national, cite les singulières attitudes des radios de Genève, Zurich et Lausanne (délinquance juvénile).

Peuple suisse encore sain de corps et d'esprit, pense à ta vie morale le bonheur des humains, et pense à ta jeunesse ; surveille les brebis galeuses que tu nourris dans ton sein, et honore et soutiens ceux qui en dénoncent les méfaits !

Les Juifs foisonnent dans les Loges et y occupent en général de très hauts postes : leur Kahal (gouvernement des Juifs de New York en même temps que des Juifs du monde entier avec l'Alliance israélite universelle) y donne des ordres grâce à sa puissance économique et financière. *Très hiérarchisée, la franc-maçonnerie* est l'âme et la racine de nos régimes dits démocratiques, ô dérision, ô hypocrisie manifeste ; elle était souveraine absolue au temps où nos gouvernements étaient massivement radicaux.

Le parti radical et sa franc-maçonnerie sont discrédités avec raison par tous les éléments sains et avertis de nos populations. On a vu leur défaite récente à Genève à force de méfaits et de basses intrigues. On se souviendra qu'en 1937, les 27 et 28 novembre, par l'initiative Foniallaz et consorts, la question de la suppression des Loges avait été posée au peuple suisse. Cette suppression fut repoussée par 515.000 voix contre 234.000. C'était un beau résultat malgré l'insuccès, si l'on tient compte du moment choisi ; Mussolini et Hitler contribuèrent, en effet, à lui donner une auréole de persécutée, à lui faire faire figure de foyer de liberté qu'on tentait de détruire les partis socialiste et communiste brandissant le spectre du fascisme recommandaient son rejet.

De plus, les faits et gestes du colonel Fonjallaz avaient prêté à discussion.

En réalité, la franc-maçonnerie est un facteur très important de démoralisation de nos populations par toute son action. Un homme qui se respecte n'entre pas dans la franc- maçonnerie, où l'on obéit à des impératifs qui ne sont pas toujours ceux de la conscience !

On n'aurait jamais dû expulser les jésuites sans expulser ipso *tacto* les Loges maçonniques de notre territoire.

Les Jésuites l'auteur est protestant), c'est la moindre justice qu'on puisse leur rendre, sont d'excellents instructeurs et éducateurs de la jeunesse ; que de fois, que de temps, où leurs collèges ont été parmi les meilleurs !

Ne sont-ils pas obligés d'avoir des vues politiques, puisqu'ils sont le seul corps organisé pour lutter contre la judéomaçonnerie ? Les Jésuites sont l'aile marchante du catholicisme et il faut se féliciter qu'elle le soit, pour nous défendre par le monobloc qu'elle constitue. C'est précisément et sans aucun doute, en tant qu'ennemi et adversaire redoutable de la judéomaçonnerie, que sont, au Sonderbund en novembre 1847, expulsés de Suisse les disciples d'Ignace de Loyola.

Je me souviens d'un ami prêtre de belle culture, me rappelant les campagnes de calomnie à leur égard déclenchées au XIXe s., me rappelant Eugène Sue (1804-1857) écrivant son *Juif errant* contre bon argent comptant, soit cent mille francs de l'époque, donnés on devine par qui, pour calomnier cet adversaire si sérieux de l'influence judéomaçonnique. Paul Féval, lui aussi, est sollicité, garde l'argent pendant un mois, pour le rendre, se refusant à se déshonorer !

Les livres d'Eugène Sue, homme peu recommandable, si répandus au siècle passé, n'auront pas peu contribué par leurs calomnies à déformer et à dénaturer les activités des Jésuites.

Leurs activités vaudront toujours mille fois celles des enseignements sans Dieu des affreux temps que nous vivons ! maçonniques.

Voici ce que dit la Constitution de 1848 à leur égard : « L'ordre des Jésuites et les sociétés qui lui sont affiliées ne peuvent être reçues dans aucune partie de la Suisse. »

La Constitution de 1874 ajoutait encore : « Et toute action dans l'Église et dans l'école est interdite à leurs membres. »

On n'agirait pas autrement d'avec les malfaiteurs !

Cette sainte franc-maçonnerie ! ces criminels du Kahal qui la dirigent, ces criminels du Grand Orient de France rue Cadet, tout de même que d'audaces !

À ce sujet, G. Baumberger (1928) dans le Dictionnaire historique et biographique de la Suisse nous dit ceci :

> « L'expulsion des Jésuites de toute la Suisse fut saluée avec empressement par le parti radical, blâmée en revanche par le parti libéral conservateur, et tout particulièrement par Jean-Gaspar Bluntschli, Jérémias Gotthelf, Heinrich Gelzer, Rud. Hagenbach, Daniel Schenkel et Alexandre Vinet. »

Soyons heureux, n'est-ce pas, de l'avis de ceux en qui nous avons toute confiance, et en qui nous mettons tout notre respect, les Jérémias Gotthelf, les Vinet, deux grands serviteurs de Dieu parmi nous, qui corroborent notre jugement.

Mais il s'agissait bien de cela ; à ce moment, les Loges sont « tabou » et toutes revêtues, comme le parti radical et la Révolution française, d'un faux prestige, grâce à tant d'assauts et tant de calomnies dont l'ancien régime était abreuvé ! Rien n'est plus menteur que le Juif !

Où êtes-vous familles aristocratiques de tradition et de biens-fonds, qu'il faut, disent les Protocoles de Sion (1885) détruire, ainsi que les rois, et parmi les rois, *le tsar de toutes les Russies ainsi que le Pape* ? parce qu'obstacles majeurs à notre domination que nous voulons universelle ? Où êtes-vous ceux qui, dans l'ensemble, furent très à la hauteur de leur tâche, qui, dans notre vieille Confédération, gouvernaient à ciel ouvert, loin de toute hypocrisie et de toutes basses et souterraines intrigues démocratiques, loin de tout matérialisme, qui nous enseignaient les bonnes manières, la religion, la tenue, le tact, le goût, la distinction naturelle, la politesse, le respect des cheveux blancs, la charité du cœur et non celle mécanique du XXe siècle, tant de qualités si nécessaires à la nourriture de notre cœur, qui sont bafouées présentement, et qui font que nous regardons de votre côté ?

Loin de nous vilain Juif talmudiste !

> « Les parvenus de l'intelligence (les écrivains du XIXe siècle) découvrent aussi les antiques distinctions de vie et de mœurs, la supériorité des manières, l'affinement, et la culture souveraine du goût. » (Ch. Maurras.)

On ne fait pas un homme complet en une génération, il en faut plusieurs pour les meilleurs, à condition encore que l'orgueil ne les aveugle et ne leur cache leurs insuffisances. Il faut bien voir et bien connaître ses erreurs pour qu'il soit possible de s'en corriger.

Il faut relire à cet égard le manifeste du gouvernement aristocratique bernois, la plus sage des administrations, dont les finances et la richesse sont les premières d'Europe au XVIIIe siècle, le plus politique des cantons suisses d'ancien régime, an moment qu'en 1831 il quitte le pouvoir.

Proclamation en allemand et en français ; modèle de simplicité, de naturel et d'humanité, qui contraste singulièrement avec le vulgaire, les formules creuses, les grands mots, les promesses solennelles du parti radical prenant la succession du régime aristocratique, le 1830 français aidant !

« Gardez un souvenir d'affection du bien qui s'est fait durant notre gouvernement. » Comme cela retentit à nos cœurs.

Que voit-on en Pays de Vaud un siècle après l'arrivée des Bernois ? Partout l'instruction publique répandue et obligatoire, et en fait, mieux réalisée que dans le canton de Berne ; partout, les pasteurs obligatoirement, présidents des commissions d'école (François Guex 1906).

O sage mesure, ô bon gouvernement soucieux de ses enfants !

Comme vous aviez raison, doyens Bridel et Curtat, dans vos affirmations laudatives à son égard ! Valait-il la peine d'en changer, pour n'avoir plus que des guides qui n'ont plus pensé que d'abattre la religion, sans le secours de laquelle il n'est pas de bon gouvernement ! Saint Augustin, saint Augustin, ici encore, une fois de plus, nous t'écoutons nous affirmant : « Celui qui est bon est libre même s'il est esclave et celui qui est méchant est esclave même s'il est roi. »

Ne voyons-nous pas aujourd'hui, de façon aveuglante, que ces gouvernements sans religion, qui ne font que faire la guerre à l'Église, sont de mauvais gouvernements ?

Il n'y avait pas, dans ce temps-là, d'instituteurs communistes ou procommunistes comme il en est partout aujourd'hui, des instituteurs sans religion remplis d'eux-mêmes et empoisonnant notre jeunesse. Les protestants n'avaient pas besoin d'envoyer leurs enfants faire leur instruction dans des maisons catholiques !

Il y a quelques années, le cinéaste Brand confectionnait un beau film dans la vallée de La Brévine qui a depuis défilé sur nos écrans. Il avait pour celui-ci collectionné de nombreuses scènes relatant les différentes activités de la vallée prises de-ci, de-là, ses beautés naturelles, et puis aussi, dans une région restée très pénétrée de religion, des scènes de la fête de Noël telle qu'elle se célèbre dans l'antique église de La Brévine depuis longtemps déjà. Or, lors de la projection du film, les scènes religieuses n'y figuraient pas !

Cette vallée, dont les sentiments sérieux sont connus, dont tant de réunions se passent dans son église, si remplie de vie intérieure que cultive, entretient, et vivifie sans cesse un admirable pasteur, dont la seule épouse ne fut jamais que sa paroisse, et qui, dans un climat de loups et de glace, dont toute la Suisse par les ondes connaît la rigueur, y séjourne depuis plus de trente-huit ans, l'ayant parcourue quotidiennement par tous les temps (et c'est là-bas quelque chose dans ce belvédère du froid qu'est La Brévine, dont le nom seul fait frissonner et frissonne lui-même) et dans tous les sens, mille et une fois, connaissant les yeux fermés les moindres chemins et sentiers qui conduisent ses pas de bon berger jusque dans les fermes les plus éloignées de la paroisse, la plus étendue de son canton après celle de La Chaux-de-Fonds...

Il n'y a pas de neige et d'intempéries qui le retiennent à son logis, quand le devoir l'appelle.

Heureuse vallée d'avoir reçu de Dieu un si précieux trésor !

Eh ! bien, ce pasteur-là, lien vivant de tous ses paroissiens, le cœur vibrant de tout son monde, ce pasteur exemplaire dont l'obéissance à son Maître est de toutes les minutes, et de surcroît président de la Commission scolaire depuis toujours, eh ! bien ce pasteur-là ne figure sur le film qu'un instant, entre deux portes, sans robe bien entendu cela pourrait froisser quelque incroyant, entre deux portes vous dis-je, l'espace d'un instant très court !

Au lieu que ce pasteur soit à une place d'honneur, il est à la dernière et son Maître avec lui !

Ce film était patronné par la Société pédagogique neuchâteloise. Il faut croire donc que pour celle-ci, l'activité religieuse d'une vallée n'est pas au nombre de celles qu'on énumère et célèbre !

Détestable esprit du XX$_e$ siècle tout imprégné de talmudisme salissant, va-t'en loin de nous, ton orgueil te perdra !

Étonnez-vous que les familles protestantes le pouvant, confient tant de leurs enfants à l'enseignement des collèges catholiques, où le Seigneur est à sa place, la première !

Les gouvernements d'incroyants ont des instituteurs incroyants, ou des instituteurs, dont la croyance est si fragile, qu'il n'en paraît rien toutes les fois qu'il faudrait, comme ici, qu'il en parût quelque chose ! Tous les instituteurs ne sont pas des incroyants, mais ceux qui croient s'effacent devant l'incroyance qui, de nos jours, est de rigueur et de bon ton.

Les Juifs et leur franc-maçonnerie en ont ainsi décidé !

C'est le ton des barbares ! car c'est la religion et la vie morale qui font la civilité et la civilisation !

« Les barbares, a pu dire, Charles Maurras, sont ceux qui heurtent notre sensibilité ! »

Il n'y a pas de doute que la maladie sociale, religieuse et politique dont nous souffrons voit ses origines remonter à la Révolution française, et il apparaît comme certain que les loges maçonniques doivent être considérées comme l'élément primordial qui la déchaîne. C'est une révolution et c'est surtout une conjuration conduite par quelques personnages très puissants, qui ne sont pas nécessairement ceux qui parurent par la suite.

Edouard Drumont assure qu'après la destruction de l'ordre des Templiers dont les biens sont immenses, par Philippe le Bel, ses membres jurèrent de détruire les Capétiens. Cet ordre était très infecté, dit le même auteur, de franc-maçonnerie, et très en rapport de commerce avec les Juifs ; très dégénéré, puisque dit encore Drumont, Michelet a démontré que la cérémonie d'initiation comportait *l'outrage au Christ*. Drumont rappelle que *c'est au Temple, la maison mère des Templiers, que fut enfermée la famille royale !*

En tout cas, et c'est le moins qu'on puisse dire, la franc-maçonnerie est un élément de toute première importance quand on étudie la genèse de ce cataclysme social et politique que fut la Révolution française. Il y a, nous l'avons vu ailleurs déjà, d'autres facteurs : Rousseau, l'*Encyclopédie*, l'Angleterre ulcérée de la perte de sa grande colonie, cette Angleterre précisément, dont les institutions et le Parlement sont tant vantés par Montesquieu qui a pu dire : « L'Angleterre est le peuple au monde qui a le mieux su se prévaloir à la fois de ces trois grandes choses : la religion, le commerce et la liberté. » Il y a aussi Philippe-Égalité et son immense fortune, ambitionnant le trône ; la haute noblesse toujours ambitieuse, elle aussi, et prête à pactiser après les deux longs règnes de Louis XIV et Louis XV qui la voient très subordonnée. Le Haut-Clergé indisposé par l'affaire du collier qui l'éclabousse en la personne du cardinal de Rohan. Voltaire, indirectement, par ses attaches à l'*Encyclopédie* et ses attaques continuelles à l'Église catholique ; Benjamin Franklin franc-maçon sans en avoir l'air, et dont le pays, les États-Unis tout frais émoulus, fait figure d'idylle démocratique ; Necker protestant et sa politique de facilité et de perdition par les emprunts qui ne sont que partie remise. Bien des Huguenots sans doute (on ne leur jettera pas trop la pierre puisqu'ils ont beaucoup souffert pour leur foi), et puis avec les Loges, les Juifs, révolutionnaires nés, d'essence, qui sont l'essentiel de tout le cataclysme, puisqu'ils sont les maîtres de ces Loges. Sur ce point, comme l'a dit je ne sais plus qui, je crois Ed. Drumont, Philippe-Égalité et Talleyrand auraient sans doute pu nous renseigner qui ne l'ont point fait.

Cette prééminence juive, leur souveraineté dans les Loges comme dit Drumont - une autorité en ces matières - nous paraît singulièrement corroborée par ce fait extraordinaire d'un grand maître de la franc-maçonnerie Philippe-Égalité, guillotiné comme un simple mortel ! Il devait y avoir des personnages

...lus puissants que lui, qui le font disparaître au moment où sa ...t plus nécessaire, et même nuisible puisqu'il s'agit, comme les ...nous le disent plus tard (en 1885), de supprimer les rois, les princes ...istocratie, sans oublier le pape !

...i, du reste, ce que nous trouvons au Protocole des Sages de Sion n° 3, p. ...tion Vieille-France :

> « Rappelez-vous la Révolution française que nous avons appelée "grande" ; nous connaissons bien les secrets de sa préparation, car elle fut notre œuvre. »

Y a-t-il donc encore des raisons de douter quant aux auteurs de la Révolution française ? ? ? Moins que jamais, plus aucun doute n'est permis !

Il faut que tout, absolument tout concoure à la destruction de l'ancien ordre de choses, quels qu'en soient les frais ; et là, l'on voit bien le *tempérament frénétique et névrotique du Talmudiste* tel que l'a décrit le grand clinicien Charcot ; disposition d'esprit en rapport, bien entendu, évident, avec ce drame religieux qui depuis deux mille ans se joue en ce peuple égaré, sur un fond de mauvaise foi et d'obstination dans l'erreur que rien humainement ne peut changer !

Et cependant, un de leurs grande hommes, Klausner, dont nous parlons ailleurs encore, nous dit en substance dans sa *Vie de Jésus* qu'on ne peut nier la grandeur et la majesté du mouvement qu'engendra dans le monde le passage de Jésus parmi nous.

À combien de contradictions, peuple juif, n'es-tu pas amené, de vouloir toujours et encore te mettre en travers de la Vérité. Et pourtant, c'est si simple, et si beau et si pourvu de dynamisme vers le bien, que de reconnaître ses erreurs !

Ne cherchez pas auprès du Talmud rien qui soit noble et délicat, son lecteur ne comprend en rien ce langage.

L'on voit ce même débordement sanglant qu'à la Révolution française, sa frénésie, sa férocité, sa sauvagerie, à la Libération de 1945, alors que sans aucun doute le grand Juif est tout-puissant, dont de Gaulle n'est que le prête-nom, l'homme de paille.

Et l'on a vu ce même débordement sanglant de torture et de mort lors de la Révolution russe de 1917, d'origine juive par Jakob Schiff et consorts, qui massacre sans le moindre simulacre de jugement, et de façon abominable, la famille impériale russe et vingt-huit millions de sujets selon le chiffre officiel et incroyable du gouvernement russe en sa célèbre affiche de Kiev.

Faites-nous donc, Juifs pharisiens et sadducéens des temps modernes, faites-nous donc un film de vos crimes sur ces têtes couronnées, et sur ce peuple russe que vous avez tant épuisé de sang et de supplices, au lieu de nous rebattre les oreilles de vos six millions de Juifs massacrés et gazés qui sont un pur mensonge. Le Talmud ne vous dit-il pas qu'on peut tout dire et tout faire au « goyim » ? Le Juif est tout naturellement menteur.

Allez donc vous mettre en discussion à ce sujet d'avec l'historien français rigoureux et passionné de vérité, Rassinier, socialiste français et ancien pensionnaire de Dora et Buchenwald, qui vous mettra le doigt sur vos chiffres effrontés.

Lisez donc, mais lisez donc son dernier livre où votre mensonge éclate : *Le véritable procès Eichmann ou les vainqueurs incorrigibles*, et parlez-nous plutôt des cent dix mille Français massacrés à la Libération, pour avoir marché dans les pas du glorieux soldat de Verdun et du sauveur de la France en 1917, de surcroît le plus honnête homme du monde !

Vous aurez donné là, Juifs aux bas sentiments, la mesure de votre amour pour la France et de votre patriotisme. L'on savait déjà depuis toujours que vous n'étiez d'aucun des pays que vous habitez !

Ubi aurum, ibi patria (où est l'or là est ma patrie), telle est la noble devise du Juif. Revenons à 1789 suite à ces digressions.

La Révolution française doit concourir et courir à la subversion totale. Pourquoi, mais pourquoi donc ? La France n'est-elle pas heureuse, n'est-elle pas puissante, n'est-elle pas une étoile de première grandeur en Europe ? Le Traité de Versailles de 1783 est une grande victoire pour la France, qui dépossède l'Angleterre de ses treize anciennes colonies d'Amérique, libère Dunkerque de toute servitude anglaise, et lui redonne la Louisiane avec la Nouvelle-Orléans.

Et à l'intérieur comment est-elle ? On sait maintenant que les *Cahiers des États généraux*, considérés longtemps comme parole d'évangile, sont en fait infectés d'esprit maçonnique et travestissent la situation (P. Rascol, 1962). On sait aussi qu'à la veille de la Révolution, les paysans sont les maîtres de plus de la moitié du sol de France (P. Gascotte, *Histoire des Français*, tome II, p. 257). Lisez donc p. 258 du même tome ce qu'il faut penser des droits féodaux et de ce qu'ils représentent, corrigeant beaucoup des appréciations de Taine dans le sens d'un gros allègement de redevances.

Quand on se donne, dit P. Rascol (1692), la peine d'explorer les archives de province et les actes notariés, on s'aperçoit que les paysans sont bel et bien pourvus de nombreux biens-fonds.

Les corporations, avec leurs prévôts ou échevins et leurs jurés, sont puissantes et riches, et leurs avoirs peuvent s'estimer à cinquante milliards de francs suisses, et même davantage suite de la dépréciation de notre monnaie, ajouterons-nous.

La Révolution française est une vaste conjuration d'intérêts matériels et politiques, se développant d'abord sous le masque de sociétés littéraires et économiques, dont les fils conducteurs sont tenus par quelques initiés maçonniques des plus hauts degrés, se couvrant des écrits de J.-J. Rousseau, dont le retentissement est sans limites, aux fins d'assurer leurs positions, et qui les découvrent au fur et à mesure que celles-ci sont assurées.

Conjuration ? sans aucun doute, puisque les francs-maçons au Convent de Francfort *où* la France et l'Allemagne sont réunies en 1785 (*La France juive*, Ed.

Drumont, tome I, p. 271) décrètent la mort de Louis XVI et de Marie-Antoinette en même temps que celle du roi de Suède, Gustave III ; ce qui, comme chacun sait, s'exécuta. Gustave III fut tué à bout portant par un gentilhomme dans un bal masqué, d'un coup de pistolet. Quand je disais que cette société secrète vivait d'intrigues, de complots, de conjurations, d'assassinats ; et quels complots et quelles conjurations !

Et sur de tels crimes, qu'elle ait osé poser les assises d'une société ! Comprenons que celle-ci ait été tout au long de son histoire si fragile, si instable, si mobile, et si progressivement décadente et incroyante que, maintenant, elle nous précipite tout droit dans les flammes de l'enfer !

On ne dispose rien de bien sur de telles bases ! qui sont celles des Talmudistes !

Saint Louis, saint roi de France des temps passés, amour profond de la justice ; toi, qui, choisi comme juge par tes adversaires mêmes dans une cause où tu es défendeur, te condamne toi-même, en grand chrétien et grand politique !

La justice de Saint Louis et la justice des troisième, quatrième et cinquième Républiques françaises !

Tu agissais par l'exemple, et dans nos temps sans Dieu d'aujourd'hui, ce sont les plus hautes autorités qui donnent le plus détestable des exemples

L'exemple de Saint Louis et l'exemple du Haut Conseil fédéral suisse !

Que dirais-tu d'une société telle que celle-là ? Sont-ce tes temps qui sont de civilisation ou les nôtres ? Est-ce ton moyen âge que nos temps méprisent et taxent de barbare, qui est de civilisation, où tout est en Dieu, où la foi construit les superbes cathédrales, ou bien nos temps de misère, de désordre, d'intempérance, d'anarchie, d'incroyance et d'argent, où le critère universel n'est plus que le vulgaire et dégradant « ça ne paye pas » ?

Construire, Saint Louis, une société 'sur le plus abominable des crimes, lequel fait couler le sang de ton descendant en lui donnant la mort !

On reconnaît, n'est-ce pas, saint et grand roi, on reconnaît ici le travail frénétique de ce Talmud qu'avec tant d'attention, tu soumis déjà à l'examen de tes conseillers, qui en révèlent toutes les horreurs, ce Talmud qui porte la main sur Louis XVI ; qui porte la main sur Nicolas II et toute sa famille, tsar de toutes les Russies, une bien belle et bien grande chose à nos sens de chrétiens civilisés, tout imprégnée d'humanité, de naturel, de liberté individuelle et générale, de grandeur et de religion.

Quel grand empire les tsars n'ont-ils pas construit ?

Il ne suffit pas, n'est-ce pas, toi qu'autrefois on appelait la « sainte Russie », de naviguer dans l'espace et d'aller dans la lune ou plus avant encore, pour rendre tes peuples heureux, que la presse juive dès la fin du siècle passé partie d'Amérique, mensongère à son habitude, représentait sous ta main, déshérités, misérables, ployant dans l'esclavage, alors qu'on y mangeait à sa faim, qu'il était certains recours contre les usuriers (*Le Péril juif,* R. Lambelin, p. 115), et qu'on respectait et célébrait la grandeur et l'intelligence de Dieu !

Louis XVI ! Nicolas II ! immolés dans un temps tragique, et sans qu'on comprenne que ce soient vos Majestés, où l'homme avait tant de valeur morale, qui doivent subir un si douloureux sacrifice !

On pense sans le vouloir à cette initiation de Philippe Égalité qui le fait maître de la franc-maçonnerie (Ed. Drumont, *La France juive,* tome I, pp. 273-275), dans le cours de laquelle, il transperce du poignard un grand mannequin rempli de liquide qui figure la personne de Philippe le Bel ; on lui montre aussi les ossements de Jacques de Molay, sur preuve ajouterons-nous, que chez les Templiers la franc-maçonnerie est présente, et que Philippe le Bel a vu parfaitement clair en la détruisant, truffée qu'elle était déjà de ses pharisiens et sadducéens du temps dont la présence justement se marque par l'initiation avec outrage au Christ.

Nous aurions besoin d'un nouveau Philippe le Bel !

Toutes nos républiques sont filles de la Révolution française, allez donc voir à Boudry ce qu'il en est, où l'on peut lire sur une plaque commémorative apposée à une maison, les lignes suivantes : « Ici naquit le 24 mai 1743 Jean-Paul Marat, tribun de la Révolution française, surnommé l'ami du peuple. »

C'est ainsi qu'on célèbre la mémoire de la crapule, et de la crapule juive par-dessus le marché, et qu'on s'en réclame ! Étonnons-nous des beaux résultats que donnent de tels ancêtres. En fait d'ami du peuple, on sait fort bien qu'en chiffres absolus, il est mort par la guillotine plus de gens du peuple que de la bourgeoisie ou de l'aristocratie.

Lisez, lisez la mort de l'héroïne Taupin rapportée par Gustave Lenôtre dans *Bleus, Blancs, Rouges ;* pour lui, la plus haute figure de ces temps de cataclysme ! Une âme de feu dans une résolution d'airain ! ô l'admirable femme !

Marat était Juif ; né en Suisse, il s'est converti par opportunisme au protestantisme ; il est Juif, issu d'une famille tour à tour chassée d'Espagne, puis de Sardaigne, et qui pour passer inaperçue dans les cantons helvétiques se convertit au protestantisme (Michel Bertrand, *Europe réelle,* juin 1963).

Il est Juif, ce qui explique sa folie sanguinaire, sa névrose à toujours plus de sang versé. Toutes nos républiques sont pures émanations de ces temps de destruction et de loges maçonniques en action, où celles-ci et les Juifs sèment la mort de tous côtés.

N'allez pas chercher plus loin l'origine de tous les maux et de tous les troubles qui sans cesse fondent sur nous, et qui remplissent l'atmosphère internationale d'une permanente insécurité et d'une inquiétude constante ! Travail du Talmud, les Protocoles de Sion dans toute l'expression d'une pleine activité...

L'argent juif et la haine juive du genre humain y sont sans limites. Leurs influences patentes dans les organisations internationales toutes orientées à gauche, comme du reste la presse du monde entier à quelques exceptions près, gagnée à cette cause abominable et barbare, car le Talmud c'est le diable !

Chez nous, des journaux comme le *Journal de Genève* et la *Gazette de Lausanne* se refusent à la publication de tout article qui met en cause les Juifs, en invoquant la charité chrétienne la main sur le cœur bien entendu.

Le rouge se porte bien par là. Car le Juif est l'auteur du communisme comme chacun devrait le savoir ; mais en fait, comment le savoir, puisque nos journaux, sans courage ou pour d'autres raisons, n'en soufflent mot !

Il faut qu'on en souffle, il faut qu'on en proclame, il faut qu'on en crie !

M. Olivier Reverdin, président de la Société suisse des Sciences morales, parlez-nous de l'amoralisme du communisme juif grand maître du mensonge, et de ses Protocoles ! Au lieu, le 3 août 1964, dans le *Journal de* Genève, de discourir, en le louant, sur le sujet facile du « progrès social irréversible », y échauffant davantage encore des têtes déjà suffisamment chavirées à ce chapitre, tout en omettant de nous parler des beaux résultats de ce « progrès social irréversible » : le monde en folie, les blousons noirs, l'effrayante délinquance juvénile, les attentats aux bonnes mœurs sur des enfants, dont le nombre est tel que partout, chez les gens conscients, on en jette des cris d'alarme ; que dire des vols, des crimes, des attentats de toutes sortes et qui pleuvent de tous côtés... sans parler du monument de la Réformation sans cesse attaqué, et que tous les jours, de votre demeure, vous avez sous les yeux !

Beau « progrès social irréversible » par ma foi ; il ne faut pas être bien difficile !

Dans la seconde partie de votre article, vous avez du courage, c'est le moraliste qui parle. Dans la première vous n'en avez pas, c'est l'homme politique, le conseiller national qui rompt une lance au service des idées folles que sans cesse les partis politiques, qui en vivent et qui s'en nourrissent, agitent et font flotter dans l'espace.

Suivez-moi plutôt, afin d'atteindre à la racine du mal et de l'éteindre, et d'en discuter plus tard en plein *Journal de Genève*.

Les intérêts supérieurs du pays doivent commander, Monsieur le président de la Société suisse des Sciences morales.

Voyons donc d'abord ce qu'il en est en France, dans ce pays d'où sont partis les temps de crime et de férocité qui marquent la Révolution française et l'installation en tant que pouvoir directeur, des Loges et les Juifs ; où Napoléon, et les Capétiens, puis Napoléon III marquent des temps d'arrêt ou de « suspense » plus ou moins marqués n'arrêtant donc pas ces forces souterraines dans leur évolution, et qui prendront dès 1871 de plus en plus d'autorité et de puissance.

Ed. Drumont dit ceci : « Le 4 septembre 1870, comme on devait s'y attendre, mit au pouvoir les Juifs français. » (*La France juive*, tome I, p. 383.)

Le ministre de Bismarck Busch dit ceci :

« Presque tous les membres ou au moins beaucoup de membres du gouvernement provisoire sont juifs : Simon, Crémieux, Magnin et Picard qu'on ne croyait pas Juif, et très probablement aussi Gambetta d'après le type de son visage ; j'en soupçonne même Jules Favre. »

Où en sont-elles dans la présente France ces forces juives ? comment gouvernent-elles ? quels sont leurs instruments de combat et quels emplois en font-elles ?

À Rome, lors des guerres puniques, le vertueux Caton l'Ancien terminait ses discours, nous le savons, d'une manière qui était uniforme. C'était comme le refrain dans une chanson : *Delenda Carthago !*

Reprenons Caton, revivons ce grand homme et les temps dangereux nécessitant des héros, que courut Rome à cette époque de son histoire ; car ceux que nous vivons, nous autres, ne le sont pas moins et ne le seront pas moins, tellement que par moment ils nous écrasent et presque nous réduisent au désespoir. Nous serions tentés de dire que les temps de Caton ne sont que poussière en comparaison de ceux qui nous assaillent, se faisant chaque jour plus proches et plus instants.

Il faut donc que Dieu nous aide, et que comme autrefois le petit David que nous sommes devenus, devienne grand par la mort du géant Goliath porteur de tant d'erreurs, de tant de mensonges, de tant d'offenses et de tant d'outrages aux saintes Écritures.

L'histoire s'inverse, les chrétiens sont le petit David et le Juif talmudiste armé de sa toute-puissance terrestre le géant Goliath !

Delenda Carthago disait Caton au Sénat de Rome en terminant des discours quelquefois sans fin.

Delenda societas arcana .'. nominata dirons-nous, n'omettant d'ajouter aut mori.

Nous revivons, Caton, les temps de grand danger que tu as connus !

La franc-maçonnerie est un des pôles de la puissance juive, dont le sommet, dont le centre, est le très redoutable Kahal, auteur de nombreux crimes dont nous parlons ailleurs dans ce texte (chapitre *Kahal*) et à ce seul titre déjà, incitant de toute urgence, à ce qu'on réduise puis annihile sa puissance infernale sous peine sans cela d'en périr nous-mêmes.

Nous n'entendons pas être gouvernés, conduits, dirigés, enseignés et catéchisés plus longtemps par des criminels !

Si tu revenais parmi nous, Jeanne d'Arc, pour conduire la croisade contre les « ennemis du genre humain », qui tiennent à la gorge la France et dans leurs serres le monde presque tout entier.

Tu délivrerais la France une seconde fois et l'univers avec elle !

Oui, le Saint-Père de nos frères catholiques a depuis longtemps jeté l'interdit, l'anathème, l'excommunication sur la franc-maçonnerie ; or, les Juifs sont les maîtres de la franc-maçonnerie, la franc-maçonnerie même, son organe directeur, sa substantifique moelle on ne peut mieux dire ; sans qu'en dehors de la franc-maçonnerie et dans celle-ci même, on en connaisse nommément les chefs. La franc-maçonnerie, base et essence de la belle démocratie qui gouverne tout, est la société la moins démocratique qui soit au monde.

La démocratie qui conduit nos pas est donc une démocratie de mensonge.

On n'oserait, même pas en pensée, la comparer à ce joyau qui marque la naissance de notre Confédération !

La franc-maçonnerie est la cheville ouvrière des Juifs, elle est son esprit, son essence même, elle est on ne peut davantage antichrétienne, elle l'est même jusqu'au bout des ongles. Voyez dans cet ouvrage toutes les raisons qui nous permettent de ne parler que par affirmations catégoriques.

Dès lors, on ne voit pas très bien comment Vatican III qui va venir (le 14 septembre prochain) et qui porte à son ordre du jour la répudiation de l'antisémitisme sous toutes ses formes pourrait accéder, souscrire à semblable formule, puisque la franc-maçonnerie est depuis longtemps condamnée, qui est farcie de Juifs et dirigée par les Juifs ; elle est la chose des Juifs !

Voyons maintenant comment, présentement, se situe cette puissance maçonnique ou mieux judéomaçonnique, dans le pays qui, en 1789, en assura le plein épanouissement chez elle, puis contamina tous ses voisins, pour s'étendre au monde entier, et se montrer aujourd'hui dans toute l'étendue de ses mensonges et de ses pouvoirs sataniques.

C'est le dernier moment, genre humain, de t'arrêter dans ta chute, et de ne point trahir Celui sans le secours duquel nous ne sommes que poussière et néant.

Que l'exemple du peuple juif te soit le plus salutaire des avertissements !

Le peuple juif conduit par de mauvais chefs, alors que tant des siens écoutaient et imploraient la toute-puissance et lumière dont Jésus, dans toute l'apothéose de ses pouvoirs surnaturels, éclatait et rayonnait !

Montre, genre humain pendant qu'il en est encore temps, montre à celui qui ne fut pas fidèle comment, toi, tu comprends ta fidélité !

Voyons donc cette France quant à ces messieurs les chasseurs de crucifix et quant à leurs Loges maléfiques.

Situation terrible, le Mal dans tout l'éclat de sa puissance, un peuple tout entier courbé, ployé sous la loi des lecteurs du Talmud.

C'est Léon Daudet, armé d'un courage et d'un altruisme, comme seul un père blessé au plus profond de son être, par la mort d'un fils de quatorze ans frappé par des bandits au service de l'État français, peut en avoir, peut en montrer, risquant sa vie, son sang, son honneur, ses biens, ses amis, sa situation, tout pour mettre à découvert l'organisme monstrueux qui gouverne présentement la France !

Immortels, inoubliables services rendus à l'humanité par ce grand Français s'exposant, et dont la plume puissante montre le Mal dans toute sa profondeur, et faisant de nos temps dans cette France qui fut douce, un régime inhumain tel, que depuis des siècles notre voisine, la Révolution exceptée, n'en avait point connu de pareil.

Lisez la *Police politique,* de Léon Daudet, chez Denoël et Steele, 19 rue Amélie, aux fins de connaître ce qui gouverne nos temps, quels gredins et quels monstres sont ceux qui tiennent les fils de notre destinée en tant qu'univers, continent, nation, pays, maison et famille, puisque la franc-maçonnerie est internationale et se trouve partout.

Et vous comprendrez alors pourquoi nous sommes dans l'état dans lequel nous sommes !

Le pouvoir suprême en France est celui des Loges, appelées aussi le Grand Orient rue Cadet, où les Juifs sont les maîtres absolus et seigneurs.

C'est du Grand Orient que partent les ukases devant lesquels ministres, présidents du conseil, président de la République ne sont que de petits enfants craintifs et tremblotants, des fantoches. De tout temps, les Chambres de France n'ont mâché que ce que le Grand Orient leur voulait bien donner.

Le Grand Orient fait exécuter ses ordres par la Sûreté Générale « Association de malfaiteurs », « aile tueuse » du Grand Orient dont les crimes ne se comptent plus, dit Daudet.

Le parti radical-socialiste et les Juifs sont là pour alimenter en effectifs la redoutable bande de gredins qui couvrent la France de leurs méfaits, de leurs crimes et de la terreur qu'on en éprouve

Delenda societas .'. nominata arcana !

Il faut détruire la société secrète nommée franc-maçonnerie !

Nous n'allons pas en faire l'histoire, elle serait trop longue, mais il faut tout de même en dire quelque chose, qu'on sache bien partout ce qu'est et ce que vaut la franc-maçonnerie.

Vous savez, n'est-ce pas, que la franc-maçonnerie est une société internationale dont chaque pays a l'honneur si l'on ose dire, d'abriter une section, et que les directives sont nationales mais surtout internationales, et que les Juifs en sont les maîtres comme ils le chantent sur tous les tons dans les Protocoles.

Jamais on n'a vu Juifs et francs-maçons en dispute et combats, pour la bonne raison que les premiers sont les maîtres des seconds !

Du temps des Templiers et de Philippe le Bel, comme nous l'avons vu déjà, l'initiation des membres s'accompagne d'un outrage au Christ dont Michelet a montré et prouvé toute la réalité, dit Ed. Drumont.

Ce qui montre bien que dans ces temps reculés déjà (début du XIVe siècle) Templiers et Juifs se connaissent et se sont interpénétrés ; du reste, l'amoncellement des richesses annonce à lui seul le Juif.

Les Templiers sont des francs-maçons de la première heure, Louis XVI et Marie- Antoinette sont enfermés au Temple qui fut la maison mère des Templiers ; et la cérémonie de Philippe Égalité comme grand maître de la franc-maçonnerie voit la présence des ossements de Jacques de Molay, grand maître des Templiers, brûlé vif, comme l'on sait, à la pointe de l'île de la Cité, le 18 mars 1314 à Paris, ce dont les Templiers jurèrent de tirer vengeance en s'attaquant aux Capétiens.

Les trois grands crimes de la Troisième République a pu dire Léon Daudet sont :
1) L'affaire Syveton, 1904
2) L'affaire Philippe Daudet, 1923
3) L'affaire du Conseiller Prince, 1934.

Il faut, peuple suisse, continent européen, univers, mappemonde, que tu connaisses quels misérables sont ces gens de la franc-maçonnerie, de quels crimes ils sont capables, et quel peut être l'état d'esprit d'une pareille association d'individus de tous poils, préoccupés d'arriver par tous les moyens dans les grandes nations comme la France, les U.S.A., et par beaucoup de moyens dans celles de moindre grandeur.

Voilà où aboutissent toutes les belles phrases et les beaux discours des régimes démocratiques ! voilà tout ce qu'ils cachent !

En trois mots, ces trois grandes affaires, dont il vous serait difficile de prendre connaissance, les livres étant épuisés, et les bibliothèques des États maçonniques ne devant pas les avoir, et pour cause, sur leurs rayons.

Affaire Syveton, 1904

Syveton est député ; c'est un homme de loyauté, d'honneur et de courage ; il apprend que le général André, ministre de la Guerre, a communiqué au Grand Orient les fiches de tous les officiers de l'armée française consignées au ministère de la Guerre. Il s'approche du général André et le gifle. Suites judiciaires, Cour d'assises. La veille de la comparution devant les juges, Syveton se sent tout à fait bien, il a des documents de premier ordre dont il entend faire usage ; de façon à mettre dans l'ignominie quelques hommes connus, son courage et son entrain n'ont jamais été meilleurs.

Or, le matin de la comparution, Syveton est trouvé mort dans son cabinet de travail.

Aucune trace de lésions ; la police qui sait à quoi s'en tenir ne fait preuve d'aucun zèle et l'affaire est enterrée. Mais en 1919, mourait dans un hôpital de Hanovre un nommé François Maurice dit « Leleu », repris de justice, qui demandait à faire un témoignage-confession arrivé à ses derniers moments ; Jacques Crépet, alors en mission officielle du gouvernement français, le reçoit, lui conférant ainsi une authenticité indiscutable.

Voici cette pièce capitale mettant, une fois n'est pas coutume, la .'. hors de ce seret dans lequel, grâce à sa puissance et à toutes les facilités et moyens qui lui sont siens, elle bâtit toutes ses horreurs et ses crimes (l'orthographe est respectée)

AFFAIRE SYVETON

Au moment de l'affaire des Fiches, M. X..., du G.O., rue Cadet (réd. : G.O. = Grand Orient alias loges maçonniques), accompagné de M. Y..., me fire doné rendez-vous au Café du Globe. De là nous sommes allaient au Café du Helder. Et nous avons parlé de la disparition des Fiches. Y... me dit : « Guyot et son parti on acheté 1.000.000. Il faut que tu trouves le moyen de pénétrer chez Syveton pour desceller ou déplacer la cheminée. » De là, il me tira de sa poche un plan de la chambre. Après avoir causé un peu ensemble on se sépara et moi, je devais 2 jours après me trouver (Hôtel de Hollande) rue Cadet 6. Là, un Monsieur Z.... aujourd'hui directeur du Service pénitentiaire de ..., me remis une lettre pour un inspecteur du ... habitant la maison de Neuilly. Le lendemain, un samedi je me rends à l'adresse où je reste 3 jours. C'est le mardi dans la nuit que moi-même je descelle la cheminée de cuivre. Le Vendredi Soir dans la nuit (erreur ou lapsus. Il faut lire le jeudi. C'est, comme le remarque Crêpet, de peu d'importance) Syveton est mort asphyxié étendu au milieu de la chambre.

Le Dossier politique complet de cette affaire a été remis entre les mains de Hennion. Je crois pouvoir affirmer que M. Léon Bourgeois a eu connaissance du dossier. Hanovre, le 9 octobre 1919.

Maurice François.

P.-S. - L'affaire Syveton me rapporta environ 9 à 10.000 fr. (In L. Daudet, *La Police politique*, p. 166.)

Jacques Crêpet publie ce document dans le numéro de *Candide* du 5 avril 1934, ajoutant qu'il est à la disposition de la Sûreté générale et pour ce document et tous autres renseignements. Mais les gredins, les malfaiteurs publics, ceux qui sont connus pour protéger le crime, la Sûreté générale, l'« aile tueuse » des loges maçonniques ne bouge pas et pour cause.

Celle qui a causé la mort de Syveton, détenteur de pièces compromettantes pour de grands personnages, ne peut faire autre chose que de faire le mort !

Delenda .'. nominata Societas arcana aut mori. Il faut détruire les loges maçonniques ou mourir !

Affaire Philippe Daudet

Qui ne connaît le grand journaliste, le très grand patriote que fut Léon Daudet, dont les campagnes de presse avec celles de Ch. Maurras, dans *L'Action française*, remettent dans la mémoire du peuple français l'admirable passé de mesure, de continuité, d'efforts, d'honneur et de justice d'avant la révolution judéomaçonnique de 1789, en même temps qu'elles montrent toutes les faiblesses et les hontes de la République.

Philippe Daudet, fils de Léon Daudet, quatorze ans, sujet à des fugues, on pense à une forme particulière de mal comitial (épilepsie). Les premières, discrètes, ne font pas de bruit ; elles se répètent et sont alors connues de la police, de la Sûreté générale, qui en prend bonne note.

Redoutable note ! Les habitudes de la maison sont telles que malgré les risques immenses qui sont à courir, de par la personnalité de Léon Daudet et l'importance de sa position et de son rôle en France, elle ne peut s'empêcher, sur ordre du Grand Orient bien entendu, d'intervenir, comptant sans aucun doute mettre à mort ce jeune homme, sans qu'il en reste trace nulle part. Il s'agit sans doute dans l'idée des Loges d'une basse vengeance contre des gens résolus à s'opposer absolument à leur action. On fera taire par la douleur cet adversaire politique que rien ne peut abattre.

Nouvelle et dernière fugue de Paris au Havre, où dans cette ville déjà, la Sûreté a connaissance de la présence du fils du célèbre polémiste royaliste.

Philippe de retour à Paris est cueilli par la police en gare Saint-Lazare ; divers épisodes qui durent quelques jours, au bout desquels, le jeune homme est amené dans les locaux d'un libraire d'obscénités, indicateur de police, La Flaoutter, dans les locaux retirés et profonds duquel il est mis à mort par le commissaire de la Sûreté générale Colombo.

Mise à mort grimée aussitôt en suicide ; le jeune respire encore, transport à Lariboisière le plus vite qu'il se peut, de façon à permettre l'entrée à ce grand hôpital ; si décès, en effet, impossible. L'entreprise réussit. Tout va se perdre dans l'anonymat, car la police a préparé son affaire dans le silence et les réflexions et les calculs de la préméditation ; elle a son chauffeur préparé, indicateur de police de tout bas étage, Bajot ; c'est lui qui arrive à Lariboisière seul avec le blessé à mort : suicide dans mon taxi dit-il, place de la République... pas de papiers sur le jeune homme bien entendu la police y a veillé !

Tout est donc en ordre, l'affaire va se noyer dans les entrailles d'une très grande ville... eh ! bien non ; admirer ce que peut faire le cœur d'une mère, croyante, tout à son enfant, prête à tout pour savoir où il est et de ce qu'il en est.

Dans l'immensité d'une page de quotidien, tout entière couverte d'une multitude d'annonces minuscules, ses yeux se fixent après peu de recherches sur celle qui donnera la lumière : « Hôpital Lariboisière : jeune homme inconnu suicide. »

C'était son fils, elle avait senti le chemin, Dieu avait conduit ses yeux.

Que peut faire entendre, voir et deviner l'amour maternel, le plus près qui soit de Celui du Ciel !

L'épouse n'est pas inférieure à la mère. Lors des massacres, place de la Concorde, le 6 février 1934 (huitante morts, huit cents blessés) par la garde mobile qui a tiré, conséquence des rassemblements de protestation contre tous les voleurs de l'affaire Stavisky, la police en civil et en nombre, huit à dix, se présente chez Léon Daudet pour l'arrêter. Elle sonne, on ouvre mais la chaîne mise à la porte. - Monsieur Daudet, on vient vous arrêter, ne faites pas de résistance. - Avez-vous un mandat d'amener ?

Non.

À ce moment arrive Mme Léon Daudet, il y a onze ans que son fils Philippe n'est plus ; elle s'avance et comme une furie vengeresse leur jette à la face :

« Vous m'avez tué mon fils, vous ne me tuerez pas mon mari, misérables. » Ce cri est si profond, si humain, si puissant que les policiers n'insistent pas et s'en vont subjugués.

Ainsi nous a parlé l'affaire Philippe Daudet.

Delenda Societa arcana cui nomen . '. aut mori.

Il faut détruire la judéomaçonnerie ou mourir.

Il faut que serve cette mort d'un beau jeune homme plein de beaux sentiments, d'intelligence, et de cœur, et de beaucoup d'autres qualités ! La joie d'un foyer tout entier consacré à l'avenir, à la sécurité de la patrie et de toutes les patries (le patriotisme par le sacrifice du fils a rejoint celui du père par la plume et le cœur), puisque cette franc-maçonnerie frappée d'infamie est une abominable association internationale, dont les Juifs sont maîtres et qui, par elle, comme ils le disent dans les Protocoles et comme nous le voyons, décomposent et détruisent notre société aux fins d'instauration sanglante, comme en Russie, du régime communiste juif.

Affaire Prince

Nous avons vu les massacres, place de la Concorde, du 6 février 1934 sous le ministère du sinistre Daladier, un de ces vils politiciens comme le système en a fait naître tant dans le monde.

Le 20 février de la même année, coup de tonnerre ; la Sûreté générale de nouveau en action ; on n'est pas remis des émotions du 6 qui ont ébranlé tout Paris, que voilà à nouveau le peuple de la capitale secoué d'un nouveau scandale, plus terrible que les deux autres à la fois, où tout le monde voit clair comme le jour grâce à l'affaire Philippe Daudet et l'admirable et dangereuse campagne de son père ; malgré que la bande de criminels de la Sûreté générale parle immédiatement de « suicide ».

C'est que tout le monde sait désormais ce qu'il faut comprendre, quand la Sûreté générale parisienne « aile tueuse » de la franc-maçonnerie parle de « suicide » !

Voyons les faits très courtement, qui montrent si bien le degré d'audace, de pouvoir maléfique et de pourriture dans lequel les institutions démocratiques (lire judéomaçonniques) sont parvenues.

Comme le 6 février 1934, l'affaire Prince du 20 du même mois, est une conséquence de l'immense scandale de l'escroc juif Stavisky, dont un côté particulièrement révoltant doit être souligné.

C'est l'escroc Stavisky avec l'argent qu'il a volé, qui finance les élections du parti radical-socialiste en 1932. Escroquerie « quasi officielle, dans laquelle trempent de nombreux parlementaires, des magistrats et de hauts fonctionnaires. Le scandale de Panama était dépassé de cent coudées. » (Léon Daudet.)

Avocat de l'escroc : rien moins que Camille Chautemps ; très haut personnage politique, ancien président du Conseil je vous prie, ancien ministre, très haut dignitaire maçonnique, qui, par ses influences et notamment celles de son beau-frère Pressard procureur général, obtient dix-neuf remises pour son client Stavisky, jusqu'au jour où le conseiller Prince, de la section financière du Parquet de la Seine, se met en travers et refuse toute remise nouvelle. C'est maintenant que l'affaire se déchaîne.

La veille des débats, le conseiller Prince appelé au téléphone

C'est de Dijon, sa mère très gravement malade, doit accourir (p. 260 *La Police politique*).

Il part ; cueilli par les policiers en gare de Dijon, conduit dans une maison louche, narcotisé à fond, puis transporté sur la voie du train de Paris où il est attaché, puis mutilé par le passage du direct.

Le conseiller Prince, accablé d'affaires malpropres « annonce alors la Sûreté générale, s'est suicidé. »

Que de « suicides » ! Stavisky à Chamonix (1934), Almereyda l'étranglé du Bonnet rouge (Première Guerre mondiale), Syveton « suicidé », Philippe Daudet « suicidé », conseiller Prince « suicidé ».

Des quantités de crimes politiques commis du Grand Orient : Plateau, Gohary, Berger ; le président de la République Doumer qui a cessé de plaire aux Loges et qui marque de l'indépendance, tentative sur Clémenceau par Cottin, un grand personnage politique Antonin Dubost ; ainsi nous dit Daudet et son indomptable courage !

La préparation pour l'assassinat du général Mangin demande deux ans ; pour celui de Doumer dix-huit mois.

Mme Blanc, concierge d'Almereyda et qui a reçu de celui-ci des papiers compromettants pour plusieurs, ibidem ; ibidem son fils Rigaudin et encore ibidem, un M. Blanc, parent des deux précédents.

Ainsi, nous dit Daudet, animé de son courage à toute épreuve et de ses connaissances ès Sûreté générale illimitées. Il connaît ces gredins pour les avoir vus de très près et y avoir perdu son fils

Le monde est gouverné par des criminels !

Comme c'est beau, n'est-ce pas ? la démocratie des beaux parleurs ! et ses Loges et ses Juifs !

En France a pu dire en substance Daudet, le Grand Orient est le véritable gouvernement, c'est devant celui-ci que tout le monde s'incline. Malheur à ceux qui ne s'inclinent pas !

On voit que nous sommes très loin du « gouvernement personnel du général de Gaulle » de M. R. Payot, directeur du *Journal de Genève*, qui n'en perd pas son sérieux pour si peu !

La Sûreté générale chargée de réprimer le crime et qui en commet bon nombre à son tour, d'ordre du Grand Orient.

Elle a de plus des revenus ; des revenus ? oui, des revenus ; toutes les maisons de jeu, les tripots, les maisons closes surveillées de jour et de nuit ; où il est même des femmes du monde qui s'y rendent pour y compléter leur budget, lui payant tribut. Ces femmes sont photographiées habillées ou nues ; les dossiers passés à des maîtres chanteurs et part à deux. Elle a quantité de faux témoins et d'indicateurs à sa disposition.

Tout ceci conduit au grand jour sans se gêner. Avis à ceux qui y trouveraient à redire.

Il était nécessaire de parler de ces tristes et terribles côtés d'un régime qui, visiblement corrompu et vidé jusqu'à la moelle de toute substance selon les techniques décrites par les Protocoles de Sion, n'a plus qu'à mourir de sa belle mort, dans la boue et le sang et le pus comme a dit Thiers.

Mais après ? Pour le moment, les Juifs y sont maîtres et seigneurs ; jusques à quand ?

Vous avez donc vu l'audace extrême de la judéomaçonnerie, ce dont elle est capable, la corruption et le sang dans lesquels elle trempe. Au siècle passé, elle avait subi, d'après Georges Ollivier, aux États-Unis, une éclipse par suite de l'assassinat du journaliste William Morgan qui l'attaquait et dont on l'accusa d'être l'auteur.

Ce qui est parfaitement possible, ajouterons-nous, même très probable au vu et au su de ce que ces messieurs se permettent en France, et vu la présence toute proche du Kahal auquel aucun crime ne fait peur, puisque même les têtes couronnées ne l'arrêtent pas.

Les Loges sont un des agents d'exécution des décisions juives qui sont présentement prises en vue du communisme partout, sur toute la terre. Une presse asservie partout aussi permet à ces messieurs d'agir comme bon leur semble et d'envisager l'avenir avec assurance.

Peuple suisse, si tu veux t'épargner le communisme sanglant de misère et de ruine, et de tyrannie, détruis les Loges l'instrument des Juifs aux fortunes monstrueuses ; ces Juifs leurs maîtres de par leur gouvernement mondial, le Kahal ; les Juifs et leurs Loges, les seuls auteurs avec d'autres associations juives secrètes, les seuls introducteurs du communisme, qu'il soit de Russie, de Chine, de Hongrie, de Yougoslavie ou d'ailleurs encore.

Peuple du monde, veille à ta santé et à ton sort et à ton bien ouvriers et paysans, riches et pauvres, bourgeois, toutes les religions dont la vie spirituelle est le centre et l'ambition de tout, soyez sur vos gardes, unissez vos forces contre ces loges juives dont vous venez de lire les sinistres et criminels exploits.

Delenda societas arcana .'. nominata aut mori.

Il faut détruire les Loges maçonniques ou mourir. L'histoire se répète Caton n'est-il pas vrai ?

Dans tout attentat, de nature politique plus ou moins marquée, pensez d'abord et toujours au Kahal et ses Loges, dont la réputation est si fâcheuse et les antécédents si chargés.

Ah ! oui, certes, massacreurs de la famille impériale russe, vous pouvez parler de l'ancien régime en mauvais terme ! qui n'avez même point épargné un enfant de dix ans !

Comment se peut-il que chez nous des magistrats, et même des magistrats très haut placés, soient membres de la société infamante que sont les Loges maçonniques ? obéissant à des ordres venus de l'étranger ?

Il est vrai cependant que la Suisse allemande n'a jamais permis l'arrivée au Conseil fédéral des francs-maçons !

Verrons-nous bientôt, marquant de nouveaux progrès de la puissance juive, exception à cette règle, partie du Pays de Vaud ?

Partout sous ces régimes dits démocratiques, sans tête et inconscients ou indifférents à leurs terribles responsabilités, partout dis-je, où il s'agit de favoriser ou de provoquer le désordre, l'affaiblissement et l'énervement du monde, l'anarchie, partout le Juif magnat qui poursuit sa politique implacable de monarchie juive à ciel ouvert, est présent. On le voit à l'origine, pour qui le connaît bien, de toutes les dispositions et arrangements susceptibles d'affaiblir le genre humain et de le faire tomber de plus en plus bas.

Ainsi le problème « nègre » aux U.S.A. ; le problème de l'Afrique du Sud ; le problème du Portugal et de ses deux colonies africaines ; le problème de toutes ces minuscules républiques nègres africaines... les révolutions perpétuelles en Amérique du Sud... et que d'attaques de presse contre l'Espagne, le Portugal, l'Afrique du Sud, puissantes, constantes, insistantes, directes ou par l'ONU, de façon à créer des situations psychologiques amorçantes de réalisations pratiques, exactement ce qui fut fait à l'égard des tsars dès la fin du siècle passé, représentés comme d'abominables tyrans. Nous savons où sont les abominables tyrans et quelle est leur faculté de mensonges, d'horreurs et de tortures ! Toujours le Talmud, toujours les Protocoles ! toujours les U.S.A. de faiblesse et de laisser aller.

Le Juif révolutionnaire-né ! C'est, pour rester dans nos temps, le Juif Simon Meyer (*France juive,* tome I, livre 2, chapitre 6) abattant le drapeau tricolore au haut de la colonne Vendôme, et le remplaçant par le drapeau rouge pendant la commune ; c'est Crémieux membre des gouvernements révolutionnaires de 1848 et 1871 ; c'est le président juif des U.S.A. Wilson à Versailles en *1919*, dont son secrétaire d'État Lansing a pu dire (Rassinier, *Procès d'Eichmann,* p. 193) qu'il s'était « trouvé dans l'obligation morale de combattre presque toutes les initiatives de son président. »

C'est ce même Wilson qui, en 1918, pose aux Allemands demandant l'armistice deux conditions *sine qua non :* déposition des Hohenzollern et reddition sans conditions.

C'est le même Juif Wilson livré aux instincts de destruction de sa race et Clémenceau, « le commandité du Juif Cornélius Herz » grand officier par Clémenceau de la Légion d'Honneur à quarante-trois ans, qui dépècent l'Autriche-Hongrie et détruisent la dynastie des Habsbourg.

C'est Rothschild, à Paris, pendant la Commune, accordant des crédits illimités aux insurgés : « Tu te trompes Millot, Rothschild est avec nous. Voici les bons en blanc qu'il nous a délivrés sur sa caisse » (Drumont, *Fin d'un Monde*, p. 133).

C'est encore le Juif Wilson et sa meute de Juifs frénétiques qui l'entourent, qui, à Versailles encore, instituent malgré les protestations de la Pologne qui voulait un autre arrangement le couloir de Dantzig qui coupe en deux parties la Prusse, « Bombenschuss » qui va faire partir la Deuxième Guerre mondiale.

Caton, Caton jette à la face de l'univers, sans cesse, et toujours et encore : *Cavete, cavete cives orbis terrarum Judaeos, generis inimicum humani*. Prenez garde aux Juifs, citoyens du monde, le Juif ennemi du genre humain.

Les Juifs, auteurs et créateurs du communisme, auteurs et créateurs des Révolutions française (1789) et russes et annexes (1917), auteurs des massacres de la Libération, notion indiscutable.

En 1920, lors de l'invasion par les Russes de la Pologne, tous les Juifs polonais passent dans les rangs bolchévistes (rapport du major Dartigol au général commandant la mission militaire française en Pologne (*Protocoles de Sion*, édit. Vieille-France, p. 177, ou Vieille-France, n° 189).

C'est le Juif qui transforme le socialisme du début (très légitime après l'abandon de 1789 dans lequel sont laissés les ouvriers) très beau mouvement à Paris, dit Drumont, en socialisme matérialiste et à lutte des classes et à révolutions et à communisme par Marx et Engels.

Rapport du « Secret Service » des U.S.A. de 1919, accablant pour les Juifs chambardeurs du monde (*Protocoles de Sion*, édit. Vieille-France, p. 137, ou Vieille-France n° 160). Voir index : *Secret*.

Protocoles de Sion n° 3 : « Rappelez-vous la Révolution française que nous avons appelé grande ; nous connaissons bien les secrets de sa préparation, car elle fut notre œuvre. »

Le pape qu'il faut abattre ainsi que le tsar de toutes les Russies (Protocole n° 15).

On n'en finirait pas d'énumérer tous les appétits criminels des pires ennemis qui soient de l'univers tout entier.

Le Juif aux instincts cruels et barbares !

Monsieur Olivier Reverdin, président de la Société suisse des Sciences morales, une fois encore, si, dans votre *Journal de Genève*, vous nous parliez du travail des Juifs dans le monde ? Gredins, chenapans, criminels, menteurs comme ils le sont, il me semble que les Sciences morales auraient à s'occuper de ce très grave problème qui les sortirait des chemins battus, faciles et ressassés.

Voyez, mais voyez donc ce conseil d'administration du B.I.T. (Bureau International du Travail) à Genève, *à recrutement juif à peu près exclusif si je suis bien renseigné* ; on voudrait provoquer le pire des désordres qu'on n'agirait pas autrement. Nous y voyons qu'à la date du 27 juin 1963, n'est-ce pas *pur scandale*, son conseil d'administration se compose de cinq membres titulaires gouvernementaux élus d'Afrique, d'un d'Asie, de quatre de l'Amérique dit Sud, de deux de l'Europe de l'Est ; *zéro pour les U.S.A. et zéro pour l'Europe occidentale.* Aucune nation économique ou politique de premier plan ! On s'imagine, dès lors, sans peine, toutes les facilités et les efficacités qui s'offrent au magnat juif international, qui tiendra dans sa main comme il le voudra, ces nations secondaires ou minuscules et semi-barbares, instables, sans organisation économique et financière solide ; autant dire des marionnettes

Voyez, mais voyez donc cette O.N.U., où une foule de peuplades nègres constituées en nations minuscules ont égalité de vote d'avec de grandes nations au grand passé (que dire de leur présent ?) ; ce qui fait que cette officine du diable et du Juif propre à faire naître, entretenir, éterniser ou généraliser des conflits (voir l'affaire de Cuba, alors qu'en deux temps trois mouvements, au début, devant la nationalisation des biens américains, n'est-ce pas le plus beau des *casus belli* ? les U.S.A. en l'occupant écrasaient l'affaire dans l'œuf !) constitue un champ idéal de manœuvres naturellement maléfiques.

N'oublions jamais que le gouvernement universel juif est l'objectif par excellence du Juif !

Nous le montrons notamment dans cet ouvrage par une lettre citée in-extenso de Baruch Lévy à Karl Marx ; je dis notamment, car mille et une raisons autres parlent dans le même sens (voir index *Baruch Lévy*).

Bismarck disait que s'il avait été Français, il aurait été sans hésitation aucune royaliste et capétien ! Voyons ce que veut le Juif et faisons le contraire de ce qu'il veut !

On voit donc qu'à cette O.N.U. (même comédie qu'au B.I.T.) de scandale et de conjuration, par le jeu du nombre, une pluie de nations nègres au berceau, pourvues naturellement de parlements, nous ne rêvons pas n'est-ce pas ? aussi minuscules qu'elles sont insolentes, avec le concours asiatique, y font la pluie et le beau temps, comme il leur plaît, comme il leur chante !

La trame tissée par le Juif magnat saute aux yeux de tout homme averti ! et le mot de Disraéli que nous reprenons plus loin, revient immédiatement à l'esprit : « Le monde est gouverné par de tout autres hommes que ce qu'il paraît. »

Notez que le mal ne serait pas si grand ou même ne serait pas, si le chasseur de crucifix des écoles de France avait dans la main non pas ce repoussant Talmud et ses Protocoles, mais bien le Nouveau Testament !

Les Protocoles de Sion, nous y reviendrons, constituent quand nous considérons ce qu'ils renferment, et ce qu'est devenue la société et les nations de nos jours, un formidable acte d'accusation, on ne peut en concevoir de plus beau ; et cependant, notre pauvre humanité matérialiste pour son malheur, abîmée dans de bas plaisirs, éloignée de ses origines divines autant qu'on peut l'être, est là sans force et les bras ballants, dont elle ne pense même pas à se servir, devant le plus grand péril que depuis Jésus la chrétienté ait couru !

Et vous appelez ça, Monsieur le rédacteur en chef de la *Gazette de Lausanne*, des autorités ? et qui n'ont pas d'œillères ? et vous en jetez de très haut l'anathème au Réarmement moral qui vous en prétend le contraire ?

C'est alors que vous vous moquez de ces lecteurs que vous entendiez, dites-vous, dans votre apologue de Caux, protéger. Les protéger ? Les chloroformer serait plus juste comme c'est aussi l'avis de plus d'un homme averti !

Seigneur, Seigneur, faites paraître votre puissance, et faites que les bras pendants de notre pauvre monde se relèvent et s'affirment ; et que d'un pas résolu, nouveau David, il marche contre le Goliath talmudique profanateur des saintes choses !

N'est-ce pas, ô Dieu, ô perfection en toutes choses suprême, n'est-ce pas le plus beau des combats que de combattre dans Ta main et pour Ta gloire !

Seigneur, Seigneur, donne-nous la force pour que rien ne nous sépare de Toi !

Peu après 1880, en France, Mgr Gonthe-Soulard, archevêque d'Aix, est déféré devant la cour d'appel de Paris pour avoir écrit au ministre des Cultes : « Nous ne sommes pas en République, mais en maçonnerie. »

Nous sommes toujours bien dans notre sujet, car les Juifs sont la franc-maçonnerie et la franc-maçonnerie sont les Juifs ; étroite, intime, indissoluble association qui fait qu'on peut passer de l'une à l'autre, sans faire de coqs à l'âne et sans sortir de son sujet !

Les francs-maçons étant dans les États de grands privilégiés, on voit à quoi correspond la fameuse formule Liberté, Égalité, Fraternité.

Je sais, certes, que dans les États, il faut une classe dirigeante, une élite. Mais la franc-maçonnerie est-elle une élite ? Tous les hommes qui ont la pratique de la vie et de l'information savent ce qu'il faut en penser. Une élite ne travaille pas dans le secret, mais au grand jour. Son histoire n'est pas ténébreuse comme l'est celle des Loges, composées nous le savons, pour la grande majorité, d'arrivistes, pour lesquels les questions de morale, de justice et de conscience sont des problèmes d'intérêt absolument secondaire.

Tous les mensonges répandus à satiété quant aux temps d'avant la Révolution française n'ont pas d'autre source que son propre sein !

Liberté, Égalité, Fraternité ! éternelle chanson dont on nous berce depuis bientôt deux siècles

Liberté : on voit avec quelle liberté la presse traite de certaines questions primordiales à notre heure, celles précisément qui sont débattues ici, qui les passe tout simplement sous silence, refusant les écrits de ceux qui voudraient s'en expliquer, alors que le danger qui nous menace est de plus en plus menaçant ! C'est une liberté de discours ! et de texte !

Les Loges et les Juifs de conjuration et de domination sont le frein à toute vraie liberté, l'obstacle ; nous le voyons ici lumineusement !

Égalité : *la* société maçonnique étant la plus hiérarchisée du monde, on voit ce qu'il faut en penser.

Les États modernes dits démocratiques sont des États de mensonge !

Fraternité : les partis politiques que les plus mauvaises causes trop souvent n'effraient pas, précisément, détruisent la fraternité. C'est un état de guerre en permanence, dont on nous berce, qui conduit à un sommeil de cauchemars, empoisonnant une atmosphère dont nous finissons par subir en permanence les détestables effets.

Il faut voir les choses comme elles sont, le temps des partis politiques qui corrompent les meilleurs, marche à sa fin si nous avons les moyens de laisser parler la raison.

On leur adressera toujours l'immense reproche, d'avoir contribué dans une mesure grave, par une démagogie qui n'a jamais désemparé, à la démoralisation de nos populations.

« Que voulez-vous, c'est la politique », refrain qui excuse tout !

Les choses en sont à ce point que les hommes désintéressés, de rectitude et de dignité, l'élite, ne voudraient plus à aucun prix, partager de tels rôles. Conséquence : à quelques exceptions près, un personnel politique de plus en plus au-dessous de sa tâche, épousant à peu près toutes les causes susceptibles d'être un profit d'ordre matériel. N'y allez surtout pas parler d'idéal et de Dieu sous peine de vous faire écharper !

Nous en sommes là. Mais le reproche le plus grave qu'il faut adresser à ce système de pseudo-fraternité, est de n'avoir offert aucune résistance au Talmudisme destructeur de civilisation, dont la mentalité sans noblesse et sans délicatesse, sans religion et sans élévation morale, sans attrait réel pour tout ce qui est beau et grand, a fait dire aux Goncourt parlant des collections juives : « Il y a des collections d'art qui ne montrent ni une passion, ni un goût, ni une intelligence, rien que la victoire brutale de la richesse. » (*La France juive*, tome II, p. 115.)

Dont la mentalité, disons-nous, est affreusement courbée sous le joug de l'argent, avide aussi de vengeance et de férocité. Elle nous en a donné des preuves à la Révolution française, à la Révolution russe épouvantablement ; n'oublions jamais le massacre de la famille impériale russe en guise d'entrée en matière, et la Libération en France, où cette férocité éclate de toutes parts qui nous est totalement étrangère.

« Liberté, Égalité, Fraternité », formule de théâtre et corruptrice, qui n'est là que pour jeter de la poudre aux yeux, et dont il serait intéressant de connaître la date précise d'apparition serait-ce par hasard ces messieurs de la Convention si pacifiques si remplis de quiétude ! et de paix ! ô antiphrase, qui, s'inspirant évidemment des pétitions de principe de Rousseau, nous l'auraient donnée ? Ou bien en étaient-ils encore à l'autre fameuse devise :

« La liberté ou la mort. »

Association redoutable que la franc-maçonnerie et d'autant plus que, justement, les grands Juifs, ceux qui sont à l'échelle mondiale, les pharisiens et les saducéens de nos temps, en tiennent les rênes et la gouvernent à leur guise.

Ils le reconnaissent formellement dans les Protocoles, au n° 15, Protocoles qui datent approximativement des années 1885, lui promettant par ailleurs, dès que tous les objectifs seront atteints, et les Juifs bien assis au gouvernement mondial, une très belle mort !

> « Nous tuons les francs-maçons de telle façon que nul ne nous soupçonne, pas même les victimes ; ils meurent tous quand cela est nécessaire et en apparence de mort naturelle. »

Ces messieurs des Loges savent donc ce à quoi ils s'exposent, on désire pour eux que ce soit là le signal d'un retour à la sagesse, et le signal de la dissolution d'une association secrète la plus néfaste qui soit au monde après celle, propre, des Juifs !

Les Juifs gouvernent la franc-maçonnerie soit de l'intérieur (ils y sont très nombreux et aux plus hauts postes, sans qu'on connaisse leurs noms aux étages sous-jacents de la hiérarchie), soit par leur gouvernement secret qui n'a même plus nécessité de l'être tant sa puissance est grande ! voyez donc le silence absolu de notre presse sur cette question capitale à notre heure d'aujourd'hui : *le danger mortel qui nous menace.*

Un petit signe de cette grande puissance juive nous est apparu ces jours encore, postérieurs à l'assassinat du président Kennedy, où l'assassin d'abord de son nom de famille Rubinstein (nom juif et de Juif) pendant deux ou trois jours devient ensuite Ruby.

Toutes les grandes agences mondiales de nouvelles sont en possession des Juifs !

Et maintenant en France, un petit signe de leur souveraine puissance. Il y a quelques années à propos de Léon Blum (président du Conseil du gouvernement de Front populaire en 1936 et 1938 et chef du gouvernement provisoire en 1946) dit Karfunkelstein ajoutait le Petit Larousse dans sa nouvelle édition.

Le tribunal de la Seine ordonne la saisie et la suppression dans trois cent mille volumes de ce dit K... qui ne correspond pas d'après lui, à la réalité.

Henry Ford, l'homme des automobiles, en 1920, nous a bien parlé et informé de ce Kahal comme il s'appelle, siégeant à New York première ville juive du monde, comptant en 1917, un million cinq cent mille juifs. Combien y en a-t-il aujourd'hui ? On ne le sait pas au juste, en tout cas un minimum de trois millions sept cent cinquante mille.

Cette énorme concentration de Juifs dans une seule ville, cet afflux sans pareil est la conséquence directe des mesures prises par les U.S.A. dès la guerre d'indépendance terminée et gagnée.

La Constitution américaine assure aux Juifs l'égalité parfaite d'avec ses propres citoyens, et ceci malgré l'avertissement solennel donné par Benjamin

Franklin, avertissement que les Juifs naturellement taxent de faux comme ils l'ont dit des Protocoles, et dont la teneur est la suivante :

> « Si la Constitution ne les exclut pas des États-Unis, en moins d'un siècle leur flot envahira les États-Unis avec une telle force qu'ils nous domineront, nous détruiront, et changeront la forme d'un gouvernement pour lequel, nous autres Américains, avons versé notre sang, sacrifié notre vie, notre fortune et notre liberté personnelle. Si les Juifs ne sont pas exclus, dans deux cents ans nos enfants travailleront la terre pour les nourrir, tandis qu'eux se frotteront joyeusement les mains derrière leurs comptoirs. Écoutez cet avertissement, messieurs ; si vous n'excluez pas les Juifs pour toujours, vos enfants et les enfants de vos enfants vous maudiront sur vos tombes. » (*Aspects de la France* 3 février 1956.)

En juillet 1960, M. B. Fay, ancien professeur au Collège de France, voulait bien nous donner son appréciation sur la validité de cet avertissement attribué à Franklin :

> « La lettre de B. Franklin est un sujet de discussion passionnée, interminable et insoluble. Il arrivait souvent à Franklin de publier des brochures anonymes ou pseudonymes. Il peut donc fort bien avoir écrit celle-ci, dont le ton ressemble à celui qu'il aimait. Mais il n'y a pas d'autre preuve. Comme commerçant, il se trouvait en concurrence avec les Juifs, et il a pu fort bien les (réd. : ici un mot que je ne puis lire). Comme politicien, il avait besoin d'eux. Les Juifs étaient très puissants à Philadelphie, et il lui était impossible d'avouer ce pamphlet même s'il l'avait écrit, surtout s'il l'avait écrit. Tel est l'état de la question et on ne sort pas de là. Je ne puis vous en dire plus et je ne sais rien de plus. »

On voit que malgré tout, la question reste assez ouverte, et que sur elle, seuls les Juifs ont des opinions arrêtées et intéressées ; à elles seules, elles n'ont aucune valeur bien entendu ; on sait les manières de faire du Juif en de telles situations, aucune objectivité pour parler par euphémismes.

N'est-ce donc pas là ce qu'exactement présente à nos yeux, aujourd'hui, cette nation en apparence si jeune et si forte, mais qu'un ver rongeur redoutable empoisonne, dont elle est devenue presque la servante dans nombre de circonstances.

Un des aspects les plus importants de la puissance juive aux U.S.A. est la présence de la franc-maçonnerie comptant plus de trois millions de membres ; sa puissance est très grande, si grande, qu'elle ne se cache même plus, contrairement à ce qui se passe encore chez nous quoique de moins en moins.

Quand on montre dans les journaux américains l'effigie des neuf membres de la Cour suprême, la qualité de ceux qui sont francs-maçons est indiquée souvent.

Quel symptôme de leur puissance ! quelle garantie d'équité

Un nombre considérable, le plus considérable qui soit semble-t-il, le Mexique excepté, dit Georges Ollivier (Libertés françaises 1956, p. 63), de présidents l'ont été ; en voici la liste
    Georges Washington (1789-1797)
    Thomas Jefferson (1801-1809)
    James Madison (1809-1817)
    James Monroë (1817-1825)
    Andrew Jackson (1829-1837)
    James Knox Polk (1845-1849)
    James Buchman (1857-1861)
    Andrew Johnson (1865-1869)
    James Garfield (1881)
    William Mac Kinley (1897-1901)
    Théodore Roosevelt (1901-1909)
    William Taft (1909-1912)
    Woodrow Wilson (1912-1920)
    Warren Harding (1920-1923)
    Franklin-D. Roosevelt (1933-1945)
    Harry Truman (1945-1952)
Parmi les plus sectaires et les plus maçons, Wilson, Roosevelt et Truman.

Wilson, arrivant à Versailles, est entouré d'un nombre tel de Juifs - est-il besoin de dire que ceux-ci sont maîtres et seigneurs de la franc-maçonnerie américaine ? - que les journaux français n'osent pas en publier l'énumération.

Wilson pose aux Allemands qui lui demandent l'armistice deux conditions *sine qua non* : 1) capitulation sans conditions et 2) élimination des Hohenzollern.

C'est avec 2) surtout que transparaît la présence et la puissance juives, celles du Kahal, celles des loges américaines.

« Révolutionnaire par instinct », le Juif est par excellence le destructeur des sociétés chrétiennes, par la disparition de l'aristocratie, des rois, des empereurs, du pape, disent les Protocoles de Sion, ces cadres de la société chrétienne étant la meilleure protection qui soit des « goyim », disent-ils encore, contre nos attaques. Avec Clémenceau dont toute la vie se passe dans les eaux juives, Wilson détruit l'Autriche-Hongrie, nation très catholique et très hiérarchisée, à Versailles en 1919.

C'est sous Wilson que la New York juive exécute en toute quiétude la Révolution russe, et toute son horreur et ses massacres.

Comme on sait, les U.S.A., toujours guidés par leurs Juifs du Kahal et leurs Loges et leur furie de l'égalité qui les a conduits à la décomposition sociale actuellement présente, ont la spécialité de tirer dans les jambes de leurs alliés ; en 1917, dans celles de la Russie y apportant le communisme.

En 1945, dans celles de l'Angleterre, de la France le sinistre de Gaulle aidant, et de la Belgique, en produisant l'abominable galimatias actuel de l'Afrique, où des individus de droit commun, ou peu s'en faut, deviennent maîtres des plus grands États à coup de massacres et de tueries.

Les U.S.A. sont les auteurs, par leurs Juifs qui les dominent, de ce communisme qu'il soit russe ou chinois, ou hongrois, ou yougoslave... qu'ils combattent nous disent-ils, à cor et à cri ! ! !

Henri Ford (1920) nous a parlé de cette révolution russe montée de toutes pièces à New York, sans que Washington ne la gêne en rien.

Roosevelt, tout à son dogme maçonnique et à sa juiverie dont il est infecté, nous place et nous laisse en mourant sous la menace de la Russie soviétique, qui n'est pour lui jamais assez puissante, parce qu'à ce moment-là elle est encore juive, alors que par la suite les Juifs seront rejetés de son sein ; bon débarras et mérité.

C'est encore Jakob Schiff, le banquier juif new yorkais, qui peut déclarer en toute quiétude que la Révolution russe lui a coûté un milliard de francs (ceci dans les années où les monnaies n'étaient pas dévaluées ou dépréciées).

Truman est fils d'épicier. Il y a trop d'hommes d'extraction modeste dans nos gouvernements ; c'est ce qu'aiment les Juifs qui en ont plus facilement raison comme ils le disent dans les Protocoles. Il est le type de l'homme politique sectaire dit politicien, ce qui implique justement une mauvaise part, un petit esprit dans de grands postes et qui se plaît dans les intrigues.

Par un juste retour des choses, c'est ce mot politicien qui s'emploie seul et partout de nos jours, signifiant bien la chute de nos temps qui sont ceux des Spaak, des Briand, des Chautemps (affaire Prince), les Herriot et consorts, autant dire un esprit d'aventure qui n'a plus d'honneur, ni vergogne.

C'est le type même, américain, du plus vilain radical-socialiste français, des Caillaux, des Daladier, des Sarraut et compagnie, accompagné de la formule exclusive : pas d'ennemi à gauche. Même si la patrie doit en mourir ajouterons-nous.

On ne saurait assez souligner le vilain oiseau qu'est ce Truman pour qui le parti (démocrate) et les Loges sont tout et le reste rien. Exemple : Truman est responsable de la communisation de la Chine et du massacre de millions de Chinois et de quelles complications pour son pays, sans compter les pertes humaines. Vraiment, vous êtes sûr ? - Oui, absolument. -- Et comment donc ?

Mac Arthur l'admirable général décédé ces jours-ci (5 avril 64), après le départ des Japonais, se fait fort d'écraser dans l'œuf le communisme chinois ; qui oserait douter de ce qu'il dit après tant d'exploits accomplis ? Et cependant Truman, président des U.S.A., y met son veto, le communisme étant l'enfant chéri, l'objectif suprême des Juifs et de leurs Loges dont il fait partie, et même du parti démocratique, le sien, dans une certaine mesure qui, comme nous venons de le voir, se veut ne regardant toujours qu'à gauche ; objectif, disons-nous, des Juifs dans la course au pouvoir suprême universel que leur promet le Talmud (il ne peut y avoir d'autre raison à cette opposition absolue).

Heureusement que le Talmud n'est que le diable et que le diable ne mène pas loin !

Si peu loin que Truman fait la politique des Juifs et non la politique des U.S.A. et ce, avec les brillants résultats que l'on sait !

Partis politiques, esprit de parti, la plaie de nos temps depuis la Révolution française ! auxquels on sacrifie tout, même des millions de vies humaines, même les intérêts les plus sacrés et les plus évidents de la patrie !

Partis politiques devenus calamité publique !

On sait que le parti démocratique a régné aux U.S.A. pendant vingt ans sans interruption, et depuis 1932, dit Georges Ollivier, les Juifs y jouent un rôle capital.

Songez donc maintenant à cette concentration de leur nombre dans ce cerveau, dans cette gigantesque tête de pont, dans cette cellule mère du pays qu'est cette ville de New York aux U.S.A., à cette homogénéité de la race juive, à son gouvernement propre implacable, à son besoin constant de davantage de puissance et qui fait dire à Henry Ford : « Mais que veulent-ils donc encore ? », à son besoin inné tant qu'elle n'est pas revenue de ses erreurs, de gêner et de détruire le goyim et sa société, en bonne talmudiste qu'elle est ; et songez donc, d'autre part, à un État américain qui depuis 1783 jour de son indépendance, n'a jamais au grand jamais pris la moindre mesure de sécurité et de défense à l'égard d'une race si dangereuse, pareillement animée de mauvaises intentions tant qu'elle se nourrit et vit dans son Talmud, et vous réaliserez le tragique et le péril d'une situation résultant d'une sommation d'erreurs et de fautes politiques, qui ne peuvent s'expliquer que venant d'un peuple jeune, imprudent, généreux mais dépourvu d'expérience et de tradition politiques, formé de trop d'éléments différents, et qui, très tôt, a subi les effets du virus talmudiste !

Et comme la « dame sans tête » n'a du ressort et de la tête que pour n'en point avoir !

Songez maintenant sur l'échiquier mondial à la puissance du Juif, à son énorme capacité financière. On calcule en général que ce peuple de quinze millions d'individus dont beaucoup disposent de peu, possède à lui seul le tiers du capital mondial (estimation qui à l'heure actuelle doit être dépassée).

Répandus partout aux points cruciaux, très solidaires les uns des autres, la haine du « goyim » consolidant encore leur solidarité, les gens les mieux renseignés du monde, toujours Juifs avant d'être du pays qu'ils habitent ; Ford nous parle d'un Warburg, grand pontife financier du gouvernement des U.S.A. pendant et après la Première Guerre mondiale, et de son frère grand pontife lui aussi mais par devers les Allemands.

On voit tous les avantages qu'il en peut résulter pour des natures aussi peu délicates que celles de ces grands brasseurs d'argent, Juifs remplis de leur haine séculaire antichrétienne !

Ed. Drumont, le grand connaisseur en ces matières que nous savons, assure que de l'indemnité de guerre de cinq milliards des Français en 1870, les

Allemands n'ont pas touché plus de neuf cents millions ! Notons que Bismarck de tout temps eut sa fortune administrée par le gros financier juif Bleichschröder que celui-ci multiplia ; on voit les réflexions que l'on peut faire ! C'est au château de Ferrières des Rothschild que Bismarck dicte à Jules Favre un préliminaire de traité de paix ! Bleichschröder est si influent qu'il a mis dans son bonnet, Bismarck acquiesçant bien entendu, de faire entrer son fils dans un des régiments de la garde prussienne... mais les officiers prussiens y mettent le holà !

> « Jamais les officiers allemands » (réd. Nous sommes dans les années 1870-1875), dit Drumont, « qui ont encore quelques traditions des chevaliers teutoniques n'admettront qu'on puisse confier un drapeau à un homme qui est prêt à le vendre pour de l'argent, puisqu'il met l'argent au-dessus de tout ! »

En a-t-on dit du mal de ces officiers prussiens d'avant 1914, inutile de dire que les Juifs orchestraient qui trouvaient en eux les meilleurs défenseurs qui soient de l'ordre chrétien !

Bismarck, dans sa carrière, a beaucoup attaqué et fustigé les socialistes sans jamais dire un mot contre ceux qui étaient de leurs pourvoyeurs. Est-ce ignorance de la part d'un homme aussi averti que lui ?

Passés maîtres dans les affaires de bourse, s'accordant comme larrons en foire, toujours aux aguets et en position de combat antichrétienne, incapables de toute générosité et de tout beau geste à l'égard de leur adversaire, agitant les grands marchés d'argent comme il leur plaît ; que les cotes montent ou descendent, il faut toujours penser à leur présence et à leurs profits immenses.

Voici, à titre d'exemple, l'aventure arrivée à un de mes amis. Ayant rendu service à un Juif celui-ci lui dit Avez-vous vingt mille francs à mettre sur des titres ? - Oui - Bien, mettez-les sur ces titres-ci, vous les achetez et en même temps vous donnez l'ordre de vente à tel prix. Chose dite, chose faite ; puis, sous l'effet de chroniques boursières complaisantes d'un « New York Herald » quelconque les titres montent puis arrivés au chiffre où les titres de mon ami devaient être vendus, s'écroulent. Le bénéfice ? Dix fois la mise.

Le Juif revu, celui-ci demande à mon ami s'il est content ?

Non, je ne le suis pas. - Et pourquoi donc ? - Parce que vous êtes un voleur et moi aussi !

N'oublions jamais leur ancêtre de Waterloo réalisant des bénéfices énormes qui causent la ruine de quantités d'Anglais !

C'est dire que présentement l'on se pose des questions, quand on voit nos marchés d'argent européens dans le marasme extraordinaire que l'on sait depuis des trimestres et des trimestres (depuis mai 1962), alors que Wall-Street a repris et qu'aucune raison économique en Europe ne le justifie ?

Précisément, les gens avertis pensent que cet affaiblissement est en corrélation d'avec les facteurs politiques de révolution et de bolchévisation et de tyrannie juives de ce qui reste de l'Europe ; partout le Juif est plus agressif et accentue ses pressions ; partout désordre et anarchie et attentats se multiplient, voyez seulement Genève (14.3.64) ; c'est un désordre organisé, dirigé, voilà ce que tout le monde dit et ce que les journaux ne disent pas.

Voyez la position de l'Italie (14.3.64) où l'avancée des communistes s'accentue, en même temps que de graves embarras de trésorerie sont présents... aucun banquier n'osera nous prétendre que les Juifs agissant de concert ne soient pas capables de les produire !

Comment des gouvernements qui se respectent peuvent-ils laisser de grandes places de bourse tout entières entre les mains des Juifs, qui s'y concertent, s'enrichissent des biens des chrétiens qu'ils n'acceptent à la vente qu'en en faisant tomber les cotes.

Faillite sur toute la ligne de ces gouvernements d'incapables que sont les « dames sans tête » de la démocratie, s'abritant derrière des murailles de lois et de décrets, qui les emprisonnent plus qu'elles ne les aident, et dont profitent tous les coquins. Raison d'État, raison d'État, bien de l'État, encore une fois reviens parmi nous, avec des hommes et non des fantoches et des parlements pour conduire nos pas.

Ajoutons, disent les Protocoles de Sion, les crises économiques aux politiques, énervons, agitons, ruinons à tour de bras les « goyim », faisons tomber l'argent à rien, faisons-en comme un capital mort. Nous reprendrons ce point au chapitre des Protocoles. N'est-ce pas là l'exacte mesure de nos temps ?

Jules Guesde, socialiste français, homme probe, disait parlant de son pays : « Les financiers sont les rois de la République. »

Il ne pouvait pas dire financier juif, car chose bien symptomatique et qu'il faut relever, les partis socialistes partout avant 1914 et après et toujours, vitupèrent contre les capitalistes sans jamais prononcer le mot de Juif. Raison : leurs accointances avec les Juifs, au moins aux origines comme le montre bien la fondation par Jaurès en 1905 de *l'Humanité*, journal subversif, mis sur pied par la seule intervention du capital juif.

« La gauche, a pu dire Drumont († 1917), se lèverait en masse » pour couvrir la voix d'un orateur qui oserait attaquer un financier juif » *(La France juive*, tome II, p. 75).

Le Kahal est le gouvernement des Juifs à New York, J le gouvernement de New York ; c'est un État dans l'État ; mais c'est aussi le gouvernement mondial des Juifs, d'où partent les directives et les ukases à leurs coreligionnaires et aux pauvres humains que nous sommes par plus d'une voie ; nous avons vu la principale, les Loges.

En 1920, Henry Ford, après avoir décrit dans son Juif international les luttes de Bennet à la tête du *New York Herald* pour leur résister, et qui finit par succomber, déclare que toute la presse new yorkaise est entre leurs mains. Ibidem pour les grands magasins, sauf un. Chose curieuse, toujours d'après Ford, le seul groupement américain qui n'ait pas d'infiltration juive est la finance non juive de New York, de Wall-Street. Voici comment en 1920, se présentait la situation à ce premier marché d'argent du monde fondé en 1817. Il s'agit d'une société privée qui ne possède pas les droits d'un corps de métier public (corporation). Le nombre de ses membres est limité à mille cent et les places s'héritent ou s'achètent.

En 1920, elles s'achetaient au prix de cent mille dollars. Comité de la Bourse de quarante membres, où pendant longtemps il n'y eut pas de Juif.

En 1872, sur mille neuf membres, on comptait soixante Juifs en 1920, on en compte deux cent septante malgré les mêmes conditions sévères d'examen qu'aux premiers temps. D'où l'on en déduit que si leur nombre, dit Ford, continue d'augmenter selon la même cadence, leur domination à Wall-Street n'est plus qu'une question de temps.

Quel est à l'heure actuelle leur effectif ? Il n'est pas à nous d'en être renseigné et c'est là, je crois, quelque chose de difficile de l'être bien !

En dernière heure cependant, d'excellente source, je reçois les indications suivantes : prix d'un siège 215.000 dollars en moyenne nombre des membres ou mieux des sièges, une maison pouvant avoir plusieurs sièges, 1366 (une autre source indique 1274 avec *majorité juive certaine*).

On sait que la grande puissance juive fait ses premiers pas aux U.S.A. dès le Traité de Versailles de 1783, qui assure l'indépendance de l'Amérique, mais surtout dès 1787, année dans laquelle la Convention de Philadelphie élabore et vote la Constitution des États-Unis, qui accorde, nous l'avons vu plus haut, à propos des paroles de Benjamin Franklin, l'égalité absolue des Juifs d'avec les autres citoyens américains.

Mais le pas décisif et primordial, la Constituante (1789-1790) sur l'initiative, et sous la présidence à ce moment sauf erreur de Talleyrand, le franchit qui accorde aux Juifs tous les droits des citoyens français. (Les Anglais leur avaient accordé l'égalité en 1753.)

L'homme d'argent que fut Talleyrand a toujours dit quand on lui demandait comment il avait acquis son immense fortune, « qu'il avait acheté des rentes le 17 Brumaire et les avait vendues le 19. » J'aime à croire que la formule lui fut commode et qu'elle cache beaucoup de choses. Nous l'avons vu, Ed. Drumont dont la vie s'est passée à l'étude de ces questions, est formel, les Juifs en 1789 sont maîtres des Loges, ils sont donc très puissants et comme le moteur de tout ce qui va se passer.

Du reste, la violence extrême de tous ces événements révolutionnaires est à elle seule déjà révélatrice de leur présence. Nous avons, en effet, depuis connu leur manière de faire en Russie, en Hongrie (Bella Kuhn), sans oublier la Libération.

Dans ces grands événements de 1789, Talleyrand lui-même des Loges sera leur homme, et n'aura pas fait adopter par la Constituante leur libération, leur accordant tous les droits des citoyens français, sans avoir reçu de très importantes libéralités. Nous pouvons en être sûr, quoiqu'à notre connaissance personne n'ait abordé ce chapitre chiffres en main, l'intéressé surtout, qui n'en parle dans ses Mémoires. Quand on demandait au maréchal Pétain s'il ne publierait pas ses Mémoires, sa réponse disait : Pourquoi donc, je n'ai rien à cacher ! »

Et voici celle envoyée par le clergé d'Autun à son évêque Talleyrand, à propos de ces événements, et à la suite de l'adoption par la Constituante, le 12 juillet 1790, de la Constitution civile du clergé, qui divisera celui-ci en prêtres assermentés et prêtres réfractaires, à la suite d'une lettre de Talleyrand à son diocèse recommandant de se soumettre :

> « Monseigneur, Votre apostasie n'a surpris personne. Arrivé à ce point d'opprobre où rien ne peut plus avilir ou dégrader dans l'opinion, vous ne devez aspirer qu'à consommer votre iniquité et à en recevoir le *prix honteux* (c'est nous qui soulignons). Mais si vous vous êtes flatté de trouver des complices dans les ministres respectables auxquels vous adressez votre lettre, vous vous seriez étrangement abusé. On n'imite volontiers que ceux qu'on estime. Le spoliateur sacrilège des églises ! L'avocat des Juifs. Quel titre à notre confiance ! »

Des sommes très considérables ont donc très probablement été reçues par Talleyrand, déjà et toujours avide d'argent, données par les grands Juifs de Paris, lesquelles, s'ajoutant à celles qu'il récolte dans le trafic des biens ecclésiastiques, expliquent mieux que les simples jeux de la bourse au 18 Brumaire l'immensité de ses biens.

On reconnaît à Talleyrand ses grandes qualités de diplomate, accomplies non tant pour les intérêts de la morale que pour ceux de l'habileté, du savoir-faire, du bon sens, et du talent, quoique ses grandes idées aient été souvent de droit, de clarté, d'opportunité et même de moralité. Ainsi la légitimité au Congrès de Vienne, ainsi la déraison de la politique napoléonienne qu'il fustige à sa manière, dès la rupture de la paix d'Amiens par l'Angleterre en 1803, provoquée par l'annexion du Piémont par la France, dit Talleyrand, dans ses Mémoires, alors qu'elle s'était engagée à le rendre au roi de Sardaigne. Il aura été, semble-t-il, plus moral dans sa vie d'homme d'État que dans sa vie privée, ou du moins dans la seconde partie de sa vie qui est post-révolutionnaire, que dans la première.

Madame de Rémusat, née Vergennes, nièce du ministre des Affaires étrangères de Louis XVI, est femme du chambellan, puis préfet du palais de Napoléon et dame d'honneur de Joséphine ; elle est l'auteur de célèbres Mémoires refaits de mémoire malheureusement, les premiers écrits au jour le jour et dans un moment d'affolement, jetés au feu de cheminée à l'annonce du débarquement de Fréjus, « cette invasion d'un seul homme » ; la femme, a dit Sainte-Beuve, qui a le plus souvent conversé avec Napoléon et Talleyrand.

Dans ses Mémoires, elle nous dit qu'au fur et à mesure que s'écoulent les années, elle s'éloigne de Napoléon et se rapproche de Talleyrand, qu'elle trouve de plus civile et confiante compagnie.

Mais d'un autre côté, on peut mesurer à l'heure actuelle le mal que Talleyrand a causé à son pays et à l'humanité tout entière, en se faisant l'instrument des Juifs qui obtiennent en 1791, grâce à lui, de la Constituante, l'égalité complète d'avec les citoyens français.

Ce faisant, il aura le premier contribué dans notre vieille Europe, à faire des Juifs ce qu'ils sont devenus, la première puissance au monde, ennemie de Dieu et de Jésus-Christ ; on n'est pas avec Dieu quand on est avec le Talmud, et qu'on a fait son bréviaire des Protocoles de Sion, ce crime contre le genre humain.

Je rappelle les paroles de Disraéli, Juif, ministre de Sa Majesté britannique la reine Victoria, haute situation, grand maître après Bismarck au Congrès de Berlin de 1878 : « Le monde est dirigé par de tout autres personnes que celles qui paraissent. »

Et comme chacun sait, le Juif est Juif avant d'être du pays qu'il habite. Ne comptez pas sur le patriotisme du Talmudiste, je vous prie ; quel plus bel exemple puis-je citer de cette vérité que celui qui suit :

C'est la fête nationale suisse et son insigne au revers du veston est de rigueur. Une famille juive, le père, la mère et le fils se promènent dans les rues de la ville ; ils ont jusqu'alors échappé aux insignes, mais sur le pas de porte de leur maison, on leur en offre. Ce sont des gens très riches mais on ne prend qu'un insigne ! Rentrés à l'intérieur de la maison, les parents prennent l'ascenseur et non le fils : il reste en bas ; la maison, locative, dans le centre, est de circulation. Que fait-il ? Il revend son insigne !

Que dirais-tu Vauban, toi, pour qui Saint-Simon créa le mot de patriote ! Que dirais-tu de cette façon d'associer de beaux sentiments à de vils intérêts ? Peuple suisse, tout le patriotisme du Juif se trouve là !

Comment se comporta la Suisse quant à la question juive dès la Révolution ?

Elle n'accorda l'égalité qu'après une longue résistance et ne le fit que le couteau sur la gorge que lui mit la France, au cours de négociations dirigées par le fameux Crémieux, futur premier président de l'Alliance israélite universelle. Il s'agissait du renouvellement du traité de commerce franco-suisse, et la France posa comme condition *sine qua non* de ce renouvellement, l'obtention par les Juifs français résidant en Suisse, de toutes les prérogatives d'autres étrangers y séjournant. Dès lors, les Juifs habitant la Suisse ne pouvaient guère avoir moins de droits que les Juifs citoyens français s'y trouvant. Le traité se signa qui contenait une clause fort intéressante à relever, qui interdisait aux citoyens suisses résidant en France d'être propriétaires d'une imprimerie. À ce moment déjà, les Juifs, on le voit, pensent à tenir en main presse et imprimeries. Se signa, mais non sans qu'auparavant, la Suisse n'ait en 1866 voté une révision de la Constitution, qui spécifia l'égalité accordée aux Juifs d'avec ses propres citoyens ; révision acceptée à une faible majorité 53 % contre 47 %, beaucoup d'acceptants l'ayant voté au nom d'une humanité et d'une tolérance bien mal comprises, mais aussi comme nous l'avons dit sous l'empire de circonstances particulières.

La « sagesse populaire » diraient nos grands journaux d'aujourd'hui s'était prononcée.

Lors de cette votation, la franc-maçonnerie seule avait naturellement de par ses accointances, ses collusions et son essence même, fait campagne pour l'égalité complète des Juifs d'avec les citoyens suisses.

Cette égalité de droit est donc accordée par l'Angleterre en 1753, par les U.S.A. en 1787, par la France en 1790 et par la Suisse en 1866.

On ne doit pas dire franc-maçonnerie, mais toujours judéomaçonnerie pour être dans le vrai. Le Juif est maître de la franc-maçonnerie comme il le dit lui-même dans les Protocoles.

Un des leurs, Salomon Reinach, dans son *Orpheus* (1909), page 303, a pu dire « l'émancipation intérieure du judaïsme (il eût été fort intéressant de savoir comment Salomon Reinach, décédé en 1932, entendait cette émancipation intérieure) sera pour lui le plus pressant des devoirs, dès que son émancipation politique et sociale encore imparfaite, aura été complétée par l'opinion et les lois. »

L'émancipation politique et sociale est là dans les principaux pays, et la Révolution française et ses suites immédiates et médiates à elle seule déjà, l'avait concrétisée suffisamment, n'en déplaise à Salomon Reinach, pour que nous soyons en droit d'apercevoir des changements, et des signes de bonne volonté et d'amour du prochain, dans la mentalité juive.

Ces changements sont-ils là ? Ces signes de bonne volonté éclatent-ils de toutes parts nous assurant que nous avons à nos côtés des amis, des frères ? Hélas, nous sommes et restons en plein Talmud ; le Nouveau Testament n'a trouvé que de rares échos dans l'incorrigible nation juive. Axée et posée comme elle l'est sur ce Talmud de malheur, article de foi et de loi, négation en fait de l'admirable Ancien Testament, la mentalité juive ne peut être que détestable.

Ce Talmud, qui prêche la haine et le mal à l'égard des chrétiens, des goyim « semence de bétail » ; ce Talmud qui calomnie, injurie, blasphème, salit tous ceux que nous aimons, Jésus-Christ, la Vierge Marie, les apôtres, les diacres, saint Paul ; ce Talmud qui piétine tant de belles et grandes et saintes choses précieuses à notre cœur, peut-il ramener son peuple à résipiscence ? Et peut-il, je vous le demande, constituer un trait d'union entre le peuple juif et nous ?

Il n'y a pas d'alliance possible avec le diable.

Cette œuvre des pharisiens et des sadducéens descendants de ceux qui crucifièrent Jésus, ce Talmud est confectionné d'abord à Tibériade du premier au quatrième siècle, puis à Babylone des troisième au cinquième siècles (alors que d'autres Juifs, les convertis, les apôtres, saint Paul mettaient sur pied le Nouveau Testament) ; ce Talmud dont Salomon Reinach, un des leurs, se servant d'euphémisme, a pu dire (*Orpheus*, p. 303) que les

« doctrines particulières ou plutôt les subtiles discussions de leurs docteurs sur la Loi, qui forment les Talmud de Jérusalem et de Babylone, ne constituent pas des enrichissements pour l'esprit humain ! »

Mais êtes-vous sûrs de vos affirmations ? direz-vous. Oui, aussi sûrs que nous sommes sûrs d'être nous-mêmes et d'être sur la terre. Et que celle-ci ne fait que tourner sur elle-même.

Le Juif ne veut pas abandonner son Talmud et revenir à l'Ancien Testament où tout est grandeur et majesté !

L'argent du Talmudiste franc-maçon est partout, gouverne la presse directement ou indirectement par force financière et économique ou par crainte, et toutes les ondes visuelles ou auditives marchent dans ses pas, sous des marques et des signes qui s'accusent tous les jours davantage.

On me rappelait l'autre jour le film intitulé, « Les Dix Commandements », paru il y a quelques années, qui était une offense flagrante, me dit-on, à toutes nos croyances et sentiments chrétiens, d'origine juive bien entendu, et que des autorités qui se respectent n'auraient jamais dû laisser passer ; c'était probablement ail nom du libéralisme que le passage en fut autorisé !

Ibidem présentement : insuffisance flagrante dans la censure des films.

Saint Louis, viens donc mettre le fer rouge sur les lèvres de tous ces profanateurs !

Bientôt, si nous n'y prenons pas garde, le dernier masque tombera, et c'est alors que nous serons vaincus !

C'est un drame, vous dis-je, un drame, le premier de tous les temps, dont le monde entier est embrasé, est angoissé, n'osant plus voir dans l'avenir, et dont personne dans une presse prisonnière et dont les tentacules sont immenses, dont personne ne parle, à quelques exceptions courageuses près et encore, à mots couverts 1 Aucun grand organe n'en fait le sujet de ses méditations.

Quelle gravité de situation ne révèle pas un tel comportement.

Mais M. Olivier Reverdin, cette fois conseiller national, trouve dans un article de fond du *Journal de Genève* d'il y a peu, que nous n'avons pas à douter de la démocratie ; douter, dirions-nous, d'une démocratie dont la dignité n'est pas plus que celle d'un café-concert !

Et voici l'Italie en gros progrès communiste, tellement que ses évêques adressent aux fidèles de véhémentes exhortations !

La pauvre France, elle, notre chère voisine, est serrée et pressurée par la main d'une dictature juive, sans pareille ! Ses paysans, ses vignerons, ses fonctionnaires, ses industries nationalisées sous une main de fer ! Tous, quasi en esclavage, par les prix et les salaires imposés, indiscutablement très bas.

On y marche d'un bon pas à la communisation du sol.

Et tout à côté, les fortunes monstrueuses des grands Juifs, qui se repaissent des dépouilles d'une nation profondément atteinte jusque dans ses fibres les plus intimes. Chantez donc classes asservies, chantez tous « Liberté, Égalité,

Fraternité », sans oublier la « Marseillaise » et ses soi-disant tyrans d'ancien régime !

Pauvres malheureux détournés, retournés et démoralisés par bientôt deux cents ans d'un régime qui vous conduit à la tombe, et vous dépouille de plus en plus de tout ce (lui fait la beauté et le bonheur de l'homme !

Le pays passant de premier ministre juif à premier ministre juif, l'actuel lui-même un Rothschild, poussant les choses si loin que nous sommes en présence d'un directeur à la Banque Rothschild !

Que faut-il de plus en matière de scandale, que ce fait-là, pour faire tomber les dernières illusions. C'est là un exemple de plus de cette impudence juive qui d'ordinaire, précisément, amène des réactions chrétiennes salvatrices. Mais en sommes-nous encore capables ? Et n'est-il pas trop tard, tant nos beaux gouvernements dits démocratiques nous ont bien défendus, Monsieur le rédacteur en chef de la *Gazette de Lausanne,* de cette formidable emprise juive, de cet impérialisme d'argent le pire de tous, dans les mains des pires « gangsters » qu'on puisse imaginer en fait de « peuple élu ».

Le « peuple élu », une de leurs formules religieuses dont on trafique, dirons-nous, et dont le monde sans cesse est lassé. Il le fut et ne l'est plus.

Du « peuple élu » du Talmud nous ne voudrons jamais !

Waldstaetten de l'idyllique Grütli source sacrée de la patrie, serment des trois Suisses au cœur propre et devant Dieu, dans le décor d'une nature suspendue dans sa grandeur ! que votre esprit, vos sentiments élevés nous reviennent en abondance, aux fins d'une victoire qui nous délivrera !

Puissance des Juifs la plus redoutable qui soit, la plus cruelle, la plus sanguinaire comme nos générations ont bien pu s'en faire idée, et la plus malsaine !

Puissance sans pareille des Juifs faite aussi il est vrai de notre atonie, de notre laisser- aller, de notre absence totale de réaction à leur égard, du fait de nos gouvernements complices en fait. Et ils n'auraient pas d'œillères, Monsieur le rédacteur en chef de la *Gazette de Lausanne* ? Les signes révélateurs de cette puissance se marquent de tous côtés. Journaux, revues, ondes auditives et visuelles, conférences, orientation dirigée des esprits, tout est à la marque talmudiste. La revue *Match*, les 20 et 27 octobre 1962, publie deux numéros à la gloire des Rothschild où l'on peut lire, suprême audace, marquant leur puissance précisément, cette profanation à l'histoire de France : « Ces Bourbons discrets que sont les Rothschild ». Puissance juive si grande que tous les masques se lèvent !

Roche tarpéienne, nous sommes tes serviteurs !

Le *Nouveau Candide*, n° 78, semaine du 24 au 31 octobre 1962, se distingue également par sa première page à la gloire des Rothschild, et commence ainsi son article : « Trois mille milliards de francs : la plus grande fortune de tous les temps, supérieure même à celle des plus grands milliardaires de tous les temps, telle était déjà la fortune des Rothschild à la fin de l'Empire. » Ibidem dans le n°

79 où leurs plus beaux coups sont rapportés comme des exploits dignes de la plus haute considération

Belle école de morale pour le peuple français écrasé par des ploutocrates sans pitié.

Regrette tes rois, pleure sur tes fautes, France ingrate, entre les mains d'étrangers sans cœur et sans pitié. Des étrangers, ces Talmudistes ; des étrangers ces Napoléon Ier, qui versent ton sang en abondance dans des combats de haine ou de déraison. Chateaubriand ne dit-il pas dans ses *Mémoires d'Outre-Tombe* que Napoléon s'est rajeuni d'un an, une fois empereur, aux fins de pouvoir dire qu'il était né Français et non Génois. Au début de son empire, un de ses officiers retira ses papiers de l'État-civil de la Seine, qui ne furent jamais rendus.

C'est par millions que se comptent les morts que Napoléon Ier laissa sur les champs de bataille de l'Empire ; quand Alexandre Ier pénètre en 1815 dans Paris, c'est la multitude des gens en deuil qui le frappe.

La gloire est belle pour les après-venants, pour les livres d'histoire, pour les poètes, l'étincelant Hugo : « Dix-huit cent onze. Au temps où des peuples sans nombre... », pour Béranger... « Il vous a parlé grand-mère, il vous a parlé ! » elle est lourde et douloureuse à porter pour les contemporains, surtout une gloire sans lendemain !

Ainsi, en arrive-t-il quand on écoute la voix de mauvais bergers ! Tu devais, France éplorée, ne jamais disjoindre dans ta pensée le mot de Capétien de celui de reconnaissance ! Commencer par de grands rois et finir par les ennemis de Dieu !

Déjà, je t'ai dit la phrase de Sénèque qui doit te frapper et t'ébranler : *Infra omnia ingratus est*. Répète aussi avec La Bruyère pour remuer ta mauvaise conscience et la conduire à la réparation « Il n'y a guère au monde de plus bel excès que celui de la reconnaissance » !

Ce n'est partout en France que des Juifs aux premiers postes. Nous exagérons ? Voyez plutôt : Pompidou (directeur à la Banque Rothschild et président du Conseil des ministres français ! ! !) ; Debré, ancien premier ministre ; Raphaël, vice-président de l'Assemblée nationale ; Kahn, conservateur du musée du Petit Palais ; et que dire de l'enseignement supérieur, de tous ces compagnons de Lévy-Straus du Collège de France, délégué de la France aux fêtes de Rousseau à Genève en 1962 ? J.-P. Bloch de la S.N.E.P. ; Daniel Meyer, président de la Ligue des droits de l'homme, organisme paramaçonnique, reçu et fêté à Genève il y a peu par les hommes politiques les plus importants, parti libéral en tête : un beau scandale !

Honte à vous, hommes politiques qui n'avez plus la confiance du pays ! Représentants sans gloire et sans caractère d'un système politique vermoulu, dont un nouveau scandale à Genève réalisé presque en plein jour, par un haut personnage politique, aux dépens d'une veuve éplorée, vient encore de souligner la caducité.

Genève, rempart de l'O.N.U. et des puissances d'argent excitatrices de passions, et destructrices de la société chrétienne sous les yeux mêmes de Calvin !

Genève, gorgée d'or et de rationalisme pastoral, mais aussi de discrédit et de servilité à la puissance mondiale du Kahal !

Général Katz qui s'est signalé en Algérie par ses cruautés à l'égard des vrais Français, mis en quarantaine en Allemagne par tous ses camarades officiers lors de son transfert ; René Cassin, président de l'Alliance israélite universelle et président du Conseil supérieur de la Ve République ; Hirsch, du plan Hirsch (1956), qui doit faire disparaître un grand nombre de paysans français (les paysans, comme nous le voyons bien depuis des années en Russie, sont un obstacle majeur au communisme) ; de 1954 à aujourd'hui, le nombre des paysans français est passé de 2,2 millions à 1,6 million (*Aspects de la France*, 26.9.63).

Les Rothschild sont là aussi bien entendu. Régie Renault dirigée par un Dreyfus ; Bloch-Lainé, président de la Caisse des dépôts et consignations ; Et. Wolf, professeur au Collège de France ; Kahnweiler, expert officiel des musées de France et marchand de tableaux ; Braunschweig, juge d'instruction dans l'affaire du Colonel Argoud le ligoté de Munich. L'avenue Henri-Martin débaptisée (*Connaissance des Arts*, novembre 1963), et portant désormais le nom d'avenue Georges Mandel (un Rothschild comme nous savons, qui a suivi Clémenceau comme son ombre)... Une pluie vous dis-je, une inondation ! Hier encore, à propos de ce traitement de la leucémie en Corse et qui serait couronné de succès, on voit arriver de Paris un certain Nathan, délégué du gouvernement !

Il y a du Juif partout jusque dans nos globules rouges et blancs

On peut penser que Paris suivant l'exemple de New York (il y a 500.000 Juifs en France ; on dit même que ce chiffre est largement dépassé) verra les Juifs s'y concentrer, assurant la conquête de cette ville et de la France, puisque dans un pays aussi unifié que ne l'est celui de notre voisine, Paris est la France tout entière et si, comme à New York, les Juifs y entrent à volonté (Henry Ford *dixit*), selon leur bon plaisir ; ce qui est certainement le cas.

« En France, a dit Charles Maurras, la république est le gouvernement de l'étranger » comme il a dit aussi : « En France, la royauté se démontre comme un théorème. »

Chez nous, en Suisse, il s'agit de savoir ni plus ni moins, si l'on pourra parler encore des Juifs, émettre la moindre critique à leur égard, parler de leur pouvoir corrupteur satanique et de leurs visées mondiales, sans être accusé du crime de lèse-majesté ou plutôt de lèse-Juif. Je rappelle qu'il est en ces matières un jugement du Tribunal fédéral qui fait jurisprudence, et que la Cour suprême des tribunaux bernois a rappelé en 1937 lors du procès des Protocoles, qui dit « que la loi ne saurait interdire aux journalistes d'émettre sur la question juive, des opinions même très hardies, quelque pénibles qu'elles puissent être pour les Israélites. »

Mais la Suisse manifestement, la romande avant tout, éprouve le besoin de s'aligner sur la France, et d'avoir, elle aussi, son décret Marchandeau.

Du reste, pratiquement, cela n'est même plus nécessaire, car nos journaux, d'après trois expériences vécues, dont deux auprès de premiers quotidiens de Suisse romande, refusent les écrits ayant le moindre caractère antisémite, soit la *Gazette de Lausanne* et le *Journal de Genève* (voir index sous ces lettres).

Presse suisse, parle-nous donc de ta liberté d'expression en prenant des grands airs ! Et ne t'abrite pas derrière l'Évangile et la charité chrétienne pour cette seule occasion, aux fins de cacher de bas intérêts ou ta veulerie ou ta lâcheté.

Il y a une seule grande exception dans la presse de Suisse romande, à ma connaissance, à cette presque conjuration pro juive de la presse suisse (inutile de dire que la même note se trouve à l'échelle mondiale, déjà très nettement marquée aux U.S.A. en 1920, Henry Ford *dixit*), qui conduit à la destruction de toute civilisation, de toute religion sauf la matérialiste s'entend, et à la tyrannie juive ouverte et universelle.

On ne construit rien de bon sur le Talmud et les Protocoles de Sion.

Croyants de tous pays, soyez en état d'alerte et défendez vos positions comme le meilleur des légionnaires romains, comme la meilleure infanterie suisse de la grande période !

Soyez, Suisses, les descendants de ceux qui presque partout portèrent et promenèrent la victoire dans les plis de leurs étendards

Assez de sommeil et de passivité !

Il faut prendre des mesures de défense, de rigueur et de coercition ; on ne laisse pas courir des « gangsters » nourrissant des conjurations, des complots et des crimes.

Que celui qui aime Dieu le défende et mette par terre l'infernal détrousseur. Oui, défendez votre trésor avec autant de force et de courage qu'il ne possède de poids, de chaleur et de lumière.

Cette exception de la presse suisse est la *Feuille d'Avis de Neuchâtel*. On y sent encore une atmosphère de liberté qui fait du bien, qui revigore, qui désintoxique ! Il y a là opposition sérieuse aux tendances générales de la presse suisse qui, si elle ne se traduit pas toujours en termes précis, appelant un chat un chat, n'en est pas moins quotidiennement présente sous une forme ou une autre. C'est déjà beaucoup quand il faut faire cavalier seul ! (Monsieur Braichet n'avait pas encore écrit son article du 11.3.64, où il parle de « l'illustre famille Rothschild », et ouvert les colonnes de son journal à l'insolent Juif Giniewski (24 juin 1964), qui exige « un acte de repentance collective » des chrétiens, pour les souffrances endurées au cours des siècles par le peuple juif, voir *Feuille d'Avis de Neuchâtel* du 11 mars, article de fond), et qui parle, ce 24 juin, de l'Afrique du Sud sur un ton exceptionnellement mesuré, suite sans doute de sa qualité de nouvel hôte de la *Feuille d'Avis de Neuchâtel,* mais sur un sujet brûlant de révolution et de désordre, où depuis longtemps l'on sent que le Juif « ennemi du genre humain » est présent.

Le Juif révolutionnaire-né développant partout dans les faits les leçons des Protocoles ; ce Juif Giniewski, auteur d'un livre au titre sacrilège et blasphématoire *Complices de Dieu. Mission et définition d'Israël.*

Dieu commettant des erreurs, des délits, et pourquoi pas des crimes !

Tel est le nouvel hôte qu'a reçu dans son sein la *Feuille d'Avis de Neuchâtel !*

Gazette de Lausanne, vanité et faiblesse des choses humaines, toi qui, en cette fin de novembre 1963, a révolté, heurté, scandalisé les honnêtes gens partout, toi si belle et si ferme autrefois, quand il était de bonne guerre de défendre toujours les meilleures causes, que reste-t-il du grand organe dans l'honneur et la tenue que forgea le grand colonel ?

Quelle est l'utilité d'une presse asservie ? à quoi servent de grands journaux, si dans les grands dangers, nous les voyons muets, observant la conjuration du silence ?

Il est remarquable et scandaleux que pendant toute cette campagne d'élections pour le Conseil national, qui vient d'avoir lieu dans notre pays, rien n'ait été dit de l'immense danger suspendu sur nos têtes, et qui déjà nous étreint fortement.

Vanité du suffrage universel ! et de ses parlements ! Charles Maurras, la raison faite homme, l'observateur et analyste impitoyable des phénomènes sociaux et politiques, vois une fois de plus ce que le pays légal fait du pays réel.

On avertit dans le danger, on prévient l'adversaire ! Non, tout aux intérêts de parti, cachons au peuple ces intérêts supérieurs du pays importuns !

Oui, voilà la morale du suffrage universel, cette peste, cette misère dont les ravages s'étendent sans cesse, prise et révélée dans toute l'acuité de son insuffisance, étalant sa bassesse, son opportunisme, ses dangers, alors qu'un péril mortel est sur nous, le plus grand peut-être de tous les temps puisqu'il menace notre planète tout entière, puisque le Kahal new yorkais peut tout à son aise, de par la passivité partout de nos autorités, tisser la trame qui doit tout étreindre et tout annihiler !

Ah ! si Dieu n'était pas là, quelle situation serait la nôtre !

La Grèce avait eu son Démosthène pour l'avertir de ce Philippe de Macédoine aux mauvaises intentions ; le danger de notre heure est mille fois plus grand et nous n'avons pas de Démosthène !

Seule, l'« Europe réelle » d'Amaudruz, mensuelle, brave, incisive, vigilante et bien renseignée, donne de la voix, et appelle les choses par leur nom ! Admirable courage que rien ne désespère ; un courage romantique dont Hugo nous aurait fait de très beaux vers !

Suffrage universel origine de tous nos maux, l'incompétence érigée en système ainsi que l'anonymat suivi de l'irresponsabilité ! que voilà donc de bonnes conditions pour être bien gouvernés !

Je rappelle que les *Protocoles de Sion*, ce manuel de combat des Juifs dans leur lutte contre le genre humain, d'indéniable authenticité jusqu'à nouvel avis, comme il appert du jugement rendu par la Cour suprême du canton de Berne en 1937 (plus exactement les Juifs n'ont pas pu démontrer qu'il s'agissait d'un faux), sont de très chauds partisans du suffrage universel !

Le manuel de combat des gens raisonnables et chrétiens informés : garder ou rétablir tout ce que le talmudiste félon à son Dieu a décidé d'abolir (*les Protocoles de Sion* ont été écrits en 1885 appr.), parce que constituant les seules barrières naturelles efficaces contre sa puissance et son pouvoir ; entendez bien illuminés et adeptes de la démocratie judéo-maçonnique : aristocratie de tradition et de biens-fonds, classes sociales, le pape, les rois et les empereurs chez nos voisins, le tsar surtout.

Comme la vie était plus humaine sous les tsars, plus naturelle, moins terre à terre, plus vraie, et surtout plus libre ! Les hommes n'y étaient pas des machines ou des jetons de présence, et les femmes des terrassiers, des maçons ou des balayeurs de rue. On n'y massacrait pas les gens comme des bêtes !

Juifs impudents et buveurs de sang, laissez donc de côté votre éternelle Anne Frank et le mensonge de vos six millions de Juifs gazés, et parlez-nous donc un peu de l'épouvantable massacre de la famille impériale russe ! et des vingt-huit millions de Russes chiffre officiel du gouvernement russe, massacrés et torturés par vous, et vous seuls qui avez fait, révolutionnaires-nés, la révolution russe ! ! ! Misérables que vous êtes !

Comme vous avez mis à mort cette reine de France, Marie. Antoinette, jugée et condamnée après des attaques de boue et d'horreurs uniques dans les annales de l'histoire du monde, par un tribunal présidé par le Juif Hermann !

Vous êtes toujours bien les talmudistes que nous connaissons, et dont l'espèce est unique dans le genre humain ; avec tant soit peu d'habitude, votre marque éclate aux yeux du moins averti.

Suffrage universel, l'ami des Juifs, élément de perdition !

« Sire », disait le grand Le Play parlant à Napoléon 111 (*Libertés françaises*, déc. 1956, p. 31),

« on vous trompe. Votre empire mourra de deux choses : le suffrage universel et la théorie des nationalités. Les nationalités vous conduiront à ceci : que l'Alsace sera allemande. Et le suffrage universel vous conduira à ceci : que le palais où je vous parle, Sire, sera sans doute détruit. »

Le Play, homme d'expérience et de voyages, sociologue averti, voyait la démocratie dans la commune, l'aristocratie dans la province et la monarchie dans l'État. Son système social fondé sur la famille, la religion et la propriété.

Nous l'avons déjà vu, Proudhon († 1865) a dit : « La propriété, c'est le vol ». Il ne le dit plus à la fin de sa vie, quand le moment approche de paraître devant Celui qui ne connaît rien des contrevérités dont on nourrit les hommes. Il ne bâtissait plus alors sur la bêtise humaine dont on sait ce qu'en a dit Renan, et dont on sait que Montaigne disait que « tous les maux viennent de l'ânerie. »

La propriété, c'est la liberté, qui vous met à l'abri de la puissance des gouvernements judéo-socialo-communistes, partis au nom de la liberté, et les plus autoritaires et despotiques qui soient, et voleurs

Rois de France de notre voisine, vieilles familles aristocratiques, gens sages et comme il faut de toutes les classes et positions, société d'ordre et de civilité, où les gens sont humains et groupés selon leurs goûts, leurs manières, revenez parmi nous lever des étendards de liberté et de raison, que l'oppresseur judéomaçonnique retient à terre.

Rousseau dans un jour, rare, où la raison lui parlait disait que les petits États doivent être démocratiques, les moyens aristocratiques et les grands monarchiques.

Le système politique actuel touche à sa fin, il faut qu'il y touche ; car la société a été si dénaturée par le Juif de la Révolution française et sa franc-maçonnerie, qu'il en est, aujourd'hui, de nombreux rouages qui ne fonctionnent plus qu'avec une extrême difficulté !

Le Juif organisateur du désordre, à soit protocole n° 18 - n'est-ce pas ce désordre qui partout et à tout instant s'étale sous nos yeux ? qui oserait prétendre le contraire ? - attend qu'il soit suffisamment marqué pour monter en scène.

Il ne faut pas qu'il y monte, c'est à nous d'y monter.

Il faut que l'empire du Juif s'éteigne ; tous les empires s'éteignent sauf celui du Bien. Nous savons que celui du Juif est celui du diable.

Avançons en rangs serrés, et que les cœurs bondissent, et que Rousseau, pour une fois, soit de notre compagnie, quand il dit superbement : « Si Sparte et Rome ont péri, quel État pourrait espérer durer toujours. »

Il est des temps de grands changements et nous y marchons.

Chapitre XV

La Révolution russe, ses bourreaux et tortionnaires juifs et considérations diverses

Que fait-on en face d'un criminel ? Le premier geste, le premier pas ? on le désarme. Le Juif, agent révolutionnaire-né, dont la conjuration, le complot contre le genre humain apparaît aveuglant, doit être désarmé ; comment désarmé ? eh ! oui, tout simplement, en suivant l'histoire et Philippe le Bel et d'autres, en lui prenant tous les biens qu'on peut lui saisir, question de vie ou de mort pour nous tous.

Ces biens d'ailleurs mal acquis trop souvent, à la juive, en mettant en coupe réglée les « goyim » à coups de fausses nouvelles, de chroniques boursières complaisantes, de truquages, d'escamotages, de « staviskisme », au sujet desquels la lecture de la France juive de ce héros magnifique que fut Drumont vous édifiera. Autorités, montrez-nous que vous êtes des autorités !

C'est un devoir national, n'en déplaise à M. R. Payot, que de les dépouiller de leurs biens avant que nous ne soyons tout en bas des nôtres, et sous leur joug sanglant et mis comme des vers.

Hors de là, pas de salut !

Encore un siècle, que dis-je un demi, un quart de siècle, et ces rapaces et ces bêtes féroces, ces Lénine (sa femme est Juive et s'appelle Nadedja Kroupskaie ; d'où par celle-ci sans doute inspiré, le caractère frénétique de l'individu, sauvage et barbare, ne pensant qu'à détruire), ces Trotsky, ces nouveaux Marat - Marat est Juif -, nous auront, par leurs manœuvres concertées anti-goyim de conjuration, dans tous les domaines réduits à rien. La bourse est particulièrement touchée présentement (1962, 1963, 1964), en Europe comme tout le monde sait, démolissant les fortunes des non Juifs ; nul doute que ces rapaces y soient pour quelque chose, que dis-je pour beaucoup ou pour tout ; que disent les Protocoles ? « Dépouillons de leurs biens ces « goyim » détestés par tous les moyens permis et non permis. »

Alerte à nos gouvernements préoccupés avant tout de téleskis et de piscines couvertes et découvertes (les autorités de Lausanne proposent ces jours (avril 1964) à leur législatif la construction d'une piscine couverte au coût de onze millions de francs), où les sexes, sans doute comme dans les collèges, seront mélangés, le tout au titre sans doute encore des remèdes à apporter à la délinquance juvénile.

Voilà qui permettra à la *Gazette de Lausanne* de nous dire, par la plume de son rédacteur en chef, que nos autorités sont tout à fait à la hauteur de leur tâche !

Comptez, mes amis, comptez sur le parti radical pour régénérer nos mœurs au plus bas d'elles-mêmes !

Ce ne serait pas de bonne guerre électorale !

J'exagère, direz-vous ; je bâtis des romans, je vis dans les nues, je suis en puissance d'idées fixes ou délirantes ?

Voyons donc un peu ce qu'il faut en penser, et lisez pour commencer, dans ce chapitre, attentivement, la pièce ci-dessous, qui vous éclairera sur la situation générale présente, et comment il faut en voir le sens et l'oriflamme.

Nous avons vu, n'est-ce pas, plus haut, au chapitre du Kahal, la juiverie américaine criante une fois de plus ces jours (avril 1964), ayant à sa tête, l'impudence juive est sans limites nous le voyons, un juge à la Cour suprême des U.S.A. ! ! !

C'est à peu près comme si chez nous, les membres du Tribunal fédéral se mettaient à la tête de manifestations politiques !

États-Unis d'Amérique, n'avez-vous pas encore fini de vous abaisser, et de vous dégrader à la face du monde tout entier, stupéfait de tout ce que d'apathie, d'indignité, de veulerie, de lâcheté, d'imprudences et d'inconscience devant l'extrême danger, vous manifestez dans votre face à face d'avec le Juif de peste et de choléra ?

Et vous prétendez gouverner le monde ? en assurer les destinées ? lui servir de modèle ?

Vous n'écririez plus le rapport fait par vos prédécesseurs de 1919 déjà bien malades certes, mais capables encore, nous le voyons, de mouvements d'indépendance relative et de cris de liberté !

Écoutez-les avec nous, tout en portant le deuil de tous les abandons dont vous fûtes l'artisan depuis cette date de la Première Guerre mondiale.

Note du « Secret service américain »

communiquée en 1919 à tous les gouvernements alliés et remise au haut-commissaire de la République française comme à ses collègues. (*Vieille-France*, n° 160, *Protocoles de Sion*, p. 136.)

> En février 1916, pour la première fois, on apprit qu'une révolution se préparait en Russie. On découvrit que les personnes et maisons suivantes étaient engagées dans cette œuvre de destruction : Jakob Schiff - Kuhn, Lœb et Cie - Félix Warburg - Otto Kahn - Mortimer L. Schiff - Jérôme H. Hahauer - Guggenheim - Max Breitung.
>
> Il n'y a donc guère de doute que la Révolution russe, qui éclaira en 1917 cette information de 1916, fut fomentée et lancée par des influences purement juives.

En fait, au mois d'avril 1917, Jakob Schiff déclara publiquement que la Révolution russe avait réussi grâce à son appui financier.

Au printemps de 1917, Jakob Schiff commença de commanditer Trotzky (le juif Braunstein), pour organiser en Russie la révolution sociale. Le « Forward », journal juif bolchéviste de New York, versa sa contribution.

De Stockholm, le juif Warburg commanditait également Trotzky. A ce consortium de juifs bolchéviques et de juifs multimillionnaires participaient le syndicat juif westphalien-rhénan, le juif Olef Aschberg de la Nye Nanken (Stockholm) et le Juif Jivolovsky dont la fille a épousé Trotsky

En octobre 1917, quand les Soviets établirent leur pouvoir sur le peuple russe, on y remarquait : Oulianov dit Lénine, Braunstein (Trotsky), Nachamkes (Strockloff), Zederbaum, (Martoff), Apfelbaum (Zinovieff), Rosenfeld (Kameneff), Gimel (Souchanoff), Krochmann (Sagerski), Silberstein (Bogdanoff), Lurge (Larin), Goldmann (Gorev), Radomislsky (Uritzky), Katz (Kamenef), Furtenberg (Ganetsky), Gourevitch (Dan), Goldberg (Meschkovsky), Goldfandt (Parvus), Goldenbach (Riasanov), Zibar (Martinoff), Chernomordkin (Chernomorsky), Bleichmann (Solntzeff), Zivin (Piatnisky), Rein (Abromovitch), Voinsten (Zvesdin), Rosenblum (Maklakosky), Loevenschen (Lapinsky), Natansohn (Bobriev), Orthodox (Aelrod), Garfeld (Garin), Schultze (Glasonnoff), Ioffe, tous Juifs sous de faux noms russes.

En même temps, aux États-Unis, le Juif Paul Warburg laissait voir des relations si étroites avec les personnalités bolchévistes qu'il ne fut pas réélu au Federal Reserve Board.

Jakob Schiff a pour intime ami et pour agent très actif le rabbin Judas Magne, protagoniste du judaïsme international, qui a lancé aux États-Unis la première organisation ouvertement bolchéviste, dite Conseil du Peuple. Le 24 octobre 1918, Judas Magne a fait la déclaration publique de son adhésion sans réserve au bolchévisme, dans une réunion du Comité juif d'Amérique, à New York. Commandité par Jakob Schiff, administrant avec lui la Kehillah juive, le rabbin Judas Magne est le directeur effectif de l'organisation sioniste Poale, et du « parti travailliste juif ».

La firme juive Kuhn, Lœb et Cie est étroitement liée au Syndicat westphalien-rhénan, aux Juifs Lazard de Paris, à la firme juive Gungsbourg (Petrograd-Paris-Tokio), à la firme juive Speyer (Londres-New York-Francfort), a la firme juive Nye Banken (Stockholm) : d'où il apparaît que le bolchévisme est l'expression d'un mouvement général juif, où sont intéressées les grandes banques juives.

La reconnaissance formelle d'un État juif en Palestine, la constitution de républiques juives en Allemagne et en Autriche ne sont que les premiers pas vers la domination du monde. La juiverie internationale s'agite fiévreusement. Elle a réuni dernièrement en peu de jours, aux États-Unis, sous prétexte d'écoles en Palestine, un fonds de guerre d'un milliard de dollars.

Extrême gravité de cette pièce à notre heure, surtout, confirmation éclatante des Protocoles !

Conjuration juive mondiale en vue de la monarchie juive universelle.

On peut tabler avec certitude sur une origine juive des troubles actuellement présents au Brésil (avril 1964) et que paraissent avoir jugulé ses officiers (fin mai

1964), rien qu'à voir l'attitude désolée de la bolchéviste *Gazette de Lausanne*, enjuivée, motivée justement par l'échec de cette tentative de révolution communiste juive.

Nous venons de dire plus haut qu'il faut qu'on se saisisse de tout ce qu'on peut prendre du bien des Juifs, qu'il faut les considérer comme étrangers dans tous les pays du monde, leur interdire l'accès de toutes les bourses, que nous sommes en état de légitime défense, que c'est là pour nous une obligation de droit, de police, d'ordre, de morale, de civisme, de vie, de religion, en un mot de tout en tout.

Que nous montre donc l'histoire ?

Il faut terrasser l'ennemi de Dieu, de Jésus-Christ, de tout ce qui dans notre cœur retentit à la gloire et à la beauté et à la grandeur de nos origines divines.

Les biens de Dieu se défendent !

Journal de Genève, Gazette de Lausanne, Feuille d'Avis de Neuchâtel en la seule personne de M. Braichet, publiez ce document du « Secret service » américain de 1919, sinon vous foulez aux pieds les intérêts supérieurs du pays et de l'humanité tout entière.

Monsieur R. Payot, directeur du *Journal de Genève*, montrez-nous que vous êtes un vrai Suisse et un grand citoyen du monde, que vous savez revenir de vos erreurs, et ne vous permettez plus désormais de prendre parti pour les Juifs, sous peine de manquer gravement à votre pays et à la cause de tous les honnêtes gens (il en est encore malgré l'acharnée propagande juive de pourrissement de tout ce qui est beau, pur, aimable et noble !)

Procureurs généraux de Suisse, d'Europe et du monde, qu'attendez-vous pour vous pencher sur le rapport du Secret service américain de 1919 et sur les *Protocoles de Sion* de 1937 (jugement de Berne), et mettre en branle alors et partout les mécanismes de la justice ?

Êtes-vous là pour nous protéger d'une révolution épouvantable comme le fut la russe, ou êtes-vous là pour lui tendre les bras et la recevoir dans votre sein ?

Waldstaetten, Waldstaetten, faites un nouveau serment !

Est-ce que nous laisserons la très suspecte « Société suisse d'investissement » naître dans notre pays, patronnée par un haut gradé des Loges, M. Despland, ancien conseiller d'État et conseiller aux États, et un Juif converti Nordmann (on sait ce que valent ces conversions), des Loges lui aussi ou c'est tout comme ?

On ramassera l'argent à la pelle l'Exposition nationale aidant, on en disposera secrètement, à l'exemple de la Loterie de la Suisse romande, à son goût, pour ses amis, pour ses partisans, pour son communisme puisque les Loges ce sont les Juifs et que les Juifs c'est le communisme.

Il n'y a pas à discuter, c'est net, c'est clair, c'est vu !

Monsieur Albert Picot, toujours Préoccupé de faire votre cour aux Juifs, lisez le document du Secret service américain, et cessez ces fréquentations juives qui vous sont chères, Mais qui ne conviennent pas à un ancien président du Conseil national, la plus haute magistrature du pays, sinon on dira que vous avez perdu la notion de vos devoirs !

États-Unis d'Amérique, soyez « charbonnier en son logis » ; et exigez du *New York Times* qu'il fasse paraître, signe de la faute de sa race et signe des conséquences qu'elle comporte et commande, le document du Secret service de 1919.

À quand, États-Unis désunis par le système des partis politiques et par le système de vos Juifs, et sans force intérieure, à quand cette perquisition au Kahal, cette source de tous nos maux, cet emblème du diable et de sa cohorte !

Ce geste, et tu retrouves ta dignité et l'honneur des pilgrims !

Vous n'avez pas de raison d'État pour agir dites-vous ? La belle affaire, faites comme la Bavière a fait en 1919, faites comme si vous en aviez une.

Tout d'ailleurs, mais surtout le danger que vous courez, vous y autorise !

Perquisitionnez au Kahal, vous dis-je, et fermez cet antre de l'enfer, de conjuration, de complots et de crimes.

Il n'y a plus une minute à perdre ; ou bien alors, attendrez-vous que la puissance juive ne soit plus que sans limites ?

Vous serez alors le roi fainéant et vous aurez votre maire du palais comme aux temps des Mérovingiens !

Les U.S.A., nouveaux derniers Mérovingiens !

On voit par ce document du Secret service américain que les U.S.A. savaient parfaitement ce qui se passait et que, comme en 1945, prisonniers en fait d'un race corrompue et forcenée dans ses appétits et ses visées mondiales, ils n'eurent rien de plus pressé, comme nous l'avons dit ailleurs, de fermer les yeux sur les agissements coupables des talmudistes, qui consistaient à lancer dans les jambes de leurs alliés des bêtes féroces avides de sang, d'argent et de tortures ; nous étions sous le règne du Juif et frère .'. Woodrow Wilson (1913-1921), un de ces présidents des U.S.A. francs-maçons comme il y en eut tant et dont nous avons donné la liste (voir index : *franc-maçon*), pro juif le plus enragé qui fut avec Franklin Roosevelt, et dont, à propos du Traité de Versailles, son secrétaire d'État, Lansing, a pu dire (cité de Rassinier, *Procès d'Eichmann*, p. 193) que pendant toute la conférence (de Versailles), « il s'était trouvé dans l'obligation morale de combattre presque toutes les initiatives de son chef et son président. »

Éternelles outrances ! et impudences juives ! quand nous disions que le Juif était la race la plus dangereuse de l'univers !

Étonnez-vous alors des brillants résultats en confusion et disputes dans le monde ; c'est que le Juif Wilson, on se rappelle, est le père de la Société des Nations, qui, comme l'ONU, est la pire des institutions qui soit, pour amplifier ou généraliser ou entretenir les conflits, un véritable bouillon de culture de bactériologue, et nourrir dans le monde un vent d'insécurité et de chicane qui n'a jamais fini de rebondir, tout en assurant la puissance du Juif qui, comme il le crie dans ses Protocoles, n'a qu'un désir et qu'un but, faire disparaître les frontières, dissoudre les patries, faire s'écrouler tout ce qui tient au cœur de l'homme et l'élève vers de hautes et pures contingences, comme la famille, la prière, le respect des saintes choses... Le Juif, ennemi mortel de tout ce que Dieu fait transparaître en nous, et prodigieux d'activité, de continuité, de savoir-faire, d'intrigues et de complots, pour que s'épuisent les dernières parcelles divines que cultive notre cœur !

C'est que la Société des Nations comme l'ONU est une idée juive ; c'est pourquoi les Genevois, leur presse, leurs ténors, sont tellement à la remorque du Juif ; Genève la cité aussi du crime, où ceux-ci sont à l'ordre du jour presque quotidiennement (avril 1964) ; c'est que le Juif, comme il le dit dans les Protocoles, organise, ordonne si je puis dire le désordre !

Nous avons parlé ailleurs dans ce texte d'un manifeste lancé par l'Union des sociétés patriotiques de Genève (il peut y avoir deux ans à la date d'aujourd'hui, déc. 1963), lançant un cri d'angoisse et de protestation contre l'insécurité de plus en plus alarmante régnant à Genève.

On aurait pu penser qu'une ville, si complètement habitée par une multitude d'institutions se proposant le bien-être et la concorde parmi les hommes, nous donnerait de son utilité et de son savoir-faire un autre spectacle !

C'est que tout cela n'est que factice, n'est que juiverie, et que la base en est d'avance et de verre et de pacotille, et de pourriture ; parce que, justement, elle est ce qu'elle est : l'image de nos tristes temps de décomposition !

Nous avons produit (voir index sous *Karl Marx*) une lettre adressée à Karl Marx ; il en est d'autres qui montrent de quelles nobles et hautes visées se préoccupent les descendants de Judas. C'est ainsi que nous produirons au chapitre des Protocoles un ancêtre si je puis dire de ceux-ci, une pièce parue en 1880 dans la *Revue des Études juives*.

Beaucoup, beaucoup de Juifs partout, signe que la race corrompue règne, dirige, conduit sans se trop découvrir encore. À nous de faire qu'elle ne se découvre pas davantage ou en tout cas de parer ses coups.

Le premier président de l'Assemblée des Nations est un Juif belge, Hymans. Le Juif Mantoux, qui finira sa carrière à Genève, couvert de lauriers par la fleur des grands hommes de cette ville, William Rappard en tête, Mantoux, « l'œil et l'oreille du Kahal à la Conférence de la Paix et au Conseil des Quatre » (réd. du Traité de Versailles), fut secrétaire général de la Délégation française à la S.D.N. !

Sir Éric Drummond, secrétaire général de la S.D.N., arrivant à Genève, après en avoir salué les autorités, se rend, misérable larbin cousu de honte et de pleutrerie, chez les ennemis de Jésus-Christ, le chef rabbin Ginsburger, pour l'assurer de tout son dévouement. Ce Drumont, je l'apprends à l'instant, est également Juif.

Ces Juifs de blasphèmes, de profanations et de révolutions !

Parlant à ce chapitre de révolution, il n'est pas possible de le faire sans citer la fameuse lettre de Dostoïewsky *(Fin d'un Monde*, page 268) qui, seul, voit et dit comme le plus puissant des visionnaires quand il parle du Juif (Dostoïevsky 1821-1881) :

> « Le Juif !... Bismarck, Beaconsfield, la République française, Gambetta, etc., tout cela comme force n'est qu'un mirage. C'est le Juif seul et sa banque qui est leur maître et à toute l'Europe.
> Tout d'un coup, il dira veto et Bismarck tombera comme une herbe fauchée.
> Le Juif et sa banque sont maintenant les maîtres de tout, de l'instruction, de la civilisation, du socialisme, du socialisme surtout, *par quoi le Juif arrachera le christianisme et détruira sa civilisation.*
> Et quand il ne restera plus que l'anarchie, le Juif se mettra à la tête de tout. Car en propageant le socialisme, les Juifs resteront unis entre eux ; et *quand toute la richesse de l'Europe sera dissipée, il restera la banque des Juifs.* »

Comme notre Russe voit bien ; rappelons que Dostoïewsky est croyant, assez profondément ; il aime le tsar et veut qu'on se soumette à son autorité. Il aime le peuple russe et, dit-il, « celui-ci n'aura de salut que par l'union universelle du Christ. » On a dit souvent que l'Église est coupable de n'avoir pas su s'attacher les ouvriers ?

À qui la faute ? si ce n'est au Juif et par deux fois.

Au moment de la Révolution française - son œuvre à lui d'abord - en effet, la loi Le Chapelier (15 juin 1791) supprime les corporations, confisque leurs biens immenses, avec défense de se reconstituer sous peine de mort. Car dans ce beau régime de liberté, tout se fait à coup de peines de mort et de guillotine !

Or, les corporations assuraient indiscutablement la protection de l'ouvrier ; elles sont aussi de puissants foyers d'indépendance et de liberté, Taine a insisté sur ce point. Elles ne sont pas sans inconvénients nous le savons, mais elles assurent une atmosphère profitable aux patrons, aux ouvriers, à l'intérêt public, et n'omettons pas de le dire, à la religion sans laquelle il n'y a pas de vraie civilisation possible, et qui n'est pas oubliée dans ces puissants organismes de métier et de travail sérieux. Il y règne une sévère et juste discipline.

Par la suite, les Juifs animateurs par excellence de mauvaises passions dans le cœur de l'homme, font du socialisme, à ses origines très pur et très beau (Drumont, *Fin d'un Monde*, livre 4e), par leurs Marx, Engels et compagnie, Juifs avant tout, antigoyim pour le reste, un système politique à lutte des classes, matérialiste, qui met le désespoir dans le cœur de l'homme dès la jeunesse et le premier âge adulte passés, ce qui fait précisément de la Suisse trop riche, le second pays du monde quant à la fréquence du suicide.

Comme l'a dit l'expert bâlois dont nous parlons dans ce texte, en Suisse tout le mal vient d'un excès de bien- être et du mépris des valeurs morales.

Quel est le diable prenant figure d'homme qui enseigne le mépris des valeurs morales ? Lisez, lisez *les Protocoles de Sion*, sur lesquels notre presse observe un silence de mort ! Lisez, lisez *les Protocoles de Sion* !

Il ne suffit pas, ouvrier suisse, d'avoir automobile, beaux habits et samedis libres pour être heureux et pour être un monsieur.

Ceux qui te le disent te trompent et se moquent de toi !

Ce n'est pas l'Église qui est coupable de ton éloignement d'avec elle, mais l'abominable destructeur de la société chrétienne, le Juif et toi-même avec lui, d'avoir écouté le mauvais berger, précisément celui qui à la Révolution t'avait dépouillé de tous tes biens, et de toutes ces forces protectrices dont l'ancien régime t'avait assuré la possession, le « menteur téméraire » comme je l'appelle, ou encore comme je le dis quelquefois « l'éloigné de Dieu », l'affreux talmudiste !

Bossuet parlait des « désirés de Dieu », les Gentils, et votre serviteur vous parle de « l'éloigné de Dieu », le Juif, auquel il faut dans les temps présents penser à chaque minute, à chaque instant, l'ami du diable, le protégé de Satan ; tout le mal vient de celui qui accuse toujours et ne s'accuse jamais comme nous aimons à le dire ici, parce que cette formule si vraie, si juste, met bien le doigt sur la plaie dont souffre le peuple égaré et toujours criant et toujours blasphémant !

Où Dostoïewsky se montre dans sa lettre grand visionnaire et voit, en un temps où *les Protocoles de Sion* ne sont pas encore connus, puisqu'on les date approximativement des années 1885 et que Dostoïewsky est mort en 1881, c'est quand il dit : « Et quand il ne restera plus que l'anarchie, le Juif se mettra à la tête de tout. »

Et j'ajouterais avec une règle de fer et en faisant couler des flots de sang comme nous l'allons voir justement dans un instant.

Nous avons plus haut, en commentant l'aphorisme de Charles Maurras :
L'inégalité ou la décadence
l'inégalité ou l'anarchie
l'inégalité ou la mort,
dit que nous avions quitté la décadence pour entrer dans l'anarchie.

Nous approchons, citoyens du monde, puisque le Juif et ses miasmes sont répandus partout, nous approchons du « point critique » des physiciens, de ce moment dangereux qui va décider de tout et de rien !

Entends-tu, ouvrier suisse amoureux de tes libertés, entends-tu ? Veux-tu faire quelque chose pour les défendre ?

Avant de donner un aperçu des horreurs, des crimes, des tortures commises par les Juifs, lors de la Révolution russe, disons d'abord qu'elle fut leur œuvre, leur œuvre totalement, absolument, entièrement. C'est là certitude absolue ; nous l'avons montré plus d'une fois dans ce texte, en voulez-vous une preuve de plus ? ce sont les Juifs de Russie qui l'implantent en Hongrie, qui l'implantent en Bavière.

Voulez-vous aussi qu'une fois de plus on vous démontre que franc-maçon = Juif et que Juif = franc-maçon ?

Voici ce que dit la *Vieille-France,* n° 195, (*Protocoles de Sion,* page 173,) revue d'Urbain Gohier, rappelons-le, contemporaine des événements et parue de 1916 à 1924.

> La République des Soviets de Hongrie, qui fut proclamée le 22 mars 1919 et qui dura cent trente-trois jours, avait pour chefs, comme la République des Soviets de Russie, des Juifs gradés dans la franc-maçonnerie : les FF .'. Bela Kuhn, Kunsi (Kohn), Agoston Peter, Lukazs, Diener, Denes, Zoltan, l'effroyable bourreau Tibor Szamuelly, les commissaires du peuple ou ministres Garbaï (Gruenbaum), Rostanzi (Weinstein), Moritz Erdelyi (Eisenstein), Bela Vago (Salzberger), Bela Viro (deuxième Bienenstock). (« Analyse des Protocoles » par le Dr Witchl.)

Comme les révolutionnaires juifs en Russie prennent des noms russes pour donner le change, ils prennent ici des noms hongrois pour la même raison. En Bavière, *Vieille-France* », n° 195 ; Pr. S, p. 173).

> La République des Soviets de Bavière, sous le Juif Kurt Eisner, eut pour chefs exclusivement des juifs gradés dans les Loges maçonniques, Log .'. n°7. Log .'. Zum Aufgehenden Licht an der Isar, et surtout Loges secrètes de l'U.O.B.B. (Ordre universel des B'naï Brith, qui paraît dominer sur les autres organisations de guerre de la juiverie) : les FF .'. juifs Max Lowenberg, Dr Kurt Rosenfeld, Caspar Wolheim, Max Rothschild, Karl Arnold, Rosenbeck, Birnbaum, Reiss et Kaiser (les dix acolytes immédiats de Kurt Eisner) ; plus les juifs Otto Herzenfeld, Dr Weill, Hoch et Wurm ; les Juifs Erich Müsam (vénér ...), Fechenbach (secrétaire particulier de Kurt Eisner), Dr Walder (W. Adler), Dr Neurath, etc. (Même source que ci-dessus.)

Vieille-France, n° 156 ; Pr. S., p. 172 (15 janvier 1920) :

> La Cour criminelle de Budapest réclame de l'Autriche l'extradition du juif Bela Kuhn sur le chef de deux cent trente-six assassinats et dix-neuf vols à main armée.
> Des comptes du Trésor hongrois, il ressort que Bela Kuhn et ses acolytes ont fait passer en Autriche et en Allemagne cent nonante-sept millions de couronnes, pour les mettre en sûreté ; ils ont distribué vingt-trois millions de couronnes à leurs acolytes.

On lit encore au numéro 185 de la *Vieille-France* un article du *Temps* (le 3.8.1920, p. 2), à propos de la révolution en Bavière, donnant les lignes suivantes :

> L'épuration de Munich a été exécutée très rigoureusement : on a expulsé non seulement les bolchévistes étrangers, mais aussi les extrémistes allemands ne possédant pas l'indigénat bavarois. Le gouvernement ne s'est pas, dans ce cas

comme dans bien d'autres, inquiété de la Constitution de Weimar. Il a décidé que l'intérêt de la Bavière primait toute autre considération, et il ne s'est pas laissé émouvoir par les accusations d'antisémitisme que les « camarades » de Berlin lui ont prodiguées. « Est-ce de notre faute, me disait un fonctionnaire de la police de sûreté, si le nonante-cinq pour cent des révolutionnaires sont juifs ?

La franc-maçonnerie, il faut le répéter sans cesse, toujours et encore, la chose et l'instrument des Juifs !

La Bavière se sauve en imitant la Hongrie.

En Hongrie, d'après le *Morning Post* du 28.3.1919, le gouvernement bolcheviste de Budapest, selon le prince Windischgraetz (Pr. S., p. 147) se compose de quatre Magyars, deux Allemands, vingt-quatre Juifs.

La prééminence juive est telle qu'on peut dire avec la *Vieille-France* n° 150 que le bolchevisme « a été totalement l'œuvre des Juifs. »

Si vous n'êtes pas encore convaincus, vous êtes priés de prendre connaissance de l'Annuaire officiel du gouvernement d'Israël publié aux États-Unis, et qui donne la liste des Juifs exerçant un pouvoir en Russie en l'an 5678 de l'ère hébraïque (soit l'an 1917), une montagne de Juifs, des Juifs et rien que des Juifs, le nonante-cinq pour cent de l'état-major. (*Vieille-France,* n° 150. Pr. S., p. 156.)

C'est tellement de Juifs que l'emblème de l'URSS est presque, à une pointe d'étoile en moins, l'image du Sceau de Salomon qui en avait six 1 On ne peut mieux dire et faire, n'est-ce pas ? on ne petit être plus clair ? Ou bien cela ne vous suffit-il pas ? Voulez-vous encore vous assurer davantage ? Alors voici :

Une brochure *Who Rules Russia,* publiée à New York par l'Association Unity of Russia en 1924 sauf erreur (voir pour plus de détails le n° 205 de la *Vieille-France),* donne les noms des différents Soviets. Sur cinq cent trois hommes, quatre cent six sont Juifs, vingt-neuf Russes, trente-quatre Lettons, douze Allemands, douze Arméniens et quelques Polonais et Tchèques.

Cons. des Commissaires du Peuple	22 membres	dont 18 Juifs
Commissariat de la Guerre	43	34
» de l'Intérieur	64	45
» des Aff. étrangères	17	13
» des Finances	30	25
» de la Justice	19	18
» de l'Hygiène	5	4
» de l'Instr. publique	53	44
» de l'Aide sociale	6	6
» du Travail	7	6
» Comm. aux Prov.	23	21
Supr. conseil de l'Econ. générale	56	45

Soviet de Moscou	23	19
Rédact. des journaux officiels	42	41

Montrons maintenant quel est le degré de sauvagerie, de férocité, de frénésie, de sadisme, qu'ont montré les Juifs préparés et partis des États-Unis.

Sois fier, pays aux plaines immenses, de ce mémorable exploit !

Toi, dont la richesse éclate de toutes parts sur ton sol, dans ton sol et dans tes flancs et jusque dans les airs ! On n'a chez toi jamais fini de remuer, de brasser l'or et l'argent. Tes navires de guerre sillonnent toutes les mers et bientôt, plus rien ne sera que tu ne puisses entreprendre et lancer dans l'espace...

Mais, sois honteux et honni des barbares, des bourreaux, des bêtes féroces juives, Trotsky en tête, que tu laissas partir de cette ville de New York, dans laquelle les Juifs, résultat d'une politique insensée et d'une notion de liberté mal comprise, se sentent davantage chez eux, que tu ne l'es toi-même chez toi !

O, « dame sans tête » de Charles Maurras, c'est là peut-être l'un de tes plus hauts sommets !

C'était de nouveaux Marats, Marats, auprès desquels l'ancêtre n'était plus que pâle figure ; c'étaient les ambassadeurs de la nation qui prétend à conduire le monde, et ce qui reste de civilisation dans la société des hommes !

Allons à ces exploits de liberté et d'humanité, ô antiphrase commis par les ambassadeurs des

U.S.A. !

Les Juifs de New York, ambassadeurs de civilisation des U.S.A., fruits honteux de la démocratie américaine !

Voici d'abord tiré de la *Vieille-France,* n° 135 : *le Droit du Peuple,* journal entièrement soumis aux Juifs, publie fièrement cette information de Budapest dans son numéro du 9.8.1919, p. 1, colonne 3 :

> Le terroriste Abraham Kohn... se vante d'avoir commis huitante assassinats qui lui avaient été ordonnés par Szamuely (Samuel).
> Une longue dépêche de l'Agence Reuter (de Rostov sur le Don, 31.7.1919) relate les atrocités de la Chéresvichaïcka, commission judéo-bolchévique de Karkoff. À l'arrivée de l'année de Denikine, on déterra par centaines les victimes des juifs bolchéviques, en présence du corps médical et des résidents étrangers ; on prit la photographie des cadavres, dont les pieds, les mains, les seins étaient coupés, les mâchoires broyées, les yeux et les entrailles arrachés ; un grand nombre de gens avaient été jetés vivants dans des puits desséchés, et recouverts de terre. Les commissaires présidaient aux tueries et aux supplices en se livrant aux plus ignobles orgies, avec accompagnement de mandoline et de piano. La première question des inquisiteurs juifs aux Russes qu'ils allaient torturer était significative : « As-tu jamais outragé Trotsky parce qu'il est juif ? »
> Une visite de Braunstein-Trotsky à Karkoff avait été le signal d'un redoublement de sadisme. C'est trait pour trait le sadisme qu'ont décrit tous les

historiens d'Israël parmi lesquels le Juif Josèphe. Un des loisirs favoris des bourreaux consistait à faire une incision autour de l'avant-bras et à retourner la peau des mains « comme un gant ».

Puis Vieille-France n° 138 :

> Le Juif Braunstein dit Trotsky vient de réitérer l'ordre d'égorger les parents des officiers suspects :
> Les répressions contre les familles des traîtres sont indispensables. Si nous sommes contraints de laisser tomber notre épée non seulement sur la tête des traîtres, mais aussi sur celle de leurs proches, il ne faut pas considérer le fait comme un crime de la révolution, mais comme un droit et un devoir.
> (Krasnaïa Gazeta.)

Ainsi, ces effroyables tueurs, ces tigres à deux pattes se déchaînent, qui n'ont plus rien d'humain ; qui ont tant crié sur ce qu'ils avaient souffert en Allemagne, ne comptant plus pour rien les horreurs par eux commises en Russie, et qui, soulignons-le, et c'est une différence capitale qu'il faut faire d'avec les événements d'Allemagne, aussi quant à l'atrocité des faits, sous Hitler, sont des ordres et des méthodes de faire et d'assassiner de caractère général, atteignant toute la population non-juive et s'étendant à toute l'immense Russie comme en font foi les vingt-huit millions de victimes, chiffre officiel du gouvernement russe dans la célèbre affiche de Kiev (Marie Kerhuel, *Le Colosse aux pieds d'argile*, p. 156), répétons-le sans cesse, et ce que nous montre aussi entre mille le féroce Juif Trotsky précisément.

Nous reviendrons sur les événements d'Allemagne où les Juifs par tous les moyens multiplient, exagèrent, déforment les événements et les faits à coups de trucages et de faux témoins, de récits fantaisistes, et de livres soi-disant vécus qui sont légion, comme le montre bien Rassinier quand il nous parle de la « littérature concentrationnaire », mentant effrontément, le plus monstrueux mensonge du « menteur téméraire » étant la fable des six millions de gazés, avec laquelle un véritable lavage de cerveaux de l'univers fut exécuté dès les premiers jours de la fin par le cinéma, la télévision, les revues, les journaux.

Un jour viendra, peuple qui devrait être au ban de l'humanité par tes méfaits et forfaits, auteur de toutes les corruptions et salissures possibles, marchand à profusion de pornographie (de plus en plus envahissante partout chez nous) et de livres sur la vie sexuelle où les hommes ne s'y comportent plus que comme des bêtes ; je voyais l'autre jour encore celui de Kahn dans un des kiosques à journaux de la gare de Lausanne et qui en est, je crois, à sa quinzième édition. Un jour viendra, dis-je, où des larmes amères inonderont des visages défaits. Ces jours encore, la *Feuille d'Avis de Lausanne*, suivant le bel exemple de la *Gazette de Lausanne* pornographique à fin novembre 1963, le devient à son tour, en froissant, en scandalisant les chrétiens par un dessin outrageant traitant du baptême (mars ou avril 1964 dans son « Magazine »).

La franc-maçonnerie et les Juifs déchaînent leur poison partout sur les ordres des grands Juifs

Vieille-France, no 143 :

> Kieff a été sept mois la proie du bolchevisme ; tous les bourgeois bolchevicks étaient des Juifs. Les deux chefs : Rokowsky, juif de Bulgarie naturalisé Roumain, et Latsis juif letton, « président de la commission extraordinaire pour la suppression de la contre-révolution ». Leurs groupes : des Chinois. Pas un ouvrier russe des fonderies et des raffineries.

Vieille-France, n° 151 :
Le patriarche de Moscou et de toutes les Russies, Tikhon, adresse au monde civilisé un appel où nous lisons (nov. 1919) :

> Évêques, prêtres, moines et nonnes sont fusillés en masse, sous l'accusation vague de « contre-révolution ».
> La suprême consolidation des sacrements leur est refusée par un raffinement de cruauté, et leurs parents ne peuvent obtenir pour les cadavres une sépulture chrétienne.

Le 27.11.1919, le *Morning Post* écrit :

> Nous en arrivons à nous demander si ce n'est pas la même organisation secrète, qui tirait les ficelles de la Révolution française et qui manœuvre les fantoches des Soviets russes.
> Cette sombre question évoque de plus sombres mystères. Quelque jour, on trouvera une réponse qui remplira le monde d'étonnement et d'horreur.

Comme le *Morning Post,* comme Urbain Gohier, comme d'autres encore, nous avons fait plus d'une fois dans cet ouvrage la remarque que la marque du Juif se distingue aisément, et que sa sauvagerie et sa férocité antigoyim sont à mille autre pareille. On n'est pas éloigné du Ciel depuis deux mille quatre cents ans (les trois ou quatre derniers siècles qui précèdent l'arrivée de Jésus sont déjà de ténèbres et de chute qui, précisément, ont rendu possible l'atteinte sacrilège portée sur le Fils de Dieu), sans qu'il en résulte de redoutables incidences pour le coupable dont nous ne sommes nullement responsables il faut le répéter sans cesse, nous qui n'avons pas mis le Christ à mort, puisque l'audace des Juifs va si loin (voir *Feuille d'Avis de Neuchâtel,* article de fond du 11 mars 1964), qu'un certain Juif - voilà qui va faire plaisir à M. R. Payot, directeur du *Journal de Genève,* qui fait aux Juifs, lui d'habitude si mesuré et objectif, l'appréciable avantage à propos d'un pamphlet antijuif de perdre son sang-froid en leur honneur si l'on peut dire - qu'un certain Juif Paul Giniewski, qui ne doute de rien, exige « un acte de repentance collective » de la part de la chrétienté pour les souffrances subies au cours des siècles par le peuple juif.

O, ce Juif toujours en mal de faire le mal, toujours en mal d'impudences suprêmes ! quand le verrons-nous faire un beau geste ? un geste naturel ?

Quand je disais pour la millième fois que le Juif est un homme qui accuse toujours et ne s'accuse jamais, même s'il faut faire comme si l'admirable, le divin, le miraculeux Jésus-Christ Fils de Dieu n'était pas descendu sur la terre, faisant partir le crime du Juif, le drame que nous vivons encore !

Mais notre Juif de race par son impudence, allant jusqu'à faire abstraction de cet événement capital de Jésus (sans que M. Braichet ne le relève !!!), l'origine de tous les maux de sa race ce figuier desséché des Écritures, ne se trouve pas encore assez dans ses mensonges et ses omissions, dans son ignominie, dans son absolue absence d'honnêteté, il faut encore que dans son ouvrage il blasphème et outrage Dieu publiquement, ouvertement, de plein fouet, puisque le titre de son livre est ainsi conçu : *Complices de Dieu. Définition et mission d'Israël.*

Le plus fort, seconde omission très grave de M. Braichet, c'est que celui-ci n'y ait rien vu à redire.

« Complices de Dieu », c'est-à-dire avoir commis en compagnie de Dieu quelque méfait, quelque crime, ou même quelque forfait.

Est-ce croyable, est-ce permis ?

Il n'est que le Juif pour en écrire et osé de la sorte !!!

O race abominable, comme dans nos temps l'on comprend que Jésus en ait été souvent véritablement excédé. À ce moment, C'était depuis cinq cents ans, que le Juif par tous ses pharisiens et sadducéens n'était plus avec le Ciel !

Il n'est pas d'horreurs qu'ils ne nous aient fait voir, ne nous aient fait entendre, tout au long du cours des siècles de l'ère chrétienne, et dont ils veulent justement que nous nous en salissions aussi.

C'est que maintenant, c'est depuis deux mille cinq cents ans que le Juif ne connaît plus de maître à ses passions.

C'est comme si ce Giniewski, déjà par le seul titre de son ouvrage, avait voulu nous jeter de toute violence, pour toucher davantage encore notre pauvre monde si contaminé, ses offenses et ses outrages à Celui qui n'est que pureté, perfection et grandeur !

Et nous sommes en face du « peuple élu » - il le fut au temps de sa gloire - comme ils se disent, ayant littéralement de nos temps commercialisé jusqu'aux choses de la religion, et les lançant sans cesse de par le monde, avec un tact et une délicatesse dont ils sont seuls à donner pareil exemple ; ai-je besoin de dire que nous sommes en antiphrase ?

Qu'a dit Bossuet : « Les gentils, agrégez aux Juifs, deviennent d'oresnavant les vrais Juifs, le vray royaume de Juda opposé à cet Israël schismatique et retranché du peuple de Dieu, le vray royaume de David par l'obéissance qu'ils rendent aux lois et à l'Évangile du Jésus-Christ, Fils de Dieu (*Discours sur* l'*Histoire universelle,* deuxième partie, ch. 20, p. 39, éditions Librairie des Bibliophiles 1885). »

Que d'audaces chez cette bande de youtres criminels de droit commun, ayant assassiné par leur Kahal trois tsars de Russie successifs ; grand-père, fils, petit-fils, et l'arrière- petit-fils le tsarévitch fils de Nicolas II, plus l'épouse de Nicolas II ; ainsi que trois autres souverains : Louis XVI, Marie-Antoinette et Gustave III de Suède, sur décision de l'assemblée franc-maçonnique de Francfort de 1785, eux aussi condamnés à mort, sans oublier le président de la République française Doumer (Léon Daudet, *La Police politique*) condamné par le Grand .'. Orient de France rue Cadet, filiale du Kahal.

Les Juifs sont des agneaux, n'est-ce pas Monsieur René Payot, directeur du *Journal de Genève,* journal conservateur de la ville de Calvin profanée ! par tout ce qui s'y complote, s'y machine et s'y écrit ! sans compter l'imposant monument de la Réformation tant de fois mutilé de couleur rouge comme ces jours encore, ce 1er juin 1964, sans qu'on trouve jamais les coupables ?

Il faut vraiment moucher ces descendants de Judas de leurs horreurs et de leurs impudences !

M. Braichet de la *Feuille d'Avis de Neuchâtel,* lui, ne voit dans tout cela que « l'illustre famille Rothschild » ; c'est dire l'élévation de sa pensée et de son cœur, alors que le peuple français, exsangue, image de ce qu'avait prédit B. Franklin pour son pays, pressé de tout le poids des monstrueuses fortunes juives, a subi les massacres de la Libération (cent dix mille Français assassinés) plus deux féroces épurations ! sans compter le drame atroce de l'Afrique du Nord !

Ainsi, se pourrir se moisir dans l'argent, s'y complaire, s'en salir et s'y rouler, s'en faire le dieu le plus exclusif qui soit, piétiner l'honneur mille fois, se gorger du bien des « goyim » à coup d'actions concertées et déshonnêtes, les jeter les uns contre les autres, ruiner des masses d'Anglais en jouant la comédie à la Bourse de Londres pendant que Français et Anglais perdent leur sang en abondance à Waterloo, réaliser d'immenses bénéfices sur un emprunt tunisien en circonvenant le ministre des finances de Napoléon pendant qu'à Austerlitz la France donne de son sang ; prolonger, de connivence évidente avec Bleichschröder (l'alter ego de Bismarck, son grand banquier juif qui ici se joue de lui) et le valet des Juifs Gambetta, ce Français de plus que fraîche date aidant, la guerre franco-allemande, alors que Sedan et Metz sont investis et prêts à tomber, alors que tout espoir de victoire est exclu, aux fins que l'indemnité de guerre qu'auront à régler les Français puisse être augmentée, dont par ailleurs, dit Drumont, les Juifs touchèrent la plus grande partie ; les Rothschild jouant double jeu durant les soixante-cinq jours de la Commune en 1871, excitant à Versailles, excitant à Paris, dans ce Paris qui sera ravagé mais où les cent cinquante maisons des Rothschild (nous disons bien cent cinquante) ne subissent aucun dommage (*La France juive,* t. 1, p. 401) ; dans ce Paris où les insurgés disposent de moyens illimités à la banque Rothschild (*Fin d'un Monde,* Drumont, p. 133 ; voir index, Rothschild sous « pourvoyeur ») ; de plus, enfermer à vie le plus glorieux, le plus généreux, le plus désintéressé (Clémenceau), le plus respecté des généraux de notre voisine ; cet officier habitant du cœur de tout soldat français, couronné d'âge et de lauriers, et qui doit de par le Juif dont la marque est ici certaine, le Juif et son Grand .'. Orient, exhaler ses derniers souffles de vie dans un étroit lieu de pierre, d'humidité et de sacrifice, alors qu'il devait être dans les terres de feu, de fer, de renommée de Verdun...

Quo usque tandem...

Jusques à quand, peuple français, supporteras-tu le joug du Juif qui ne fait que de te rouler dans les infamies !

Ainsi tout cela, ainsi tout cela et bien d'autres choses encore, dont on remplirait des annales, méritent l'épithète « d'illustre famille Rothschild » !

Monsieur Braichet, de la *Feuille d'Avis de Neuchâtel*, retournez à l'école à fin d'y connaître les choses auxquelles vous ne connaissez rien, et demandez à la religion de votre jeune âge de vous reprendre, et qu'elle remette votre cœur à cette place qu'il n'aurait jamais dû quitter.

Ne vous faites pas le valet des Juifs, et souvenez-vous des « Morticoles » de Léon Daudet, et de ce qu'ils firent.

J'avais porté bien haut dans ce texte la *Feuille d'Avis de Neuchâtel* elle aussi, hélas, je le vois, désormais subissant l'action du virus talmudique. Son passé lui ordonne de se surveiller à cet égard !

Voici maintenant la déposition faite par M. Courtier-Forster, chapelain anglais à Odessa (*Times* et *Evening News* le 3.12.19). Vieille-France, n° 168.

> Ce ministre protestant se trouvait à Odessa quand les Bolchevicks prirent la ville. Tous les blessés furent égorgés. Une masse de prisonniers disparurent mystérieusement : quinze jours après, soulevée par une tempête, la mer Noire rejetait leurs cadavres au rivage : ils avaient été noyés, avec une pierre attachée aux pieds. Le général Chormichoff, enchaîné sur une planche, fut poussé centimètre par centimètre dans une fournaise et rôti vivant. D'autres furent déchirés au cabestan. D'autres ébouillantés, puis placés sous les ventilateurs.
>
> Les hurlements de centaines de captifs qu'on torturait dans la prison épouvantaient tout un district. Les Bolchevicks abattaient à coups de fusil, le matin, par farce, les femmes qui allaient chercher du lait. Les hommes et les femmes qui avaient quelque chose de « bourgeois » dans l'apparence étaient chassés tout nus dans les rues. Les femmes propres et les jeunes filles furent emmenées au port, dans les chantiers ; le lendemain on les retrouva mortes, mourantes ou folles ; toute la nuit on avait entendu leurs cris d'agonie qui « allaient s'affaiblissant comme le gémissement d'une bête suppliciée. »

Ennemis de l'antisémitisme ! *Journal de Genève* opportuniste, *Gazette de Lausanne* qui pleure à chaudes larmes l'avortement de la révolution communiste juive an Brésil... quand je vous disais qu'elle était et marchait avec les Juifs (début 1964) ! et toute la presse de ces deux villes, M. Braichet de

« l'illustre famille Rothschild », ces Rothschild, cette famille qui tient avec d'autres Juifs, à la gorge, le peuple français, ces Rothschild dont *Match* du 2027 octobre 1962 et dont *Candide,* faisant chorus à même date dans son exemplaire 78, ont vanté les énormes, les monstrueuses, les prodigieuses, les écrasantes fortunes et chanté la gloire et la considération que donne l'argent !

Vieille noblesse d'ancien régime, porteuse de l'épée tutélaire et dangereuse, habituée à faire bon marché pour le roi et la France, de ta vie, que dis-tu donc de ces horreurs ?

Il est à l'origine des grandes fortunes des choses qui font trembler, nous a dit Bourdaloue !

C'est le peuple français tout entier qui en tremble, dépouillé de tous ses biens par des êtres qui n'ont plus rien d'humain !

Presse suisse comme étrangère, avilie, dépersonnalisée ; presse européenne, mondiale ibidem à quelques actions près, dont l'admirable, l'héroïque, la grande *Action française* dont le cœur a vibré à tout instant, qui n'a jamais voulu le moindre argent des fonds secrets, servie par des hommes du plus grand talent ; devenue, bien obligée, *Aspects de la France,* mais sans perdre le flambeau sacré, sans perdre l'esprit de son aînée.

Venez donc, presse avilie si vous l'osez, faire ici l'hommage de votre silence complice à la mémoire de ce peuple crucifié dans tout ce qu'il avait de plus cher (vingt-huit millions de victimes, chiffre officiel du gouvernement russe de la célèbre affiche de Kiev), à la mémoire de ce général Chormichoff brûlé à petit feu, et par tranches successives si je puis dire, que d'infâmes bourreaux juifs partis de New York, *populo americano volente,* introduisent très lentement dans un four incandescent !

Monsieur René Payot, soutien inconditionnel des Juifs, applaudissez ! à cette torture, en en multipliant le nombre d'un chiffre incalculable d'autres tortures tout aussi terribles !

Applaudissez, États-Unis d'Amérique, détenteurs de bêtes fauves, et qui les avez lâchées sur le continent de vos ancêtres ! et l'on nous dit qu'ils luttent contre le communisme, alors qu'ils nourrissent dans leur sein entourés de tous les honneurs, l'agent, le père, l'ancêtre du communisme !

On devine ce que peuvent coûter en vains sacrifices de telles batailles engagées dans de telles circonstances.

Comédie et infernal jeu des partis politiques, dont les engrenages sont tellement impératifs, que les hommes n'en sont plus que des fantoches très flexibles.

Continuons dans la douleur et la mémoire de tous les décédés et suppliciés du Juif, ce périple d'abominations commises par la race dangereuse grâce aux libertés que lui laisse le stupide, le coupable, le dangereux, le destructeur libéralisme que les Juifs chérissent, parce que le meilleur de leurs alliés comme ils ne tarissent pas de le dire dans leur manuel de combat, les Protocoles de Sion !

Oui, le libéralisme ; et J.-J. Rousseau que les Juifs, ici encore, chérissent et renchérissent ; ce Rousseau, non sans cœur, mais dont « l'orgueil fut prodigieux » (Amiel).

Où ne conduit pas l'orgueil ? À ce que nous sommes, et à ce que n'étaient pas les temps bénis d'avant 1789, où les Juifs n'étaient pas rois, où la dernière place était à eux et la première à Dieu.

Je le dis encore, je le dirai toujours ; lisez, relisez Taupin et sa pure héroïne de femme, ce que j'ai connu de plus noble et de plus héroïque, une bravoure sublime et de spectacle nous a dit en substance G. Lenôtre connu pour toute l'exactitude de ses récits historiques ; vous y verrez l'ancien régime et son respect et sa tenue et sa dignité dans toutes les classes... et vous verrez aussi les horreurs dont est né le système dont nous mourons, et qui se meurt lui-même aussi.

N'en déplaise au parti radical vaudois destructeur de la religion dans le Pays de Vaud ; la religion, la seule chose qui fasse vivre et bien vivre, dans les flammes du ciel, dans la pureté de son diamant !

C'est l'absence de religion qui rend l'homme orgueilleux ! et c'est l'orgueil qui fait qu'on ne peut voir Dieu.

Ce libéralisme destructeur, il faut le répéter toujours, dont les Juifs qui ne voient en nous que le pire des ennemis, se gaussent et se réjouissent sans cesse dans les Protocoles.

Ce libéralisme ! le tuteur de toutes leurs mauvaises actions puisque c'est lui qui leur accorde toutes les facilités d'en commettre !

Les Juifs très amis du libéralisme pour détruire la chrétienté, et les chrétiens très ennemis du libéralisme pour le bien des Juifs !

Les chiens enragés se tiennent en laisse, et il n'y a pas de doute que, dans nos temps, les Juifs traversent une période de frénésie, avivée, suraiguë, densifiée par la perspective d'un succès qu'ils croient certain dans l'immédiat, où toutes les curées de sang, de vol et de tyrannie seront possibles et profitables.

Peuple juif, je te rappelle que ton Theodor Herzl t'a prédit des pogroms mondiaux !

Tu diras encore, je pense, comme M. R. Payot, que c'est le tsar de toutes les Russies qui en est l'auteur, et non point l'envoûtement dans lequel tu vis et fais le mal.

Périple douloureux, nous avons à te suivre, allons jusqu'au bout des erreurs et des horreurs de « l'éloigné de Dieu ».

Vieille-France, n° 171 :

> Plus de quatre cents sujets anglais échappés du paradis bolchevick sont arrivés à Southampton le 17.4 sur le « Tagus ». Un envoyé du « Sunday Times » a recueilli leurs témoignages :
> Nous sortons de l'enfer ont-ils déclaré. Ce bolchevisme est la plus effroyable chose que le monde ait jamais vue.
> S'il dure, il n'y aura bientôt plus de vivants en Russie.

Le papier monnaie se fabrique à jet continu, par milliards ; les hommes se fusillent sans arrêt, par milliers. La terreur règne partout. Les ouvriers qui se plaignent de leur mauvaise nourriture, et du terrible joug des commissaires du peuple, sont mitraillés sans merci. À Moscou, le plus frugal repas coûte deux mille roubles.

La princesse Turnoff, dont le mari appartenait à l'armée blanche, a été emprisonnée par les Rouges, violée, mutilée, déchirée en morceaux. La Russie est un immense cimetière ; les cercueils manquent ; la lèpre et le typhus étendent leurs ravages. On nourrit de cadavres les fauves du zoo. L'atroce massacre du tsar et de sa famille est attesté par de nombreux témoins. Trois mille homme ont été fusillés à la fois le 14 février près de Petrograd, et laissés nus dans la neige. Les chiens transportent partout des débris humains.

En passant, cette lettre publiée dans le *Temps* du 10.5.1920, de J.-H. Clarke, qui renseigne sur le pourcentage juif dans le haut personnel bolcheviste. Vieille-France, n° 174 :

Comme j'ai eu sous les yeux la liste des noms et des nationalités des principaux fonctionnaires de la Russie actuelle, liste puisée aux dossiers mêmes des Soviets, vos lecteurs connaîtront les chiffres exacts.

Sur un total de cinq cent cinquante-six, il y a dix-sept Russes et quatre cent cinquante-huit Juifs, le reste se composant de Lettons, Allemands, Arméniens et autres non-Russes de l'ancien empire.

La *Vieille-France* elle-même (n° 174) reçoit une collection de photographies :
Je reçois d'Angleterre une collection de photographies prises par les officiers britanniques, dans les villes hâtivement évacuées par l'armée Rouge ; les cadavres des victimes, grillés, déchiquetés, fournissent la preuve des tortures et des mutilations les plus infernales. Le commandant du camp où les Bolchevicks de Karkoff tenaient leurs prisonniers était un ancien charpentier, Stephen Saienko ; il enfonçait des clous sous les ongles, clouait les étoiles des officiers sur leurs épaules, découpait dans la longueur des jambes des « bandes » de pantalon.

Nous voici en Hongrie (16 octobre 1919). (*Vieille-France,* n° 143) :

L'enquête sur les crimes de la bande bolcheviste en Hongrie, ordonnée par le nouveau gouvernement hongrois, révèle chaque jour de pires horreurs. L'Agence Nowa relate ainsi l'assassinat du président de la Chambre hongroise Louis Navay, et de son frère (30.9.19) :

Ils se trouvaient tous deux dans leurs propriétés de Békés, village resté réfractaire au système communiste, lorsque Bela Kuhn délégua avec pleins pouvoirs un juif de ses lieutenants du nom d'Abeles, pour soumettre par les armes ce foyer de résistance antibolchéviste. Abeles arriva au village avec une forte garde rouge, l'occupa et emmena quarante otages choisis parmi les notables du pays, pour les transporter à Budapest. Parmi ceux-ci se trouvaient M. Navay et son frère, mutilé de la guerre, amputé des deux jambes. En cours de route,

Abeles fit arrêter le train, descendre les otages, et pour leur apprendre le respect dû à un commissaire du peuple, ordonna d'en fusiller dix sur place, dont M. Navay. Les autres furent réembarqués et transportés à Budapest sauf le frère de M. Navay. Empêché de descendre du train à cause de son infirmité, il fut assassiné dans le train même à coups de baïonnettes par les gardes rouges.

N'est-ce pas beau, M. R. Payot, que ce travail des possédés du diable que vous protégez, et qui, partout, se font passer pour de petits saints, de par la belle tenue d'une presse avilie, dépouillée de cette force magnifique, que seuls possèdent ceux qui luttent pour le bien !

Que font, Monsieur R. Payot, directeur du *Journal de Genève*, les Américains, quand le Juif assassin et voleur Bela Kuhn est chassé de Hongrie ? Vous ne devineriez jamais ; c'est un autre Juif, Nathan Horowitz, qui prend la place de celui qui vient d'être chassé.

On ne peut être plus dépourvu de tact et de délicatesse envers un peuple qui vient de souffrir de par les cruautés du Juif.

Pauvres États-Unis, si bien partis au XVIIIe siècle, et si vite tombés dans le désarroi et l'incohérence : c'est la « dame sans tête » de Charles Maurras dans toute sa grandeur, dans toute sa beauté, et qui coûte, par ses incapacités, tant de vains efforts, tant de vies humaines et tant de biens sacrifiés.

Quand on pense à la seule aventure de Chine dont nous avons déjà parlé, alors que le meilleur des généraux est là, feu Mac Arthur paix à tes cendres et gloire à tes exploits ; foudre de guerre hommage à tes talents, et à tout ce que par tes talents, tu pouvais accomplir pour le bien de ton pays et de tout le genre humain... si tu n'avais pas eu à tes côtés l'institution stupide des partis politiques à suffrage universel, où, l'intérêt de l'électeur écrase les intérêts du pays ; c'est bien pourquoi P. Bourget a dit du suffrage universel qu'il était absurde !

C'était le primaire Truman sans horizons, parti de rien, sans élévation de pensée, sectaire, qui ne veut pas voir les intérêts du pays, parce qu'il ne voit que ceux de son parti démocratique et de sa franc-maçonnerie, qui devait dialoguer avec un merveilleux officier en état d'écraser le communisme chinois dans l'œuf, et ne peut le faire du fait du veto de son président ; n'oublions pas que depuis 1932 surtout, les Juifs sont tout-puissants dans le parti démocratique - où ne le sont-ils pas ?

Américains sans envolée et sans idéal, on ne peut avoir de l'idéal et vivre à côté d'un Juif, qui protège le communisme où qu'il soit, puisque c'est son enfant.

Ne comprenez-vous pas ça ? - Nous le comprenons bien, répondez-vous, mais le système ne nous permet pas de nous défaire du Juif. - Alors, il faut s'attaquer au système, véritable bouillon de culture pour le Juif, espion-né de tout et de rien (voir de Poncins, *Espions soviétiques*), si vous désirez finir vos jours en hommes libres.

Franklin, Franklin, en face d'un si grave problème, sois à l'oreille et au cœur de tout Américain, pour son bien et celui du monde tout entier.

Donc, tout ce que les propos posthumes de Mac Arthur viennent de nous apprendre (avril 1964) est exact.

Une fois de plus, voilà nos U.S.A. victimes de leurs Juifs, espions-nés, comme nous savons, et qui sont légion aux U.S.A. Le Juif ne sert que les intérêts de sa race et encore, et tous les drapeaux étoilés du monde n'y changeront rien.

États-Unis, il faut boire la coupe de l'égalité jusqu'à la lie, et de son suffrage universel, et jusqu'à l'épuisement de toutes vos forces, puisque la sagesse et la raison ne vous entendent pas.

Pourquoi ne pas faire de la politique comme on fait de la physique et de la chimie ; c'est alors, qu'à l'instant même, vous chassez le Juif perturbateur du monde, assoiffé de pouvoir et de domination, conjurateur perpétuel et frénétique.

Comme Ford en 1920 vous l'a dit et redit déjà.

C'est ou son servage ou le vôtre ! car le Juif, tel que nous le connaissons depuis deux mille cinq cents ans, est incorrigible ; il est et reste tel qu'il fut.

Mettez-les au diable d'où ils viennent, où ils sont, qui vous empoisonne et nous avec vous !

Soyez un grand peuple, et prenez les institutions politiques qu'il faut pour cela, des institutions politiques qui attirent les hommes de qualité et ne les mettent pas en fuite !

Vous êtes le gouvernail du monde et tout le monde vous suivra !

Quand on connaît les qualités de ce peuple juif d'infamie et de faussaires, on peut s'imaginer comment nous avons été tenu au courant de tout avant et pendant la dernière guerre. Encore une fois, *après les révélations des Protocoles de Sion,* Hitler n'a fait que prendre des mesures que tous les pays auraient dû prendre, sans les exagérations de celui-ci bien entendu !

Nous disions faussaires : écoutons et transcrivons Rassinier.

Dans Paul Rassinier Le véritable procès Eichmann ou Les Vainqueurs incorrigibles (édit. les Sept- Couleurs), p. 231 :

> En comparant l'édition Kindler avec l'original dont j'ai réussi, en employant des ruses de Sioux, à prendre connaissance, j'ai relevé de nombreuses sollicitations par falsification ou suppression de textes et j'en ai cité deux à titre d'exemples :
> 1) La suppression d'une lettre écrite le 24 mai 1944 par six juifs déportés au camp de Theresienstadt, et dont les assertions relatives au traitement des internés ne concordent, ni avec tout ce qui a été dit jusqu'ici sur ce camp par ceux qui en étaient revenus, ni avec ce que certains « témoins » à charge sont encore venus déclarer à la barre du Tribunal de Jérusalem, au cours du procès Eichmann (réd. voir ce document Rassinier en fin de son volume, sensationnel !).
> 2) La falsification d'un passage relatif aux chambres à gaz d'Auschwitz (réd. on sait l'importance de ce problème d'Auschwitz) dont j'ai cité la version originale et la version rendue publique : on trouvera, ci-

après, les photocopies de l'une et de l'autre ; (voir en fin de volume de Rassinier ce passage, l'exact et le faux).

Continuons notre douloureux voyage à travers la Russie crucifiée par ses bourreaux « juifs ».

Voici le journal *Le Matin* (4.9.20) de Paris qui dénonce photographies en main « les atrocités commises en Pologne par l'armée bolcheviste. » Les renseignements sont fournis par la Commission interalliée.

Vieille-France, n° 189 :

Dans les récits que nous avons publiés des atrocités bolchevistes en Russie (toujours avec documents ou références), nous avons signalé le rôle des Juives.

Le *Matin* dénonce avec photographies à l'appui « les atrocités commises en Pologne par l'armée bolcheviste » (4.9.20). Les renseignements sont fournis *par la Commission interalliée*. Notez ce passage :

> Chaque unité était accompagnée d'un comité dénommé Tchereswitchaïka, dont la seule mission était de réaliser ce programme. Il était composé de commissaires spéciaux, assistés d'un personnel de femmes juives et de Chinois, chargés de remplir les fonctions d'exécuteurs des hautes œuvres.
>
> C'est à un de ces comités qu'appartenait la fameuse Vera Levine faite prisonnière par les troupes polonaises, et condamnée à mort par une cour martiale, ayant été convaincue d'avoir conçu et réalisé les supplices infligés à des officiers polonais...
>
> Partout où passaient les troupes de Budienny, des massacres marquaient la trace de leur passage. Partout, ce n'étaient que cadavres mutilés, langues et yeux arrachés, malades égorgés dans les hôpitaux. Ce sont ces soldats qui, dans les premiers jours ; de juin, à Berdiczev et à Jitomor, égorgèrent six cent vingt blessés et tout le personnel sanitaire des hôpitaux de ces villes. Ce sont eux qui, quelques jours plus tard, en quittant Proskuroy, arrêtèrent un train de la Croix-Rouge, et massacrèrent les trente-six personnes qui composaient la mission sanitaire, dont le comte Grocholski. L'état dans lequel furent retrouvés les cadavres des malheureux était tel que trois seulement ont pu être identifiés.
>
> Les tortures inventées par les membres de la Tchereswitchaïka et par les soldats du général Budienny dépassent, à la vérité, l'imagination. Aux procédés classiques de l'inquisition - supplice de l'eau, brodequins, écartèlement, etc. - les Chinois et les femmes juives de la Tchereswitchaïka avaient ajouté de nombreux perfectionnements. Sur certains d'entre eux faits prisonniers à Kiev, on découvrit de petites cuillères en métal aiguisé. Ils reconnurent que ces instruments étaient destinés à arracher les yeux de ceux qui leur étaient livrés pour subir la torture.
>
> Une autre méthode consistait à enfoncer à petits coups dans le crâne de leurs victimes, des clous acérés. Sous la souffrance, les patients perdaient connaissance. On les ranimait, puis la torture recommençait jusqu'à ce que mort s'ensuivit. Le plus souvent, la boite crânienne éclatait en pleine agonie.
>
> La plupart des victimes découvertes sont affreusement mutilées. À certaines, la peau du dos a été découpée et ramenée sur la tête. D'autres ont le ventre ouvert ; on a fait des liens de leurs entrailles arrachées. À Vinnica et à Kaerkov, où les

victimes ont été particulièrement nombreuses, des corps ont été sciés en deux ; des membres écartelés à l'aide de chevaux portaient encore les cordes qui avaient servi au supplice.

Lisez, ennemis de tout antisémitisme, lisez et soyez convaincus de la juste cause qu'est l'antisémitisme ; ou bien alors, vous êtes des monstres (! ? !), et rien ne vous coûte pour arriver, même de donner la main à d'autres monstres. Répétez de lire, méditez, réalisez et changez.

Et ce sont ces mêmes Juifs qui se plaignent de sous-ordres allemands qui souvent les ont brutalisés, ont commis des sévices, et même des crimes et des forfaits, qui savaient qu'un livre paru aux U.S.A. en 1942 (Hitler en avait donné des extraits à la radio), écrit par un Juif frénétique, demandait la stérilisation de tout le peuple allemand. *(Germany must perish,* par Th. N. Kaufman.)

Dans ce même ordre d'outrecuidance et de frénésie antigoyim des barbares juifs, en novembre 1944, le ministre du Trésor de Roosevelt, le Juif Morgenthau, propose un plan qui transformera l'Allemagne en pays uniquement agricole, que Roosevelt signe et Churchill contresigne sous promesse de six milliards de dollars ; mais non sans que le ministre des affaires étrangères de Roosevelt et ses collègues n'aient protesté (B. Fay, *Aspects de la France,* 23.1.64).

On n'a pas trouvé dans toute l'Allemagne et dans toutes les archives allemandes, fouillées et remuées et brassées, une seule pièce d'Himmler, d'Hitler ou d'Heydrich, a pu dire Rassinier, qui ordonne des mesures radicales ou de rigueur ou de sévices à l'égard des prisonniers des camps et des Juifs. Il faut cependant ajouter, comme les documents le montrent, que des dispositions secrètes ont existé. Nous le montrerons ailleurs.

Rappelons, du reste, qu'en règle générale les camps, comme Rassinier qui y a vécu et n'en a pas qu'une expérience de plume, nous le dit, s'organisent eux-mêmes, les SS n'assurant que la garde extérieure.

Il aurait fallu, je pense, que les Allemands bombardés de façon barbare (frénésie juive), entourés d'ennemis de tous côtés tous enjuivés, sous-alimentés, mettent encore un surveillant de surveillant pour qu'aucune tape ne touche le moindre des Juifs. Que les Juifs se disent seulement, mais ils ne le diront pas, le diable les tenant solidement dans ses serres, que s'ils n'avaient pas fait plus tard (1939-40) ne l'oublions pas, ce seront encore les onze mille officiers polonais, vous entendez bien, onze mille prisonniers qui seront tout simplement fusillés et ensevelis dans la forêt de Katyn... s'ils n'ont pas encore été torturés.

O monstre de Juif chéri par M. R. Payot ; le fléau du genre humain ! sois assuré que ta punition approche et sera, comme la prophétie le dit, exemplaire. La coupe est pleine.

Il faut que les Juifs soient mis hors d'état de nuire ! et sans tarder.

Que s'ils n'avaient pas fait, pour reprendre notre phrase, que s'ils n'avaient pas fait ce qu'ils ont fait en Russie (1917 et années suivantes), fusillant, égorgeant, martyrisant, torturant avec ou sans Chinois, ils n'auraient pas vécu leurs aventures en Allemagne dès lors parfaitement méritées ; je dis bien parfaitement méritées ! Le retentissement de ces deux événements l'un sur l'autre est, en effet, de toute évidence, politiquement, religieusement.

Nous avons assez des propos d'une presse tout entière devenue sadducéenne ! tout entière au pays légal et point du tout an pays réel ! qui travestit et dénature quand la cause du Juif est en jeu !

Oui, la race criante comme nous l'avons dit déjà dans ce texte, n'a que trop mérité que ses armes lui soient enlevées, puisqu'elles ne lui servent partout dans le monde (pas pour M. René Payot qui ignore ou fait comme s'il ne connaissait pas) qu'à miner la société des humains, qu'à semer le désordre, la révolution, qu'à faire des massacres de goyim, qu'à introduire coûte que coûte son communisme partout, aux fins d'une domination mondiale juive avouée et reconnue dans les Protocoles, Monsieur René Payot ! et qui saute aux yeux, et les aveugle, de tous ceux qui ont quelque connaissance de ce problème, à l'heure présente le problème des problèmes !

La « race criante » n'avait que trop cherché ce qu'elle n'avait que trop mérité !

En attendant, c'est partout que le désordre du protocole de Sion 18 règne dans le monde (avril 64) : révolution au Brésil avortée grâce à ses officiers, ce que pleure la bolcheviste *Gazette de Lausanne* à chaudes larmes.

Grâce à ses officiers et grâce an gouverneur Lacerda.

De passage à l'aérodrome d'Orly, Lacerda mouche proprement les journalistes judéo gaullistes et leurs rengaines : « Nous n'avons fusillé personne et pourtant, chez nous aussi, ce fut une Libération. » (*Aspects de la France*, 30.4.64). « La lutte des classes n'est pas pour nous, c'est un truc vieillot du communisme international » (*Feuille d'Avis de Neuchâtel*, 6.5.64).

Notez encore que le président renversé Goulart mérite une très belle, accusation de pécule *(Feuille d'Avis de Neuchâtel*, 14.4.64), dont nous parle M. Eddy Bauer dans des propos comme toujours pertinents, courageux, et clairvoyants.

Aristocratie et bourgeoisie vaudoises, c'est pour vous un devoir patriotique instant, et que vous commandent le respect et le souvenir de vos ancêtres suisses et savoyards, de vous désabonner d'un journal comme la *Gazette de Lausanne*, qui n'est plus ce qu'elle fut, partisan qu'elle est du communisme juif sanglant !

Troubles graves en Belgique (avril 1964) et qui vont si loin que le corps médical traité plus bas que terre, suspend toute activité pendant deux semaines dans une unanimité surprenante ; la Belgique subissant de plus en plus l'influence juive, nous dit l'Europe réelle, avril 1964, p. 1.

La querelle d'Allemand est ici évidente, c'est une entrée en matière pour nationaliser la médecine ; soit un pas de plus, pour augmenter le pouvoir, la puissance, la tyrannie des dirigeants ; un pas de plus vers le communisme.

Temps passés, revenez ; et apportez-nous, redonnez-nous ces libertés et ces horizons qui sont seuls dignes de nos origines !

En état de légitime défense nous sommes autorisés à nous défendre, il faut prendre ses armes à l'adversaire de maléfice et de conjuration

Quelles sont les armes des Juifs ? l'argent ; il faut dépouiller « l'ennemi du genre humain », le « salisseur de l'esprit humain », le gangster continuellement en marche de tous côtés et par tous les moyens, de son argent ; comme nos ancêtres, plus sages que les folles démocraties, l'ont fait, au cours des siècles, à plusieurs reprises.

Argent acquis, du reste, de combien de voleries, de combien d'usures, de truquages, d'escroqueries (Stavisky par exemple), d'actions concertées contre les goyim, de manœuvres déshonnêtes en bourse, auxquelles on pense présentement et de plus en plus, en voyant à nos marchés européens, et ceci depuis plus de deux ans et sans que rien financièrement ou économiquement ne le justifie, nos valeurs tombées à rien, ainsi que l'or stagnant malgré une dépréciation monétaire de plus en plus marquée. Ce qui est certain, c'est que les grands Juifs ont les moyens d'agir pour qu'il en soit ainsi, comme ils le disent du reste bien dans leurs Protocoles.

C'est que justement des raisons politiques sont dans l'air, qui doivent être considérées, et qui les conduisent.

Aucun chroniqueur boursier ne parlera comme je viens de le faire, est-il nécessaire de le dire ? Tyrannie des Juifs et de leurs Loges, la véritable image de nos démocraties.

Lisez, lisez *La France juive* de Drumont, écrite au péril de sa vie.

La qualité de son argent n'est pas meilleure que la qualité des nouvelles filtrées dont veut bien nous dispenser la « Jewish Télégraphic Agency », la première agence de nouvelles du monde. Nouveau signe de l'incurie, de l'insouciance de nos gouvernements, à laisser entre les mains de la race la plus dangereuse du monde qu'il soit de rencontrer à l'heure présente, pareille arme offensive.

Je pense que M. P. Béguin, directeur de la *Gazette de Lausanne* n'est pas de cet avis !

Vous pouvez vous imaginer tout ce que, pendant la dernière guerre et depuis, nous avons bu de mensonges par le canal de la « Jewish Télégraphie Agency », le porte-parole des bourreaux de la Russie.

N'oubliez jamais l'odieux menteur, le menteur téméraire des « six millions de gazés », et qu'on concrétise aussitôt dans de nombreux films de cinéma, alors que les chambres à gaz n'ont probablement pas existé. Il n'y a qu'à Auschwitz où il pourrait y en avoir eu, très éventuellement et temporairement, et rien n'est moins sûr dit Rassinier.

Nous reviendrons dans un autre chapitre sur les allégations juives quant à l'Allemagne, sur ce qu'ils y ont souffert, tout en le comparant à toutes les horreurs par eux commises en U.R.S.S. en 1917 et les années suivantes, dont ils ne parlent jamais, leur conscience, leur honnêteté se réduisant à de la poussière, à du néant, à du zéro.

Rappelons seulement que Rassinier dans la *Deutsche Wochen Zeitung* du 7.2.64 parle du mystère de la mort de Baer, dernier commandant d'Auschwitz, qui se refusait absolument d'admettre toutes les accusations portées contre le camp, dont celle de quatre cent trente-quatre mille trois cent cinquante et un Juifs là gazés, et qui meurt, nous dit-on, d'un infarctus du cœur.

Nous ajouterons que nous savons, n'est-ce pas, de quels crimes sont capables le Kahal et sa filiale maçonnique le Grand Orient de France, rue Cadet, à Paris, et que quand on a assassiné notamment huit têtes couronnées, on peut bien être suspecté d'avoir fait disparaître le dernier commandant d'Auschwitz qui n'admet pas les thèses des criminels patentés du Kahal

Le Kahal gouverne le monde et le Kahal est un criminel patenté

Le Juif ou le menteur téméraire et héréditaire, c'est vraiment là une qualité très indiquée, n'est-ce pas, dans un genre d'activité comme celle de la « Jewish Télégraphie Agency ».

Continuons notre périple des actions maléfiques commises par ceux qui détruisent notre religion, qui avilissent notre jeunesse.

Ville de New York insouciante et gravement coupable, dans quel état est ta jeunesse de par le Juif, qui la mine et la contamine de sa répugnante mentalité.

Washington, Franklin, venez donc voir comment on élève vos descendants ! et de quel bois se chauffent leurs pédagogues.

Qui ne connaît les déplorables règles selon lesquelles la jeunesse américaine reçoit son éducation, et qui sont la risée du monde et de tous les gens sensés.

Nul doute que les Juifs ne soient par-là, et l'esprit des pilgrims nulle part !

Nourrir la jeunesse de Freud et d'Adler, deux Juifs naturellement donc incroyants, matérialistes ; comme si l'on pouvait juger de l'homme et de ce qu'il est vraiment, en faisant abstraction de sa partie haute, belle, essentielle, divine !

Pas de punitions, pas de corrections, sous peine de créer des complexes !

Ne rien défendre pour assurer l'indépendance voulue à l'enfant. Peu ou pas de sévérité ; ne pas habituer à l'obéissance sous prétexte de liberté et de libre et naturel épanouissement !

La liberté mal comprise dans les États, comme dans notre jeune âge, introduit l'incohérence et l'indiscipline, source de malheur pour les peuples et leur progéniture.

C'est notre Rousseau retrouvé, ou plutôt repris et magnifié, qui subit la suprême épreuve du feu, c'est-à-dire de son néant, encadré de deux Juifs de nos temps. Rousseau n'a-t-il pas dit : « Émile ne fera rien par obéissance » ?

Tout ceci mariné dans un charabia de termes, de mots, et d'expressions, qui montrent bien le profond désarroi moral, dans lequel vit le plus puissant peuple de la terre, mais qui pourrait bien ne plus l'être pour longtemps si son Juif tutélaire et commandeur ne finit pas de lui tracer sa route.

Nous voulons d'une nation qui commande dans le monde et donne le ton, mais pas qu'elle soit elle-même commandée par le Juif de boue et de sang !

On ne met pas impunément sa main dans celle du diable, si M. R. Payot, directeur du *Journal de Genève,* veut bien nous permettre cette remarque.

Aussi, soyez fiers, États-Unis, des beaux massacres commis en Russie et ailleurs, grâce à votre veulerie et à votre impéritie ; chantez à la fraternité des hommes, gorgez-vous comme en médiocratie de beaux discours, pour calmer et endormir une conscience chargée de tant de coupables actions.

Voilà ce qu'il arrive quand, comme nous l'avons dit déjà, « Charbonnier n'est plus maître en son logis. »

Continuez dans cette voie de fatalité, et surtout ne réformez pas des institutions politiques néfastes parties de ce Rousseau l'écervelé et mettez-vous bien dans votre ONU, cette fille de la Société des Nations, toutes les deux, répétons-le cent fois, de naissance et d'essence purement juives, l'œuvre du Juif Woodrow Wilson et de sa bande de Juifs dont il inonde Versailles en 1919. Le président des U.S.A. Wilson, prenant nom chrétien, est en effet un Juif de pure race.

Dans la *Vieille-France,* n° 119, je lis (au 1er mai 1919) ceci :

« Le rabbin Stephen Wise, aumônier de Woodrow Wilson, amène à Paris les délégués du Congrès juif d'Amérique. »

Continuez, continuez jusqu'à en perdre, disons-nous, toute raison et toute dignité ; et soyez complètement et absolument le plat valet du Kahal plus solidement assis que jamais, sains que nulle protestation ne s'élève dans le pays de la part de la « dame sans tête » de la démocratie, dont l'égalité d'ailleurs n'est qu'une façade, derrière laquelle pense, médite, agit, complote et conjure la plus forte hiérarchie qui soit, dont le pôle, le centre, le noyau, la partie suprêmement agissante est le Kahal new yorkais !

Et l'on voit en Suisse des conseillers aux États, membres haut gradés de ces loges maçonniques, qui reçoivent leurs ordres de l'étranger !

Il nous faudrait un Caton et deux ou trois Cicérons pour détruire ce que la médiocratie américaine n'est pas capable de jeter bas, tant on a laissé aller les choses d'elles-mêmes, et pour par-là sauver civilisation et humanité !

Nous sommes menacés d'une révolution communiste juive nouvelle, succédant à ses précédentes créations russe, hongroise, bavaroise, polonaise, chinoise, bulgare, plus terrible encore que celles-ci par le sang à verser, et les tortures à infliger, parce que la puissance juive plus assurée.

Il faut répéter pour l'intelligence des choses, que ce premier lot de révolutions communistes faites par les Juifs et par les Juifs seulement, vit par la suite leur éviction, qui persiste, aux postes de commande, à cause très probablement de ces épouvantables massacres de populations russes orthodoxes dont nous prenons connaissance à ce chapitre, et que ce monstre de Lucifer se donne comme s'ils n'avaient jamais existé.

Alerte, alerte au danger imminent suspendu sur nos têtes ; prêt à lancer ses armes redoutables quand nous serons en pleine anarchie !

Continuons notre marche en avant et lisons dans la *Vieille France* n° 142 Urbain Gohier qui nous dit :

> Les journaux anglais, américains et la « Vieille-France » ont publié d'innombrables documents ou témoignages sur les exploits des bolchevicks commandés par les juifs en Russie.
>
> Dans la dernière lettre reçue à ce sujet, nous lisons que les officiers russes prisonniers des bolchevicks à Odessa étaient enfermés par cinquante dans une seule chambre, serrés les uns contre les autres ; de temps en temps, on éclaircissait la masse à coups de hache ; les survivants étaient attachés au chevalet, soumis à l'estrapade, aux brodequins, à toutes les tortures du moyen âge. Sur deux cents bourreaux, « commissaires du peuple », capturés par les armées russes, on a trouvé deux cents Juifs. Parmi eux, une fille hystérique de dix-huit ans qui se vantait d'avoir supplicié cinq cents officiers de l'ancienne armée.

Le 23 octobre 1920 dans le *Saturday Evening Post,* l'amiral Michael Smirnoff dit entre autres :

> Dans chaque ville, dans chaque district une commission est présente qui n'applique que la peine de mort. Les membres de ces commissions sont presque tous des fous ou des criminels de droit commun...
>
> Très peu de personnes sont relâchées. Le meurtre est toujours précédé de torture. On arrache la peau des prisonniers, on leur enfonce des clous sous les ongles, on leur coupe la langue, on coupe les seins aux femmes.

Dans la *Revue universelle* du 15.11.20, M. Bienaimé, retour de Vilna, nous dit que des centaines de Polonais ont péri dans les tourments. Leurs corps portent les traces de supplices ; on promène en ville des mains et des bras coupés.

Tortionnaires juifs, bourreaux de la Russie, osez donc encore vous plaindre des châtiments souvent pour rire reçus en Allemagne, en égard à toutes les abominations commises par vous en Russie. C'est sans doute pour faire oublier vos crimes en nombre incalculable chez les tsars, qu'avec tant d'éclat et de frénésie vous parlez des sévices et des crimes subis par vous en Germanie.

C'est du sang et de la torture de vingt-huit millions de victimes (chiffre officiel du gouvernement russe sur la célèbre affiche de Kiev) que le Juif de férocité, le Juif barbare, le Juif de Baal s'est repu !

Une fois encore, Juifs, parlez-nous donc de ce fameux camp de Theresienstadt (pour détails voir Paul Rassinier, p. 233, *Procès Eichmann*) que vous passez sous silence à Jérusalem au procès Eichmann, ne renfermant que des Juifs, complètement autonome et dirigé par des Juifs, pourvu de sa bibliothèque de cinquante mille volumes et tout à l'avenant... c'est l'eldorado par les temps qui courent, comme en témoignent dans une pièce signée six notables juifs qui y résident. Document qui paraît sensationnel et extraordinaire après tant d'exagérations, de mensonges, de manœuvres déshonnêtes, de « littérature concentrationnaire » comme dit Paul Rassinier, de faux témoins et de truquages de tous genres sans oublier les « six millions de massacrés ou gazés », chiffre très certainement exagéré et de beaucoup. Nous en reparlerons ailleurs dans ce texte.

N'ai-je pas dit et répété que, jamais, il ne fallait d'un Juif attendre un beau geste, du moins quand il s'agit de ses pharisiens et sadducéens, qu'ils étaient ceux qui accusent toujours et ne s'accusent jamais !

Tant qu'ils n'auront point jeté dans les eaux du Rhône ou de l'Hudson leur Talmud, il ne faut avec eux tabler sur rien !

Il aurait fallu, je pense, qu'un peuple ravagé par la guerre, écrasé par les bombardements les plus inhumains qui soient, faisant jusqu'à cent vingt-cinq mille victimes d'une nuit, les mette tous dans un fauteuil avec cuisinière et femme de chambre !

Comme vous avez fait aux Russes et encore de très moindre manière, il vous est fait, gens dont la mémoire est courte, le cœur de pierre et la conscience très mauvaise, c'est-à-dire de rebut !

Cette omission, au procès Eichmann, de ce camp de Theresienstadt où les Juifs sont si bien installés et tout entre eux, doit être retenue ; elle montre ce qu'il faut accorder de confiance au plus menteur des peuples qui soit sur la terre, et qui forme néanmoins des comités d'honneur à la tête desquels se voit M. Albert Picot, ancienne première magistrature de Suisse. Tout se voit (voir index sous Picot.)

On parle toujours d'Auschwitz, on ne parle jamais de Theresienstadt, même pas ou plutôt surtout pas, à Jérusalem, lors du jugement d'Eichmann !

Qui, dans ces bombardements de barbares et de sauvages, ne distinguerait pas la marque du Juif, la passivité des U.S.A. à leur égard étant sans bornes, et dont un jour ils règleront les frais, comme il leur est du reste arrivé déjà qu'ils les règlent plusieurs fois, dans l'affaire de Chine par exemple (voir index sous Mac Arthur)... comme si l'on ne voyait pas, dis-je, dans ces bombardements la marque d'une férocité et d'une frénésie qui n'est pas de notre sang.

Vous êtes devenus U.S.A., nous le répétons, le roi fainéant des derniers Mérovingiens et le Juif est votre maire du palais.

Les choses ont encore marché depuis la publication du livre de Ford en 1920.

Franklin, tu l'avais dit et prédit : tes fils ne seront plus bientôt que les domestiques de ceux qui sont ennemis de tout ce que nous aimons, et qui leur mettront le joug ou le collier du carcan, commettant les crimes et les leur imputant, selon les règles de leur habituelle impudence.

O rois de France, que diriez-vous à ce spectacle, vous toujours si près de vos peuples, et dont le cœur n'est jamais dépourvu d'humanité ?

Qui ne se souvient de Saint-Simon parlant de Louis XIV hors de lui, quand Louvois lui annonce qu'il a donné l'ordre de détruire Aix-la-Chapelle, ordre que le roi annule à l'instant même.

O civilisation des siècles passés, ô « douceur de vivre », ô vivant et précieux Honneur, que donnaient des institutions de sagesse et de raison, faites à la mesure des hommes et dont Dieu n'est pas absent !

Et c'est Boileau dans une de ses *Épitres* qui chante

> *Rien n'est beau que le vrai ; le vrai seul est aimable.*
>
> Et voici B. Fay dans son *Louis XVI* qui parle, p. 69 : « Quel roi eût été assez bon et assez bon roi pour refuser comme il le fit, en pleine Guerre de Sept Ans, en 1760, l'offre du sieur Du pré qui avait trouvé une poudre capable de mettre en feu une flotte entière ? On l'avait essayée dans les canaux de Versailles, au Croisic et dans la rade de Brest, tout avait brûlé comme l'avait prévu Dupré. Elle pouvait brûler tous les Anglais dans toutes les mers. Mais le roi n'en voulut pas, car elle se serait un jour tournée contre les Français et tous les hommes des autres nations. Il se refusait à accroître l'horreur de la vie humaine. »

Jamais un roi de France, démocraties juives et maçonniques, pleines de grande mots et de vilaines actions engendrées trop souvent par l'activité des partis politiques, jamais, entendez-vous, un roi de France n'aurait mis à mort les trente mille Français que Thiers à la Commune fit abattre.

Le Juif, en 1789, prend en charge sa férocité sanguinaire, rien n'est plus vrai, et la distribue à tout le genre humain, à toutes ses nations comme nous le voyons si bien de nos jours, une fois de plus.

Il faut que les rois de France reviennent à leur poste, qui firent la France et ne la défirent point, et qu'ils reviennent sans parlement, dont il a été dit que la « timidité des bonnes assemblées dépasse de beaucoup la nocivité des mauvaises. »

Peuples atones, religions aphones, populations jetées dans le plus bas des matérialismes - ce que veut le Juif des Protocoles - voilà ce qui vous attend encore et toujours : la férocité du Juif, ranimée et multipliée sans cesse depuis plus de deux mille ans par sa haine du goyim, férocité qui, une fois débridée et lâchée, commet des ravages de bêtes féroces, c'est l'enfer qui parle ! Ce qui vous attend, dis-je, si vos appétits coupables et vos mentalités répréhensibles ne cessent pas. Fuyez le mauvais berger et revenez à ce qui fait de l'homme une noble créature !

Dans la *Jewish Chronicle* du 10. ?.20, d'après la « Jewish Correspondance Bureau », on y confesse par la bouche du commissaire bolchevick du bureau criminel de Moscou :

> « C'est un fait intéressant que dans toute mon expérience, je n'ai jamais rencontré cruauté pareille à celle des bandits juifs envers leurs victimes. Ils n'hésitent pas à torturer les enfants sous les yeux de leurs parents, pour les forcer à révéler leurs cachettes. Ils violent. »

Pour le meurtre de la famille impériale russe par ces bourreaux juifs du Kahal, consultez *l'Illustration* des 18 décembre 1920, 1er, 8 et 15 janvier 1921, par Pierre Gilliard, ancien précepteur du tsarevitch, Suisse, décédé à Lausanne en 1963.

Encore un effet de la belle politique américaine, lançant sa meute de Juifs, chiens enragés, l'épouvantable Trotsky en tête, à travers le monde au nom de la liberté et de la civilisation !

Ils devraient se souvenir, ces États-Unis d'Amérique, qui parlent toujours de la Russie retardataire, de tyrannie, de moujick à la glèbe, qu'on y craignait Dieu, que le tsar en montrait le meilleur des exemples, que le régime qui les gouvernait était dans le cadre et la nature des choses, et qu'on y supprima l'esclavage en 1863 sous Alexandre II, deux ans avant qu'on ne le fît aux U.S.A.

C'était votre vilaine et menteuse presse juive une fois de plus, tout en complots et conjurations contre le genre humain, qui braquait ses batteries de ce côté-là.

Elle parlait de despotisme tsariste, alors que sous les tsars qui protégeaient de l'usure juive, comme la suite le montra, on était mille fois plus libre que dans tout ce qui suivit, et fut installé par les bourreaux juifs nourris dans votre sein.

En attendant, le mal fait, de s'en prendre ailleurs ; nous parlions du Juif, bête rabique qui a besoin de mordre !

N'a-t-il pas démontré, depuis 1917 et jusqu'à nos jours, qu'il entendait répandre sa tyrannie partout ? Amérique du Sud, la Bavière, la Hongrie, la Bulgarie, la Pologne, l'Espagne, la France de ce Blum de l'inceste et d'Albert Picot y aidant de toutes les manières possibles. La France elle-même, de nos jours, à moitié déjà communisée par le Juif, maître de tous les leviers de commande. La Suisse romande touchée, tous ces journaux appuyant fortement du côté des Loges et des Juifs, en acceptant toutes les thèses.

Oui ou non, avons-nous encore des procureurs généraux chargés de veiller à la sécurité des nations et des sociétés ?

Il faut décréter d'accusation les Juifs pourvoyeurs de bourreaux, d'assassins et de conjurations perpétuelles contre le genre humain, ou voulons-nous subir leur barbarie qui nous appelle « semence de bétail » et vivre à notre tour notre révolution russe sanglante et torturante.

Qu'attendons-nous pour agir, pour nous garder ? Faudra-t-il que le tonnerre éclate et la foudre nous frappe ?

La Russie des tsars était un rempart de tranquillité et de vie naturelle et libre. Elle n'avait aucune connaissance de cette corruption et dégradation massives des grandes villes américaines, marquées par la traite des blanches, le rapt des enfants, la prohibition, les crimes de tous ordres et gangsters de tous genres et de tous poils.

Que d'Américains, joués par leurs Juifs et leur presse de conquête juive universelle par tous les moyens (le Talmud fait une loi au Juif de détester les goyim, soit les non-Juifs), ont lancé des regards de mépris et d'hostilité sur l'empire des tsars souhaitant sa fin.

La Russie des tsars est finie, en êtes-vous mieux, et nous avec vous, et le monde tout entier et les Russes eux-mêmes ? qui oserait le dire ? Stupides Américains incapables de rien comprendre à vos Juifs, et leur lâchant la bride, alors qu'il faudrait toujours faire le contraire de ce qu'ils disent et font, selon la clairvoyance et les avertissements d'Henry Ford en 1920 !

La grande, patriarcale et sainte Russie des tsars, même dans sa grande simplicité de vie, ses énormes masses rurales, son apparente inertie, et ses étendues sans fin conquêtes de ses tsars, était un véritable édifice, un chapitre de la civilisation.

Peut-on dire que la Russie actuelle soit un vénérable édifice et qui marque dans la civilisation ?

Il n'y a pas de civilisation sans hommes policés par la religion, l'U.R.S.S. n'a pas d'hommes policés ! Elle avait une âme, elle n'en a plus.

Voyez plutôt encore ce que le « Livre blanc anglais » (1919) révèle :

> Le seul Soviet de Smolensk a fusillé depuis quatre mois plus de quatre cents « bourgeois » et « intellectuels ». Dans une fournée de soixante-deux victimes, il y avait vingt enfants de dix-sept ans. On les force à creuser leur tombe, la mitrailleuse les fauche, on jette des grenades par-dessus. C'est le régime de la cité future.

Continuons ce chapitre douloureux et tragique quand ou pense à la multitude du massacre et de la torture, que vingt-huit millions de Russes et leur famille impériale subirent de par la passivité, que dis-je, la complicité des Alliés et du plus puissant d'entre eux, les U.S.A., dirigés par le Juif franc-maçon W. Wilson, qui tenaient en réserve pour les lâcher au nom, tenons-nous bien, de la civilisation et de l'humanité, un assemblage d'êtres humains qui n'en étaient plus comme le prouvèrent leurs forfaits, et auprès desquels, les arènes de Rome font figure de plaisanterie et de jouets d'enfants !

Elles sont avant tout pour toi, États-Unis d'Amérique, qui pouvais tout et ne fis rien, ces mémorables paroles du maréchal Mannerheim, le héros finlandais : « Les Alliés porteront devant l'histoire la honte éternelle d'avoir ouvert toutes grandes les portes de l'Europe au communisme. »

La honte en effet car, comme le montre le rapport du Secret service américain dont nous avons parlé au début de ce chapitre et qui dit bien qu'en février 1916, soit un an avant le déclenchement des événements, les autorités américaines compétentes apprennent que les grandes banques juives préparent la révolution russe, tout en s'abstenant elles-mêmes d'y mettre le holà.

À quoi donc sert leur Service secret sinon à jouer la comédie ? U.S.A., que voilà donc une bien vilaine tache à ton blason !

Une civilisation, les U.S.A., coiffés de leurs Juifs ? Non, vous dis-je, de la paille et du foin seulement, rien que la basse vie de tous les jours

Un régime comme le tien, U.S.A., qui introduit le crime, la honte, la sauvagerie, les plus atroces tortures, qui fait qu'on assassine toute une famille impériale, même un tsarevitch malade et qui n'a pas dix ans, et qu'on outrage leurs corps en les vitriolant, les sulfuriquant, les benzinant, qui fait tomber toute civilisation, est un régime qu'on se doit de mépriser et de rénover.

N'en déplaise à M. R. Payot, directeur du *Journal de Genève*, qui les porte et réchauffe sur son sein sans parler jamais, au grand jamais, du rôle néfaste qu'ils jouent dans le monde, il faut jeter bas le Juif pourrisseur de tout, mais les États-Unis en sont-ils encore capables ?

That is the question.

Et le salut du monde en dépend peut-être !

Hercule, nous t'en prions, nettoye les écuries qui se trouvent à New York, et surtout n'oublie pas le Kahal ! Nous reconnaissons que ce serait là le plus beau et le plus salutaire de tous tes travaux ! Il faut assainir le monde. Il faut jeter bas le Kahal, le criminel patenté de huit têtes couronnées et d'un ou plusieurs chefs d'État !

Le monde doit-il être gouverné par des criminels ?

On s'accorde en effet chez ceux qui, comme Daudet, de par les circonstances ont vu les choses de près, à considérer l'attentat mortel dont fut victime en 1932 le président de la République française, Doumer, comme la conséquence d'une décision du Grand Orient de France, rue Cadet, à Paris, le véritable gouvernement de la France comme on sait, devant lequel les plus hauts personnages politiques ne sont que de petits garçons, et ne font que marmotter et trembler et qui, comme nous l'avons vu, pour Leleu, preuves tangibles en main, rend des ukases et des ukases mortels. (Voir index sous Syveton.)

Le Kahal, le seul criminel qui soit, dans le monde, de par la volonté des États-Unis, ou plutôt mieux serait dans un tel désarroi de parler d'États-Désunis, qui soit assuré, dis-je, d'une totale liberté, d'une complète impunité !

Osez, osez, U.S.A., parler de votre souveraineté.

Étonnez-vous après que dans un tel pays, tout socialement se décompose et dégringole ! comme chez nous d'ailleurs !

Ah ! l'ancien régime, ah ! la magnifique héroïne femme de Taupin, le valet de chambre de l'évêque de Tréguier, décrite par G. Lenôtre dans *Bleus, Blancs, Rouges !* Nous en avons déjà parlé, nous y revenons, qui meurt sur l'échafaud, toute la ville de Tréguier dans le deuil, contrevents fermés, et qui crie avant d'être saisie par le bourreau pour être basculée sur la planche fatale : « Vive le roi ! » Elle porte, toute de blanc habillée, sa robe de noces et cinq fleurs à son corsage ; ce sont les cinq enfants qu'elle laisse, car elle veut mourir pour le roi et la religion, et pour ne pas tomber au pouvoir du juge qui la convoite, et qui l'a condamnée devant son refus obstiné, grandiose, réitéré, multiplié ; c'est tout cet honneur de l'ancien régime qui parle par la voix de cette humble femme, et qui meurt ; cet honneur répandu partout, dans le peuple surtout comme a dit Taine, et qui fut, nous a dit Montesquieu, la substance même des temps d'avant 1789 ; date fatale, où le Juif éloigné de Dieu prend, par un coup d'éclat, les destinées du monde en main ! par sa franc-maçonnerie dont il détient tous les hauts grades.

Ah ! l'ancien régime et son *Summum justitiae caput !* O sagesse de Philippe le Bel, écrasant en 1314 pour longtemps l'hydre aux cent péchés, le descendant de Judas, l'ancêtre de Marat et des bêtes furieuses et sauvages les Trotsky les Lénine, présents dans l'ordre des Templiers ! comme le prouve l'outrage au Christ qui s'y pratique.

Que les destinées du monde puissent être confiées à de tels êtres qui n'ont plus rien d'humain, et dont l'existence conditionne pour nous de par le monde des troubles, des désordres, et des révolutions à but communiste sans fin !

Je dis et je répète qu'il faut, de nécessité vitale et chrétienne, mettre à la raison l'enragé du monde, le serviteur jusques à tout du Talmud, en un mot comme en cent, mettre à la raison « l'ennemi du genre humain » de l'excellent et parfait chrétien que fut le marquis de La Tour du Pin.

Les aristocrates et les rois, disent les Juifs dans les Protocoles, sont les meilleurs défenseurs des peuples !

Ou préférez-vous les abominations de bourreaux et de tortures du communisme pour vos femmes et vos enfants ?

Finissons cette apothéose - par antiphrase - d'horreurs, en laissant la parole à la *Vieille-France,* n° 195 (Protocoles de Sion, p. 132), d'Urbain Gohier, maître comme pas un du problème juif de nos temps surtout, et dont la maîtrise et le courage ne désarment pas :

> « Mais ce qu'on n'a pas assez remarqué, ou pas assez souligné, c'est que beaucoup de *ces exécutions présentent les signes caractéristiques du sacrifice rituel.* Dans la Russie bolcheviste, les Loges vouées au culte de Satan foisonnent. Les nuits de grandes exécutions, les repaires de la Cheretzvitchaïka rappellent exactement les Sabbats du moyen âge avec leurs sacrifices humains, leurs orgies monstrueuses, leurs danses macabres, ou les grandes boucheries de Chypre lorsque les Juifs, ayant égorgé cent cinquante mille chrétiens, buvaient leur sang, mangeaient leurs cervelles et s'enroulaient dans leurs entrailles. L'analogie de ces scènes avec celles décrites maintenant dans les journaux du monde entier fait apparaître le lien : judaïsme, satanisme, hystérie juive, sadisme juif - qu'on retrouve jusque dans leur manière de tuer les animaux de boucherie. »

Puis, citant l'historien romain Dion Cassius (155-240) (Protocoles de Sion, p. 250) parlant de la révolte des Juifs en Égypte, en Cyrénaïque et à Chypre sous Hadrien, donne ce qui suit de cet auteur :

> Les Juifs de Cyrène, ayant mis à leur tête un certain Andrias, égorgèrent les Romains et les Grecs, mangèrent leur chair, se ceignirent de leurs entrailles, se frottèrent de leur sang et se couvrirent de leurs peaux.
> Ils en scièrent plusieurs de haut en bas par le milieu du corps, en exposèrent d'autres aux bêtes, et en contraignirent autres encore à se battre comme des gladiateurs. Ils en firent périr ainsi 220.000...

Et la *Vieille-France,* de terminer par ce raccourci saisissant :

> « Est-ce que le loup, le corbeau, le brochet ont changé depuis Trajan ? Non. Eh ! bien le Juif non plus : voyez en Russie. »

Oui, de nouvelles meutes sont prêtes à New York et les commissaires harnachés de férocité ; prêtes à partir, prêtes à tuer, prêtes à torturer une nouvelle fois, si le Kahal l'ordonne ; car à New York ville de l'univers, port ouvert à toutes les mers, le Kahal, le seul Kahal commande.

U.S.A., inclinez-vous bassement et promptement, prenez le joug ; vous êtes là vaincus sans avoir combattu ; en bon français, cela porte un nom.

Ford vous avait averti, d'autres aussi ; votre atonie, vos appétits d'aise et d'argent venus du Juif ont tout étouffé, et votre drapeau au champ d'étoiles sur fond bleu quand il flotte, ne voit plus rien en vous qui monte, s'élève et grandit ! Encore un peu et vous ne serez plus que les esclaves du Kahal.

Orbis terrarum cave Judaeos.

Univers, prends garde aux Juifs.

Il nous faut chercher un centre de civilisation, le trouverons nous dans ce monde ravagé d'esprit satanique ?

La Société des Nations, l'O.N.U., la civilisation ?

On ne répétera jamais assez que la Société des Nations et sa fille l'O.N.U. sont une idée juive, dont la réalisation se fit par le président des U.S.A. le franc-maçon et Juif Woodrow Wilson et sa troupe de Juifs agissant et décidant de tout. Clémenceau disant oui et amen en homme des Juifs qu'il est et a toujours été, l'homme de paille de l'aventurier de haut vol qu'est le Juif Cornelius Herz, dont il a reçu, Drumont *dixit,* des sommes énormes. Ce Cornélius Herz, sans aucun titre pour l'être, grand officier par Clémenceau de la Légion d'honneur, soit son plus haut grade, à quarante-trois ans ; pratiquement par-là au-dessus des lois, ayant partout ses entrées, ministère de la guerre et d'autres, il n'est pas jusqu'à M. de Freycinet qui ne le reçoive !

Clémenceau termine sa carrière sous l'égide d'un autre Juif, le Mandel Rothschild, et applaudit au démembrement (autre idée juive) de l'Autriche-Hongrie, « nation papiste ».

Comme les Juifs, nous l'avons déjà dit, Clémenceau est l'ennemi acharné de la religion, lui qui tant en aurait eu besoin.

En fait, on doit se dire que Clémenceau - un des grands responsables de la présente dictature juive en France - n'aurait pas fait en 1918 ce qu'il a fait, soit rallier la France et ses Alliés, ranimant la flamme de leur courage, si les intérêts des Juifs n'avaient pas coïncidé avec ceux de la France !

Homme méchant, sectaire, homme de parti jusqu'au bout des ongles, se moquant dans toute sa carrière des intérêts supérieurs de son pays, « il marcherait sur la France pour atteindre un adversaire » a dit Jaurès ; homme vénal, homme cynique, homme porté au pinacle par les Juifs et leur presse, dont il favorisa continuellement la politique. Nous l'avons dit déjà, sans nul doute qu'il eût été, de 1792 à 1795, un des plus terribles guillotineurs, un acolyte zélé des Fouché et des Tallien sinon leur chef, un acharné de la Convention pour laquelle il éprouve la plus vive admiration.

Il faut se méfier comme de la peste de tous les hommes encensés par les Juifs !

Ce Juif Cornélius Herz, grand officier de la Légion d'honneur à quarante-trois ans, par Clémenceau, sans aucun titre pour l'être, reste une tache indélébile et une preuve des tares affligeant l'un des plus enragés radicaux-socialistes français d'avant 1914, qui ne firent jamais que pâture de leur pays !

Il est universellement connu que Lloyd George, le troisième grand partenaire de Versailles fut, lui aussi, l'homme des Juifs et peut-être même davantage que Clémenceau.

On voit par-là quelle fut l'atmosphère qui présida à l'élaboration du Traité de Versailles (1919) et à la naissance de la Société des Nations.

O partis politiques que de mal il se fait en votre nom !

Dans les régimes démocratiques - lire judéomaçonniques - les aventuriers sans coup férir sont roi et seigneur, sont grand officier de la Légion d'honneur là, où, les grands officiers sur le front des troupes n'atteignent qu'après avoir mille fois exposé et donné de leur vie, quand ils ne la perdent pas !

> « Et même Lassalle frappé d'une balle à Wagram, et qui revit devant nous dans l'admirable portrait de Gros, avec sa pelisse, son pantalon de cuir et sa sabretache, l'éclair aux yeux, prêt à monter à cheval pour charger, était tout simplement commandeur ; il avait été nommé à la date du 25 prairial an XII. »
> (Drumont, *Fin d'un Monde*, p. 281.)

C'était encore l'honneur d'ancien régime qui parlait !

Société des Nations, O.N.U…. comédie, poudre aux yeux que sans cesse on nous jette, organismes inutiles dont le seul but est de tout mettre entre les mains du Juif comme cela paraît de plus en plus.

Cave, cave nationum Societatem et O.N.U, aurait dit Caton.

Prends garde, prends garde à la S.D.N. et à l'O.N.U.

Objet de pathos et de bêlements et d'enthousiasme, et de cris et de gestes, et de compliments et de sourires, d'une presse asservie à la cause des Juifs !

Dans tous les pays de la terre, des organisations juives sont constituées pour soutenir l'ancienne S.D.N. et sa fille l'O.N.U., du même père et la mère et la fille, notre Juif de conjuration pour la domination mondiale absolue ! est-il besoin d'ajouter.

Au Congrès sioniste de Carlsbad le 27 août 1922, le président du Comité exécutif Nahum Sokolow déclarait : « La Société des Nations est une idée juive et Jérusalem deviendra un jour la capitale de la paix mondiale. » (*Protocoles de Sion*, p. 292, édition Vieille-France).

« Ce que nous avons accompli après un combat de vingt-cinq ans, nous le devons au génie de notre chef immortel Theodor Herzl » (1860-1904).

La « Jewish Telegraphic Agency » lance aussitôt ces paroles triomphantes et enflammées à travers le monde et le juif *New York Times* - il serait plus indiqué de dire pour faire honte à ce qui reste de peuple américain conscient *Jew York* - le plus gros tirage des journaux américains, les porte aussitôt dans ses colonnes le *28.8.22* (*Protocoles de Sion, p. 292*).

Où es-tu, honneur national des descendants d'Abraham Lincoln, marchant sous les plis non plus du drapeau chargé d'étoiles sur fond bleu mais ceux, déshonorants, des ennemis du Christ et des auteurs du communisme que vous dites combattre.

Cave, cave Judaeos orbis terrarum canem rabidum aurait dit encore Caton l'Ancien (Univers, prends garde au Juif, le chien enragé du monde !), qui comprenait qu'il était des choses qu'il faut répéter toujours.

J'exagère ? nous venons de voir par cette sainte et monumentale et pacifique Russie des tsars transformée en charnier, en cimetière, devenue l'ennemie acharnée par le Juif de la religion chrétienne, si j'exagérais !

Et l'on trouvera encore, je suis sûr, des Américains stupides, imbus d'une notion anarchique de liberté tout au profit du Juif, pour nous dire que la Russie actuelle ne fait pas regretter l'ancienne qui était de paix, de Dieu, de naturel, de bonnes manières, de liberté et d'humanité.

« À quoi servirait-il à un homme de gagner le monde entier s'il perdait son âme » disent les Écritures (Marc 8 : 36) « Que donnerait un homme en échange de son âme » (Marc 8 : 37).

La Russie des tsars avait une âme, la Russie du communisme n'a point d'âme. Il n'y avait pas dans ces temps-là d'assemblées de l'O.N.U. à vilaines manières, à Juifs corrupteurs, et à nègres dans les langes dont le nombre des nations emporte la décision, *Judaeo volente et Judaeorum signum* (Le Juif le voulant et la marque du Juif).

C'était encore le temps du tapis vert et des gens bien élevés, des gens de notre sang et de nos mœurs ; le Juif n'apparaissait pas encore au premier plan.

Souvenez-vous du noble et séduisant Alexandre Ier à Tilsit.

Cette Russie actuelle qui, à l'heure présente, pratique plus que jamais (voir G. Gaudy, *Aspects de la France,* 16.4.64) les immenses transferts inhumains de population, au bénéfice d'un système de fous s'il n'était pas de la plus abominable tyrannie.

Chefs et ouvriers de nos puissants syndicats ! veillez, je vous dis sur votre liberté ; quand les Juifs seront là et leurs alliés, que dis-je, leurs larbins dont la franc-maçonnerie, quand ils seront maîtres, il sera pour vous trop tard, et le sang coulera et toutes vos libertés s'évanouiront.

Le Juif est l'auteur du communisme et de ses esclavages !

Ouvrier suisse, n'oublie pas que sous régime communiste le « Livret de travail », institué en Russie en 1932 par le Juif, te suit comme ton ombre, qui te mets en coupe réglée et signe la disparition de ta liberté et de ta dignité.

C'est ton « livret de travail » qui commande et non plus ta personne.

Ce régime communiste qui devait être l'eldorado de l'ouvrier et de la ménagère !

Quand on pense à toute la peine, à toute la patience, à toute la fatigue, à toute la tristesse et les désillusions que représentent pendant des heures pour des millions de femmes, ces queues devant des magasins dont on n'est pas sûr du tout de recevoir quelque chose !

Encore une torture, celle-là, physique et mentale, qu'il faut mettre à l'actif du Juif kahalien. Que de souffrances, que de bourreaux !

Nous connaissions la transhumance qui ne regardait que les moutons, mais les Juifs possédés du diable et en mal de faire le mal, chéris à Genève dans leurs plus hauts personnages par nos plus hauts personnages (voir index sous Picot, sous comité d'honneur) nous ont fait connaître la transhumance des humains !

Le Larousse s'enrichit mais nos cœurs se serrent.

Si MM. R. Payot, directeur du *Journal de Genève,* et A. Picot, ancien conseiller d'État, ancien président du Conseil national la première magistrature de Suisse, grands amis des juifs à un cheveu près, nous parlaient un peu des Protocoles de Sion et de leurs à-côtés, et de leur morale, et de leurs affirmations, et de leurs réalisations telles que les Juifs chéris de leur cœur nous les ont fait connaître.

En agissant ainsi, ces messieurs contribueraient à la défense spirituelle du pays dont on a, au Conseil national, interpelé par la voix de M. Joseph Leu (le 19 août 1963) et par la plume aussi (septante-cinq signatures) il y aura bientôt un an, sans que le Conseil fédéral suisse n'ait encore fait de réponse, que je sache.

On voit, M. P. Béguin, rédacteur en chef de la *Gazette de Lausanne,* comme nos plus hautes autorités sont attentives et empressées à des questions brûlantes qui ne devraient souffrir aucun retard !

N'avons-nous pas dit déjà que le Haut Conseil fédéral suisse n'était plus que l'ombre de lui-même ? Il ne s'intéresse plus qu'à la culture physique de ses soldats et non plus à ce qui fait la force d'une armée, l'esprit qui l'anime, qui doit être excellent et se tenir, vigilant, à côté de ce drapeau rouge à croix blanche, que tant d'ancêtres sur tant de champs de bataille, ont illustré de leur courage et de leur esprit de sacrifice.

Sommes-nous encore du même sang que nos ancêtres ? - Non.

Et pourquoi non ? - Parce que, toujours même chanson, le Juif, sans autre drapeau que son argent, a passé par là.

Peuple suisse, il faut changer ton fusil d'épaule ! ou te mettre sous le joug.

Je répète, pour la clarté du sujet, qu'il faut dire que les Juifs inventeurs et introducteurs du communisme russe et annexes, se sont vus par la suite, sans que cette histoire soit encore bien claire et dans les faits et dans les dates, dépouillés des positions acquises en 1917 et années suivantes, et qui les faisaient maîtres et seigneurs absolus de l'ancien empire des tsars.

Il règne à ce sujet, partout, un curieux silence ; particulièrement remarquable de la part des Russes qui devaient, semble-t-il, le rompre à l'occasion des cris des Juifs Goldberg et consorts (voir index sous Goldberg) les accusant d'antisémitisme, antisémitisme dont le moins qu'on puisse dire après ce qu'a passé et souffert par les Juifs la Russie, qu'on le serait à beaucoup moins, n'en déplaise toujours à MM. A. Picot et R. Payot, amis inconditionnels des Juifs.

Le 31.8.1922, un rédacteur du *Jewish World* (18.8), de retour de Russie, écrit pour ses coreligionnaires anglais :

> « Les affaires reprennent en Russie et sous le nouveau régime, les Juifs deviennent promptement « Les capitaines d'industrie ». Il y a maintenant cent mille Juifs à Moscou, et les enseignes des boucheries Kosher se voient dans beaucoup de rues. Cependant, l'antijudaïsme progresse dans la ville parallèlement à l'accroissement de la population. »

En 1924, Urbain Gohier affirme des signes prémonitoires d'antisémitisme en Russie.

Quelle peut être la raison de cet antisémitisme russe sur la cause duquel, les juifs toujours menteurs et de mauvaise foi, se donnent des airs de grands étonnés et de protestations véhémentes, s'essayant même, ô très en vain, à l'ingénuité.

Vous la devinez tous cette raison, vous lecteurs de ce chapitre, c'est très simple pour tout le monde ; ce sont les massacres et abominables tortures exécutés par les Juifs sur le peuple russe, ça ne peut être que ça en très bonne partie ; la mentalité, le caractère, les défauts, les vices, la compagnie dangereuse du Juif faisant le reste.

C'est dire si cet antisémitisme, n'en déplaise à M. R. Payot, directeur du *Journal de Genève,* l'ami inconditionnel des Juifs, est légitime.

J'ai plus d'une fois entendu des Russes informés, dire que Staline, Géorgien, était considéré dans son pays comme Juif !

Le fait qu'à Yalta (février 1945), puis dans les derniers temps des hostilités, les Russes sont toujours très en faveur auprès de Roosevelt champion des Juifs, est un signe que ceux-ci sont les maîtres en Russie ou du moins y jouent encore un rôle d'importance et ce, jusqu'à la mort de Staline dont on sait qu'on discute toujours si elle fut naturelle (5.3.1953).

Dès septembre 1953, Khrouchtchev est secrétaire général du parti communiste avec Boulganine à la tête du gouvernement.

Ce qui est certain, c'est qu'en 1955 (ou 1956) Boulganine et Khrouchtchev à Londres, où ils se rendent après avoir séjourné à Paris, refusent de recevoir une députation juive.

À ce moment, c'est donc que le divorce est consommé des Russes d'avec les Juifs ! on ne peut guère en douter.

Ces bourreaux russes, répétons-le, sont d'une part les centaines de milliers de Juifs (Henri Ford *dixit*) fils de Judas partis de New York, et qui arrivés en Russie, embrigadent leurs coreligionnaires, très nombreux, trois à quatre millions pour le moins ; il est beaucoup de présomptions même qu'il faille doubler ou presque ce chiffre.

U.S.A., faites comme les Russes ; sans cela vous n'êtes pas un peuple fort, mais un peuple vaincu ! et lâche, car vous n'aurez point combattu !

Heureux, heureux sont ceux qui ont vécu le temps des grandes périodes de l'histoire, où le bien qui est tout en haut ne cesse de retentir jusques en bas.

Ce sont les grands hommes qui font les grands siècles, a dit Voltaire, et nous n'avons plus de grands hommes, parce que les institutions politiques qui nous régissent ne sont plus capables d'en donner.

Nos institutions politiques corrompent les hommes.

Il faut donc en changer sous peine sans cela de périr, et surtout en chasser le Juif perturbateur-né.

Le forum de vie civique à Radio-Sottens, tenez-vous bien, est présidé par un Juif converti très à gauche comme toute la prétentieuse Radio-Sottens. C'est un scandale, il faut l'en chasser ; nous n'avons pas à apprendre notre devoir par des Juifs convertis ou non ; on sait dans la plupart des cas ce que valent ces conversions d'étrangers à notre sang et à nos mœurs, toujours Juifs avant d'être du pays qu'ils habitent, ennemis de nos personnes jusqu'à commettre tout ce qu'ils ont fait en Russie en 1917 et années suivantes, et dont nous venons de finir de parler.

Les plus effroyables et implacables bourreaux qui soient an monde, a dit plus haut le commissaire bolchevick de Moscou.

Peuple suisse, veux-tu donc goûter aux supplices infligés par le Juif ?

Cette race par-dessus le marché de fieffés menteurs et faussaires à la face du monde tout entier - les « six millions de gazés » partis d'un mensonge et d'un faux - comme il n'en existe pas d'autres sur la terre ; d'une effronterie dont nous n'avons pas fini de frémir, et dont la plus récente expression est peut-être celle de ce Giniewski de malheur de la *Feuille d'Avis de Neuchâtel* du 11 mars 1964 (article de M. Braichet) dont nous avons parlé plus haut dans ce chapitre (v. index sous Giniewski), nous apportant, osant nous apporter un ouvrage intitulé *Complices de Dieu. Définition et mission d'Israël*.

Nous faisons le mal en compagnie de Dieu ! Youtre de youtre !

Ainsi, en est-il, quand on est dans les bras de Satan depuis deux mille cinq cents ans.

Te rends-tu compte, enfin, Suisse atone et trompée et chloroformée par une presse discréditée, des dangers que tu cours, des dangers dans ton corps, mais surtout des dangers dans ton âme ?

Et ce sont ces gens-là qui constituent des comités d'honneur et trouvent à y mettre une ancienne première magistrature de Suisse (v. index sous Picot).

Nous aimons les Juifs messianiques installés en Israël, qui reconnaissent Jésus comme le Fils de Dieu. C'est encore un petit troupeau à la tête duquel sont deux rabbins ; l'un, Z.-W. Kofsman, habite 23 rue des Prophètes à Jérusalem, dont le visage comme celui de son épouse, magnifiquement illuminés par l'Esprit divin, disent toute la sincérité et la lumière enfin retrouvée, après tant de siècles vécus dans l'oubli des réalités divines !

Mais nous repoussons la mentalité du Juif talmudiste dont nous avons à nous protéger très attentivement, même par des moyens majeurs s'il le faut ; et il est à croire qu'il le faut absolument, entendez-vous églises atones, sans force et sans vie quand il s'agit de recevoir des coups pour la défense de votre divin Maître... tant, disons-nous, que le Juif talmudiste ne cessera pas de se repaître de ses funestes erreurs.

Églises oublieuses de vos devoirs, il faut maintenant que votre voix s'entende !

Chapitre XVI

L'antisémitisme et le philosémitisme de M. R. Payot directeur du Journal de Genève, et de M. R. Braichet directeur de la Feuille d'Avis de Neuchâtel
J'allais oublier celui de M. Albert Picot ancienne première magistrature de Suisse

La question juive et son antisémitisme est à l'ordre du jour comme nous savons, et la prochaine session de Vatican III n'a pas peu contribué à donner à ce très grave et très actuel problème une importance sans cesse grandissante.

On sait déjà que les évêques des U.S.A. sont pour les Juifs, on s'y attendait ; dans leur empressement, ils auraient voulu que déjà en fin de session de Vatican II, l'on prenne position en faveur de la « race criante ».

On ne s'attendra pas, bien entendu, à ce que l'auteur de ces lignes, avec sa connaissance du problème juif, prenne parti pour ceux qui, comme nous le voyons dans ce livre et comme font semblant de l'avoir oublié, ceux qui sont à leurs pieds pour des raisons qui n'ont rien à voir avec l'objectivité et le sentiment chrétien bien compris, ont été les tortionnaires et les bourreaux du peuple russe et de sa famille impériale magnifique dans l'adversité ; et de toutes les autres nations faisant l'entourage de la Russie, Hongrie (souvenez-vous du sinistre juif Bela Kun voleur et assassin multiplié), Pologne (n'oubliez pas les onze mille officiers polonais massacrés dans les fosses de Katyn) et Bavière comprises, ce qui signifiait notre sort à nous, si l'infection et la terreur juives avaient pu s'étendre davantage, mais qui le signifient encore, si ces Juifs de frénésie et de haine arrivaient à repartir - ils ne pensent qu'à cela - une nouvelle fois dans leurs entreprises criminelles, accompagnés d'une bande d'opportunistes, d'acolytes et de partisans autochtones comme nous voyons qu'il en est partout, même en Suisse et même, là, de très haut placés, et dans des milieux qui ne sont pas que socialistes ou communistes !

Oui, tout le monde n'est pas de l'avis de l'auteur, et naturellement que notre presse, asservie à la volonté des Juifs ne suit pas les observations, constatations et déductions ici faites, malgré l'évidence des faits, et des faits terribles rapportés dans ce chapitre que nous venons de quitter et qui se nomme : La Révolution russe et ses bourreaux et tortionnaires juifs ; partis de New York, avec tous les encouragements et les ordres du Kahal - gouvernement mondial des Juifs - c'est-à-dire du diable, et de tous les Américains aveugles, travaillés de longtemps par le journalisme juif capable de tous les mensonges, et inconscients des réalités politiques au nom d'une notion de liberté mal comprise, qui a conduit le monde où il est, agité de convulsions terribles et sans cesse renaissantes, par les effets, avant tout autre cause, du virus talmudique.

Que n'avons-nous quelque cellulothérapie de Niehans pour nous guérir, par une sorte d'immunisation, du poison mortel qui sans cesse encombre et intoxique le corps et l'esprit de l'humanité tout entière !

Supprimez le danger juif presqu'à son paroxysme, et tout aussitôt se voit retrouvée par le monde cette tranquillité que nous connûmes jusqu'en 1914, date de la *Première Guerre mondiale qui éclate, dit Ford, formellement par décision des Juifs* !

Mais il n'est pas que Vatican III pour mettre au pinacle de ses préoccupations le problème juif. On a lu que le gouvernement russe, qui ne le comprendrait pas ? Qui ne serait pas de cet avis ? après les horreurs ici rapportées qui conduisent à la mort de 28 millions de sujets russes dans, des souffrances abominables, chiffre officiel donné par le gouvernement russe dans la célèbre affiche de Kiev - *c'est pour MM. R. Payot et A. Picot que je répète ce chiffre* ! - que ce gouvernement russe, dis-je, entend prendre des mesures ou plutôt, probablement, de continuer d'en prendre, des mesures de précaution et de salubrité publique à l'égard des descendants des Judas et des Marats.

Marat est Juif, mais ne comptez pas sur les *Histoires de la Révolution française* et M. R. Payot, directeur du *Journal de Genève,* pour vous le dire, non plus que sur le gouvernement français qui n'a pas plus de français que le nom !

Il n'est que les Européens (moins la Russie, moins le Portugal et moins l'Espagne) et les U.S.A. qui, à peine arrivés au sommet de la puissance mondiale, donnent déjà, frappés par leurs Juifs dont ils font la politique et non celle de leurs intérêts, et subissent de longtemps les effets du virus talmudique, donnent, dis-je, des signes de décadence et de faiblesse de plus en plus graves tant en politique intérieure qu'extérieure, pour ne pas avoir pris jamais de mesures à l'égard du danger mortel sans cesse renaissant, sans cesse repartant, qu'est le Juif, de faire le mal, de nuire aux goyim, d'être le maître partout, lui-même maîtrisé par le diable !

Nous avons vu dans ce texte déjà, que les choses vont si loin, que la frénésie juive est à ce point trémulante (avril 1964), que des juges mêmes de la Cour Suprême des U.S.A. croient bon, en s'adressant à la Russie accusée d'antisémitisme, de s'en mêler.

C'est le cas, vraiment, de dire si *per Pontium Aquillam licuerit,* si M. R. Payot me le permet, de dire qu'on le serait à moins (antisémite), à ce moins de vingt-huit millions de victimes ! et qui laisse cependant l'inconditionnel M. René Payot sur ses positions de philosémitisme intraitable.

Que de délicatesse et de tact chez ces Juifs, la plaie du genre humain, et ici par-dessus le marché, menteurs par omission de leurs épouvantables massacres en Russie en 1917 et années suivantes.

Qu'ont à faire, je vous le demande, dans un tel débat de nature politique, des juges à la Cour Suprême ? cette Cour Suprême des U.S.A. de neuf membres, où Goldberg, je crois, est seul de sa race juive, sans que cette solitude de race l'impressionne et ne fasse qu'il n'en crie que plus fort !

O « race criante », jusques à quand devrons-nous t'entendre ?

Il est seulement heureux que tes cris ne fassent que jeter dans l'antisémitisme, Juif dont la religion n'a plus rien de spirituel, n'en déplaise à M. R. Payot qui en prétend le contraire, et dont *Salomon Reinach*, un des siens (1909) dans son *Orpheus*, nous a dit qu'elle n'était plus que l'ombre de celle des ancêtres ; courbée qu'elle est, j'ajouterai, sous la règle insane et de fer du Talmud.

Je dis que Goldberg est seul de sa race à la Cour Suprême, encore suis-je loin d'en être sûr, et si les Juifs ont avancé à la *Cour Suprême,* comme ils ont avancé à *Wall-Street,* où ils ont présentement, m'affirme un grand établissement bancaire, la majorité à l'association des *brokers,* il est plus que probable alors que la Cour Suprême dans ses neuf membres, n'en a pas qu'un seul qui soit de la « race criante », et insupportable à force de remue-ménage.

L'association des *brokers*, à la Bourse de New York, compte présentement un nombre de 1274 membres, dont plus d'un détient plus d'un siège, et, me dit-on, *la majorité juive y est certaine.*

Voilà qui doit être retenu et qui n'est pas sans intérêt, dans cette question des raisons du marasme boursier, en Europe, surtout, dont nous souffrons depuis mai 1962, sans que des causes économiques ou financières sérieuses puissent être invoquées.

Il ne reste donc que celles politiques, et en toute première ligne celles parties des Juifs, et invoquées assez longuement par eux dans leurs Protocoles comme arme de combat contre les goyim, aux fins de les ruiner et les asservir.

Encore là, des éléments de toute première importance à invoquer pour *un antisémitisme de raison, et de justice ; cette* majorité juive à Wall-Street, comme nous connaissons nos chasseurs de crucifix des écoles de France, ne servira qu'à une chose, nous dépouiller davantage encore de nos biens, jusqu'à ce que nous soyons plus nus que le dernier des vers de terre.

En 1920, le nombre des *brokers* de Wall-Street est limité à 1100 ; en 1872, sur 1009 membres on compte 60 Juifs ; en 1920, on trouve 276 juifs ; et Ford ajoute en bon visionnaire : la domination des Juifs à Wall-Street, si le nombre de ceux-ci augmente selon la même proportion, n'est plus qu'une question de temps (Ford *Der internationale Jude* p. 212 et 213).

Ceci dit, voyons maintenant en ces jours sombres et de bataille que sont les nôtres, déshumanisés tous les jours davantage, deux articles parus dans notre Suisse romande à propos de l'antisémitisme, celui de M. R. Payot, directeur du

Journal de Genève, paru le 1er avril 1964, et l'autre de M. Braichet, rédacteur en chef de la *Feuille d'Avis de Neuchâtel* (14.4.64), le second dont dans le détail nous parlons ailleurs dans ce texte, mais tous les deux articles, justifiables de quelques considérations générales qui sont les suivantes.

Je connais sur ce problème l'opinion de la *Gazette de Lausanne* sans l'avoir lue, et pour en avoir éprouvé les effets par le refus d'insérer la lettre d'un vieil abonné à la *Gazette* à la colonne du lecteur : j'y parlais des *Protocoles de Sion*, c'est suffisant à un journal sans honneur comme la *Gazette de Lausanne* pour motiver tous les refus possibles d'insertion.

Les deux Messieurs de Genève et Neuchâtel, pro sémites comme il se doit dans une presse fidèle à ses habitudes confortables et conformistes, et qui ne se veut pas d'ennuis, sont dans leurs développements d'un superficiel et d'un arrangeant à l'égard du Juif, qui dépassent tout ce qu'on peut imaginer ; disons le mot, ça frise pour tous les esprits éclairés le scandale.

Le superficiel de MM. Payot et Braichet est si marqué que des points cruciaux du problème sont passés tout simplement sous silence.

Admirable objectivité, ô antiphrase, qui force vraiment qu'on intervienne !

M. Braichet s'était déjà signalé, le 14 mars 1964, à l'attention des connaisseurs du problème juif par un article dans son journal, où, par deux fois, il parlait de « l'illustre famille Rothschild », appellation qui va rendre à son tour illustre et fameux l'auteur de l'épithète.

Maesta equidem fama !

Quels sont ces points cruciaux passés sous silence ? Les voici. Ils sont d'une importance telle et de si élémentaire connaissance, qu'un rédacteur sérieux et de bonne foi ne peut pas n'en point parler.

C'est vous dire ce que valent les propos de ces Messieurs, dignes tout au plus de ce concours dont il est tant parlé dans les *Morticoles* de Léon Daudet, ce chef-d'œuvre qui fait partir à vingt-cinq ans la plume de feu de ce très grand Français.

Ces omissions

1. D'abord, le phénomène brutal, crucial, principal, sans lequel rien ne tient et rien ne va : la mort du Christ dont les Juifs sont les auteurs et qui leur fait crier : « Que son sang retombe sur nous et sur nos enfants », et qui cause leur dispersion, leurs souffrances, continuellement entretenues et renouvelées par persistance dans le mal, et la méconnaissance voulue, soutenue envers et contre tout, acharnée, réitérée, frénétique et prolongée de culpabilité dans les souffrances, et dans la mort du Fils de Dieu.

Événement de foudre et de calamités pour les fils de Judas, suspendu sur leur tête à ne les point quitter un instant, et qui fait justement le fond de leur histoire depuis le jour où ils se sont « éclaboussés du sang de Dieu ».

Race à la mentalité incroyable, s'il ne nous était pas donné d'en percevoir tous les jours les funestes effets, dont le crime originel et l'obstination dans l'erreur causent de toute évidence tous les malheurs, alors, que le voilà, ce Juif maintenant plus insolent que jamais, qui, du haut d'une puissance qu'il croit invincible, nous accuse de tous ses malheurs, comme ce Giniewsky l'infâme, auteur d'un livre intitulé : *Complices de Dieu. Définition et mission d'Israël.*

Messieurs Alb. Picot et R. Payot, avez-vous bien entendu le propos de vos petits agneaux de Juifs : *Complices de Dieu* c'est-à-dire que Dieu accomplit des délits !

Ne devenez-vous pas, Messieurs de Genève, antisémites ? ou bien avez-vous perdu ce que le Juif n'a jamais eu, l'amour-propre, la dignité, le respect de soi-même ?

Et c'est ce Juif Giniewsky de néant et du diable, qui *demande des excuses collectives de la chrétienté* pour les souffrances endurées par les Juifs ; cet insolent, ce menteur, qui fait et raisonne *comme si Jésus n'avait pas existé !*

O Juif, au naturel qui n'a plus rien d'humain, quand le monde sera-t-il délivré de ta mentalité détestable à nous tous assoiffés, que nous sommes, d'harmonie céleste et de ces ailes blanches des anges qui répandent les idées de Dieu, de ce Dieu qui lit à tout instant, et chez chacun de nous, dans nos cœurs, comme s'il en était d'un livre ouvert ?

Ce Giniewsky qui nous donne mille fois la pensée, le désir d'être mille fois plus antisémite qu'on ne l'est.

Sauf, bien entendu, toujours, les deux champions genevois du philosémitisme inconditionnel, ces acolytes de la conjuration mondiale juive.

La morale des nations se développe ainsi qu'il en est de la règle morale sise en chacun de nous, et qui n'est plus présente dans la nation juive, et que pour cette raison, l'on se doit qu'elle soit mise et reste au banc des nations jusqu'à l'heure qui nous montrera son réveil.

« Si ton œil droit est pour toi une occasion de chute, arrache-le et jette-le loin de toi »

Rédacteurs complaisants à la cause des Juifs, et qui, par votre attitude et vos propos, offensez à la mémoire et au souvenir de millions de Russes et d'autres nations, massacrés par la férocité juive jamais assouvie de nos temps

Et que dire des affreux massacres de chrétiens et de Grecs à Chypre par les Juifs, sous Hadrien en 135 après Jésus-Christ ?

Et nous aurions à présenter des excuses à tous ces Giniewsky de malheur et d'audace extrême ? Que dit Bossuet qui entendait que la race du figuier desséché soit laissée à sa place la dernière :

> « La Judée n'est plus rien à Dieu ni à la religion, non plus que les Juifs ; et il est juste qu'en punition de leur endurcissement, leurs ruines soient dispersées par toute la terre. » (*Discours sur l'Histoire universelle* t. 2, ch. 20).

2. Ces deux rédacteurs complaisants aux Juifs, MM. R. Payot du *Journal de Genève* et Braichet de la *Feuille d'Avis de Neuchâtel,* dans leurs manifestations pro sémitiques, passent complètement sous silence les effroyables massacres exécutés par le communisme clés Juifs en Russie et pays adjacents.

Est-il permis de pousser si loin la lâcheté, en laissant ainsi toutes nos jeunes générations dans l'ignorance de tous les forfaits commis par les Juifs, et qui entendent, retenez ça, d'en continuer an premier moment favorable venu ! C'est un crime que de passer le crime sous silence ! dont on sait qu'il peut se rallumer d'un instant à l'autre.

Voilà ce que je dis à MM. Payot et Braichet de leur indignation comme c'est un crime aux U.S.A. d'avoir jeté ces massacreurs sur notre continent.

En 1914, la Russie est le pays au monde qui possède le plus grand nombre de Juifs, un minimum de 6,5 à sept millions qui, pour leurs études dans les universités russes, possédaient un numerus clausus de 4 % correspondant à leur proportion dans le chiffre de la population.

Ces sept millions de Juifs indigènes expliquent bien le chiffre élevé du massacre (28 millions). Car il va bien sans dire qu'à la Révolution, les Juifs russes sont embrigadés et dirigés par les Juifs américains préparés à New York, au nombre de quelques centaines de milliers (Ford 1920), en vue du massacre ; et ce, en toute tranquillité pour eux, dans une passivité totale des autorités américaines.

Rappelons que dès 1912, le président des U.S.A. est Juif, c'est Wilson, ce qui facilite évidemment toutes choses.

Les U.S.A. font la politique des Juifs avant de faire la politique des U.S.A., marque de servitude !

3. Comme nos deux rédacteurs ne parlent pas des massacres russes, ils ne parlent pas du communisme, le crime des crimes contre Dieu et contre tous les hommes, communisme spécifiquement juif.
4. Nos deux rédacteurs, toujours les plus complaisants qui soient aux plus coupables des hommes, trompent une fois de plus leurs lecteurs *en criminels, qu'il sont,* leur cachant l'existence des *Protocoles de Sion,* pièce de poids, arme de combat de très grande valeur, qui met les Juifs dans la confusion, et qui confirmés de façon absolue par le contenu du rapport du *Secret Service américain de 1919,* donne le droit de les jeter tous, le carcan réintroduit, au poteau d'exposition... pour commencer, et en attendant le reste !

MM. Payot et Braichet sont d'autant plus hautement coupables de leurrer ainsi qu'ils le font leurs lecteurs, que toute cette question des *Protocoles des Sages de Sion* s'est jugée à Berne, jugement rendu le 1er novembre 1937.

Devant l'émotion causée par l'écroulement, en 1917, de l'empire des tsars noyé dans le sang d'affreux massacres conduits par les Juifs venus d'Amérique et ceux du pays, et la connaissance que nous avions, sans y avoir encore beaucoup cru, du contenu des *Protocoles de Sion* relatant les intentions coupables des Juifs, les Procureurs généraux du monde entier devaient se lever comme un seul homme, alors, que partout, ce ne fut de leur part qu'un silence unanime, qu'un silence impressionnant, qu'un silence révélateur, qu'un silence répréhensible, qu'un silence de scandale, qu'un silence de honte !

Les voilà bien, les autorités à la hauteur de leur tâche de M. P. Béguin, rédacteur en chef de la Gazette de Lausanne !

Néanmoins, l'opinion publique parle, l'émotion y est grande, alors qu'il existe encore une presse digne de ce nom, ayant quelque courage, quelque dignité, quelque sincérité ; c'est-à-dire ne cachant pas, ne faisant pas, comme aujourd'hui, le jeu du Juif en devenant son complice, MM. Payot et Braichet, qui, systématiquement, cachez le terrible danger que les Juifs font courir à la civilisation, au monde, à la chrétienté, à tout ce qui vit et respire en dehors de ces chacals de descendants de Judas !

Et, alors, les Juifs se voient contraints d'introduire action, et le font à Berne dans les années trente, où un des juges aurait été plus ou moins à leur discrétion, en prétendant selon leur coutumière habitude de menteur légendaire et téméraire et héréditaire que les *Protocoles de Sion* sont un faux.

Comme ils prétendent ici, comme ils prétendent depuis longtemps aux U.S.A. des paroles de Franklin, quant à la citoyenneté américaine à ne pas accorder aux Juifs, fatidiques et réalisées, et au sujet desquelles nous donnons dans ce texte (v. index) l'avis de M. Bernard Pay, ancien professeur au Collège de France et grand spécialiste du 18e siècle qui, en son temps, il y a bien huit ou dix ans, avait bien voulu nous communiquer son opinion à ce sujet.

La Cour suprême bernoise (1937), comme nous l'avons vu déjà dans ce texte, *déboute les Juifs de la prétention qu'il s'agit d'un faux*, et ce, avec des attendus si sévères et si étayés, que nos Juifs du Kahal aux fortunes monstrueuses n'insistent pas et ne recourent pas à notre Tribunal fédéral.

M. R. Payot, M. Braichet et j'ajoute M. P. Béguin, vous n'avez plus la confiance des gens qui aiment le bien, et sont prêts à se sacrifier pour la cause des vraies valeurs. Vous êtes les complices par votre information, par vos omissions, par vos silences et vos affirmations, de ces Juifs monstrueux qui ourdissent plus que jamais des complots menaçant notre vie, et tout ce que celle-ci peut avoir de haut, de grand, de noble. Allez raconter plus loin vos histoires, et laissez-nous la paix de votre ONU truffée de ses Juifs corrupteurs et façonnée à la mesure de votre parfait opportunisme, ergoteurs sur des riens, qui bâtissez sur les néants du Juif, c'est-à-dire du diable ! laissant soigneusement de côté tout ce qui pourrait confondre les élèves en Russie de l'effroyable Marat !

En tant qu'informateurs de l'opinion publique, votre culpabilité est immense !

Un mot encore sur l'article Braichet qui met à même hauteur, en fait, la religion juive telle qu'elle est de toujours depuis la crucifixion de notre Seigneur, et la religion chrétienne.

C'est très honorable vraiment pour nous, et très honorable (dans quel affreux abaissement sommes-nous tombés pour qu'on puisse en arriver là) pour les Ancien et Nouveau Testaments, mis à côté, placés à même hauteur, que l'affreux, que l'abominable Talmud écrit par les proches descendants de ceux qui crucifièrent Jésus !

Soyons maintenant, si vous le voulez bien, en la seule compagnie de M. R. Payot, directeur du *Journal de Genève,* dont il faut recueillir dans ce texte le mémorable article du 1er avril 1964 paru dans son journal et intitulé : « Un pamphlet antisémite » et ceci à propos d'une plume qui ose s'élever contre les Juifs !

Pensez donc quel crime ! avoir osé écrire un pamphlet contre les Juifs ! ces sacro-saintes créatures dans le cœur de M. R. Payot !

Aussi, M. R. Payot en perd-il tout son latin, en perd-il tout son sang-froid ; lui qui, dans ses articles de fond du *Journal de Genève* ne le perd jamais, sachant quelqu'en soit le sujet, dans une rigueur admirable, se tenir toujours à cette première colonne de la première page, sans en dépasser les limites jamais.

Que de mesure ! que d'équilibre ! que de maîtrise ! que d'esprit de synthèse ! ne faut-il pas pour atteindre à de semblables habiletés !

J. Bainville était un maître de la synthèse et de la clarté, M. R. Payot est un second Bainville !

Mais allons de l'avant ! ne perdons pas un instant, il nous tarde de boire à cette prose d'un héros genevois, rompant, dans le plus grand danger pour lui, des lances pour la défense de ceux qui lui sont chers : les Juifs opprimés, les Juifs persécutés.

Une vieille chanson, qu'il serait présentement plus juste d'inverser, comme nous l'avons justement montré par l'exemple de notre lettre refusée par *la Gazette de Lausanne*, le *Journal de Genève* et *La Nation,* parce que fermés, nous disent-ils eux-mêmes, à tout antisémitisme ; et aussi comme le disait déjà, dans les années 1888-1890 sauf erreur, à l'excellent Frédéric Godet, un rabbin de la plus mauvaise espèce, que le Juif était la verge du chrétien (v. index F.G.).

Nous disions qu'il faut se hâter, c'est que M. Payot, dans ces lignes écrites en l'honneur des Juifs si l'on ose dire, de ces Juifs qui sans cesse bouleversent le monde, et ne font que se rouler dans l'argent et la haine du chrétien, c'est que, disons-nous, M. R. Payot, dans ces lignes y donne de sa nouvelle manière.

Plus d'équilibre, loin de moi la mesure, foin de toute pondération, je veux goûter à mon tour du pamphlet, et justement combattre le pamphlet par le pamphlet.

Je veux, comme Voltaire, ce qui va me rapprocher de ce grand homme devenu plus fanatique dans son antifanatisme que les fanatiques eux-mêmes, je veux écrire d'une nouvelle plume ; oui, je suis le fanatique du sémitisme, et à outrance, continuerai de l'être faisant flèche de tout bois.

Jacta alea est comme a dit César traversant le Rubicon !

Nous l'allons voir, ce grand Genevois courageux dans l'art de nous présenter les Juifs comme des agneaux, comme des petits saints, de ces petits saints, dont nous avons vu plus haut, toutes portes ouvertes, les abominations se déployer lors de l'explosion du communisme russe et consorts en 1917, œuvre spécifiquement juive répétons-le sans cesse.

Ce que M. R. Payot n'a jamais dit dans les colonnes de son journal ; comme aux U.S.A. communisme et jamais juif.

Ce sont là des crimes de la plus odieuse espèce, ce sont là des imposteurs, ce sont là de très grands tricheurs, qui ont conduit la société à son état actuel !

Syndicats ouvriers et vos chefs, ouvriers n'appartenant pas aux syndicats, mais vous tous possesseurs de liberté et de biens, de jardins, de maisons, de véhicules, de foyers, d'enfants et de bonne épouse, maîtres de votre temps et du métier auquel il vous plaît d'être, sachez que communisme égale Juif, sachez que partout celui-ci est l'ennemi mortel de tous les goyim et où qu'ils soient ; et qu'ils sont les introducteurs du *livret de travail en 1932 en Russie,* qui vous jette dans une perte de vos libertés !

Luttez de toutes vos forces, si vous voulez rester vos maîtres.

Des hommes libres comme ceux du Grütli et non des esclaves de la faucille et du marteau !

Abominations juives qui, comme nous l'avons vu an chapitre précédent, assassinent dans les plus épouvantables tortures vingt-huit millions de Russes, chiffre officiel donné par le gouvernement russe dans la célèbre affiche de Kiev (Marie Kerhuel. *Le colosse aux pieds d'argile,* p. 156) ; l'on scalpe, l'on détrousse de leur peau des bras, des jambes, on énucle des yeux avec de certaines petites cuillères *ad hoc*, on enfonce des clous dans la boîte crânienne ou sous les ongles... Les Juifs, dit le Commissaire bolcheviste de Moscou, sont les plus terribles bourreaux qui se puissent voir !

Tels sont les amis de M. R. Payot, directeur du *Journal de* Genève, également l'excellent ami et laudateur des Juifs sous tous les climats et à toutes les heures de l'histoire, à celles même de Chypre, qui voient comme nous l'avons dit déjà, sous Hadrien, les plus abominables massacres de Grecs et de Romains, tournant dans de nombreux cas au crime rituel (135 après Jésus-Christ) comme on en vit en Russie dès 1917 de très nombreux, où ces Juifs de Chypre « boivent le sang de leurs victimes, mangent leurs cervelles et s'enroulent dans leurs entrailles » (Protocoles de Sion, *Vieille-France* 1924, p. 132).

Ce sont vraiment de petits saints d'un genre nouveau, toujours semblables à eux-mêmes depuis des siècles, au vingtième comme au deuxième, et il faut toute la bonne volonté du *Journal de Genève* et les pertes de mémoire de M. R. Payot pour oser prétendre qu'il en est autrement !

Pourquoi le *Journal de Genève* aime-t-il tellement les Juifs, bourreaux des peuples, russe, polonais, hongrois, français (la Libération)... et criminels de chefs d'État et de têtes couronnées ?

Pourquoi faut-il que tant de fois dans l'année, on lise à la première page du journal de la société genevoise, des articles ou des exposés traitant, toujours dans un sens favorable, des adeptes du virus talmudique, auteur du communisme destructeur de toute civilisation et de toute société ?

Pourquoi ces non-sens ? pourquoi ces contradictions ? pourquoi ces équivoques ? sinon qu'on est dans le mal, qu'on marche avec le diable, qu'on en compte des bénéfices, tout en comptant laisser à d'autres les suites très fâcheuses ou catastrophiques de l'aventure.

Allons maintenant à ce verbiage qui se veut solennel, mais qui sonne si faux, à cette apothéose pro juive, partie d'un journal connu pendant longtemps pour ses sentiments conservateurs du bon sens, de l'équilibre et de l'équité.

Pourquoi a-t-il fallu que Genève, on n'ose plus parler de Rome protestante, se salisse d'or et d'argent, d'attentats et de crimes, de vols et de malversations, se salisse de Société des Nations et d'ONU ?

Elle porte vraiment de plus en plus la marque juive.

« Un pamphlet antisémite. » (*Journal de Genève* du 1.4.64)

S'il ne se produit plus en Russie de ces affreux pogroms qui déshonorèrent le régime tsariste, il y existe néanmoins malgré les dénégations des autorités, un antisémitisme latent qui est particulièrement perceptible en Ukraine. Il se manifeste par toutes sortes de vexations que subit la communauté juive qui compte encore deux à trois millions de membres. L'administration ferme ses synagogues, l'empêche de publier des ouvrages en yiddisch, essaie d'étouffer sa vie spirituelle, et met un zèle assez suspect à compromettre des Juifs, dans les procès économiques qui se terminent généralement par des condamnations à mort.

Interpellé à maintes reprises sur ce sujet par d'éminentes personnalités étrangères, comme lord Russell, qui ne sont nullement hostiles à l'Union soviétique, M. Khrouchtchev a toujours affirmé que son gouvernement ne nourrissait aucune animosité à l'égard des Juifs. Certes, il ne les martyrise point, mais il s'ingénie à leur rendre la vie difficile.

Rien ne le montre mieux que la honteuse brochure intitulée le *Judaïsme sans fard*, rédigée par un nommé Kichko et publiée - chose incroyable - sous les auspices d'une institution officielle, l'Académie des sciences d'Ukraine.

Devant les protestations que ce scandaleux pamphlet suscite dans le monde entier, l'agence soviétique Novosti reconnaît que l'auteur n'a pas rempli sa tâche de la façon la plus heureuse, et l'agence Tass admet que les illustrations auraient pu être mieux choisies. Mais, pour excuser le rédacteur de ce libelle, des voix officielles déclarent qu'en attaquant le judaïsme, il n'a fait qu'utiliser le droit que donne la Constitution soviétique de faire de la propagande antireligieuse.

Cette explication est absurde. Il suffit de parcourir la brochure, et de regarder ses odieuses caricatures, pour constater qu'il ne s'agit pas d'une exégèse de la religion juive. On voit, par exemple, M. Ben Gourion écrire sur les Tables de la Loi à l'usage du peuple israélien : « Tu mentiras, tu voleras, tu assassineras. »

En vérité, M. Kichko, non content d'examiner le judaïsme à la lumière du marxisme, s'en est pris à la fois aux Juifs, à l'État d'Israël, au sionisme qu'il qualifie de mouvement bourgeois et nationaliste. Pour lui, le culte hébraïque n'est que la transposition sur le plan religieux du commerce et des affaires.

L'auteur du pamphlet a largement dépassé la défense de l'athéisme, et son dénigrement systématique de tout ce qui est juif est simplement l'expression du racisme dans ce qu'il a de plus détestable.

En feuilletant cette brochure, on revoit, tant dans le texte injurieux que dans les grossiers dessins, les publications éditées par les hitlériens. On y retrouve la même bassesse d'esprit, les mêmes appels à la haine qu'orchestrait Gœbbels. Si l'auteur avait été conséquent avec lui-même, sa dernière illustration aurait dû montrer l'affreuse cheminée du four crématoire.

Il paraît inconcevable que dans un État totalitaire où la censure est l'une des armes du pouvoir, une Académie des Sciences puisse patronner une œuvre aussi injuste que misérable. Qu'attend le gouvernement soviétique pour désavouer officiellement ce sinistre pamphlet ?

R. Payot.

Ces Juifs, qui tiennent maintenant la France à la gorge, et la piétinent de leurs gigantesques fortunes mal acquises ! dont il faudrait qu'on les dépouille, les donnant à cette paysannerie française méritante qui se bat pour son prix du lait !

M. R. Payot, emporté par un zèle de faire assidûment sa cour qui ne connaît plus de bornes, va jusqu'à nous parler de la vie spirituelle du peuple *juif*, alors que tout le monde sait que ce peuple, qui dans les *Protocoles de Sion* se place avant Dieu nommément, n'en a plus aucune !

La Bruyère, M. R. Payot, n'a pas parlé pour vous quand il a dit : « Il en coûte à l'homme de mérite de faire assidûment sa cour ! »

La religion juive ne jette-t-elle pas au ruisseau les miracles et les prophéties, ces témoins, ces traditions, ces effets, ces grandeurs de la vie spirituelle ?

Bossuet n'a-t-il pas dit : « Mais pendant qu'ils renoncent aux prophéties, ils les accomplissent, et font voir la vérité de ce qu'elles disent de leur aveuglement et de leur chute. »

Le Talmud, M. R. Payot, est-il, oui ou non, un monument de vie spirituelle ?

Comme il est intéressant et sujet à de profondes réflexions du genre déductif, ce singulier spectacle d'un journaliste sous le harnais de son métier depuis toujours et qui, d'un jour à l'autre, change son ton, sa manière, sa façon, pour sortir de ses gonds, et pourfendre, l'écume à la bouche et le feu dévorant de la servilité dans son corps et ceci au nom de la morale je pense, de celle du plus fort, celle chantée par La Fontaine, celle commode et rassurante du moment qui s'appuye sur des hommes coupables, mais puissants dans l'ordre des choses terrestres !

On sait, comme nous l'avons dit déjà dans ce texte, que le roi Saint-Louis fit examiner dans une assemblée solennelle présidée par Guillaume d'Auvergne le Talmud, et qu'il en résulta que tous les exemplaires devaient en être détruits.

Et l'ordonnance de 1254 défend l'usure aux Juifs, interdit qu'ils attaquent les croyances des Français et en blasphèment, ils doivent s'occuper honnêtement.

Je crois que l'autorité de Saint-Louis, roi de France, vaut bien celle de M. R. Payot, et que le siècle de ce saint roi voyait plus de chrétiens dans le relatif que nos temps n'en comptent dans le leur.

Je crois, par ma foi, que M. R. Payot, qui ne doute de rien, va bientôt proposer de sacrifier les intérêts supérieurs de l'humanité à ceux terrestres de cette Genève, qu'on appelait autrefois la Rome protestante, et qui n'est plus que cousue d'or et d'argent et de Juifs !

Que dit le Talmud ? que Jésus-Christ est plongé dans l'enfer, dans de l'eau toujours bouillante, que la Sainte Vierge a engendré son Fils à la suite d'un adultère avec un soldat nommé Pandora, que les églises chrétiennes sont des cloaques, les prédicateurs des chiens enragés. « Il est ordonné de tuer le meilleur des goyim, la parole donnée au goyim n'engage à rien. Chaque jour, dans leurs prières, les Juifs doivent lancer trois fois des malédictions contre les ministres de l'Église, les rois et les ennemis d'Israël. » (*France juive*, t. I, p. 160 ; voir aussi le livre de Noël Valois : *Guillaume d'Auvergne*).

Et le Talmud, chers amis, est toujours le livre de chevet de ces gens de mauvaise foi que sont les Juifs, que M. R. Payot défend avec persévérance et même obstination et acharnement, au nom d'on ne sait quoi ? si ce n'est qu'il ne s'y trouve rien qui touche au sentiment chrétien, à la sagesse et à la raison.

Ce Talmud dont E. Renan dans son *Église chrétienne* a pu dire (p. 238) :
« C'est un des phénomènes les plus extraordinaires de l'histoire que l'apparition simultanée dans la même race du Talmud et de l'Évangile, d'un petit chef-d'œuvre d'élégance, de légèreté, de finesse morale, et d'un lourd monument de pédanterie, de misérable casuistique et de formalisme religieux. *Ces deux jumeaux sont assurément les deux créatures les plus dissemblables qui soient jamais sorties du sein de la même mère.*

Quelque chose de barbare et d'inintelligible, un mépris désolant de la langue et de la forme, un manque absolu de distinction, de talent font du Talmud un des livres les plus repoussants qui existent. »

C'est ce que M. R. Payot appelle « la vie spirituelle » du peuple juif. Admirez l'objectivité et la justesse d'un tel jugement !

Et voici Salomon Reinach lui-même, et un des leurs, qui s'occupe dans son *Orpheus* (1909) d'une Histoire générale des religions tout en ne croyant à rien !

Admirez, entre parenthèses, l'inconséquence d'une telle situation d'esprit, qui n'est là sans doute qu'en vertu de cette frénésie qu'a le Juif d'atteindre, pour le détruire, à ce besoin qu'a l'homme, inné, de croire à quelque chose de très beau, et de très élevé, et très à part, et de très en dehors de la vie qui s'écoule dans le monde des cinq sens.

Et que dit ce Juif Salomon Reinach, dans son *Orpheus* p. 303 :

> « Mais leurs doctrines particulières ou plutôt les subtiles discussions de leurs docteurs sur la Loi, qui forment les Talmuds de Jérusalem (1er à 4e siècle) et de Babylone (3e au 5e siècle) ne constituent pas un enrichissement pour l'esprit humain. »

Pour M. R. Payot, le Juif est un homme comme les autres, sa mentalité est celle de nous tous ; ils ne nourrissent aucune intention coupable à notre égard et sont toujours blancs comme neige ; et quand des populations excédées de leur présence les repoussent, c'est aux autochtones que vont tous les torts.

Il faut être l'avocat des Juifs après Talleyrand comme l'est M. R. Payot, pour s'imaginer et vouloir nous faire accroire, que le juif, soit au temps des débuts de l'ère chrétienne, soit dans des événements importants au cours des siècles, n'est pour rien dans les souffrances qu'il a subies, et *qui sont justes et qui sont méritées* à cause de sa faute première, le crucifiement du Christ son œuvre, « que son sang retombe sur nous et sur nos enfants », mais que le Juif naturellement ne reconnaît pas ; le premier crime et son mensonge consécutif qui vont alors faire, c'est l'évidence pour tout le monde sauf pour M. R. Payot, du peuple juif le peuple le plus menteur de la terre, mensonge perpétuel jusqu'à la rémission par

Dieu, mensonge qui, de nos jours, se concrétise si bien dans l'énorme escroquerie des « six millions » de victimes - toutes gazées nous disait-on au début sauf erreur - célébrée, le chrétien présent je vous prie dans ses plus hauts grades, en pleine synagogue de Genève, il n'est que peu (1964).

Ce crime et ce mensonge originels présents dans le cœur de chaque Juif, et chargeant lourdement la destinée de tout un peuple !

Cela saute aux yeux de tout le monde sauf à ceux de M. R. Payot !

Et quand nous disons que le Juif est menteur, voleur, trompeur et assassin et espion de la basse espèce, c'est nous qui le sommes pour M. R. Payot et la Bible avec nous, puisque le Juif tout à son Talmud, ne croit plus à rien de ce qu'elle dit.

Le Juif ne croit en rien *à la fameuse prophétie de Daniel* des « septante semaines » d'années et pour cause, car elle l'accable dans son mensonge, *connue de tout l'Orient* bien avant la présence du Christ parmi nous au témoignage de *Josèphe* historien et général juif contemporain de la destruction de Jérusalem, et qui disait, cette prophétie de Daniel, qu'après l'écoulement de « septante semaines » d'années, comptées à partir de la vingtième d'*Artaxerxès à la Longue main,* paraîtrait le Christ.

Mais elle disait, répète souvent Bossuet, ce que l'oracle de Jacob n'avait pas dit, qui se contentait d'affirmer qu'au temps où il n'y aurait plus de royaume de Juda, viendrait le Christ, alors que Daniel précisait que la venue du Christ précéderait la ruine de Jérusalem.

Et maintenant que le retour en Israël du peuple juif s'est accompli, et que *le cycle biblique s'est fermé par deux fois sur la mort du Christ,* le Juif est toujours là, attaché, lié, ligoté à son crime et à son mensonge : le Christ n'est pas encore venu et nous ne sommes pour rien dans la mort de celui qu'on dit l'avoir été.

Quand on ment sur la Bible, M. R. Payot le superficiel, le mensonge s'étend alors à tout, et c'est cela, précisément, qui fait du peuple juif le peuple le plus menteur et le plus insupportable et le plus corrompu de la terre qui soit.

Pensez qu'un tel drame touchant à la vie même du monde, atteignant au Fils de Dieu et à Dieu même, n'ait pas retenti sur la mentalité et le caractère du Juif, il faut tout le mauvais vouloir de M. R. Payot le philosémite inconditionnel, pour en voir de la sorte, accusant les chrétiens quand il faut accuser les Juifs.

Comme ils sont les auteurs de la mort du Christ, ils sont les auteurs des pogroms : c'est par eux, et leur détestable mentalité (v. index sous Sanhédrin de Constantinople) que tout s'accomplit.

Ces pogroms dont M. R. Payot parle si superficiellement quant à leurs causes, en les mettant tout simplement au compte de trois tsars assassinés Alexandre II et III et Nicolas II, par ses amis juifs, se prononçant énergiquement contre eux, sans avoir nullement examiné les causes profondes de ces pogroms, sans compter ceux que le Kahal ne s'est pas ménagé de provoquer, au titre de la propagande révolutionnaire, pour en alimenter sa presse, qui déforme, exagère, dénature.

Qui s'étonnerait de semblables dispositions pour qui connaît son Juif ? et tout ce qu'il a fait dans le cours de notre XXe siècle, y déclenchant deux guerres mondiales avec les résultats que nous savons : une emprise juive de plus en plus forte.

Inutile de dire que les articles de politique extérieure superficielle de M. R. Payot ne connaissent rien de ça !

L'argent pour la Révolution russe est fourni par les cinq grands Juifs Isaac Mortimer, Chuster, Ruhn, Lévy et Schiff (Protocoles de Sion, *Vieille France*, p. 131).

Je rappelle que le rapport du *Secret Service* américain dont il est souvent parlé ici, relate que Jakob Schiff a déclaré publiquement avoir fait la Révolution russe ; c'est donc dire que tous les moyens ont été employés dont les pogroms ; ces êtres abjects, si ménagés par M. R. Payot, qui devrait nous en parler tous les jours et ne nous en parle jamais.

La destruction de la Russie par le trouble-fête universel qu'est le Juif fut décidée par la franc-maçonnerie mondiale, dirigée par la seule loge américaine suprême exclusivement composée de Juifs. Le procès-verbal de la résolution leur fut dérobé et transmis à Saint-Pétersbourg et disait : sacrifier un milliard de dollars et un million de Juifs pour provoquer la révolution en Russie (idem, p. 131).

L'affaire est claire, et l'on sait depuis longtemps, que les grands magnats juifs n'hésitent pas à sacrifier leurs compatriotes pour atteindre à la réalisation de leurs grands objectifs, ceux à l'échelle mondiale (nous venons de le voir en Algérie).

Mentalité détestable et empoisonnée, dont nous voyons bien les résultats, et dont la Russie n'a été que la première grande victime, le premier grand chaînon d'une chaîne qui n'attend qu'à se poursuivre, à moins que nous n'y mettions des obstacles, sur lesquels nous préférons mourir plutôt que de subir l'emprise totale du diable en personne.

Que de fois le Juif s'est signalé à notre attention par son *usure*, en Alsace, en Algérie à 600 %, à 3650 fr. pour 100 fr. (*France juive*, t. 2, p. *13 et 14)*, par ses *conspirations de lépreux* avec le roi de Grenade et le sultan de Tunis (ibid. t. I, p. 176) jetant dans les puits des effets ou les détritus de lépreux aux fins de contaminer les chrétiens. Soit par ses *crimes rituels* innombrables et incontestables commis surtout sur les enfants qu'on crucifie (*France juive*, t. II, p. 381 et suivantes) au moment de la Pâque juive, enfants chrétiens naturellement.

Ne voilà-t-il pas des causes de pogroms, ou disposant aux pogroms, comme nos temps le sont aussi, qui voient de tous côtés des audaces et des provocations juives.

Tout le monde les voit MM. R. Payot et Alb. Picot exceptés qui ne quittent pas leurs Juifs d'une semelle.

En 1394, l'expulsion des Juifs de France est décrétée par Charles VI à la suite d'usure, de profanation d'hosties et d'enfants égorgés le Vendredi-Saint.

Le peuple a violemment protesté et le roi se voit obligé de prendre des mesures de rigueur envers cette vermine ambulante, ne respectant rien de ce qui doit l'être et se gardant tout entière pour son Talmud.

Cette expulsion de France de nos Juifs n'est nullement occasionnée par l'amour du lucre et le besoin de pillage, « et ce qui le prouve » dit M. Haller dans son livre *Des Juifs de France,* « c'est que toutes leurs créances leur furent réglées ».

Quant au patriotisme du Juif, il est nul ou inversé ; en *1870* lors de la défaite française, les Juifs de Constantine sont en liesse, « ivres de joie » *(La France juive,* t. 2, p. 17).

Nous avons vu ailleurs dans ce texte comment à Lausanne le Juif fête la fête nationale suisse ! Ils sont insupportables et impudents à tous les siècles, ils le sont de nos jours plus que jamais.

Jusques à quand ? *Los von den Juden,* la race mécréante ! qui corrompt et détruit notre société, et trouve néanmoins des défenseurs en la personne de M. R. Payot qui n'en a pas la honte au visage !

Impudence dans tous les siècles, impudences au vingtième siècle, impudences partout dans le monde, audaces et impudences des Juifs en Suisse à la date du 20 août 1964.

C'est l'organe *Nouvel Israël,* du mouvement sioniste en Suisse qui fait campagne, de Zurich, « pour demander le renvoi de M. Serra chef du Protocole au Palais fédéral, qui aurait prononcé des paroles traduisant un antisémitisme non déguisé, et même des mesures de rigueur contre tous les fonctionnaires du Département politique qu'on pourrait suspecter d'antisémitisme » pour parler comme la *Feuille d'Avis de Neuchâtel* du 22 août 1964.

Vous entendez bien, tous les fonctionnaires du Département politique suspects d'antisémitisme à surveiller pour antisémitisme. Youtres de youtres, c'est vous qu'on va bientôt renvoyer de notre pays en vous en enlevant la nationalité, tellement nous avons assez de ces éternels criards de Juifs, la dernière des nations, dont il faut de toute évidence se défendre avec la dernière énergie, et il faut se féliciter de la protestation ferme du correspondant de la *Tribune de Lausanne* à Berne contre la démission Serra (22.8.64), hélas à peu près isolée.

La *Feuille d'Avis de Neuchâtel* et la *Tribune de Lausanne* donnent à ces dater, de longs articles. Notre Conseil fédéral, sur simple article de journal, se précipitant au-devant des Juifs, et limogeant

M. Serra, sans autre cérémonie qu'une admonestation préalable en mars de cette année, avec ajournement à six mois de sa promotion ; plus sa liquidation comme chef du Protocole sous le masque d'une démission spontanée.

Voilà de quoi faire bondir ! tous les citoyens au courant du problème juif, le danger numéro un de nos temps.

Il n'est que le *Journal de Genève* pour n'en point bondir et même n'en rien dire, sauf un ou deux petits articulets de quelques lignes à l'intérieur du journal, de ce même correspondant de Berne qui s'exprime dans un long article à la *Feuille d'Avis de Neuchâtel*.

M. R. Payot y est évidemment pour quelque chose, puisque partout on s'exprime, abondamment, et que chez lui, c'est le silence qui règne, soit le philosémitisme inconditionnel sur provocation de la juiverie suisse.

Quo usque tandem... disait Cicéron...

M. R. Payot consacre à la toute première heure un article de fond intitulé « Le triomphe de Goldwater » qui est Juif, bien que personne chez nous ne le dise, dès aussitôt et sans perdre une minute, que la Convention du parti républicain l'a désigné comme candidat.

C'est là un geste de beau et bas courtisan.

La Suisse a fait des progrès en bassesse et servitude depuis l'affaire Wohlgemuth, du temps de Bismarck, où nous étions encore quelque peu dignes de nos ancêtres.

Le système, c'est évident, s'en va à la dérive, les juifs et leur franc-maçonnerie y poussant de toutes leurs forces, afin de se saisir, au moment voulu, par personnes interposées d'abord, du pouvoir. Nous marchons à cela sans aucun doute ; selon modèle de la France, si nous ne nous mettons pas en travers.

C'est une honte qu'on ose à ce point renverser les choses dans cette ville de Genève, autrefois lumière de la foi, aujourd'hui ville d'insécurité et d'attentats, de voleurs, de faussaires, d'incendiaires et de mutilation des plus beaux monuments.

Quel est celui qui dit, M. R. Payot, qu'il faut « organiser le désordre » ? C'est le Juif dans son Protocole n° 18 - Protocoles de Sion, qu'est-ce que ça ; encore de ces vilains chrétiens qui nous en chantent, de la fantaisie ! des faux ! - C'est ce que prétendaient justement, quelle étrange coïncidence, les Juifs en introduisant leur affaire à Berne, et la Cour suprême de ce canton les en déboute (1937) avec des attendus si sévères qu'ils ne vont pas au fédéral.

Mais mieux, M. R. Payot, est-il quelque chose sous la voûte des cieux qui puisse modifier en rien votre manière de voir et votre ligne de conduite ?

Savez-vous, M. R. Payot, qu'un complice des Juifs dans leurs entreprises criminelles de domination universelle, communiste et sanglante, ne parlerait et n'agirait pas autrement que vous ?

Le rapport du « Secret Service » des U.S.A. en 1919, pièce capitale, confirme par ses constatations tout ce que les Protocoles de Sion affirment des intentions coupables des Juifs est-ce assez ? Êtes-vous convaincu, pour quelques minutes seulement ?

Les Juifs sont les auteurs du communisme mondial, toutes les horreurs de celui-ci sont les horreurs des Juifs.

Et ce sont là, ces amis inconditionnels pour lesquels vous rédigez des pamphlets de pamphlets ; mais savez-vous que cela est très grave ? Et vous pouvez encore vous permettre d'écrire dans votre journal du 16 septembre 1964 un article intitulé : « L'Algérie malheureuse » ; hypocrite, vous qui, continuellement, avez été avec de Gaulle, pour soustraire ce pays à la France, et nous entourer encore un peu plus de communisme.

Je vous dis que vous êtes un misérable !

Au nom de toutes les choses sacrées de notre patrie, au nom de tout ce qui est sa beauté et sa grandeur, au nom de tout son passé de héros de la gloire militaire, au nom de ceux de St-Jacques sur la Birse qui meurent tous sauf dix et qui jettent la parole mémorable : « Nos âmes à Dieu et nos corps aux Armagnacs », au nom de tous ces parents qui chérissent leurs enfants, au nom de tous ces enfants qui puisent dans le cœur de leurs parents des leçons pour la vie et nous laissent entrevoir dans leurs yeux innocents les puretés et les grandeurs du Ciel, au nom de tout ce que le Juif n'a pas encore achevé de détruire parmi nous, au nom de ce Grütli berceau de nos ancêtres ce temple où la voix de Dieu chez les premiers Suisses s'entend à tout instant, alors, que par le Juif, elle s'est tue parmi nous, ce temple dont la voûte est le ciel et dont l'autel se marque de gazon, de lac et de forêt... au nom de toutes ces choses qui sont la patrie et que le communisme juif barbare détruit, vous entendez bien, je vous somme quant à ces *Protocoles de Sion*, quant à ce rapport du « Secret Service » des U.S.A., quant aux massacres épouvantables commis par les juifs en Russie, et quant à beaucoup d'autres choses encore, d'en publier dans le *Journal de Genève* en première page, celle réservée aux Juifs et à leurs mensonges, d'en publier, dis-je, faute de quoi vous n'êtes qu'un malfaiteur de l'esprit public, qu'un malhonnête homme, qu'un hypocrite et un acolyte de ces Juifs chambardeurs du monde dont la mesure est pleine et dont nous avons assez.

Peuple suisse, le complot communiste saute aux yeux de tous les connaisseurs du problème juif ; communisme parti non pas de Moscou qui l'a reçu des Juifs en 1917, mais s'en éloigne de plus en plus présentement, après avoir expulsé les Juifs et subi tous les dommages. Mais venant de New York, de France où les Juifs sont roi, et comptant bien s'emparer de nous, vu notre presse complaisante c'est le moins qu'on puisse dire, et le *Journal de Genève* en tête, sans compter bon nombre d'acolytes autres et non Juifs. Confédéré, lis ici le rapport du « Secret Service américain » de 1919, et tu connaîtras ton ennemi et ses manières de faire.

Dans la Revue des Études juives de 1880, on trouve deux documents des Learned Elders of Zion qui montrent, au XVe siècle, comment se dirigeait déjà la race dans ses visées de conquête mondiale.

Chamor, rabbin des Juifs d'Arles en Provence, écrit au Grand Sanhédrin siégeant à Constantinople, et lui demande avis dans des circonstances difficiles. Voici la réponse :

« Bien-aimés frères en Moïse, nous avons reçu votre lettre dans laquelle vous nous faites connaître les anxiétés et les infortunes que vous endurez. Nous en avons été pénétrés d'une aussi grande peine que vous-mêmes. »

L'avis des grands satrapes et rabbins est le suivant :

À ce que vous dites que le roi de France vous oblige à vous faire chrétiens : faites-le, puisque vous ne pouvez faire autrement, mais que la loi de Moïse se conserve en votre cœur.

À ce que vous dites qu'on commande de vous dépouiller de vos biens : faites vos enfants marchands afin que peu à peu ils *dépouillent les chrétiens des leurs.*

À ce que vous dites qu'on attente à vos vies : faites vos enfants médecins et apothicaires *afin qu'ils ôtent aux chrétiens leurs vies.*

À ce que vous dites qu'ils détruisent vos synagogues faites vos enfants chanoines et clercs afin qu'ils détruisent leurs églises.

À ce que vous dites qu'on vous fait d'autres vexations : faites en sorte que vos enfants soient avocats, notaires et que toujours ils se mêlent des affaires des États, *afin que mettant les chrétiens sous votre poing, vous dominiez le monde et vous puissiez vous venger d'eux.*

Ne vous écartez pas de cet ordre que nous vous donnons, parce que vous verrez par expérience que d'abaissés que vous êtes, vous arriverez au faîte de la puissance.

Signé : V.S.S. V.F.F. Prince des Juifs le 21 de Caslen (novembre 1489).

Qui oserait prétendre que les Juifs ne sont pas les plus dangereux adversaires de la chrétienté ? les seuls peut-être MM. R. Payot et Alb. Picot, comme nous l'avons dit souvent les amis inconditionnels des Juifs, quitte à ce que la Suisse noyée dans le sang d'une belle et bonne révolution communiste en périsse ! C'est du propre !

Oui, je les somme, ici, au nom de tous nos sentiments chrétiens et patriotiques, de faire amende honorable ; il faut que le *Journal de Genève* nous donne relation en première page, comme il le fait toujours quand il s'agit de défendre les thèses juives, des *Protocoles de Sion* et de la confirmation éclatante qu'en est le rapport du *Secret Service* américain de 1919, ou bien alors vous êtes complice de l'abominable conjuration juive en cours de route et en voie très avancée d'exécution. *Entweder oder* des Allemands le *aut* des Latins, il n'y a pas à sortir de là.

Il faut que vous trouviez votre Cicéron et que, si vous persistez dans vos intentions coupables de cacher la réalité, l'on vous dise et proclame bien haut le complice du Catalina kahalien !

Nous vivons des temps de très grands dangers !

Le *Times* du 8 mai 1921, dans un temps où les journaux avaient encore quelque honneur, après qu'on eût établi relation entre le contenu des Protocoles et la chute de l'empire des tsars selon les épouvantables modalités étudiées dans notre chapitre « Révolution russe et ses bourreaux et tortionnaires », pouvait écrire :

> « Que signifient ces Protocoles ? Sont-ils authentiques ? Une bande de criminels a-t-elle élaboré ces plans diaboliques ? Voit-elle aujourd'hui avec triomphe leur réalisation ? Sont-ils falsifiés ? Mais alors, comment expliquer ce don de prophétie qui fit décrire les événements par anticipation ? Avons-nous lutté, pendant ces années terribles, afin d'écraser l'impérialisme allemand, pour être confrontés aujourd'hui avec une Puissance encore plus menaçante ? Quoi ! N'aurions-nous échappé, au prix d'immenses efforts, à une *Pax germanica* que pour succomber ensuite à une *Pax judaica* ? »
>
> Et l'article finit sur ces mots : « Si les Protocoles sont réellement l'œuvre des sages d'Israël, alors tout ce que l'on pourra dire, entreprendre et accomplir contre les Juifs, devient légitime, nécessaire et urgent ! »

Est-ce que les *Protocoles* sont authentiques ?

On questionne encore en 1921, on ne questionne plus en 1964 le jugement de Berne, en effet, en 1937, déboute les Juifs de leurs prétentions que les *Protocoles* sont un faux, avec des attendus si sévères, que les Juifs aux moyens illimités ne recourent pas à notre Tribunal fédéral.

Trouverions-nous encore aujourd'hui, des juges tels que ceux qui, en 1937, remettaient au pavoi la fameuse justice de Berne de l'ancien régime, le pendant du *summum justitiae caput* de nos voisins français par leurs rois ?

Rien de comparable, à coup sûr, d'avec la justice judéo-radicalo-maçonnocratique telle qu'elle se pratique partout de par le monde maintenant, et dont la France, notre voisine, nous a donné tant d'exemples lamentables et de scandale !

Je le rappelle ici, que les *Protocoles de Sion*, qui sont l'exacte description de l'état de décomposition très avancée de notre société qui, en 1921, au moment de l'article du *Times*, n'avait absolument rien encore de comparable à la situation présente, où l'on voit, cette ville de Genève, centre nous dit-on d'institutions internationales qui vont régénérer l'humanité, être littéralement bombardée d'attentats de tous ordres, à journées faites !

Le protocole 18 des *Protocoles des Sages de Sion* des excellents amis de M. R. Payot et de M. Alh. Payot ne s'intitule-t-il pas : « Organisez le désordre ».

D'une ville qui n'est plus en rien comparable à ce qu'elle était encore au début du siècle, où tout se détruit et se discute, où des théologiens se réchauffent de leurs insanités dans le sein des Juifs, où le magnifique Calvin et ses compagnons de route et de lutte ne comptent plus les moments qui voient leur grandeur être jetée dans les outrages ; et couronnement de toute cette pourriture, la ville de Genève entière dans ses autorités civiles et religieuses, subissant dans une honte dont elle ne tremble même plus, le sermon du grand rabbin de Genève, accompagné du mensonge de synagogue des « six millions ».

Misérables que vous êtes ! Mais, il est encore à Genève beaucoup d'honnêtes gens ; quand donneront-ils de la voix, qu'on s'aperçoive qu'ils sont de ce monde ? Faut-il que la terre tremble et que St-Pierre s'écroule dans les ruines ?

On a toujours dit que le Vaudois n'était pas courageux en matière d'opinions dans l'ordre moral ou politique ? Affirmer des vérités envers et contre tout n'a jamais été son fort ! Mais on disait qu'il n'en était point ainsi des Genevois.

Genevois, montrez-nous que vous êtes là, et que maintenant, nous allons en finir de ce Juif et de ses Loges empoisonneuses de tout ce que nous aimons.

Oserait-on encore nous dire que les *Protocoles* ci, que les *Protocoles* là, ne sont rien de tout ce qu'on dit qu'ils sont ?

M. R. Payot, M. Alb. Picot encore, et le Juif par-dessus le marché, le diraient naturellement.

C'est la fameuse troïka de Russie, qui galope, qui galope, jusqu'à ce qu'on lui casse les reins, et que le néant de tout ce qu'elle dit, et proclame, et prétend, éclate dans la poussière de ses affirmations mensongères.

Les Protocoles de Sion n'existent pas ? *et il n'y a pas nécessité absolue d'antisémitisme ?* Un *antisémitisme* de la dernière minute ? Grâce à l'indignité de notre journalisme et d'autorités d'autoroutes ? Et le rapport du « Secret Service » des U.S.A. de 1919 sur lequel je reviens vu son extrême importance, qu'en faites-vous ? Doit-on courir les océans, le plat d'argent à la main, en chercher à Washington la minute ?

Cette confirmation éclatante, fulgurante, définitive des *Protocoles de Sion*, c'est l'épée de l'histoire jetée dans la balance du monde, et qui ferme une discussion qui n'a que trop duré, parce qu'elle clôt tout un problème et vous jette, vous trois de la troïka, dans la confusion et la honte d'être ce que vous êtes, le Juif kahalien et ses deux complices.

Le rapport du « Secret service » des U.S.A., c'est la justification absolue de *l'antisémitisme* pour toutes les honnêtes gens dont ne font plus partie MM. Picot et R. Payot.

Le temps des comédiens, des hypocrites et des opportunistes est passé !

Genève, n'oublie pas que la Société des Nations, idée juive s'il en est, nous a donné la Seconde Guerre mondiale, et la main sur ton cœur, dis-toi bien que les intérêts terrestres de Genève doivent céder le pas à ceux supérieurs de l'univers !

Tu es, du reste, empoisonnée de miasmes onusiens !

Il vaut mieux perdre toutes tes institutions internationales en vivant dans l'honnêteté et servant Dieu, que de les garder en servant le Juif, c'est-à-dire le diable, et le chambardeur, comme je l'appelle volontiers, de tout ce qui plaît au goyim.

Un Juif honnête et délivré des chaînes que porte sa race, le Dr Oscar Lévy a pu dire, en 1918 ou 1919, dans la préface de l'ouvrage de G. Pitt-Rivers *World Significance of the Russian Revolution* paru à Oxford :

« Les Juifs ne sont plus aujourd'hui que les corrupteurs du monde, ses destructeurs, ses incendiaires, ses bourreaux... Il n'y a pas eu de progrès, de progrès moral moins que de tout autre. Et c'est justement notre morale de Juif qui a empêché tout progrès réel : bien pis : qui fait obstacle à toute reconstruction de ce monde en ruines ». (*Protocoles de Sion*, édition Vieille-France, p. 144).

Mais avec le Juif aussi, Genève, tu perdras tes institutions internationales, car nous dit-on dans les Protocoles, les Juifs ne veulent ni parlements, ni parlote d'aucune sorte, ni constitutions !

Le Juif, le Juif seul, rien que lui à tout régir et gouverner !

Mais, j'oubliais M. R. Payot accablant, quel grand courage, quelle toujours belle noblesse d'âme, la mémoire des quatre derniers tsars assassinés par ses excellents amis juifs, des agneaux à l'entendre, les meilleurs qu'on se doit d'admettre ; nous en avons parlé plus haut, tout en nous permettant d'être complètement à l'opposé de M. R. Payot, jetant à la mémoire des quatre derniers tsars assassinés à leur poste, victimes des bêtes féroces juives de Russie en partie commandées de New York, jetant à la face de leur mémoire, dis-je, les fameux pogroms dont toute la réalité et la responsabilité sont à mettre, admirons encore ce grand courage et cette objectivité, au compte des tsars frappés par la main des serviteurs de Judas et de Marat, et qui ne sortent pas comme on voit de leurs assassinats !

A qui fera-t-on croire, sinon à MM. Payot, et O. Reverdin président de la Société suisse des Sciences morales, et qui croit encore à l'éternité des institutions politiques qui nous régissent, alors que tous les hommes sérieux non embrigadés dans le système comme M. Reverdin, reconnaissent qu'il faut absolument mettre en chantier des assises politiques de raison et de bon sens, libres de toute influence juive et maçonnique - qu'à ce problème des pogroms les Juifs y sont blancs comme neige, piètrement armés mentalement et moralement comme ils le sont, et de surplus excellents usuriers comme nous savons dans tous les pays par lesquels ils ont passé, et que Saint Louis, lui-même le meilleur des hommes, n'avait pas manqué de fustiger d'importance.

Et si je vous disais, Monsieur R. Payot, l'homme des propos académiques et bien en cour, que les *pogroms peuvent être au contraire un excellent signe de santé et de salubrité publique,* et qu'il serait excellent, et de bon augure, et de bonne guerre, que nous en eussions, avant que « l'éloigné de Dieu » n'ait déclenché sa troisième guerre mondiale ! achevant notre chaos et couronnant son triomphe.

Je n'ai jamais été que pour les jugements en profondeur, et vous n'êtes que pour ceux, superficiels, qui vous assurent une existence tranquille dans les pas de ceux qui mènent le monde, et sont dans le train de jeter bas les derniers restes d'une société chrétienne digne de ce nom.

Quand les Juifs pourront s'écrier avec nous : « Si la vie et la mort de Socrate sont d'un sage, la vie et la mort de Jésus sont d'un Dieu » ; ou quand avec le classique et merveilleux Boileau qui respire son grand siècle, tout à la clarté et à la résonance de ses vers de cristal et d'honnête homme, ils chanteront le cœur désentravé et libre comme l'air :

Rien n'est beau que le vrai, le vrai seul est aimable ; et quand ils pourront dire avec Montaigne, qui n'a jamais été, quant au Ciel, le sceptique que beaucoup veulent absolument qu'il soit, cette parole très profonde : « D'autant tu es Dieu, comme tu te recognois homme »...

Les vues de Montaigne en matière de métaphysique et de haute religion chrétienne ne sont que trop peu connues, elles sont souvent de très grande éloquence...

Je dis que quand tout cela sera, nous prendrons les Juifs, mais alors seulement, dans nos bras ; tant qu'il n'en est pas ainsi, il faut les considérer toujours, et encore, comme l'ennemi le plus redoutable et le plus dangereux qui soit, à s'appliquer de fermer à tant des nôtres les chemins du Ciel, la seule bonne et grande chose dans la vie, par d'affreux sophismes et basses tentations, prises dans et jetés hors des cavernes mêmes de Satan.

Le vrai cœur de l'homme est quelque chose de si tendre et de si beau, qu'on ne saurait assez faire à le défendre, et à jeter pour lui dans les arènes du monde, tout ce dont nous disposons, et dont Dieu multipliera les effets.

Dieu est le multiplicateur des qualités de ceux qui l'écoutent.

Il faut aller à ces gouvernements d'autrefois qui ont eu beaucoup de bonnes choses pour eux, à ces princes dont tant, dans les pays qui nous environnent, rempliront bien leurs devoirs, *les meilleurs défenseurs des peuples ont dit les Juifs eux-mêmes dans leurs Protocoles ;* entendez-vous, stupides adeptes des stupidités juives, sous lesquelles et dans lesquelles vous vivez d'une vie si médiocre et si basse, qu'avec les années le désespoir s'empare de l'homme, dont le cœur est précisément vide de tout ce qui fait la vraie vie... c'est alors trop tard, trop tard pour beaucoup d'en changer...

On n'oubliera jamais, comme nous dit Thiers, la stupéfaction de Napoléon n'en croyant pas ses yeux, voyant après la victoire de Wagram, François II empereur d'Autriche-Hongrie rentrant vaincu à Vienne, mais entouré de toute la vénération, de tout l'amour, de tout le respect de son peuple unanime, et n'ayant plus qu'un seul cœur, et ne pensant plus qu'à lui faire oublier les malheurs d'une grande bataille perdue.

Admirable et touchante manifestation de l'esprit des temps passés, mais qui reviendront quand les Juifs, l'infidèle à Dieu depuis deux mille cinq cents ans et l'auteur des Révolutions française et russe et de la Libération et des deux guerres mondiales, seront jetés très loin et très bas de tout ce qu'ils ont sali et dégradé à leur contact.

« Les parvenus de l'intelligence connaîtront les antiques distinctions de vie et de mœurs, la supériorité des manières, l'affinement et la culture souveraine du goût », a dit Charles Maurras, cet homme de feu, de raison et de clairvoyance.

Il faut aller, Monsieur R. Payot, directeur du *Journal de Genève*, à ceux qui sont avec Dieu, et s'éloigner, ce que vous ne faites pas, bien au contraire, de ceux qui vivent avec Lucifer, écoutant une fois de plus dans l'histoire leurs faux prophètes, et cherchant, dans un Talmud repoussant, des raisons de vivre des vies insensées, sans cesse nourries à des sources les plus impures qu'il soit possible, et qui font frémir.

Qu'a dit le Dr Oscar Lévy plus haut ?

Piétinez le funeste libéralisme drapeau de votre journal, libéralisme dont les *Protocoles célèbrent les effets destructeurs sur la société* ; on se doit de l'exiger, au nom des dangers terribles, je dis bien terribles, que les Juifs au summum de leur puissance font actuellement courir au monde, en marchant, ces frénétiques, au bouleversement général et à de nouveaux flots de sang devant lesquels, l'univers alors conquis, ceux de Russie mêmes, si grands qu'ils furent, ne seraient que filets et de miniature encore.

La monarchie juive universelle, est, Monsieur R. Payot qui faites comme si vous n'en saviez rien, l'objectif de tous les Juifs aux premiers postes de commande de la race, et par tous les moyens !

Israël installé en Palestine, premier objectif du sionisme réalisé, on voit immédiatement, prenant la relève, et allant de l'avant, de nouvelles aspirations, qui ne sont rien moins que l'empire du monde tout entier.

Dites, M. R. Payot, à vos lecteurs, ce qui est, et non pas ce qui fait plaisir aux Juifs que vous leur disiez. Et laissez de côté ce courage que vous employez à servir les puissants qui ne le seront pas toujours ! Je connais quelque peu le problème juif, et je vois que vous faites absolument comme si vous ne le connaissiez pas.

Quand on voit votre attitude et celle, M. R. Payot, de votre journal, lors de *l'humiliation nationale,* je dis bien humiliation nationale qui est infligée à tous les fils tant soit peu fiers et dignes du passé militaire de leurs ancêtres, par cette bande de youtres de Zurich, le 20 août 1964, qui sur simple article de journal, voient notre Conseil fédéral, notre plus haute autorité, se jeter à leurs pieds, à boire à leurs paroles, acquiesçant d'emblée à leurs ukazes.

Et tout ceci, parce qu'un chef du Protocole dans une réunion privée, tient ou plutôt aurait tenu, nous dit-on, des propos qui ne sont pas à l'avantage des Juifs.

Doit-on louer le vice ? le mensonge ? les faussaires ? les conjurateurs ? Doit-on s'incliner devant de tels gens ? Sans dignité ? sans honneur ? et les voir mieux qu'ils ne sont ? tout en bas des hommes par leurs fautes nombreuses ?

Comme on comprend quand on voit ces Juifs devenir si insolents, impudents, sans- gêne, sans bonne foi, toujours à crier, de plus en plus insupportables, toujours à accuser ne s'accusant jamais, *comme on comprend, dis-je, la naissance des pogroms* qui ne tarderont pas chez nous, tellement tous les gens au cœur bien placé, en ont assez de cette race la plus dangereuse pour notre foi et notre santé morale qui soit au monde, honnie de Dieu, et qui devrait l'être de tous les hommes, dans l'état où elle se trouve dans ces temps obscurs et troublants que nous vivons, et qui ne sauraient cependant nous cacher les splendeurs divines de la révélation.

Ce que je sais, c'est qu'à la place de M. Serra, je n'aurais pas démissionné, mais que j'aurais voulu que le Conseil fédéral, déjà si mal en point depuis les événements de 1963, et dont on parle ici à notre chapitre II, me chasse de ma place pour faire plaisir à ces youtres de Zurich, perdant alors le peu de considération qui lui restait encore et que l'équipée des Rangiers n'avait en rien améliorée.

Et puis encore, disent nos youtres zurichois, il faut prendre des mesures à l'égard de tous les fonctionnaires du Département politique professant des opinions antisémites... tiens, et pourquoi pas mettre en congé tous les citoyens suisses en professant pendant qu'on y est.

Voyez donc ici, quel plus bel exemple, ce Juif toujours Juif avant d'être du pays qu'il habite, dont il a reçu la citoyenneté (espérons plus pour longtemps), et dans lequel il n'a jamais fini de crier et de se rendre insupportable.

Il faut jeter, de dehors de chez nous, nos pires ennemis, et les surveiller, tant qu'ils sont là, de très près, sans les perdre de vue, un instant, et surtout détruire la franc-maçonnerie la servante et l'instrument malfaisant des Juifs conjurateurs !

Voilà le travail des Suisses devenus comme un peuple de larbins, nous marchons à la fin d'un système politique dont nous aurons à changer sous peine, comme déjà dit, d'en mourir.

Plus de cœur, plus d'âme, plus de sérieux, plus de fierté, rien même pour sauver les apparences, la dignité aussi s'en est allée... le virus talmudique et maçonnique a tout pénétré.

Peuple suisse, ceux-mêmes qui te dirigent n'ont plus foi dans le système qui ne les porte plus ; mais au contraire, les jette de plus en plus bas, nous le voyons tous les jours.

Notre grand ennemi, ce sont nos institutions politiques rousseauistes, qui gâtent les hommes même les meilleurs, quand il en est encore quelques-uns à se mettre à ce harnais, et non pas les hommes qui dénaturent les règles sous lesquelles nous vivons.

Les hommes de qualité, partout, aux U.S.A. surtout, désertent les fonctions publiques.

Aux U.S.A. Goldwater petit-fils de Juifs polonais, Johnson né dans une baraque parti terrassier, Truman fils d'épicier...

Les Juifs ont toujours dit, dans leurs *Protocoles* notamment vive le suffrage universel qui nous amènera des tas d'arrivistes et d'hommes sans envergure ni envolée, ni savoir-vivre, sans goût et sans manières ; nous en ferons ce que nous voudrons.

Le système a failli, le moment est là d'y porter remède.

Il nous faut des institutions politiques qui nous permettent de combattre avec certaines chances de succès l'énorme puissance juive développée faute d'antisémitisme, et partie de leur conjuration couronnée de succès de 1789.

Que fait dans cette *affaire Serra* le *Journal de Genève* ? rien ou à peu près rien comme nous l'avons vu plus haut ; un ou deux petits articulets à l'intérieur du journal, de rien du tout, histoire de dire qu'on en a tout de même dit quelque chose, mais sans que le Conseil fédéral ou les youtres zurichois ne soient l'objet de la moindre critique, attitude singulièrement parlante de l'acolyte de la troïka !

C'est l'éteignoir dans toute sa beauté, le comme si de rien n'était, le silence dans presque l'absolu ; et l'on voit l'extraordinaire du correspondant à Berne du *Journal de Genève*, donnant un article de fond en première page première colonne le 25 août 1964 (soit cinq jours après le début de l'affaire Serra) portant le titre : « Les limites de l'étatisme », article totalement étranger à l'événement du jour alors que tout était pour qu'il en fût parlé.

Et toujours dans la même note, le 31 août, du même correspondant, un second article à même place intitulé « Union nécessaire dans un monde en discorde », qui ne traite nullement de ce qu'une fois encore on attendait, tout en jetant des fleurs au Conseiller fédéral Tschudi à propos de je ne sais plus quoi.

Encore attitude significative du *Journal de Genève* ; était-ce le moment, vraiment, de féliciter un quelque Conseiller fédéral ? Nous venions aussi de vivre les événements des Rangiers où les provocateurs ne sont pas ceux que toute la presse a chantés !

Soyez patriotes si vous désirez avoir honte, et rougir et bouillonner d'amour-propre blessé, ce beau mot de patriote créé par Saint-Simon pour Vauban qui le porta magnifiquement... et que tant de Suisses maintenant piétinent, pour se mettre dans les erreurs et les folies du Juif, qui ne demande rien tant que le gouvernement international unique, l'objet de ses plus ardents désirs où, ou le devine, ils concentreront toute leur puissance.

Le Juif, le péril des périls du XXe siècle !

Oui, M. R. Payot, je dis que vous êtes, par votre attitude et votre plume, qu'elle soit silencieuse ou qu'elle coure sur le papier, le complice des Juifs, soit que vous favorisez ces conjurateurs contre ce qui reste d'une société civilisée et qui ne l'est même plus que très peu.

J'entends encore les appels angoissés de l'Association des sociétés patriotiques de Genève devant l'insécurité des temps et de la vie dans cette métropole qui, nous disait-on, allait régénérer le genre humain par ses institutions internationales, la Société des Nations, puis l'ONU.

Protocole de Sion n° 18 : « Organisez le désordre. »

Il faut nettoyer les écuries de Genève, Hercule, de cette Genève autrefois si belle, et maintenant submergée et noyée dans les complots et conjurations des Juifs.

Redonne à ce *Journal de Genève* le lustre qu'il n'a plus et qu'on aimait à lui voir, dans un temps où son indépendance de propos lui était plus chère que tout au monde.

Tout à ceux qui crucifièrent Jésus, allant, cette Genève devenue méconnaissable, jusqu'à se suspendre aux lèvres d'un grand rabbin !

Humiliation nationale à Zurich par les Juifs, humiliation nationale à Genève par les Juifs. Vieux Suisses, ancêtres couverts de gloire et de bravoure, que dites-vous de vos descendants ?

Ce grand rabbin de Genève, revêtu de l'escroquerie des « six millions », dans une synagogue qui n'est plus seulement, comme au temps de Jésus, une « caverne de voleurs », mais encore et surtout une maison de très grands menteurs.

C'est avec ces « six millions de gazés », c'est en fonction de l'énormité de ce chiffre, que les Juifs obtinrent de l'Allemagne tout l'argent que nous savons.

Le Juif trafique de tout, même de ses morts, et sait, quand il le faut, les multiplier intensément ; il est donc ce qu'en bon français l'on appelle un escroc ; une fois de plus après beaucoup d'autres.

Que le Fils de Dieu n'a-t-il pas été là, pour jeter tout ce vilain monde dans les eaux du Rhône, qui ne virent jamais, depuis le temps des Allobroges, une Genève tant abaissée et tant avilie par un Juif cousu de son or, d'un or devenu, par un système de folie, le premier et le dernier mot de tout.

L'antisémitisme, Monsieur R. Payot, est la nourriture que nous donne le bon sens, le goût, la délicatesse, la dignité de soi-même soit l'amour-propre, et l'observation attentive de tout ce qui se passe autour de nous parmi les hommes.

Monsieur R. Payot, directeur du *Journal de Genève*, l'ami inconditionnel des Juifs destructeurs de la société chrétienne, l'ami et le défenseur des Juifs sur toute la ligne, écoutez le Juif Blum, président du Conseil des ministres en exercice de France, qui vous parle :

> « Il apparaît nécessaire que la femme, elle aussi, ait sa vie de garçon, de passion, d'aventures... elles reviendront de chez leur amant avec autant de naturel, qu'elles reviennent du cours ou de prendre le thé chez une amie... je n'ai jamais discerné ce que l'inceste a de proprement repoussant... »

Ne voit-on pas que c'est là, toute la volonté de tous les Juifs de toute la terre, de nous empoisonner, qui parle et s'étale, impudente, cynique et brutale comme à son habitude, sur les lèvres de ce Juif, de ce youtre placé à la plus haute place de France, à celle que tant de rois illustrèrent de leur présence ?

Ce youtre de Blum réédite son livre *Mariage* où se trouvent ces insanités, l'année même où il est président du Conseil des ministres (1936-1937).

Ai-je raison, oui ou non, d'être antisémite, Monsieur R. Payot., qui ne rougissez pas de ne pas l'être ?

Voici le Juif Naquet, autre membre du Conseil des ministres de France ; frémissez encore, rois de France, amis tutélaires de vos peuples, dans ce qui reste de vos tombeaux, violés en 1789, par le Juif et sa révolution ; qui parle dans un livre intitulé *Religion, Propriété et Famille* :

« Le mariage est la cause de la dégénérescence de l'espèce humaine ; c'est une institution génératrice de vice, de misère et de mal : il faut lui préférer le concubinage ou l'union libre sans intervention de l'autorité, sans consécration religieuse ou légale. Le mariage existant, la prostitution fait plus de bien que de mal. »

Le dernier des brigands, le dernier des bandits, le dernier des anarchistes, le dernier des chenapans ne parlerait pas de la sorte ! C'est un Juif qui parle cependant, placé à la tête d'une des premières nations du monde, éminente à tant d'égards, et qui se voit, à ce moment déjà, victime de la race maudite du figuier desséché. Ai-je raison, Monsieur R. Payot, oui ou non, d'appeler les Juifs des youtres ? des « salisseurs » de l'esprit humain ? ai-je raison d'être antisémite ? Et quel est celui qui oserait dire qu'il ne l'est pas ?

Messieurs Albert Picot et René Payot ? Le mot du duc de Guise avant son assassinat est sur mes lèvres : « Il n'oserait. »

Mais j'allais oublier cet autre Juif Paul Bert, ministre de l'Instruction publique de France en exercice et *faussaire,* attribuant à Louis XIV des paroles qu'il n'a nullement dites, et prises, dit ce youtre de ministre, dans son testament, paroles bien entendu à la défaveur de Louis XIV ; mis au pied du mur par Drumont, il doit corriger son texte (voir chapitre XII).

Monsieur René Payot, êtes-vous toujours coûte que coûte défenseur des Juifs, quand ils sont ministres de l'instruction publique et faussaire ?

Quand je disais que M. R. Payot était la complice des Juifs dans leurs insanités empoisonneuses du genre humain, en attendant de le faire tout entier (ils l'espèrent comme ils s'en croyaient sûrs sous Titus, à Jérusalem, en 70 après J.-C.) souffrir par le fer et par le feu.

M. R. Payot, qui devrait passer son temps à nous éclairer sur les sinistres visées, dont nous avons les preuves, de nos youtres internationaux, et qui n'a de cesse de tout dérober, de tout cacher, de tout éteindre, de tout taire, de toutes les horreurs sorties des lèvres de la race des fosses de Katyn.

Demandez-moi donc maintenant quels sont les auteurs de cette décomposition sociale, de ces blousons, de ces bas plaisirs, de cette délinquance juvénile, de cette débauche cultivée dans cette lumière Malsaine, trouble, bassement sensuelle et de faible intensité, que sont ces bars à café où se perd notre jeunesse, et que des autorités d'autoroutes et d'indignité n'ont aucun souci de jeter bas.

Voilà les amis de M. R. Payot que je, dit-il, défends de toutes mes forces envers et contre tout.

Les Juifs et leur franc-maçonnerie, auteurs des obsèques civiles du plus grand poète de France, celui d'Hernani à Sylva :

> Si tu daignais vouloir qu'avant de fuir aux cieux
> Mon âme allât revoir la sienne dans ses yeux.

Autre sujet à des prises de position, Monsieur R. Payot, qui depuis longtemps ne rougissez plus de la compagnie déshonorante qu'est celle de ces grands Juifs, dans laquelle il vous plaît de vivre et qu'il vous plaît de défendre.

C'est encore un autre Juif, un Dreyfus, dit Drumont, interpellant au Conseil municipal de Paris, pour que dans les écoles, notre Hugo soit proscrit parce qu'il parle de Dieu et de la prière !

J'allais oublier le Talmud :

> « Jésus-Christ est plongé dans l'enfer, dans l'eau bouillante... La sainte Vierge a engendré son divin fils à la suite d'un adultère commis avec un soldat du nom de Pandara. Les églises chrétiennes sont des cloaques, les prédicateurs des chiens enragés. Il est des passages où il est ordonné de tuer le meilleur goyim. La parole donnée au goyim n'engage à rien. Chaque jour, dans leurs prières, les Juifs doivent lancer trois fois des malédictions contre les ministres de l'Église, les rois et les ennemis d'Israël. »

On pourrait ajouter des centaines d'exemples, et des milliers mêmes à ceux ici donnés, tant le Juif est acharné à sa lutte de destruction des chrétiens et d'instauration de son pouvoir universel, auquel, il croit fermement, envoûté dans son mal par ses faux prophètes.

Il est tant de complaisance à son égard de par le monde, comme celle de ces trois messieurs de Genève, MM. Picot, Payot et Reverdin, qui, depuis longtemps, auraient dû parler de ce qu'il fallait dire pour nous sauver, et n'ont jamais parlé, que pour nous enchaîner un peu plus encore dans le système du Juif.

En ce sens, MM. Albert Picot, ancienne première magistrature de Suisse, et R. Payot, directeur du *Journal de Genève,* sont des hommes néfastes à leur pays.

Comprenez-vous, lecteurs, qu'il y ait nécessité d'antisémitisme, si nous voulons sauver nos âmes et nos corps ? et qu'il y ait nécessité de s'appuyer sur Dieu, pour vaincre des obstacles qui paraissent invincibles aux forces humaines ?

Comptez beaucoup sur Dieu et peu sur les hommes, qui plus haut situés sont-ils dans la société, plus attachés sont-ils aussi à ces intérêts terrestres agissant aux dépens de ceux du Ciel, alors que l'âge devrait opérer des affections et des attirances contraires, puisque notre vie terrestre, à tout instant, s'écourte et nous rapproche de celle qui va lui succéder.

Mais je n'ai point fini, il faut que de ces Juifs de cauchemar, je déverse ma bile, et dise enfin de ces misérables pourchasseurs de toutes les bonnes choses déposées dans nos cœurs, tout ce que personne ne dit, et surtout ceux qui devraient dire et se gardent comme du feu de dire, ces journaux, cette presse jetée dans un perpétuel silence de tromperies par celui qui criait : « Que son sang retombe sur nous et sur nos enfants. »

Il faut que tout le monde soit convaincu de l'absolue nécessité d'un *antisémitisme de justice et de raison et de sang-froid,* avant qu'il ne soit trop tard ; *convaincu d'une seconde nécessité absolue,* sous peine sans cela dans un proche avenir de n'avoir plus rien qui soit à nous, soit par la chute des valeurs mobilières provoquée par le Juif, soit par le communisme partout se saisissant de la propriété.

Il faut que tout le monde soit convaincu de *l'absolue nécessité d'un antisémitisme de tous les instants,* et de la seconde nécessité absolue, de désarmer le Juif de ces sommes énormes accumulées par tant de voleries et d'escroqueries parties du Talmud et des *Protocoles de Sion,* exécutées tout au long des siècles, et qui auraient dû, normalement, voir de notre part deux ou trois grandes saisies, comme l'histoire nous enseigne qu'il en fut ainsi.

De par la conjuration mondiale du Juif contre le genre humain, dont le rapport du Secret service américain nous donne la preuve, nous sommes en état de légitime défense, et *tous nos devoirs vont à préserver le monde de la catastrophe sanglante que serait une hégémonie mondiale juive.*

Salut public, salut public, *ad patriam servandam !*

Nous sommes l'ennemi mortel, cette chrétienté qu'il faut abattre par tous les moyens permis et non permis, ainsi qu'il en est dit dans leur livre de chevet, dans ces *Protocoles* dont M. R. Payot, à le lire, n'a jamais entendu parler ! ! !

Commediante, Commediante, s'exclamait Pie VII, jetant à Napoléon son épithète.

« Que son sang retombe sur nous et sur nos enfants », terrible parole, et qui n'a pas fini de jeter ses effets fatidiques, sur « l'éloigné de Dieu » persistant dans son erreur et prisonnier de sa nasse de grand coupable.

Je vois ces Rothschild, ces Rothschild de « l'illustre famille Rothschild » de M. Braichet, ces grands voleurs de sommes énormes, et qui gagnent quatre cent cinquante millions de francs en une semaine lors de l'emprunt de la Libération du territoire en 1871 (*Libertés françaises,* avril 1957, p. 50).

Des Français de Bruxelles, qui reçoivent d'Amérique, pour les victimes de la Guerre de 1870 la somme de nonante-quatre mille francs, et sur laquelle Rothschild prélève une commission de deux mille francs.

Une de ces crapules rothschildiennes (*France juive,* tome I, p. 365), de « l'illustre famille Rothschild » de M. Braichet de la *Feuille d'Avis de Neuchâtel,* qui, en 1847, avait soumissionné un emprunt de deux cent cinquante millions sur lequel, par les cours déjà il réalisait un bénéfice de dix-huit millions et qui, la Révolution de 1848 venue et installée, refuse de verser ce qu'il devait à l'État, soit la somme de cent septante millions.

Ces Juifs chez lesquels, dit Drumont, *le sentiment de la dignité est absolument* inconnu, qui supporte tout pour arriver à leur but.

Ces voleurs de Rothschild, pour lesquels, avec d'autres grands rapaces de même race, M. R. Payot lui aussi, à force de juiverie parlée ou omise, a perdu toute sa dignité.

Faire, depuis des décades et des décades, la chronique de politique étrangère, et n'avoir jamais parlé des Juifs première puissance internationale, de leur rôle, de leur conduite, de leurs méfaits, et de la nécessité pour un journaliste qui se respecte, d'en avertir, le plus souvent qu'il est possible, ses lecteurs, voilà un formidable tour de force qui ne grandit pas, et diminue singulièrement, la valeur des exposés de celui qui en écrit !

M. R. Payot est un des maîtres de la politique superficielle.

Mesurez le Juif et mesurez le chrétien, le *gentiluomo*, le *Junker*, l'*hidalgo*, le gentilhomme de notre race aryenne !

Le *Misanthrope* de Molière entendait rompre en visière avec le genre humain ; il nous faut rompre absolument en visière avec la race du Talmud qui n'aura jamais fini de nous corrompre et de nous détruire.

Le général Fleury, grand écuyer de Napoléon III, en invitation chez les Rothschild, est reçu à la première place (*France juive*, t. 2, p. 107). Napoléon tombé, on le met à la dernière.

Prenez maintenant notre race, et mettez-y Louis XIV, se battant partout en Europe pour la préséance de ses ambassadeurs, et qui chez lui, partout, s'efface devant Jacques II d'Angleterre qui, chassé de son royaume, a perdu son trône et se trouve l'hôte du roi de France.

Voilà Michelet, comment faisait celui que vous n'aimiez pas, et contre lequel vous avez tant dans votre *Histoire de France* vitupéré, ce qui fit dire à Charles Maurras, à ce propos, et à votre propos, et pour beaucoup d'autres propos, que vous manquiez « à un rare degré de l'art de distinguer ! »

Laissez vos Juifs tranquilles, Monsieur R. Payot, et pensez au ciel où ils ne sont pas en odeur de sainteté, et cherchez à admirer et à défendre chez ceux où l'on peut, quand on a le cœur bien placé, admirer, respecter, et défendre autre chose que ce sale argent, dont ces maudits Juifs ont fait, en tout, l'arbitre qui louche à tout !

Laissons les siècles passés et d'avant 1789, et qui peuvent nous regarder de très haut, nous qui sommes tombés si bas, abandonnant l'antisémitisme de nos ancêtres, pour nous jeter dans le philosémitisme des temps présents, alors que le Juif n'a pas changé d'un iota.

Je ne peux guère allonger, mais le dois encore cependant ; j'aimerais tant soit peu faire rougir MM. Albert Picot et René Payot de la compagnie dans laquelle ils aiment à vivre, et qui n'ont pas assez de tout leur parler, de toutes leurs plumes et de toutes leurs griffes, pour à chaque instant courir à leur louange et à leur défense, allant jusqu'à se jeter dans leurs comités d'honneur, comme nous le verrons dans le chapitre suivant de l'un d'entre eux ; d'honneur, pour le Juif qui n'en a pas et de honte, pour le chrétien qui s'y voit perdu du sien !

Avez-vous fini, mauvais guides, de vous donner les airs des beaux rôles et de la charité chrétienne, en défendant et courtisant ceux qui sont les puissants du jour, et en vous jetant sur ceux qui ont soif non pas d'or et d'argent, mais d'esprit de vérité et d'amour du bien public.

Les Juifs sont les ennemis du bien public !

Je me demande ce qu'il faudrait que nos Judas accomplissent pour que MM. R. Payot et A. Picot s'habillent d'antisémitisme, se lèvent pour protester, eux qui ne bronchent toujours pas devant tant, tant de forfaits accomplis par le professionnel du mensonge auteur des deux guerres mondiales.

M. R. Payot, directeur du Journal de Genève, et M. A. Picot, ancienne première magistrature de Suisse, attendent-ils que la troisième guerre mondiale soit à la porte pour enfin changer leur fusil d'épaule ?

Je prie par l'index de ce livre, sous Ford, de consulter ce qu'il dit de la culpabilité des Juifs quant à la Première Guerre mondiale, et sous Malynski quant à celle de la seconde, à côté d'autres arguments probants.

Ne soyez pas plus longtemps, grands hommes de Genève, croyez-moi, les complices du Juif dans une affaire d'une extrême gravité, où, par toute votre personne, et vos actes, et vos gestes, et vos écrits, vous poussez vos compatriotes dans une confiance talmudiste, qui ne peut être pour notre pays que génératrice de catastrophes et de sang versé, dans quelque révolution communiste juive aussi grave, aussi cruelle, et aussi violente, que ne fut celle des Soviets.

Méditez, champions genevois, philosémites inconditionnels, sur quelques affirmations suivantes plus ou moins abrégées faute d'espace, et ne soyez pas fiers de vous !

Au chapitre espionnage (*La France juive*, tome 1, p. 66)

Drumont : « Il est incontestable que tout Juif trahit celui qui l'emploie. »

Cavour : sur son secrétaire juif Artom.

Bismarck : « Pourquoi Dieu aurait-il créé le Juif si ce n'était pour servir d'espion. » Voir à cette référence la suite.

Aussi *France juive*, tome 1, p. 399.

Voir de Poncins : *Espions soviétiques dans le monde*. Nouvelles éditions latines. Quantité de Juifs dans ceux-ci.

Voir *Protocoles de Sion*, édition Vieille-France, p. 177 : en 1920, complicité des Juifs polonais dans l'invasion de la Pologne par les Bolchevistes.

Juifs menteurs et faussaires :

France juive, tome 2, pp. 437, 438, 439.

Faussaires de l'histoire : la crucifixion, chez les Juifs, ignorée avant celle de Jésus (index sous Klausner) disent les Juifs, ce qui est faux.

Le Drame des Juifs européens, 1964, Rassinier, p. 39, à Nuremberg Edgar Faure se sert d'un faux.

Jüdische Pressezentrale, Zurich, 15.12.1937 : mentent sur le jugement des *Protocoles de Sion*.

Les Juifs indiquent un faux numéro au *British Museum* : 3926 d. 17 devient 3296 (in De Vries, Les Protocoles de Sion constituent-ils un faux ? (1938).

Revue juive, nov. 1937, et *Journal des Nations* (Genève), 3.11.1937, rendent incomplètement compte du jugement de Berne.

Énorme escroquerie des « six millions ». (Voir index.)

Les Juifs faussaires : Des milliers d'exemplaires du *Coran* imprimés en Israël, et distribués partout dans le monde. Edition expurgée dans un sens *pro-sioniste*. (*Europe réelle*, février 1964.)

Paul Bert, ministre de l'Instruction publique français, faussaire (voir index).

Rassinier in *Procès Eichmann : document Gerstein « faux historique »* (pp. 224, 231, 237, 246, 247), point de départ des six millions.

Rassinier (ibidem p. 120) : à Jérusalem, beaucoup de témoins de fantaisie... « celui qui a vu Eichmann écouter avec plaisir le 18 juillet 1942 le compte rendu des opérations d'asphyxie par les gaz à Auschwitz, alors, qu'à cette date, il n'existait dans ce camp ni chambre à gaz, ni fours crématoires ; tout cela n'a été, les documents officiels le prouvent, commandé que le 8 août 1942 à la maison Topf u. Söhne, à Erfurt.

Le document Gerstein « faux historique » refusé par le Tribunal de Nuremberg le 30 janvier 1946, et publié dans la presse du monde entier, par l'intermédiaire des agences de nouvelles juives comme reçu le 31 janvier 1946.

In Drame des Juifs européens (p. 65 Rassinier) : Le Tribunal de Jérusalem fait état du document Gerstein écarté purement et *simplement* à Nuremberg ; ibidem p. 66 : au même procès, les juges acceptent pour vrai, « à longueur de journée », les témoignages de chambres à gaz à Bergen-Belsen qui n'ont jamais existé.

Ibidem p. 21 : Mme Hannah Arendt déclare que trois millions de Juifs polonais ont été massacrés dans les premiers jours de la guerre (*New Yorker* 23.2.63) mensonge évident.

Les Juifs *sont-ils* des menteurs et fait-on sa compagnie des menteurs ?

Ibidem p. 159 : mensonge évident de l'Institut des affaires juives de Londres qui donne aux U.S.A., en 1962, cinq millions et demi de Juifs.

Le Juif, le *menteur* inné et téméraire.

Ibidem p. 167 : « et que lorsque le Centre mondial de documentation juive contemporaine fait figurer quarante mille Juifs belges dans la colonne des exterminés, il s'agit d'une abominable escroquerie. »

Ibidem p. 185 : « Comme à peu près toutes les données de source juive, le jugement du Tribunal de Nuremberg est en désaccord avec lui-même. »

Le mensonge Klausner : grand savant juif, dans sa *Vie de Jésus* 1934, déclare que les Juifs avant Jésus n'ont jamais connu la crucifixion, alors que dans leurs guerres civiles avant l'arrivée de Pompée, huit cents Juifs sont crucifiés (Dict. Emmaüs sous Macchabés).

Nécessité *absolue* de l'antisémitisme.

L'Action française à la Libération accusée de collaboration avec l'Allemagne et jugée sur ça !!! A-t-on le droit d'être antisémite ? et de défendre les vrais Français et les honnêtes gens ?

En France, toutes les presses d'imprimerie des journaux d'opposition, volées par le gouvernement juif de de Gaulle, à la Libération.

Les Juifs sont des voleurs !

Drame des Juifs européens, p. 205, Rassinier : Comme finalité à ses remarquables études de statistique démographique (p. 140 à p. 205) Rassinier peut dire : « Jusqu'à ce jour (1964) sur ces six millions de soi-disant gazés : *4.524.108 abusivement inscrits à la colonne des exterminés.* »

Le mensonge à l'échelle mondiale, les Juifs se fabriquent des morts. Rien de plus bas que le youtre ; la vertu genevoise associée au monumental mensonge de synagogue dont il est inscrit.

C'est ainsi que le Juif fait l'histoire.

Mais, à ces 4 524 108, s'ajoute ce qu'on ne sait pas des U.S.A., qui se sont inclinés devant le véto des Juifs à laisser examiner leurs registres de synagogues (1959), où, certainement, se découvrait dit Rassinier le pot aux roses : un nombre trop considérable de Juifs par afflux de Juifs européens (immigration clandestine aux U.S.A. épouvantablement accrue dit Beaty dès 1945).

On possède une bonne statistique juive de 1926, celle d'Arthur Ruppin, qui permet de bonnes conclusions à des hommes de l'expérience de Rassinier ; tandis, autres beaux mensonges, soyez fiers de vos poulains Messieurs R. Payot et A. Picot dont vous salissez Genève, tandis que toutes les statistiques juives, faites dès 1945, sont bâties en fonction de ce chiffre de « six millions de gazés » qu'il s'agit de manifester absolument.

C'est là que le Juif a besoin de tous ses mensonges !

Procès Eichmann, Rassinier, p. 231 : Rapport Kastner publié chez Kindler à Munich « en accord avec le gouvernement israélien », dans lequel, dit Rassinier, j'ai relevé « de nombreuses sollicitations par falsifications ou suppressions de textes », dont deux très importantes, la non-publication d'une lettre traitant du camp juif de Theresienstadt où tout est Juif, absolument de a jusqu'à z direction comprise. Calme remarquable, bibliothèque de 50.000 volumes, Eldorado des camps, etc.

La seconde, la falsification d'un passage relatif aux chambres à gaz d'Auschwitz dont j'ai cité la version originale et la version rendue publique. On trouvera ci-après, les photocopies de l'une et de l'autre.

Quel honneur, pour de grands hommes de ce bas monde, de se voir, au vu du monde entier, entouré de tels trafiquants du mensonge.

Et pour finir, *le Juif Giniewski* l'infâme, auteur d'un livre (1964) paru à la Baconnière, Neuchâtel (Suisse), intitulé : *Complices de Dieu. Définition et mission d'Israël.*

Dieu commettant des délits ! et qu'exige ce Giniewski, de nous tous, un acte de repentance collectif pour les douleurs des Juifs au cours des siècles.

Remarquez-vous, toutes ces dernières années, la progression croissante des menaces, insolences, et audaces juives qui croient déjà la partie gagnée !

C'est avec cet ouvrage, avec cette ordure prise au sérieux par M. Braichet, rédacteur en chef de la *Feuille d'Avis de Neuchâtel,* que ce youtre de Giniewski fait son entrée à ce journal, pour y donner, de sa plume, comme par hasard, un article sur un sujet à révolution, l'Afrique du Sud, en lutte avec l'ONU - et c'est très honorable pour elle, car l'ONU est une officine juive de la plus belle eau.

Combien de fois, ai-je, dans ce texte, chanté sur tous les tons que le Juif est le révolutionnaire-né par excellence, qu'on ne doit jamais le perdre de vue, alors que depuis 1789 la bride lui fut lâchée.

Nécessité absolue de l'antisémitisme, il n'est point de repos pour nous, tant que le Juif n'aura pas été mis au pas.

Voilà le Juif Bernard Baruch (*Protocoles de Sion*, édition Vieille-France, p. 278) président du Comité du matériel de guerre lors de la Première Guerre mondiale, qui, en 1917, en plein Congrès américain, est accusé d'un vol de deux cents millions de dollars.

Un autre voleur encore et en plus assassin (*Protocoles de Sion*, Vieille-France, p. 172) :

> « La Cour criminelle de Budapest réclame de l'Autriche (15 janvier 1920) l'extradition du Juif Bela Kun sur le chef de 236 assassinats et 19 vols à main armée. »

Des comptes du Trésor hongrois, il ressort que Bela Kun et ses acolytes ont fait passer, en Autriche et en Allemagne, 197 millions de couronnes pour les mettre en sûreté ; ils ont distribué 23 millions de couronnes à leurs acolytes.

On se souvient de l'individu grand maître du communisme hongrois, qui dure 133 jours, avec un Soviet de trente-quatre autres Juifs dont le Journal, de Paris, a montré les sinistres exploits (ibid. p. 172).

Ce sont, de nouveau, comme vous voyez, les petits agneaux et les petits saints de M. R. Payot, directeur du Journal de Genève, en action, et qui sont, bien entendu, commandés par le haut état-major du Kahal new yorkais ; de ces Juifs comme il en est beaucoup, puisque New York, à elle seule, en possède plus de trois millions 500 mille, et qui sont prêts, de par la *honteuse conduite et attitude des U.S.A.* à leur égard, qui n'en sont plus maîtres, à reprendre le bateau pour l'Europe et la Suisse, lors de la prochaine révolution communiste.

Le Juif Hermann, président du tribunal qui juge Marie-Antoinette reine de France, et au cours duquel jugement, les pires horreurs concernant le petit dauphin et sa mère sont jetées à la face de cette reine qui, si elle a commis des erreurs, n'en est pas moins la digne fille de la grande Marie-Thérèse et qui, marque de toutes ses souffrances, en arrivant au bourreau, lui jette le sublime, tragique et héroïque :

« Dépêchez-vous ! »

Dans les révolutions dont l'histoire nous a conservé le souvenir, les femmes et les enfants sont épargnés. La Révolution française d'abord, puis la russe ensuite, mettent à mort la première des milliers de femmes et la seconde des millions, sans oublier *même* des adolescents.

C'est la marque du Juif forcené, c'est la marque frénétique du Juif de ces petits saints de M. R. Payot, directeur du *Journal de Genève*, qui travaille d'une main ferme à leur avancement par sa plume, qui les blanchit, ou en omet tous les gestes et tous les actes, même ceux de la plus haute gravité, et de M. A. Picot, dont la personne se met dans leurs comités d'honneur, et n'a de cesse de jeter des fleurs sur cette vieille canaille de youtre que fut Léon Blum, ancien président du Conseil des ministres français, « salisseur » par excellence de l'esprit des Français, tout en ayant apporté sa quote-part, très importante, à l'éclosion de la seconde Guerre mondiale, en rompant les accords de Laval avec Rome.

Le cordonnier Simon, que Drumont affirme être Juif, devenu « l'instituteur » du petit dauphin, qui bat et corrompt l'admirable enfant, mort comme on sait à Saint-Domingue, selon toute vraisemblance, adolescent, frappé d'une balle au front lors de la révolte des nègres, alors qu'il se lançait courageusement à l'attaque (mission du comte de Maison auprès de Louis XVIII).

Je ne sais si Simon était Juif, mais ce que je sais, c'est que l'odieux du procédé, à mettre à côté de celui infligé au maréchal Pétain, marque à coup sûr le travail du Juif ! l'excellent ami de MM. A. Picot et R. Payot.

Juif insensé, travaillé de ce diable qui ne te quitte pas, le règlement de compte de ta pourriture ne saurait tarder, car Dieu ne permettra pas que le monde entier en soit couvert.

Messieurs, saluez la haute qualité ! de ces Juifs et de leurs procédés, qui viennent de défiler sous vos yeux - et n'oublions pas qu'il en est des milliers et des milliers d'autres de même calibre - et dont MM. R. Payot, directeur du Journal de Genève, et Albert Picot, ancienne première magistrature de Suisse, voudraient absolument que nous en fassions notre pain quotidien, et c'est là, dis-je, un crime qu'ils commettent envers la patrie, envers notre vieille Europe, quand on sait ce que le Juif prépare, ce que le Juif nous réserve, ne quittant pas un instant de vue ses visées de domination mondiale à atteindre, disent les *Protocoles des Sages de Sion*, de singuliers sages entre parenthèse, par *tous les moyens permis et non permis.*

« Nous ne sommes plus aujourd'hui que les corrupteurs du monde, ses destructeurs, ses incendiaires, ses bourreaux » a pu dire, nous l'avons relevé plus haut, le D$_r$ Oscar Lévy, un Juif honnête et droit, tel qu'il en est si peu en cette matière ici traitée.

Et c'est dans ces temps-là, que M. R. Payot jette sa plume sur ceux qui trouvent légitime et *urgent* d'attaquer et dénoncer le Juif, tout en y perdant ce sang-froid et cette mesure qui lui sont coutumiers, et ce, dans un article du *Journal de Genève* du 1er avril 1964 intitulé « Un pamphlet antisémite », article qui le voit à son tour devenir pamphlétaire au service du sémitisme.

Que pense M. le procureur général de la République et canton de Genève d'un tel comportement ? Je vous dis que ces deux messieurs genevois se jetteraient, pour le Juif, au feu s'il le fallait !

On a, dirait La Fontaine, les amis qu'on mérite !

Et la morale des morales, la morale salvatrice, désarmer le juif en lui prenant tous ses biens, faire ce que l'histoire nous enseigne qu'il faut faire ou mourir !

Il n'est plus pour nous que la méthode de Philippe le Bel, je vous dis, roi de France et professeur ès sciences politiques !

J'aime bien ça, il n'est plus que, comme si la chose était facile !

Un antisémitisme de courage et de force, qui regarde à Celui qui encourage et jamais ne se décourage !

Il faudrait des gouvernements et des hommes d'État, des vrais, de cette espèce dont nous n'avons plus, qui vivent pour la chose en s'oubliant eux-mêmes.

Hélas, le système a tellement corrompu les hommes, que la religion du sacrifice, que la beauté du sacrifice pour la plus noble des causes, que l'amour du travail bien fait, tout et partout s'est amoindri... et voilà.

C'est dans de telles conditions qu'il faut aborder la plus difficile et la plus dangereuse des entreprises.

Oui, oui, mais la bonne cause est avec nous, et le petit David aussi, et sa fronde qui ne pardonne pas !

Ce qui n'est pas possible sans le petit David devient très possible avec ce même petit David. Courage, humains, qui seriez éperdus, par la grandeur et l'imminence du danger suspendu sur vos têtes !

Le petit David est avec vous et c'est là de première importance !

Un antisémitisme absolu de courage, de force, et de connaissance, qui regarde à Celui qui donne le plus beau et le plus grand des courages !

Ad patriam servandam ! Allons à la patrie qu'il faut sauver ! qu'il faut conserver. Le travail facile n'est pas intéressant, il n'est pas de récompense sans effort !

Assez de lymphatisme, de légèreté, de pusillanimité !

Oui, nous avons vu la noble galerie de portraits devant laquelle s'inclinent personnellement M. A. Picot et M. R. Payot, et pour laquelle, ils n'ont pas assez du jour et de la nuit, pour se mettre en quatre, laissant de côté, tout simplement, avec une absence de conscience révoltante et criminelle, des pièces accusatrices de la plus grande importance, et des faits historiques de la plus haute valeur, et aussi que les Juifs sont les auteurs du communisme, qu'ils ont fait les épouvantables massacres de la Révolution russe et consorts, s'accompagnant de tortures inimaginables, et qu'ils n'ont qu'un but, la domination mondiale (voir index p. ex. sous Baruch Lévy), totale et absolue, au prix, on le devine, de quels fleuves de sang semés de souffrances indicibles.

Voilà quels sont les amis de M. A. Picot, ancienne première magistrature de Suisse, et de M. R. Payot, directeur du *Journal de Genève,* et voilà ce que ces messieurs vous cachent !

Ceux qui savent, comme il en est de ces deux messieurs qui n'oseraient pas prétendre ne pas savoir, ne doivent pas, je pense, se comporter comme ceux qui ne savent pas ! et induire par leur exemple leurs concitoyens dans l'erreur !

Restez au moins dans le silence, si vous n'avez le courage de parler que pour nous tromper, et jeter loin de vous pamphlets et comités d'honneur ! Ne jouez pas avec le feu et tenez-vous loin du méchant !

Démosthène, et vous Caton et Cicéron plus heureux, nous avons besoin de vos grands noms ; car les moments que nous vivons, présentement, d'une aventure dont l'envergure extraordinaire, pour la première fois dans l'histoire, atteint à l'universalité, demandent des cœurs fermes, et demandent ce que vous n'aviez pas encore et qu'il nous est donné d'avoir, un Dieu, puissant à la souveraine intelligence et à nos côtés, pour conduire les pas sûrs de ceux qui l'aiment et feront tout pour son service.

Ces moments, dis-je, qui sont à l'échelle de vos mémoires déposées grandiosement dans l'histoire qui n'oublie pas.

Soyez avec ceux qui entendent faire l'impossible pour sauver le monde d'une conjuration innombrable, presque à ciel ouvert, et que personne ne dénonce.

Qui ne sait que dans les conjurations, plus il est de conjurés, plus il est de raisons qu'elles échouent.

Nous avons toujours appris qu'il en est ainsi ; et dans la conjuration du général Malet, en 1812, alors que Napoléon est dans les neiges de Russie, et qu'il exécute presque seul, il s'en fallut d'un rien qu'elle ne réussisse !

Ici, phénomène peut-être unique dans l'histoire, les conjurés sont innombrables, leurs visées claires comme de l'eau de roche, authentifiées par de nombreux faits et documents, et rien ne les arrête et rien qui les dénonce que quelques voix du monde, dispersées, et qui ne changent rien à rien.

C'est qu'ici, sans doute, nous voguons en plein problème métaphysique, où les contingences terrestres ne sont pas celles qu'il nous est donné de rencontrer à l'habitude.

Un monde déshumanisé par le Juif !

Quand on voit, un chef d'État français tout entier juif, jeter du haut de son poste de commandement, des propos empoisonnés de pourriture, d'abjection, et de pornographie sur ceux qu'il gouverne, quel est celui qui n'est pas, alors, profondément pénétré de l'urgente nécessité d'intervenir, pour combattre à mort de telles audaces ?

Tout le monde, n'est-ce pas ? Tous ceux qui savent, parce qu'ils sont allés d'eux-mêmes au fond des choses, se gardant, comme du feu, d'une presse corrompue complètement engagée dans le système du Juif et de sa franc-maçonnerie, et se contentant, comme par exemple le *Journal de Genève*, de rester volontairement à la surface des choses, se gardant d'y gratter même quelque peu. J'exagère ? Vraiment j'exagère ?

Journal de Genève, parlez-moi, en première page, des *Protocoles de Sion* et du jugement rendu par la Cour suprême du canton de Berne (Suisse) le 1er novembre 1937, ainsi que du rapport du « Secret Service » des U.S.A. de 1919 ?

Je tiens à vous démasquer tous, imposteurs que vous êtes. Je défendrai mon pays, et tout ce qui lui reste d'honnêtes et de braves gens, jusqu'à mon dernier souffle de vie.

Ainsi raisonnent ceux qui se sont demandé le comment et le pourquoi de tout ce qui défile devant nos yeux ? Le comment et le pourquoi de cette société en décomposition, et qui ne cesse encore de se décomposer, les attentats ne faisant que pleuvoir tous les jours davantage, jusque dans nos plus petites villes, que dis-je, jusque même dans nos villages.

Tout le monde, n'est-ce pas, est persuadé de l'urgente nécessité d'aller à la source du mal ? tous ceux qui savent comme nous disions il n'est qu'un instant ? tout ce qui est encore civilisé ? tous ceux qui n'ont pas à rougir d'eux-mêmes ? ce qui fait que quand cet empoisonneur est un Juif, on est alors *obligatoirement antisémite.*

M. R. Payot et M. A. Picot ne sont pas antisémites et ne l'ont jamais été.

Quand on voit un autre membre du gouvernement français tenir dans un livre des propos pleins de vice, et dire toutes les horreurs possibles de la famille et du mariage, mettant avant eux la prostitution, tous les gens civilisés sont révoltés et n'ont qu'une idée, mettre ces monstres dans l'impossibilité de nuire davantage.

Et quand on sait que ce ministre est un Juif, tous les gens qui se respectent sont antisémites.

MM. R. Payot, directeur du *Journal de Genève*, et A. Picot, ancienne première magistrature de Suisse, sont des philosémites enragés.

Quand on voit un ministre français de l'Instruction publique commettre un taux aux dépens du plus grand roi que la France ait connu et à sa défaveur, et le jeter dans des manuels d'instruction publique allant, de surcroît, nous dit-il, chercher sa citation dans le testament de ce prince, comme pour donner par-là davantage de poids à sa nuisance, le cœur bondit et proteste violemment. Ce ministre étant un Juif, *le protestataire est nécessairement antisémite.*

MM. A. Picot et R. Payot ne bondissent pas, ils sont philosémites envers et contre tout, contre monts et marées ; quoique M. A. Picot soit un ancien conseiller d'État de l'Instruction publique, mais très porté de toujours vers les Juifs, comme nous l'avons montré par l'exemple de la Juive J. Hersch, empoisonnant notre jeunesse universitaire de ses propos subversifs, sous le règne de M. le conseiller d'État Albert Picot, chef du Département de l'Instruction publique de la République et canton de Genève, et dont l'enseignement (de la faculté des Lettres) était inscrit au programme des cours de l'Institut J.-J. R., et à celui de cinq autres facultés de l'Université de Genève, dont la médecine, le droit et même la théologie.

Nos pasteurs enseignés par une juive ! Voilà ce qu'avait trouvé le philosémite enragé M. Albert Picot, ancienne première magistrature de Suisse, et ancien conseiller d'État de l'Instruction publique de la République et canton de Genève !

Quand on apprend que le plus grand poète que la France ait connu, Victor Hugo, a été privé d'obsèques religieuses, de par le travail d'abominables manœuvres parties des Juifs et de leur franc-maçonnerie, *on est encore et toujours antisémite.*

M. Albert Picot et M. René Payot ne sont pas antisémites, bien au contraire.

Quand on voit, comme il en fut, il n'est que quelques semaines (1964), qu'on peut à Genève, dans une synagogue, célébrer la mémoire d'une formidable escroquerie faite sur des morts qui n'en sont pas, les fameux « six millions », l'expression même de la faculté de mensonge du Juif, en même temps que toute la Genève civile et religieuse est présente et ouïssant, ô prodige, un sermon de grand rabbin, *on se rend compte de la gravité et de la profondeur du mal dont notre société est atteinte,* et l'on se jette en arrière, d'instinct, aux fins d'échapper à ces outrages et à ces blasphèmes, *qui nous remplissent d'antisémitisme.*

MM. A. Picot et R. Payot ne se jettent pas en arrière, et restent tels qu'ils ont toujours été, se mettant, le premier, dans des comités d'honneur du Juif, et le second, piaffant des deux sabots, et jetant feu et flammes par l'organe d'anti pamphlets à l'adresse de l'antisémitisme.

Ainsi, le veulent la logique et la morale de ces deux grands hommes de Genève ! dans des temps où les Juifs y sont maîtres et seigneurs.

M. Albert Picot est un grand aristocrate genevois depuis des siècles, et l'on pourrait penser qu'il n'a plus besoin de parvenir en rien, si ce n'est, comme nous tous, en vertu et en amour du bien public.

Eh ! bien, il nous montre qu'on peut être tout en haut de la société genevoise, et se trouver bien aussi de se vêtir, dans les grands mots, et sur des gestes à effet, et dans des oublis volontaires, d'un parfait opportunisme, d'un arrivisme qui ne se connaît point de bornes, même si la Suisse doit, *car il s'agit de cela et de rien d'autre,* subir une révolution communiste juive sanglante !

J'exagère, Monsieur R. Payot, me direz-vous ? Je ne vous dis qu'une chose ; faites-nous un pamphlet pour vous équilibrer de votre anti pamphlet du 1er avril 1964, et cette fois contre la *fameuse escroquerie des « six millions » de Juifs massacrés,* vue plus haut dans ce texte, célébrée en grande pompe à Genève, en pleine synagogue, et qui voit l'abaissement inouï auquel est parvenue la ville de Calvin corrompue par le Juif, abaissement dans lequel elle se trouve si bien, ne demandant qu'à s'y tenir davantage, suspendue qu'elle est aux lèvres d'un grand rabbin.

Calvin, Calvin est-ce possible ? Avoir comme toi tant souffert et peiné, pour en arriver là !

Non, non je vous gage ma vie que tout peut arriver, sauf que M. R. Payot, directeur du *Journal de Genève,* sorte de son philosémitisme, dans la quiétude duquel et l'ombre de ses puissants protecteurs, sa plume tient une marche si paisible quand elle n'est pas anti pamphlétaire de l'antisémitisme.

Non, non, dit cette plume, je n'en changerai jamais, même si Genève, même si la Suisse, *car il s'agit de cela et de rien d'autre,* devaient subir une révolution communiste sanglante.

Misérables que vous êtes, que faites-vous de votre conscience ? cette perle divine, cette présence palpitante de Vie ?

Mais, me direz-vous, s'il survient une révolution communiste, ces messieurs la subiront ?

Pas sûr, étant de toujours dans les eaux juives ; et puis, ils peuvent aussi la voir, comme ils n'ont plus vingt ans, pour ceux qui les suivront, en s'écriant de cette parole dite de Louis XV, mais qui ne l'a jamais dite : « Après moi, le déluge. »

C'est là aussi, sur cette exclamation attribuée faussement à Louis XV, qu'on se demandera, si l'incommensurable faculté de mensonge du Juif ne s'est point exercée ?

Console-toi, console-toi Calvin ! les hommes tombent mais ils se relèvent. Et je te dis que nous allons faire pour qu'ils se relèvent ! En ton honneur, dans cette Genève perdue de Juifs, mais qu'il faudra bien mettre dehors, afin d'y célébrer dans ta mémoire le divin Maître, et lui ramener ces grands troupeaux d'autrefois qu'Il n'a pas cessé, jamais, dans son grand amour, d'aimer.

Chapitre XVII

Ce que les Juifs ont commis en Russie dès 1917 et ce qu'ils ont subi en Allemagne dès 1939

Nous avons vu au chapitre Révolution russe ce dont s'étaient rendus coupables les Juifs partis de New York en 1917, au nombre dit H. Ford, de quelques centaines de milliers, ayant préparé là la phase décisive des événements dès février 1916 comme le dit le document du « Secret Service » des U.S.A. (v. index), sans que le gouvernement américain pourtant prévenu une bonne année à l'avance ne fasse rien, en mauvais allié qu'il était tout à la cause des Juifs, pour l'empêcher de partir.

Le président des U.S.A. était le Juif franc-maçon Wilson élu en 1912, puis réélu en 1916, sauf erreur le premier président juif qu'aient eu les U.S.A. et sous le règne duquel, allait partir une première guerre mondiale désirée, voulue et déclenchée par les Juifs, à ce seul titre déjà que je leur donne, de « chambardeurs du monde » qu'ils méritent si bien, et comme nous le dit aussi Henry Ford (v. index guerres mondiales) qui les entendit le proclamer à cor et à cri à bord de son bateau de paix, qui les avait embarqués.

Génial embarquement, jamais plus génial, de cet homme qu'on ne croyait qu'un excellent connaisseur de la mécanique et bon industriel ; géniale idée rendant grand service au genre humain !

Il leur fallait, du reste, aussi profiter de cette présence d'un des leurs à la présidence des U.S.A., pour tenter une très grande aventure dans les meilleures et les plus favorables circonstances, et ne pas tarder plus longtemps à jeter les grandes nations de l'Europe les unes contre les autres, qui s'affaibliraient et se détruiraient à leur profit ; puisque tout un travail préparatoire de révolution et de dissolution avait été fait en Russie au XIXe siècle déjà et dès 1840, 1845.

Les U.S.A., animal d'expérience entre les mains des Juifs dans leur laboratoire d'infamie, et qui fait qu'une même génération peut voir deux guerres mondiales, la seconde suivie d'une guerre de Chine interminable, qu'on pouvait éviter en écoutant l'admirable Mac Arthur, guerre de Chine source de tant de complications et de pertes de toutes sortes et qui n'a pas encore cessé de durer.

U.S.A. prends garde, la puissance politique si fragile ne supporte pas longtemps qu'on abuse ou qu'on soit incapable.

L'Allemagne, tout près de nous, ne l'a gardée que quarante-quatre ans.

U.S.A., les Juifs sont ton tendon d'Achille ; le Juif corrompu, le Juif féroce, le Juif frénétique, le Juif sans Dieu, le Juif du Talmud, le Juif des révolutions sanglantes, et qui ne l'a point faite encore chez toi, et qui te charge, et qui, encore un peu, va t'écraser et te réduire en esclavage.

Le Juif mondial, problème mondial ! pour lequel il faut trouver remède mondial.

Nous avons vu comment ils firent la Révolution russe, et comment ils s'y comportèrent. Quels épouvantables bourreaux et tortionnaires ils furent, le commissaire bolchevick de Moscou nous l'a dit ; on ne peut trouver sur la terre rien qui leur soit comparable, rien qui soit plus cruel et plus sauvage ; des millions de gens trouvent la mort après d'indicibles souffrances, dont les journaux de l'époque nous ont donné à satiété d'effrayants récits (la presse de ces temps-là n'était pas encore ce qu'elle est devenue par la suite). Yeux crevés ou énucléés avec de petites cuillères, des bras dont toute la peau est retournée et rabattue mettant à nu l'appareil neuromusculaire et veineux ; des membres sectionnés et promenés dans les rues, des hommes jetés dans des fosses et recouverts de terre, des corps sectionnés par le milieu et dans toute leur longueur ; des têtes où l'on enfonce de nombreux clous et qui finissent par éclater.

Dans un tel déferlement de fureur, de haine antigoyim et de férocité, il est sûr et certain que des quantités de *crimes rituels* ont été commis, où l'on voit les Juifs, bêtes sanguinaires, manger les cerveaux, boire le sang comme il en fut lors de leurs sinistres exploits à Chypre sous Hadrien (135 après Jésus-Christ). Ces crimes rituels qu'affectionnent les Juifs tout au long du moyen âge, et dont on connaît la fréquente présence dans l'Ancien Testament.

Chaque fois que le Juif s'éloigne de Dieu, qu'il est avec Baal, qu'il est avec Moloch, il commet de ces crimes rituels que Moïse leur défendait déjà.

Vingt-huit millions de victimes, dont des millions et des millions subirent la torture ; 28 millions chiffre officiel du gouvernement russe dans la célèbre affiche de Kiev (Marie Kerhel *Le Colosse aux pieds d'argile,* p. 156) ; le tsar et sa famille, soit la tsarine, ses quatre filles et le tsarévitch meurent comme des héros abattus comme des bêtes, sans l'ombre d'un jugement ; cependant que le féroce et impitoyable Juif Trotsky, par des exhortations et des ordres jetés de tous côtés, répand la mort partout dans l'immense Russie, ce qui conduit justement à ce nombre effroyable, inouï de *vingt-huit millions de victimes ;* le tout, comme si ce chiffre n'était pas suffisamment monstrueux, et alors que nous sommes déjà bien loin des débuts de la Révolution russe, couronné dans les années 1939-1945 par les onze mille officiers polonais massacrés dans les fosses de Katyn.

O, les beautés des régimes judéomaçonniques !

Revenez parmi nous bons princes d'autrefois tout de modération et de sentiments humains !

Nous n'allongeons pas ; il s'agit maintenant de savoir, si les Juifs ont subi tout autant d'horreurs en Allemagne qu'ils n'en commirent en Russie, et dont ils ne parlent jamais, et dont personne parmi nous ne parle plus depuis longtemps.

Les Nazis, nous le verrons encore, sont des barbares, sans religion, sans foi, sans pitié, sans besoin de bonté, de charité et d'amour du prochain.

> « Avec l'Anschluss », a pu dire Bayle, dans son volumineux rapport sur les expériences médicales des chemises brunes dont il sera ici parlé, « le Grossglockner devient la plus haute montagne d'Allemagne ; à cette occasion, le pavillon à croix gammée flotte au-dessus de la croix du Christ, et préfigure les terribles conséquences qui découleront de cette suprématie provisoire » ;

et Bayle place à la première page de son rapport, avec raison, l'image de ce Grossglockner, pour bien montrer d'entrée l'esprit dans lequel des êtres orgueilleux et bornés, bridés, sauvages et cruels vont conduire leur aventure.

Pour les Nazis, primaires comme ils sont et tellement sortis de rien, autant dire de la rue dans laquelle ils ont combattu victorieusement le communisme inoculé à l'Allemagne par les Juifs, cet additif au Traité de Versailles (1919), que l'arrivée de Gœring parmi eux est saluée comme un grand événement, qui les flatte beaucoup, leur apportant un peu de ce qu'ils manquent en tenue, éducation, manières et situation dans la société... « Sie hatten keine Kinderstube gehabt. »

Gœring, bonne bourgeoisie, dont le père fut gouverneur général de l'Afrique orientale allemande ; et par-dessus le marché, héros de la Première Guerre mondiale par cette escadrille von Richthofen dont il fait partie et dont il devient le chef à 25 ans.

Les chefs nazis sont sans foi, ni loi, ne connaissant que leurs instincts brutaux ; la vie morale n'existe pas, et sa valeur dans les moments décisifs, à laquelle Bismarck plus que tout autre attachait la plus grande importance, l'appelant les impondérables, est piétinée d'avance ; Hitler est mu par ses instincts et, comme le dit Bayle, son intelligence est purement instinctive, portée par la colère, la ruse et le besoin de mordre et de châtier. Pour ces élèves des parties les plus basses de nous-mêmes, il n'y a que la race dans son physique, avec justement les dispositions mentales sus-décrites ; et le besoin est chez eux, comme en Nietzsche dont Hitler est pour beaucoup un élève, de détruire, attentant aux lois de la vie, dans ce qu'elles développent et déroulent chez tous les porteurs de déficiences corporelles ou mentales, en les supprimant ou les stérilisant ; totalement matérialistes, tout est pour eux dans le sang, la pureté de la race qui doit être à leur image ; c'est la biologie de la matière qui règne souverainement, qui fait que tout est en elle, et s'y résume, et s'y confond et s'y résout.

Comme on comprend que le grand maréchal Hindenburg n'ait qu'à son corps défendant et à la dernière minute, remis des pouvoirs aux brillants champions du suffrage universel, à ces téméraires et primaires chemises brunes faisant leurs premières armes, et d'un coup, ô folie, et sans transition, portées à la tête d'une grande nation, maniant la foudre et le feu comme des enfants, et les paroles imprudentes et les menaces sans fin, faisant le jeu des Juifs, leurs adversaires.

Hindenburg, avec son bon sens, sa science militaire et son expérience de la vie, voulait qu'un homme d'État soit « salon-fähig ».

Que nos bons princes d'autrefois, ces maîtres, avec leurs serviteurs, du tapis vert, unissant la modération à la haute éducation, paraissent grands, et comme dans nos malheurs, figurés par la décadence totale de nos mœurs profondément enjuivées, nous reconnaissons la valeur et les bienfaits de ceux qui ne sont plus, mais reviendront... ils faut qu'ils reviennent.

Les Juifs et leur franc-maçonnerie ont fait partir les rois, il faut maintenant dans les pays qui nous entourent, que les rois et tout ce passé glorieux et de civilisation qui les entoure et les personnifie, revienne et chasse le Juif et sa franc-maçonnerie.

Voyez comment se comporte Hitler avec les chanceliers autrichiens Dollfus et Schusnig d'une part, et puis mettez devant vos yeux, un instant, les vainqueurs et les vaincus de la Reddition de Breda de Vélasquez, et vous mesurerez d'un seul coup, toute la distance séparant nos barbares nazis aux bottes qui martèlent, et les hautes manières et civilités des siècles passés, dont nous ont séparés les Juifs et leur 1789 !

Autorités défaillantes, il faut qu'on vous adresse de solennels avertissements, qui doivent être pour vous de salutaires appels !

Mais si les Nazis sont des barbares qui n'ont duré qu'un instant et ne sont plus, le Juif est de toujours et partout encore présent, mille fois plus barbare dans le présent seulement déjà par ses massacres de Russie et ses fosses de Katyn et la Libération en France, mille fois plus rusé, mille fois plus secret, mille fois plus à craindre, plus fort que jamais, brûlant d'être partout le maître et seigneur, même au prix d'une troisième guerre mondiale s'il le faut ; et tout ceci dans l'esprit des *Protocoles*, après nous avoir salis, dégradés, réduits à rien, après avoir laissé nos cœurs sur lesquels ils s'acharnent, vides de tous leurs vrais sentiments, les remplissant des leurs, ô profanation de ce cœur que Dieu fit si beau, si pur, et si rempli des allégeances du Ciel !

Ce chapitre du Juif en Russie dès 1917 et du Juif en Allemagne dès 1939 qu'on se doit donc ici de traiter, que personne à notre connaissance n'a traité, et qu'il n'est pas possible à tout homme d'objectivité et d'équité de ne pas traiter, tant ces deux événements de Russie et d'Allemagne sont de toute évidence indissolublement liés, retentissant l'un sur l'autre, les massacres des Juifs en Russie conduisant par voie de conséquences politiques et religieuses au Juif criminel à son tour en Allemagne châtié et cruellement mais pas sauvagement, et sans les hécatombes et sans les tortures épouvantables et sans fin, à la Chermikoff souvenez-vous ! (v. index à ce nom).

Aucune espèce de comparaison, à cet égard, n'est possible d'avec ce qui se passa en Allemagne quant aux Juifs dès 1939, et là, il se faut bien encore mettre en garde contre les habituels mensonges qui leur sont propres, et qu'ils répandent sans cesse à travers le monde, pour tout dénaturer et tout mettre à leur avantage, grâce à leur domination sur la presse ; il faut montrer comment dès la fin de la guerre 1939-1945, ils entendent mener les choses à coups de mensonges audacieux sans pareils, qui par la suite, et déjà maintenant tant soit peu, se retournent contre eux, mais non pas sans qu'il faille déployer de grands efforts, alors que la presse n'a plus l'honneur et la probité de celle d'autrefois, et qu'elle se tient pour raison d'argent ou de crainte, du côté de celui qui persécute sans cesse par ses attaques, se sentant le plus fort, et ne cessant un instant de caresser ses rêves et ses ambitions de domination mondiale à ciel ouvert que lui promet le Talmud, c'est-à-dire le diable.

Nous allons donc parler du document *Gerstein* ! Qu'est-ce que le document *Gerstein* ?

C'est une lumière, une vigile, c'est un avertissement, un signe d'alarme, qui nous montre d'emblée et d'entrée, comment les Juifs et leurs Loges entendent conduire les débats, exactement ce qu'on vit de leur esprit à la Libération en France, qui les voit se précipiter comme un seul homme sur l'homme de ce temps, l'homme du devoir, l'homme de la loyauté, l'homme de l'honneur, qui a passé tout un temps, dans la peine et les difficultés, avec son peuple, et qu'il s'agit par notre puissance et notre satanique franc-maçonnerie de piétiner, de jeter bas !

Il est des choses, vilains Juifs, la honte du genre humain, qui ne se jettent pas bas, d'abord parce que vous êtes tout en bas, et d'abord et aussi et surtout, parce que cet homme était et est encore tout en haut dans la mémoire de ceux dont le cœur est bien placé.

C'est à la lumière de ce document, et de l'esprit qu'il manifeste de ceux qui le fabriquèrent, qu'il faudra suivre nos Juifs dès 1945, pendant, et après les jugements de Nuremberg.

Voici par exemple, et en préambule de notre document Gerstein, le mensonge de la race juive personnifié à la page 40 du *Drame des Juifs européens* (1964) de Rassinier ; un document, dans une séance du Tribunal de Nuremberg, entre les mains du substitut du Procureur général français le Juif Edgar Faure, futur président du Conseil de France, au sujet duquel il interroge von Ribbentrop, ancien ministre des Affaires étrangères du Reich, et au nom duquel il formule à son égard des accusations. Von Ribbentrop s'étonne des accusations formulées et demande à voir la pièce. Edgar Faure : « Je n'ai pas l'intention de vous montrer le document. »

> « C'était la preuve du faux » dit Rassinier. Et c'est en même temps « une violation, ajoute-t-il, caractéristique de la règle de procédure n° 2 du Tribunal lui-même, qui disposait en son paragraphe a3°, que tous les documents annexés

à l'acte d'accusation devaient être mis à la disposition des accusés dans un délai d'un mois avant le procès »

Voilà l'état d'esprit du Juif à Nuremberg, et il faut bien s'attendre à en trouver la trace partout à Nuremberg aussi !

Tout ce qui concerne ce document Gerstein est de grande importance, comme nous allons voir, parce qu'il touche de très près au problème des « six millions de gazés » qu'il nous faut mettre nécessairement au net, si nous voulons, en toute équité, juger en comparaison des souffrances des Juifs en Allemagne et de leurs crimes monstrueux commis en Russie à l'échelle des millions.

Ce Gerstein du document est un officier SS, fait prisonnier par les troupes françaises au début de mai 1945 en Wurtemberg, et qu'on expédie à Paris aussitôt, le prenant apparemment pour un plus haut grade qu'il n'était ; on l'emprisonne à la prison militaire de Cherche-Midi. En juillet de la même année, on apprend qu'il s'est suicidé dans sa cellule. Puis le silence. Mais le 30 janvier 1946, à Nuremberg, le Procureur général français Dubost présente un document émanant, dit-il, de Gerstein, écrit en français, mais daté du temps où cet officier était encore en Allemagne, et trouvé dans les archives américaines.

C'est ainsi que Rassinier dans son *Drame des Juifs européens*, P. 166, écrit :

> « C'est encore un machiavélisme de Nuremberg, que chaque fois que les accusateurs produisaient une accusation dont ils ne voulaient pas ou ne pouvaient pas divulguer la source, ils employaient l'expression " en toute connaissance de cause ", ou " de source certaine " - c'était *généralement le cas quand la source était juive* - à charge pour les accusés de prouver leur innocence. Car, à Nuremberg, ce n'était pas l'accusation qui devait faire la preuve de la culpabilité, mais l'accusé qui devait faire celle de son innocence. À l'exception près, il s'entend. »

Le Tribunal de Nuremberg ne prend nullement en considération la pièce présentée, il la repousse et dans des termes qui ne souffrent aucune discussion.

Malgré cela, le Procureur général Dubost - voilà un geste qui est bien suspect de juiverie et de franc-maçonnerie - la communique à la presse, et le lendemain 31 janvier, elle paraît dans le monde entier, nous dit Rassinier, et sur un mode tel que tout le monde doit la juger comme reçue par le Tribunal. On trouvera dans Rassinier dans son *Procès Eichmann* et dans son *Drame des Juifs européens*, beaucoup de détails d'une affaire qu'il a suivie de très près.

C'est de cette offensive de presse juive, partant elle-même de ce document, que sont sortis les « six millions de gazés juifs ».

Le document Gerstein disait qu'en terre polonaise existaient trois camps.

    Belzec   avec une capacité de 15.000 gazés

Treblinka   avec une capacité de 25.000 gazés
Sébidor avec une capacité de 20.000 gazés tout ceci par jour.
Ce qui donnait à l'année pour
Treblinka   13.500.000 gazés
Sébidor   10.800.000 gazés
Belzec (de mars à décembre)   4.050.000 gazés

De pareilles possibilités d'extermination conduisant à un total de 28.350.000 gazés (exactement le chiffre des massacrés de la Révolution russe) ne peuvent se justifier que par la présence de chambres à gaz multiples et monumentales, et de fours crématoires très nombreux jamais présents dans ces camps qui sont des Kommandos d'Auschwitz.

La Commission des crimes de guerre de Varsovie en zone russe, dépourvue de toute autorité auprès des gens sérieux, s'inspirant du document Gerstein, arrivait pour son compte à un chiffre respectable de 2.050.000 gazés.

N'allons pas plus avant de ce côté, disons seulement que Rassinier a fait une étude très complète du document *Gerstein*, de ses variantes, car cet étonnant document a donné lieu par les Juifs, qui ne doutent de rien quand il s'agit d'« exactitude historique », à trois versions bien différentes les unes des autres !

Dans Le Drame des Juifs européens, p. 68, 69, qui suit de deux ans son *Procès Eichmann* (1962) où il a parlé déjà du document Gerstein, Rassinier plus connaisseur encore met en avant pour expliquer la genèse du document et le comportement de Gerstein qui s'est soit suicidé pour ne pas dire ce qu'on voulait qu'il dise ou qu'on a suicidé pour empêcher ses révélations, quatre hypothèses.

Belles mœurs de sauvages comme nous voyons, de nos institutions démocratiques juives, qui osent se donner de grands airs supérieurs en parlant des temps d'avant 1789, où la vie était sacrée parce qu'elle était de Dieu et en Dieu lui-même.

« *En réalité*, dit Rassinier, *le document Gerstein est un « faux historique.* »

On voit donc bien qu'avec leurs « six millions », les Juifs sont toujours, pour n'en point perdre l'habitude, dans leurs mensonges, eux les professionnels du mensonge.

C'est une affaire montée de toutes pièces, qui doit servir de justificatif à un chiffre de « six millions » de gazés arrêté probablement par ces messieurs, préparant leurs batteries d'après-guerre, bien avant les événements.

Le côté le plus précieux de ce document Gerstein doit être souligné, il nous rend à cet égard d'immenses services. Il est, une fois encore nous le dirons, un avertissement, une mise en garde ; il montre dans quel esprit les Juifs entendent conduire les événements, et comme ils en useront dans d'autres circonstances qui permettront plus facilement l'exécution de toutes leurs manigances, que celles du document Gerstein, où, du reste, l'extravagance, l'outrecuidance et l'impudence et le grotesque des chiffres est justement bien pathognomonique de la manière juive, où le besoin de tromperie et de mensonge est le plus fort, passant dans l'invraisemblance.

Il y aura de la tromperie, des mensonges, des documents truqués, falsifiés, des faux témoins, des témoins qui sont des accusateurs et qui parlent pour hurler avec les loups, des accusés sous menace de mort, qui travaillés par les Juifs disent tout ce qu'on voudra ; la fameuse déposition du Dr Morgen à Nuremberg (in. *Croix gammée contre caducée*, p. 741) type de la déclaration complaisante donnée le 7 août 1946, accusant Wirth d'être le massacreur par excellence des Juifs ; ce Dr Morgen qui a beaucoup à se faire pardonner, et qui tente d'obtenir ce pardon en affirmant des Juifs massacrés en quantité en Pologne, précisément, ce dont ont tant besoin les juifs pour asseoir leurs « six millions » ; des accusés terrorisés, influencés, qui écrivent leurs confessions sous menace ou brigandage, des accusés piqués comme Eichmann, ce qui explique la discordance et les contradictions notamment de ses derniers propos... et par-dessus tout, les juifs abusant de la bonne foi de plus d'un juge américain non Juif à ce Nuremberg de malheur, qu'il eût peut-être mieux valu ne pas avoir, tant la justice s'y rendit dans la passion et sous l'égide du Juif ; on ne nous a jamais dit quel fut le nombre des juges appartenant à la race de Judas qui rendirent à Nuremberg des jugements. On s'imagine aisément leur équité.

Et c'est bien là ce que disent beaucoup d'hommes renseignés et perspicaces, qui ont vu les choses de très près.

D'où la nécessité d'une extrême prudence dans l'interprétation de tout ce qui se dit, se fait, et se proclame dans ce Nuremberg entaché d'un vice fondamental, la présence et l'influence et l'emprise du Juif, et d'un Juif très actif, plus actif peut-être qu'il ne le fut à Versailles en 1919 même, s'il est possible ; qui imprègne tout, qui fait qu'on se doit de suspecter tout, et qui enlève, certainement, beaucoup de valeur au livre du Dr F. Bayle par ailleurs extrêmement bien fait, mais qui lui doit à peu près tout ignorer du problème juif, comme le montre le titre de son ouvrage *Croix gammée contre Caducée*. Nous avons vu par ailleurs ce que Rassinier pensait de cet ouvrage.

Si Caducée signifie paix et concorde, peut-on dire qu'il en est vraiment ainsi dans un camp où les Juifs auteurs de deux guerres mondiales sont maîtres et seigneurs, qui ont eu Wilson, qui ont eu Roosevelt.

Qui oserait le prétendre ?

C'est bien pourquoi Rassinier sans doute, devant ce monde de pièges, de chausse-trapes, de difficultés souvent presque insurmontables à décider de ce qui est vrai et de ce qui ne l'est pas en matière de documents et de témoins nurembergiers, a trouvé judicieux de pousser plus loin les choses, en les prenant par le langage des chiffres, en s'occupant de savoir dans le silence du cabinet où on en était du nombre des Juifs à l'heure présente dont on disait que de si nombreux avaient péri, en s'appuyant sur la science de la statistique démographique, et dont nous avons déjà vu et nous verrons encore les brillants résultats de ses calculs, confondant tous les Juifs embrouillés dans leurs mensonges, et modelant pour cela même à leur goût la rigidité et la rigueur de l'arithmétique.

Nous avons dans un autre chapitre vu à l'œuvre le calcul clairvoyant de Rassinier parlant des Juifs polonais. Aujourd'hui, ne pouvant embrasser tant d'autres dénombrements de cet auteur qui nous mèneraient trop loin, nous nous contenterons de parler du point capital, présentement, de ses recherches, soit de ce qu'il en est exactement du nombre actuel des Juifs aux U.S.A. *Nous avons nous-même un besoin capital d'être fixé sur ces « six millions »*, aux fins des comparaisons et des déductions que nous nous sommes à ce chapitre proposés, et que nous désirons être valables.

Nous allons voir que grâce aux très belles études de Rassinier nous avons possibilité de l'être ; de l'être avec certitude absolue, si les U.S.A. n'étaient pas plus que l'ombre d'un peuple libre et maître chez lui, dominés qu'ils sont par les Juifs pour leur malheur et pour le nôtre.

Un peuple qui dirige le monde et qui ne se dirige pas lui-même ! U.S.A., U.S.A., *fais attention à ton tendon d'Achille qui est le Juif.*

Nous avons au chapitre du Kahal donné quelques chiffres tirés des travaux de Rassinier, dont le sérieux, l'exactitude, la rigueur, le raisonnement impeccable laissent très loin derrière lui les fantaisies, les inexactitudes, les supercheries et les escroqueries des Juifs.

N'oublions pas, en effet, que les « six millions » ont eu comme premier objectif d'obtenir de l'Allemagne les indemnités les plus élevées possibles. Car le Juif est commerçant qui commerce jusque dans ses morts, c'est là encore que se voient les beaux côtés ! de ce peuple, dont les égarements empoisonnent le genre humain.

Et c'est au-devant de ces gens-là excusez l'aparté justifié par les circonstances (22 août 1964), qu'on voit se précipiter le Conseil fédéral, notre plus haute autorité, dans l'affaire Serra, chef du Protocole qui aurait exprimé - on n'a rien donné de précis - des propos antisémites dans une réunion qui n'avait rien d'officiel ; il n'est plus possible maintenant de dire ce qu'on aime et qu'on n'aime pas, et de soumettre à l'appréciation le peuple le plus égaré de la terre et qui demande le renvoi d'un haut fonctionnaire fédéral pour des raisons qui n'en sont pas

J'ai dit plusieurs fois dans ce texte : Sommes-nous encore chez nous ?

Mais les youtres de Zurich, ainsi en appelle-t-on de gens qui sont des escrocs sur leurs morts, vont plus loin, ils demandent des mesures contre tous les fonctionnaires du Département politique fédéral professant des sentiments antisémites, chose à peine croyable.

L'impudence juive, qui demandait du Conseil fédéral suisse une fin de non-recevoir sur le tout et immédiate, et qui voit sur simple article de journal notre plus haute autorité s'incliner.

Humiliation nationale !

À la date du 20 août 1964, et dont le bolcheviste *Journal de Genève* du 26 août ne s'est pas encore décidé de parler. Plus fort, le 25 août, c'est justement son correspondant de Berne à l'article de fond, qui nous parle des « Limites de l'étatisme », sujet sans aucun rapport avec les événements de Zurich ! et puis, ce même correspondant de Berne, le 31 août, à même place, qui discourt sur « L'Union nécessaire dans un monde en discorde » avec éloge au Conseiller fédéral Tschudi de nouveau article sans aucun rapport avec l'affaire du chef du Protocole du Département politique fédéral.

C'est ainsi qu'au *Journal de Genève*, on relève les humiliations nationales dues à l'arrogance des Juifs !

Ce Conseil fédéral déjà si mal en point devant l'opinion publique, pour s'être octroyé lui-même des augmentations de traitement de plus du tiers en 1963, alors qu'à tout le monde, au vu et au su de tout le peuple suisse, il faisait la leçon de ne rien prétendre à ce chapitre, et que toutes les grandes maisons suisses s'y étaient engagées, jetant lui-même au ruisseau notre monnaie.

Ce Conseil fédéral se jetant aux pieds de la race perverse de conjuration mondiale juive, comme il appert de tout ce qu'on dit et donne dans ce texte, d'escrocs, de menteurs et de marchands d'attentats contre têtes couronnées.

Ce Conseil fédéral parlant avec le Juif comme il aurait parlé au roi de France Saint-Louis ! le libéralisme poussé à ses extrémités dernières ! le dernier des égarements !

Il est des gens avec lesquels on ne se commet pas.

Quo usque tandem, Conseil fédéral, tes audaces et initiatives démoralisantes à notre pays ? Pauvre Suisse, dans quel état d'indigence politique et journalistique tu te trouves !

Autorités qui sont des infériorités parce que d'un système qui marque sa fatigue et sa fin !

Pour revenir à notre sujet, ces « six millions de gazés » première expression lancée à travers le monde par les Juifs, et qui s'est peu à peu modifiée, pour devenir dans l'inscription de la synagogue de Genève (1964) dont nous avons parlé précédemment « Six millions de tués », parce que dans l'intervalle il en a été démontré l'absurdité, l'impossibilité, la fausseté.

Le Juif, le menteur téméraire !

De ces soi-disant six millions de massacrés, l'admirable Rassinier en a retrouvé déjà beaucoup, puisqu'il peut dans son *Drame des Juifs européens,* p. 205, parler de 4.524.108 *Juifs « abusivement inscrits à la colonne des exterminés ».*

Je ne reprendrai pas tous les chiffres dont il parle, mais n'en donne que quelques-uns *parmi tous ceux qui sont incontestables.*

De ces soi-disant disparus de l'escroquerie juive qui se gîte jusque dans les synagogues dont celle de Genève, toute la ville par ses autorités civiles et religieuses y participant, Rassinier en retrouve dans le principal :

En Israël   1.055.637

En Russie 842.260
En Hongrie 438.300
Argentine, Canada, Brésil, Afrique du Sud 260.400
Total 2.596.597

Reste le gros point d'interrogation, les U.S.A., qui décidera de tout et montrera le pot aux roses de l'affaire.

Mais, car il y a malheureusement un mais, il n'est pas possible ici d'avoir des certitudes ; et pourquoi donc ?

Dans le courant de l'année 1959, les U.S.A. décident de procéder au recensement de la population afin de déterminer *l'importance de l'immigration illégale qui depuis la fin de la Seconde Guerre mondiale s'est « épouvantablement accrue »* (John Beaty) (ibidem Rassinier, p. 114).

Mais toutes les organisations mondiales sionistes ont immédiatement, dit Rassinier, protesté pour le cas où les services du recensement s'adresseraient aux synagogues dans le dessein d'obtenir d'elles le nombre de leurs ressortissants. Les autorités américaines s'inclinent et renoncent.

Les Juifs avaient ajouté que ce recensement dans leurs églises serait « une violation du principe de la séparation de l'église et de l'État. » Ils disaient encore que « cela attirerait la colère de Dieu que de vouloir dénombrer le peuple » (ibidem p. 115).

Et Rassinier d'en conclure :

> « On devine la raison de cette opposition : un tel recensement opéré de cette manière aurait mis en évidence l'importance de l'immigration juive aux U.S.A. depuis 1933 et irrémédiablement détruit le mythe des six millions d'exterminés. »

Admirable Rassinier ! et que rien n'arrête ; cette voie est-elle fermée j'en trouverai bien une autre.

Toutes les statistiques juives fourmillent d'erreurs souvent grossières à un titre ou à un autre ; elles mentent toutes les fois que la cause (réd. désormais perdue) des « six millions » le demande ; c'est cependant d'elles que s'est servi Rassinier, car souvent, en les comparant, elles instruisent ; il en est une particulièrement profitable, et alors beaucoup plus véridique, celle d'Arthur Ruppin de 1926, parce qu'à ce moment, il n'y avait rien des « six millions » dans l'air, qu'il est d'importance d'État, de raison d'État, dirais-je, de soutenir envers et contre tout.

(Aux U.S.A., en cinquante ans, de 1877 à 1926, les Juifs se sont multipliés par vingt, passant de 475.000 en 1877 à 4.461.184 en 1926).

> Il y a peu, *L'Institut des Affaires juives de Londres* déclarait (ibidem p. 159) qu'en 1962 vivaient aux U.S.A. 5,5 millions de Juifs.

Le mensonge est évident dit Rassinier.

Parlant de la statistique Ruppin de 1926 donnant à cette date 4,5 millions de Juifs aux U.S.A. et de celle du recensement officiel donnant 4.461.184, Rassinier pose 4.461.184 plus 20 % égale 5.353.421 en 1942.

5.353.421 plus 20 % égale 6.424.105 en 1958.

6.424.105 plus 5 % égale 6.745.310 en 1962.

N. B. - Ce 20 % désigne l'accroissement naturel en 16 ans, soit un peu plus que 1 % par an.

6.745.310 (Rassinier) pour 5,5 millions (Institut des Affaires juives à Londres).

Autrement dit, toutes les statistiques juives, sauf celles d'Arthur Ruppin, pour les raisons que nous avons dites, minimisent le nombre actuel des Juifs et les augmentent autant que possible à la colonne des exterminés.

Ajouter à ces 6.745.310 les immigrés illégaux d'une immigration illégale qui s'est « *épouvantablement accrue depuis 1945* » et vous n'arriveriez pas loin, et c'est là l'opinion de Rassinier, des douze millions, comme celle aussi de l'*American Mercury* (ibidem p. 114), déclarant que les principales organisations sionistes mondiales « proclament orgueilleusement que les deux tiers des Juifs du monde habitent les U.S.A. ».

Le *New York Times* du 22 février 1948 sous la plume de H.-W. Baldwin donnait même en 1947 les chiffres de 1.0766.666 ou 12.800.000 (ibidem p. 115).

Rassinier cite encore, même page, tiré du *National Observer* du 12 juillet 1962, à propos d'une réunion aux U.S.A. de ses principaux groupes religieux, la présence des Juifs avec un chiffre indiqué de 12 millions de Juifs environ (ibidem p. 116).

Nous avons jugé très important d'insister sur ce problème des « six millions » le grand cheval de bataille des Juifs, au moyen duquel ils impressionnèrent d'entrée le monde par tous les moyens d'information, immenses, qui sont à leur disposition.

De véritables lavages de cerveaux ont été exécutés par les frères des fossoyeurs de Katyn, les compères de ces petits saints comme Goldberg, juge à la Cour suprême des U.S.A., et qui font comme si de rien n'était de toutes les horreurs commises par eux en Russie en 1917 et suivants.

Un beau juge par ma foi à la Cour suprême des U.S.A., ce Goldberg, un excellent juge en mauvaise foi certainement.

Notez encore une chose qui montre une fois de plus la mauvaise foi des Juifs ; ils ont eu « six millions » de pertes, tous exécutés, tués par les nazis. Ils n'ont donc rien à discriminer dans un temps où les causes de mort sont nombreuses. Les camps sont-ils confortables ? la société select éloignant toute brutalité ? le chauffage en hiver excellent ? la nourriture parfaite ? n'y a-t-il donc pas sous-alimentation donc malnutrition ? promiscuité des êtres les plus abjects, les criminels de droit commun côtoyant des hommes délicats et de société ? des conditions de travail souvent pénibles pour des êtres affaiblis ? Il y a des crimes dans les camps plus qu'au dehors, parce qu'on y trouve des luttes entre les directions illégales des camps et ceux qui sont les espions des SS de la garde du camp et de la Gestapo. Il est des Kapos brutaux et qui vous donnent la schlague ; y a-t-il des infections, des maladies, des épidémies ? Certainement, la tuberculose, le typhus exenthématique, la dysenterie causent des ravages et l'on voit la mortalité dans les camps s'élever jusqu'à 26 %, chiffre énorme ! Ajoutez-y les transports par chemins de fer de l'ouest à l'est dès 1942, les transportés serrés ou pressurés à cent dans des wagons de marchandises durant plusieurs jours avec un ou deux repas. Ajoutez les angoisses, le dépaysement, les tristesses, les bombardements des camps comme il y en a eu... toute une série de causes ayant leurs effets d'où un nombre certainement considérable de décès, suite de circonstances et conditions de guerre.

Le Juif n'envisage pas ça, il a d'abord besoin de son mensonge héréditaire et tout est à la mort donnée par les gaz.

Le mensonge plus fort que tout !

Errata : Deux statistiques juives (Centre mondial de documentation juive contemporaine et celle de Paul Hilberg) donnent, en effet, la première 1.485.592, l'autre 896.892 victimes mortes des persécutions nazies ou **autrement** (réd. c'est nous qui soulignons) dit Rassinier qui, lui-même, estimait dans ses travaux ces pertes aux environs du million (*Le Drame des juifs européens*, p. 212).

Ajoutons que ces chiffres, bien entendu, n'excluent nullement les « six millions de gazés » (de soi-disant dirions-nous), cette pièce maîtresse obligée dans les calculs trompeurs du juif l'ennemi mortel de Jésus-Christ fils de Dieu et prophète, et visiblement l'associé d'un antichrist universel s'il ne l'est pas lui-même, ce Juif de l'Ancienne Alliance et non plus de la Nouvelle Alliance pour parler comme Adrien Arcand dans son *À bas la Haine* (édit. Vérité Montréal 1965), et pour parler encore comme le prophète Malachie (v. p. 113).

Il nous reste à ce chapitre à parler, comme cause de souffrances physiques ou morales ou de mort, des expériences médicales dont a rendu compte dans la littérature française le livre du Dr F. Bayle, volumineux, puisqu'il est de mille cinq cents pages, publié en 1950 ; médecin psychiatre de la Commission française des crimes de guerre, qui séjourne trois ans à Nuremberg assistant à *tous* ses procès.

Il nous paraît utile d'en donner les divisions et le nombre de pages qui elles comportent afin d'avoir une vue d'ensemble de ce que commirent les Chemises brunes.

Ce beau travail, si clairement ordonné, qui paraît offrir toutes les garanties d'objectivité, est malheureusement gâté par la présence du Juif ; qui, comme nous venons de le voir - est présent partout, très puissant puisque les Américains dominent, et dont le document Gerstein, qui ouvre les débats nurembergiens est certainement de leur marque.

L'immense supercherie du document Gerstein, et la non moins grande supercherie des « six millions » nous donnent tous les droits, à rechercher systématiquement la tromperie où le Juif se trouve, et justement, c'est ce que le Dr F. Bayle, étant militaire et ayant de nombreux grades au-dessus de lui (Rassinier) tout en étant parfait honnête homme, n'a pas pu faire.

Il eût été préférable de faire comme Louis XVIII avait fait en rentrant dans son royaume en 1815, de passer l'éponge, et laisser la vindicte publique s'exercer à l'égard des coupables. Mais voilà le Juif est là et ses mauvais instincts.

A-t-on mis les Juifs en accusation, stupides Américains, après toutes les horreurs qu'ils commirent en Russie ? On ne peut s'empêcher de vous jeter à la face toutes vos inconséquences vos faiblesses, vos lâchetés qui ont mis le monde dans l'état où il se trouve de nos jours !

Le Juif agissait à Nuremberg dans le même état d'esprit que celui manifesté en France, y assassinant cent dix mille Français dont la plupart étaient des meilleurs.

Voici les divisions de l'ouvrage du Dr Bayle :

CHAPITRE PREMIER

Les dirigeants du Troisième Reich
Les Services de santé et les expériences

1. Hitler 5
2. Himmler 2
3. Organisation de la médecine en Allemagne 22
4. Le Commissariat du Reich à la Santé 33
5. Service de Santé civil 75
6. Conseil des Recherches du Reich 103
7. Les Services de Santé militaire 185
8. Société Ahnenerbe

CHAPITRE II

Les expériences aéro-nautiques

1. Les hautes altitudes 131
2. Le froid 35
3. L'eau de mer 129

CHAPITRE III

Les exterminations médicales (210 pages)

1. Les stérilisations « médicales » 61
2. L'euthanasie 123
3. Les tuberculeux polonais 9
4. La collection de squelettes juifs 17

CHAPITRE IV

1. Guerre chimique 55
2. Guerre biologique 50

CHAPITRE V

Expériences médicales et chirurgiennes diverses

1. Médicales 28
2. Chirurgicales 121

CHAPITRE VI

Maladies infectieuses (256 pages)

1. Typhus
2. Paludisme
3. Fièvre jaune, typhoïde, influenza
    CHAPITRE VII
    Éthique médicale
    Conclusion générale

Quelques mots, l'indispensable pour en juger ; particularités, nombre de sujets, utilité des expériences, les souffrances endurées, nationalités, documents ; nombre de décès.

1. *Hautes altitudes* : ont leur point de départ dans le fait que subitement, en 1942, l'aviation anglaise augmente le plafond de ses vols, au-dessus de huit mille mètres d'altitude. Faites sur *dix sujets juifs* condamnés pour avoir eu « des rapports sexuels avec des Allemandes de pure race. » Faites par un certain Dr Rascher, acharné à la recherche scientifique, et pressé aussi de faire sa cour à Himmler toujours disposé à toutes les expériences médicales même cruelles. Expériences exécutées dans une chambre dite mobile où la pression des gaz et la quantité d'oxygène varient suivant les hauteurs, les altitudes envisagées.

    Conduites jusqu'à la mort par chute de la pression et de l'oxygène, suivies de l'autopsie immédiate.

    Le médecin américain Yvy pense, au Tribunal de Nuremberg, que de mêmes résultats auraient pu être obtenus en agissant sur des animaux, comme le montrent les résultats de Lutz et Wendt, auteurs allemands qui avaient refusé de se joindre à Rascher pour ses expériences.

2. *Le froid,* dix-huit morts selon témoin oculaire W. Neff. Plus tard, autres expériences par le même Rascher, toujours aux dires de Neff, très meurtrières.

    Expériences très pénibles, très douloureuses, qui voient les sujets en cause soumis au froid sec ou humide, nus ou revêtus de combinaisons diverses d'aviateurs et ce, des nuits entières à des températures au-dessous du zéro.

    Deux à trois cents hommes soumis à ces expériences ; nonante morts sur le moment ou des suites.

    Prisonniers politiques, des non allemands y sont soumis, on *ne parle pas de Juifs.*

    Il faut retenir ici que les Allemands sont pris au dépourvu par cette montée en altitude des Anglais, et se voient dans l'obligation absolue d'être éclairés très rapidement sur la physiologie de leurs aviateurs à de pareilles altitudes.

    À l'article de *l'eau de mer* pas grand-chose à dire ; il s'agit pour les Allemands de trouver pour leurs aviateurs et leurs marins un moyen de rendre l'eau de mer buvable.

    Expériences pénibles par le jeûne qu'elles imposent (de cinq à sept jours). Pas de morts, pas de suites.

Au chapitre des exterminations, les *stérilisations* sont à retenir, elles ont été d'après le Dr F. Bayle très nombreuses ou innombrables. En 1935, Hitler les avait rendues effectives par sa loi sur les stérilisations. Dans *Mein Kampf*, Hitler disait déjà leur nécessité chez les incurables mentaux ou corporels.

Ici, un point important. Une affirmation catégorique de Bayle : les lettres de Viktor Brack du 28 mars 1941, p. 668, à Himmler et deux notes rédigées par Rudolf Brandt, adjudant d'Himmler, p. 691, en juillet 1942 *montrent sans appel que la solution du problème juif est la stérilisation*, et par cette voie l'extinction de celui-ci, comme d'ailleurs, ajoute Bayle, de tous les autres opposants et inutiles.

Voilà qui est fort important mais il est aussi important de savoir là, une chose, notre Juif faussaire et escroc étant partout et nulle part, *si ces pièces sont bien authentiques*; on se le demandera, d'autant plus qu'elles sont en contradiction avec l'argumentation princeps des Juifs, des « six millions de gazés », lancée à travers le monde tout au début de Nuremberg (31 janvier 1946) aux fins de l'installer à demeure dans nos cerveaux lassés et à bout de résistance par tant et tant d'informations. Il n'est pas besoin de perdre son temps à stériliser les gens pour les gazer ensuite, cela tombe sous le sens !

Est-ce qu'il en est de la stérilisation comme du gazage : un énorme mensonge ? Pas à ce point, mais seulement beaucoup d'exagérations ; en tout cas, quoi qu'on en dise, on est toujours en état et surtout en droit de le prétendre, trouvant dans ses jambes et sa route un menteur aussi profondément rongé par son mensonge que n'est le Juif, toujours et encore excité dans le mal par son Talmud, ce Talmud dont Saint Louis avait ordonné la destruction au moment de l'enquête, puis du jugement rendu par ce grand roi.

Je rappelle qu'en Tchécoslovaquie existe le grand camp entièrement juif de Theresienstadt, où tout est Juif même la direction, et qui jouit d'une tranquillité absolue, aux dires de six notables juifs de ce camp, dans une lettre adressée à des amis juifs, et dont les Juifs ne parlent jamais et surtout pas au procès Eichmann, à Jérusalem !

Encore une preuve de leur objectivité, de leur esprit de vérité !

Les gens empêtrés dans les mensonges, et qui sont plus pressés de ceux-ci que de vérité et de réflexion, se mettent facilement en contradiction avec eux-mêmes, comme Rassinier l'a constaté de nombreuses fois en examinant les statistiques juives.

C'est à Nuremberg qu'une entière liberté d'action de l'enquêteur eût été éminemment désirable, celle-ci flanquée des connaissances d'un historien et de celles d'un examinateur de documents, ce que le Dr Bayle dans son volume des *Expériences médicales* n'est pas, a pu dire encore Rassinier.

Le Juif menteur et faussaire cauchemar de Nuremberg !

Pourquoi se gêner puisque dans l'affaire Serra (août 1964), le menteur et le faussaire sont à même considération, pour le Conseil fédéral suisse, que la mémoire du roi de France Saint Louis, et *qu'un simple article de journal des fils de Judas voit notre haute* autorité, malgré l'impudence dernière de ceux-ci, partir au-devant de leurs désirs.

Il faut vraiment, citoyen suisse, déconseiller ton Conseil fédéral, dont l'insuffisance, une nouvelle fois, apparaît éclatante et propre à de redoutables répercussions ! car cette attaque du Juif sera suivie d'autres plus insolentes encore.

Il n'est plus permis de soumettre le plus pécheur des peuples à la moindre critique !

Los von den Juden, les Juifs à la porte !

L'invasion de la Russie en septembre 1941 retarde, nous dit-on dans le « Bayle », les arrangements envisagés, mais le 23 juin 1942, Brack, chef administratif de la chancellerie privée d'Hitler, réécrit à Himmler ; à ce moment l'Allemagne paraît toucher à la victoire ; et « à l'occasion du programme d'extermination des Juifs, il lui signale les deux ou trois millions de Juifs susceptibles de travail, à condition, ajoute-t-il, qu'ils soient stérilisés » (ibidem, p. 669).

Il existe, en effet, dès 1942 une crise aiguë de la main-d'œuvre en Allemagne et le ministre Speer réclame sans cesse pour en avoir.

Quatre méthodes de stérilisation : 1) rayons X ; 2) chirurgie ; 3) médicale par la plante *calladium seguinum* (Sweigrohr) lésant les glandes germinatives de même manière que les rayons X ; plus encore 4) la méthode de Clauberg qui consiste à injecter dans la matrice et les trompes un liquide caustique, cette dernière, la seule douloureuse et même très douloureuse pendant et après l'injection.

Nous nous étendrons un peu à cet article, parce qu'il s'agit pour la femme d'un traumatisme terrible qui lui enlève son don de donner la vie, et parce que, là aussi, le Juif malhonnête, comme à l'ordinaire, peut multiplier sans trop de difficultés le nombre des femmes atteintes, et faire prétendre aussi à pas mal d'entre elles des affirmations qui n'en sont pas.

D'après le texte de Bayle, on ne voit plus très bien par la suite (dès fin 1942) ce qui se passe, c'est-à-dire que son texte ne donne plus aucune mention de ces stérilisations si l'on en excepte ce qui va suivre.

Est-ce la situation militaire modifiée en faveur des Alliés qui en est la cause, les bombardements des villes allemandes, la guerre avec la Russie qui tourne mal, la situation dans le domaine du matériel sanitaire désastreuse en automne 1943 (*Karl Brand* in Bayle, p. 45) : « Dix millions de masques à gaz abandonnés en Russie, pour les masques d'enfants seulement sept à huit pour cent des besoins satisfaits » ; ou encore la perspective d'un prochain règlement de comptes avec les Alliés à la fin d'une guerre perdue... Les stérilisations se sont-elles multipliées ou au contraire ont-elles peu à peu diminué d'importance ?

La dernière mention sur ce sujet est du 7 juin 1943 (ibidem, pp. 691 et 693) ; c'est le Dr Clauberg qui rend compte à Himmler, grand maître des camps, où rien ne peut se faire qu'on n'ait son accord, que la méthode (par injections) est pratiquement au point. Il sera possible de stériliser mille femmes d'un jour (réd. : notez que l'on parle au futur ici) avec un médecin et dix assistants.

Clauberg demande en même temps un deuxième appareil à rayons X (ibidem, p. 693).

Ici de nouveau, document important et ici, naturellement, nouvelle question : s'agit-il d'une pièce authentique ? C'est possible mais on peut dire que les Juifs en quête de tromperies, les font plutôt à des moments cruciaux et sur des pièces à retentissement.

Stérilisation massive est un grand mot, surtout si l'on n'oublie pas que la Pologne s'est littéralement vidée de ses Juifs qui ne sont plus que 257.000 à l'arrivée des Allemands, tout le reste des 3 millions 100.000 passés dans d'autres pays où ils sont à l'abri.

C'est le 7 juin 1943 que la méthode est au point et l'on nous dit qu'il *sera* possible de stériliser mille femmes par jour.

Deux mois plus tard, le même Clauberg réclame à nouveau l'appareil : « J'ai besoin vraiment de la deuxième installation à rayons X, je ne peux vous en donner l'explication que verbalement. Il est probable que nous aurons besoin d'installations supplémentaires plus tard. Cela dépend de la sorte d'application donnée à mes résultats au moment où ceux-ci seront définitifs. »

Si Clauberg ne peut donner d'explication verbalement, c'est je pense à cause du caractère ultra-secret de tout ce problème de stérilisation qui doit, comme on nous dit, assurer l'extinction des Juifs en Europe, secret sur lequel a « insisté Himmler ».

Bayle affirme d'innombrables stérilisations chirurgicales ; il est admis que la plante calladium pour différentes raisons n'en a pas produites ou très peu. Combien y en eut-il par les rayons X et la méthode de Clauberg ? Par les rayons X, dit Bayle, « d'innombrables victimes » que j'ai vues à Auschwitz (ibidem, p. 723), comme on sait un camp où les Juifs sont en majorité s'ils ne sont pas seuls. La méthode de Clauberg qui travaille à Auschwitz a dû faire de nombreuses victimes à en juger par différents témoignages signés dont ceux des doctoresses françaises Fresnel et Hautval (pp. 695 et 700 ...) et du Dr Lang (Suisse).

Il est seulement curieux que les Juifs n'aient pas claironné à travers le mode ces stérilisations dont on nous dit qu'elles ont été massives.

Les stérilisations chirurgicales nécessitent la laparotomie et cicatrice révélatrice placée au bas-ventre ; les rayons X après stérilisation ne laissent aucune trace sur la peau ; l'injection de Clauberg peut j'imagine laisser des traces que l'examen gynécologique révélera. Seule, la méthode de Clauberg est douloureuse.

En terminant, voici les deux notes de Brack qui montrent — si elles sont bien authentiques - les intentions *d'Himmler, désirant le secret absolu sur ce problème des stérilisations massives,* et qui expliquent ce que Rassinier nous dit, qu'il n'existe pas de document ordonnant le massacre des Juifs, et qu'on ne sait pas très bien ce que cette expression « solution finale » signifie, alors que Bayle y voit le programme des stérilisations massives.

Un document faux pourrait évidemment, parti des Juifs, trouver sa place ici, destiné à expliquer justement par le secret qu'on désire garder, l'absence de pièces officielles ordonnant le massacre ou des mesures pour un massacre des Juifs, soit par les gaz, soit par les stérilisations.

Car, enfin, le massacre par les gaz n'a pas eu lieu, c'est un *fait capital* que nous devons aux travaux de Rassinier. Les six *millions de gazés* du début, qui deviennent « six millions de tués » dans la synagogue de Genève en 1964 sont une *escroquerie,* qui mettent les Juifs encore plus bas que tout ce qu'on pourrait imaginer.

Qu'ils aient dès lors beaucoup exagéré le nombre des victimes par stérilisations paraît être dans l'ordre des choses. On ne doit jamais oublier, comme Rassinier l'a dit, qu'à Nuremberg, les témoignages écrits par affidavit sont beaucoup, beaucoup plus nombreux que ceux des témoignages oraux.

1) « Le 7 juillet (in Bayle, p. 691) 1942 (réd., au quartier général), une discussion a eu lieu entre le Reichsführer SS, le professeur Gebhardt et le Dr Clauberg. La discussion a trait à la *stérilisation massive des Juives.* Le Reichsfiihrer a promis au Dr Clauberg de mettre à sa disposition Auschwitz pour ses expériences sur des êtres humains et des animaux.

   Une méthode doit être trouvée au moyen d'expériences de base, grâce à laquelle les gens seraient stérilisés sans s'en apercevoir. La stérilisation des hommes par rayons X doit aussi être envisagée, de préférence en coopération avec le professeur Hohlfelder, spécialiste en rayons X en Allemagne.

   Le Reichsführer SS a appelé l'attention particulière de toutes les personnes présentes sur le fait que cette *question était ultrasecrète,* et devait être discutée uniquement avec les officiers qui en étaient chargés. Les personnes présentes aux expériences et aux discussions ont à *garder le secret.*

2) Le 8 juillet 1942, le Reichsfiihrer SS a une conversation avec Glucks, Gebhardt et Clauberg sur la *stérilisation massive.* Je désire avoir un compte rendu des premières expériences, afin d'aboutir à la réalisation pratique de la *stérilisation sur une grande échelle.*

   Il est d'accord pour fournir tout le matériel nécessaire au professeur Clauberg pour toutes les expériences que celui-ci a l'intention de pratiquer. »

   L'installation de Clauberg à Auschwitz, camp juif, paraît bien montrer que la mesure est destinée à frapper avant tout les Juifs ; cette manière d'éteindre la race juive a cet avantage sur les gaz, de la réserver pour le travail, puisqu'en 1942 déjà, il y a grosse pénurie de main-d'œuvre, ce dont se plaint le ministre Speer.

   Il est très curieux de voir que le camp d'Auschwitz est le sujet de toutes les conversations, et que celui de Theresienstadt en Tchécoslovaquie dont nous venons de parler déjà, uniquement juif aussi, jouit d'une tranquillité parfaite, où tout est juif, tout est administré et dirigé par les Juifs ; c'est l'eldorado des camps, le paradis sur la terre par les temps qui courent, et dont Rassinier, dans son *Procès Eichmann*, p. 233, après avoir surmonté de nombreuses difficultés, nous donne une lettre en émanant, signée de six Juifs intellectuels ingénieurs et docteurs.

   Comment cela se peut-il ? Si Rassinier nous en parlait une fois avec sa connaissance du sujet !

Au procès Eichmann, comme déjà dit aussi, nouveau témoignage du fair-play des Juifs, cette pièce de Theresienstadt donnée par Rassinier précédemment est sortie du dossier et personne à Jérusalem ne parlera de Theresienstadt.

À cette soustraction criminelle d'une pièce très importante s'ajoute en même procès un faux d'importance à propos des chambres à gaz d'Auschwitz (*Procès Eichmann*, Rassinier, pp. 233 et 235-236).

Compter donc qu'ils n'aient rien tripoté dans la préparation et le cours des procès de Nuremberg, ce serait bien mal les connaître !

L'euthanasie. Très courtement nous nous sommes allongés sur les stérilisations.

Partie d'un décret d'Hitler pris en 1939, antidaté au premier septembre, et qui ordonne la mise à mort des incurables (sans autre spécification) enfants et adultes.

Jamais de loi à ce sujet, qui exigerait la publication.

L'euthanasie soit la mort sans douleur, faite par des piqûres (évipan, morphine, scopalamine, phénol à 20 %) ; les gaz à Grafenec par exemple selon déclaration d'une infirmière, où l'on a 150 lits, apport quotidien de malades 70, n'a fonctionné que huit à neuf mois). Cinq à six installations d'euthanasie dans le Reich. Pertes 60.000 au grand minimum ; chiffre probable 2 à 250.000. Un tribunal militaire donne 275.000 victimes.

Ne concerne essentiellement que des Allemands. Protestations véhémentes : pasteur Braune (9.7.40) (in Bayle, p. 744), cardinal-archevêque de Munich Faulhaber (6.11.40) emprisonné trois mois puis relâché (ibid. 763) et d'autres sommités ecclésiastiques encore, qui obligent Hitler à suspendre l'activité de son décret dès fin 1941 pour les adultes, alors qu'il continuera d'être actif pour les enfants jusqu'à la fin de la guerre.

Tuberculeux polonais. 35.000 tuberculoses ouvertes. C'est à cet article qu'on trouve (ibid. p. 849) une lettre qui est à retenir, et devant laquelle l'examen le plus sérieux d'authenticité se pose de façon évidente, envoyée par Greiser gouverneur du Warthenland (Pologne) à Himmler le 1er mai 1942 : « Le traitement spécial (*Sonderbehandlung*) d'environ cent mille Juifs, approuvé par vous en accord avec le chef du service de Sécurité Heydrich, peut être terminé d'ici deux à trois mois. Je vous demande la permission de dégager la province d'une menace qui croit de semaine en semaine, et d'utiliser à cet effet les kommandos spéciaux existants immédiatement après les mesures prises contre les Juifs. »

Sur l'avis, présenté par le Dr Blome SS, adjoint de Conti chef du Service de Santé civil du Reich, que l'extermination aurait les plus fâcheux effets dans le monde, l'affaire de 35.000 tuberculoses ouvertes est enterrée. Admis par Bayle à Nuremberg.

Collection de squelettes juifs.

Hirt, professeur d'anatomie à l'Université allemande de Strasbourg, présente à Himmler demande pour réunir collection de crânes juifs, vu la rareté de celles-ci. Il demande *une centaine de Juifs*. Himmler acquiesce animé, nous dit-on, (ibid., p. 861), d'un énorme intérêt à cette demande de Hirt du 27 février 1941.

C'est en août 1943 seulement qu'ils arrivent à Strasbourg pour être exécutés au camp de Natzweiler proche de cette ville. Là « le commandant du camp Kramer les tue dans la chambre à gaz avec des gaz que lui avait personnellement remis Hirt ». Les corps arrivent encore chauds, dit l'aide-préparateur, à Strasbourg.

Guerre chimique, les gaz de combat. Le même précédent Hirt expérimentateur, ici avec *l'ypérite*, gaz ou liquide, qui brûle tout, directement ou par objets intermédiaires. Brûlures de la peau *horriblement douloureuses*. Inutilité de telles expériences l'animal suffisant. Deux cents détenus ont servi, criminels allemands de droit commun, Tziganes, Tchèques, Polonais, Russes, accessoirement quelques Juifs.

Cent vingt personnes avec gaz liquide par séries de 30, chaque série avec 7 ou 8 morts. Dans chambre à gaz d'ypérite, trois séries de trente, même pourcentage de morts. Ces gaz attaquent les poumons devenus méconnaissables et toutes les cellules de l'organisme par l'intermédiaire du sang.

Guerre biologique. Hitler n'y croit pas et pense que les Alliés ne l'emploieront pas, ce qui se vérifie. Peu ou pas étudiée et expérimentée.

Expériences médicales.

Essais faits avec une nouvelle drogue contre le typhus exanthématique par le Dr Ding autre acharné de l'expérimentation humaine inhumaine. Recherches sur nourriture concentrée pour campagne de Russie. Greffage de glandes sexuelles chez homosexuels. Mort de cinq prisonniers par injection de 20 cm$_3$ de phénol brut, non dilué, en quelques secondes ; meurent sans signes de douleurs, expériences faites à la suite d'accidents observés dans la troupe par injection de sérum anti gangréneux au phénol. Ici, l'animal aurait suffi pour l'expérimentation.

Balles à l'aconitine tirées sur cinq condamnés à mort dont trois meurent d'empoisonnement et deux sont achevés à coups de fusil (ibid. p. 996).

Expériences avec *eau empoisonnée* (p. 1003) sur 150 détenus sans résultats fâcheux.

Expériences avec poisons dont le *cyanure de potassium* (ibid. p. 1003) faites dans les camps pour mettre capsule au point qui auraient coûté la vie à 60 personnes à lire les archives personnelles d'Himmler.

Encore ici un point, où l'on peut se demander, si les Juifs n'auront pas été les premiers à en prendre connaissance et à y laisser leur marque.

Expériences chirurgicales. Il faut lire ce chapitre de Bayle pour se faire une idée des scènes de violence qui se passèrent à Ravensbrück, où les malades, presque toutes de jeunes Polonaises, très affaiblies, sont jetées sur les tables d'opération avec le concours des SS de la garde du camp, dont le recrutement par ailleurs est de toute petite qualité, piquées, et se réveillant opérées d'une jambe, placées dans le plâtre, et dans laquelle sont injectés des microbes et qui sont alors soignées ou non par les sulfamidés. *Septante-quatre jeunes Polonaises* opérées dont cinq meurent et cinq (de la Résistance) sont fusillées. D'autres réveillées la nuit, opérées de césarienne ; et d'autres giflées au réveil opératoire par une certaine doctoresse Oberheuser présente au Tribunal de Nuremberg.

Il est évident que la guerre se prolongeant, les sentiments de tous s'exacerbent ; et les formidables bombardements alliés, une honte pour le genre humain, où la participation et les influences juives sont si évidentes, avec leurs immenses pertes en femmes et enfants, ne sont pas pour arranger les affaires !

Voici Gebhardt, chirurgien en chef de la Reichswehr et chef SS, appelé auprès d'Heydrich chef de la Sécurité du Reich victime de la Résistance tchécoslovaque, et qui l'opère de ses blessures sans lui faire de sulfamidés. Mort d'Heydrich, Hitler furieux ! Gebhardt se rattrapant sur les Polonaises de Ravensbrück, qu'il opère à tour de bras et presque sans asepsie, prenant les plus affaiblies, infectant leurs plaies tout en les traitant aux sulfamidés qui, il l'espère, n'auront pas de succès dans ces conditions, le justifiant ainsi auprès d'Hitler.

Gebhardt condamné à mort et exécuté à Nuremberg.

Maladies infectieuses.

Paludisme. Von Schilling, ancien directeur de l'Institut Robert Koch, à Berlin, qui avait travaillé pendant quarante ans le problème de l'immunisation dans le paludisme sans pouvoir le résoudre, et qui pendant la guerre est repris par cette idée, et s'en ouvre à Himmler qui se croit devenu grand pontife médical, et lui accorde toutes facilités d'expérimenter sur des détenus dans les camps. Onze à douze cents détenus de Dachau subissent les inoculations de von Schilling. Trois à quatre cents victimes décédées des suites admet le tribunal américain.

Von Schilling condamné à mort et pendu.

Typhus exanthémique : à fin avril 1941, le typhus dans les armées allemandes prend en Russie un tour grave.

Dès décembre 1941, pour l'étude des vaccins, expériences à Natzweiler et Buchenwald sur quelques criminels allemands, puis détenus de tous pays. Injections de sang de typhique le plus souvent intraveineuse. Virulence du typhus à Buchenwald. Résultats médiocres avec une trentaine de morts ; de nombreux sujets ayant subi l'inoculation typhique avec des suites non négligeables, et de grandes souffrances.

Trois cents morts en tout plus cinquante à Natzweiler.

Tableau
1. Expériences sur les hautes altitudes. Dix morts, tous Juifs.
2. Expériences sur le froid. Nonante morts ; pas parlé de Juifs.
3. Eau de mer : pas de morts, jeûne et soif pénibles.

4. Stérilisations nombreuses ou très nombreuses. Chiffre difficile à fixer. *Passablement de Juives* selon toutes apparences.
5. L'euthanasie. Minimum de morts : 60.000 ; tribunal militaire dit : 275.000.
6. Tuberculoses pulmonaires ouvertes polonaises 35.000 ; pas d'exécution ; on renonce au projet.
7. Squelettes juifs, 90 détenus exécutés.
8. Guerre chimique : Tziganes, Tchèques, Polonais, Russes, quelques Juifs, ypérite 120 personnes, avec gaz liquide 32 + ; ypérite 90 personnes, avec ypérite gazeux 24 +.
9. Balles à l'aconitine 5 morts.
10. Morts au phénol 5 morts.
11. Morts au cyanure de K : 60 morts (?).
12. Paludisme 30 morts 3 à 400 décédés des suites.
13. Typhus exanthemat ; 300 morts en tout à Buchenwald ; 50 morts à Natzweiler.
14. Essais au Polygal : 4 détenus + par coup de fusil.
15. Brûlures au phosphore : 6 à 8 cas traités, pas de mort ; horriblement douloureux.

Total des morts : 1054 à peu près, disons 1200 pour faire bonne mesure ; l'euthanasie laissée hors du débat qui ne concerne en très grande partie que des Allemands.

En fin de ce chapitre, est-il besoin d'épiloguer longuement ? Est-ce que les faits et les chiffres ne sont pas suffisamment éloquents ? Peut-on mettre à égalité dans le mal nazis et Juifs ? Les nazis ne le firent que pendant quelques années, et les Juifs qui n'ont cessé de durer de le faire depuis deux mille cinq cents ans ; mais il est vrai que notre parallèle ne comporte que les événements du XXe siècle.

Sont-ils à égalité dans le mal ?

Non, si l'on écoute les Juifs ; c'est-à-dire que toujours pressés d'impudence et sans-gêne, ils mettraient les nazis tout en bas dans les enfers et eux-mêmes tout en haut dans le ciel.

Non, si l'on écoute l'honnêteté.

Les Juifs, chers à MM. R. Payot et A. Picot, font le mal par millions de sacrifiés, soit les vingt-huit millions chiffre donné par le gouvernement russe dans la célèbre affiche de Kiev, dont un grand nombre, un très grand nombre décèdent après d'abominables tortures.

Chiffre colossal, qui écrase, et très parlant des sentiments que nous porte le barbare juif, « l'ennemi du genre humain », « celui qui accuse toujours et ne s'accuse jamais ».

Citoyen suisse, garde à journée faite ce chiffre devant tes yeux, ne le perds jamais de vue, et que cette vue t'engage à de salutaires et salvatrices réflexions ; c'est là le conseil d'un homme qui connaît quelque peu le sujet, et ne parle pas, comme en judéodémocratie bavarde et menteuse, d'un problème sans en rien connaître, et le plus souvent, en le travestissant.

Je sais qu'un non-Juif, qui aurait commis tous les crimes des Juifs en Russie, se tiendrait tranquille dans son repaire à penser à la grandeur de sa faute et non à celles commises par autrui.

Voilà ce que ferait un juge fédéral suisse, notre plus haute instance, mais ce que ne fait pas un Juif de la Cour suprême des U.S.A., ce Goldberg de la « race criante », envoyant protestations à Khrouchtchev, pour quelques mesures de précautions prises à l'égard du « fléau du genre humain », autre appellation fort pertinente, qu'on se doit d'appliquer à ce peuple juif de tortionnaires, et dont le peuple russe, justement, a indiciblement souffert.

Voilà ce que dit l'esprit de vérité.

Les expériences médicales allemandes, où des exagérations de compétence et de droit produisent des morts au nombre approximatif de 1054 victimes en direct, et de quelques milliers dans les suites, mais où sans doute la mauvaise et insuffisante alimentation aura joué son rôle, ainsi que les affections contagieuses très répandues dans les camps : dysenterie, typhus, tuberculose, diminuant la résistance des individus.

Avec cet attendu encore pour les Allemands, qu'on ne retrouve pas chez le Juif en Russie, que les Allemands sont engagés dans une guerre terrible, et que les bombardements alliés faisant jusqu'à 150.000 victimes d'une nuit et dans une seule ville, ne les portent pas précisément à la mansuétude, et n'adoucissent pas les rapports entre prisonniers et leurs maîtres.

Du reste, le livre publié par un Juif d'Amérique en 1942, *Germany must perish* où l'on demande le dépècement total de l'Allemagne, et la stérilisation de toute sa population, est dans la mémoire de tous les Allemands, la radio leur ayant donné des extraits de ce livre sorti de la cervelle extravagante et folle du Juif.

Est-ce là, peut-être, qu'Himmler puisa ses idées de stérilisation des Juifs ?

En 1944, c'est le Juif Morgenthau, ministre du Trésor de Roosevelt, qui demande que l'Allemagne n'ait plus d'industrie et soit transformée en pays agricole

Le Juif ou celui qui ne doute de rien.

Il n'est plus question de nier les expériences entreprises par Himmler, étudiant la stérilisation, et des moyens d'en faire une application rapide et pratique ; il en est trop longuement et trop fréquemment parlé dans le « Bayle. » Mais ces stérilisations ont-elles été vraiment massives ? C'est là une autre question.

Bayle parle de stérilisations très nombreuses, à d'autres endroits innombrables ; que faut-il entendre en chiffre de cette appellation, et n'avons-nous pas ici image des habituelles exagérations juives auxquelles les plus honnêtes se laissent prendre.

Ceux qui ne connaissent pas les Juifs raisonnent avec eux comme s'ils étaient avec des chrétiens. Bayle (1950) est persuadé, absolument, sans appel dit-il, que le « traitement spécial » ou encore la « solution finale » des nazis est la stérilisation totale des Juifs, ce qui n'est pas l'avis de Rassinier (1964), déclarant qu'à l'heure actuelle on ne sait pas exactement de quoi il s'agit.

Dans les expériences médicales faites, il faut distinguer d'emblée celles sans aucun intérêt pratique du moment : expériences sur le paludisme par von Schilling, ancien directeur de l'Institut Robert Koch à Berlin, où des prisonniers de toutes nationalités sont utilisés ; et de même, celles de Hirt, sur la collection des crânes juifs.

Il en est d'autres, comme celles du typhus exanthématique et de la gangrène gazeuse, qui ont une certaine valeur pratique (efficacité des vaccins dans le typhus, des sulfamidés dans la gangrène gazeuse). Ces affections très répandues dans les armées allemandes en Russie.

Dans les études de caractère pressant, traitant de l'aviation à haute altitude, mais où l'on aurait pu se contenter de recherches sur l'animal, dix *Juifs* sont utilisés et l'autopsie suit immédiatement le décès.

Dans toutes les autres expériences sauf celles d'Auschwitz de stérilisation, les Juifs paraissent peu. Nous avons vu les exagérations et les crimes commis à Ravensbrück, de caractère un peu exceptionnel, en ce sens que Gebhardt, chirurgien de la Reichswehr, en personne, est là qui fait des opérations pour qu'elles ne réussissent pas si je puis dire, et ce pour les raisons personnelles vues plus haut.

Theresienstadt, camp juif, où *tout est juif* même sa direction, et où l'on jouit d'une tranquillité parfaite (*Procès Eichmann,* page 232) et dont à Jérusalem, au procès d'Eichmann, la pièce en témoignant est sortie du dossier.

Le fair-play juif, la talmudique tromperie ! qui avait produit aussi des faux témoins déblatérant Theresienstadt.

Reste le fameux « six millions de gazés », la grande affaire qui doit décider de tout, dans le jugement que nous nous sommes proposés à ce chapitre et qui en décide, ayant montré que ces « six millions » de soi-disant victimes des nazis ne le sont pas ou si peu, Rassinier jusqu'à ce jour en ayant retrouvé 4.524.600, bien vivantes, sans compter celles, vivantes aussi, que renferment les U.S.A., un nombre certainement très considérable ; ces U.S.A. impénétrables aux investigations précises de par la puissance du Juif !

Les Juifs non seulement mentent effrontément sur le nombre de leurs morts, mais s'en servent auprès des Allemands, aux fins d'espèces sonnantes et trébuchantes, pour devenir alors des voleurs et des escrocs.

J'ai plus haut parlé de l'opposition en quelque sorte flagrante s'attachant à stérilisation et gazage, et dont je n'ai trouvé la mention nulle part ; il faut insister sur ce point, y revenir.

Bayle (p. 668) considère les stérilisations comme très nombreuses ou même comme « innombrables » sans articuler cependant de chiffre et comme le moyen d'éteindre le peuple juif dans l'empire allemand ; il est à ce point catégorique qu'il nous déclare son jugement « être sans appel ».

Mais alors, s'il en est ainsi, les « six millions de gazés » tombent d'eux-mêmes ou s'amoindrissent singulièrement ; c'est presque l'*entweder oder* des Allemands ou le *aut* des Latins comme nous disons remarquons, du reste, comme chaque

lecteur pourra s'en rendre compte que F. Bayle dans son monumental ouvrage de quinze cents pages de 1950 ne parle aucunement de morts par les gaz (sous forme massive s'entend), comme il appert du plan de son ouvrage donné à la page 386 du présent volume, alors qu'il est parlé à son chapitre III intitulé « Les exterminations raciales » :
    1) Des stérilisations « médicales » ;
    2) De l'euthanasie ;
    3) Des tuberculeux polonais
    4) De la collection des squelettes juifs.

Pourquoi cette omission à l'article des « six millions » ? où F. Bayle nous eut beaucoup intéressé en manifestant son opinion ? C'est donc qu'il n'y croit pas, sans cela comment expliquer cette omission alors qu'il nous parle assez longuement des stérilisations « médicales » qui n'ont rien de médicales comme les guillemets dont il entoure ce mot le disent assez.

C'est donc sans doute aussi qu'il n'a pas voulu sur ce point névralgique et brûlant prendre position. Je dis qu'une opposition est présente entre ces deux opérations de stérilisation et de gazage.

Il est, en effet, bien clair qu'on ne va pas s'amuser et se compliquer les affaires à ce point de stériliser les gens d'abord pour les gazer ensuite, alors qu'un de ces deux modes de faire est suffisant pour atteindre le but cherché et que le ministre Speer, dès 1942, réclame à cor et à cri devant une pénurie sans cesse croissante, de la main-d'œuvre prise n'importe où.

Ajoutons encore que l'argument Speer parle très nettement, comme il est facile à tout le monde de le penser, en faveur des stérilisations contre les gazages.

Il y eut des gazés, mais en petit nombre ; très éloigné en tout cas des six millions ; c'est si simple de gazer quelqu'un sans installation spéciale comme il en est de tous ceux s'asphyxiant à l'oxyde de carbone dans leur cuisine.

Un point encore à souligner : l'argument mental, l'argument psychologique et pathologique, l'argument massue.

Est-il possible à celui connaissant son Juif et son histoire et le Talmud sur lequel il s'appuye, d'imaginer que celui-ci, ce professionnel du mensonge jusque dans la Bible, se voyant en état d'exiger des sommes d'argent de l'Allemagne qui se voient être en proportion du nombre de ses morts, n'ait pas automatiquement, de réflexe, de nature, d'essence même, poussé son chiffre aussi haut que possible, partant du document Gerstein « faux historique », pour se jeter alors dans l'extravagance ?

En toute sincérité ? en toute vérité ? qui oserait prétendre le contraire ?

M. A. Picot ancienne première magistrature de Suisse, M. R. Payot directeur du *Journal de Genève*, M. R. Braichet directeur de la *Feuille d'Avis de Neuchâtel*, M. P. Béguin directeur de la *Gazette de Lausanne*, peut-être.

Ces opinions ont-elles beaucoup de poids ?

Juifs incorrigibles, vous n'avez en Allemagne reçu qu'au un cent millième la punition de toutes les horreurs commises par vous en Russie dès 1917, et années suivantes, sur des millions et des millions d'êtres humains... le monde est un mensonge.

Voilà ce qu'a oublié de dire le menteur par omission Goldberg, juge à la Cour suprême des U.S.A., s'adressant à Khrouchtchev, sans, par ailleurs, que nulle protestation nulle part ne se fasse entendre... le monde est un mensonge.

Jugez par-là de la décomposition, de la pourriture sociale et morale qu'est la nôtre, de par le travail du Juif dès 1789 et jusques à nos jours... le monde, le monde est un mensonge.

Los von den Juden !

N'est-ce pas là, en démocratie, tout en bas de ses moyens, un exploit que ces « six millions de gazés » ? qui donne à considération et à capacité de parler haut et ferme aux autorités les plus élevées des pays où nous sommes installés, disent les juifs ? N'en a-t-il pas été ainsi en ce mois d'août 1964 (20 août) en Suisse ? Est-il au monde des honnêtes gens qui eussent été sur ce simple article de journal entendus plus prestement que nous le fûmes ?

À quoi donc sert-il d'être honnête ? Les goyim ne sont par ailleurs que « semence de bétail » !

Nous n'avons, nous Juifs, cousus d'or et d'argent, à subir de critiques de personne, pas même du chef du protocole de la misérable petite Suisse, dont la plus haute autorité n'a fait que se jeter à nos pieds, parce que, de notre place et de nos sourcils, nous avions manifesté quelque chose !

Haut Conseil fédéral, pourrais-tu tenir compte de ce qui est, et ne pas infliger au peuple suisse le spectacle de sa plus haute autorité bassement inclinée aux ukases du Juif ; toujours pour n'en point changer, au service de Satan qu'il n'importe que ça ne plaise pas à ce qui reste de chrétienté.

On humilie tout un peuple devant Dieu, devant ses erreurs, devant ses fautes, devant un honnête homme fut-il seul, mais on n'humilie pas, Haut Conseil fédéral, tout un peuple, en le jetant avec toi dans des gestes et des attitudes et des actes qui se pressent au-devant du Juif, se jetant à ses pieds, prévenant à ses moindres désirs... ce Juif qui ment sur ses morts et s'en fait un apport d'argent tel, que dans la mémoire des peuples, nos imaginations ne s'en pourront remettre de longtemps.

Los von den Juden et de tout ce qu'ils empoisonnent !

Mais pour en changer et sortir de ce trop long aparté, si les nazis, me direz-vous, qui ne sont face aux Juifs que de petits barbares, comment se fait-il que les premiers aient été si sévèrement jugés, et que les seconds mille fois plus coupables ne l'aient point été du tout ?

Voilà, mon enfant, comment sont les hommes toujours aussi stupides, toujours aussi inconséquents, toujours aussi bornés, sacrifiant les joies et les lumières de l'éternité divine qui vont suivre dans un instant, à quelques misérables moments terrestres jamais assez au service de mauvaises causes, dont la plus mauvaise de toutes, celle de « l'éloigné de Dieu ».

Les hommes se sont éloignés de la Justice depuis la catastrophe de 1789, en écoutant la voix de mauvais bergers, catastrophe morale, sociale, nationale, internationale et universelle, qui frappe l'esprit de toute une planète, en même temps que le Juif et le diable, la main dans la main, se mettent le plus en haut à l'horizon des peuples s'emparant des esprit chrétiens en les façonnant au leur, et nous amenant, degré par degré, à cet état de chute de la minute présente, qui prépare de toute évidence, à des événements de suprême importance qui ne sauraient tarder.

Toujours et encore : *Los von den Juden,* la source d'infection de tous nos maux.

Seigneur, Seigneur, viens à l'aide de ceux qui sans toi ne peuvent rien, pour qu'ils sauvent notre patrie ; déjà, ce mot magnifique qui a traversé les siècles et nourri nos cœurs nous paraît comme éloigné de nous, tant il n'en est plus parlé pour ne parler que de l'ONU du Juif et de sa camarilla.

On voit cette profanation, de notre Grütli recevant ses ordres du renégat du Ciel dans sa forteresse de New York !

Délivre-nous, Seigneur, de ceux qui furent tes enfants, et ne sont plus qu'au service des intentions les plus coupables ; et dont l'envoûtement présent dans le mal et les faux prophètes de son Talmud, paraît l'égal de celui que vit et vécut le noble Titus, « les Délices du genre humain », en 70 après Jésus-Christ et qui fut, cet envoûtement par le diable, la cause de la destruction de Jérusalem et de son temple.

Dans notre faiblesse, nous appelons à toi, et c'est alors Esaïe le magnifique, qui est là et nous dit ch. 59, v. 19

> *Quand l'ennemi*
> *Viendra comme un fleuve*
> *L'esprit de l'Éternel*
> *Lèvera l'étendard*
> *Contre lui.*

Qu'il se lève, Seigneur, qu'il se lève, il nous paraît bien qu'il en est grand temps.

Chapitre XVIII

Lettre à Monsieur le Conseiller national J. Leu Hohenrain (Lucerne)

Monsieur le Conseiller national,

Si je ne fais erreur, c'est à fin novembre 1963 que, suite à votre interpellation au Conseil fédéral sur la défense spirituelle du pays du 21 septembre 1963, je vous faisais parvenir une lettre montrant par $a + b$, combien nos journaux, en fait, étaient peu intéressés autrement qu'en de belles paroles sonores et vides prononcées de temps en temps, par ce problème qui vous faisait, au Conseil national, vous adresser au Conseil fédéral, demandant ce qu'on comptait faire pour la défense spirituelle du pays.

Ce problème, le sujet de votre interpellation signée de septante-quatre ou septante-cinq autres conseillers nationaux, est l'angoisse de nos temps, c'est la menace toujours plus précise portée dans l'ombre de l'anonymat par les ennemis conjurateurs de notre société, de nos mœurs, de nos cœurs, de nos croyances religieuses, et qui fait pleuvoir sur nous, jusque dans nos plus petites villes et même villages, une pluie d'attentats sans cesse plus abondants, sans cesse plus impressionnants et qui demande qu'on coure à des remèdes non pas de façade, mais de souveraine efficacité.

Dans cette lettre que je vous adressais à laquelle vous ne fîtes aucune réponse, bien qu'on fût en droit de penser qu'il en serait autrement, alors qu'elle vous apportait, dans ce qui faisait le sujet de votre interpellation, des renseignements, des éclaircissements, des faits précis et vécus, qui montraient une presse dans trois de ses représentants absolument fermée à celui, votre serviteur, qui s'adressant à elle, entendait aller à la racine du mal, soit à ceux qui ont écrit les *Protocoles des Sages de Sion,* manuel de combat des Juifs contre le genre humain, et au sujet desquels protocoles, jugement avait été rendu par la Cour suprême du canton de Berne (Suisse) le 1er novembre 1937, qui disait qu'ils n'étaient pas ce que prétendaient les Juifs un faux et dont notre société, présentement et justement, n'est plus autre chose que l'exacte image de ce qu'ils écrivent et décrivent dans les années 1885 de leurs intentions, des buts à atteindre et du résultat qu'on en peut attendre.

Je vous montrais par ces lettres que vous reçûtes, et qui sont dans ce texte reproduites (v. index sous J. Leu), l'attitude de notre presse romande à l'adresse de ce problème l'objet de vos soins, combien elle y était indifférente pour des causes sur lesquelles nous reviendrons plus loin ; c'était là un très bel exemple du triste rôle que jouent nos journaux, présentement, *totalement* fermés au plus grave, au plus menaçant et au plus urgent, et je pèse mes mots, des problèmes de notre temps.

Pourquoi ne pas avoir répondu à ma lettre ? Manque de confiance ? Je vous citais des faits précis, je vous donnais le contenu exact de l'article que j'avais, sur Jaurès, voulu faire paraître, et des réponses qui s'opposaient à mon désir. (Voir p. 151.)

Ce que je vous apportais, c'était confirmation et assurance donnée à votre interpellation, c'était des pièces, des faits précis à mettre dans votre dossier, qui dénonçaient avec vous la gravité du mal dont nous souffrons.

Un conseiller national devrait s'intéresser, non seulement à ce que diront les propos académiques et détachés du Haut Conseil fédéral, mais aussi à ce qui vient du peuple.

Les propos académiques et détachés ne peuvent, en effet, être autre chose ! ils ne peuvent, comme votre serviteur, aller à la source des sources de notre mal.

On ne voit pas, n'est-ce pas, notre Haut Conseil fédéral suisse nous parler des Juifs et de leurs Protocoles des Sages de Sion, en pleine salle du Conseil national ?

Justement, voilà une des plus graves manifestations du dommage profond dont nous souffrons : nos autorités supérieures ne peuvent appeler les choses par leur nom, même en usant de la périphrase : un chat n'est pas un chat, nos autorités supérieures ne peuvent prendre le taureau par les cornes !

Comment pourront-elles, alors, solutionner le plus angoissant problème de l'heure qui soit ?

C'est aussi que le Conseil fédéral n'est plus ce qu'il fut ; comme tout le reste du système, il est tombé et point encore arrêté dans sa chute !

— Tombé ? gravement ? — Très gravement et très au-dessous de ce qu'il en devrait être ? — Vraiment ? Vous êtes sûr ? Allez-vous donc nous en donner la démonstration ?

— Oui, je vous la donnerai ; il faut que le peuple suisse tout entier en connaisse, s'en pénètre, et réfléchisse lui-même, alors, que ses journaux, de ce très important problème dont la solution ne doit souffrir aucun retard, ne le font pas pour lui, et ne le laissent pas non plus, comme dans notre cas, qu'il s'agisse, de leur part, de crainte, d'argent ou de franc-maçonnerie, en réfléchir et en penser lui-même dans leurs colonnes.

Le Juif, encore sous tous les effets du crime commis sur la personne du Fils de Dieu, est devenu le premier personnage d'une société qui n'en est plus une, parce qu'elle n'est plus que le comparse du fossoyeur criminel de Katyn !

Revoyons ce Conseil fédéral que, dans ce volume, à notre chapitre II, nous avons vu déjà.

Revoyons-le, il en vaut la peine, il est des événements qui parlent par eux-mêmes et très éloquemment !

Voyons comment le Conseil fédéral, M. J. Leu, a tenu sa ligne de conduite, à notre temps, dans trois événements importants, celui d'abord de 1963, qui par le comportement de notre plus haute autorité exécutive, jette notre monnaie au ruisseau, ce qui fait précisément le sujet de notre chapitre II.

Nous n'y revenons plus, on peut s'y reporter ; disons seulement que les faits reprochés au Conseil fédéral, qui commande à tout le monde de ne plus rien prétendre en augmentations de salaires, et qui, peu après, ne se commande pas à lui-même de n'en point prétendre, et s'en octroye, de très substantielles comme nous savons, ne sont pas près, non plus, de s'oublier dans la mémoire de ceux qui savent distinguer l'important, le capital, le primordial de l'accessoire 1.

Il est incontestable, signe de nos temps où chacun ne pense plus qu'à soi, et férocement, que le Conseil fédéral, en cet événement, a commis un acte des plus coupables, de haute gravité même, atteignant le moral de la nation tout entière, atteignant à ces impondérables auxquels Bismarck attachait tant d'importance, ces impondérables à leur tour atteignant à cet esprit public qu'il faut faire tomber, comme il est dit au *protocole 13 des Protocoles des Sages de Sion*, quand on veut atteindre à de grands résultats dans le mal.

Winkelried, l'esprit de sacrifice qui t'a fait t'asseoir dans l'histoire, l'amour-propre, l'amour du travail bien fait, le besoin du devoir accompli n'habitent plus le cœur de nos magistrats.

En 1964, le Conseil fédéral, Monsieur J. Leu, se signale de nouveau à l'attention des citoyens suisses conscients, avertis et renseignés, en manifestant encore dans l'exercice de ses fonctions des signes graves d'insuffisance.

Dans l'affaire Serra du 20 août 1964, M. Serra, chef du protocole au Palais fédéral, et dont un journal juif de Zurich demande la démission, parce que dans une réunion de diplomates mais de caractère privé, M. Serra aurait alors tenu des propos qui n'étaient pas ceux d'un partisan des Juifs.

L'affaire datait de six mois, en réalité, nous dit le conseiller fédéral Wahlen, chef du Département politique, et avait donné lieu déjà à une admonestation au chef du protocole, avec retard de six mois dans son avancement.

L'insolence juive réclamait, en outre, la mise au pas de tous les fonctionnaires du Département politique fédéral qui professaient des sentiments antisémites.

Les Juifs, donc, n'avaient pas trouvé suffisant, ce qu'avait fait M. Wahlen à l'égard de son chef du protocole, et revenaient à la charge.

C'est alors que le Conseil fédéral, en cette fin d'août 64, prend tout de suite de *nouvelles sanctions*, et limoge son chef du protocole, sous forme de démission, nous dit-on, spontanée de M. Serra. La formule ne trompera personne ; ce qui compte, c'est le renvoi pur et simple du chef du protocole sur une seconde intervention des Juifs, qui obtiennent, on peut le dire, sur l'heure, satisfaction.

Nous l'avons dit déjà ailleurs dans ce texte (voir index Serra) humiliation nationale à Zurich par les Juifs, sans aucune protestation importante de la presse, sauf cependant celle du correspondant de la Tribune de Lausanne à Berne, qui trouve en substance qu'on exagère.

Le *Journal de Genève*, armé de son philosémitisme inconditionnel, n'en dit rien, ou si peu, et à l'intérieur du journal encore, et sans la moindre critique à l'égard du Conseil fédéral ou des Juifs de Zurich.

Nous avions eu à Genève, peu de temps auparavant, une même humiliation nationale par ces mêmes Juifs, toute cette ville corrompue du virus talmudique, suspendue aux lèvres du grand rabbin de Genève sermonnant à propos des fameux « six millions de tués » juifs (on ne dit plus gazés, comme auparavant, l'inanité de cette folie ayant été démontrée, mais on reste néanmoins dans son mensonge, en prenant un autre mot plus général, qui permettra davantage de possibilités de mensonges ; le Juif est un menteur invétéré) par les nazis, la plus belle escroquerie des temps modernes, à l'inscription de laquelle, cependant, dans une synagogue (les Genevois abandonneront-ils bientôt pour l'amour du Juif leur cathédrale de Saint-Pierre ?) toute la ville de Genève officielle, civile et religieuse croit bon d'être présente.

Quel signe d'abaissement de notre époque, de chute de l'esprit public qu'abandonne toute échelle de valeurs, de disparition d'amour-propre et de dignité dans le cœur de nos magistrats ; quelle plus belle formule de libéralisme destructeur que ces chrétiens dans les bras du Juif ! tout encore à ses erreurs !

Participer à un mensonge dans un lieu de culte, et se faire sermonner par un grand rabbin, du peuple encore sous les effets du crime commis sur la personne du Fils de Dieu, voilà qui nous donne bien mesure de ce que valent nos temps, de ce qui gîte dans nos cœurs, et conséquemment de la puissance des Juifs de plus en plus grande, de plus en plus criante et qui compte, cela saute aux yeux, en arriver chez nous à la situation actuellement présente en France, où, Monsieur J. Leu, les Juifs sont les maîtres, où les Juifs sont les seigneurs, où les Juifs sont les souverains ; la présidence du Conseil après un Blum, passant par un Debré, pour se continuer en un Pompidou-Rothschild !

Peuple suisse ! sois en éveil, et ne compte pas sur ta presse, *Journal de Genève* et *Gazette de Lausanne* en tête, passés à la subversion juive, pour t'engager ou te maintenir dans la voie du salut national, conduisant à la mise à l'encan du Juif et de son ONU, et de son abominable mentalité de corruption et de vie basse dans les écus et la haine antichrétienne, dont il entend que nous fassions litière ; je dis bien litière et non pas drapeau ; cette croix blanche sur fond rouge, promenée victorieusement dans le long et le large de l'Europe au cours de plusieurs siècles ; c'était un temps où les Suisses versaient beaucoup de leur sang, et comptaient bien peu sur l'exactitude de leurs soldes ; c'était un temps où Dieu, ou alors son respect, les habitaient, et où le Juif ne comptait pour rien suite de son endurcissement.

Et maintenant, chez nous, c'est le Juif qui compte pour tout ou pour beaucoup, et c'est Dieu qui s'en va loin de nous, habités comme nous le sommes !

Hésiterais-tu, vraiment, peuple suisse, entre Dieu et le juif ?

Nos ancêtres comptaient sur le glaive pour remporter victoire, mais ils connaissaient aussi que le glaive éteint les sources de la vie et voulaient être prêts d'en bien franchir les limites.

Passons, passons, Monsieur le Conseiller national J. Leu, qui ne répondez pas aux lettres détaillées qu'on vous écrit, alors qu'on pouvait penser qu'après votre interpellation sur la défense spirituelle du pays, rien ne vous intéresserait davantage que d'en connaître par une information partie du pays lui-même, qu'elle soit alémane ou romande ou italienne ou romanche, et que si vous teniez au Conseil fédéral (suisse) pour en être informé, vous ne négligiez pas pour autant ce que le pays « réel » pouvait vous apprendre de ce problème de notre temps et de notre pays, si vital, d'une urgence si criante, qu'un an après le dépôt de votre interpellation, le Conseil fédéral, notre plus haute autorité exécutive ne vous a point encore fait entendre sa voix.

Temps de misère, d'aveuglement, de désolation et d'inconséquence que sont les minutes du temps présent, où la politesse, cette parure de la société de ces temps passés qui reviendront, cette marque des nations civilisées n'est plus présente chez nous qu'en rudiments.

Il nous faut abandonner les institutions politiques que le juif de 1789 et sa Révolution française nous ont données aux fins de nous détruire, et revenir à de celles qui soient l'émanation de nous-mêmes, et soient à la mesure de nos mœurs, et de tant de ces qualités, que nous avons perdues de par le travail du talmudiste et qui sont l'apanage du chrétien, et sans lesquelles la vie ne vaut pas la peine d'être vécue ; ne jetant, finalement, quand nous en avons franchi sa première moitié, que le désespoir dans le cœur de l'homme.

La vie d'ici-bas, nous a dit et répété Calvin, ne doit servir qu'à nous préparer à celle qui suit, dans l'au-delà.

La gymnastique des corps intéresse bien davantage ceux qui ne peuvent plus rien émouvoir de ce qui touche à nos âmes.

Mais le Conseil fédéral, baigné lui aussi, dans l'enjuivement général qui ne connaît plus de drapeaux, mais des litières seulement, continuant dans la même voie, la sienne désormais, avait besoin en cette année 1964 encore, de montrer au peuple suisse, qui se doit d'être de plus en plus sévère à l'égard de magistrats de plus en plus insuffisants dans l'accomplissement de leur tâche, quelque insigne manifestation de son nouveau savoir-faire.

Et c'est alors les Rangiers, cette magnifique chaîne de montagnes du Jura défendant superbement notre pays du côté du nord, où l'on entendait, le 30 août, commémorer l'entrée en guerre des belligérants de 1939.

Et là, chose extraordinaire, les délégués choisis par le Conseil fédéral et le Conseil d'État bernois sont précisément ceux qu'il ne fallait pas choisir, ceux-là même qui, comme de bons Juifs chevaliers du déshonneur, la mode de nos temps à litières, foulant aux pieds les promesses faites au Jura quant aux places d'armes se sont comportés comme si, jamais, elles n'eussent été formulées.

Ce qui fait que pour tout le monde sauf, bien entendu, le Conseil fédéral et toute la presse, *Journal de Genève* en tête et furieux de ces Jurassiens et toujours grand maître, comme nous voyons encore, en politique superficielle qu'elle soit intérieure ou extérieure ; le *Journal de Genève* est grand maître en politique superficielle, surtout quand il s'agit de passer sous silence les exploits des forbans-gangsters juifs de haut vol ; que pour tout le monde, dis-je, la provocation dans cette affaire qu'on entend laisser aller d'elle-même, comme toute celle du Jura, jusqu'à la catastrophe, ne vient pas de cette jeunesse, capable encore de s'intéresser à quelque chose qui ne soit pas ces profits d'argent, dans lesquels les Juifs ont jeté notre mentalité, profanant ce que le Ciel nous a donné de plus beau, notre âme !

Monsieur le Conseiller national J. Leu, qui ne répondez pas aux lettres qui vous viennent du pays, mais mettez toute votre confiance en les propos *ex cathedra* du Conseil fédéral qui ne pourra jamais, vous entendez bien, jamais vous parler comme le pays vous parle, parce que placé au sommet de la pyramide du système qui nous gouverne et qui l'emprisonne, lui plus que tout autre.

Il vous faut, Monsieur J. Leu, conseiller national, maintenant faire autre chose que d'attendre les attendus du Conseil fédéral qui, eux aussi, n'ont pas fini d'attendre !

Charles Maurras, mort comme un preux de Charlemagne, n'a-t-il pas souvent parlé du « char mérovingien de la démocratie » qui tout embrouille, complique et retarde ?

C'était, à ces Rangiers de splendeur et de sentinelle de pierre, les deux coupables au fédéral et au cantonal, qui entendaient, après de vilaines actions prononcer de belles paroles !

Je comprends que cette jeunesse ardente se soit sentie plus ardente encore ! Tristes temps, où les beaux gestes ne sont plus que qualifiés du contraire !

Ainsi, le veut un système, qui marche en courant à la fin de ses jours et de ses ans, et qui, après avoir démoralisé notre peuple, comme si la mesure n'était pas suffisante, prétend encore, que nous n'ayons jamais fini d'entendre à Zurich, à Genève, ou ailleurs, le commencement et la fin des cris du Juif malintentionné !

Voici l'exemple que des temps de rien mettent en tout instant sous les yeux et dans la main du peuple suisse : le Juif en révolte de Dieu, et qui ose comme le sinistre *Giniewski*, en écrire à la *Feuille d'Avis de Neuchâtel*, on ne saurait assez le redire (nous en avons parlé déjà), tant on sent que, comme en Révolution russe, ces gens ont hâte de nous massacrer, après nous avoir empoisonné de leur détestable mentalité ; qui ose, disons-nous, présenter à ce journal un ouvrage intitulé : *Complices de Dieu. Définition et mission d'Israël*. Et ce, sans que le rédacteur en chef de la *Feuille d'Avis de Neuchâtel* n'ait jeté à la corbeille à papier cet ouvrage au titre infâme, comme seul un Juif peut en composer de pareil, n'en déplaise à MM. A. Picot et R. Payot, respectivement ancienne première magistrature de Suisse et rédacteur en chef du *Journal de Genève,* qui ne jurent que par les Juifs, il faudra bien qu'ils en conviennent.

Dieu commettant des délits, et le rédacteur en chef de la Feuille d'Avis de Neuchâtel, et c'est là, le plus fort, n'y trouvant rien à redire ! Jugez à quel point, par-là, le Juif nous a contaminés. Est-ce croyable ? Rêve-t-on ? les mots ont-ils encore leur sens ?

Voilà quels sont les éducateurs du peuple suisse, Monsieur J. Leu, et je comprends, certes, que vous ayez éprouvé le besoin de parler de vie spirituelle et de sa défense.

Nous avons vu le Conseil fédéral d'aujourd'hui se mettant à plat devant le Juif, et donnant satisfaction, une seconde fois, à ces youtres de Zurich, et qui n'ont pas dû parler longtemps, pour recevoir satisfaction à leur très impudente et insolente démarche demandant le renvoi du chef de notre protocole ! et la mise sous contrôle des sentiments de tous les fonctionnaires du Département politique fédéral.

Comme si les Juifs étaient le peuple à mettre au pinacle de la perfection, et non pas le plus corrompu et le plus éloigné de Dieu qui soit !

Pauvreté de nos temps en vraies valeurs, et qui signifie le glas d'un système politique d'absurdité, où des assemblées chroniquement réunies, animées d'un esprit de parti qui submerge tout, *produisent dans la société des désordres et des manquements tels* (c'est ce que M. O. Reverdin appelle « le progrès social irréversible »), que la vie se complique et se dénature de plus en plus, jetant loin de nous tout esprit de civilisation.

La folie de l'*égalité* que tout dans la nature, le monde et les choses dénie, l'*égalité* de ce Rousseau déséquilibré, et dont je rappelle ce qu'en dit le procureur général Tronchin : « On trouve dans ces deux livres - réd. le *Contrat social* et l'*Émile* - qui étincellent d'audace et de génie, des vérités sublimes et des erreurs pernicieuses... le christianisme exalté et insulté à la fois ! »

Et ce qu'en dit Rousseau lui-même, de ce déséquilibre, dans ses *Confessions :*

> « Agir contre mon penchant me fut toujours impossible... on dirait que mon cœur et ma tête n'appartiennent pas au même individu. Le sentiment, plus prompt que l'éclair, vient remplir mon âme, mais au lieu de m'éclairer, il me brûle et m'éblouit, je sens tout et je ne vois rien. »

Et si superficiel, qui ne connaît rien de source, mais qui légifère sur tout, ce Rousseau toujours aux aguets de jeter en l'air des paradoxes, et de s'y accrocher, et d'en briller et de faire qu'on s'en étonne, et qu'on s'en déroute de par les qualités de son merveilleux talent mais qui, cependant, fatigue !

La folie de l'égalité, dis-je, concrétisée notamment dans le suffrage universel anonyme, incompétent, et irresponsable, dont le summum de foire et de grotesque et de légèreté se voit dans l'élection du président des U.S.A. ! Est-ce possible que de gaspiller son temps de pareille manière ? et qui conduit, cette égalité, à des ravages inouïs ébranlant les bases mêmes de la société !

Dire qu'il est, de par les ravages de cette égalité contre-nature posée en principe, de grands pays comme l'Allemagne et les U.S.A., et nous en sommes, nous-mêmes, bientôt là, où le personnel de maison manque absolument.

Tous les gens, donc, qui par leur position sociale, leur esprit, leurs traditions, leur culture, leurs horizons, leurs aspirations, et leur fortune, auraient à s'occuper de questions et de problèmes qui ne soient pas le terre à terre de tous les jours, ne le peuvent plus : il ne leur est plus donné de tenir un rôle qui leur était échu si naturellement.

C'est la mort de tout esprit de société !

Et notez, je vous prie, que ce personnel de maison n'est pas que pour des ducs et des princes et de grosses fortunes, mais pour beaucoup d'étages de la société ; des épiciers, des boulangers peuvent avoir besoin de domestiques (on n'ose même plus employer ce mot), qui deviennent de plus en plus rares, parce que des autorités inconséquentes prennent continuellement des mesures qui vont à l'encontre des besoins pratiques de la société.

La mentalité a été rendue par les ravageurs talmudiques, par les fossoyeurs criminels de Katyn, et leurs Loges et leurs journaux, par les partis politiques et les exigences du suffrage universel, telle que plus personne, Monsieur J. Leu, conseiller national, ne veut servir, et que tout le monde entend se donner des airs !

Servir dans l'humilité jamais plus, commander dans l'orgueil toujours et pour toujours !

Connaître les délicieux rapports d'autrefois de maître à serviteur, dans le tact, la dignité réciproque, le bien élevé, la raison et le bon sens, chantés par Philippe Godet dans ses Souvenirs de jeunesse, ne donne plus d'intérêt à nos mentalités dépravées. On voyait le maître se faire petit et le serviteur rester modeste, tous les deux gagnant à ces échanges enrichissant les solides qualités de leur vie morale.

C'était au temps des gens bien élevés, qui entendaient donner le bon exemple ! notre aristocratie surtout !

Il faut reconnaître que c'était là un exercice difficile, mais qui donnait récompense et contentement, et d'un effet très heureux, à tous les étages d'une société civilisée, digne d'être exercé par de belles âmes.

Le bon sens, dont nous n'avons plus, disait qu'il fallait, du reste, apprendre à obéir avant d'apprendre à commander.

Comme il nous paraît que nous sommes loin de ces temps-là, tant nous sommes frappés de l'indignité des temps présents !

Souvenez-vous, souvenez-vous de Charles Maurras, défendant le patrimoine intellectuel et moral de la France, d'une plume pareille à l'épée des preux de Charlemagne.

L'inégalité ou la décadence L'inégalité ou l'anarchie L'inégalité ou la mort.

Cet homme est mort pour qu'on n'éteigne pas l'inégalité foncière, première, morale, de tous les jours et de tous les instants dès la première seconde de vie, par les affreux sophismes rousseauistes, dont les audaces ne connaissent plus de bornes, et ont jeté le monde dans l'état où nous voyons qu'il est.

Comme, pour le système politique qui nous régit, l'inégalité n'existe pas, mais que dans la réalité cependant, celle-ci subsiste, le pouvoir envahi par des hommes de troisième rang se voit abandonné des hommes de premier rang qui tiennent, à juste titre, à se trouver en compagnie de leurs semblables.

Nous l'avons dit déjà, nous avons quitté la décadence de l'aphorisme maurrassien, et nous sommes entrés dans son anarchie, en attendant que sa mort sociale nous reçoive.

Ainsi, le veut un système inexorable si nous n'en changeons, et si nous ne nous attaquons pas à ces fauteurs de troubles, de désordre, et d'anarchie et de conjuration, justement, que sont le *talmudiste et sa servante la franc-maçonnerie*.

On ne sort pas de là. Oui, c'est ainsi qu'on s'entend à détruire toute civilisation !

L'humilité qui conduit à la découverte des plus beaux aperçus de nous-mêmes, qui donne entrée à la vie spirituelle, et qui, à tous les degrés de la société, pare l'homme de relief, de beauté, d'attirance, de noblesse et de lumière qui font qu'on se retient à lui !

Il n'y a plus d'humilité, nous roulons et croulons dans la barbarie !

Mais revenons après ce long aparté, Monsieur J. Leu, qui n'avez point d'intérêt pour ce qui vous vient du pays, mais attendez tout du Conseil fédéral, revenons à celui-ci. En remontant dans le temps, nous allons voir ce qu'il fut autrefois, et par là même, bien montrer tout ce qu'il n'est plus.

Et toi, peuple suisse, apprends ce que tu ne sais plus du fait de mauvais bergers, mais surtout d'institutions politiques à l'envers du bon sens ; ce que tu ne sais pas et ce que tes ancêtres savaient, qui l'ont montré par ce qu'ils t'ont laissé, ce patrimoine merveilleux ; apprends à sacrifier beaucoup de ces misères matérielles, qui te jettent toujours plus bas, te laissant toujours plus insatiable ; ces joies matérielles vers lesquelles à vingt ans l'on se précipite, et qui, à cinquante, vous jettent dans la désolation ; la vie n'est pas là, mais loin de là !

Il faut la chercher où elle est et Dieu t'y aidera, te donnera cette merveilleuse paix intérieure, cette harmonie du nirvana, cet équilibre de toutes tes facultés, ce besoin d'aimer et d'aider dont on ne te parle plus, qui est le fond de tout, et qu'aucun homme qui les a connus, n'a jamais échangé contre tous les trésors du monde !

Peuple suisse, on s'évertue à te cacher toutes les belles valeurs Sois sur tes gardes !

Voyons maintenant, ce Conseil fédéral du siècle passé, dans deux événements mémorables, où les protagonistes ne sont pas de misérables Juifs qui devraient être en rupture de ban avec l'humanité, mais bien deux chefs d'État, entendant que la petite Suisse leur cède la place, le rang et le pas. Les anciennes générations doivent faire revivre avant de disparaître, ce que le temps et les circonstances ont éteint dans la mémoire des nouvelles ; car elles ne veulent, ayant connu d'autres moments que ceux du temps présent, qu'on se fasse illusion sur ce qu'il en est et sur ce qu'il en adviendra, en continuant d'être avec ceux qui firent, pour que tout soit comme il en est maintenant.

Qui ne connaît *Bismarck*, qui, dans un temps record, par son habileté, sa fermeté bien placée, son sentiment des impondérables et de leur importance majeure, met en branle et conclut, entre 1864 et 1870, trois campagnes victorieuses, couronnées par la proclamation à Versailles de l'Empire allemand en 1871.

L'Allemagne, désormais et jusqu'en 1914, première puissance militaire et économique d'Europe. Bismarck, auréolé de gloire et de prestige, premier rôle en Europe.

En 1878, le 13 mai et le 2 juin, Guillaume Ier victime de deux attentats ; et Bismarck aussitôt en accuse les socialistes sa bête noire ; des mesures d'exception sont prises à leur égard, et beaucoup se réfugient en Suisse « d'où ils mènent campagne ardente contre le gouvernement impérial » tenant congrès à Winterthour (août 1880).

Ils ont un journal qu'ils publient en Suisse Le Sozialdemokrat, qui attaquait toujours plus violemment Bismarck, et que des contrebandiers colportent en Allemagne.

Colère de Bismarck, représentations à Berne ; Berne relance Zurich qui ne fait rien, où tous ces réfugiés résident.

On peut voir ainsi ce qu'était alors le droit d'asile poussé même trop loin, dirons-nous, et en comparer de ce qu'il est devenu lors du conflit d'Algérie, affaire purement politique s'il en est, et dans laquelle le gouvernement juif de France, poussant l'impudence au dernier degré, a décidé d'abandonner toutes ses colonies, même les départements français d'Algérie, *qu'habitent plus d'un million de Français*, qui perdront tous leurs biens, qui perdront avec désespoir ce sol qui les a vus naître, et où habitent les Harkis, dont cent cinquante mille seront mis, du fait de leur confiance en les promesses de la France, à mort par Ben Bella, individu condamné de droit commun !

N'y a-t-il pas là de quoi révolter les honnêtes gens de toute la terre ? révolter des officiers qui auront, plus d'une fois, joué leur vie sur cette terre africaine, qu'ils aiment comme une seconde patrie ? On outrage ainsi à tout ce qu'on doit de respect et d'admiration !

Eh ! bien, lors du second putsch, le Conseil fédéral a osé un abaissement de plus à son actif ; d'emblée, M. M. Petitpierre, grand maître en la matière, fait proclamer qu'aucun officier ou soldat français rebelles au gouvernement français, soit les Juifs de Paris, ne serait reçu en Suisse.

Voilà, une fois de plus, notre indignité mise au service du Conseil fédéral !

Voilà, une fois de plus, la puissance juive et maçonnique de boue et de néant en œuvre chez nous, et qui jette, quel signe révélateur de nos temps de déshonneur, le droit d'asile par terre en le piétinant !

Bismarck se plaint encore à Berne de l'activité tolérée des socialistes allemands en Suisse, mais Berne découvre que l'Allemagne entretient chez nous des espions et agents provocateurs, dont les noms sont communiqués par un officier de police suisse, sans mandat pour cela, à Bebel et Singer, députés socialistes au Reichstag.

L'affaire s'envenime, l'Allemagne reconnaît cependant qu'elle a entretenu des agents provocateurs chez nous pour y surveiller ses nationaux, et le Conseil fédéral reconnaît, à son tour, que son commissaire de police a commis une indiscrétion en faisant communication à Bebel ; le Conseil fédéral prend enfin des mesures contre l'avis de Ruchonnet, expulsant quatre socialistes allemands de Suisse.

Je dis bien quatre et seulement quatre !

Il n'a pas été nécessaire aux quelques O.A.S., chez nous, qu'ils publient un journal et en fassent la contrebande sur la France, pour qu'on les expulse, et il ne s'est pas écoulé un long temps avant qu'ils ne le fussent.

Que ne ferait-on pas dans une Suisse qui n'est plus que l'ombre d'elle-même, pour plaire aux Juifs conspirateurs mondiaux et à ses maçons ? Le Conseil fédéral ne vient-il pas de nous en faire nouvelle démonstration d'avec ces youtres de Zurich.

Mais en 1889, nouvel incident grave : la police argovienne surprend un officier allemand de police, *Wohlgemuth*, en flagrante activité de police sur notre territoire, s'y créant des agents provocateurs parmi les socialistes allemands émigrés dans notre pays.

Wohlgemuth immédiatement arrêté, alors que M. de Bulow, ambassadeur d'Allemagne, exige son relâchement immédiat ; refus du Conseil fédéral mais, le 3 mai 1889, rend un arrêté d'expulsion contre Wohlgemuth.

Menaces de Bismarck demandant retrait de l'arrêté d'expulsion « sous peine d'établir un blocus à notre frontière, et de retirer la garantie donnée à notre neutralité. » En même temps, il invoque la nécessité, où se trouvait l'Allemagne, d'entretenir une police spéciale dans notre pays, *pour la raison que la Suisse offrait trop grande hospitalité aux socialistes et anarchistes,* et montrait trop de mansuétude à leur égard. De plus, il reprochait au Conseil fédéral de ne pas appliquer l'article 2 du traité d'établissement de 1876, stipulant que les sujets allemands, pour s'établir en Suisse, devaient produire un acte d'origine, mais encore un certificat de bonne vie et mœurs. Il ne prétendit rien moins que cette dernière pièce devait être exigée, et que cette disposition donnait à l'Allemagne un droit sur nous.

Le Conseil fédéral, continue le *Dictionnaire historique et biographique*, refuse de revenir sur sa décision, et réplique que la police politique n'est pas un devoir spécial à la Suisse résultant de sa neutralité. Quant à l'art. 2, il répondit justement que l'interprétation allemande était contraire à l'esprit du traité, que la Suisse ne saurait faire dépendre du consentement d'un autre gouvernement, l'admission d'étrangers sur son territoire et tolérer ainsi une attaque à sa souveraineté.

Et le Dictionnaire historique et biographique d'en terminer par ces mots :

> « Durant cette crise, Numa Droz, chef du Département politique fédéral, avait montré une remarquable fermeté et un grand sens politique. Le Conseil fédéral, les Chambres, le pays tout entier l'avaient approuvé sans réserve. »

Montrer tant de fermeté vis-à-vis du tout-puissant et grand Bismarck, en 1888, et tant de bassesse et d'empressement *aux propos d'un journal juif de Zurich,* en 1964, au premier signe duquel, le Conseil fédéral déménage son chef du protocole, mesure et assure l'étendue de notre chute et sa verticalité !

Quand on voit l'extrême sévérité déployée par notre pays contre l'O.A.S., révoltée à bon droit de ses Juifs à l'envers de toutes ses traditions, qui la gouvernent, ne pensant qu'à s'enrichir (il s'agit, pour les Juifs, de rien moins que de *dépouiller les goyim de tous leurs biens*) un peu plus encore des dépouilles de la France déjà pantelante et des plus anémiées, conduite en presque droite ligne sur le chemin du communisme juif, et qui refuse, notre sévérité, d'accorder refuge à tous ces hommes de cœur meurtris de tant de chutes et d'abandons inexcusables, *on en est profondément révolté et profondément honteux.*

Comme il en est aux États-Unis, la politique des Juifs qui habitent la France est devenue la politique de notre voisine, en attendant qu'elle devienne en définitive la nôtre.

Franklin, dans son avertissement, a raison sur toute la ligne.

Qui ne se souvient de Bidault, repoussé comme un malfaiteur à notre frontière, comptant dans notre pays reposer son cœur meurtri.

Il peut enfin crier et trop tard, le malheureux, une des maximes politiques préférées de Charles Maurras : « En France, la République est le gouvernement de l'étranger. »

Reconnaissez-vous, citoyens suisses, qui avez un haut droit de critique sur vos autorités, reconnaissez-vous à ce Conseil fédéral d'aujourd'hui le Conseil fédéral d'autrefois.

N'avons-nous pas dit plus d'une fois dans ce texte : « Sommes-nous encore chez nous ? »

Que signifie ce *virage fantastique de notre plus haute autorité exécutive fédérale ?* sinon, que la puissance des Juifs et des Loges s'est augmentée, gens sans honneur, ni foi, ni loi que celle du Mal, que celles de basses et viles intrigues, allant jusqu'aux attentats criminels.

Le Juif conjurateur mondial à l'œuvre, et que rien n'arrête comme nous en donnerons, Monsieur J. Leu, des exemples, qu'aucun journal, dans sa servilité, ne voudrait reproduire.

Quand prendra-t-on des mesures contre « l'ennemi du genre humain » ? dans notre pays, et à l'échelle mondiale, qui ne rencontre, à part les Jésuites, rien d'organisé pour lutter contre lui ?

Attendrons-nous que M. R. Payot, directeur du *Journal de Genève*, et M. A. Picot, ancienne première magistrature de Suisse, nous donnent le signal ?

À voir le Conseil fédéral agir, comprenez-vous, quoique pour notre indépendance la menace juive soit très grave, comment il se fait que notre presse soit muette à cet égard ?

Une presse ou craintive ou soudoyée ou maçonnique.

Mais il est encore, au XIX$_e$ siècle, un autre événement qui, par comparaison d'avec ce qui se passe de nos jours, fait toucher du doigt la bassesse et le néant dans lesquels nous sommes tombés, et nous nous plaisons et complaisons.

Des gouvernements de désert et d'appétits grossiers, se nourrissant de temps en temps de quelques paroles sonores cherchant à donner le change, sans y parvenir, auprès de tous ceux qui sentent, qui savent, et qui comprennent où se trouve la source de tous nos maux : *le Juif*.

Peuple suisse angoissé de ton avenir, lis ici dans cet ouvrage, vois à son index où, dans nos lignes, se place le rapport du *Secret Service américain de 1919*, et lis-le bien, et tu comprendras, alors, que celui qui te parle dans ces lignes ne parle pas en l'air !

Tout montre, tout, te dis-je, que le Juif fourbit de nouvelles armes, à fin de nouvelles révolutions communistes juives !

Et maintenant, passons à cette seconde affaire d'ordre international qui, au siècle passé, agita un instant notre pays tout entier.

En 1815, à la chute de Napoléon I$_{er}$, la reine Hortense, épouse de Louis Bonaparte et belle-fille de Napoléon, accompagnée de son fils Louis Bonaparte, s'installe en Thurgovie à Arenenberg ; le prince, né en 1808, a sept ans ; il devient très populaire en Thurgovie et le canton lui délivre la bourgeoisie d'honneur, quoique Louis Bonaparte ait bien fait connaître qu'il entendait rester Français.

Sa bourgeoisie et sa résidence en Suisse font qu'il endosse l'uniforme suisse, et devient, à Thoune, capitaine d'artillerie sous la direction du futur général Dufour. C'est à ce moment qu'il écrit ses *Considérations politiques et militaires sur la Suisse* (1883).

En 1836, tentative de coup d'État du prince à Strasbourg qui est alors banni. Séjour aux U.S.A. mais revient en Suisse en 1837, à l'annonce de la maladie de sa mère. Celle-ci décédée, le prince reste en Suisse, mais le marquis de Montebello, ambassadeur de France, dans une note du 1$_{er}$ août 1838, demande son expulsion de notre pays.

Louis Bonaparte est, à ce moment, prince héritier de par la mort de son frère aîné en 1831, et celle du duc de Reichstadt en 1832.

Mais l'opinion de la Suisse est pour lui, son droit de bourgeoisie trompant beaucoup de gens.

Chauds partisans en Argovie, Genève et Vaud.

Le conflit paraît inévitable lorsque le prince annonce, le 30 septembre 1838, qu'il quitte la Suisse, alors que la France assemblait déjà des forces à nos frontières.

Ici, Monsieur le Conseiller national Leu, le contraste avec nos temps est encore plus frappant qu'avec le cas qui précède de l'affaire Wohlgemuth ; malgré *toutes les démarches françaises, refus absolu du Conseil fédéral à l'expulsion du prince, et qui ne craint pas d'aller à un conflit armé.*

C'est que le Conseil fédéral de ce temps est massivement radical, là est le secret de l'affaire, il entend se battre pour les forces de gauche et non pour celles de droite.

Bismarck signifie les gouvernements d'ancien régime, de ces princes les meilleurs défenseurs des goyim, disent les *Protocoles* précisément ; et Louis-Philippe aussi, quoique bien teinté de Révolution française comme on sait.

Le parti radical, quel beau passé, est le fourrier de la franc-maçonnerie et des Juifs, les pires ennemis du genre humain, les auteurs de deux guerres mondiales, les massacreurs du peuple russe et de bien d'autres choses encore...

Que voilà donc un Conseil fédéral (suisse) singulièrement chatouilleux sur le point d'honneur et le droit d'asile, et qu'il entend défendre même les armes à la main !

Mais c'est qu'alors, on ne le reconnaît pas d'avec ce Conseil fédéral de nos jours, obéissant à la voix du Juif même non officielle (aucune démarche, nous dit-on, de l'État d'Israël ; ce serait bien le comble !), même entendue de par le seul organe d'un journal juif de Zurich !

Chute de toutes nos belles valeurs morales, qui fait qu'on obéit presque au doigt et à l'œil à celui qui est tout en bas des peuples de la terre par tous ses crimes, tous partis du premier qui frappe le Fils de Dieu, ses attentats, ses vols, ses escroqueries, ses tromperies, ses faux, ses Rothschild, ses Jakob Schiff, ses Warburg, ses Bernard Baruch, ses von Rathenau, ses Hirsch, ses Fould... ses étrangleurs de la France d'aujourd'hui possesseurs d'immenses fortunes (donnez de la voix, socialistes et communistes, défenseurs des ouvriers, dites-vous), et qui entendent asservir les paysans français par un prix du lait le plus bas, alors que la France est le pays de la vie chère par excellence ; ces Juifs, maîtres des U.S.A., et qui comptent bien, qui n'entendent que leurs *faux prophètes du Talmud,* être bientôt les étrangleurs du monde entier.

Le Juif, le conjurateur mondial, comme le prouve bien le rapport du Secret Service américain qui les prend la main dans le sac ; le conjurateur mondial, disons-nous, et par tous les moyens comme ils le disent eux-mêmes dans les *Protocoles,* et dont il faudra bien qu'on fasse pour s'en débarrasser.

Quand mettra-t-on la main au collet du Juif conjurateur mondial ? et quand, chez nous, détruira-t-on son élève, son disciple, son serviteur, son exécuteur, la franc-maçonnerie, de beaucoup de choses, dont cette décomposition de notre société par leurs journaux d'empoisonnement et de silence sur les choses essentielles ?

Petit David, petit David, sois bien à ta fronde, ce dernier refuge, ce dernier espoir...

Et que dit Bossuet (*Discours sur l'Histoire universelle,* ch. 22, tout à la fin) : « Dieu leur a envoyé une efficace d'erreur qui les fait croire au mensonge. »

Le mensonge des faux prophètes du Talmud, qui promettent à l'éloigné de Dieu « l'empire du monde » !

Ils croient dur comme fer à leur Talmud et à tout ce qu'il leur chante !

Et voici V. Hugo, banni de France, écrivant chez nous en toute tranquillité, et le faisant partir de chez nous, son certes très violent pamphlet contre Napoléon III, son « Napoléon le Petit ».

Le *droit d'asile* au XIXe siècle était encore une chose de caractère presque sacré, où se mesuraient l'indépendance et la dignité souveraines des nations à l'intérieur de leurs frontières.

Au XXe siècle encore, dans sa première moitié, on voit Léon Daudet condamné « pour crime de paternité », alors que tout le monde voit que son fils a été assassiné par la police politique, soit les Loges et les Juifs, échappé des prisons de Paris, et écrivant de Bruxelles, chaque jour, dans *l'Action française,* son article de feu, de flamme et de génie à l'adresse du gouvernement de son pays.

Que de nihilistes chez nous jusqu'en 1914, alors qu'en Russie, les attentats et les crimes se multiplient !

Le *droit d'asile* donnait aux condamnés politiques des droits de refuge dans les pays voisins des leurs ; il en fut ainsi en Suisse lors des affaires Wohlgemuth et du prince Bonaparte, comme vu.

Mais *l'affaire d'Algérie* nous a montré ce que n'était plus le droit d'asile, ce qu'en faisait la Suisse, un « Chiffon de papier » au service des Juifs et de leur franc-maçonnerie, chevaliers du désordre, de la malfaisance, du déshonneur et d'attentats.

Il faut voir les choses comme elles sont.

Encore une fois, reconnaissez-vous à ce Conseil fédéral d'aujourd'hui le Conseil fédéral d'autrefois ?

C'est partout et encore partout, depuis cette fin de Seconde Guerre mondiale voulue par les Juifs, une atmosphère de chute, de désordre dans les événements et les sentiments, de gâchis, de branle-bas pour le Mal qui dépasse tout ce qu'on peut imaginer ; c'est dans les nations, et entre les nations, et sur l'échiquier du monde, cette misérable « politique du chien crevé au fil de l'eau » d'André Tardieu, au temps, où celui-ci l'appliquait à Briand, ce Briand sorti des bas-fonds de la société, ce ramassis de rien et de journal de police, onze fois président du Conseil, un beau type d'homme d'État si l'on peut dire de la démocratie judéomaçonnique génératrice de guerres, un des auteurs de la Seconde Guerre mondiale, et qualifié à Genève de « pèlerin de la paix », « pèlerin de la paix » qui ne venait jamais dans cette ville, nous disait un jour le *Journal de* Genève en mal de confidences, sans rendre visite aux Rothschild.

Voilà qui montre bien où nous en sommes ! une fois de plus. Quelle bande de canailles, tout de même !

Ainsi, travaillent les gangsters juifs de haut vol à l'avancement de leur règne !

Quand le Conseil fédéral s'attaquera-t-il aux Protocoles de Sion, les déclarant de conjuration ? Ce manuel de combat des Juifs contre le genre humain ! Que confirme le rapport du Secret Service américain ! Que confirme les vingt-huit millions de victimes de la Révolution russe 1

Attendra-t-on, Monsieur J. Leu, que nous ayons aussi nos victimes ?

J'ai cru bon, Monsieur J. Leu, conseiller national, qui ne répondez pas aux lettres qui vous parlent de la défense spirituelle du pays, alors que vous en interpellez au Conseil national, de le montrer, ce droit d'asile, autrefois en application dans un pays qui se respectait, et de le montrer au XX$_e$ siècle sous M. Max Petitpierre et son successeur, dans un pays qui ne se respecte plus !

C'est là un chapitre qu'on se devait de traiter, tant il image bien les temps que nous vivons, où les choses essentielles, qui tiennent et placent les pays à bonne hauteur, sont devenues de par les Juifs et leurs francs- maçons pourrisseurs, sont devenues accessoires.

Nicolas II, tsar de toutes les Russies, parfaite incarnation de l'honneur, de la parole donnée, vois tout ce qu'on a fait pour que le ver corrupteur du Juif, le dernier des peuples pour les honnêtes gens connaisseurs de son histoire et de ses exploits, tout ce qu'on a fait, dis-je, pour faire que l'honneur d'autrefois devienne le déshonneur d'aujourd'hui !

On se tient la tête, à penser à tout le mal qui s'est accompli dans un temps trompeur de sourdine et de laisser-aller, et dont on ne voit point encore la fin.

Il faut que l'on travaille à cette fin et de quelle manière ?

Nous l'avons dit déjà, mais il faut ici le répéter, Monsieur le Conseiller national J. Leu, le *Times* de Londres, à la date du 8 mai 1921, pouvait écrire les lignes suivantes qui, non écoutées, conduisent à la Seconde Guerre mondiale partie, comme nous venons de le voir, des abandons de la France par cette pourriture de Briand à Genève, et de par des institutions politiques internationales inutiles et combien dangereuses, dont Genève s'est corrompue le *Journal de Genève* à sa tête, institutions où les Juifs font ce qu'ils veulent ! Seconde Guerre mondiale, suivie en France des massacres de la Libération traduisant la domination juive absolue dans ce pays.

Le Times disait :

> « Que signifient ces Protocoles ? Sont-ils authentiques ? Une bande de criminels a-t-elle élaboré ces plans diaboliques ? Voit-elle aujourd'hui avec triomphe leur réalisation ? Sont-ils falsifiés ? Mais alors, comment expliquer ce don de prophétie qui fit décrire les événements par anticipation ? Avons-nous lutté pendant ces années terribles afin d'écraser l'impérialisme allemand, pour être confrontés aujourd'hui avec une puissance encore plus menaçante ? Quoi ?

N'aurions-nous échappé, au prix d'immenses efforts, à une *pax germanica* que pour succomber ensuite à une *pax judaica* ? »

Et justement, c'est en effet ce qui s'est passé ; si quelqu'un peut en bien juger, c'est notre temps ayant vécu, depuis le moment où ces lignes étaient écrites, tout ce que nous avons vécu.

En 1919, le *Traité de Versailles* n'est pas un acte confectionné par la chrétienté, mais une œuvre, et c'est incontestable et nous y reviendrons, juive, absolument juive, confectionnée par le Juif franc-maçon Wilson, président des U.S.A., entouré d'une meute de ses coreligionnaires et de ses deux acolytes : Lloyd George et Clémenceau, acquis depuis toujours, et tout au long de leur carrière, aux idées juives et les pratiquant.

Le *Times* terminait, Monsieur J. Leu, qui ne répondez pas aux lettres qui vous sont écrites, même quand elles traitent de questions de la plus haute importance pour notre temps, comportant l'éventualité certaine de dangers très graves et de caractère imminent... Le *Times*, dis-je, du 8 mai 1921, terminait ainsi ses lignes :

> Si les Protocoles des Sages de Sion sont réellement l'œuvre des Sages d'Israël, alors tout ce qu'on pourra dire, entreprendre et accomplir contre les Juifs devient légitime, nécessaire et urgent !

Les Juifs, dans ce moment et dans les années qui suivent, pressés par d'assez nombreuses attaques, se voient contraints de faire quelque chose, et interviennent à Berne (Suisse), en alléguant que les Protocoles de Sion sont un faux.

Le 1er novembre 1937, la Cour suprême du canton de Berne les déboute de cette prétention, en ajoutant que la première instance n'avait pas qualité pour se prononcer à ce sujet ! Et nos Juifs aux fortunes monstrueuses ne recourent pas au Tribunal fédéral !

De sorte que les *Protocoles de Sion*, Monsieur J. Leu, sont debout plus que jamais, et que tout ce que nous avons vécu depuis, et voyons aujourd'hui même sous nos yeux, en font une pièce de la plus haute valeur, accusatrice toujours et encore, mais dont personne, scandale des scandales, ne songe plus à faire usage : *domination absolue des Juifs sur la presse.*

Les Protocoles de Sion devaient être, à notre heure présente, où la menace juive s'augmente et se précise, devaient être *par une presse consciente de ses devoirs d'honnête homme,* immédiatement sortis du silence dont on les entoure et les pénètre.

Il n'en est rien, raison une fois encore : domination *absolue des juifs sur la presse,* qu'elle s'exerce directement sur celle-ci, ou par l'intermédiaire des partis politiques, dont l'existence même est devenue, nous le voyons, funeste à notre patrie, qui parlent de tout sauf, criminels qu'ils sont, de l'essentiel !

Le Juif, le nouveau chapeau de Gessler de la Suisse et du monde tout entier !

Il n'est plus de *procureurs généraux* nulle part, pas même en Suisse, cette Suisse dont à l'étranger, la réputation d'honnêteté est établie ou l'était !

Voilà ce que font des institutions politiques inadéquates à bien conduire les hommes, sorties, pour notre malheur, des mains de ceux qui firent la Révolution française : les Juifs, comme ils le reconnaissent eux-mêmes au troisième protocole, n'ayant plus qu'à lancer, dans la pratique, le solide galimatias des belles théories enfantées par le « prodigieux orgueil » de notre Rousseau, chez lequel l'alliance du sentiment et de la raison n'a rien de ce qu'il faut pour être celle d'un homme d'État.

C'est la bonne affaire pour les Juifs, qui conduiraient à leur guise la « dame sans tête » et son troupeau d'irresponsables.

La Révolution française, Monsieur J. Leu, est un phénomène juif, c'est la première grande victoire juive depuis les débuts de l'ère chrétienne.

Voilà, me semble-t-il, la définition essentielle d'une conjuration de cataclysme et qui devrait passer avant toutes celles autres qu'on a données.

La monarchie française, au cours de son histoire, avait su faire face à plus d'un moment critique, c'était maintenant le moment pour elle de succomber.

Jamais, cette Révolution française ne serait allée si loin si le Juif n'avait pas été là.

Jamais, le roi Louis XVI, et la reine Marie-Antoinette surtout, parce que femme, n'auraient passé glorieusement de vie à trépas si le Juif n'avait pas été là !

Les Juifs étaient partis d'un bon pas en se mettant dans le train des Templiers (Drumont), dès les Croisades, en se couvrant de ceux-ci, pour trafiquer des biens que les Croisés vendaient, partant pour la Terre sainte, alors que les rois de France leur avaient interdit de participer à de telles opérations.

Mais il se trouva que nos Juifs et leurs francs-maçons, tout dissimulés qu'ils étaient chez les Templiers, firent rencontre d'un certain roi de France, Philippe le Bel, des conseils duquel, à l'heure présente, nous aurions terriblement besoin, nous qui n'avons que les U.S.A. pour tenir les rênes du monde, qui sont eux-mêmes tenus en laisse par les Juifs, nous le montrerons encore.

Sans Philippe le Bel, qui oserait dire, à coup sûr, que nous n'aurions pas eu plus tôt les événements de 1789 ?

Hommage reconnaissant à la mémoire de ce grand roi, dont la décision, devant des Templiers truffés de Juifs, de francs-maçons, de mœurs infâmes et gorgés d'immenses richesses, *et qui pratiquent à la réception dans l'ordre l'outrage au Christ et le baiser honteux,* fut rapidement prise, et tout autant rapidement exécutée, procédant à des arrestations massives et simultanées, le 13 octobre 1307.

La destruction de l'ordre s'achève à Paris, qui voit son grand maître Jacques de Molay au bûcher, le 18 mars 1314, date commémorée chaque année par la franc-maçonnerie destructrice des Capétiens en 1789.

U.S.A. empêtrés de vos Juifs, faites donc, de l'histoire de ce grand roi, votre livre de chevet, qui vous montrera la voie du salut, au lieu de perdre comme des inconscients, votre temps dans des Conventions ridicules en elles-mêmes, déjà, et ressemblant davantage à des foires, par tout ce que vous y mettez de clowneries et de carnavalesque ! en Europe, on se demande pourquoi toutes ces pitreries

Les affaires d'État, U.S.A., sont des affaires sérieuses qui demandent qu'on les distingue du commun.

La vérité est qu'il faut revenir, pour beaucoup, à ce système du tapis vert d'avant 1789, tellement plus simple et naturel que ces élections périodiques, massives et aveugles, commandées par l'argent ; les partis politiques, le parti radical en Suisse romande par personnes interposées, beau scandale, ont institué dans toute la Suisse des *loteries* sans que, bien entendu, les autorités interviennent, qui mettent en coupe réglée nos populations, les démoralisent un peu plus encore la *Seva* pour le canton de Berne et l'Intercantonale à Zurich, pour le reste de la Suisse allemande ; on peut s'imaginer l'ampleur des sommes récoltées, qui permettront de grands moyens au moment des élections.

Je vous dis que ce système, qui n'a que trop duré, marche à sa fin ! et qu'il en montre tous les signes !

Des élections qui ne riment à rien et font beaucoup de bruit pour pas grand-chose ou rien ; le type même de ce désordre, l'élection présidentielle aux U.S.A., tous les quatre ans, et les chambardements qu'elle comporte une fois l'élection faite !

Ce tapis vert, celui de toutes les plus grandes affaires industrielles mondiales, où ce sont les faits qui commandent les décisions, et dans toute leur rigueur, et sans la présence des partis politiques et leur suffrage universel, devenus la plaie d'Égypte du XXe siècle !

Oui, il faut revenir à beaucoup de ce passé, Monsieur J. Leu, dont les très graves insuffisances du système politique actuel qui décompose la société, nous montrent la valeur, nous montrent les qualités combien plus saines, combien plus justes, combien plus naturelles, combien plus serrées dans les responsabilités, combien plus directes que celles de ces comédies à discours et à travail peu sérieux, que sont les assemblées parlementaires devenues des assemblées de partisans.

Tout montre que nous sommes, malgré ce qu'en pense M. Olivier Reverdin, à la fin d'un système qui n'aura plus pour lui de lendemains.

Le remède des remèdes déjà, c'est qu'il faut que notre vie publique retrouve *ce que les Juifs chassèrent en 1789, ce Dieu* sans lequel les hommes, devenus des chacals qui s'entredévorent, ne se peuvent bien gouverner.

Il faut chasser le Juif de tout ce qui lui fut donné, pour que Dieu soit à nouveau à nos côtés. Là, est le dilemme, hésiteras-tu dans ton choix, citoyen suisse ?

Voyons d'un peu plus près, maintenant, ce temps des temps passés, et comparons et discutons des temps passés où nous étions sans Juifs dans notre vie, d'avec le temps des temps présents où le Juif est partout, où le Juif infecte tout, où il n'est rien que le Juif ne soit là !

Avant la Révolution française, c'est l'honneur, la divine charité, le comme il faut, l'aimable, l'honnêteté.

On pouvait dire, alors, ce que le pasteur Charles Wagner dit quelque part dans l'une de ses œuvres :

« La bonne humeur rend » tout plus facile, elle est une des formes les plus gracieuses de l'amour du prochain. »

« Quand il se produit à Paris des banqueroutes, nous dit Charles Fourier, les banqueroutiers s'enfuient, la tête basse, honteux d'eux-mêmes. » Dès 1789, il n'en est plus ainsi.

Avant la Révolution, il n'est que des *devoirs* chrétiens, d'où grand bénéfice pour la société ; après celle-ci, seuls sont présents des *droits,* voir la *Ligue des droits de l'homme,* organe paramaçonnique ; la société souffrira tout de suite de ce total renversement des valeurs.

Avant la Révolution, comme nous le dit A.-M. Sévène, Louis XIV à son sacre touche deux mille cinq cents écrouelles, et Louis XV deux mille, Louis XIII tout jeune à son sacre en touche trois cents ; Louis XVI, en un seul jour, en touche deux mille quatre cents.

« Après la Révolution », quel symbole, quel signe révélateur du changement des temps, quel divorce d'avec Dieu, « Louis XVIII ne toucha point, Charles X n'en toucha que cent vingt et un réunis simplement dans les salles de l'hôpital Saint-Marcon *le climat n'y était plus.* »

C'est le malheur de nos temps qui commençait, l'atteinte au Ciel, et qui ne cesserait pas un instant de retentir ! jetant la glace et la sécheresse du désert dans la vie des nations et des hommes : le Juif est là.

Avant la Révolution française, il n'est pas de haine dans les guerres, il s'agit d'intérêts en jeu et c'est le mieux armé qui gagne. Voyez à Fontenoy : « Messieurs les Anglais, tirez les premiers », voyez la magnifique « Reddition de Bréda » de Velasquez, où la politesse et la courtoisie, ces grandes manières d'un temps qui n'est plus, mais reviendra, rayonnent et plafonnent.

Dès la Révolution, pendant toute celle-ci et après celle-ci, la haine est souveraine, quoiqu'on soit tout à proclamer : Liberté, Égalité, Fraternité ; mais la « Marseillaise » parle de tyrans, et les Français, en Suisse, en 1798 ou 1799, enferment dans l'église de Stans, et les brûlent, douze cents femmes et enfants qui s'y étaient réfugiés.

Voyez la haine déchaînée pendant les Première et Seconde Guerres mondiales, la haine déchaînée par le Juif, qui fait que les Aryens se massacrent et n'ont point fini de se jeter des invectives ; en 1870, les Juifs poussent de toutes leurs forces à la guerre (Drumont). Faire que les Aryens se déchirent est leur unique pensée, ils se déchirent, ils s'affaiblissent ; nous sommes nous tout au bénéfice.

Avant la Révolution, l'humilité qui est spirituelle ; dès la Révolution, un orgueil intraitable habite les cœurs et les met dans la compagnie du diable.

Avant la Révolution, sévérité dans les lois et les peines, et qui voit Vauvenargues nous dire dans son célèbre aphorisme : « La sévérité dans les lois est humanité pour les peuples », dont la vérité éclate tout entière à notre siècle de peines légères et de sursis. Sursis dans lesquels on s'obstine, malgré que de 1953 à 1963, les délits aient doublés dans leur nombre.

Il est des forces judéomaçonniques de perdition qui s'opposent à ce qu'on écoute la raison et le bon sens.

C'est le *libéralisme* qui suit les événements de la Révolution et de l'Empire, alors que la Restauration par sa courte durée ne peut rien arrêter, à peine suspendre.

Et voilà le *romantisme* qui met, lui aussi, l'accent sur l'individu et les droits de son moi. Tout le monde va se servir aux dépens de la société !

Ce libéralisme, ce grand ami des Juifs, nous disent-ils dans leurs Protocoles, en tant que facteur très important de décomposition de la société, réduisant les hommes à rien, les plongeant dans un océan d'erreurs, de fautes, de crimes et de basses jouissances, et qu'il faut absolument, disent-ils encore, favoriser de toutes nos forces là où il existe et le créer là où il n'est pas.

Parents, qui avez des enfants, ce blé qui lève, m'entendez-vous ?

Voulez-vous maintenant connaître, Monsieur J. Leu, conseiller national lucernois, d'un pays où l'on est encore à des principes, et dans lequel la religion n'a pas, comme chez nous, perdu presque tous ces droits, connaître, dis-je, le plus bel exemple qui se puisse voir, à notre heure, de conjuration mondiale juive contre le genre humain, de libéralisme ? Ce manque de sévérité sur des choses essentielles ?

De ce libéralisme de mauvaise et fausse charité, et de détestable pitié, qui marche de pair, du reste, avec un désistement religieux, alors qu'il devrait en être du contraire, si ce libéralisme n'était pas de mauvais aloi.

De ce libéralisme qui sacrifie la société qui se conduit bien, à l'individu qui se conduit mal, et qui se sait, à l'avance, l'objet d'un sursis systématiquement appliqué !

On voudrait la société gangrénée, décomposée, putride, qu'on n'agirait pas autrement ; eh oui ! mais c'est ce que l'on veut parce que le Juif est là, et que l'on veut de plus en plus, parce que la puissance du fossoyeur de Katyn augmente elle aussi, de plus en plus ; fatale présence, Satan le prince des Juifs ne cesse d'être à leur côté, les animant, les jetant contre les goyim ; et qu'il en est, de plus en plus, à faire l'application de ce que lui disent le Talmud et les *Protocoles de Sion !* ce Juif de perdition.

La conjuration mondiale du Juif et de ses acolytes de Genève et d'ailleurs !

Cette putréfaction sociale est si frappante à notre heure, d'un contraste immense d'avec les temps d'avant 1789 et dont, Genève, la cité des institutions internationales qui doivent transfuser notre monde d'un sang nouveau, donne si bien le plus lamentable des exemples ; c'est maintenant la ville de Suisse où l'on se conduit le plus mal, alors qu'elle fut autrefois la *Rome protestante ;* nous l'avons dit dans ce texte une fois déjà, il faut maintenant que Genève en intervertisse à son blason de sa devise et que ce qui fut Post tenebras lux devienne Post lucem tenebrae !

Rien de plus juste et de mérité, d'une ville qui n'a plus à penser qu'à se gorger d'or et d'argent, et à se jeter dans les bras du Talmud et de ses affreuses intrigues, et de ses conjurations qui n'ont jamais fini de conjurer !

Il est reconnu que M. Albert Picot, grâce à ses accointances d'avec le monde de la haute juiverie, a beaucoup fait pour la prospérité matérielle de Genève.

N'y a-t-il donc dans ce bas monde que cela qui compte ?

Et surtout, quand il faut que cette prospérité matérielle s'accompagne, comme s'il s'agissait en quelque sorte d'un donnant donnant, d'un désespoir et d'une désintégration morale dont on ne voit ni la fin ni les limites !

Il n'est pas seulement dans nos temps de *conjuration mondiale juive dont nous avons la preuve,* Monsieur Albert Picot, problèmes d'or et d'argent et de platine et de polonium qui comptent, quand une désagrégation de la matière, votre Cern, doit s'accompagner de la désagrégation morale de toute une ville dont Calvin lui-même, dans ses Bastions, n'a pas manqué plusieurs fois de subir les effets.

Monsieur Albert Picot, il existe une conjuration mondiale juive et maçonnique en cours contre le genre humain ; et un jugement a été rendu, le premier novembre 1937, tout près de vous, dont il faut peut-être tenir compte, dans notre pays, à Berne, Monsieur Albert Picot, ancienne première magistrature de Suisse, par la Cour suprême du canton de Berne, déboutant les Juifs de leur prétention que les Protocoles des Sages de Sion étaient un faux.

Et ceux-ci, Monsieur Albert Picot, ancienne première magistrature de Suisse, ces Juifs aux monstrueuses fortunes ne recourent pas à notre plus haute instance, le Tribunal fédéral suisse !

Nous allons voir maintenant, comment, dans des circonstances périlleuses et dramatiques pour le monde entier de par la conjuration mondiale juive et maçonnique en cours, tendant à l'instauration partout du régime communiste selon les Protocoles, seconde édition la première ayant été celle de la Russie (1917) comment, dis-je, comme un complice, vous contribuez à mettre dans la confiance du Juif !

Monsieur J. Leu, membre du Conseil national suisse, notre plus haute autorité législative, j'espère que vous me suivez bien ? il est besoin que vous puissiez vous faire un jugement. Y sommes-nous ?

Alors, dites-moi, si pour vous, dans les circonstances très critiques que nous traversons, M. Albert Picot est à sa place quand il se mêle de jeter son ancienne première magistrature de Suisse dans les entreprises du peuple le plus dangereux à l'humanité, de l'heure présente, qu'il soit, chargé de tout le sang des vingt-huit millions de victimes de la Révolution russe, de celui des onze mille officiers polonais des fosses de Katyn, et de celui des cent cinq mille victimes de la Libération en France, se mêlant, dis-je, d'aller construire un village suisse en Israël, quand de misérables et frénétiques Juifs mondiaux et leurs loges jettent bas toutes les structures de notre société, et qu'ils sont tout près d'atteindre leur but, il n'est que de voir dans quel état de désordre, d'attentats, d'anarchie et d'inconscience et d'insouciance d'un mal très grave nous sommes tombés ?

Peuple suisse, prends garde à toi et veille à tes sûretés ! et à tes libertés ! et que l'exemple de la France en présente servitude juive te serve de salutaire avertissement !

Il faut répéter sans cesse que le Juif, en 1932, en Russie, met dans la main de chaque ouvrier le « livret de travail », qui lui signifiait la perte de ses libertés.

Jamais, les tsars de toutes les Russies, abominablement calomniés par les campagnes de presse mensongères du Juif tout en mensonges et préparant le terrain de la Révolution, n'avaient jamais rien fait de pareil !

J'entends encore le cri d'alarme que n'entend pas M. A. Picot, de l'Association des sociétés patriotiques de Genève, il y a quelques années, et depuis, nous nous sommes encore avancés plus avant dans l'aventure, criant son angoisse et criant l'insécurité dont sa ville est accablée !

Souvenons-nous toujours que le protocole 18, de nos Juifs des *Protocoles des Sages de Sion*, a pour titre « Organisez le désordre » !

Voyez, Monsieur J. Leu, ce qu'est devenu le libéralisme entre les mains d'un des chefs du parti libéral de Genève ? Un scandale, un tu et à toi, d'avec les pires ennemis de la chrétienté, d'avec des Blum empoisonneurs de l'âme française, ce Blum et son fameux : « Je vous hais » s'adressant aux chrétiens et dont il faut que M. A. Picot fasse l'éloge dans le *Journal de Genève* ; et d'avec aussi un Daniel Mayer, autre Juif, président de la Ligue des droits de l'homme organisation maçonnique, et reçu en grande pompe au Cercle de la presse à Genève par M. A. Picot.

Dans la première moitié du XIXe siècle, chez nous, Jérémias Gotthelf (1797-1854, *Dictionnaire historique et biographique suisse*) avait d'abord accueilli avec enthousiasme la Révolution, mais il ne tarda pas, Monsieur Albert Picot, dès 1835-1840, à voir, avec son œil de pasteur, que tout ce théâtre et ces grands mots ne marchaient qu'à « saper les anciennes mœurs et coutumes, la religion et la morale. »

En France, c'est Toussenel, puis Edouard Drumont, qui, tout au cours du XIXe siècle, observent et démontrent la puissance croissante des Juifs en même temps que leur mauvaise influence, de plus en plus dégradante, corruptrice des gens et des choses.

Soyez-en sûr, nous ne retrouverons une vie honnête et tranquille et attachée aux vraies valeurs, qu'après avoir mis le Juif à la raison ; et encore, lui avoir interdit ces marchés d'argent, dans lesquels il nous ruine par ses attaques malhonnêtes et concertées, comme il en est présentement de l'avis de beaucoup, où depuis plus de deux ans (mai 1962), toutes nos valeurs sont comme éteintes après avoir été très hautes, sans qu'il soit possible d'invoquer des causes économiques ou financières ; seules des causes politiques sont à considérer, au premier rang desquelles, l'origine juive doit être mise ; les monnaies se déprécient tous les jours, l'or qui devrait en monter est inerte, exactement ce qui est dit de l'action des Juifs pour nous jeter bas dans les Protocoles.

Les Juifs sont capables de tous les forfaits, ils nous l'ont prouvé mille fois.

Ad patriam servandant ac fident christianam, pour garder notre patrie et notre foi chrétienne, jetez loin de vous les Juifs.

Los von den Juden.

S'il le faut, le temps des pogroms sacrés doit être sonné, pour la défense de notre Dieu et de son fils Jésus-Christ !

Procureurs généraux, défendez votre patrie.

Il a fallu cette tête emballée de Jean-Jacques et son « orgueil prodigieux », maître, croyait-il, du bonheur des hommes, pour jeter la chrétienté, tête baissée et folle, dans l'aventure maléfique du Juif de 1789.

M. J. Leu, il est souverainement intéressant d'entendre ce que notre Rousseau pense des Juifs dans un moment comme celui d'aujourd'hui, où le chasseur de crucifix des écoles de France n'a jamais fini de faire pour qu'un peu plus encore, on déteste de lui sa mentalité perverse.

Voyons donc ce que dit J.-J. Rousseau, toujours avec sa tête trop près du bonnet, toujours s'emballant de sa sensibilité et laissant de côté raison et bon sens, et toujours en traitant superficiellement, sans presque jamais avoir des connaissances de première main un peu profondes.

C'est ainsi que Rousseau ne connaît l'antiquité que par ce qu'il en a lu dans Montaigne, comme une thèse de la faculté des lettres de Lille l'a bien montré en son temps.

C'est ainsi aussi que Rousseau sait manquer d'objectivité, et même de bonne foi, quand il entend, armé de sa plume, défendre des causes et des points de vue qui, trop souvent, conviennent beaucoup à son talent mais bien peu à la société des hommes.

Nous verrons qu'il est ici avocat des Juifs avant Talleyrand et MM. Albert Picot et René Payot.

D'où sa montée au pavois de par la puissance des Juifs. Je comprends ça, leur avoir tant facilité les choses.

Pavois, dont on n'aura silence et oubli, que le jour où s'écroulera par la force des choses le système politique et social de l'illuminé genevois de génie, qui l'eût été depuis longtemps, sans l'argent corrupteur du Talmud qui le soutient de toute sa masse prodigieuse.

Livre 4, p. 174, de *l'Émile*, édition Garnier :

> « Connaissez-vous beaucoup de chrétiens qui aient pris la peine d'examiner avec soin ce que le judaïsme allègue contre eux ? »

Notre Rousseau, comme nous voyons, met sur pied d'égalité le coupable et l'innocent ; il n'a même pas vu que par l'effet de son crime jamais reconnu, le Juif est menteur par essence, et qu'on ne peut tabler sur rien de ce qu'il dit, et que nous n'avons pas fini non plus de subir indirectement les conséquences d'une faute dont Jean-Jacques Rousseau ne parle même pas.

Toujours conséquent dans ses inconséquences, notre Jean-Jacques ! Toujours ce besoin de dire des choses extraordinaires, au lieu d'en dire de raisonnables qui soient marquées de bon sens !

Plus loin :

> « En Sorbonne, il est clair comme le jour, que les prédictions du Messie se rapportent à Jésus-Christ. Chez les rabbins d'Amsterdam, il est tout aussi clair qu'elles n'y ont pas le moindre rapport. Je ne croirai jamais avoir bien entendu les raisons du Juif, qu'ils n'aient un État libre, des écoles, des universités où ils puissent parler et disputer sans risque. Alors, nous pourrons savoir ce qu'ils ont à dire. »

On voit que notre Jean-Jacques tourne autour du pot, si l'on nous permet cette expression ! Parle-t-il ainsi pour plaire aux Juifs, ne rien leur dire de malsonnant, qui ont mis ses mirifiques théories au pinacle de la perfection ? Plus volontiers ça, semble-t-il, que de penser que c'est là son vrai sentiment.

On sait qu'il est déiste comme le pasteur Schorer, mais encore pas tous les jours et non théiste, soit qu'il ne croit pas à la divinité du Christ, tout en connaissant mal la Bible, mal tout ce qu'elle dit de précisions quant au moment où paraîtra le Christ, ce que nous avons vu justement à notre chapitre de l'« Endurcissement du Juif... » dont la fameuse *prophétie de Daniel* des septante semaines d'années connue de tout l'Orient, nous dit le général et historien juif Josèphe contemporain de la destruction de Jérusalem, connue de tout l'Orient, disons-nous, bien avant la venue du Christ, et qui dit que la destruction de Jérusalem suivrait la mort du Christ, prophétie dont les Juifs ne parlent jamais et pour cause !

Un premier mensonge en entraîne un second, puis une chaîne qui chevauche les siècles, voilà l'histoire des Juifs depuis deux mille ans, qui nous rendent responsables de tout, même de leurs mensonges !

Genève, éloigne-toi des gens de mauvaise foi, qui pratiquent à l'égard des goyim la religion du mensonge !

Rousseau voit ce problème juif à sa brillante fantaisie, et traite en prestidigitateur d'une question qu'il n'a ni le temps, ni le courage, ni l'intérêt, ni la conscience d'étudier avant que d'en parler !

Quant à la prédiction de notre illustre illusionniste de Genève, sur les raisons des Juifs qui n'auront de valeur que quand ils seront libres, voilà bientôt deux siècles qu'ils le sont, et qu'ils n'ont pas fini d'empoisonner le genre humain de tous leurs méfaits, de tous leurs attentats sur têtes couronnées, de tous leurs forfaits, de toutes leurs révolutions et de leurs guerres ! dont cette Révolution française dont ils se reconnaissent la paternité au protocole n° 3.

Rousseau, pontifiant au nom de son seul talent, conduisant dans l'erreur faute de conscience, aimant ses paradoxes plus que la vérité.

Rousseau reconnaît ses défauts dans ses *Confessions,* mais n'en a guère tenu compte dans ses jugements.

Laissons notre Rousseau, le styliste admirable : « Et je vois dans le système du monde un ordre qui ne se dément point... elle avait une physionomie qui promettait une âme... » de côté, et revenons à cette Révolution française partie de l'esprit et du cœur empoisonnés du Juif.

Avant la Révolution, le mariage sacrement dont personne ne plaisante ou ne doute, est une grande et sainte cérémonie qui n'est que religieuse, les engagements sont devant Dieu ; mais, dès la Révolution, Dieu se voit relégué ; la note antireligieuse, essentielle, et qui marque justement la présence du Juif, paraît.

Le mariage devant les hommes seulement, ou d'abord, et devant Dieu ensuite pour qui cela plaira, nous nous en lavons les mains comme a dit Ponce-Pilate, justement, du crime de l'oint de Dieu.

La Révolution française, c'est la victoire du Juif, c'est la victoire du Mal, la fête de Satan ; c'est la victoire du Talmud parce que le Juif est là !

C'est le Mal qui paraît, qui paraît au grand jour

Dans *l'usure* que les Juifs pratiqueront avec acharnement, excès terribles en Alsace à six cents pour cent, en Afrique jusqu'à trois mille six cent cinquante francs pour cent francs.

Dans la *pornographie,* comme à Paris à la fameuse rue du Croissant (*France juive,* tome 2, p. 456), où toutes les horreurs s'étalent à même la rue, à la portée de toutes les familles et de tous les enfants et dans laquelle, les prêtres sont particulièrement attaqués.

Jamais le gouvernement français n'y mettra ordre, Monsieur Albert Picot.

C'est la *Gazette de Lausanne,* journal tombé, discrédité, qui écrit sur le mariage entre hommes ou femmes, avec photo ; journal de communisme, de juiverie !

C'est la *Feuille d'Avis de Lausanne* dans son Magazine qui tourne en dérision le baptême. La *Feuille d'Avis de Lausanne* est un organe maçonnique.

C'est Léon Blum enseignant au peuple français que l'inceste n'est rien moins que naturel. C'est le Juif Picasso pornographe attitré (catalogue W.-H. Schab, n° 36, New York).

La pornographie de grands magasins comme l'Innovation (20 octobre 1964), à Lausanne.

Comme nous voyous, la Suisse n'entend pas rester en arrière !

Dans la chasse aux crucifix (France juive, tome 2, p. 417) : c'est le Juif autrichien Hendlé, devenu préfet de Saône-et-Loire, arrivant à Hermauville, pénétrant dans l'école, et se trouvant en face d'un magnifique crucifix portant l'inscription suivante :

> « Le Christ a été posé, à l'école communale d'Hermauville, à la suite d'une souscription faite par le maire, le Conseil municipal et toute la population à l'unanimité. »

Ce préfet juif (aux environs de 1868) en écume, menace de faire fermer l'école ; le maire regarde bien en face ce misérable et ses agents, et dit froidement :

> « Ce Christ est dans notre école et y restera, c'est la volonté de mes administrés. Si vous y touchez, je fais sonner le tocsin et alors gare ! »

Le Juif s'en va dans la rage et l'écume.

La passion antireligieuse et antichrétienne du Juif, la haine du crucifix, voilà le régime, Monsieur R. Payot qui trouve que tout est bien chez les Juifs, auxquels la France est soumise, de façon continue depuis 1871, et dont nous voyons chez nous aussi les beaux effets !

N'y aurait-il pas là, Monsieur R. Payot, cause suffisante à quelque pogrom, comme il faudrait qu'il s'en produise de nos jours à Genève, pour y assainir une atmosphère rendue détestable par le Juif.

Le monde entier a besoin de pogroms ; jette loin de toi, dit l'Évangile, tout ce qui t'incite au mal et fait le mal.

Le Juif du Talmud, c'est le diable.

Dans les *obsèques civiles,* comme celles d'Hugo, par le travail du second mari de sa belle- fille, le juif ancien ministre Lockroy : obsèques civiles et pas de prêtre à son lit dans ses derniers instants.

Triomphe de la maçonnerie et du Juif, et qui frappe toute une nation au plus profond d'elle-même, nous dit Ed. Drumont.

Cet Hugo, flétri et son pays avec lui, par ce misérable Juif Lockroy, dont la « tigresse de grand-mère », dit Drumont, était à côté de David dessinant Marie-Antoinette sur sa charrette, et ne pouvant s'empêcher d'être tout à la joie d'un tel spectacle !

Cet Hugo qui avait écrit :

> *Je viens à vous, Seigneur, père auquel il faut croire*
> *Je vous porte, apaisé,*
> *Les morceaux de ce cœur tout plein de votre gloire*
> *Que vous avez brisé.*

Et encore l'admirable :

Je conviens à genoux que vous seul, père auguste,
Possédez l'infini, le réel, l'absolu.
Je conviens qu'il est bon, je conviens qu'il est juste
Que mon cœur ait saigné puisque Dieu l'a voulu.

Et qui ne disait jamais rien d'important, a dit Drumont, sans ajouter *Deo volente*.

C'est le Mal qui paraît, qui paraît au grand jour !

Dans des faux, comme celui de Paul Bert, ministre de l'Instruction publique de France, en commettant dans un manuel d'instruction, donnant à Louis XIV des paroles qu'il dit prises dans son testament, mais qui sont un faux et doivent être corrigées dans les éditions suivantes.

La France, à l'école du Juif, empoisonné par celui-ci, et qui a conduit à la situation présente d'une tyrannie juive sans pareille, *sans que cela ne modifie en rien les opinions de nos deux grands philosémites inconditionnels de Genève complices du Juif* : M. R. Payot, directeur du *Journal de Genève*, et M. A. Picot, ancienne première magistrature de Suisse.

Complices, disons-nous, en contribuant par leur exemple et leurs omissions volontaires de tout ce qui dénonce la conjuration juive mondiale, internationale et nationale de tous les pays, à nous mettre encore plus avant dans la confiance en le Juif perturbateur mondial, confiance génératrice de catastrophes, alors, qu'on voit cette tyrannie juive contre le genre humain si complètement réalisée en France déjà, s'approcher de plus en plus de nos frontières, sa révolution communiste juive sanglante dans la main, et comptant même de très chauds partisans à l'intérieur de nos frontières. Il n'est que de voir, le silence de scandale de notre presse d'autoroutes et de compétitions sportives innombrables et abêtissantes, si chaudement recommandées dans les *Protocoles de Sion*, manuel de combat des Juifs contre le genre humain.

Il n'est que de voir aussi, toutes les horreurs qu'un cinéma commandé par les Juifs jette en pâture à des foules malsaines (que personnellement je n'ai jamais vues), alors que les commissions de surveillance manquent à leurs devoirs.

Monsieur le Procureur général de la République et Canton de Genève, la conjuration de Catilina, qui fit courir de si grands dangers aux Romains, n'avait échoué que par le cœur résolu et l'éloquence de Cicéron.

Avons-nous un Cicéron ? Nous n'avons pas de Cicéron, mais seulement un Conseil national et un Conseil fédéral, bien que le danger des temps d'aujourd'hui ne soit pas moins grand que celui des temps catilinaires, il l'est même beaucoup plus.

Nous n'avons pas de Cicéron, mais nous avons ce que Cicéron n'avait pas, un Dieu, dont l'intelligence et la puissance viennent à bout de tout ! n'est-il pas vrai Monsieur J. Leu conseiller national ?

Monsieur le Procureur général de la République et Canton de Genève, nous voilà donc en la présence d'un problème dont la gravité n'échappera à personne d'averti et d'informé, et qu'il faut absolument qu'on résolve, sans tarder un instant.

Continuons notre énumération des manifestations parties du Juif et de sa Révolution française.

Dans les faux encore, ceux du rapport Kasztner publié par les ayants droit, en accord avec le gouvernement d'Israël, chez Kindler à Munich, lors du procès d'Eichmann (Rassinier, *Procès Eichmann*, pp. 230 et 231).

Dans les escroqueries et les voleries de Rothschild (France juive, tome 1, p. 365) qui vole, cette vieille crapule, à l'État français cent septante millions, qui touche à l'emprunt de la Libération en 1871, quand les Juifs sont maîtres du gouvernement, la somme de quatre cent cinquante millions, et qui réussit encore, par ses acolytes, à participer à une émission de treize millions de l'État français à cinq pour-cent dans d'excellentes conditions.

Ces Rothschild ! que M. Braichet, rédacteur en chef de la *Feuille d'Avis de Neuchâtel,* pressé de suivre M. R. Payot dans sa cour et sa course aux Juifs, appelle « l'illustre famille Rothschild » par deux fois.

Frédéric Godet, Neuchâtelois de vieille roche, antisémite de raison et de sagesse de la seconde moitié du XIXe siècle en compagnie de Pestalozzi et d'autres, pasteur et professeur à la faculté de théologie de Neuchâtel, vois les dommages commis à notre société par la pestilence du Juif dont tu prévis les effets ravageurs, mais sans penser qu'ils iraient, un jour, jusqu'à frapper ton petit-fils ! abîmé dans le communisme et la juiverie de la *Gazette de Lausanne* !

Ces Rothschild, encore ces Rothschild.

Ecoutons-en Drumont dans la *France juive,* tome 1, p. 343, d'une magnifique documentation recueillie au péril de sa vie et qui, si elle n'a pas toujours servi comme il aurait fallu qu'elle serve, ne manque pas aujourd'hui de servir dans un moment de danger, de péril, de conjuration, dans lequel il importe de se souvenir, et de rappeler les exactions, les mensonges, les vols et les crimes dont MM. Albert Picot, ancienne première magistrature de Suisse, et René Payot, directeur du *Journal de* Genève, ne parleront jamais.

L'exploitation juive s'étale dans tout son cynisme. On y voit les ministres du roi dépensant pour construire le chemin de fer du Nord cent millions, somme énorme pour l'époque où l'on ignorait les gigantesques *escroqueries israélites* que nous avons pu admirer ; puis, on les entend, quand tout est fini et qu'il ne reste plus à l'État qu'à exploiter, offrir à Rothschild quarante ans d'exploitation pour une somme presque dérisoire.

Ne revenons pas sur les voleries particulières de Rothschild celle par exemple d'un emprunt de 250 millions qu'il a soumissionné peu avant 1848, qu'il a placé, et dont il ne règle pas à l'État, la Révolution survenue, ce qu'il doit encore 170 millions...

Nous avons vu qu'en 1871 les Allemands ne touchent de l'indemnité de cinq milliards des Français que 900 millions. (Drumont.)

Il est certain, a pu dire Drumont en 1885 (*France juive,* introduction VI), que les Rothschild français « qui possèdent ostensiblement trois milliards » ne les avaient pas quand ils vinrent en France.

« Ils n'ont fait aucune invention, n'ont découvert aucune mine, n'ont défriché aucune terre ; ils ont donc prélevé ces trois milliards sur les Français sans rien leur donner en échange. »

Le Dr Ratzinger, cité par Drumont (idem VII), a pu dire que si rien n'était fait pour arrêter les Juifs

> « dans l'espace de cinquante ans, d'un siècle tout au plus, toute la société européenne sera livrée, pieds et poings liés, à quelques centaines de banquiers juifs. »

Dans l'emprunt du Honduras (ibidem VIII), les Juifs enlèvent à l'épargne anglaise et française 157 millions sur lesquels le Honduras a toujours affirmé n'avoir rien reçu (séance à la Chambre du 1er, février 1881).

Un autre Juif escroc de haut vol, le baron Erlanger ancêtre de Stavisky, bâtisseur de sociétés financières à la douzaine, et qui fait perdre comme le montre un tableau dressé par Drumont, par la chute des cours 202 millions aux souscripteurs (ibid. X).

Ces escroqueries assurées d'une impunité absolue.

Fould est là aussi, faisant concurrence à Rothschild, et qui cause la mort de cent personnes par ses refus de renouveler une locomotive hors service (France juive, tome 1, p. 343).

Bel exemple d'impudence et d'audaces juives de ces requins de haut bord. Sous Louis-Philippe, les Juifs ne cessent pas leurs exactions.

La guerre franco-allemande de 1870 voit le triomphe des Juifs que nous dit Drumont (*France juive,* tome 1, p. 419) : « Les années 1872 et 1873 virent donc le triomphe complet d'Israël. Il y eut, d'un bout à l'autre de l'Europe, un hosannah juif qu'accompagnait le bruit des millions. Les Juifs refirent, mais en des proportions prodigieuses, *ce que Rothschild avait fait au moment de la liquidation de 1815 ;* ils s'enrichirent en prêtant aux Français ; ils reprirent aux Prussiens ce que les Français leur avaient payé. *Des cinq milliards quatre au moins restèrent dans leurs mains.*

« Bismark n'avait rien à refuser à ceux qui l'avaient commandité pour la guerre... »

En 1815, la France dut payer jusqu'au dernier *sou les réclamations les plus improbables, les réparations les plus fantastiques, les dettes les plus chimériques* » (idem, p. 334). C'est James de Rothschild installé à Paris et traitant directement avec les ministres, qui tient les rênes de ce concert d'argent et de trafic, et qui rassemble et conduit les manœuvres de tous les Juifs possibles de toute l'Europe pourvus de créances « achetées pour un morceau de pain et qu'on leur reprenait avec bénéfice pour eux » nous dit encore Drumont.

Voilà ce que nous dit un homme renseigné dont l'honnêteté ne peut pas être discutée !

Comprenez-vous pourquoi les Juifs aiment les guerres et savent les provoquer, qui nous jettent dans la désorganisation, l'anarchie et la ruine ? et nous laissent en leur pouvoir ?

Écoutez encore, vous allez mieux comprendre ce dont est capable « l'ennemi du genre humain » ! Il vaut vraiment la peine que nous mettions les points sur les i n'en déplaise à ces messieurs de Genève dont le philosémitisme inconditionnel n'en sera pas pour autant diminué tant il est intimement lié à leurs personnes.

Je vous prie, Monsieur J. Leu, voyons *la plus monumentale escroquerie de tous les temps* pour parler comme Jacques de Lesdain dans *l'Illustration* du 21 décembre 1940, qui va nous montrer les juifs menteurs, faussaires et voleurs dans le plein épanouissement de leurs funestes penchants de guerre à outrance contre les goyim par tous les moyens permis et non permis qu'enseigne leur manuel des *Protocoles de Sion*.

Je répète, encore et toujours, qu'il faut absolument se saisir des biens des Juifs, qu'il n'est pas d'autre remède au mal dont nous souffrons, et que toutes les raisons sont pour nous d'en agir ainsi. Je défie qui que ce soit de m'en démontrer le contraire !

C'est aux articles 296 et 297 du Traité de Versailles (1919), qu'il est stipulé « qu'aucun règlement concernant des dettes ou des créances résultant d'opérations commerciales ou financières d'avant-guerre ou venues à terme pendant la guerre » *ne pourront s'effectuer directement entre les intéressés.*

Deux organismes sont alors créés, un en France *l'Office des biens et intérêts privés* au compte duquel sera versé le produit de la vente de tous les biens allemands sis en France et ceci contrairement aux stipulations de la Convention de la Haye et l'autre en Allemagne, le *Reichsausgleichamt.*

De mêmes organismes sont institués pour tous les pays alliés sauf pour les U.S.A. qui n'ont pas ratifié le traité de paix.

Les créanciers français font alors valoir leurs créances en les faisant reconnaître formellement par leurs débiteurs allemands, pour les présenter ensuite à l'« Office des biens et intérêts privés » riches de tous les biens allemands sis en France et vendus, et qui les règle en monnaie du pays créancier avec un rapport des changes pris à la date d'un mois d'avant l'entrée en guerre du pays considéré plus un intérêt de 5 %.

Que font alors nos Juifs, ces enfants couvés et chéris des hautes personnalités genevoises ? Mais c'est donc très simple pour des gens si naturellement portés à faire le mal.

Ils s'entendent entre eux de pays à pays, le Juif français fait valoir auprès d'un Juif allemand une créance *fictive* que celui-ci reconnaît toujours formellement, et voilà que tout est joué.

La pièce est présentée à l'« Office des biens et intérêts privés » et réglée sans autre.

Ce genre d'opérations nous dit J. de Lesdain « fut répété des milliers de fois », tellement de fois, que quand l'État français voulut prendre possession des biens lui revenant à l'« Office des biens et intérêts privés » « cet organisme dut avouer qu'il *lui restait en caisse quelques billets, seulement, après avoir encaissé des milliards.* »

De plus, des biens allemands en France et vendus l'avaient été à des prix « très inférieurs à leur valeur », scandale qui retentit jusques au Parlement.

Retenons une chose maintenant, c'est qu'il a fallu le régime du maréchal Pétain pour que les formidables pilleries des Juifs allant à des milliards parviennent à la connaissance du public. On mesure par là le degré de leur puissance.

Ces excellents amis de M. R. Payot directeur du *Journal de Genève* et de M. A. Picot ancienne première magistrature de Suisse !

Mais de plus, car les Juifs sont insatiables et les sommes gagnées, Monsieur J. Leu, par le peuple le plus dangereux qui soit sur la terre, ne sont pas encore suffisantes.

Dans les années d'après 1919, les Juifs Mendelsohn en tête sont maîtres de toutes les banques en Allemagne et font adopter une loi en 1920 d'entente avec les industries, qui dit qu'avec l'étranger « nous ne recevrons pas de devises mais nous n'en verserons pas davantage. »

Il s'agissait là d'un traquenard des Juifs, d'un de leurs mauvais coups ; les banques, préparées à cette éventualité, n'auront que quelques pfennigs à régler pour le service de leurs obligations et actions à l'étranger, mais les industriels allemands par leurs abondantes livraisons à l'extérieur subissent d'énormes pertes et passent sous l'emprise des Juifs.

Cave, cave, orbis terrarum, Judaeos !

« Les Français et les Allemands sont détroussés simultanément. »

Les Français se plaignent des Allemands les accusant de ne pas avoir rempli leurs engagements, et les Allemands protestent qu'ils les ont accomplis.

Il leur faudrait un Philippe le Bel et nous n'avons que des gouvernements démocratiques pourvus de leurs assemblées chroniquement réunies qui n'ont que des intérêts de partis ayant besoin de beaucoup d'argent !

Avons-nous, oui ou non, le droit de dépouiller les Juifs de toutes leurs voleries animés des intentions les plus coupables qu'ils sont ?

On peut s'imaginer comment se passent les choses maintenant en France, que ces vilains Juifs, vrais fils de Judas et de Marat par la Libération, sont maîtres absolus aux postes de commande de tout y compris les musées de peinture ! ! ! passant de président du Conseil juif en présidence du Conseil juive, tout ce qu'ils ont raflé et accaparé en Afrique du Nord et dans le Sahara, alors que les paysans français ont le prix du lait le plus bas d'Europe tout en vivant dans le pays le plus cher d'Europe !

Ces paysans français sur lesquels les Juifs sont maintenant rivés, qu'ils savent être l'obstacle majeur au communisme en partie du reste déjà réalisé. Toute la petite propriété paysanne ramassée, rachetée par des sociétés rattachées à l'État.

Dans les mensonges, j'en ai relevé sur mes fiches rapidement vingt-cinq, là les récoltes sont toujours abondantes tant il est naturel au Juif de mentir.

C'est entre eux une véritable école de mensonges, voici la fameuse Hannah Arendt (*Drame des Juifs européens,* Rassinier, p. 21) qui déclare dans The New Yorker du 23.2.63, sans broncher, tant elle est habituée à ses mensonges, que trois millions de Juifs polonais ont été massacrés dans les premiers jours de la guerre, alors que les Allemands, comme l'a bien montré Rassinier, n'en trouvent, à leur entrée dans la Pologne qui leur échoit par l'entente avec les Russes, que deux cent cinquante-sept mille, le reste, c'est-à-dire le plus grand nombre, passé en Russie ou Hongrie ou sur les routes de France.

Nous avons dit plus d'une fois le Juif être un menteur téméraire, héréditaire et légendaire ; rien n'est plus juste.

Le Juif n'a pas de parole, pas d'honneur, pas de foi ; il n'a que sa haine du chrétien, le malheureux, et son argent qui lui tiennent lieu de tout : c'est peu.

Le Mal *dans les sacrifices d'enfants* de caractère rituel, dont nous avons « d'innombrables faits au moyen âge » (*France juive,* tome 2, p. 382) et qui sont naturellement niés par le menteur téméraire, héréditaire et légendaire, alors que déjà dans la Bible lors de ses éloignements de Dieu, parti dans les bras de Baal et de Moloch il en commet d'innombrables. À Chypre, en 135 après Jésus-Christ, d'innombrables crimes rituels lors des révoltes juives contre Rome massacrant cent cinquante mille Grecs et Romains. Pendant la Révolution russe, certainement d'innombrables crimes de caractère rituel, comme le dit bien Urbain Gohier (*Protocoles de Sion,* Vieille-France, p. 132).

Le Mal *dans la conspiration des lépreux* empoisonnant les fontaines et les puits de leurs détritus (*France juive,* tome 1, p. 176) au moyen âge.

U.S.A., perquisitionnez au Kahal, ne tardez pas, arrêtez les grands coupables, n'attendez pas de n'être plus, comme nous l'avons déjà dit, que les derniers des Mérovingiens pour agir, c'est-à-dire pour ne plus pouvoir agir.

Lisez l'histoire de Philippe le Bel, et prenez votre courage à deux mains ; il est temps que vous vous rendiez compte de la situation dans laquelle vous êtes, alors qu'à l'heure actuelle, vous n'êtes pas même fixés grâce à votre indignité de 1959, sur le nombre de Juifs installés chez vous, et qui parlent plus haut que vous en attendant qu'ils aient éteint votre voix, pour ne point avoir écouté les avertissements et conseils de Franklin, et avant que par l'immigration illégale épouvantablement accrue depuis 1945 (Beaty), leur nombre ne se soit par trop augmenté.

Vous êtes à la dernière minute de votre destin, déjà le Juif organise non sans système le désordre sur votre territoire en conformité du protocole 18 : « Organisez le désordre ».

Songez qu'on vous regarde, et que les honnêtes gens de partout attendent que votre puissance s'utilise de la bonne manière, alors qu'elle ne fait plus que servir à celle du Juif, aux fins de délivrer le genre humain de son plus implacable ennemi.

Ce serait là votre plus beau titre de gloire, si le Juif ne vous a pas encore par sa perpétuelle conjuration contre tout ce qui n'est pas juif, complètement annihilé, vous, inconséquents et aveugles et insouciants de votre sort, qui, depuis 1783, n'avez jamais pris la moindre mesure de protection contre la race du figuier desséché parce que maudit.

Votre plus beau titre de gloire, disons-nous, de quoi faire de votre nation le phare de l'univers. U.S.A., vous êtes venus en Europe faire les deux guerres mondiales du Juif ; venez, cette fois, après en avoir ainsi fait chez vous, mettre chez nous au pas et enchaîner s'il le faut, comme il en est fait des bêtes féroces, ce Juif ce renégat du Ciel !

Il y va de notre Dieu, qui n'aide que ceux qui s'aident ! Monsieur J. Leu, qui vous intéressez à la défense spirituelle du pays mais au Conseil national seulement, suivez-moi bien, nous allons entrer bientôt dans certaines propositions que l'on se doit, à notre heure, de faire !

Oui, une fois encore, il faut s'emparer de tout ce qu'on peut saisir des biens des grands Juifs, comme le disait déjà le *Times* de 1921, quand il écrivait que la légitime défense dans une menace mortelle, nous autorise à tout que ne le redirait-il pas à notre heure ! qui elle ne le dit plus

Louis XIV n'avait pas fait tant d'histoire avec Fouquet, mais il est vrai qu'il n'avait point à ses côtés un Conseil national et son suffrage universel, l'empêchant de faire ce qui se doit faire ou entendant dire ce qui se doit faire ou le jetant dans l'indécision, ou l'inaction, attendant sans rien faire la catastrophe, ou encore le jetant dans les fameuses solutions de compromis des partis politiques de la démocratie ! *qui ne vont jamais à la racine du mal.*

La raison d'État, si simple et si naturelle et si pratique que commande le bon sens et la raison dans les mains d'un pouvoir de tradition et d'habitudes séculaires, et qui sait garder à celle-ci son caractère exceptionnel vu qu'elle va à l'encontre des lois et de la morale, encore que dans un degré très variable suivant les cas.

Fouquet n'était-il pas très coupable ? Henri III n'avait-il pas attendu jusqu'à la dernière minute quant à l'assassinat des deux Guise, alors que le sort même de la France était en jeu ?

Louis XV avait usé de la raison d'État envers un gentilhomme suisse de la manière suivante. Ce gentilhomme, au début de sa carrière dans les armées étrangères, séjourne dans le sud de la France, il s'y marie, a une enfant ; nous l'appellerons pour ne pas le nommer M. de X. Mais, un beau jour, quitte le pays, rentrant en Suisse pour un instant seulement, dit-il à sa femme. Ne revient pas et se marie en Suisse très richement. La première femme l'apprend et veut aller dans son bon droit, Louis XV l'en empêche tout en lui allouant une pension d'entretien.

Mais l'ambassadeur de France en Suisse ne reste pas inactif et donne à connaître au coupable que sa situation maritale est connue, qui communiquera, dès lors, d'importants renseignements à la France...

La démocratie sans Dieu partie du Juif de 1789 la pratique, elle aussi, mais en s'en défendant, faisant bruyamment étalage d'un arsenal imposant de lois, alors que l'ancien régime ne s'en cachait pas, sachant en user et non pas abuser, et non pas jusqu'au crime presque habitude tel qu'il en est des exploits du Grand Orient, rue Cadet à Paris, comme nous l'avons vu dans notre texte et de ceux du Kahal comme nous l'allons voir.

Belle société que cette franc-maçonnerie et ses Juifs, et dire que là est la base, l'essence, la partie principale des systèmes qui nous gouvernent.

Étonnez-vous que nous en soyons où nous en sommes !

Le Mal de la Révolution française dans les attentats contre les hommes et les choses : que d'audace ici ; le *Kahal* de New York, le criminel le plus audacieux et le plus impuni du globe qui soit, et qui même ne l'a jamais été, mais qu'il importe pour la tranquillité des États et de tous les honnêtes gens, qu'il le soit ; entendez-vous, U.S.A., qui voulez gouverner le monde, alors que vous n'êtes chez vous que gouvernés par la haute crapule juive des gangsters internationaux qu'on ne saurait assez dénoncer, les Jakob Schiff, Mortimer, Lévy et Cie du passé comme du présent.

Il faut que le Juif du Kahal soit mis au pas, la tranquillité du monde en dépend.

Attentats mortels contre les tsars Alexandre II (1881), Alexandre III (1894), Nicolas II et la tsarine, plus le tsarévitch et ses quatre sœurs, les grandes duchesses (1918) puis jusqu'en 1914, des quantités de meurtres dans des attentats, des centaines et peut-être des milliers, dont le ministre Stolypine (1911) abattu au révolver en plein théâtre de Kiev, ayant la pleine confiance de Nicolas II, et qui va transformer la structure agraire de la Russie, la divisant en petite et moyenne et grande propriété.

Les Juifs et les nihilistes, voyant par ces réformes fondamentales de l'empire russe la ruine à leurs projets de bouleversement général, abattent Stolypine sans hésiter.

Quand, U.S.A., perquisitionnerez-vous dans ces entrailles du crime qui s9appellent le Kahal ? quand mettrez-vous le holà aux entreprises des grands Juifs gangsters ? Ces beautés de la judéodémocratie sans Dieu de 1789 ?

Louis XVI et Marie-Antoinette condamnés à mort par les Loges en 1785 au couvent de Wilhelmsbad franco-allemand. C'est aussi là que les Juifs et leurs loges condamnent Gustave III, tué à bout portant dans un bal masqué de la Cour à Stockholm par un gentilhomme (1792).

Plus près de nous, l'archiduc François-Ferdinand, neveu de François-Joseph, victime des Juifs (Malynski) à l'attentat de Sarajevo (1914), qui désirent ardemment le conflit des deux empires austro-hongrois et russe, afin d'affaiblir les goyim, et de jeter bas le second et d'autres peut-être, après la longue préparation au ferment révolutionnaire des nihilistes !

Il est bien évident que c'est sur cette sinistre bande du Kahal que se portent les premiers et les plus sérieux soupçons, leur dossier étant ce qu'il est, très chargé. Personnellement, je suis absolument convaincu de leur culpabilité. François-Ferdinand, prince héritier s'était plus d'une fois prononcé pour la paix !

Los von den Juden, une fois de plus la race perverse, la race exécrable, la race criminelle.

Quand, U.S.A., nous débarras serez-vous du Kahal ? le criminel patenté !

Comment les Juifs ont arrêté les vaisseaux anglais poursuivant les Allemands à la bataille du Jutland (31 mai 1916) par un mystérieux télégramme (« a terrible crime » a dit l'amiral anglais Perey Scott) ? C'était un jeu pour eux de brouiller les cartes avec un gros nigaud comme Bethmann-Hollweg, chancelier qui chancelle de l'empire allemand.

Les Juifs sont les gens les mieux renseignés du monde, et aussi les plus mal intentionnés. Chaque homme politique important est flanqué de son Juif (*Protocoles de Sion*, Vieille-France, p. 270). Voir là une liste édifiante.

Les Aryens le sont quelquefois, renseignés, comme *Henry Ford* (1920), qui procède par affirmations tranchantes, absolues sur les auteurs de la Première Guerre mondiale, les Juifs, pour les avoir entendus le proclamer à cor et à cri sur son bateau de la paix.

Quant à la seconde, elle procède du couloir de Dantzig, dont les Polonais ne voulaient pas, voulant aller au Niémen et à Memel, parce que, *dit bien Malynski en 1930, le couloir de Dantzig qui coupait la Prusse en deux c'est le* casus belli *certain* d'avec ce pays aussitôt qu'il serait en état de partir en guerre (Malynski, *Dans la Galerie des Glaces*, p. 121 et suivantes).

Et jamais cependant, à Versailles en 1918-1919, le Juif Wilson, président des U.S.A. et ses deux acolytes, ses deux complices Lloyd George et Clémenceau, *ne voulurent, même un instant, discuter* d'une autre solution que celle du couloir.

Il fallait encore, à peine sortis d'une guerre, en préparer une nouvelle, aux fins d'affaiblir un peu plus encore les goyim, qui seront alors complètement à notre merci.

Qu'en pensent les deux philosémites inconditionnels scandaleux de Genève, que c'en est une honte pour le genre humain ?

M. R. Payot n'en continuera pas moins à rédiger ses articles de politique superficielle.

« Le péril de Dantzig (réd., du couloir de), par contre, ce n'est plus un péril qu'il est nécessaire de chercher à la loupe, ou de prévoir le cas échéant. Ce n'est pas de cas échéant, mais de cas actuel qu'il est question, et il faut être insensé ou vouloir la guerre pour ne pas le voir à l'œil nu. » (Malynski, ibidem, 1930, p. 124.)

« Tant que ce péril subsistera (réd., du couloir de Dantzig), personne excepté ceux qui sont incapables de penser, n'est sûr dit lendemain de sa patrie. » (Malynski, ibidem, 1930, p. 129.)

« C'est ainsi que la situation se présente pour la Pologne qui, bien qu'ayant pris part à la signature du Traité de Versailles, ne l'a fait qu'en qualité de figurante à laquelle on a passé une plume pour qu'elle contresigne des solutions qui n'étaient pas nécessairement les siennes. » (Malynski, ibidem, 1930, p. 131.)

Et voilà comment, en allant au fond des choses, on démontre par $a + b$ que les Juifs sont les auteurs de la *Seconde comme de la Première Guerre mondiale*, rien que ça.

Ce qui n'empêchera pas, en 1919 encore, ce brigand de Juif de Wilson, travaillant pour sa juiverie ce rebut de l'humanité, et *sa Seconde Guerre mondiale*, de recevoir, tenez-vous bien, le prix Nobel de la Paix !

Les Juifs ont besoin de guerres pour achever notre décomposition sociale et morale, pour nous mettre à leur image de bas intérêts en tout, et il n'est pas du tout dit qu'ils n'en préparent pas une troisième pour nous jeter à leur merci dans l'ignominie.

U.S.A., une fois encore, oui ou non, voulez-vous perquisitionner au Kahal, et détruire ce foyer de guerre, de haine et de mort, atteindre la bête humaine dans son antre ?

Quand on pense à ce que, depuis 1914, ces misérables Juifs ont causé de désastres et de ruines dans notre pauvre Europe, de ruines dans les pierres de merveilleux monuments fleurs épanouies de notre génie, et dans les cœurs de tant d'humains, des millions de vaillants guerriers abattus dans les flammes et le tonnerre de la guerre, et laissant des foyers sans nombre éplorés à jamais... pour nous amener dans nos temps de dureté, d'athéisme féroce prôné par les gouvernements eux-mêmes, d'égoïsme, de bas sentiments, d'âpreté dans tout, d'appétits grossiers destructeurs de beauté et de civilisation, où l'on voit l'humilité, l'esprit de sacrifice inscrit dans nos drapeaux, le besoin d'aimer son prochain foulé aux pieds par le renégat du Ciel et ses acolytes qui conduisent nos pas, on se prend alors à soupirer, on se prend à penser à ces temps qui ne sont plus les nôtres et qui nous ont précédés, on consulte l'histoire, et l'on regrette alors ceux de notre race, ces princes, ces rois, ces aristocrates dans leur humanité, dans leur tact, leur goût, *les meilleurs défenseurs des goyim, ont dit les Juifs eux-mêmes dans leurs Protocoles,* de les voir justement mis de côté et jetés bas par les suppôts acharnés de Satan.

Le prince impérial, fils de Napoléon III et de l'impératrice Eugénie, mort dans une embuscade chez les Zoulous *par le travail du franc-maçon Carrey* (*France juive,* tome 1, p. 358), qui avait montré des signes d'indépendance, de caractère et d'idées nettes et claires sur lesquelles les Juifs ne se trompèrent point.

Comme ils l'avaient discerné chez l'archiduc François-Ferdinand assassiné à Sarajevo.

Le duc d'Orléans, fils aîné de Louis-Philippe, mort, en 1842, dans un accident de voiture, les chevaux s'étant emportés !

Voilà qui peut, certes, arriver qui peut paraître même presque normal, dans un temps où les chevaux font toute la locomotion.

Qui peut paraître normal en 1842, mais peut le paraître beaucoup moins en 1964, tout en tenant compte des circonstances et des particularités du moment ; c'est que, justement, l'on sait, en 1964, des choses fort importantes, notamment sur l'activité des Juifs, et leur activité en matière d'attentats sur des chefs d'État dont ils n'ont pas la faveur, et dont ils entendent alors se débarrasser.

Souvenez-vous de ce qu'a dit d'eux le Dr Oscar Lévy (voir index).

Le duc d'Orléans, un prince merveilleux, qui promet le plus beau des règnes et qui, contrairement à toute sa famille, n'aimait pas les Juifs, leur trouvait un trop haut rang, et prenant trop d'importance dans l'État.

Son prestige, sa bonté, sa simplicité, son entregent, ce don qu'il avait de rassembler toutes les bonnes volontés, ses succès militaires, sa connaissance de la presse et des journalistes dont il avait l'oreille, tout le désignait à l'attention des Juifs, qui virent très vite que là, chez ce prince, ils rencontreraient de grands obstacles à leur puissance et à son avancement.

Le duc d'Orléans ne voulut jamais recevoir Rothschild à sa table et en 1842, l'année même de sa mort, aux courses de Chantilly, le duc d'Orléans refusa à Rothschild l'entrée à sa tribune. (Drumont, *France juive*, tome 1, p. 358.)

Avait-il là signé son arrêt de mort ? très possible, la crapule juive de haut vol, *ceux-là même qu'il faut dépouiller de tous leurs biens pour des causes morales et politiques,* ne reculant devant rien quand il s'agit d'atteindre à leurs visées d'hégémonie mondiale !

Surtout que le duc d'Orléans, comme un nouveau Louis XIV et son Fouquet, était décidé à arrêter les Juifs, et qu'il s'en était ouvert, et que c'était, du reste, un fait connu qu'il ne les aimait pas, comme le montre bien la lettre de Toussenel (1803-1885), l'auteur des *Juifs rois de l'époque,* adressée à Louis-Philippe (*France juive*, tome 1, p. 358) :

> Sire, le Prince royal, votre fils bien-aimé, gémissant amèrement des empiètements de cette puissance insatiable des juifs, de ces Juifs, disait-il, qui violentent le pouvoir, écrasent le pays, et font remonter vers le trône innocent les malédictions du travailleur obéré.
>
> Il songeait, dans ses rêves de royauté future, à s'affranchir d'un honteux vasselage, à briser cette nouvelle féodalité si pesante pour les rois et pour les peuples ; mais ne se dissimulait pas les périls de la lutte. Peut-être la royauté succombera-t-elle en cette lutte, disait-il un jour à l'un de nous ; car ces banquiers se feront longtemps encore, contre le roi, une arme de l'ignorance de ce même peuple que le roi aura voulu servir. Ils irriteront ses souffrances par leur presse menteuse, ils videront de nouveau leurs ateliers sur la place publique, ils

> lanceront contre le palais leurs serfs inoccupés ; et pour endormir la fureur de ce peuple après qu'ils l'auront déchaînée, ils lui jetteront à dévorer une royauté de plus. Je sais que de rudes éventualités nous attendent ; mais il n'y a déjà plus à reculer devant les dangers de la guerre, car les dangers de la paix sont plus imminents encore... il faut que, sans plus tarder la royauté d'aujourd'hui reprenne le peuple aux juifs, sinon ce gouvernement périra par ses juifs.

La date à laquelle a été écrite cette lettre au roi n'est pas donnée ; d'après son contenu il paraît bien qu'elle le fût après la mort du prince royal.

Devant un adversaire tel que celui du Kahal, il eût fallu davantage de prudence et de dissimulation, faire exactement ce que Louis XIV avait fait avec Fouquet.

Ou bien encore, méthode Philippe le Bel, exécution fulgurante par arrestations massives et simultanées... mais le duc d'Orléans n'était qu'héritier du trône ; Louis-Philippe meurt en Angleterre en 1850 au château de Claremont, dans sa septante-septième année.

Voilà tout ce que me donne à penser, en attendant d'aller à des sources plus précises, la mort de ce prince magnifique capable des plus grandes choses, avec ce que je sais du problème juif, *de ce Kahal le criminel du genre humain,* dont nous connaissons, justement et notamment, en Russie, dans toute la période prérévolutionnaire, les forfaits par centaines et peut-être par milliers.

À ce chapitre, on n'oubliera pas non plus la mort du duc de Berry en 1820, assassiné au poignard par Louvel, ni l'arrestation, en 1832, de la duchesse de Berry, à Nantes, sur dénonciation du Juif Deutz.

Ce qu'on peut poser et répéter sans cesse, d'après ce que nous dit l'histoire du Kahal et la multitude de ses crimes et attentats, qu'ici, aussi, certainement, par lui-même et ses Loges, il devait surveiller de tous ses yeux, pour que sa Révolution de 1789 lui revienne bientôt, le plus tôt possible, qui avait vu sa puissance totale dans les moments, justement, où le sang de la Révolution coulait à pleins bords et sans compter.

Il est assez remarquable qu'en 1815 et dans les années suivantes, aucune mesure n'ait été prise contre les Juifs directement ou par les Loges. La logique eût voulu qu'on aille là frapper, puisqu'on savait alors à ce moment déjà, l'importance du rôle des francs-maçons dans l'éclosion de la Révolution française. Les Juifs étaient évidemment, comme toujours à l'arrière-plan, cachés aux postes suprêmes des Loges sans qu'on connaisse même leurs noms.

Le pouvoir était sans doute trop mal établi sur ses bases pour envisager une grosse opération ou même radicale contre les Loges.

Serons-nous longtemps encore gouvernés par les criminels du genre humain, U.S.A., d'indignité et d'insouciance et de paresse quant au principal, quant à ce que vous devriez faire, et ne faites pas ?

On peut dire que dans tout attentat, surtout ceux perpétrés sur de grands personnages, on doit, il faut penser *en toute première ligne* au travail possible du

Kahal, et je n'en excepte pas, bien entendu, le cas de *Kennedy*, qui jeune comme il était, et très plaisant, ayant donné, somme toute, dans son activité de président des U.S.A., satisfaction, pouvait prétendre à dépasser même les quatre législations du pro juif jusqu'à la folie Roosevelt... et puis, il était catholique et pouvait avoir déplu à cette bande de malfaiteurs du Kahal.

Il est visible qu'en conformité avec le *protocole 18 des Protocoles des Sages de Sion*, intitulé « Organisez le désordre », les Juifs, sur une très vaste échelle, l'organisent partout dans le monde.

Les Juifs et les francs-maçons auteurs des deux guerres mondiales, de la Révolution russe et ses vingt-huit millions de victimes, dont des millions certainement dans d'épouvantables tortures ; auteurs des massacres de la Libération, par cent cinq mille Français passés de vie à trépas selon déclaration du ministre Frey à l'Assemblée nationale, et de la condamnation d'un maréchal de France, illustre, à mort, à l'âge de nonante ans, parfaitement innocent, et terminant sa vie dans un cachot de pierre et d'humidité !

Il n'est que le Juif dégoûtant dans tout ce qu'il est et fait, pour en oser de la sorte !

Il ne s'agit pas dans cette édifiante énumération des méfaits et des forfaits d'un pouvoir d'État juif secret d'omettre d'énumérer, ou plutôt de rappeler, nous en parlons ailleurs dans ce texte (voir index), les exploits criminels des loges maçonniques de France, le Grand Orient de France, rue Cadet, à Paris, simple succursale *du Kahal new yorkais, soit la raison d'État multipliée au service du crime,* et dont les forfaits, soit les crimes énormes et audacieux, nous ont été énumérés par quelqu'un *qui les a bien connus pour y avoir laissé son fils,* Léon Daudet dans sa *Police politique,* ne faisant, du reste, que dire ce que tout Paris savait depuis les affaires criminelles retentissantes de *Philippe Daudet* et du *Conseiller Prince,* s'ajoutant à celle de *Syveton* et de combien d'autres.

Quel est celui qui rendra à l'humanité le service de détruire, peuple suisse, cette société infâme de la *franc-maçonnerie complètement sous la main des Juifs, comme ceux-ci nous le disent eux-mêmes à leur protocole n° 15,* d'une indignité totale par sa conduite, et l'une des meilleures armes des fossoyeurs criminels des onze mille officiers polonais à Katyn, alias les Juifs, pour ruiner en tout la chrétienté, et qui se donne, aujourd'hui en Suisse, cette .'., des airs d'innocence et d'honnêteté en publiant la liste de ses membres ?

Elle estime, sans doute, de pouvoir s'étaler bien au grand jour, à notre temps que le pouvoir des Juifs est à ce point augmenté, que ceux-ci et leurs acolytes, que dis-je, leurs très humbles et très obéissants serviteurs des Loges, peuvent partout et sans risque tout oser, se tout permettre.

C'est le Mal et ses crimes dans tout son cynisme, s'étalant à la pleine lumière du jour, payant d'audace, tant ils se croient sûrs de la victoire !

Peuple suisse, seras-tu complice des suppôts de Satan, seras-tu favorable à la cause du renégat du Ciel ?

Tout est là.

Et toi, et encore toi, et toujours toi, U.S.A., d'inertie, de lymphatisme, de lassitude, on dira bientôt d'imbécillité, vas-tu mettre la main au collet des criminels du Kahal ? Auteurs de tous nos maux ! Ou bien faudra-t-il qu'on fasse pour qu'on t'envoie un quelque Philippe le Bel pour mettre de l'ordre dans ta maison ? pour te donner ce que tu n'as plus, du courage ?

Les Juifs et leurs francs-maçons auteurs du communisme sanglant partout, auteurs de toute la décomposition sociale présente chez nous et ailleurs et partout, ainsi qu'il en était prédit dans les *Protocoles de Sion*.

U.S.A., vas-tu longtemps encore laisser s'écouler sur le monde les poisons de la putréfaction des Juifs baaliens, kahaliens, conjurateurs en cours contre la sûreté des États par tous les moyens permis et non permis, alors, que dans ta main sont toutes les raisons d'en agir autrement ?

des raisons morales,

des raisons religieuses,

des raisons politiques,

des raisons juridiques mêmes, alors, que le jugement rendu par la Cour suprême du canton de Berne (Suisse), le 1er novembre 1937, déboute, les Juifs, de leur prétention que les Protocoles des Sages de Sion sont un faux !

Un chef d'État, qui ne préviendrait pas que s'instaurent dans le monde de nouveaux régimes communistes juifs violemment et systématiquement contre Dieu qui seul permet de gouverner sagement les peuples, après ce que la Russie nous a montré de massacres, de tortures et de tueries dans ses vingt-huit millions de victimes, serait le dernier des criminels !

Voilà ce qu'il en est quand on descend jusqu'à la racine du mal, ce qu'on ne sait plus faire depuis l'éclatement du cataclysme social de 1789 déclenché, causé, provoqué par le Juif (il le reconnaît au protocole 3), et depuis que nous vivons sous des lois, et des habitudes et des institutions politiques qui nous ont été données par le Talmudiste et sa franc-maçonnerie pour nous détruire.

Redoutables et exécrables donateurs ! dont il faut absolument qu'on se défasse !

Jusques à quand en sera-t-il de ton inertie, U.S.A., de qui tout dépend ? N'y a-t-il plus, chez toi, de justice contre les grands et les puissants qui s'exerce ? au pays de Franklin ? oui, jusques à quand ?

Oui, *quo usque tandem* ? pour parler comme Cicéron.

Il n'est pas de tranquillité possible dans le monde si le Juif n'est pas mis au pas, truisme des truismes pour tous les connaisseurs du problème juif.

M. J. Leu, auteur d'une interpellation au Conseil national sur la défense spirituelle du pays, à laquelle, après plus d'un an, il n'a point encore été fait de réponse, vous m'avez bien suivi, j'espère ?

Monsieur J. Leu conseiller national, il faut absolument maintenant, très avancés comme nous le sommes dans notre texte, que nous tirions des conclusions thérapeutiques et pratiques quant à ce mal social et d'État dont nous souffrons, dont nous mourons, et qui demande de façon si instante qu'on se penche sur lui aux fins de lui trouver remède.

C'est alors qu'il faut, qu'il faut absolument que dans ces lignes nous ne quittions pas la franc-maçonnerie, même s'il faut que nous répétions et sur répétions de certaines choses dont la réalité restera d'autant plus présente à nos esprits, nous conduisant par là à d'heureuses solutions.

Je l'ai dit déjà, il faut que ce qui se prépare dans l'ombre d'une conjuration mondiale juive - dont personne ne parle - et qui implique par là même, peuple suisse, une révolution communiste juive sanglante tout autant que ne le fut celle qui ravagea la Russie et les pays l'environnant... il faut, dis-je, que ce qui se prépare dans l'ombre ne soit pas ce que les Juifs comptent qu'il sera, mais que ce soit au contraire à notre avantage et qu'enfin nous soyons à notre place, la première, et qu'alors, peuple suisse, tu te pourvoies d'institutions politiques qui soient tiennes, et non plus celles que le Juif de 1789 l'auteur de ce cataclysme te donna, aux fins que par celles-ci il te détruise, te réduise à rien, comme il le dit bien dans les Protocoles et comme nous voyons bien de nos jours qu'il en est.

Peuple suisse, Europe, U.S.A. de langueur et d'inertie, et aussi d'une insouciance qui va jusqu'à confier au Juif William Fred Friedmann tiré du ghetto de Kitchineff (*Protocoles de Sion*, édition Vieille-France, p. 270) le déchiffrage des cryptogrammes officiels diplomatiques et militaires, il vous faut en chœur détruire la puissance mondiale des Juifs, en les décrétant d'accusation pour conjuration contre la sûreté de nos États, et pour cette raison les dépouiller de tous leurs biens : on désarme les criminels n'est-il pas vrai ? on les désarme aussi de leur franc-maçonnerie !

La franc-maçonnerie, Monsieur J. Leu, est complètement inféodée aux Juifs et quand, comme nous l'avons fait, nous avons montré que les Juifs sont les pires conspirateurs qui soient contre la sûreté de notre État comme de tous les États, comme de tout ce que nous aimons, nous avons aussi démontré la culpabilité des Loges, qui ne sont plus que le pouvoir de l'étranger installé à l'intérieur de nos frontières et qui doit, ce pouvoir et les Loges qui le concrétisent, de par toutes nos lois, être annihilé, être détruit pour cause de salut public.

Attendrons-nous que la conjuration passe à des actes plus impératifs et plus audacieux pour la détruire ?

Voyons, très courtement, comme en rappel de notre texte, Monsieur J. Leu, les arguments, les points et les faits principaux, qui signifient cette complète identité d'esprit et de buts que sont les Juifs et leurs très humbles et très obéissants serviteurs, les francs-maçons.

Sous l'ancien régime, on était le très humble et le très obéissant serviteur de son supérieur en toute occasion ; tout le monde l'était sauf le roi !

Dès 1789, la formule s'en va, mais il reste cependant que la franc-maçonnerie est la très humble et très obéissante servante des Juifs.

L'unité d'action et d'essence des Juifs et des Loges maçonniques manifestée par :

1.	La ∴ dans son rituel ne fait que nous parler de la Judée. Son plus haut grade *Kadosh signifie* en hébreu saint. Le chandelier à sept branches, l'arche d'alliance, la table en bois d'acacia, tout parle de ce temple de Salomon dont la splendeur retentit encore à notre écoute.

L'année maçonnique est à peu près réglée sur l'année hébraïque, soit 5446 années de la création pour le calendrier hébraïque et 5884 années pour le calendrier maçonnique.

Les mois maçonniques sont les grands mois juifs : adar, veadar, nissan, igar, sivan, tammouz, ab, eloul, tischri, heschvan, kislev, tebeth, schebat (*France juive*, t. 2, p. 312).

2.	Après de longues négociations avec la France, au siècle passé, le traité de commerce franco-suisse est enfin conclu, qui nous oblige, condition sine qua non à son renouvellement posée par les Français en la personne du Juif Crémieux, futur premier président de l'Alliance israélite universelle (1860) et ministre de Napoléon III, qui nous oblige, dis-je, d'accorder aux Juifs français les mêmes droits qu'à tous les autres résidents étrangers de notre territoire.

C'est pendant trente-six ans, de 1830 à 1866, que des négociations se poursuivent entre la France et la Suisse, ayant trait à l'établissement des Juifs français en Suisse.

C'est dire la résistance que le Conseil fédéral opposa aux desiderata du Juif Crémieux !

Finalement, la condition sine qua non de renouvellement du traité de commerce nous oblige, le couteau sur la gorge, à nous incliner.

Cela rendit nécessaire une modification des articles 41 et 48 de la Constitution fédérale que le peuple accepte à une très faible majorité (53 % contre 47 %), le 14 janvier 1866.

Le seul groupement politique qui, dans cette votation, prit parti pour les Juifs, faisant campagne pour eux, fut la franc-maçonnerie suisse !

Oui, au siècle passé, le Conseil fédéral, quoiqu'issu des événements de 1789 et de 1830 avait vaillamment combattu, et n'avait pas compté les années pour résister.

Quelle différence de comportement d'avec les événements de Zurich et de Berne de l'Affaire Serra (août 1964), qui mesure de quelle ampleur et de quelle grandeur, depuis ces événements du siècle passé, s'est augmentée chez nous la puissance des Juifs.

Et à mesure que nous accordions, c'était alors notre société qui en faisait les frais, subissant le ver rongeur du talmudiste, les *deux guerres mondiales du Juif aidant*.

Il est temps, Confédérés, d'alerter l'opinion publique, de dresser des barrières, des obstacles, des montagnes à l'arrogance et à l'agressivité des Juifs, de les réduire à l'impuissance *ad patriam servandam ac fidem christianam,* de la garder cette patrie, de veiller sur elle, et notre foi chrétienne, après les avoir remises dans leur intégrité.

3.	La lecture des *Protocoles des Sages de Sion* au chiffre 15 montre bien la *dépendance absolue des Loges aux* diktat *des Juifs* : on y voit là la mise en servage des goyim.

Il est, du reste, bien connu que la ∴ mondiale est dirigée par la seule loge américaine composée exclusivement de Juifs.

4.	Fait à retenir, fait d'importance, les *Juifs et les francs-maçons,* tout au cours des âges, n'ont jamais été en lutte, aussi haut qu'on puisse remonter.

Il s'agit là de deux très grandes puissances et l'histoire ne connaît pas que de telles situations n'aient abouti à un ou plusieurs conflits pour raisons de rivalité et de suprématie.

C'est que, justement, il n'est là qu'un seul et même organisme la franc-maçonnerie s'offrant, quoique secrète dans ses délibérations, seule aux regards et à la connaissance, tandis que le Juif, lui-même, est toujours à l'arrière-plan, agissant selon son habitude, dans l'ombre, ainsi qu'il en est des malfaiteurs.

La franc-maçonnerie est pour le Juif un instrument fort commode dans ses luttes implacables contre le genre humain, ces luttes chargées d'une haine et d'un esprit de vengeance dont la Révolution russe et la Libération en France nous ont donné la mesure.

Peuple suisse, entends-tu subir une révolution communiste ?

Veux-tu des autorités qui soient pour la révolution communiste sanglante, où tu subiras la mort par les Juifs après avoir subi la torture par le Juif ?

Oui, dans les Templiers, détruits par Philippe le Bel, en 1314, les Juifs et les francs-maçons sont présents ; le Juif marque cette présence par *l'outrage au Christ* dans les cérémonies d'initiation, outrage chose certaine comme il ressort, dit Drumont, de la lecture de Michelet dans les *Documents inédits de l'histoire de France*, t. 2 (*France juive*, t. 1, p. 172).

Et le baiser honteux parachevait la cérémonie d'initiation.

Chez les francs-maçons français, d'autre part, la date de la mort de Jacques de Molay, grand maître des Templiers, brûlé vif après son procès, à la place Dauphine le 18 mars 1314, est commémorée chaque année.

Quand Philippe Égalité est promu chevalier Kadosh et grand maître de la franc-maçonnerie française, dans la cérémonie d'initiation à ces très hauts grades, il transperce le corps de Philippe le Bel sous la forme d'un mannequin rempli de vin, du poignard, et le liquide s'écoule ; les ossements de Jacques de Morlay sont là aussi (*France juive*, t. 1, pp. 273, 275).

5.   Même note antireligieuse chez le Juif et chez le franc-maçon, et qui marque si bien l'esprit de la Révolution française malgré les phrases à grand spectacle dédiées au grand architecte de l'univers, laissées là, longtemps, sans doute, par les Juifs pour ne pas effaroucher les Aryens francs-maçons.

Mais, dès le 13 septembre 1877, le Grand Orient rayait Dieu et l'immortalité de l'âme de sa Constitution (*Aspects de la France*, 15.10.64, Ploncard d'Assacin le « Régent infidèle », quatrième colonne), et il n'allait alors avoir de cesse de les voir rayés de la Constitution de la République.

C'est peut-être dans cette Révolution française, dans sa préparation, et son déferlement (frénésie des Juifs, voir leurs horreurs à Chypre en 135 après Jésus-Christ sous Hadrien), qu'apparaît au mieux la seule et même chose que sont les Juifs et les .'.

Dans les années qui la précèdent, la .'. est partout répandue sur le territoire de notre voisine, partout sont ses tentacules qui travaillent d'arrache-pied à l'instauration d'un régime nouveau ; nous en avons parlé ailleurs dans ce texte ; c'est là un fait universellement admis ; les couvents mêmes n'échappent pas à son activité.

Or, que nous disent les Juifs au protocole 3 des Protocoles des Sages de Sion : « Rappelez-vous la Révolution Française que nous avons appelée « grande » ; nous connaissons bien les secrets de sa préparation, car elle fut notre œuvre. »

N'oublions pas la nombreuse, très nombreuse présence des Juifs dans la franc-maçonnerie et n'oublions pas que les Lénine, les Trotsky, les Zinovief et compagnie sont des gradés des Loges.

Un exemple encore : à la page 173 de ses *Protocoles de Sion*, V.-F. Urbain Gohier qui a vécu le temps des événements peut écrire :

« La République des Soviets de Hongrie, qui fut proclamée le 22 mars 1919, et qui dura 133 jours, *avait pour chefs, comme la République des Soviets, des Juifs gradés dans la franc-maçonnerie.*

» La République des Soviets de Bavière, sous le Juif Kurt Eisner, eut pour chef exclusivement des Juifs gradés dans les Loges maçonniques. »

Inutile d'insister et de prolonger sur ce thème, Monsieur J. Leu, nous serons d'accord je suis sûr ; il s'agit de notions bien connues de tous les informés du problème juif.

Les Juifs sont les maîtres absolus des Loges et sont ces Loges elles-mêmes.

Les Loges sont l'instrument du Juif et à ce titre, il faut les détruire.

Elles sont avec le Juif, Monsieur J. Leu, voilà qui est important à retenir quand, comme vous, l'on entend travailler à la défense spirituelle du pays ; elles sont *l'auteur de cette décomposition sociale* à laquelle nous assistons tous et tous les jours, et qui se marque par des attentats et des crimes et des voleries et des hold-ups et des mœurs abominables... dont le nombre ne se compte plus, et sans que les petites villes et même les villages soient épargnés.

En avez-vous la preuve, direz-vous ? Oui, il n'est que de lire le chapitre XII de notre livre où la vérité éclate : les grands Juifs de France, maîtres du gouvernement, empoisonnent de là le cœur et l'esprit des Français.

Monsieur J. Leu, notez encore ceci et vous serez alors l'homme parfaitement documenté : les sacrifices et crucifixions d'enfants chrétiens, au moyen âge, exécutés par les Juifs, surtout au moment de leur Pâque, *ont été innombrables et d'une authenticité, n'en déplaise à M. R. Payot directeur du* Journal de Genève *et aux Juifs eux- mêmes habitués à leurs mensonges* ici comme partout ailleurs, incontestable *(France juive*, t. 2, p. 382 et suivantes).

Le Juif, combien de fois l'avons-nous vu, ment de source et de nature ; il est un professionnel du mensonge ; il n'a ni parole ni honneur ; le mensonge est une de ses nourritures. C'est bien pourquoi les temps de civilisation le mettaient tout en bas de la société.

N'avons-nous pas dans ce texte vu déjà Bossuet nous répétant : « Dieu leur a envoyé une efficace d'erreur qui leur fait croire au mensonge. » (Discours *sur l'histoire universelle*, 2e partie, ch. 22.)

Et voici l'Évangile de Jean qui, à son tour, nous parle :

> « Vous avez pour père le diable et vous voulez accomplir les désirs de votre père. Il a été meurtrier dès le commencement et il ne se tient pas dans la vérité parce qu'il n'y a pas de vérité en lui. Lorsqu'il profère le mensonge, il parle de son propre fond ; car il est menteur et le père du mensonge. »

De nos jours, en temps ordinaires, les Juifs ont renoncé à ces crimes rituels, mais c'est alors que d'une autre manière ils s'attaquent à notre jeunesse, ils attaquent sa vie morale en la détruisant, et la jetant alors, cette jeunesse, à pleins bords dans la délinquance juvénile.

Le mal est particulièrement grave aux U.S.A., où des idées d'absurdité et de non-sens dirigent l'éducation des enfants.

Le protocole 16 des *Protocoles des Sages de Sion* n'a-t-il pas pour titre : « Annihiler l'éducation » ?

Les U.S.A. sont victimes des Juifs jusque dans leurs enfants, et cependant ils ne sortent pas de leur inertie et de leur insouciance. Et c'est ce pays, Monsieur J. Leu, qui prétend à conduire le monde !

Voilà où nous en sommes, et voilà comment il faut faire pour changer, commencer par détruire de toute nécessité et de toute légitimité une des meilleures armes du Juif la franc-maçonnerie, et tout ça, Monsieur J. Leu, pour cause de vie et de mort, pour cause de salut public.

Quel est le chef d'État honnête qui oserait prendre sur soi, de n'avoir pas tout fait pour empêcher que ne s'installe chez nous le régime communiste des barbares juifs, tel qu'on le voit déjà présent en France, où ceux-ci sont les maîtres absolus sans avoir encore réalisé tout ce qu'ils entendent qui se doit pour eux d'être fait.

Il faut détruire la puissance des Juifs !

Il faut détruire ces porteurs et animateurs de désordre, de guerre et d'anarchie, et qui savent mettre en avant ceux des nôtres qui peuvent conduire par leurs personnes et leurs talents, et leurs ambitions et leur caractère, à l'avancement de leurs visées mondiales d'hégémonie et de communisme.

À cet égard, on peut méditer sur ces lignes de notre grand Drumont :

> « Napoléon, franc-maçon certainement et très avant dans les secrets de maçonnerie, jacobin farouche, ami de Robespierre le Jeune. Napoléon avait tout ce qu'il fallait pour jouer le rôle qu'on attendait de lui. » (*France juive*, t. 1, p. 301).

Eh ! oui et d'autant plus que comme Chateaubriand l'a dit :

> « Quand Dieu envoie sur la terre les exécuteurs des châtiments célestes, tout est aplani devant eux. »

D'autre part, Madame de Rémusat, la femme, a dit Sainte-Beuve, qui peut-être s'est le plus souvent entretenue avec Napoléon et Talleyrand, a pu dire du premier : « Je ne l'ai jamais vu céder à personne et à rien, pas même à la grammaire. »

Napoléon lui-même, le remue-ménage personnifié, alors qu'il eût fallu justement du contraire pour ses vrais intérêts et ceux de la France, avait pu dire : « Heureux celui qui dans sa province est ignoré de moi » (de Rémusat, Mémoires).

Voyez par-là combien ce Napoléon despote au possible, de révolution, de trouble-fête, et d'ambitions personnelles allant jusqu'à des visées de domination mondiale, pouvait convenir à ces Juifs assoiffés et pressés de voir disparaître tout ce qui rappelait de près ou de loin les temps d'avant 1789.

Sa première expédition en Italie est commanditée par les Juifs.

Quand Napoléon vogue sur la Méditerranée, se dirigeant vers l'Égypte, il s'empare de Malte en un jour formidablement fortifiée qu'elle est, grâce à des intelligences maçonniques dans la place ; et un des officiers supérieurs à la suite de Bonaparte, visitant ces fortifications, peut dire : « Nous sommes bien heureux qu'il y ait eu quelqu'un dans la place pour nous ouvrir les portes. » (*France juive*, t. 1, p. 301).

Ce que je sais aussi, c'est qu'à Sainte-Hélène, comme il le dit dans le *Mémorial de Sainte-Hélène* de Las Cases, Napoléon déclare que, venant de l'île d'Elbe et de Fréjus, il avait trouvé à Paris les places de Londres et d'Amsterdam toutes prêtes à lui faire toutes les avances de fonds nécessaires.

En passant, il est intéressant de relever qu'à ce même Sainte-Hélène, Napoléon n'a jamais dit, et pourtant Dieu sait s'il s'est trouvé des excuses à beaucoup de choses, qu'il appartenait à la franc-maçonnerie.

J'ai rappelé ici le mot du maréchal Pétain : — Écrirez-vous des Mémoires ? lui demande-t-on. — Et pourquoi donc en écrirais-je, je n'ai rien à cacher.

Je crois qu'à Sainte-Hélène Napoléon nous a caché beaucoup de choses.

Quittons l'échiquier européen et napoléonien pour nous arrêter à celui de notre Suisse romande, un instant, l'instant d'aujourd'hui, un instant solennel tant nous vivons dans des temps de gravité, un instant de grandes instances et qui demande des cœurs courageux et des esprits de sang-froid et d'observation attentive, tant les circonstances du problème qui nous occupe ici se font de plus en plus révélatrices du mal profond engendré par la conjuration juive mondiale qui se croit à l'heure déjà sonnée de la victoire.

Nous avons vu Napoléon franc-maçon et jacobin enragé, sur une scène grandiose, développant des modes de faire qui marchent au-devant des vœux les plus chers de tous les Juifs, attaquant et détruisant à coups redoublés et incessants cet ordre des nations et cette vieille société d'ancien régime, si tranquille et si naturelle parce qu'armée de son antisémitisme politique et religieux.

Voyons maintenant, Monsieur J. Leu, sur le modeste plan de notre Suisse romande le comportement très actuel par son audace dans le mal du sieur Rittmeyer, cet ancien pasteur chassé de l'Église nationale vaudoise pour indignité dans l'exercice de ses fonctions, qui vient de nouveau d'attirer l'attention par son singulier et même scandaleux comportement de toute fraîche date (novembre 1964), et dont les villes de Lausanne et Vevey ont pu à loisir en contempler l'infamie.

Entendrons-nous à cette occasion la protestation de l'Église nationale vaudoise ? Mais de quoi s'agit-il ?

Nous vivons des temps de médiocrité et d'incroyance dont l'origine n'est à chercher, comme nous l'avons vu maintes fois, que dans la judéomaçonnerie et ses travaux de sape et de destruction de la société chrétienne qu'elle s'est jurée de jeter dans le néant.

N'avions-nous pas dit, plus haut, à propos des incidents de Zurich de l'affaire Serra d'août 1964, que nous verrions sans attendre beaucoup de nouveaux signes de l'impudence et de la malfaisance juives sans cesse en action, sans cesse en éveil.

Nous voilà justement à de tels moments.

Ce sieur Rittmeyer, depuis plusieurs années, accomplit des cycles de conférences dans lesquels il donne à paraître à ces opinions qui l'ont fait condamner et exclure de l'Église.

Vevey après Lausanne peut voir, ces jours (novembre 1964), de magnifiques affiches du format le plus grand et d'une blancheur éclatante, et sur lesquelles, dans leur moitié supérieure, en lettres très grandes et du plus beau noir, paraît une odieuse inscription parfaitement lisible à la distance d'une quarantaine de mètres, écrite sur trois lignes :

> **Jésus**
> **a-t-il**
> **existé ?**

Il faut être, Monsieur J. Leu, un misérable et un scélérat pour en écrire de la sorte !

Est-il question plus osée, couverte de plus de blasphème, qu'on se puisse poser, et qui soit capable de frapper davantage au cœur de millions de chrétiens qui le sentent présent, ce Jésus, en eux-mêmes, après avoir connu, suivi et béni les instants de son passage resplendissant parmi nous, dont témoignent et la Bible et l'histoire et la religion et les prophéties et l'oracle de Jacob et la prophétie de Daniel et tant de grands moments de l'Ancien Testament que nous avons passé en revue dans notre chapitre de l'endurcissement du Juif, et aussi l'immense mouvement d'élévation, de pureté, de grandeur, de foi et de miracles partis de la « stature parfaite du Christ » pour parler comme saint Paul, et qui à travers les siècles et bientôt les millénaires, en arrivent, ces instants, à ceux d'aujourd'hui, que le suppôt de Satan, le juif endurci, le juif de haine, le Juif qui accuse toujours et ne s'accuse jamais, le Juif antichrist croit en son pouvoir de jeter bas !

Le peuple juif intimement lié à la prophétie de l'Antéchrist !

Pour être complet, à ce texte court, monumental et si contrasté dans ses couleurs :

> **Jésus**
> **a-t-il**
> **existé ?**

une affiche de luxe vraiment, et qui, à Vevey comme à Lausanne, reste non couverte pendant cinq à six jours, la conférence vécue, s'ajoutent les mots suivants en beaucoup plus petits caractères, en haut à droite : « La part du mythe et de la réalité. »

Puis plus bas : « Conférence du pasteur Rittmeyer qui doit au succès de ses recherches d'avoir été démis de ses fonctions.

» Entrée libre. Discussion. »

Remarquez la formule très étudiée de satisfecit que se délivre le conférencier !

Dans un pays qui se respecte, on interdirait de telles manifestations qui froissent au plus profond d'eux-mêmes tous les croyants, seuls à se souvenir encore que notre Constitution fédérale est faite au nom du Dieu Tout-Puissant.

Dans un pays qui ne se respecte plus, le libéralisme destructeur chéri des Juifs dans leurs Protocoles aidant, il n'en est plus ainsi.

De surplus, notez que le sieur Rittmeyer par son texte à grandes et hautes lettres pourvu d'un point d'interrogation : « Jésus a-t-il existé ? » donne à penser qu'un doute certain est là dont on ne peut et ne doit point se défaire, alors que dans sa conférence, dit la *Feuille d'Avis de Vevey*, le conférencier a comme opinion personnelle que Jésus a existé.

Comme on voit, les grandes lettres lisibles à quarante mètres déjà par tous ceux qui passent et sont pressés ne voyant que celles-là, expriment le doute et le conférencier, lui, pour se couvrir de toutes les manières mais du ridicule surtout s'en détournant.

On voit l'astuce du procédé et la déloyauté du personnage procédant à pas feutrés en inoculant le doute, tout en comptant bien par de futures manœuvres et les temps aidant, sur une prochaine certitude.

Tout s'explique admirablement, Monsieur J. Leu, quand on sait que cet homme dévoyé fréquente les loges maçonniques d'Yverdon de nos Juifs chambardeurs du monde ennemis mortels de Jésus-Christ !

Signes de nos temps que tous ces acolytes des insanités juives s'appliquant à les répandre au mieux qu'ils le peuvent.

Dans le même ordre d'idées toujours, ces attaques à la religion chrétienne, nouvel épisode d'une offensive qui va s'accentuant tous les jours davantage et que j'apprends aujourd'hui même (27.11.64), survenu il y a quelques jours.

Au Conseil communal de Lausanne Mme Ch. Muret communiste interpelle pour que la sonnerie des cloches de nos églises soit limitée à cinq minutes en lieu et place du quart d'heure traditionnel et ce, au titre de la lutte contre le bruit !

Qui ne voit qu'il ne s'agit nullement de lutter contre le bruit, mais de lutte implacable contre la religion.

Le mensonge à visage découvert et qu'un membre de l'autorité législative d'une grande ville donne impudemment en spectacle !

N'avons-nous pas dit déjà, que plus nous avancions dans nos temps, plus celui qui fut le chrétien laisse transparaître le Juif et son mensonge.

Confédéré, porte les yeux sur la décomposition sociale qui, de toutes parts, t'environne et donne-lui remède.

Des temps de folie et de désordre et d'anarchie ; ne vient-on pas ces jours (6.12.64) de nous signaler un nouvel outrage au grand, au magnifique monument de la Réformation à Genève, alors que le précédent, la suite de plusieurs autres, date du mois de juin 1964 ; l'anarchie de l'admirable Maurras dans son aphorisme, et qui voient, nous dit la presse ces jours, que le conseiller fédéral (suisse) Chaudet membre de notre plus haute autorité exécutive va recevoir un objecteur de conscience !

On voudrait, n'est-il pas vrai, démolir notre société qu'on n'agirait pas autrement !

J'allais oublier de parler du « mécène lausannois » Deutsch dont notre presse n'a dit que l'absolument indispensable et sans faire précéder le nom de cet escroc de sa qualité de Juif comme bien on pense.

Nous sommes, en effet, dans le système du Juif où ceux-ci sont tabous ; nous n'avons pas comme notre voisine française de décret Marchandeau, mais notre presse servile fait que c'est comme si nous en avions un.

La qualité de Juif ne se mentionne plus alors qu'il faudrait qu'on la mentionne toutes les fois qu'il en importe.

« Ce mécène lausannois » de notre presse n'est qu'un Juif étranger autrichien, a-t-on dit je crois, qui pour faire construire un institut de la culture (?) à Belmont sur Lausanne s'est vu gratifier du titre de bourgeois d'honneur par cette commune.

L'honneur d'un Juif ! le protégé, dit-on, de deux conseillers fédéraux.

Inutile de dire que cette construction n'a servi qu'à acquérir le titre de bourgeois d'honneur, qui permettra à notre escroc de circonvenir plus facilement les goyim avec lesquels le Talmud nous dit que nous ne sommes tenus à rien.

Nous le voyons !

Ce « mécène lausannois » aurait soudoyé deux témoins (cent mille marks à l'un) pour démontrer que les tableaux Hatvany, estimés à la valeur de 35 millions de marks, dont 17,5 déjà touchés par Deutsch, avaient été emportés par les SS., fin 1944, en Allemagne.

Les Allemands ne l'ont pas arrêté pour des coquilles de noix pour parler comme le Philippe Brideau de Balzac et nous aurons, je pense, à notre tour notre Stavisky le fameux Juif escroc « suicidé » à Chamonix en 1934 financeur des élections du parti radical-socialiste français le correspondant de notre parti radical.

Notre Deutsch aura-t-il fait lui aussi des financements du genre de celui ou de ceux de Stavisky, l'histoire ne le dit pas.

C'est un individu de cette trempe qui réussit, recommandé ad hoc, à recevoir audience du pape au titre de l'amélioration des relations israélo-papales.

On voit par-là la sincérité de ces Juifs qui ne font que venir du diable sans avoir besoin jamais d'y retourner ne l'ayant jamais quitté.

Très Saint-Père, que votre Sainteté n'oublie jamais que le Juif est capable de tous les forfaits et indigne de la moindre trace de confiance dans ces sortes de grandes relations avec les goyim.

Et qu'Elle n'oublie jamais non plus, comme l'auteur de ces lignes l'a plusieurs fois fait remarquer que, dans les *Protocoles de Sion*, les deux ennemis premiers qu'il faut abattre sont le tsar de toutes les Russies et le chef de l'Église catholique, apostolique et romaine, la mère de toutes les Églises.

Tout le reste n'est que bavardage et comédie !

Les Juifs se font aider par des hommes pas nécessairement à leur dévotion et par les choses, ainsi que par des formules magiques dont la plus belle et celle qu'ils travaillèrent le plus, en attendant des effets surprenants, fut la fameuse

« Liberté, Égalité, Fraternité. »

J'aurais voulu connaître un peu l'histoire, à ses tout débuts, de ces trois mots accouplés et qui ne quittent pas un instant les faits et gestes de la France.

Son histoire dans le détail avec l'heure et les circonstances accompagnant son inscription au blason de notre voisine.

J'ai si peu trouvé, autant dire rien ; le temps nous a manqué, du reste, pour pousser les choses un peu loin.

Mais comme nous l'avons dit déjà dans ces lignes, la devise est évidemment partie des trois pétitions de principe de Rousseau que les hommes naissent bons, égaux et libres.

Notre Rousseau, Monsieur J. Leu conseiller national, plus intéressé à attirer l'attention sur sa personne dotée de son « prodigieux orgueil » d'Amiel, qu'à dire des choses de raison et de vérité reconnue.

On n'édifie pas, Jean-Jacques, une société sur des suppositions gratuites ! ou alors gare, ce que nous avons vu précisément et voyons encore et aujourd'hui plus que jamais.

Mais écoutons donc, et c'est bien là ce qui peut se dire de plus intéressant et de plus actuel à notre heure, et ce qu'aucune littérature historique n'aurait pu nous donner d'aussi précieux, ce que disent à l'article de la devise menteuse et catastrophique, les Juifs, dans leurs Protocoles des Sages de Sion, au protocole 1 tout près de sa fin :

> « Dans toutes les régions du globe, les mots « liberté, égalité, fraternité » ont entraîné des foules énormes dans nos rangs grâce à nos agents aveugles qui portaient notre drapeau avec enthousiasme.
> » Cependant, ces mots étaient des vers rongeurs qui ruinaient la prospérité des goyim, détruisant partout la paix, la tranquillité et la solidarité, minant toutes les fondations de leurs États. Vous verrez plus tard que cet état de choses a contribué à notre triomphe, car il nous a fourni aussi, parmi d'autres avantages, un atout de premier ordre : *l'abolition des privilèges, en d'autres termes, l'essence*

même de l'aristocratie des goyim qui était la seule protection des peuples et des patries contre nous.

» Sur les ruines de l'aristocratie naturelle et héréditaire, nous avons construit l'aristocratie de notre classe intellectuelle : l'aristocratie de l'argent. »

Et plus loin, ces quelques mots : « Le fait que les représentants de la nation peuvent être révoqués les livre à notre pouvoir et, en pratique, nous donne le privilège de leur désignation. »

Cette devise, avec laquelle les démolisseurs de la société que sont les Juifs, le peuple le plus dangereux qui soit sur la terre on ne saurait assez le répéter, il faut le répéter mille fois... cette devise, leur devise partie des folies bien dites de Rousseau, et dont le Juif s'empare pour nous commettre tous à la démolition de tout ce qui fait la vie belle et harmonieuse, cette devise, ce poignard jeté dans le monde et qui poignarde des institutions politiques de sagesse et de raison au service d'autorités de hiérarchie, de bon sens, de naturel et de religion dont les Juifs reconnaissent la qualité, tout en s'appliquant et s'employant par *tous les moyens permis et non permis* à les détruire, pour installer à leur place la monstrueuse tyrannie communiste juive telle qu'ils l'établirent en Russie et qui s'étend, *ancien régime entends-tu ? toi qui n'en croiras pas tes yeux*, entends-tu ? à tous les domaines de l'activité humaine ! L'ancien régime citadelle de liberté !

Voilà le Juif et voilà ce qu'il entend faire de nous !

Confédérés de tous les cantons, il faut se lever comme un seul homme, et crier d'un seul cœur et d'une seule voix, en pensant à tout ce que nous avons de plus cher, *Los von den Juden.*

Le *Times* de Londres en 1921 le disait déjà, qui ne connaissait rien encore de la folie des temps présents !

Cette société d'ancien régime qui n'est ce qu'elle est que parce que le Juif barbare n'y est pas !

Nous vivons sous les institutions politiques du Juif depuis 1789, qui trouve par corruption et salissure ses premiers et plus chauds partisans dans les acquéreurs de biens nationaux et l'armée, qui savait que le dernier de ses soldats avait comme on l'a dit son bâton de maréchal dans son sac.

Voilà comment il se fait que nous en sommes où nous en sommes !

J.-J. Rousseau, pourvoyeur direct des Juifs dans sa haute sagesse, ô antiphrase, d'« étourdi de Molière en mal d'« imaginative » et de « citoyen de Genève », comme il ressort des déclarations formelles des Juifs dans les Protocoles que nous venons de citer ; ce Rousseau, plus pressé de briller et de s'étourdir de son très grand talent que de réfléchir à ne pas construire une société sur des bases aussi fragiles.

Il faut surtout, qu'on parle de lui quels qu'en soient les frais !

Les trois mots de Rousseau : liberté, égalité, bonté de l'enfant qui vient de naître ; les trois mots des Juifs dans leur devise « Liberté, Égalité, Fraternité » qui commettent tous les ravages que nous savons et que nous voyons.

Jean-Jacques Rousseau ne comprend rien à sa formule alors qu'il lui voit des effets qui seront le contraire de ce qu'il pense, et les Juifs comprennent tout à sa formule dont ils voient, d'emblée, en officiers du Mal qu'ils sont, géniaux, toutes les possibilités s'offrant à eux pour le service de leurs intentions coupables.

Il n'y a, dit Amiel, pourvu de ce don d'analyse qui, comme il l'a dit, le sert dans l'étude et le dessert dans la vie, chez Rousseau, d'indiscuté que le talent. Et quand, dirons-nous, Jean-Jacques s'écrie :

« Exister, c'est sentir » il se trompe une fois de plus, car vivre, c'est connaître l'homme tel qu'il est vraiment, tout ce qu'il peut être, c'est connaître la Vérité.

Exister, c'est connaître la Vérité, dirons-nous, qui fait éclore, qui fait flamber, qui fait fleurir et resplendir l'enfant de Dieu, l'étincelle divine, le rayon pur, la gerbe d'éclat et de splendeur !

Mais ces hautes perspectives, pour l'heure, ne vont pas à tous les hommes, très loin de là, qui restent à vivre sur la terre selon des lois terrestres.

Et pour ceux-là, et une fois de plus, têtes de fer, et de plomb, qui n'entendez rien au bon sens et à la réalité

« L'inégalité ou la décadence

L'inégalité ou l'anarchie

L'inégalité ou la mort. »

Je meurs aurait pu dire Charles Maurras en ayant raison, qui vient de vous parler ; nous voyons que depuis sa mort, ces raisons de penser comme il a pensé se sont multipliées et nous disent toutes : il faut chasser le Juif ou mourir.

Du fond des âges, c'est Caton qui crie son *delenda Carthago* pour nous signifier qu'il faut : soumettre et désarmer les Juifs.

Il n'est rien que le Juif n'envisage si cela le conduit à la domination universelle de communisme si contraire à la nature humaine, et qui ne peut donc s'établir que par la violence et la violence dans le sang.

Exemple dédié à M. R. Payot directeur du *Journal de Genève* qui jette à la tête des quatre derniers tsars massacrés par le Kahal les pogromes, alors que lui-même, ce Kahal criminel des siens, en provoquera de toutes pièces au chapitre de la propagande révolutionnaire, permettant alors de grandes campagnes de presse où, tout, naturellement, est déformé, dénaturé et multiplié.

Les sentiments de dignité et d'honneur n'habitent pas le Juif.

Lisons plutôt dans les *Protocoles de Sion* (édition Vieille-France 1924, p. 131) :

> « La destruction de la Russie a été décidée, voilà vingt-cinq ou trente ans, par les cinq Juifs milliardaires d'Amérique et élaborée dans cette Loge. Le procès-verbal de la résolution fut dérobé et transmis à l'ambassade russe à Washington qui l'envoya par courrier spécial à Petersbourg. Le premier ministre était alors le prince Iwatopolk-Mirsky ; naturellement, il jugea que ces révélations étaient des billevesées ; il n'y donna pas suite.

» La décision des cinq grands Juifs était celle-ci : dépenser un milliard de dollars et *sacrifier un million de Juifs* pour provoquer la Révolution en Russie. L'argent était fourni par les cinq Juifs Isaac Mortimer, Chuster, Rhun, Lévy et Schiff ; il devait servir à la propagande et le million de cadavres juifs à surexciter la presse mondiale contre le tsarisme.

» La cour de Russie eut vent de l'affaire : le tsar demanda les documents expédiés de Washington ; ils avaient disparu. Un courrier spécial fut dépêché à Washington pour en rapporter copie, on ne le revit jamais. Quelques temps après, la Révolution de 1905 éclata. Elle fut exclusivement juive comme la suivante.

» Les nombreux procès et les témoignages des correspondants étrangers comme celui du *Times* prouvent *surabondamment* que les pogromes invoqués par la presse juive pour apitoyer le monde *furent toujours provoqués par les agressions des Juifs obéissant à des ordres uniformes et pressants.* »

Avez-vous, M. R. Payot, bien lu et bien noté ? Jusques à quand ?

M. R. Payot, qui refuse de ses lecteurs depuis longtemps les articles ayant le moindre caractère antisémite, lui l'ami ou mieux le partisan inconditionnel des Juifs, qui charge à mort quatre tsars morte des œuvres des Juifs et qui ne connaît les pogromes qu'au travers des lunettes du *Journal de Genève* et non point de celles d'auteurs informés, *indépendants*, courageux et révoltés du travail des Juifs !

Il s'agit, Monsieur J. Leu, de savoir si nous allons, une fois pour toutes, nous remettre dans l'ordre – un ordre chrétien, un ordre de civilisés, dans la raison et l'éloquence de nos grands siècles, en cessant de nous nourrir des insanités juives partout présentes ; nous séparer d'un système où c'est être outrancier que d'appeler les choses par leur nom.

Les *Protocoles de Sion* (édition Vieille-France) donnent *in extenso* le contenu des Protocoles, plus des commentaires d'Urbain Gohier qui connaît son affaire au mieux pour en avoir suivi, dans sa revue, les péripéties de très près de 1916 à 1924, soit en donnant des aperçus ou des appréciations personnelles, soit en reproduisant de nombreux articles judicieusement choisis comme nous en avons vus au chapitre de la Révolution russe et ses bourreaux juifs.

Les États-Unis entretenaient des rapports diplomatiques normaux avec la Russie, tout en ne faisant rien pour tenir en bride et annihiler leurs Juifs forgeant des cataclysmes mondiaux.

L'insuffisance gouvernementale des U.S.A. est à ce moment-là patente déjà, annonciatrice de catastrophes.

Nous avons vu comment le Juif détruit et sape ; voyons ce qu'il a construit, son œuvre, son idée, sa volonté farouche, la S.D.N. (Société des Nations) d'abord, l'ONU ensuite ; les œuvres accomplies par ces deux organismes internationaux sont non seulement négatives, mais dangereuses pour l'univers tout entier, pour une seule et principale raison qu'elles sont l'œuvre des Juifs et soumises aux Juifs.

Tout ce qui, Monsieur J. Leu, a tendu et tend à ces deux institutions internationales néfastes amène de l'eau au moulin des Juifs.

Le président de la première assemblée de la S.D.N. est un Juif belge Hymans.

Le premier secrétaire général de la S.D.N. est un Juif anglais Sir Éric Drummond qui n'oublie pas en arrivant à Genève d'en aller saluer le grand rabbin.

À Carlsbad, nous l'avons vu déjà, au Congrès sioniste, le 27 août 1922, Nahum Sokolow s'écrie :

« La Société des Nations est une idée juive. »

L'emprise du Juif doit être secouée et démolie, qui s'exerce jusque sur nos esprits et jusque dans nos cœurs, en atteignant profondément notre jeunesse, l'accablant comme de crimes rituels non plus physiques comme au moyen âge, mais mentaux.

Et je m'adresse à la Fédération suisse des Églises protestantes, alors que l'Église nationale vaudoise reste muette de paroles comme d'actions si je puis dire, et que le Consistoire de Genève s'est endormi qu'il ne faut point déranger à moins, cependant, qu'il ne s'agisse d'aller en synagogue, pour qu'elle fasse, en éditant elle-même s'il le faut, que nous ayons des cartes de Noël où le nom de Jésus soit présent, qui ne le portent plus présentement... Le Juif, toujours le Juif poursuivant son œuvre de destruction sur une église qui ne se défend plus que très faiblement.

Attendrons-nous, chrétiens de pacotille, que nos populations tout entières ne sachent même plus ce que Noël figure, présente et rappelle ?

Est-il meilleur remède à la délinquance juvénile, autorités sans plus d'autorité et sans plus aucune élévation de pensée, que de mettre ou remettre dans le cœur de nos enfants cette pureté du Christ, cette flamme vivante de vie spirituelle qui garde et conduit, et qui n'a pas plus grand ennemi que les descendants des fils de Judas pour lesquels les yeux d'enfants chrétiens si purs, si beaux, si tranquilles et si brillante sont un reproche vivant à tous ces péchée qui les font les « éloignés de Dieu ».

Voulez-vous donc faire, Églises de Suisse, comme l'apôtre Pierre, renier le Sauveur du monde au moment même où nous aurions à célébrer et commémorer glorieusement sa venue parmi nous, et avant que d'entrer dans l'an nouveau ?

La fête de Noël, cette fête du cœur, cette fête du Ciel, cette fête chargée d'une poésie divine, cette fête où Dieu nous envoie son Fils !

Combien nombreux sont ceux des générations qui déjà s'inclinent vers l'au-delà, qui gardent comme un de leurs plus chers souvenirs d'enfance, devant leurs yeux, cet arbre tout illuminé qui brille dans la paix du foyer, alors qu'une mère tendre et respectée et très aimée chante avec ses enfants des chants où Dieu et Jésus s'entendent à tout instant.

Faites Seigneur, faites pour que bientôt, nos descendants retrouvent ces belles fêtes d'autrefois détruites par le travail d'obsession à faire le mal qu'exécute sans jamais se lasser le Juif infatigable.

Nous avons soif, Seigneur, nous avons hâte, dans ces temps d'infériorité que sont les nôtres et dont la durée nous paraît interminable, de les voir prendre fin, d'en connaître d'autres, tant il est dans le cœur de ton enfant, de nature et de destin, de s'élever, de se perfectionner dans le bien, et de chercher à s'abreuver sans cesse à des sources plus pures, à des sources plus fraîches, de ta présence et de ta puissance !

Nous avons un ardent désir de quitter les temps présents si loin de toi ces temps, dans lesquels on n'entend plus la parole de Montaigne nous disant : « Je déclare la mesure de ma vue et non la mesure des choses » ; un ardent désir, allant avec Montaigne encore et son fameux « Je veux prendre l'homme en sa plus haute assiette », de revenir en arrière dans le temps et dans l'histoire, là, où sont présentes tant de choses dont nos intelligences et nos cœurs sont meublés, tant ces temps d'aujourd'hui sont incapables de nous nourrir, et c'est alors qu'en revenant en arrière, d'un pas ferme et sûr nous irons en avant, sachant où nous allons ta présence assurant de tout.

Oui, quand on parcourt, Monsieur J. Leu, l'admirable *Honneur et Fidélité* de de Vallières, on se dit tout de même, Monsieur J. Leu conseiller national et auteur d'une interpellation sur la défense spirituelle du pays, que nous sommes tombés bien bas, et que ces admirables gentilshommes jouant continuellement et si naturellement de leur vie dans le service du duel et le hasard des batailles sont d'une source et d'une nature qui éteignent, dès qu'elles paraissent, les horreurs et les mensonges du Juif sans cœur et sans âme des temps qui sont les nôtres.

Le privilège du duel dont nous avons déjà parlé dans ce texte, cette colonne, cette armature des anciens temps ; le duel le gardien vigilant et sévère de l'honneur et de la parole donnée et qui fait que tout le monde se surveille - au service étranger les soldats se battent également en duel -, le « privilège dangereux » comme nous disons, celui-là seul dont il ne fut point fait état en 1789.

L'honneur au-dessus de tout, qui résume et simplifie tout, être sans tache, répandu partout du haut en bas et surtout comme Taine nous l'a dit, du bas en haut de toute la société d'ancien régime, et qui jette loin de soi cet arsenal monumental de nos lois dont jouent avec maestria les coquins et qui n'empêche pas, n'en déplaise à M. Olivier Reverdin ardent apôtre du « progrès social irréversible » et président de la Société suisse des sciences morales et conseiller national, *l'effroyable déchéance* de nos temps condamnation du système politique du Juif qui nous régit et sous lequel, nous vivons depuis 1789.

Nous ne parlons plus des coutumes et traditions venues du lointain des âges, cette mémoire des ancêtres, que le Juif destructeur a jeté loin de nous.

Le privilège du duel si l'on peut dire, et qui justifie ceux d'un ordre moins dangereux et moins mortel qui l'accompagnent, tout en assurant, Monsieur J. Leu conseiller national, tous ensemble, à la société, des règles de vie qui lui permettent d'être à l'envers de celle de nos jours présentement à l'agonie.

Admirables gentilshommes ! et merveilleux soldats ! nos « habits rouges » fiers du port d'un bel uniforme, d'être au service du roi de France, fiers d'être commandés par des officiers de nos vieilles et grandes familles confédérées aux belles et grandes manières, à l'honneur sans tache, et blanchies sous le harnais militaire depuis des siècles !

Ces « habits rouges », officiers et soldats, désormais dans cet honneur qu'ils ont tant aimé, par ce grand livre que nous a laissé de Vallières grand soldat et grande pensée !

C'était de l'honneur dans les plis d'un drapeau, c'est maintenant de l'honneur dans les pages d'un grand livre !

Ces « habits rouges » qui vous prennent des larmes, tellement cet imposant registre si hautement et si magnifiquement composé, place la gloire et l'altruisme et le sacrifice et l'éclat des armes et la beauté des uniformes et des revues et des parades où tout s'aligne et s'ordonne impeccablement et suit à la voix des chefs, et cette discipline sévère mais juste qui tient l'homme strictement dans ses devoirs tellement tout cela, dis-je, place et se voit présenté dans un cadre de grandeur et de vraie beauté par de Vallières, égrenant pour nous, de nos ancêtres, des parcelles de gloire qui vont à nous confondre, tant abaissés comme nous le sommes.

Qui nous prennent des larmes et nous reposent de nos Juifs méprisables hors des Évangiles et loin de toutes les Écritures.

Écoutez maintenant, c'est un « habit rouge » qui va vous parler, c'est le Lion de Lucerne du colonel Karl Pfyffer d'Altishofen qui s'éveille un instant, c'est un héros du 10 août 1792, c'est le lieutenant Forestier qui vous parle dans une lettre vous montrant l'esprit des ancêtres et ce comment il faut faire dans les très grands dangers, ceux dans lesquels nous sommes aussi, être prêts à tous les sacrifices :

> « Hier, unanimement, nous avons dit tous que s'il survenait malheur au roi, et qu'il n'y ait pas pour le moins six cents habits rouges couchés au pied de l'escalier du roi, nous étions déshonorés. »

Je remercie ici l'ami d'or et de diamant qui a bien voulu me communiquer ce magnifique et si précieux témoignage de l'esprit des temps passés qui reviendront.

Nous avons bien lu ; le lieutenant Forestier dont la page 629 d'*Honneur et Fidélité* nous a laissé l'effigie, a dit tout ; un régime qui porte le cœur de l'homme à de si beaux sentiments est un bon régime, et il a fallu le Juif professionnel du mensonge et le parti radical vaudois démoralisateur et déchristianisateur du

Pays de Vaud, en opposition avec les doyens Bridel et Curtat, pour qu'il nous en soit dit et ressassé du contraire !

Exactement ce qui s'est aussi passé de nos jours pour la Russie qui, depuis 1917, gémit sous une tyrannie de tous les instants et de tous les domaines, tant et surtout du religieux.

L'ancien régime et ses aristocrates produisent des lieutenants Forestier par milliers, par dizaines de milliers, tout notre Service militaire étranger est imprégné de l'honneur chose sacrée, alors que le système politique du Juif de 1789 produit, lui, des blousons noirs partout dans le monde par milliers, par dizaines de milliers, produit la délinquance juvénile, produit les bars à café entreprises générales au service de la débauche.

Ces Suisses, ces Confédérés comme les appelaient les rois de France, depuis Charles VII, jamais en retard dans leur service, mais toujours dans leurs soldes !

Une vie dans les litières du Juif ou une vie dans le flot des étendards, des tambours et des fifres qui voit le cœur dans un besoin d'héroïsme tressaillir, qui voit les âmes s'élever, qui voit l'homme vivant alors vraiment, se jeter dans les parties les plus hautes de son être !

La devise des Cent-Suisses :

Ea est fiducia gentis. C'est ici la parole de notre nation.

Ces Cent-Suisses préposés à la garde personnelle du roi de France depuis Louis XI disent les uns, depuis Charles VIII son fils disent les autres, et qui meurent au 10 août avec le dernier de ceux qu'ils ont gardés pendant des siècles !

L'honneur insigne de l'ancienne Confédération helvétique, Monsieur J. Leu, d'avoir produit de tels hommes !

Confédéré, voilà ce que tu fus, qu'es-tu donc devenu, de par le travail du Juif maléfique auteur du cataclysme social de la Révolution française, et de par sa devise menteuse : « Liberté, Égalité, Fraternité. »

À toi de conclure, Confédéré, et de conclure maintenant, et de jeter le cri d'alarme et de sacrifice s'il le faut, pour que nous restions ce que nos ancêtres ont été, des gens propres, des gens honnêtes, des gens héroïques.

Il faut choisir entre Dieu et les Juifs, entre Jésus-Christ et les Juifs, entre Celui qui donne et celui qui prend, entre Celui qui aime et celui dont le cœur distille la haine et ne tient qu'à voir couler notre sang !

Il ne s'agit plus, Confédéré, pour te défendre de courir à tes frontières en chantant le « Roulez tambours » d'Amiel, mais seulement d'être chez toi, avec ceux qui veulent que les valeurs éternelles et non celles méprisables du Juif, qui nous appartiennent de plein droit, le restent à toujours et pour toujours.

Oui, Monsieur J. Leu, le grand malheur qui nous frappe en ces minutes critiques pendant lesquelles il importe de lutter avec la dernière énergie contre les Juifs qui n'ont plus qu'une idée en tête : la domination mondiale totale et absolue, avec tout ce que cela comporterait pour nous d'abaissements et de chutes et de sang versé et d'abandons, dont le plus précieux serait notre Seigneur Jésus-Christ... ce malheur qui nous frappe, dis-je, c'est bien *la faiblesse extrême, extraordinaire,* comme de nature métaphysique tant elle étonne, tant elle émeut, comme si maintenant, aux U.S.A., un certain ordre de développement des événements devait se dérouler, sortant du cadre habituel des choses, à l'égard de leurs Juifs, frappés qu'ils sont comme d'ataxie, et d'une insouciance et d'une inconscience du danger que par eux ils courent, inimaginable !

Ils comptent, sans doute, sur leurs institutions politiques pour en arranger, et sur leur interprétation fallacieuse des principes d'égalité et de liberté, lesquels tout au contraire, les affaiblissent et les minent tous les jours davantage ; l'état de la société est chez eux lamentable, leur jeunesse atteinte par le Juif beaucoup plus encore malade que la nôtre : ajoutez à cela, l'absence d'hommes politiques de valeur, ceux-ci chassés par la *foule des politiciens de troisième rang incapables d'aucune résistance sérieuse aux Juifs* par manque de cœur et d'horizons.

C'est dans de tels moments, qu'apparaissent les faiblesses sans fin et sans limite du suffrage universel à l'échelle des nations !

On les voit par exemple, ces politiciens, confier traditionnellement des postes d'ambassadeurs, comme celui de Constantinople, à des Juifs.

Dans notre affaire Serra, du 20 août 1964, ce chef de notre Protocole limogé sur simple article de presse juive, aurait dit, et nous avons lieu de penser que la source d'information est bonne, que toutes les complications éprouvées par les U.S.A., au Vietnam, devaient être rapportées à leur ambassadeur dans ce pays, un Juif américain qui, comme toujours en pareil cas, s'occupait des intérêts de sa race et de son communisme avant d'être à ceux des U.S.A.

Je me suis même laissé aller à dire, dans ce texte, que les U.S.A. étaient à l'égard de leurs talmudistes comme frappés d'imbécillité. Le mot, je crois, n'est pas trop fort.

Je veux seulement, Monsieur J. Leu, mettre sous vos yeux quelques exemples destinés à vous imager cette situation extraordinaire des rapports que sont ceux des Juifs des U.S.A. d'avec le reste de la nation ; d'après Rassinier, il y aurait aux U.S.A. pas loin de douze millions de Juifs.

a) *Toute la ville de New York* dans la main des Juifs, mais complètement, absolument, tribunaux, finances, administration, douanes, immigration ; écoles, dans lesquelles l'invocation divine au début des leçons a été supprimée depuis un ou deux ans.

Depuis 1945, l'immigration illégale s'est « épouvantablement accrue » aux U.S.A. (Beaty) ; nul doute que New York y soit pour quelque chose.

b) *Les autorités américaines ne firent aucune opposition,* quoique prévenues une bonne année à l'avance (février 1916) de ce qui se préparait, comme il appert du rapport de leur Secret Service de 1919, à la préparation, puis au départ des bêtes féroces juives stationnées à New York Trotsky en tête, pour porter la révolution et les massacres chez une alliée des U.S.A. : la Russie.

Que de complications, que de calamités pour les U.S.A. de par leurs Juifs, et qui n'ont pas fini de pleuvoir !

Quelle menace de catastrophe faudra-t-il, ma parole, pour sortir ces marmottes américaines de leur folle léthargie ?

Les Juifs et les nègres tendon d'Achille des U.S.A.

c) *Le Traité de Versailles* (1919) affaire exclusivement juive, confectionnée par le Juif président des U.S.A. Wilson et ses deux complices Clémenceau et Llyod George. Lansing, secrétaire d'État des U.S.A., n'a-t-il pas dit « qu'il s'était trouvé dans l'obligation morale de combattre presque toutes les initiatives de son président » ? (cité de Rassinier *Procès Eichmann*, p. 193).

N'est-ce pas une terrible accusation qui aurait mérité des suites autres que celles qui furent ?

Traité de Versailles précédé d'une reddition sans conditions des Allemands, et d'un détrônement des Hohenzollern et *ipso facto* de toutes les autres maisons régnantes.

Quand les U.S.A. auront-ils fini de commettre des ravages par leurs Juifs ? leur indignité dépasse toute mesure.

Le Traité de Versailles, et voilà qui est spécifiquement juif, et contre toute notre histoire et toutes nos traditions, est un *Diktat* ; les Allemands ne sont à Versailles qu'un seul jour, celui où il leur est signifié d'apposer leur signature.

Le Traité de Versailles institue le *couloir de Dantzig* source certaine d'une nouvelle guerre, dont la Pologne ne voulait pas pour cette raison, préférant aller au Niémen et à Memel. Intransigeance absolue à leurs desiderata, aucune discussion possible à ce sujet.

C'est par là, qu'on peut dire que les Juifs sont les auteurs de la Seconde Guerre mondiale, comme de la Première du reste.

Les Juifs ont besoin de quelques grandes guerres pour nous annihiler.

Qui ne voit comme de la Première à la Seconde Guerre mondiale tout est tombé, tout s'est décomposé davantage, en même temps que, se multipliant, croissaient la puissance, les audaces et les insolences juives !

Aurons-nous par les Juifs une troisième guerre mondiale ?

d) *La politique pro juive à la folie de Roosevelt* - sur laquelle il est inutile d'insister tant elle est indiscutée ; voir son fameux télégramme poussant à la guerre.

e) *En 1959, le gouvernement américain entend recenser les juifs,* et pour cela consulter les registres des synagogues ; toutes les organisations mondiales juives protestent immédiatement, et les U.S.A., pas fiers, moins que fiers, plus que lâches, s'inclinent et renoncent.

Qui a dit que les Romains gouvernaient le monde, mais étaient chez eux gouvernés par leurs femmes ?

Les U.S.A. gouvernent le monde, mais sont gouvernés par leurs Juifs.

Oui, mais les femmes romaines étaient honorables alors que les « gangsters » du Kahal ne le sont pas ! n'en déplaise à M. Braichet de la *Feuille d'Avis de Neuchâtel*, et devraient être arrêtés depuis longtemps, et devraient être dépouillés de tous leurs biens, et finir leurs jours dans ce cachot même où expira le maréchal Pétain, le très noble soldat cher au cœur de toute l'armée française !

Nous l'avons dit déjà dans ces lignes, le sort du maréchal Pétain, le sort de Charles Maurras, d'admirables serviteurs de la patrie, qui ne vivent que pour bien faire et bien penser... ce grain de blé qui lève, d'où partiront de nouveaux Français armés de leurs Capétiens sans parlement, le jour où les Juifs auront enfin, *dans une société civilisée,* retrouvé leur place, la dernière, marque de leur indignité, de leur dépravation, de leurs instincts de grands pêcheurs empoisonneurs du monde.

f) *L'affaire MacArthur-Truman* ou le splendide officier aux exploits légendaires et le vil politicien. Il faut jeter bas les parasites que sont les partis politiques devenus calamité publique. Voyez Wilson (novembre 1964), en Angleterre, qui jette son pays dans la nationalisation de l'acier, alors que celui-ci est en proie à de très sérieux embarras économiques.

En 1946, MacArthur déclare pouvoir écraser dans l'œuf le communisme chinois ; il demande de le faire, mais Truman y met son veto.

Truman, c'est les Juifs, car la franc-maçonnerie dont il fait partie c'est les Juifs, et les Juifs c'est le communisme. De plus, membre du parti démocratique où les influences juives sont très marquées, beaucoup plus que dans le parti républicain. Tout s'explique.

Truman, parti de rien et qui ne fait que rester dans ses riens.

Les partis politiques s'occupent de leurs intérêts, qui s'occupe des intérêts supérieurs de la patrie ? Il est, M. J. Leu, bien d'autres signes de la puissance juive aux U.S.A., qui sont maîtres, absolument, des francs-maçons comme dans le monde entier du reste ; mais nous nous arrêtons ; il est évident, comme le jour, comme tout le monde le voit, sauf M. Albert Picot ancienne première magistrature de Suisse, comme le voit Ford en 1920 déjà, que les choses n'en resteront pas là, et que les Juifs du Kahal entendent aux U.S.A. comme partout ailleurs, comme il en est en France déjà, être maîtres absolus ! aux fins de réaliser la monarchie juive universelle des renégats du Ciel dans la chute totale de ce que Dieu entend que nous soyons.

New York ou Washington ?

Et maintenant, il faut absolument pour en conclure, Monsieur J. Leu, que comme à Rome, dans un danger peut-être mille fois plus grand que celui qui vit Catilina, périsse le nouveau Catilina, dans sa conjuration contre le genre humain dont il est la vivante contradiction, conjuration atteignant de nos jours à son point presque culminant, sommation de deux mille ans de travail ténébreux, obstiné, acharné même, haineux dans l'erreur, voyant toujours le coupable en le chrétien, alors que le seul coupable, niant et reniant son crime sur la personne du Fils de Dieu, ne fait que faire croître et s'augmenter l'ampleur de sa faute et l'avenir de son péché !

Le Juif, le Catilina du XXe siècle, nos autorités fléchiront-elles complètement ? ou peut-on les éveiller ou les réveiller à la grandeur du péril que nous courons ?

Il ne s'agit pas, Monsieur J. Leu conseiller national, auteur d'une interpellation au Conseil fédéral sur la défense spirituelle du pays, d'avoir écrit un texte comme celui-ci de plus de cinq cent cinquante pages pour ne point aboutir à des conclusions et des décisions susceptibles de quelque retentissement, alors que ce livre rassemble tant de faits et d'arguments établissant la conjuration des Juifs et de leurs Loges, *comme une certitude*, à l'encontre de la sûreté des États par l'instauration de la monarchie juive universelle.

Oui, des décisions, et c'est ici, Monsieur J. Leu, que je vous dis : « part à deux ».

Devant la grandeur, que dis-je, devant l'immensité du péril, marchons la main dans la main au nom des valeurs spirituelles, les plus précieuses qui soient, au nom de ce même Dieu que catholiques et protestants nous adorons, selon des modes il est vrai différents, mais qui, néanmoins, nous portent et nous mettent si naturellement les uns à côté des autres devant l'ennemi commun.

Le Juif et ses Loges n'ont qu'une idée, diviser et ruiner la chrétienté ! Le renégat Rittmeyer vient encore de nous le montrer.

Le procureur général de Genève Tronchin décédé en 1723 ne nous avait-il pas prévenu du danger que nous courrions quand il avait dit : « On a eu raison de dire qu'il fallait brûler l'Évangile ou les livres de M. J.-J. Rousseau. »

Les livres de J.-J. Rousseau et Rousseau lui-même sont au pavois et notre société rendue méconnaissable se meurt.

Mais l'Apocalypse nous garde qui dit très clairement cette fois

« J'ai mis devant toi une porte ouverte que personne ne petit fermer. » je vous dis : part *à deux*, et vous propose celle qui paraît vous échoir par excellence, une nouvelle interpellation au Conseil national, où vous demandez, fort de ce que désormais vous savez et du contenu de ce texte dans lequel je vous parle, purement et simplement, que les *Protocoles des Sages de Sion,* ayant droit de cité juridique depuis le jugement de la Cour suprême du canton de Berne du 1er novembre 1937, *soient placardés dans toutes les communes de Suisse ; et qu'il en soit de même du rapport du Secret Service américain de 1919 qui les confirme de façon éclatante.*

Le destin met entre nos mains des armes dont il importe qu'on use ! des armes avec lesquelles il est possible, enfin, d'aller à la racine du mal !

Soyez, Monsieur J. Leu, un nouveau Cicéron, soyez-le, vous le pouvez, car les événements présents sont à la mesure de ceux de Rome, qu'ils dépassent même en s'étendant à notre planète tout entière ; et alors votre nom, tel celui du consul romain, franchira les siècles et s'étendra à l'océan des âges.

Ce qu'il faut vous dire encore, Monsieur J. Leu, et ce que ne vous dira pas le Conseil fédéral, c'est que les Juifs et leurs Loges sont les auteurs de cette décomposition sociale si marquée et partout présente, qui vous a tait parler au Conseil national, et je les en dénonce ici ; atmosphère qui nous entoure, nous suffoque et nous étouffe déjà de ses miasmes, nous submerge peu à peu, et nous jettera dans ses propres ruines avec ou sans troisième guerre mondiale pour nous achever, et c'est alors que le Juif de Satan, le renégat du Ciel triomphant dominera souverainement, ainsi une fois encore qu'il en est dit dans les Protocoles.

Vous seriez un héros, Monsieur J. Leu, mais vous ne le serez pas ; ou bien alors, il faudrait que ce soit Dieu lui-même qui s'empare de votre personne, et mette sur vos lèvres des paroles de feu et de destin !

Vous interviendriez de la manière qu'il est dit ici, que la surprise puis la stupéfaction du Conseil national, et même son hostilité par toute sa gauche, suspendraient le cours de vos paroles !

Quelle plus belle image pourrions-nous donner ? et quelle plus belle démonstration pourrions-nous faire ? de l'insuffisance organique du système politique qui nous régit, et de sa défaillance... il est si loin de la nature des choses humaines... ce système politique, qui se voit absolument inerte et passif en face du plus grand danger qu'ait couru la chrétienté et le monde depuis les débuts de l'ère chrétienne : la domination par les « gangsters » internationaux que sont les Juifs, ce dont M. R. Payot grand marchand « de pouvoir personnel du général de Gaulle » ainsi qu'il le dit lui-même dans le plus grand sérieux, comme aussi M. Albert Picot ancienne première magistrature de Suisse, ne tiennent aucun compte, en méconnaissant de propos délibéré la totale, l'absolue réalité.

Il faut, il faut agir, Monsieur J. Leu, il faut que notre temps développe et fasse éclore de *nouveaux Croisés*, porteurs de la même croix rouge que ceux qui partirent, le cœur en émoi, dans un temps dans lequel le sentiment religieux pénétrait tout, pour assurer la sauvegarde des lieux saints.

C'étaient les *Croisés de l'an mille et quelques années,* alors qu'il se doit que nous soyons absolument les *Croisés de l'an deux mille moins quelques années,* afin d'assurer, partout, contre le Juif de Satan et du Talmud, l'intégrité de nos sentiments, et de l'amour que nous professons envers Dieu et Son Fils bien-aimé porteur de lumière, de pureté, et de cette compréhension de ce que vraiment nous sommes et pouvons être.

Je vous ai dit, Monsieur J. Leu, part à deux ; j'ai défini celle que je vous propose ; il me reste à parler de celle qu'il convient que j'embrasse, et qui me fait m'exécuter sur l'heure, tant il en est de l'imminence d'un danger de toute certitude et de toute gravité,

qu'il faut atteindre,

qu'il faut briser, qu'il faut éteindre

par tous les moyens moraux et politiques que le Ciel et les lois mettent sous notre main, sans qu'il soit besoin même d'agir au nom de la raison d'État, tant est juste notre cause ! tant est immense la culpabilité de l'accusé !

La puissance de l'ennemi du Ciel et des hommes doit être détruite !

Cette part, acceptée avec enthousiasme tant il est beau, tant il est exaltant de combattre pour Celui qui est la Vie, la Vérité et l'Amour !

> « Heureux serez-vous, lorsqu'on vous outragera, lorsqu'on vous persécutera et qu'on dira faussement contre vous toute sorte de mal à cause de moi. » (Matthieu 5 : 11.)

Le roi Saint-Louis demandait à Joinville son conseiller quelle chose est Dieu ?

« — Sire, c'est si bonne chose que meilleure ne peut estre. »

Cette part, si naturellement l'épilogue d'un long labeur, l'épilogue de toutes ces lignes, et qui conduit à notre chapitre 19, le plus court de ceux qui sont ici je crois, mais aussi le plus logiquement bâti de par son adresse et sa facture.

Ad patriam, servandam ac fidem christianam, Los von den Juden.

Pour protéger et garantir notre patrie et notre foi chrétienne, et jeter loin de nous les Juifs.

Ainsi, parlent les nouveaux Croisés qui quittent, ceux qui sont Suisses, un instant leur croix blanche pour se couvrir de la croix rouge des Croisés du XIIe siècle !

Ces Croisés du XIIe siècle, dont il faut que nous soyons l'écho de leur courage et de leur esprit de sacrifice ! et de leur cri d'armes parti du cœur « Diez le volt » Dieu le veut.

Ad patriam servandam ac fidem christianam, et pour que jamais plus les nations ne se battent entre elles pour le plaisir et le profit du Juif insatiable de domination, d'argent et d'un besoin de vengeance et de haine à notre égard pour des péchés que lui seul a commis.

Nous l'avons dit déjà, quand on pense à ce que nous étions encore, en 1914, guidés par des règles de conduite que dispensait une église, non encore, elle aussi, par tant d'inertie et de mollesse habituée à tout entendre et tout voir sans jamais qu'il en soit protesté, une église réduite à rien, en dépendance totale, comme il en est maintenant de par les exigences péremptoires du protocole 4 du manuel de combat des Juifs contre le genre humain intitulé : « Matérialisme. Destruction de la religion. »

Comprenez-vous, Confédérés, pourquoi de tous côtés le secours du Ciel est battu en brèche et comprenez-vous quels sont ceux qui décomposent notre société ? Les Juifs et leur franc-maçonnerie ?

Ces *Protocoles de Sion* de 1885, qui parlaient pour le présent mais surtout pour l'avenir du genre humain, et dont nos temps de misère, de désespoir et de délits contre les mœurs et d'attentats et de crimes et de malversations et de vols sans nombre sont devenus si bien la parfaite image !

On ne saurait perdre de vue cette guerre de 1914 aux innombrables victimes comme aux innombrables souffrances, dont nous avons parlé déjà à notre chapitre XII et dont il faut encore que nous parlions, Monsieur J. Leu, conseiller national, tant elle a été le grand point de départ de toutes nos chutes, de ces chutes dont il fut impossible de se rétablir, alors que le Juif kahalien de sa New York maudite et pullulante de tous ses descendants de Judas était là qui veillait et qui, par les dispositions du Traité de Versailles de 1919, son œuvre à lui seul il faut le répéter sans cesse, entendait nous conduire à une nouvelle conflagration mondiale consommant alors notre misère, notre déchéance et notre asservissement.

Il faut juguler le Juif danger mortel à toute civilisation et le dépouiller de tous ses biens et sans perdre une minute, ce conjurateur criminel, millénaire et insatiable !

Il faut jeter bas son ONU et ses vils déclamateurs, organisme de désordre et de confusion dont l'œuvre est néfaste parce qu'elle est la création du Juif kahalien et talmudiste.

Il faut faire en tout le contraire de ce que l'ennemi du genre humain dit qu'il faut qu'on fasse : là est la sagesse des nations.

Nous avons dit que la Première Guerre mondiale était l'œuvre des Juifs. Voyons encore un peu ce qu'il en est à ce chapitre d'importance qui met le coupable aux pieds de son œuvre maléfique, alors que des espérances sérieuses sont encore avec nous de pouvoir nous délivrer de l'étreinte de la race déicide, que des autorités d'autoroutes et de bars à café ne songent nullement à maîtriser.

Sommes-nous donc entrés dans les temps de *l'Antichrist* ?

Ne sommes-nous pas dans des temps de folle incrédulité, qui la voyons répandue partout sur la terre, un matérialisme insensé jetant les hommes plus bas que terre, qui verront, ces temps d'incrédulité, *alors qu'il ne sera plus que peu de croyants et les Écritures sont formelles sur ce point,* paraître notre Seigneur Jésus Christ en Palestine écrasant Satan et punissant les Juifs ?

Nous avons besoin de l'air des hauts sommets et nos temps de bassesse en tout ne sauraient à nous suffire.

Voyons notre ennemi dans toutes les intentions, dans toutes les manœuvres machiavéliques qu'il a développées, désirant ardemment tout le dit, tout le montre n'en déplaise à MM. A. Picot, R. Payot et Reverdin, ce cataclysme de 1914 qui jetterait les goyim dans des flots de sang et de larmes !

Tout le monde ne peut pas comme feu le Juif Mandel Rothschild, à trente-cinq ans, être dispensé en temps de guerre de toute obligation militaire !

Nous faisons la guerre, oui nous la faisons disent les Juifs, mais par notre argent seulement ! aux goyim de la faire de leur sang !

La noblesse du Juif, ô antiphrase, cette pourriture de l'humanité !

Oui, les Juifs sont remplis, dès les années 1900, date approchée de la décision du Kahal de détruire la Russie, du désir d'une grande guerre mondiale comme nous l'allons montrer plus loin, propice on ne peut plus à l'exécution de leurs intentions homicides.

Nous avons vu déjà ce que de raisons nous avions de déclarer la culpabilité du Juif dans le déclenchement des événements de 1914 ; mais nous n'avons pas tout dit à ce chapitre, Monsieur J. Leu conseiller national, il faut y revenir, il faut y insister.

Qui, dans les anciennes générations ne se souvient de cet attentat de Sarajevo du 28 juin 1914 accompli par la très redoutable bande de criminels de la « Main noire », la « Narodna Odbrana » redoutée du gouvernement serbe lui-même, qui n'a pas les mains libres à son égard puisque « le comité central de la Main noire se réunit dans les bureaux de l'état- major général serbe » (Malcolm Thompson) et qui assassine l'archiduc François-Ferdinand héritier de l'Empire austro-hongrois et sa femme.

Une bande capable de tous les forfaits imaginables et possibles pour atteindre son but : tous les Serbes dans un seul royaume.

Voyons à ce sujet ce que nous dit G. Malcolm Thomsen (1964), rédacteur en chef du *Daily Express,* particulièrement informé de tout ce qui touche aux origines de la Guerre de 1914-1918, son dada, dans son livre : *The twelve Days* (24.7-4.8.14), dont nous avons lu la traduction française sous un titre modifié *Et ce fut la Grande Guerre.* Livre très documenté, très clair et fort bien traduit.

À sa page 52 « ... par la « Main noire », organisation terroriste serbe qui avait à sa tête un colonel serbe d'une envergure farouche, *Dragutine Dimitriyevitch chef du Service des renseignements à l'état-major serbe,* brave, orgueilleux, impulsif, impitoyable. »

Page 53 : « Cette organisation avait pour vrai nom *L'Union ou la Mort* (L'union politique de tous les Serbes, la mort de ceux qui s'opposent à ce but). »

Page 53 : « La Main noire était assez forte pour défier le gouvernement serbe dans sa propre capitale. »

Page 53 : « L'attaché militaire russe à Belgrade, le colonel Artmanow participe dès le début à la conspiration qui aboutit à l'assassinat de l'archiduc. »

Page 54 : « L'assassinat était par conséquent un événement plus grave qu'une conspiration organisée par quelques fanatiques. »

C'est dire si nos Juifs kahaliens gangsters internationaux éprouvés, assassins déjà de huit têtes couronnées dès 1789, pouvaient trouver de ce côté de larges possibilités à l'exécution de ces projets dont ils aiment à se pourvoir aux fins de conduire à leur guise les destinées du monde.

C'est exactement ce qu'ils nous disent dans leurs *Protocoles de Sion,* ce témoignage imbattable de leurs forfaits présents ou à venir, Protocoles dont l'authenticité depuis le jugement de Berne, il faut le répéter, n'est plus discutée.

Ces *Protocoles de Sion* des Juifs tombés dans l'oubli cette arme superbe pour les combattre !

De par les hontes et les déshonnêtetés d'une presse tombée dans le plus bas des servages Monsieur R. Payot directeur du Journal de Genève !

Qu'elle essaye donc *cette presse discréditée, et même infâme* quand on considère les dangers que nous courons et sur lesquels elle fait le silence, de me contredire !

Protocole 7 : « Nous devons créer le désordre, des discussions et la haine dans toute l'Europe et dans les États d'origine européenne sur les autres continents. »

En Afrique par exemple, ô Juif fléau du genre humain !

Ceci encore : « Pour atteindre ces buts, nous nous insinuerons dans les pourparlers et les négociations armés de notre astuce. »

À Versailles par exemple, dirons-nous ; ou au Tribunal de Nuremberg en compagnie d'un « Deutsch » quelconque, « mécène lausannois » et bourgeois d'honneur de Belmont sur Lausanne, Juif et escroc, ce Stavisky à la mesure de la Suisse ! grand connaisseur en ces faux témoins dont on a pullulé à Nuremberg par la voie orale ou celle écrite de l'affidavit le Juif aidant.

Aux amoureux de la statistique de nous dire quel fut le nombre des juges juifs à Nuremberg en partant du nombre total de ceux-ci ? Mais écoutez ceci, écoutez les brigands du Kahal qui laissent parler leur cœur de pierre en nous faisant penser à Sarajevo !

Toujours au protocole 7 :

> « Bref, pour résumer notre système d'asservissement des goyim d'Europe, nous montrerons notre force à l'un d'eux par l'assassinat et le terrorisme ; S'il arrivait que tous s'élèvent contre nous, nous répondrions avec des canons américains, chinois ou japonais. »

Nous avons connu les américains, connaîtrons-nous les armes chinoises, cette Chine que le gouvernement juif de France vient de reconnaître ?

Qu'attendent les U.S.A. pour fermer et détruire le Kahal ? Sont-ils donc devenus le dernier des peuples de la terre qui couve et défend le crime à ciel ouvert ?

Et qu'entendent nos autorités de futilités et de piscines couvertes ou découvertes comme nous avons dit dans notre manifeste, alors que c'est « le peuple élu » qui leur parle ? dans un langage et des intentions et des confidences sans équivoque ?

Et ces derniers mots toujours à ce protocole 7 :

> « Il est nécessaire qu'il n'y ait dans chaque pays, en dehors de nous-mêmes, que la masse du prolétariat, quelques millionnaires à notre dévotion, des policiers et des soldats. »

Comme en France, précisément, où les compagnies de surveillance républicaine et les gardes mobiles et la police sous toutes ses formes pullulent.

Vilains Juifs, il viendra le jour où toutes les armes du monde ne pourront vous protéger des coups qui, par décret du Ciel, doivent vous atteindre empoisonneurs du monde que vous êtes ! alors que la vie que, sans vous, nous aurions serait si haute, si pure, et si belle !

Même protocole 7, le « peuple élu » selon la formule que le Juif délicat et modeste a lancé dans le monde, vous parle encore :

> « Nous devons être à même de détruire toute opposition en faisant déclarer par ses voisins la guerre au pays qui ose se dresser contre nous. »

Après le verdict de Berne du le' novembre 1937, nous l'avons dit déjà, mais il faut le répéter, le crier, il faut se scandaliser que devant la gravité des révélations que le texte des *Protocoles de Sion* nous donnait, les États du monde entier, les U.S.A. en tête ne se soient pas mis à prendre des mesures immédiates contre les Juifs ?

Oui, n'est-ce pas, cela allait de soi ? Eh bien ! non, cela n'allait pas de soi pour des États oublieux de leurs devoirs les plus élémentaires... mais M. P. Béguin, de la *Gazette de Lausanne*, n'en continuera pas moins à prétendre que nos autorités sont tout à fait à la hauteur de leur tâche et ce, parce que la *Gazette de Lausanne*, trahissant ses lecteurs, de bourgeoise qu'elle était s'est faite communiste et juive.

Il faut se rendre à l'évidence, les gouvernements « de la dame sans tête » et sans cœur ajouterons-nous, sont incapables de par les institutions politiques qui les régissent, de résoudre le problème qui leur est posé.

Les gouvernements du Brésil, du Portugal, de l'Espagne et de l'Afrique du Sud ne sont pas des gouvernements de la « dame sans tête », d'où la colère du Juif à leur égard ! et les attaques et calomnies continuelles de sa presse à leur égard.

Après un attentat de l'importance de celui de Sarajevo, l'Autriche allait sévir, c'était sûr, plus que sûr, c'était mathématique, on pouvait tabler là-dessus, mais il était plus que sûr aussi que les Russes protecteurs attitrés de tous les Slaves se tiendraient derrière les Serbes sans les lâcher d'une semelle... Quelle plus belle occasion, quelle plus belle possibilité pouvait-on souhaiter de voir, dans ces conditions, naître un très grand conflit, les Juifs étant partout et toujours aux meilleures places, pour agir et faire que l'on parte dans une guerre où *la Russie, Monsieur J. Leu, soit partie* et c'est capital (voir index sous *Kahal*) car nous savons par le Kahal et ses décisions du début du siècle et son travail révolutionnaire avancé en Russie se traduisant par des quantités d'attentats, que ce pays est l'objectif premier, l'objectif immédiat, l'objectif qui passe avant tous les autres (index Hammer).

Nous l'avons vu déjà, répétons-le, les Juifs disent au protocole 7 : « Pour atteindre nos buts, nous nous insinuerons dans les pourparlers et les négociations armés de notre astuce. »

En Allemagne, les Juifs Ballin et von Rathenau sont des étoiles de première grandeur de leur race. Ballin très ami et conseiller de Guillaume II et très ami aussi de de Bulow chancelier de l'Empire de 1900 à 1909 ; von Rathenau très ami de Guillaume II *avec fil téléphonique privé spécial* allant au cabinet de l'empereur nous dit U. Gohier dans ses *Protocoles* Vieille-France à la page 201 ; ne voilà-t-il pas un détail de grande importance qui traduit et indique bien des choses ? susceptible de nous guider dans plus d'une occasion. Nous reviendrons plus loin sur ces deux très importants personnages, dont l'un Ballin est le grand maître de la « Hamburg Amerika Line ».

En 1920, paraissait aux U.S.A. nous dit Gohier un livre intitulé *When Prophets speak* (Quand les prophètes parlent) annoncé de la manière suivante par les *American Jewish News* :

> Il y a bien des années que Nordau a prédit la Déclaration Balfour ; Litman Rosenthal son ami intime rapporte cet épisode dans un fascinant mémoire.

Que disait exactement Max Nordau (1903) ?

> Herzl (réd. 1860-1904) sait que nous sommes à la veille d'un formidable bouleversement du monde entier.
> Bientôt peut-être une sorte de Congrès mondial devra être convoqué, et l'Angleterre, la grande, libre et puissante Angleterre continuera l'œuvre qu'elle a commencée en faisant son offre généreuse (Déclaration Balfour 2.9.1917) à notre sixième Congrès.
> Et si vous me demandez, maintenant, ce qu'Israël peut avoir à faire avec l'Ouganda, laissez-moi vous répondre comme les hommes d'État de la Sardaigne (réd. il s'agissait d'une première offre de territoire faite aux juifs) ; laissez-moi vous dire les paroles que voici, pour vous montrer les échelons qui montent plus haut, toujours plus haut :
> Herzl, le Congrès sioniste, l'offre anglaise de l'Ouganda, la future guerre mondiale, la Conférence de la Paix où, avec l'aide de l'Angleterre sera créée une Palestine libre et juive.

Tiens, tiens, voyez-vous ça, nos visionnaires à rebours que sont les Juifs, qui le sont à rebours, en effet, parce que voyant dans l'avenir ce qu'ils préparent dans le maintenant déjà de ce temps dans lequel ils en écrivent.

En 1906, dans leur livre *British Israël Truth,* les Juifs Dinnis Hanau et Aldersmith déclarent :

> Le retour complet, définitif et triomphant des juifs aura lieu après l'écroulement de Gog (La Russie). Nous pouvons attendre des changements considérables de la Grande Guerre qui vient qui est suspendue sur les nations de l'Europe. Selon notre interprétation des prophéties, l'empire turc sera démembré, et alors une grande puissance comme l'Angleterre ne peut pas permettre qu'une autre puissance occupe la Palestine.

En octobre 1913, le journal juif viennois *Hammer* n° 274 écrivait les lignes suivantes à la suite d'un crime rituel retentissant :

> Le gouvernement russe a décidé d'engager à Kiev une bataille décisive contre le peuple juif.
> De l'issue de cette lutte titanique dépend le sort - non pas du peuple juif, car le peuple juif est invincible - mais le sort de l'État russe.
> Être ou ne pas être : ainsi se pose la question pour la Russie.
> La victoire du gouvernement russe est le commencement de sa fin. Il n'y a pas d'échappatoire. Mettez-le bien dans votre tête.
> Nous allons démontrer à Kiev devant le monde entier que les juifs ne permettront pas qu'on en fasse raillerie.
> Si les Juifs jusqu'ici pour des considérations tactiques ont dissimulé le fait qu'ils conduisent la révolution en Russie, maintenant après l'attentat du gouvernement russe au procès de Kiev cette tactique doit être abandonnée.

> Quel que soit le résultat de cette conjoncture, il n'y a plus de salut pour le gouvernement russe. Telle est la décision des Juifs et elle s'accomplira.

N'est-ce pas là, à moins d'un an de l'assassinat de l'archiduc François-Ferdinand qui s'est prononcé plus d'une fois pour la paix entre les nations, une véritable déclaration de guerre à la Russie ?

N'est-ce pas là le chien enragé du monde qui parle, quelque bête apocalyptique prête à mettre le feu à l'univers et *sans qu'il soit bien tard ? Le ton de la lettre ne le dit-il pas ?*

Que reprochent donc ces chacals déchaînés aux tsars de toutes les Russies ?

Les pogromes ? Ce sont les Juifs par le Kahal qui les provoquent nous l'avons vu (voir index) ; pas pour M. R. Payot directeur du *Journal de Genève,* bien entendu, qui croit dur comme fer tout ce que le menteur professionnel qu'est le Juif affirme.

La Russie d'avant 1914 est le pays au monde qui renferme le plus de Juifs et le sol de la Russie possède des richesses inouïes que connaissent parfaitement les gens du Kahal.

Les Juifs se plaignent-ils du *numerus clausus* de quatre pour cent qui les atteint dans les études ? Il correspond à la proportion de leur nombre dans le chiffre total de la population.

Le tsar Nicolas Ier n'a-t-il pas créé des institutions spéciales en faveur des Juifs ?

N'a-t-il pas accordé toute facilité pour que la race juive « sorte de l'état d'abjection où elle est tombée par l'exercice de l'usure et d'autres métiers dégradants. » (Toussenel, tome 1, *Les Juifs rois de l'époque.* Introduction XXXIX).

En juillet 1846, un ukase du même tsar pour ordonner que les Juifs aient à choisir une profession dans la *catégorie des professions honorables* spécifiés dans le dit ukase ; ils doivent aussi s'habiller comme les autres Russes afin de ne pas constituer une nation dans une nation.

Le gouvernement russe est archaïque mais dans la nature des choses d'un pays immense et agricole, et ses pouvoirs valent mille fois plus tout en étant mille fois moindres que ceux de la judéomaçonnerie du communisme des Soviets n'est-il pas vrai ? nous avons pu le voir. Le tsar est avec Dieu et les Soviets du Juif sont les ennemis de la religion. On jouit sous les tsars d'une liberté bien suffisante à condition de n'être point candidat à l'assassinat du tsar, soit d'être nihiliste juif patronné et actionné par le Kahal new yorkais dont les U.S.A. intoxiqués de presse juive mensongère et assez bêtes pour ne pas le voir, beau gouvernement par ma foi, n'ont jamais songé un instant à entraver l'activité.

La vérité, c'est que les révolutions russes de 1905 et 1917 ont été faites par les juifs et par les Juifs seulement, tellement qu'on les voit tous en 1917 abandonner leurs noms juifs, *voleurs comme ils sont,* pour en prendre, on devine pourquoi, d'autres qui soient russes (voir liste *Protocoles de Sion,* Vieille-France, p. 138).

La vérité, c'est que comme nous l'avons dit mille fois, le juif est un être qui accuse toujours et ne s'accuse jamais, un être toujours mécontent des autres avant de l'être de lui-même comme il nous est donné à tous de ne pas faire, et que comme pour cette révolution universelle qu'ils entendent exécuter ainsi que nous en avons les preuves, Monsieur Albert Picot ancienne première magistrature de Suisse, il fallait bien commencer par un bout, il en fut que ce fût par la Russie que l'on partit en guerre de tortures et de massacres abominables, qui laissent bien loin, très loin derrière eux ce que les Juifs subirent en juste punition dans les camps allemands ! comme nous l'avons justement vu dans cet ouvrage.

Les visées mondiales du Juif chambardeur du monde autorisent à tous les crimes, nous le voyons dans les Protocoles et hors des Protocoles, nous le voyons dans leurs camps de concentration en Russie, dès 1917, dont il n'est jamais parlé, Monsieur P. Béguin, de la *Gazette de Lausanne;* tout est à Auschwitz et Buchenwald de par une presse qui a perdu tout courage et tout esprit d'équité.

Elle ne fait, cette presse, que crier, l'indigne, avec le Juif !

Et voici Urbain Gohier pour proclamer ceci dans ses *Protocoles de Sion,* Vieille-France, p. 22 :

> Le général Smuts alors président ministre de l'Afrique du Sud et quasi dictateur, et lord Robert Cecil depuis ministre (Lord Privy Seal) dans le premier cabinet Baldwin, ont attesté que la Grande Guerre est réellement sortie du Congrès de Bâle (1897), qu'elle fut délibérément préparée et déclenchée par les complices de la nation juive pour l'accomplissement du dessein juif.

Nous venons de le voir, que de signes, sans oublier la déclaration capitale de Ford (voir index), qui nous montrent à l'évidence de quel danger, de quelle menace sont ces Juifs acharnés à la destruction d'un monde qu'ils veulent absolument à la mesure de leur bassesse et de leurs appétits de bêtes fauves.

Entendez-vous, autorités qui n'entendez rien, et qui protégez et favorisez les Juifs vous souciant bien peu du danger de crime et d'explosion et de sang versé que pour vos autochtones ils représentent ?

Tout le monde connaissait, en 1914, qu'une grande guerre serait catastrophique pour la civilisation et l'avenir politique de l'Europe, de la Russie surtout, cible première comme nous venons de le voir et essentielle à ce moment des Juifs, minée qu'elle était par les attentats et l'or du Kahal depuis au moins un demi-siècle.

C'est un jeu d'enfant pour les Juifs de déclencher une guerre, leurs moyens sont tels ; voici le Artom de Cavour, le Mandel-Rothschild de Clémenceau, le Sassoon-Rothschild de Lloyd Georges, le Wyse ou le Brandeis de Wilson, l'Israël d'Herriot, l'Heilbronner de Painlevé et combien d'autres encore comme il est possible d'en connaître dans les *Protocoles de Sion* édit. Vieille-France 1924, à la page 270.

Les Juifs disposaient en Allemagne, pièce maîtresse de l'échiquier européen en 1914, d'une grande puissance à laquelle, pour sa part, avait beaucoup contribué Bismarck avec son Juif Bleischröder « le second de l'Empire ».

Deux des premières têtes de cette puissance, comme déjà dit, sont Ballin grand chef et maître de la Hamburg-Amerika Line amenée par lui à un haut degré de prospérité et de prestige.

La seconde von Rathenau financier, écrivain, chimiste, homme politique.

Ballin conseiller et grand ami de Guillaume II ; et de von Bulow secrétaire d'État aux Affaires étrangères de 1897 à 1900 et chancelier de 1900 à 1909, qui ne tarit pas d'éloges à son égard au tome 3 de ses *Mémoires,* page 279.

Von Rathenau, ami intime du Kaiser, ayant avec lui fil téléphonique spécial, privé. Rathenau est un Juif très rouge, de révolution comme la suite le montrera, mais qui devait sans aucun doute cacher son jeu sans trop de difficultés à un homme si peu perspicace et si peu objectif comme l'était le Kaiser, un homme qui s'emballait !

Guillaume II, laissant partir son « imaginative », ne chantant que de péril jaune et s'en échauffant la tête, alors qu'il ne voyait rien du danger mondial juif le côtoyant à tout instant jusques à sa porte en la personne de von Rathenau, de ce von Rathenau qui pouvait écrire dans la *Wiener Freie Presse* du 24 décembre 1912 :

> Trois cents hommes, dont chacun connaît tous les autres, gouvernent les destinées du continent européen et choisissent leurs successeurs dans leur entourage.

Aussitôt les Hohenzollern détrônés par le président juif des U.S.A. Wilson, ô la belle intelligence politique des U.S.A. ligotés par leurs Juifs, von Rathenau lève sans tarder le masque et marche en courant, on peut le dire, à la révolution communiste en Allemagne. Il la conduit, il la dirige.

Dans la *Tribune de Prague* du 5.3.21 l'ingénieur et fonctionnaire tchèque H. Fleischner déclare :

> Rathenau convient entièrement que Lénine n'a fait qu'imiter sa méthode de « guerre économique obligatoire » ; pour la bonne raison que le gouvernement des Soviets lui a demandé directement [à lui Rathenau] les plans d'organisation pour les différents centres.

Voilà quels ennemis, Guillaume II, avant 1914, réchauffait tous les jours dans son sein !

Guillaume II, belle intelligence, mais ne comprenant rien aux hommes et à leurs réactions et aux événements, se nourrissant d'étranges illusions.

De l'intelligence de Guillaume II, de Bulow a pu dire : « ... mais au contraire, avec bien des défauts et des faiblesses, un homme doué de façon peu commune. » (*Mémoires*, tome 2, p. 405.)

Il aurait été, a dit son précepteur, un excellent constructeur de machines !

De Bulow a la plus grande estime pour Ballin, entretient avec lui de bonnes relations d'amitié. Ballin est certainement doté de très belles qualités, du côté du cœur également, il n'est que de voir sa physionomie au tome 2, p. 273 des *Mémoires de Bulow,* pour s'en convaincre aisément, alors que von Rathenau (ibid., t. 3, p. 224) produit une impression exactement contraire, celle d'un homme froid et calculateur en tout, pour qui l'élévation des âmes est un chapitre mort !

Mais Ballin, cette très haute situation en Allemagne, est un juif pur-sang ses traits le montrent à l'évidence, resté attaché à la religion de ses ancêtres tout en étant un Juif de distinction, à plus d'un égard, comme le prouve le portrait que nous en fait de Bulow.

Mais Ballin est ami intime de Jakob Schiff nous dit Gohier, Schiff l'homme des révolutions et du Kahal, l'homme à la fortune colossale courant dans les milliards, l'homme des grands projets de subversion mondiale *(Protocoles de Sion,* Vieille-France, p. 139).

C'est dire, Monsieur J. Leu, dans ces conditions, si Ballin, grand armateur dans le plus puissant des empires, est au courant des visées d'hégémonie mondiale par tous les moyens de sa race, mais dont il s'est naturellement caché à de Bulow qui n'aurait pas sans cela parlé de celui-ci ainsi qu'il le fît ; Ballin tenant alors deux rôles, trompant la confiance du chancelier, puis ancien chancelier dès 1909, ce de Bulow, ce si beau type moderne de gentilhomme dont tous les portraits nous montrent la plus affable et la plus attirante et la plus aristocratique des physionomies ; excellent croyant, belle culture, admirablement équilibré et armé par toute sa personne et ses relations pour accomplir une très haute et très belle diplomatie ; ce qu'il fit.

C'est une de ces physionomies qu'on se retient à regarder, analyser et admirer ! Celle d'un très grand honnête homme ! dont le regard de lumière se pose sur nos cœurs.

Bethmann-Hollweg successeur de de Bulow et von Jagow secrétaire d'État aux Affaires étrangères dont les talents à tous deux, politiques et diplomatiques, nuls il faut le souligner, pendant tout ce laps de temps dramatique qui va du 24 juillet au 4 août 1914, sont absolument persuadés, se berçant d'étranges illusions, que l'Angleterre ne prendra pas part au conflit.

Se sont-ils bercés eux-mêmes ? ou les a-t-on bercés ? et s'ils ont été bercés qui les aurait alors bercés ?

La lecture de G. Malcom Thomsen, si attachante, si vivante, ne donne aucune précision à cet égard.

Bercés de leurs illusions, nos deux diplomates sans talent agissent en conséquence, laissant liberté à l'Autriche d'en faire à sa tête, entendant ne la gêner en rien et qui *retardent alors la transmission à Vienne de deux importantes dépêches,* celle d'abord de sir Edward Grey proposant la médiation de l'Angleterre, de la France, de l'Allemagne et de l'Italie ; celle ensuite de Guillaume II proposant l'occupation de Belgrade par l'armée autrichienne ; ces deux dépêches arriveront à Vienne trop tard, le délai accordé à la Serbie par l'Autriche-Hongrie étant consommé, la guerre déclarée.

Modalités de ces deux retards capitaux ?

Le Kaiser est à Berlin quand il rédige son projet adressé au comte Berchtold, ce projet est retenu plus de douze heures par Bethmann-Hollweg qui attendait, nous dit Malcolm Thomsen, que l'Autriche ait déclaré la guerre, ce qui arrive le jour même où Guillaume II rédige son projet.

Bethmann-Hollweg et von Jagow sont-ils les seuls coupables comme donnerait à le penser l'auteur de *The twelve Days* ? Ont-ils réellement, eux-mêmes provoqué ces retards, ou ont-ils eu des aides, des conseillers, des Juifs à leur côté ou des stipendiés des Juifs, pour retarder deux transmissions de primordiale importance ? ou encore d'autres traîtres pour accomplir ces manœuvres tout à fait à leur insu.

Dans la première quinzaine d'août (1914), de Bulow est reçu par Bethmann-Hollweg et lui demande : « Eh ! bien, dites-moi seulement comment c'est arrivé. » Il leva, dit de Bulow, ses bras au ciel et répondit d'une voix sourde : « *Ah ! si on le savait !* »

« Dans les discussions sur les culpabilités, j'ai souvent regretté qu'on n'eût pas pris un instantané du chancelier au moment où il me parlait ainsi ; cette photographie eût été la meilleure preuve que ce malheureux homme n'avait pas voulu la guerre » termine de Bulow (tome 3, p. 128).

De deux choses l'une, ajouterons-nous, ou bien Bethmann-Hollweg affolé, écrasé de ses responsabilités ment, ou bien alors c'est le Juif qui a causé ces retards de transmission en entrant en ligne à un endroit ou à un autre.

Nous savons, nous l'avons vu, que les Juifs ont arrêté, en 1916, par un mystérieux télégramme, la poursuite des Allemands par les croiseurs anglais à la bataille du Jutland (1916) ; qu'ils ont fait de même pendant la même guerre aux Dardanelles, et qu'ils ont été les auteurs de l'armistice prématuré en 1918 !

Les Juifs, nous l'avons dit, mille fois, sont les gens les mieux informés du monde, partout, à ce point qu'Urbain Gohier qui les connaît mieux que personne a pu dire qu'il en était comme d'une loi que tout personnage politique d'importance avait à ses côtés son Juif, comme satellite ou comme espion, ou comme commandeur ou conseiller.

Tous ces gens de 1914 donnent l'impression d'être peu connaisseurs des procédés, des visées et de la puissance des Juifs, Bismarck a tant travaillé avec eux et de Bulow est élève de Bismarck et Guillaume II, nous l'avons vu, est en rapports étroits, très étroits même avec un Juif de très mauvaise eau et d'un activisme très dangereux comme déjà dit, von Rathenau.

Seul le corps des officiers prussiens est intraitable et n'entend pas avoir un seul Juif dans son sein d'où, les campagnes de presse des Juifs contre le militarisme prussien dont on nous remplissait les oreilles avant 1914.

Or, que voyons-nous, Monsieur J. Leu, conseiller national, que j'ai tant de peine à quitter tant nous agitons des problèmes de brûlante actualité ? Que lisons-nous au tome 3, p. 149, des *Mémoires de Bulow* : Ballin déjà nommé, une des premières personnalités juives d'Allemagne se trouve à côté de Bethmann-Hollweg et von Jagow préparant leur déclaration de guerre à la Russie !

C'est là chose incontestable, dite par Ballin à de Bulow qui nous la rapporte, Ballin jouant à la franchise et préférant de dire plutôt qu'on ne le dise.

Je crois que de Bulow ne connaît plus ce que l'ancien chancelier von Hohenlohe lui disait au début de sa carrière, qu'il existait trois grandes puissances dans le monde : les Jésuites, la franc-maçonnerie et les Juifs.

Cette présence de Ballin quoiqu'on dise très suspecte à tous ceux qui connaissent tant soit peu les habitudes des Juifs. Comme le Juif est révolutionnaire d'instinct, le besoin d'espionner lui vient aussi de source !

Bismarck lui-même n'a-t-il pas dit : « Pourquoi Dieu aurait-il créé le Juif si ce n'est pour servir d'espion. »

Un Juif de la puissance de Ballin introduit en *persona grata* dans le haut lieu de la diplomatie allemande !

Voilà qui donne à réfléchir !

Il est un fait, en tout cas, quand les troubles communistes atteignent en 1918 Hambourg et le bâtiment de la Hapag, Ballin s'empoisonne puis se ravise, trop tard (*Mémoires de Bulow*, t. 3, p. 279).

Pourquoi s'empoisonner alors que le rêve des Juifs se réalise à l'heure même où ces troubles communistes éclatent ? Pourquoi ? Le communisme partout, Monsieur J. Leu, nous le savons, c'est l'expression même de la puissance des Juifs !

Il a tout lieu donc d'être en fête.

La conscience de Ballin a-t-elle parlé ? A-t-il, estime-t-il, trahi la confiance mise en lui par ce grand honnête homme, ce parfait gentilhomme que fut de Bulow, en participant à la conjuration juive tout en paraissant se conduire comme un excellent citoyen allemand ? Et ces dépêches capitales à transmission retardée ?

On a l'impression en considérant sa physionomie d'un homme partagé dans ses sentiments et sa conduite, qui n'a pas une boussole mais deux boussoles, qui en est au système du hue et à dia.

Sa si franche position fausse, de grand ami d'un forban comme Jakob Schiff d'une part et du Kaiser et de Bulow de l'autre a-t-elle déclenché, dans ce drame national qui paraît jeter l'Allemagne dans le communisme, des réactions imprévisibles chez ce grand homme d'affaires directeur d'une des premières compagnies de navigation du monde et dont les sentiments délicats, la bonté, la générosité, la serviabilité sont certaines ?

Après un bel éloge de Ballin, de Bulow a pu dire (ibidem, t. 3, p. 281) :

> Son défaut était peut-être une certaine tendance à vouloir satisfaire tout le monde, ce qui lui valut d'être accusé par ses adversaires de manquer de caractère **et effectivement lui donnant parfois je ne sais quoi de peu sûr** (réd. c'est nous qui soulignons). Mais tout bien pesé, c'est un honnête homme.

Justement, voilà, le fait d'être honnête le faisait partagé, résistant aux injonctions du Talmud commandant la haine et le mal à faire aux goyim, puis d'autres fois y cédant.

Il est un fait que sa position tout à gauche par ce gangster de Jakob Schiff et tout à droite par Guillaume II et de Bulow n'était pas dans la nature des choses.

Estimait-il peut-être qu'il aurait dû parler à de Bulow l'avertissant d'un danger juif imminent, celui de 1914, qu'il devait connaître certainement vu sa très haute situation et son intimité d'avec Jakob Schiff ?

Qui saura jamais ?

Et puis encore, connaissait-il les dessous du renvoi de de Bulow, en 1909, de son poste de chancelier ? Les Juifs y étaient-ils pour quelque chose ?

Quand on a devant les yeux la tête peu rassurante de von Rathenau, un Juif très rouge dès l'Empire allemand tombé, qui, nous l'avons vu, a son fil téléphonique privé d'avec Guillaume II dont il est le grand ami, on ne peut s'empêcher de se faire presque une certitude d'une telle pensée.

De Bulow, un homme d'État et un diplomate de la qualité la plus sûre, avec beaucoup de prestige, d'aisance et de métier, donnant l'impression de se jouer des hommes et des choses et qui écrasait la guerre d'un pied sûr si, en 1914, il avait été encore chancelier de l'Empire allemand ; on peut en être certain.

Les Juifs ont vu et senti la chose, et par Rathenau probablement ont agi sur Guillaume II, c'était si facile tant il était influençable, jusqu'à faire renvoyer ce parfait conducteur d'un puissant navire, *le remplaçant par un parfait incapable,* un philosophe, qui lit ses auteurs grecs dans le texte original, mais dépourvu de tout sens pratique, de tout coup d'œil, de toute intuition, de tout bon sens dans la conduite des grandes affaires de la première puissance d'Europe et même du monde à ce moment-là.

Les Juifs avaient-ils leurs hommes à la Ballplatz ?

À Saint-Pétersbourg, un ambassadeur important était Juif et portait à la guerre comme Poincaré, c'est Paléologue ambassadeur de France.

Nous lisons page 72 de *Et ce fut la guerre,* traduction de l'ouvrage remarquable *The twelve Days* de Malcolm Thomsen (1964) :

> À midi et demie, Sasonov et l'ambassadeur de Grande-Bretagne sir George Buchanan se rencontrèrent à l'ambassade de France dans la salle à manger de Paléologue. Ce n'est pas là qu'ils trouveraient le moindre encouragement à la conciliation, ni des conseils de modération (réd. c'est nous qui soulignons).

> Soyez ferme. Il faut être ferme répéta l'ambassadeur de France à plusieurs reprises.

Tous les Juifs du monde, ajouterons-nous, dès le début du siècle, suivant les résolutions et décisions prises par le Kahal, étaient pour la guerre, avec la révolution derrière et la conquête par le communisme juif. (Voir page 461.) Sarajevo, les Juifs von Rathenau, Ballin ayant la confiance des hautes autorités allemandes, Paléologue ambassadeur de France au poste très important de Petersbourg et couronnant le tout, le Juif Wilson président des U.S.A. et tant d'autres dont nous n'avons pas les noms et les postes et dont il importait que de leur présence on use.

Sur Paléologue encore, du même :

> Pourtant une enquête aurait révélé que le gouvernement français avait étiré à la limite ses engagements vis-à-vis de la Russie et que par les manigances ou les gaffes de Paléologue il n'avait pas réussi à empêcher le tsar de prendre la fatale décision de mobiliser.

Notez et je l'ai dit déjà, que Malcolm Thomsen n'a, à aucun moment parlé, dans son remarquable exposé, dit problème juif. Ce que nous lisons de Paléologue n'en a donc que plus de valeur, l'élément préjugé ne pouvant être invoqué.

Page 143 du même toujours :

> Viviani ne savait pas jusqu'où Paléologue était allé en poussant à l'intransigeance.

Même page encore :

> Car Paléologue avait, en effet, caché à son gouvernement les faits relatifs aux deux ukases de mobilisation qui avaient été signés par le tsar et qui étaient prêts à être publiés.

Page 128, Paléologue à Sasonov :

> La guerre peut éclater à tout instant. Cette éventualité doit gouverner toute notre action diplomatique.

On est prié de lire dans ce même livre à la *page 158* la manigance (encore une) de Paléologue pour que son télégramme annonçant au gouvernement français la mobilisation russe arrive le plus tard possible ; ou bien non, étant donné l'importance de la chose, nous préférons, nous jugeons même qu'il est nécessaire, absolument, de transcrire ce que Malcolm Thomsen dans sa très grande connaissance de ces désormais par son livre fameux et tragiques douze jours *(The twelve Days* 24 juillet - 4 août 1914) nous dit, il faut lire ce livre remarquable de précision et de clarté :

> Quand il apprit de Sasonov, dans la soirée, que le tsar avait donné l'ordre de la mobilisation générale, il transmit la nouvelle à Paris via la Suède ; il expliqua cette manœuvre en assurant que les services télégraphiques centraux de Saint-Pétersbourg étaient plongés dans un tel état de confusion qu'il n'avait pas osé leur confier un tel message. En une période de crise intense, des hommes commettaient parfois d'étranges erreurs de jugement : en fait, l'ambassadeur d'Allemagne put atteindre par câble Berlin en moins d'une heure ; et Paléologue, à l'ambassade de France, ne se trouvait qu'à dix minutes, par une rapide droshka, du central télégraphique. On dirait presque qu'il ne tenait guère à ce que la nouvelle de la mobilisation générale russe arrivât à Paris avant la matinée du 31, que lui Paléologue, ambassadeur de France, ne souhaitait pas que son gouvernement connût la grave décision de la Russie assez tôt pour émettre des protestations et des avertissements. Peut-être partageait-il l'extraordinaire illusion de Sasonov qui croyait que la Russie pouvait mobiliser en secret.
>
> Jusqu'à quel point Sasonov cacha la vérité sur la mobilisation et Paléologue ne la dit point, et Poincaré la sut, et Viviani ne voulut point la connaître : voilà une affaire qui reste aujourd'hui encore mal expliquée.

Quel magnifique terrain, là aussi, de manœuvre pour les Juifs n'est-il pas vrai ? Ils en ont de nombreux, à ce moment dans lequel les destinées du monde se jouent, après ce Sarajevo dont Malynski avec raison les voit auteurs.

Répétons, répétons ces trois lignes du protocole 7, ce protocole qui à lui seul, là aussi répétons, par la gravité de ses révélations et après le verdict de la Cour suprême de Berne (Suisse) du 1er novembre 1937 consacrant l'authenticité des Protocoles, autorisait, commandait l'arrestation immédiate de tout ce qui touchait de près ou de loin au Kahal fauteur, pour le moins, de guerre, et la destruction de cet organisme de pestilence et d'empoisonnement du monde.

Protocole 7 (page 54, édition Vieille-France 1924) :

> Pour atteindre ces buts, nous nous insinuons dans les pourparlers et les négociations armés de notre astuce.

Raisonner de la sorte, c'était ne pas compter sur l'apathie, la niaiserie, l'indifférence, la peur, l'incompétence, l'impuissance, l'éparpillement des responsabilités, l'absence de ses vues hautes et de salut public qui se jettent à la minute précise qu'il en importe, d'instinct et de raison, sur le nœud des problèmes et qui signent la valeur des véritables hommes d'État, de la « dame sans tête » des U.S.A. !

Ajoutons que Poincaré pendant son séjour à Saint Pétersbourg n'a en rien dans ce grave conflit se déroulant implacablement et minute par minute, la moindre attitude conciliante, bien au contraire comme nous le savions déjà et comme cela ressort à l'évidence de tout ce que Malcolm Thomsen développe ; Poincaré est très agissant et très affirmatif, donnant directives et lignes de conduite à Paléologue.

Eh ! oui, malgré que, comme le dit aussi le rédacteur en chef du *Daily Express* « Poincaré soit le chef constitutionnel d'une République, ne tenant aucun pouvoir légal pour faire une politique, aucune autorité sur un ambassadeur de France. »

Dans ces conditions, je vous le demande, *à qui fera-t-on croire* parmi ceux qui connaissent quelque peu la puissance des Juifs en République française et dans le monde, que Poincaré aurait pu et osé agir comme il le fit à Saint-Pétersbourg par des attitudes et des propos portant nettement à la guerre, oui à qui, dis-je, je vous prie, si ses manières de faire n'avaient pas été dans la ligne de conduite du Kahal ?

Qu'était-il arrivé à Millerand en juin 1924 obligé de se démettre de ses fonctions de président de la République ?

Voilà, un peu, me paraît-il, ce qu'on peut dire au chapitre des causes de la Première Guerre mondiale ; le Juif kahalien est là, dans toute sa présence et sa puissance quoique évoluant à très bas bruit et hors de la portée du commun et des journaux qui, s'ils en connaissent, se gardent bien d'en dire quelque chose, mais dont les initiés à ce problème redoutable qu'est celui des Juifs en voient, sentent et touchent parfaitement la pulsation ; ce malfaiteur public, ce maître en dépravation, ce menteur professionnel, cet escroc aux formidables (pour le Talmud il n'est pas de mal qu'on puisse faire au goyim que ne vous soit donné à bénéfice ne l'oublions jamais) escroqueries sur des morts les siens et sur des biens et sur des indemnités de guerre, cet amonceleur d'or et d'argent indûment acquis, ce pourrisseur criminel de notre société par lui-même et sa .'. comme notre chapitre XII le montre bien !

Genre humain, veux-tu donc mourir exsangue et sans plus même de vêtements tant le Juif met d'acharnement à te dépouiller de tout ?

Ouvrier de Suisse, et de ce qui reste d'Europe, et du monde, veux-tu donc entrer en esclavage comme il en est en Russie et en Chine et ailleurs encore ton « livret de travail » à la main, en dehors des camps de concentration et dans les camps de concentration ? où, en Russie, leur nombre est innombrable et les conditions de vie et de travail profondément inhumaines et les massacres, eux aussi, sans nombre.

Le vilain Juif, *le menteur par omission*, parle des camps allemands, mais jamais de ceux qu'il a instaurés puis entretenus au temps de sa toute-puissance dans l'Urs, mille fois plus terribles et qui voient dans les années 1944 à 1946 jusqu'à vingt millions d'enfermés (Marie Kerhuel, *Le Colosse aux pieds d'argile*, chapitres 8 et 9. 1961) ; en 1938, alors que nous sommes encore en paix, l'Urs compte Il 500 000 déportés et claustrés dans des camps où les condamnés politiques sont largement mêlés à ceux de droit commun.

Nos autorités et nos institutions politiques, Monsieur J. Leu, ont-elles ce qu'il faut pour nous sauver du péril immense et qui court dont nous sommes menacés, alors que l'audace du talmudiste comme nous l'avons vu ne fait que croître et embellir ô antiphrase !

Ces jours encore (décembre 1964), pour la n$_{me}$ fois, en ce mois de la naissance de notre Seigneur Jésus- Christ, la pierre superbe de la Réformation, à Genève, outragée qui ne cesse de l'être qui l'avait été en juin dernier pour l'avoir été de nombreuses fois auparavant !

Le Juif habite Genève et nous le montre qui, partout, y sème la graine maudite de ses *Protocoles de Sion* !

Oui, nos autorités, et c'est là qu'il faut se poser la question, ont-elles ce qu'il faut pour faire face à la situation ?

Le Réarmement moral a-t-il tort ou raison ?

Le Conseil national, le Conseil fédéral (suisse), notre Conseil des États nous montrent- ils qu'ils font tout ce qui est en leur pouvoir de faire pour protéger ce peuple suisse d'un poison et d'un danger mortel ? ce peuple suisse qu'ils ont juré de conduire et de garder en obéissant à la voix de leur conscience ?

Il faut répondre par un non catégorique ; nos autorités s'occupent de tout et surtout de ce « progrès social irréversible » de M. Olivier Reverdin, cette reine des batailles, cette suprême raison d'un système qui se meurt et doit mourir ! pour que nous puissions enfin largement respirer !

C'est dans ces hautes autorités, comme partout, de nos jours, de par le Juif de notre chapitre XII, la passivité, l'ouverture au Mal et aux tâches de facilité et de démagogie, à l'indifférence à tout ce qui fait que nous sommes des personnes et non des bêtes, que nous sommes de l'essence de ce quelque chose qui vibre à la Beauté et à la Bonté, que nos temps de misère conduits par le talmudiste jettent bas et piétinent sans se lasser jamais.

Partout, Monsieur J. Leu conseiller national, le règne des plus basses jouissances qui mettent l'homme dans les bras de Lucifer ! le drame de nos temps !

Il faut donc, Monsieur J. Leu, la sagesse, la raison, le bon sens nous le disent, nous dépouiller une fois pour toutes des institutions politiques dont le Juif nous a pourvus en 1789 et c'est incontestable, qui produisent les détestables effets que nous voyons et qu'ils escomptaient en nous les infligeant comme nous le savons bien par les confidences de leurs Protocoles !

Loin de nous ce diable qui crucifia Jésus sans jamais s'en connaître le coupable et s'en amender, étant aujourd'hui ce même homme qu'il fût le jour même de son crime !

Il est, Monsieur J. Leu, devant nos yeux un dilemme implacable par toute sa rigueur et qu'on se doit d'avoir toujours présent à l'esprit :

La civilisation ou les Juifs.

Le retour à la civilisation implique la mise au pas du Juif et sous une forme pour notre sûreté des plus sévères ! le Juif, ce conjurateur criminel !

Au nom de cette défense spirituelle, Monsieur J. Leu, qui vous a fait parler, il nous faut tous crier d'un seul cœur avec ce bras levé du Grütli qui se donne à Dieu.

Los von den Juden, que je traduirais en français : à bas les Juifs, à eux la dernière place.

À bas *leur formule, leur devise* « Liberté, Égalité, Fraternité » comme ils le disent dans leurs Protocoles, fausse et mensongère, et par laquelle ils ont tout gâté, tout corrompu, tout détruit d'un ordre harmonieux et naturel de la société qui conduisait aux plus heureux effets, ceux d'ancien régime où Dieu était tout et le Juif déicide rien.

On ne met pas à égalité ceux qui ont crucifié le Fils de Dieu et ceux qui l'adorent et l'écoutent ! C'est là un crime et c'est un de ceux justement qu'a commis le libéralisme ! ce ver rongeur le tendre ami des Juifs dans leurs Protocoles !

Les Juifs l'ont dit, Monsieur J. Leu, je le répète pour la millième fois, les aristocrates et les rois sont les meilleurs défenseurs des goyim.

Nous le voyons certes bien aujourd'hui que nous sommes tout en bas de par les Juifs répondrons-nous.

Nous avons la pressante nécessité d'institutions politiques parties de nous-mêmes et conduisant au pouvoir les meilleurs et les plus sérieux dans tous les rangs de la société ; de ces chevaliers de l'honneur, d'autrefois, mais dont nous n'avons plus de par le système pernicieux du talmudiste.

L'ancien régime, a dit le peuple déicide, le meilleur guide des goyim.

Nous l'avons répété, entre les appréciations et les affirmations sur l'ancien régime du parti radical vaudois pourvoyeur de la .'., grand ami des Juifs, déchristianisateur du Pays de Vaud et persécuteur de la religion, et de nos jours démoralisateur en permanence depuis plus de vingt-cinq ans du pays vaudois et de toute la Suisse romande par le système de sa Loterie romande, fêtée comme un dieu, véritable institution d'État à son service, et il en est ainsi de même de toute la Suisse par la Seva de Berne et l'Intercantonale de Zurich... entre ces appréciations partisanes et celles des doyens Bridel et Curtat nous parlant du gouvernement paternel des Bernois, entre des gouvernants qui jettent Dieu loin de leur peuple et ceux qui mettent Dieu à la première place comme le fit toujours l'ancien régime, aucune hésitation n'est possible.

Il faut, en 1848, la première constitution fédérale pour que la liberté religieuse soit instaurée dans le canton de Vaud.

On sait, on voit, on sent où est le Bien, où est la Vérité. Les partis politiques devenus calamité publique !

Tant que le Juif, la source et la désolation de nos maux présents, l'auteur des événements de cataclysmes et de sang de 1789, l'auteur au vingtième siècle du communisme partout et de deux guerres mondiales est ce qu'il est, sa maison ne saurait être la nôtre.

Monsieur J. Leu, conseiller national, nous avons conversé sur un si beau sujet : Du salut du pays, des moyens de ranimer le flambeau de la patrie et des moyens de délivrer l'humanité du fléau qui l'accable, le Juif déicide toujours semblable à lui-même ennemi de Dieu et de son divin Fils et l'auteur abominable des *Protocoles de Sion*.

Je vous salue et prends congé, Monsieur J. Leu, et que Dieu, pour parler comme nos ancêtres du Vierwaldstätter See dont vous êtes, ce Dieu qu'ils ont toujours reçu le genou en terre, ce Dieu merveilleux, ce Dieu puissant, cette nourriture et cette substance même de nos âmes, ce trésor des trésors, cette vraie pierre philosophale du cœur qui fait que celui-ci n'est plus que de la substance noble, de l'or, oui de l'or, rien que de l'or, mais de l'or qui n'est pas fait pour le commerce des hommes, mais bien pour celui du Ciel ; c'est un or de Pureté, d'Harmonie, de Grandeur et de Beauté ! à nul autre pareil... que ce Dieu-là, Monsieur J. Leu, nous aide et nous guide, et nous garde et nous inspire.

L'Intelligence omnipotente et suprême, jetant dans le ciel et le barrant, sa Voie lactée sa Voie de lait comme dit encore Littré, que tant admirait Kant, et qui inscrit à nos yeux la majesté et l'immensité divines.

Et chantons avec le « chantre agréable d'Israël » que fut le roi David :

> *« Il me fait reposer dans de verts pâturages.*
> *Il me conduit le long des eaux tranquilles. »*

Chapitre XIX

Lettre ouverte à Monsieur le Procureur général de la Confédération suisse à Berne

Monsieur le Procureur général,

J'ai l'honneur, avec ces lignes, de vous remettre un texte que je viens d'achever, qui établit, sans doute possible, la culpabilité des grands Juifs mondiaux et du Kahal - gouvernement mondial des Juifs sis à New York -, dont les serviteurs et dont les acolytes et dont les complices sont partout, chez nous donc aussi, fomentateurs d'une conjuration mondiale pour la conquête, en tout lieu, du pouvoir par tous les moyens permis et non permis, comme il en est dit dans les *Protocoles des Sages de Sion*, et comme il en fut en Russie et ailleurs.

Je rappelle à votre mémoire, justement, cette Révolution russe et celles annexes, leur œuvre, absolument, comme il en existe de nombreuses preuves dont deux écrasantes, le rapport du *Secret Service* des U.S.A. (voir p. 286), et puis aussi, *l'Annuaire officiel du gouvernement d'Israël* publié aux U.S.A., qui donne avec orgueil la liste des Juifs exerçant pouvoir en Russie l'an 5678 de l'ère hébraïque.

Cette Révolution russe et ses vingt-huit millions de victimes selon déclaration officielle des Soviets, en 1924, dans les célèbres affiches apposées sur les murs de Kiev et d'autres grandes villes de l'U.R.S.S. : « On accuse la Révolution d'avoir fait quarante mil. lions de victimes ; elle n'en a fait que vingt-huit millions... » dont un nombre immense, ajouterons-nous, de torturés comme il en est bien montré à notre chapitre XV.

« Il s'agit là, dans cet annuaire officiel, de la première liste de la première explosion révolutionnaire. Depuis, les Hébreux ont tout envahi. » (*Protocoles de Sion*, édition Vieille-France, p. 156.)

Les Juifs sont si nombreux, tenant le nonante, nonante-cinq pour cent des postes importants, qu'ils ont tous abandonné leurs noms juifs pour en prendre un qui soit russe, on devine pourquoi.

Ainsi Trotsky (Braunstein), ainsi Zinovieff (Apfelbaum), ainsi Kamenef (Katz)... (Voir p. 287 de mon volume.)

La Révolution russe et celles annexes et le reste, quel reste ? Mais celui des deux guerres mondiales dont ils sont pour celui qui écrit ces lignes, à n'en pas douter, les auteurs ; c'est clair, cela saute aux yeux ! de tout connaisseur du problème juif !

Quand aurons-nous la troisième guerre mondiale ?

Lisez, par exemple, je dis bien par exemple, Monsieur le Procureur général de la Confédération suisse, le protocole 7 des *Protocoles des Sages de Sion*.

Il est vrai qu'il s'agit là, dans ces deux grandes guerres mondiales, d'événements où la Suisse n'est en rien partie.

Mais ces événements sont d'utilité suprême, pour nous aussi, qui montrent à qui nous avons à faire, de quels ennemis sommes entourés et de quelles mesures extraordinaires de sûreté nous avons à nous pourvoir.

Cives helvetici cavete Judaeos !

Citoyens suisses, prenez garde aux Juifs !

Cette culpabilité certaine des Juifs, d'être des conspirateurs mondiaux, s'établit aussi par les Protocoles de Sion dont il n'est plus parlé nulle part, surtout pas dans nos journaux qui méconnaissent leurs devoirs et dans lesquels, et je le souligne et je le sais par expérience, il n'est plus possible de publier la moindre critique à l'égard des Juifs.

Ce seul fait serait à lui seul très significatif, à l'heure présente, de toute la valeur qu'il faut accorder à cette pièce des Protocoles de Sion, si nous n'avions pas encore le jugement du 1er novembre 1937 de la *Cour suprême du canton de Berne* (Suisse), déboutant les Juifs de leur prétention que les Protocoles de Sion sont un faux.

Je rappelle que le rapport du Secret Service des U.S.A. dont à vient d'être écrit, de 1919, est une éclatante et fulgurante confirmation de ce que disent les Protocoles de Sion.

Et dans ce rapport, Monsieur le Procureur général de la Confédération suisse, j'attire tout particulièrement votre attention sur les lignes suivantes :

> « La reconnaissance formelle d'un État juif en Palestine, la constitution de républiques juives en Allemagne et en Autriche ne sont que les premiers pas vers la domination du monde. La juiverie internationale s'agite fiévreusement. Elle a réuni tout dernièrement, en peu de jours, aux U.S.A., *sous prétexte d'écoles en Palestine*, un fonds de guerre d'un milliard de dollars. »

N'avons-nous pas, nous-mêmes Suisses, connu la grève générale en 1918, ce putsch avorté de révolution communiste juive ?

De plus, les Juifs et les francs-maçons, une seule et même chose pour les connaisseurs, sont les *auteurs de la décomposition sociale* parmi nous et autour de nous, et dont sans cesse, les effets se marquent plus agissants, plus nombreux, plus audacieux, plus angoissants, tellement qu'il n'est nullement nécessaire qu'il en soit donné à votre haute autorité des exemples.

C'est là une notion, une connaissance admise de tout le monde !

Cependant, celui-ci d'exemple, celui du sieur Rittmeyer ancien pasteur chassé de l'Église nationale vaudoise pour indignité dans l'exercice de ses fonctions comme nous en parlons déjà plus haut dans notre livre à la page 454, et dont l'activité antireligieuse devient tous les jours plus audacieuse allant jusqu'à mettre en doute, à l'affichage, l'existence de notre Seigneur Jésus-Christ (novembre 1964).

Or, cet homme dévoyé aux affiches luxueuses et qui publie un journal, fréquente les loges maçonniques à Yverdon.

La preuve de l'origine juive et maçonnique de notre décomposition sociale éclatera à vos yeux en lisant notre chapitre XII où l'on voit les Juifs, aux postes du gouvernement français, jeter sur ce peuple dont ils se sont institués les maîtres, les pires enseignements qu'il soit possible d'imaginer !

Le protocole 18 des *Protocoles de Sion* a pour titre : « Organiser le désordre », et nous sommes en plein désordre !

Je dis que la franc-maçonnerie ce sont les Juifs, et que les Juifs c'est la franc-maçonnerie, et je vous prie, Monsieur le Procureur général de la Confédération suisse, à la page 449 de mon livre, de bien vouloir prendre connaissance de quelques-unes des raisons qui permettent de se prononcer sur ce point à coup sûr.

Si nous voulons sauver notre patrie d'un régime communiste de tyrannie juive sans Dieu par révolution sanglante presque obligée, telle qu'en France nous le voyons déjà partiellement réalise, il est indispensable, et sans perdre une minute, de prendre des mesures à l'égard des Juifs conspirateurs contre l'ordre établi.

Un exemple, ici, prémonitoire de cette tyrannie, il n'est plus possible à l'heure actuelle, nous venons de le voir déjà mais nous insistons, de faire paraître dans notre presse suisse romande un article porteur de critiques à l'adresse du Juif comme il nous est donné d'en faire la démonstration dans ce livre à la page 151.

En 1920 déjà, aux U.S.A., Ford dans son livre *Le Juif international* les déclarait les maîtres de la presse dans son pays.

Un des bons signes de la conjuration juive, nous ligoter en asservissant notre presse.

Et la première mesure que la connaissance du problème nous dicte, est la destruction des *Loges maçonniques suisses,* l'humble servante du pouvoir juif mondial de conjuration contre le genre humain, l'humble et très docile servante d'un pouvoir étranger qui n'a rien à dire et rien à faire chez nous.

Je pense, Monsieur le Procureur général de la Confédération suisse, que tous les citoyens suisses fidèles à leur drapeau, à leur pays, à leur conscience, à leur histoire, à tous leurs ancêtres bâtisseurs de ce que nous aimons doivent, de toutes leurs forces et de toutes leurs connaissances, contribuer à la conservation de la patrie, mais non sans l'avoir auparavant remise dans toutes ses belles qualités tant attaquées, tant abaissées, tant mutilées par la judéo-maçonnerie et ses séides au cours des ans et depuis 1789 son œuvre, précisément, comme elle le reconnaît elle-même dans son protocole 3 des *Protocoles de Sion* :

« Rappelez-vous la Révolution française que nous avons appelée « grande » ; nous connaissons bien les secrets de sa préparation, car elle fut notre œuvre. »

Il s'agit de savoir, ni plus ni moins, Monsieur le Procureur général de la Confédération suisse, si nous allons nous laisser massacrer par une révolution communiste juive, sanglante comme elles l'ont toujours été, sans même tenter le moindre geste !

Le Juif est, partout et de toujours, un révolutionnaire-né des plus dangereux, animé du génie de la destruction comme il en a donné mille et une preuves, et nous nous devons pour des raisons morales, religieuses, politiques, juridiques, de vie et de mort et de salut public, de prendre contre lui dans l'immédiat les plus sévères mesures de sécurité.

Révolutionnaire-né et le tyran sanguinaire qui, en 1932, introduit en Russie le *livret de travail* qui met en servitude les ouvriers.

C'est lui, aussi, qui à la Révolution française, détruit les corporations, laissant ces mêmes ouvriers sans défense.

Ce qu'il faut faire aussi, c'est de n'être en rien le complice du Juif et de sa franc-maçonnerie, ce que je serais si je me taisais sachant ce que je sais.

Quand on va à la racine du mal dont nous souffrons, on y trouve le Juif maléfique aux monstrueuses fortunes, et voilà qui est incontestable !

Je vous prie, Monsieur le Procureur général de la Confédération suisse, de bien vouloir agréer l'expression de ma très haute considération.

Dr J.-A. Mathez.

CHAPITRE XX

LES JÉSUITES DU JUIF ERRANT *D'EUGÈNE SUE*, LE MILITARISME PRUSSIEN ET LES « SIX MILLIONS DE GAZÉS » - L'AGRESSEUR

L'Église catholique, elle, dans ces temps de gravissime situation que nous vivons présentement, est moins atone que nous-mêmes protestants.

La destruction de la religion, but que se sont fixés les Juifs dans leurs Protocoles de Sion chiffre 4, a fait que les Juifs et leurs associés, que dis-je, leurs serviteurs les .'., se sont tout naturellement jetés sur les *Jésuites* troupe d'élite, aile battante combattante et marchante du catholicisme, qui entendaient leur barrer la route et défendre les positions, les privilèges et les beautés de la religion.

Il est heureux et c'est un protestant qui parle, et n'en déplaise à la lettre du lecteur du très rouge *Journal de Genève* du 4.3.1965, que nous ayons dans le monde les Jésuites pour constituer les derniers carrés d'une résistance efficace au Kahal, à l'Alliance israélite universelle, au Jewish Committee, aux B'naï Brith et à la maçonnerie, alors que cette lettre du lecteur signée R. C. fait absolument comme si ces forces redoutables n'étaient pas à l'heure présente le danger suprême de dissolution et de destruction de la société chrétienne agissant, dis-je, à cet égard, ce lecteur, exactement comme le toujours et encore très rouge *Journal de Genève* qui n'a de caresses et de gracieusetés que pour les Juifs, les ennemis mortels du genre humain comme le prouvent bien, Monsieur R. Payot directeur du *Journal de Genève*, les *Protocoles de Sion* et bien d'autres choses encore dont vous ne faites mention, jamais, cet acte de mauvaise foi, cet acte de complicité !

C'est une faute grave qu'on ne doit jamais commettre de parler Jésuites sans parler Juifs et maçonnerie ! ainsi qu'en fait R. C.

L'ordre des Jésuites est de discipline, d'activité, de prosélytisme (c'est son droit), d'obéissance à un général porté à de nombreuses activités, dont la plus importante est l'enseignement ses collèges sont renommés et celui, par exemple, de Saint-Michel à Fribourg, au siècle passé, acquiert une célébrité mondiale, qui fait qu'on ne l'appelle plus que « la maison d'éducation de la jeunesse catholique d'Europe ». N'est pas Jésuite qui veut, on ne l'est que par choix raisonné !

Devant l'immense danger que constituent les Juifs de conjuration, il importe que dans leur diversité les croyants de toutes les confessions s'unissent étroitement.

Si les Jésuites ont déployé de belles activités au cours des siècles, ils n'ont pas été non plus sans accès de faiblesse, en France notamment, résolvant terrestrement de graves problèmes métaphysiques ; au XVIIe siècle, qui aboutissent à la Révocation de l'Édit de Nantes et aux graves persécutions des huguenots dont ils ne sont pas seuls, d'ailleurs, à être les auteurs ; Louis XIV lui-même et sa dévotion qui prend, dès son second mariage (1683), le pas sur la politique doivent être retenus ; et Louvois et Le Tellier et les Assemblées générales du clergé et Madame de Maintenon et les succès trompeurs, en Béarn et au Languedoc, par occupation massive de territoires de la R.P.R. par l'armée.

Il n'est pas ici en seule cause que le père jésuite de La Chaise confesseur du roi, malgré ce qu'en a dit la petite-fille d'Agrippa d'Aubigné : « On est fort content du Père de La Chaise, il inspire au roi de grandes choses. Bientôt tous ses sujets serviront Dieu en esprit et en vérité » (Lavisse, tome VII**, p. 61).

À tout péché miséricorde, un péché qui datera bientôt de trois siècles, et qu'on aurait tort de faire revivre toujours et incessamment, qui n'était que la conclusion d'une longue rivalité religieuse à laquelle, cependant, ni Richelieu, ni Mazarin jamais ne voulurent donner la forme que choisit Louis XIV.

Au lieu de reproches continuels à nos frères catholiques, soyons nous-mêmes tolérants qui leur reprochons de ne l'avoir point été, et souvenons-nous que l'heure est à l'entente et non point à la division ; et ne bannissons pas des Suisses jésuites de leur patrie pour la seule raison qu'il en plaît ainsi au Kahal, à tous ses juifs et maçons et parti radical, responsables, eux tous, de l'état effroyable dans lequel notre société est tombée ; on signalait ces jours encore l'effrayante augmentation de la criminalité en Suède (voir *Feuille d'Avis de Vevey*, 3.3.65) et aux U.S.A. (*Tribune de Lausanne*, 5.3.65) ainsi qu'en Finlande (*Feuille d'Avis de Vevey*, 8.3.65).

Oui, les jésuites ont de belles qualités particulièrement précieuses à nos jours de grand danger.

On dit que les Jésuites sont ceci et ça ; beaucoup de on dit et peu de précisions ; possible qu'ils soient envahissants, qu'ils dépassent quelquefois certaines limites dans leur dynamisme et que, sur le plan mondial, dans leur lutte d'avec l'ennemi le plus dangereux du genre humain qui soit, le Juif, tous les principes du Bien individuel n'aient pas toujours été observés.

On ne peut pas, *temporibus praesentibus*, et à l'échelle mondiale, toujours appliquer, là, dans cette lutte d'avec le Kahal implacable et qui ne recule devant rien, toujours appliquer, dis-je, tout ce qu'on peut à soi-même s'appliquer des règles fraîches et verdoyantes de la vie morale et spirituelle.

Mais qu'est-ce cela ? en face à face d'avec le dossier des Juifs ? Je vous le demande ? Qu'est-ce cela ?

Oui, rendons avec plaisir à César ce qui est à César et aimons-nous, chrétiens, les uns les autres ! dans la pratique de tous les jours.

Que d'excellents croyants dans toutes les confessions, et qui perçoivent dans leur cœur la même touche divine ! Qu'elle brille, qu'elle vive et palpite dans nos rapports mutuels !

C'est bien à cause de ses grandes qualités et celles, surtout, allant à ses dispositions particulières pour l'enseignement, préparant de nouvelles générations et leur esprit et leur cœur et leur science, que l'Église catholique s'est vue si souvent attaquée par et dans cet ordre d'élite que sont les jésuites qui, comme tous les gens honnêtes et éclairés, ne doit avoir comme consigne que de lutter, et quoi de plus légitime et quoi de plus urgent, que de lutter, dis-je, contre les forces criminelles des Juifs du Kahal et de l'Alliance israélite universelle qui n'ont en vue, nous l'avons mille fois montré et démontré, que l'installation, partout, du communisme sauvage, barbare, sanglant et cruel.

Si nous attendons sur le *Journal de Genève* et l'Église nationale vaudoise pour mettre les Juifs au pas, qu'en adviendra-t-il alors de notre destin ?

Le Juif en état de guerre perpétuelle contre le genre humain, lequel, ce genre humain, depuis 1789, se trouve lui-même de par ses origines et ses institutions politiques, dans des états de moindre résistance, d'ignorance sur l'essentiel, d'indifférence et d'atonie et de catalepsie qui n'ont jamais à trouver leur fin.

Voilà le drame !

Être l'adversaire du Juif, c'est lutter pour le Bien ; être attaqués incessamment comme le sont les Jésuites par le Juif corrupteur, malfaiteur et tout-puissant d'un système qui nous conduit au néant par l'absence de Dieu qui est la Vie même, n'est-ce pas glorieux ? N'est-ce pas dans de grands dangers marcher dans les pas de notre Maître ? N'est-ce pas se mettre aux premiers rangs ?

En France, les Jésuites sont expulsés en 1773 en même temps que Clément XIV supprime l'ordre qu'on rétablira en 1814.

Pour J. Bainville, *Histoire de France,* p. 292 (1924), ce sont des considérations de politique extérieure conduite par Choiseul qui dictent cette expulsion : plaire au Parlement janséniste et républicain, aux fins d'obtenir les crédits nécessaires à la lutte contre l'Angleterre dans les années qui suivent la signature du Traité de Paris de 1763 ; tandis que pour B. Fay (1962), l'expulsion des Jésuites est le fait d'un complot maçonnique tramé par les trois premiers ministres de Portugal, d'Espagne et de France, tous maçons, Plombal, Arando et Choiseul, aboutissant à une expulsion tripartite.

Il paraît bien que M. B. Fay a raison, ce tripartisme certifiant l'arrangement, le complot maçonnique.

Choiseul se sera, auprès du roi, donné le prétexte de l'Angleterre pour cacher ses intentions coupables.

Nous savons la Révolution française être l'œuvre des Juifs révolutionnaires-nés et chambardeurs du monde par tous les moyens (protocole de Sion n° 3), à ce moment-là déjà, les maîtres des Loges (Drumont) qui n'étaient plus qu'en sous-ordre.

Nous savons la haute noblesse marchant dans les Loges par esprit d'intrigue et par ambition, et nombreuse, espérant, des idées nouvelles, de grands avantages alors qu'elle ne récoltera que son *suicide maçonnique* pour employer l'expression de M. B. Fay.

Nous savons les Juifs les adversaires acharnés de la religion chrétienne, du Christ, de Dieu, abîmés dans leur Talmud comme ils le seront plus tard encore, dès 1885 (approximativement), dans leurs Protocoles de Sion.

Nous savons la République française anticléricale au possible dont la Constitution, nulle part, ne montre le nom de Dieu ; elle n'est que l'expression de la puissance juive dont on peut voir, de nos jours, toute la malfaisance.

Il s'agissait pour les Juifs, en les faisant expulser sous Choiseul, de déloger les Jésuites enseignant aux générations françaises des règles de vie honorables et religieuses, en même temps qu'une science que de nombreux maîtres avaient illustrée, aux fins de se mettre à leur place et de jeter cette jeunesse si soigneusement gardée, éduquée et préparée pour la vie, par tous les moyens permis et non permis, dans les horreurs et les ignominies qui règnent souverainement de nos jours et font que l'esprit public n'est plus que celui désiré dans les *Protocoles de Sion*.

Je rappelle, dans notre pays, l'antisémitisme, au siècle passé, d'hommes tels que Frédéric Godet, Pestalozzi, Jakob Burckardt.

Je rappelle les protestations d'autres personnalités suisses à l'expulsion, chez nous, des Jésuites suite au Sonderbund (novembre 1847) : Bluntschi, Jérémias Gotthelf, Gelzer, R. Hagenbach, Daniel Schenkel, Alexandre Vinet.

Sous l'ancien régime, en Suisse, ce sont les Juifs qu'on expulse et non les serviteurs de Dieu ; en 1500, il n'est plus un seul Juif chez nous. Genève est la seule ville à avoir un ghetto ; en 1427 Berne les bannit à perpétuité ; en 1737, la Diète ne les admet plus que dans les deux villages du comté de Baden de Lengnau et d'Endingen.

À Bâle, en 1397, ils sont accusés d'empoisonner les fontaines. Drumont affirme toute la réalité des empoisonnements de fontaines au moyen âge en Espagne et en Tunisie.

Comme on voit, un charmant compagnonnage que ces Juifs et qui savent se faire aimer !

C'est le XIXe siècle, qui voit l'éclosion du roman-feuilleton, tel que nous l'avons encore dans quelques journaux quand la folie du sport, hautement recommandée par les Protocoles, veut bien leur laisser quelque place.

C'est ici que les Juifs vont briller dans leurs attaques aux goyim, à la société, à la religion, à la morale. Le travail va se faire sur une vaste échelle. Voyez plutôt.

C'est Frédéric Soulié (1800-1847) avec les *Mémoires du diable* qui, en 1837-1838, ouvre la marche de ce genre littéraire dont les Juifs se feront une arme redoutable de décomposition sociale.

« L'action de ce long roman, dit le *Dictionnaire des œuvres,* composée de nombreuses parties n'est qu'une succession de vols, d'enlèvements, d'adultères, d'incestes, de fratricides, de parricides et d'abominations de toutes sortes. »

Ces romans feuilletons, en général des romans fleuve et dont chaque jour vous apporte une tranche.

Ce Frédéric Soulié était-il de mèche avec les Juifs en écrivant ses horreurs non surveillées et alléchantes aux esprits malsains ? C'est plus que probable quand tout est considéré, marchant comme le fait cet écrivain en écrivant comme il écrit, dans les chemins et les intentions les plus chères des Juifs, et dans un temps dans lequel ils sont déjà très puissants.

C'est alors, en 1842, 1843, dans le *Journal des Débats* d'abord, puis en édition, les *Mystères de Paris* d'Eugène Sue, qui tournent autour d'une prostituée en attendant celle d'Hugo dans les *Misérables, Mystères* dont le *succès fut prodigieux* dans toutes les classes sociales, ébranlant même déjà les assises de la société, tant tout est nouveau dans un genre détestable baignant d'immoralité et d'anarchie ; « une série d'intrigues des plus compliquées servant à évoquer les milieux les plus louches et à représenter les dépravations et les crimes les plus affreux, le tout étant couronné finalement d'une juste punition (réd. en attendant qu'on la fasse disparaître ajouterons-nous).

» Description réaliste des misères du peuple et une critique délibérée des institutions, se faisant l'écho des courants humanitaires et socialistes fort à la mode aux environs de 1840 et qui devaient *trouver leur aboutissant dans la Révolution de 1848* », dit le *Dictionnaire des œuvres.*

Les Juifs ont l'intelligence du Mal en général et du Mal par la presse en particulier !

Le « 1789 » des Juifs avait laissé les ouvriers absolument sans défense par la destruction des corporations.

C'est, au XIXe siècle, l'auteur même du mal qui l'expose tout en se cachant habilement de l'être, et poussant à de nouvelles révolutions tout en passant la religion sous silence en attendant de l'attaquer ouvertement.

Prodigieux succès, avons-nous dit, de l'œuvre, véritable macédoine de protocoles de Sion, dans tous les milieux, et qui bouleverse la France, la jetant sans fin dans des conversations où tout se détruit et se reconstruit.

Il faut bien voir ce Juif d'enfer prenant possession progressivement de tout un peuple en le traumatisant, moralement et psychiquement, de toutes les manières possibles et imaginables, par des effets de masse et d'écrasement !

Dans le *Juif errant* du même Eugène Sue (1804-1857), paru en 1844, 1845, les attaques à la religion sont là, et sur quel ton et de quelle manière, alors que le père jésuite Rodin et la Compagnie de Jésus tout entière ne sont plus que des captateurs d'héritages au prix de tous les crimes et forfaits possibles.

Et comble d'audace, quand on connaît la matière comme il nous est donné de la connaître, ici, « le roman tout entier dominé » par deux personnages fantastiques qui aident mystérieusement » les Rennepont (réd. les gens frustrés de l'héritage) le Juif et la » Juive ardente, symbole de la classe ouvrière condamnée à une » éternelle fatigue et de la femme opprimée dont les droits sont foulés aux pieds. » (*Dictionnaire des œuvres.*)

1844. Attaques aux Jésuites à Paris par le journal et l'édition, puis le théâtre.

1844. Attaque des premiers corps francs partis d'Argovie contre Lucerne pour en chasser les Jésuites.

Le synchronisme de la conjuration juive internationale en travail !

C'est ici le moment de crier bien haut : « Dis-moi qui t'attaque et je te dirai qui tu es. »

Comprenez-vous, naïfs Aryens, comment on fait pour créer des situations de fait dans les cœurs et dans les âmes, sur un rythme et dans une puissance tels que la marque pourrait en rester indélébile ?

Oui, le *Juif* errant de 1844 traumatise, imprègne et marque comme les *six millions de gazés* dont le monde est inondé, la guerre à peine finie en 1945, traumatisent, imprègnent et marquent.

Ou c'est encore, il faut le répéter sans cesse, le *militarisme prussien* dont, dès 1900, l'on nous ressasse et qui sera là pour endosser d'être l'auteur, en 1914, du déclenchement des hostilités dont sont seuls coupables les Juifs.

1844, 1900 à 1914, 1945, rapprochements intéressants mettant bien en évidence la manière de faire dans trois opérations de grand style de stratégie mentale antigoyimienne, des Juifs, au service de Satan comme toujours bien entendu !

Le crime rituel mental à l'échelle mondiale ! du Juif de ténèbres et de néant ! parce que marchant obstinément dans les pas de l'Antichrist.

J'entends encore feu l'abbé Dupraz de Poliez-Pittet me dire et répéter qu'Eugène Sue avait reçu la dixième partie du million pour écrire le *Juif errant* et Paul Féval tout autant pour écrire dans la même note, qui l'avait rendue quelques semaines après l'avoir reçue.

Ce corrupteur d'instinct qu'est le Juif !

Comprenez-vous maintenant pourquoi les Jésuites sont, de nos jours encore, l'objet de la méfiance et de la médisance et de l'hostilité.

C'est un ordre de courage, d'allant, de discipline, organisé et préparé justement pour les grands dangers que nous vivons. Ne les paralysons pas dans leur action de défense antijuive.

Ce n'est pas une petite affaire que de jeter bas les Juifs ! Harmaguédon ! Harmaguédon !

Seigneur s'Il vous était possible de faire qu'Harmaguédon ne tarde plus, qu'il nous soit donné, alors et dès lors, de vivre dans un éther qui ne soit plus la pestilence du Juif !

En 1849, Eugène Sue tire un drame de son *Juif errant,* présenté à l'« Ambigu » avec un grand succès !

Voyez comment il en est fait de la troupe d'élite à tant d'égards des Jésuites, ces Jésuites aux admirables collèges, traînés par la scène, le journal et l'édition, pendant des mois et des années, dans la première ville d'Europe, impunément et publiquement, dans leur personne, leur robe et leur ordre, traînés dans la boue, le vol et le crime ; calomniés, injuriés par le peuple le plus menteur et le plus malfaisant de l'univers ; sans que d'ailleurs, du temps du « Juif errant », le pouvoir intervienne. Louis-Philippe, très ami des Juifs, devant comme eux sa situation à la Révolution.

On voit donc qu'elle était, à ce moment-là déjà, la puissance des Juifs en France.

Cette calomnie de Beaumarchais dans la bouche des fils de Judas ! Et cependant, à nos jours, on voit les Jésuites, eux seuls, doubler leurs effectifs !

Mais Erckmann (1822-1899) et Chatrian (1826-1890) entendent ne pas rester en arrière et présentent au Théâtre de Cluny le « juif polonais », en 1869, qui passe ensuite au répertoire de la Comédie Française la toute-puissance des Juifs aidant ; là, c'est un juif assassiné par un aubergiste alsacien.

Mais ce n'est pas assez encore, et de cette pièce l'on tire un conte lyrique mis en musique par C. Erlanger (sauf erreur un Juif) et présenté en 1900 à l'Opéra-Comique.

On sait que les Juifs ont pullulé en Alsace, une véritable terre d'élection pour eux, y pratiquant une usure insensée et que Robespierre sollicité d'agir contre eux, à la Révolution, s'y refusa. Le geste est à retenir, Robespierre est Franc-Maçon.

Dans la « Juive » de Fromental et Halévy représentée en 1835, deux Juifs père et fille adoptive faisant figure de héros, sont mis à mort, aux temps du Concile de Constance, et à Constance même.

La montée en scène, au propre et au figuré il en est de le dire, du Juif, le drame du XIXe siècle, en même temps que disparaît dans les théâtres français le rôle du Juif réprouvé du genre humain tout entier, cette condition essentielle à la présence de toute civilisation tant que le Juif reste dans ses erreurs ; le drame du XIXe siècle, en attendant celui du vingtième siècle, les deux guerres mondiales œuvre du Juif.

Encore une Juive, la « Juive de Tolède » tragédie en cinq actes de l'Autrichien Grillparzer (1791-1872) ; jouée en 1888 ; une Juive très belle présentée en héroïne et condamnée à mort par les Grands d'Espagne.

Combien de temps encore le Juif tiendra-t-il en maître la scène du monde ? Et n'est-ce pas peut-être à la présence des Jésuites que nous devons, jusqu'à ce jour, que les Juifs n'aient point encore tout submergé et tout anéanti de nos personnes ?

Et cependant, Jésuites, j'entends des voix qui me disent que, vous aussi, vous vous laisseriez entraîner dans les eaux empoisonnées du Juif, entraîner à pactiser d'avec le fossoyeur sanglant de Katyn ? Non, non, il faut et il se doit qu'avec tous les vrais croyants de toutes les confessions, vous soyez présents à l'heure du dernier carré qui sauvera l'humanité, abordant aux rives de Palestine où les Écritures nous promettent et nous préparent des événements métaphysiques et grandioses.

Quant à la fameuse démocratie qui fait se pâmer d'aise le *Journal de Genève*, cette judéomaçonnerie antichrétienne de 1789 victime de ses œuvres et dont tous les beaux effets s'étalent sous nos yeux horrifiés, elle n'a plus besoin que d'une chose, un enterrement de première classe avec remise « au vieux fer ».

Le *Journal de Genève* qui, pratiquant l'œcuménisme à sa manière, refuse sa colonne du lecteur à ceux qui critiquent les Juifs auteurs des *Protocoles de Sion* (voir pp. 151 à 154) et l'ouvre, tout entière, aux ennemis de ces Jésuites qui montrent tout leur courage et leur résolution en face du plus dangereux et du plus mortel ennemi du genre humain comme nous en avons les preuves.

Comme déjà dit, c'est une faute de parler Jésuites sans parler Juifs et .'. que commirent Dierauer, Gagliardi, et W. Martin celui-ci dans une moindre mesure discourant de Jésuites et de radicalisme agresseur, dans leurs Histoires de la Suisse.

Et une fois encore, compter sur le *Journal de Genève* pour nous défendre et nous sauver des Juifs, c'est avoir la naïveté du *Dictionnaire historique et biographique de la Suisse* qui donne, en 1921, à ses lecteurs, l'article juif sous la plume du Juif A. Nordmann.

Le Juif et l'objectivité !

Le *Journal de Genève* toujours plus rouge et M. B. Béguin siégeant dans la ville des Allobroges, devenue malfamée de par la volonté du Juif du protocole 18, tant y règne le Mal sous toutes ses formes et *l'insécurité,* souvenons-nous de l'appel angoissé des sociétés patriotiques de Genève, et qui fait, ce rédacteur, « confiance à l'homme » ! dans son article du 4 mars 1965 pourvu du titre ridicule et inconséquent : « Étudiants de Madrid nos frères ».

Le général Franco n'est-il pas un honnête homme et n'a-t-il pas sauvé, à la dernière extrémité, son pays plongé déjà dans les affres d'une catastrophe de soviets qui nous contaminait ?

Le *Journal de Genève*, l'enfant chéri des Juifs, prêche-t-il la révolution en Espagne ? On pourrait le croire à le lire. On voit d'ici si les Juifs y travaillent et si les millions de touristes qui visitent l'Espagne ne visitent seulement que la Costa Brava ?

Oui, peut-on dire que la judéomaçonnerie qui nous gouverne est un régime honnête et chrétien ? et qui a qualité, en partant de la pourriture dans laquelle elle vit, de donner leçons à autrui, au nom d'une société en décomposition de par les vertus d'un libéralisme destructeur chéri des Juifs en tant que tel dans leurs *Protocoles de Sion* et de M. Albert Picot ancienne première magistrature de Suisse.

Seule la clique juive et sa camarilla oseraient le prétendre !

Genève, Genève, après avoir étonné le monde par ton Calvin, n'être plus que Genève la Juive, jetant l'infection dans notre Suisse tout entière !

La vie n'est vraiment belle qu'avec le sentiment du divin dans son cœur ! Le Juif et le sentiment du divin dans son cœur !

Au fond, et dans les temps présents, tout revient à ceci les Juifs et leur .'. prétendent à la suppression de la religion et les Jésuites, troupe d'attaque et de choc, et sur pied de guerre, et de résolution et de discipline et de généralat prétendent, avec ce qui reste d'honnêtes gens sur la terre, à sa présence et à sa pratique.

Les Jésuites sont ici dans un grand et très beau rôle.

Nous avons besoin de toutes nos forces croyants de toutes confessions unissez-vous dans votre diversité !

Dans le *Journal de Genève* du 19 mars 1965, on peut lire sur les Jésuites, cette fois, une opinion d'homme raisonnable et sensé, M. E. Gaulis, qui voit les choses d'un peu plus haut et qui montre par sa manière de voir, une appréciation de la situation autrement objective et juste et large que le propos querelleur, superficiel, imprécis et banal de ce lecteur R. C., du début de ce dernier chapitre, dans ses attaques aux Jésuites, qui seraient, ces Jésuites, le trouble-fête de la Suisse et du monde, le danger public susceptible de détruire la paix confessionnelle ; d'une masse immense, dirons-nous, d'incroyants ! du fait, justement, des Juifs et de leur .'. et dont le sieur R. C. se garde bien, alors que tout est là, de nous en dire le moindre mot ! M. Rilliet, lui, est pour l'abrogation des art. confess.

L'homme de Dieu attaqué et calomnié et les auteurs de tous nos maux passés sous silence !

Admirable bonne foi, objectivité sans exemple ! de ce pourfendeur après Eugène Sue des pères jésuites, ces professeurs de la jeunesse catholique.

Ces Jésuites, jouant un rôle mineur lors de l'Inquisition espagnole politique d'abord par Ferdinand d'Aragon, et qu'on représente toujours comme animés des plus noirs complots qui soient.

Vain bavardage à clichés que celui de ce lecteur du *Journal de Genève* que nous ne connaissons que par les initiales de son nom.

La réalité est tout autre. C'est que les auteurs de ces moments d'épouvante que sont les *Protocoles de Sion* trouvent sur leur route un ordre religieux de discipline et d'obéissance, qualités de rarissime fréquence à notre heure, et qui entend bien que Dieu soit et reste à la première place, bien résolus, ces Jésuites, à se défendre jusques à tout des auteurs de notre décomposition sociale comme il en est qu'on les accuse ici, dans la lettre au Procureur général de la Confédération suisse.

Est-ce que défendre Dieu parmi les hommes est maintenant un délit ? Jusqu'où n'ira pas l'audace du Juif et de sa maçonnerie ?

Est-ce que les Juifs auteurs de tous nos maux, depuis 1789, entendent nous empêcher, catholiques et protestants, de vivre en bonne harmonie et d'adorer Dieu comme il sied qu'il en soit fait ?

Ces protestants français, qui depuis bientôt trois siècles, n'ont point encore su pardonner, nourrissant leur ressentiment, et par celui-ci, travaillant à l'école du Juif, à l'avilissement et à l'anéantissement de leur patrie.

N'est-ce pas Louis XVI qui, en 1786, leur redonne tous leurs droits ?

C'est un des objectifs des Juifs que catholiques et protestants ne soient entre eux que frères ennemis, en attendant que le matérialisme ne soit plus partout que le maître incontesté (protocole 4).

Les Juifs dont notre chapitre XII montre les audaces extrêmes et les propos abominables, ont-ils qualité, en prenant la place du Ciel dont ils sont les implacables ennemis, et malfaiteurs publics, de s'ériger les défenseurs de la morale publique ?

Nous avons accueilli au siècle passé, parmi nous, en Suisse, les Juifs qui n'ont rien eu de plus pressé que de faire que les jésuites suisses, nos compatriotes, animateurs de nos plus beaux collèges soient chassés et bannis de leur patrie comme des criminels.

Dans les attaques aux Jésuites ne reposant sur rien, il faut surtout bien voir ce besoin inné de mensonge et de destruction qu'a le Juif d'animer ainsi les mouvements désordonnés d'un cœur corrompu.

Ne juger jamais, a dit Drumont, le Juif d'après nos idées.

Ce Juif au terrible passé récent, révolutionnaire-né, espion-né, vivant en toute sécurité chez nous de par la maladie sociale et mentale dont nous vivons et mourons et dont il est justement le seul et unique auteur.

Nous l'avons dit

1844, les Jésuites attaqués, calomniés, outragés, salis à Paris dans le *Juif errant,* sous ce Louis-Philippe qui n'a aucun respect pour la religion et qui, pourtant, avait si bien commencé sa carrière, entendant avec Dumouriez marcher sur Paris, en mars-avril 1793, quelque six mois avant que son père, Philippe-Égalité, ne fut le 6 novembre 1793 guillotiné, et que leur armée abandonne, les obligeant tous deux à fuir la France.

Mais qui, dès 1830, devenu « roi des Français » devient un intime des Rothschild, ainsi que toute sa famille, à l'exception du duc d'Orléans nous l'avons vu déjà, l'héritier présomptif, qui ne les aime pas – ce que les Juifs savent pertinemment - lit dans leur jeu, mais vit et meurt sous leurs yeux dans un accident de voiture, en 1842, qui n'efface pas avec lui toute suspicion d'attentat.

1844. Les Jésuites, en Suisse, attaqués les armes à la main par les corps francs.

Le *Sonderbund* (conflit armé entre Suisses protestants et catholiques en 1847) n'est pas autre chose que le fruit homicide du Juif agresseur préoccupé déjà de cette dissolution sociale et mentale dont, de nos jours, partout se voient et se comptent tous les effets dévastateurs !

Ce Juif, agresseur sans cause valable, sinon celle de la pourriture de son cœur, armé de sa franc-maçonnerie très solidement installée chez nous et de son parti radical, et qui, par ses mensonges chasse de Suisse les Jésuites, les meilleurs éducateurs de notre jeunesse en terre catholique.

Los von den Juden
Il faut chasser de chez nous le Juif fléau du genre humain !

Honorer Dieu et son Fils bien-aimé est une offense insupportable à ces Juifs d'abominations dont notre texte montre, en tous lieux, toutes celles qu'ils ont commises.

Il n'est que de parcourir le mémoire du 21 mai 1859 parvenu à nos autorités, où les U.S.A. corrompus et pourris déjà de par leurs Juifs, reniant l'esprit des *pilgrims*, rompent arcs et flèches en leur faveur, demandant pour ces Juifs de malheur que nous leur accordions l'égalité, tout en passant en revue les restrictions à leurs activités dans nos différents cantons.

Ce mémoire, qui, en 1859, se terminant, signifiait déjà l'abaissement et la contamination juive des

U.S.A. par des mots qui se voulaient décisifs et d'argumentation péremptoire :

> Il est connu que les Hébreux (réd. déjà plus question de Juifs), dans une certaine mesure, sont les capitalistes du monde et il ne serait pas possible de fermer toujours la porte à un si riche client. (Cité d'Ambrunnen 1935).

Il n'est plus, comme vous voyez, question de peste et de choléra, comme sous l'ancien régime il en était parlé de ces Juifs maudits de par notre Seigneur Jésus-Christ ! dans le figuier desséché.

Avons-nous qualité pour contrecarrer les volontés divines ? Il n'est plus qu'argent en tout et pour tout.

La pourriture juive a pris pied aux U.S.A., déjà bien assise, comme nous voyons, en 1859, acheminant aux temps présents et *à cette affaire de scandale de Ford* qui marque la défaite des honnêtes gens que couronne le Juif devenu parole d'évangile l'évangile du mensonge !

Seigneur, Seigneur, quand verrons-nous le cours de toutes ces horreurs prendre fin ? Tout près de nous Genève la juive !

> « Vente aux enchères au profit du
> Village suisse en Israël
> au Musée de l'Athénée le 8 avril 1965...
> Le Comité d'honneur :
> S.E. Moshé Bartar ambassadeur d'Israël
> M. Alfred Borel conseiller national,
> M. P. Bouffard maire de la ville de Genève
> M. André Chavannes conseiller d'État
> M. Raymond Déonna conseiller national
> M. René Helg conseiller d'État
> M. Philippe Nordmann Lausanne
> M. Albert Picot ancien conseiller d'État
> M. le baron Edmond de Rothschild

M. Jean Treina conseiller d'État, vous remercie. »

Nous construisons chez eux pendant qu'ils détruisent chez nous ! Le libéralisme jusque dans l'absurde consommé.

Le libéralisme destructeur de la société chrétienne et chéri des juifs dans leurs Protocoles criminels.

Cavete cives helvetici, cavete Judaeos !
Citoyen suisse prends garde aux Juifs !
Le *Journal de Genève* et les attaques aux Juifs (Voir p. 153.)

Le *Journal de Genève* chroniqueur attitré, très appliqué et de service à tout instant par M. Michel Petitpierre, de la lutte contre l'antisémitisme, dans des articles qui sont des modèles d'ignorance voulue, de superficiel, d'inconséquences, de phraséologie politique et sentimentale et d'absurdités, - ce que c'est que de naviguer dans des eaux troubles -, où l'on nous parle, comme dans l'article du 25 mars 1965 de « Commission des droits de l'homme » et de ce que parle et chante aussi le juge Cohen, les miasmes maçonniques et juifs du Journal de Genève..., au lieu de nous discourir des Protocoles de Sion, du rapport du « Secret Service » des U.S.A. de 1919, et des Juifs les bourreaux et tortionnaires du peuple russe par millions en 1917 et années suivantes, en même temps que meurtriers des quatre derniers tsars qu'ait connus l'histoire et les auteurs, partout, du communisme ! ennemi de Dieu et de notre Seigneur Jésus-Christ.

Le Juif sacrilège devenu chose sacrée dans les colonnes du *Journal de Genève* !

Cette Genève trafiquante de mensonges par omission !

Calvin, de l'Institution Chrétienne, dépossédé de sa Genève de par le Juif de néant et de Talmud !

Il vaut mieux, Monsieur R. Payot directeur du *Journal de Genève* et Monsieur Michel Petitpierre préposés à la lutte contre l'antisémitisme, habiter dans une chaumière que de vivre de mensonges par omission nourrissant de bas intérêts indignes du passé de Genève, ces bas intérêts, les deux cents millions que célèbre M. Albert Picot dans le *Journal de Genève* du 2 avril 1965 et partis, nous dit-il, de l'arrivée à Genève de la Société des Nations introduite dans son article par ces mots : « Puis, c'est la grande date. »

La date des plus malfaisants et des plus mauvais et des plus dangereux des grands Juifs kahaliens qui soient, dirons-nous, de cette Société des Nations (S.D.N.) création purement juive (voir p. 462) soulignons-le une fois encore, de par le génie destructeur des fils de Judas et dont l'O.N.U. nous montre si bien, à longueur de journées et d'années, les plus beaux effets.

Cette O.N.U., qui ne cesse aussi de multiplier la puissance infernale des Juifs, nous préparant à d'abominables dangers !

Ces mensonges par omission, Monsieur R. Payot directeur du *Journal de Genève* et Monsieur M. Petitpierre, et dont il vous est donné de les pratiquer journellement, jetant par terre et piétinant la vie sacrée, le destin et l'histoire de la patrie, ce joyau de tous les instants, ce culte rendu à la mémoire de nos pères traversant les siècles dans le sacrifice, le courage, l'honneur, *la religion et l'antisémitisme*.

M. Michel Petitpierre est le fils de l'ancien président de la Confédération suisse.

Ce joyau de la patrie, justement, que le Juif entend de détruire comme il en est bien dit dans ses Protocoles d'épouvante

Encore, encore et toujours

Los von den Juden.

Ces Messieurs de Genève qui trouvent, on se doit de le penser, que la France n'est pas encore, à la gorge, serrée d'assez près par le Juif et qui n'en craignent pas pour nous de fâcheux effets !

Toujours plus près du Juif

Toujours plus loin de Dieu et de la patrie variante à la nouvelle devise de Genève : *Post lucem tenebrae.*

Nous sommes dans une lutte acharnée, dans laquelle est un *agresseur* de frénésie, le Juif, et un défendant obligé mais qui ne l'est plus que très peu de par ses autorités défaillantes et celle défaillie de la presse, *Journal de Genève* en tête.

L'agresseur, le Juif et son 1789, l'auteur de ce cataclysme, comme des deux guerres mondiales ainsi que tout le montre et le dit, l'implacable ennemi de Dieu et de son Fils bien-aimé et dont il faut absolument, suprême agressivité, qu'il Les extirpe de notre cœur !

Cette Révolution si profondément empreinte d'irréligion et qui ne peut faire que de se jeter irrésistiblement, tant elle est juive en tout, sur tout ce qui touche à Dieu et à ses meilleurs défenseurs dont sont les Jésuites !

Cette Révolution dont Clémenceau, cet esprit, au XXe siècle, du conventionnel de violence et de sang et de crime et de folie de 1792, fut un si parfait exemple et qui, président du Conseil en exercice, en 1918, interdit à tous les membres du gouvernement, nous l'avons dit déjà, on ne saurait trop le dire, il faut le répéter sans cesse, et au président de la République, d'assister à Notre-Dame au *Te Deum* de la victoire le 17 novembre 1918 (cité d'Havard de la Montagne *Aspects de la France* du 10 mai 1962).

Clémenceau est Vendéen, mais ce n'est pas le cœur simple et beau des troupes de La Rochejaquelein ; c'est un cœur de vil politicien, cynique, vénal, cassant et mauvais, querelleur, sans vergogne et sans honneur et sans parole piétinant, dans une longue vie, avec des Herriot, des Briand, des Chautemps et des Blum, les intérêts sacrés de sa patrie ; nous avons dit, ce que de lui Jaurès a dit : « Il marcherait sur la France pour atteindre un adversaire » ; un des artisans du Traité juif de Versailles de 1919.

Toute sa vie durant, Clémenceau l'a vécue dans le sillage du Juif agresseur, contribuant très largement à faire de notre voisine ce qu'elle est aujourd'hui devenue : la proie des fils de Judas.

La France de Charette, des Capétiens et de Dieu. Le France de Clémenceau, des Juifs et de Satan.

Choisissez Français et vous tous amis de la France et de l'Europe et du monde, choisissez en ne pensant qu'au triomphe du Bien, à celui de tous, à celui de l'univers ; et n'oubliez pas Jeanne d'Arc qu'écoutent et vénèrent les rois de France.

Oui l'urgent besoin que soient à nouveau présents des gouvernements dignes de ce nom, Capétiens et leurs pairs, de tradition, de religion, de savoir et d'honneur, qui nous mettront en vacances du Juif agresseur, l'honni du monde qu'il devrait être si Dieu nous habitait encore.

Est-il possible d'hésiter, ne serait-ce qu'un instant, entre un roi de France plein d'humanité pour son peuple et le Juif auteur des massacres du communisme et de la « Libération », *et en toutes choses,* des plus abominables et stupides tyrannies ?

L'admirable liberté d'ancien régime ! qui laisse au cœur, à l'intelligence et à la pensée de l'homme, de s'épanouir par l'Église loin de toute contrainte de l'État !

Situation gravissime de l'heure, plus une minute n'est à perdre sur ce que nous avons à faire d'avec ce peuple de l'Antichrist fossoyeur criminel à Katyn ; voulons-nous être de nouveaux officiers polonais de Katyn ?

Ce Juif de ténèbres et d'agression, qui entend même que la mémoire de la bonne Lorraine, conduisant son peuple dans les chemins de Dieu, s'éteigne, comme celle de sainte Geneviève patronne de Paris pour l'avoir protégé d'Attila, s'éteignent et s'éteignent pour toujours dans le souvenir des Français ; ces cœurs appelés par leur pureté et dans lesquels, l'Éternel des Armées délègue sa puissance, les jetant dans de frémissants et superbes émois

Jeanne d'Arc de Frémiet portant son étendard aussi haut qu'elle le peut, et sainte Geneviève de Puvis de Chavannes, attentive, dans une nuit tranquille, veillant sur le sommeil de Lutèce !

L'Église rappelle, le Juif efface !

Le crime rituel mental sacrilège du Juif kahalien !

Le Juif agresseur du XXe s. et son avidité pour le *crime rituel mental,* que rien n'arrête ou ne retient, *ce crime rituel mental* dont l'étendue et la profondeur ne se peuvent plus mesurer tant les moyens modernes d'expression de la pensée se sont multipliés et tant le Juif s'en est tout emparé, *qui voit toute notre presse subissant sa loi.*

Il faut mettre le Juif kahalien *conspirateur mondial* contre le genre humain, contre le Très Haut et son Fils bien-aimé, hors d'état de nuire, il faut le désarmer en le dépouillant de tous ses biens et même le jeter dans les fers, le fruit de sa conjuration et de ses crimes, en suivant ainsi les enseignements de l'histoire, et pour que nous puissions rester dans la maison de Dieu. Déjà, dans des multitudes sans nombre, de par le virus talmudique, cette présence divine s'est éteinte !

Le poids et la balance justes appartiennent à l'Éternel.

Prov. 16 : 11.

Harmaguédon est-il à la porte de notre monde ? alors que nous sommes à ces heures qu'annoncent les Écritures dans lesquelles à ce moment d'Harmaguédon il ne sera plus parmi nous que peu de chrétiens ?

Et comme ils avaient les regards fixés vers le ciel pendant qu'Il s'en allait, voici, deux hommes vêtus de blanc leur apparurent et dirent : « Hommes galiléens, pourquoi vous arrêtez-vous à regarder au ciel ?
Ce Jésus enlevé au ciel du milieu de vous, viendra de la même manière que vous l'avez vu allant au ciel. »

Actes 1 : 10-11.

Dr. J.-A. Mathez

Complément et résumé

1. Décomposition profonde de la société : les Juifs en sont les auteurs
2. Défaillance des autorités
3. Jeux de hasard et partis politiques
4. Mutité de l'Église nationale vaudoise
5. Consistoire de Genève
6. L'Honneur
7. Les XVIIe et XVIIIe siècles grands siècles
8. La liberté
9. Le respect des grands hommes, ignominie du juif
10. L'endurcissement du juif
11. Mensonge et crucifixion de Jésus
12. L'association Despland - Nordmann
13. Protocoles de Sion et rapport du « Secret Service » des U.S.A.
14. La Presse asservie aux juifs
15. Le socialisme déchristianisé par les juifs. « L'Humanité » fondée par les juifs
16. Les Rothschild et la Commune
17. Les chefs juifs salissent le peuple français
18. Le Kahal assassin et le Grand Orient rue Cadet idem
19. Pouvoir politique déserté par les hommes de qualité
20. Suffrage universel et partis politique
21. Dualité du pouvoir aux U.S.A. ; de Gaulle l'Isabeau de Bavière du XXe siècle dans les Protocoles de Sion
22. Premières victoires juives 1753, 1787, puis très grande victoire juive : la Révolution française faite par eux
23. « Liberté, Égalité, Fraternité » devise juive. Les Juifs prennent la place de la noblesse
24. L'Austerlitz des juifs par leurs deux guerres mondiales
25. S.D.N. et O.N.U. officines juives
26. Faire le contraire de ce que dit et fait le juif
27. Révolution russe (1917) faite par les juifs et leurs 28 millions de victimes la plupart torturées
28. Les Juifs font souffrir en Russie et souffrent cent mille fois moins en Allemagne
29. Les juifs à l'Armistice (1918) détrônent les Hohenzollern et inoculent le communisme en Allemagne qui fait naître le nazisme
30. Traité de Versailles ou les U.S.A. gouvernés par leurs juifs
31. Le libéralisme et MM. Picot, Payot, Braichet et Béguin. Le crime contre la patrie

32. Le problème des « six millions » refus des Juifs au recensement dans les synagogues en 1959 ; dualité du pouvoir aux U.S.A. Stérilisations et gazéification pour l'auteur
33. Document Gerstein « faux historique » base des « six millions »
34. Tyrannie des juifs sur les ouvriers
35. Dieu indispensable à l'art de gouverner, supériorité de l'ancien régime
36. Dès 1789, Dieu relégué ; absurdité du système
37. Aucune confiance en le juif, sa prière du Kol Nidré
38. Les juifs et les marchés d'argent
39. Les voleries des juifs (quelques-unes des...)
40. Toutes nos raisons pour dépouiller les juifs, par nos gouvernements, de leur argent
41. Terribles responsabilités si nos gouvernements restent passifs
42. Ce que dit « The Times » le 8 mai 1921
43. Les pogromes et M. R. Payot
44. Les deux guerres mondiales dont les auteurs sont les juifs
45. Vatican IV ne peut pas condamner l'antisémitisme
46. Jurisprudence fédérale suisse en matière de question juive
47. Les juifs et la crucifixion de jésus
48. Le Réarmement moral nous quitte
49. Des Juifs messianiques en Israël

1. Atteinte profonde de nos mœurs, *décomposition de la société* comme il en est dit à notre chapitre I. La pornographie se répand de plus en plus, rien qu'à Lausanne elle se voit dans la *Gazette de Lausanne,* le Magazine de la *Feuille d'Avis de Lausanne,* les catalogues des magasins de l'Innovation...

Les Juifs sont les maîtres de la pornographie ; ce sont les auteurs de cette décomposition sociale comme le prouve notre chapitre XII, il faut les en dénoncer ici.

Crimes rituels mentaux des temps présents réalisés par les Juifs sur notre jeunesse et qui remplacent les crimes rituels physiques exécutés sur les enfants de chrétiens en grand nombre au moyen âge, n'en déplaise à M. R. Payot directeur du *Journal de Genève* (ind. crimes r.).

Autorités, avez-vous entendu et allez-vous nous montrer que vous avez entendu ?

Assauts répétés et de cote d'alarme, de nature sexuelle, à l'enfance et à l'adolescence (enquêtes de Bâle et Zurich, p. 16) : situation dramatique.

Folie du sport partie de J.-J. Rousseau, qui dit qu'on ne s'occupe de l'âme de notre jeunesse qu'en dernier ressort, et des mauvais plaisirs selon les Protocoles de Sion.

Le sport à outrance, consigne judéomaçonnique.

Protocole 13, p. 81 (édition Vieille-France) : « Pour les empêcher de prendre aucune décision indépendante, nous les distrairons par des amusements, des jeux, des spectacles, des passions et des centres de culture populaire. »

Délinquance juvénile : bars à café lieux publics de débauche où se détruit notre jeunesse sans qu'autorités interviennent et que cesse la mutité de l'Église nationale vaudoise sacrifiant le blé qui lève à son besoin de confort, de vie tranquille sans orages et sans histoires !

Indignité de la Société pastorale suisse, qui laisse suspecter dans son sein la présence de la judéomaçonnerie baptisant le goût du vice et la débauche maladie.

Dans toutes nos écoles lausannoises mélange des sexes, systématiquement, complètement ; là aussi, se sent la consigne judéomaçonnique travaillant d'arrache-pied à sa décomposition sociale en favorisant par tous les moyens possibles les désirs coupables et les tentations dangereuses.

O Fénélon, qui réalisa le chef-d'œuvre de transformer complètement le duc de Bourgogne et qui ne voulait que d'une éducation et d'un enseignement séparés des deux sexes.

Protocole 9, p. 60 (édition Vieille-France) : « Nous avons trompé, corrompu, démoralisé la jeunesse des goyim en lui enseignant des principes et des théories que nous savons être faux, mais que nous avons nous- mêmes inspirés. »

On parle beaucoup à notre temps d'enseignement audio-visuel dans nos écoles selon des directives et un impératif judéomaçonniques évidents, enseignement destiné à uniformiser, dépersonnaliser, malaxer, triturer les cerveaux, à les imprégner pour la vie d'idées fausses ou très discutables et dont nous trouvons la source à n'en pas douter dans les *Protocoles de Sion*, protocole 16 dont le titre « Annihiler l'éducation » est très parlant : « La méthode consistant à *asservir la pensée* fonctionne déjà grâce à ce qu'on appelle *l'éducation visuelle*. Cette méthode supprimera tout fonctionnement cérébral chez les goyim, en fera des *animaux obéissants* qui entendent de voir pour comprendre. » (Page 100, édition Vieille-France.)

Déjà l'on nous prépare dans le *Journal de* Genève du 22.1.65 au Parlement de Strasbourg et à son gaullisme continental, puis encore aux États-Unis d'Europe !

Il s'agit de faire disparaître les frontières, il s'agit de faire disparaître les patries et d'être mis sous la férule de fer, de sang et de Satan du Juif universel (voir p. 159 la lettre de Baruch Lévy à Karl Marx).

Or le gaullisme, c'est le Juif, c'est l'ennemi du genre humain certitude absolue, nous l'avons bien montré ici.

Nécessité impérieuse d'un antisémitisme vigilant.

Mutisme de la presse sur l'état lamentable de notre société et l'atteinte profonde de l'esprit public.

Raison ?

Protocole 11, p. 79 (édition Vieille-France) : « Quand nous aurons atteint la phase du "nouveau régime", phase transitoire à notre avènement au pouvoir, nous ne devrons plus permettre à la presse de traiter de la corruption sociale. »

2. *Défaillances très graves des autorités* Conseil fédéral en tête (p. 32) et Conseil national (p. 35), sans oublier le Conseil des États qui en l'occurrence aurait pu marquer sa présence, dans l'affaire des prix et des salaires, en 1963, qui jettent dans un pays en pleine prospérité notre monnaie au ruisseau.

Le Conseil fédéral, l'ombre de lui-même, quand on le compare à ce qu'il fût au XIX$_e$ siècle dans les affaires Wohlgemuth (p. 412), du prince Louis Bonaparte (p. 416) et dans celle, au XIX$_e$ siècle également, des droits à accorder aux Juifs français résidant en Suisse (p. 449) et dans ce qu'il vient d'être dans les affaires des Rangiers (voir index) et de Serra (idem) où là, comme à Genève lors des « six millions » de synagogue (pp. 231 et 233), cette même année 1964, une profonde humiliation nationale nous est de par le Juif infligée et qui passe, signe de notre déchéance, comme lettre à la poste !

Le Conseil d'État bernois manque à sa parole comme un vulgaire maquignon dans l'affaire des places d'armes du Jura donnant un détestable exemple (p. 37).

3. Démoralisation organisée de nos populations par les *jeux de hasard* Sport Toto compris. Les loteries s'étendent à toute la Suisse : Loterie romande, Seva (Berne), Intercantonale (Zurich).

Devenues par leur permanence et leur ancienneté (plus de vingt-cinq ans pour la romande) une véritable institution d'État au service d'intérêts privés le parti radical en Suisse romande et probablement le même en Suisse allemande.

Ce sont des temps de blousons noirs qui n'ont d'hommage que pour le « veau d'or », n'en ont plus pour Dieu, et n'en ont plus pour ceux qui, comme René Morax, ont agité dans nos cœurs les plus beaux sentiments !

Les jeux de hasard, les alliés de l'incroyance !

Partis politiques devenus calamité publique, nous l'avons dit déjà dès la page 268 de ce texte, il faut le répéter !

4. *Mutité de l'Église nationale vaudoise,* qui ne marque plus aucun signe d'indépendance, devenue proverbiale, qu'il s'agisse de bars à café ou de jeux de hasard au service des partis politiques ou de Rittmeyer jetant à pleins bords l'incroyance partout.

Sa liberté d'action sous l'ancien régime et ses manifestations (pp. 45, 46).

L'Église nationale vaudoise parfaite expression de la réalité politique d'avant et d'après 1789 quant à la liberté.

C'est que nous sommes maintenant en régime de pouvoir occulte judéomaçonnique qui n'a rien de démocratique, on peut l'assurer et qu'on doit à bon droit craindre et redouter l'auteur en sait quelque chose.

5. *Le Consistoire de Genève* chevalier de la doctrine protestante, suspendu, en synagogue, aux lèvres d'un grand rabbin du peuple qui n'a pas, dans sa nature, changé d'un iota depuis les temps de César et d'Auguste ; et ce rabbin célébrant la mémoire, dont il est inscrit en synagogue, d'une des plus grandes

escroqueries de tous les temps selon la formule des « six millions de gazés » juifs du début, devenue de par l'invraisemblance de ce premier mensonge les « six millions de tués » de la synagogue de Genève de 1964, second mensonge en apparence seulement plus acceptable (pp. 231 et 233).

La religion au secours de la tromperie et du mensonge. La religion à tout faire du Juif baalien et kalialien !

Cependant que les réformateurs, dans leurs Bastions, s'appuyant sur toutes les armes du Ciel et de la terre ne cessent d'être outragés par qui ? sinon par ceux qui décomposent notre société.

Étonnez-vous, alors, que ce Consistoire inconsistant d'une Genève corrompue n'ait jamais sévi contre les hérésies et thèses juives du sieur Schorer « ancien pasteur de la Cathédrale » !

Calvin, qu'est-ce à dire ? ce 23 avril 1965 huitième offense à ta grandeur ?

Approchons-nous des temps ou sommes-nous aux temps de l'Antichrist et de son associé le Juif s'il ne l'est pas lui-même, qui ne voient plus, ainsi qu'en disent les Écritures, que peu de croyants, et que c'est alors qu'en Palestine paraîtra Celui qu'ils crucifièrent ?

6. L'Honneur, parure de l'ancien régime et dont nous n'avons plus, et que gardait vigilamment l'épée du gentilhomme ; se sacrifier pour l'Honneur, y laisser sa vie s'il le faut, colonne de fer et d'acier des siècles passés !

La vie, c'est de vivre dans les grands sentiments !

7. *Les XVIIe et XVIIIe siècles,* les grands siècles de civilisation, successeurs de ceux de l'empire des Césars.

Ses grandes gloires, ses grands hommes, ses Juifs réduits à rien.

En 1700, à Paris, quatre familles juives et cent cinquante Juifs itinérants (p. 176) sur permission. Pas de civilisation possible sans les Juifs à la dernière place.

« Les Français, disait Frédéric le Grand dans l'intimité, sont les Romains des temps modernes. » Que ne le sont-ils encore ?

8. La *liberté intérieure* dont J.-J. Rousseau n'avait pas, et la *vraie liberté politique* dont nous avons très peu et dont avait beaucoup l'ancien régime, dont les États n'ont aucun pouvoir et aucune prise sur les cerveaux et les cœurs placés entre les mains de l'Église en pays catholiques. Dans la République de Berne, pays de Vaud compris bien entendu, partout, les pasteurs sont les présidents des commissions d'école.

Pouvoir occulte des Juifs et des Loges sous l'ancien régime de peu d'importance, les privilèges de la noblesse et les droits restreints des Juifs y mettant obstacle. Pouvoir occulte dont nous sommes inondés depuis 1789 et dont les audaces, de nos jours et tous les jours, ne cessent d'augmenter !

La propriété marque et garantie de la liberté ; en France, en 1789, les paysans possèdent plus de la moitié du sol.

Les Cahiers des États-Généraux ne sont plus intangibles, les preuves sont là qui montrent qu'ils travestissent la situation imprégnés qu'ils sont de franc-maçonnerie et de juiverie. (Rascol 1962)

N'avons-nous pas mille fois la preuve que le Juif est le plus menteur des peuples ? et qu'il ne peut faire autrement que de mentir quand intérêt et lutte antigoyim il y voit. Il est impossible déjà, dirons-nous, de par-là seul, que les Cahiers des États généraux, soient l'expression fidèle des temps d'avant 1789.

Les quatorze Parlements de France, celui de Paris surtout, brident et gênent les pouvoirs du roi.

Puissants îlots de liberté et de protection que sont les corporations d'ancien régime comme Taine l'a bien montré.

Avant 1789, Dieu a la première place ; dès 1789 Celui-ci relégué.

9. *Admirable conduite de Louis XVIII* à l'égard de *Tallien régicide* et à l'égard de ces étoiles militaires que sont Drouot artilleur et Larrey médecin, dont les cœurs sont cependant chevillés de culte napoléonien et indéfectiblement attachés à l'illustre soldat, présents même pendant les Cent-Jours et même à Waterloo (chap. IX).

Le respect qu'on doit aux grands hommes et aux hommes malheureux si coupables soient-ils, quand on est, ou mieux, surtout quand on est un roi de France !

C'est l'esprit de l'ancien régime qui parle, cette civilisation dans les cœurs !

Ignominie des Juifs et de de Gaulle et des Loges envers une des gloires militaires de la France salvatrice de son pays, et qui n'ont pour elle que l'appellation « ce vieux jésuite Philippe Pétain » comme on le lit dans la *République du Grand .'.* p. 135, de Coston.

Comment ne pas ici donner le nom de Pierre Laval, évoquer son souvenir, qui n'a fait que son devoir, son grand devoir dans des circonstances effroyables en difficultés, pratiquant la politique du moindre mal ; auteur des accords de Rome en 1935 (p. 244 de Laval parle) avec Mussolini qui assurent la paix ou du moins font beaucoup pour elle, et que le youtre Léon Blum aussitôt au pouvoir, en 1936, défaits ; ce youtre couvert de fleurs par M. Albert Picot ancienne première magistrature de Suisse.

Par-là, aussi, les Juifs auteurs de la Seconde Guerre mondiale.

Non pas jugé fut Laval, mais une parodie de justice, un assassinat (ses avocats n'ont connaissance de certaines pièces importantes du dossier qu'au lendemain de sa mort) de par les mains juives et gaulliennes et dont les derniers écrits, à la veille de sa mort, sont pathétiques et sonnent et résonnent d'honnêteté.

Hommage à ce grand Français qui lui, n'abandonne pas son pays le voyant dans une extrême détresse.

C'est une conscience propre et nette qui parle et va mourir !

Le Juif a profité honteusement et mensongèrement de ces moments d'une difficulté de montagne et d'univers ! dont il est naturellement la source.

Ce magma de boue qu'est le Juif éloigné de Dieu, ne le voyons-nous pas ici ?

10. *L'endurcissement du Juif* inouï (chapitre X), malgré tout l'extraordinaire, le merveilleux de son passé, échappant à notre compréhension d'humains.

Le Juif nie le surnaturel et n'accorde à notre Seigneur Jésus. Christ ni la qualité de Fils de Dieu, ni même celle de prophète malgré *Daniel* (535) et ses multiples prophéties dont la plus célèbre, celle des « septante semaines » d'années, annonçant l'arrivée de Jésus que suivrait la destruction de Jérusalem, connue de tout l'Orient déjà du temps d'Alexandre le Grand ; malgré *Jérémie* (592) prophétisant la durée de la captivité de Babylone ; malgré *saint Paul* († 66 après Jésus-Christ) et son chemin de Damas « ce miracle inouï » dit Bossuet ; malgré l'*oracle de Jacob* (né en 2206 avant Jésus-Christ) annonçant la venue du Christ au temps de la destruction de Jérusalem ; malgré *Michée* (740) annonçant la naissance de Jésus à Bethléem ; malgré *Esaïe* (740) annonçant que le Seigneur serait enseveli dans le tombeau de l'homme riche Arimathée ; malgré que comme il en est dit dans le Talmud, la puissance de vie et de mort que les juifs sous toutes les dominations avaient conservée, leur serait enlevée au temps que le Messie serait là, ce qui les oblige justement de recourir à Ponce Pilate pour pouvoir crucifier Jésus ; malgré les ténèbres de la sixième à la neuvième heure de Golgotha et le voile du temple qui se déchire et la terre qui tremble ; malgré sa résurrection que prédit Jésus et les temps successifs de Cestius et de Titus dans l'attaque de Jérusalem, ainsi que la dispersion des Juifs ; malgré l'abondance de faux messies que prédit Jésus et qui suivrait sa mort, dont le plus célèbre et sans aucun pouvoir surnaturel Barcochébas qui organise la révolte contre les Romains (135 après Jésus-Christ) ; malgré *Malachie* (450) annonçant le Messie qui viendra dans son temple, annonçant le précurseur Jean-Baptiste, et disant encore qu'entre lui et le précurseur il n'y aura plus de prophètes.

Malachie admoneste les Juifs de la mauvaise qualité de leurs offrandes présentées en sacrifice et prédit la nouvelle offrande qui *sera toujours* « *pure* », *jamais souillée*, « qui sera présentée à Dieu » et non plus seulement à Jérusalem, mais « depuis le soleil levant jusqu'au couchant ». *Les Juifs n'y auront plus part, mais seulement les gentils* chez lesquels, dit Malachie, « le nom de Dieu sera grand » ; malgré *Jean-Baptiste,* le précurseur, annonçant l'arrivée du Messie dans l'immédiat ; malgré *Zacharie* (500) voyant « l'entrée du roi pacifique, du roi Sauveur monté sur un âne dans sa ville de Jérusalem » ; mais, dit Bossuet, ce que Zacharie a vu de plus grand, c'est « le Seigneur envoyé par le Seigneur pour habiter dans Jérusalem d'où il appelle les gentils pour les agréger à son peuple et demeurer au milieu d'eux. » Zacharie voit aussi que « Dieu est acheté trente deniers » et que cet « argent sert à l'achat du champ du potier » ; prophétise aussi les guerres de Syrie et les guerres civiles ; malgré *Aggée* (537) disant que le Seigneur arrivera dans le second Temple. Le Sauveur y paraîtra et il n'est plus que peu de temps pour qu'il paraisse ; malgré le *prodige des bruits* dans le Temple qui retentissent sans cesse dès la mort de Jésus comme il en est rappelé dans le Talmud. On entend une voix qui dit : « Sortons d'ici, sortons d'ici » ; malgré le *second prodige,* un paysan se met à crier (rapporté par Josèphe l'historien juif) sans cesse, de nuit comme de jour, de tous côtés, partout : « Malheur à Jérusalem, malheur à Jérusalem ». Rien ne peut l'arrêter de crier pendant des années, jusqu'à ce qu'au siège de Jérusalem il soit tué par une machine de guerre des Romains ; malgré, fait peut-être unique dans l'histoire, que pendant toute la durée du siège, les Juifs divisés en trois factions ne cessent de combattre sur leurs murs que pour se massacrer les uns les autres comme des enragés (déjà malgré *les ordres formels de Titus* qui voulait protéger le Temple, un soldat romain, comme pris d'une inspiration subite, y met le feu qui le consume, accomplissant la prophétie ; malgré que Julien l'Apostat (361-363 après Jésus-Christ), frère de Constantin le Grand et qui lui succède, dans l'idée de faire mentir et braver la prophétie, y mettant toutes les forces de l'Empire, tente en vain de reconstruire le second temple : le feu du ciel, des globes de feu s'échappant du sol, des secousses violentes de celui-ci, tout fait que tout doit être arrêté.

La mesure de l'impudence et de l'incroyance et de la mauvaise foi juives ne sont-elles pas assez mises en évidence pour qu'il ne soit pas nécessaire d'allonger un exposé qui ne doit être qu'un abrégé !

Étonnez-vous alors qu'ils soient devenus les pires menteurs de l'univers, ne méritant pas la moindre confiance dans cette course sans trêve *et par tous les moyens* qu'ils poursuivent de tout temps, aux fins d'hégémonie mondiale satanique.

Pascal, Pascal, nous t'avons entendu déjà, nous t'écoutons encore :

Les ténèbres des Juifs effroyables et prédites.

11.   Toujours pour se laver de toute culpabilité dans la *crucifixion de notre Seigneur Jésus-Christ*, les Juifs par feu Klausner, un de leurs grands savants, directeur de l'*Encyclopédie juive*, déclarent ne l'avoir point connue dans leur histoire (voir pp. 111 et 124).

Toujours ce besoin de mentir parti du premier mensonge. La bonne foi du Juif ô antiphrase !

12.   L'association Despland - Nordmann de la « Compagnie suisse d'investissement » dont on n'entend plus parler (6.1.65) et mise en avant lors de l'« Exposition nationale suisse », n'inspire pas confiance vu la présence de la ∴ et d'un Juif converti probablement dans les Loges ou en tout cas bien à gauche, bien peu converti puisque toujours et encore dans son argent. On pense à un camouflage communiste tout naturellement puisque *Juifs et ∴ sont les auteurs indiscutables du communisme* et que plus que jamais nous sommes de par la France notre voisine en odeur de communisme !

13.   *L'empire absolu du monde* visée politique des Juifs concrétisée dans les *Protocoles de Sion*, manuel de combat des Juifs contre le genre humain et par tous les moyens permis et non permis.

Ces *Protocoles de Sion* ne sont pas un faux comme il est dans les habitudes du Juif d'en prétendre quand un document les accuse, et la Cour suprême du canton de Berne (Suisse), le 1er novembre 1937, les déboute de cette prétention. (Résumé des Protocoles et commentaires, pp. 135 et suivantes.)

Et maintenant, la *chose étonnante et stupéfiante*, les révélations de ces Protocoles *de la plus haute gravité* ne sont, nulle part, le signal de mesures de sûreté prises à l'égard du peuple le plus dangereux sur la terre, à l'heure présente, qui soit !

Le *delenda Carthago* de nos temps, ce *civis orbis terrarum cave Judaeos* ne se voit d'être entendu en quelque lieu que ce soit du monde.

Le cri qu'il faut détruire la Carthage de nos jours, l'avertissement au citoyen du monde de prendre garde au Juif ne s'entendent plus nulle part.

Aucun parti politique ne propose de nous mettre grandement sur nos gardes, ne sont-ils pas occupés de leurs intérêts particuliers ?

Peut-on concevoir de plus grande incurie ?

Voilà qui signe *l'irrémédiable condamnation des institutions politiques qui nous régissent*, absolument inertes devant une situation de salut public.

Et notez encore, circonstance marquant le plus extrême danger, que ces Protocoles d'infamie, de crimes et de forfaits contre le genre humain *sont confirmés absolument par le document rapport du* Secret-Service *des U.S.A. de 1919* (voir p. 286) !

Jamais, jamais l'admirable Philippe le Bel n'a paru plus grand que de nos temps ! Le Juif danger mondial !

14.   Les Juifs ont asservi notre presse *qui ne parle jamais des Protocoles* cette arme admirable pour les combattre. Refus de notre lettre critiquant les Juifs (voir p. 151) par trois journaux, *le Journal de Genève, la Gazette de Lausanne*, et *la Nation* qui l'eût cru ?

15.   Les Juifs s'emparent par Marx et Engels du *socialisme* qu'ils déshumanisent et déchristianisent. L'Humanité de Jaurès, journal subversif fondé en 1905 par le capital juif.

16.   Pendant la *Commune* en 1871, les communards ont chèques en blanc chez les Rothschild dont les cent cinquante maisons de Paris sortent indemnes de la dévastation.

Le Juif, révolutionnaire-né !

17.   *Les Juifs Blum* (voir p. 171), Naquet, Paul Bert, Lockroy, Camille Dreyfus à notre chapitre XII, ministres ou anciens ministres sauf un, destructeurs de ce qui reste de la belle France, la démoralisant, la déchristianisant avec impudence, audace et acharnement, l'amputant de son passé, de son histoire, de la pure et belle Jeanne d'Arc ; et triomphe de la judéomaçonnerie les obsèques civiles de Victor Hugo de par le Juif Lockroy ancien ministre.

Le 27 avril 1962, le ministre de l'Éducation nationale du gouvernement juif de France prescrit qu'il est indispensable pour l'obtention du certificat d'études primaires que les élèves sachent chanter le « Chant des partisans » dont voici une strophe :

> Montez de la mine, descendez des collines, camarades
> Sortez de la paille les fusils, la mitraillette, les grenades.
> Ohé ! les tueurs à balle et au couteau, tuez vite !
> Ohé, saboteur, attention à ton fardeau : dynamite !

J'ai parlé dans ce texte des crimes rituels des Juifs commis sur la jeunesse des chrétiens, physiques autrefois, devenus mentaux de nos temps.

Quel plus bel exemple pourrions-nous en donner !

Crime n'atteignant pas qu'un seul individu comme il en était du crime rituel physique, mais bien à la fois des dizaines de milliers, des centaines de milliers !

Misérables Juifs, capables de tous les forfaits et de toutes les barbaries, empoisonneurs du monde, quand le Ciel vous arrêtera-il ?

18.   Le *Kahal* gouvernement mondial des Juifs et de la plus grande ville du monde New York, assassin de huit têtes couronnées sans compter le prince impérial fils de Napoléon III par le .˙. Carrey tombé dans l'embuscade des Zoulos (voir p. 443).

Louis XVI guillotiné le 21 janvier 1793 ;

Marie-Antoinette, guillotinée le 16 octobre 1793 ;

Gustave III de Suède abattu dans un bal masqué de la cour à Stockholm à coups de pistolet le 30 mars 1792 ;

Alexandre II, † 13 mars 1881 attentat à la bombe par les nihilistes ; Alexandre III 1894 empoisonné par la judéomaçonnerie (voir p. 203) ;

Nicolas II, la tsarine, le tsarévitch, les quatre grandes-duchesses : 1918 à coups de revolver, comme des bêtes sans autre forme de procès, le premier abattu le tsar.

Dans tout attentat de nature politique penser d'abord, étant donné son dossier chargé, à la présence possible du Kahal, cet excellent ami de M. Albert Picot ancienne première magistrature de Suisse et M. René Payot directeur du *Journal de Genève*, et de trois cents (rien que ça) professeurs d'universités suisses partant en guerre pour Israël dans son conflit avec Nasser.

Nous occupons-nous de les enseigner sur ce qu'ils enseignent *ex cathedra* ? Non, n'est-ce pas, alors pourquoi vouloir enseigner dans des matières où ils n'enseignent pas, où ils ne connaissent que très imparfaitement leur intervention le prouve : le problème juif ?

Besoin d'opportunisme et d'aller dans le sens du courant qu'indique si bien une presse discréditée au possible, de marcher dans les pas du Kahal criminel impuni et patenté.

Très honorable compagnie !

Dans tout attentat de nature ou d'allure politique présence possible ou probable, venons-nous de dire, du Kahal.

Dans celui par exemple de W. Morgan journaliste aux U.S.A. assassiné en plein XIXe siècle, qui avait beaucoup combattu les Juifs, assassinat dont l'opinion politique accusa les fils de Judas.

Idem pour celui de Kennedy ; en vertu, par exemple, des protocoles 18 « organiser le désordre » ou du protocole 5 « Par l'anarchie des goyim omnipotence des Juifs. »

Même chose quant à l'accident de voiture mortel dont fut victime le duc d'Orléans *fils aîné* de Louis-Philippe, véhiculé dans une voiture légère découverte, la sienne, sorte de landau attelé de deux chevaux dont le cocher est cavalier de celui de gauche, et qui s'emballent pour partir à une allure vertigineuse. Malheureuse idée qu'eût le duc d'Orléans de sauter de la voiture et qui se tue ; à moins encore qu'il n'ait été éjecté de la voiture (route accidentée).

Pourquoi les chevaux se sont-ils emballés ? Causes naturelles possibles, causes artificielles possibles dont l'entreprise criminelle.

Cette opinion, la nôtre, confirmée par un avis vétérinaire autorisé.

Je rappelle que le duc d'Orléans qui, contrairement à toute sa famille n'aimait pas les Juifs, avait toujours refusé de recevoir les Rothschild à sa table, et qu'aux courses, de Chantilly je crois, Rothschild fait une nouvelle tentative demandant à saluer le duc dans sa tribune. Même refus et la même année 1842 l'accident mortel dont il vient d'être dit (voir aussi pp. 206 et 444).

En 1820, second fils de Charles X, l'assassinat du duc de Berry par coup de poignard des œuvres de Louvel.

Acte individuel possible, acte de conjuration possible par le Kahal qui entendait veiller au mieux des intérêts de sa Révolution de 1789, cela est bien évident comme la suite l'a montré du reste.

Nous l'avons dit déjà, le Kahal ne recule devant aucune abomination même de celles qui sont les plus scélérates !

Que dire du Grand Orient rue Cadet à Paris, succursale-annexe du Kahal et de ses nombreux crimes dont les trois principaux sont

celui de Syveton (1904) ;

celui de Philippe Daudet (1923) ;

celui du Conseiller Prince (1934).

U.S.A., arrêtez vos grands criminels du Kahal la pourriture de votre démocratie et toi, vieille France, réveille-toi d'un long sommeil d'abominations !

19. Le *pouvoir politique déserté*, partout, aux U.S.A. surtout, *par les hommes de qualité* du fait du suffrage universel et de ses exigences, résultat prévu par les Juifs dans leurs Protocoles.

20. *Suffrage universel, ses partis politiques* devenus, répétons-le toujours, calamité publique, désuets et parasites ; ses assemblées chroniquement réunies sur le plan cantonal et national, tout ce que cela implique d'artificiel, de démagogie, de profitage, d'illogisme, de marchandages, de basses besognes dans un climat général détestable et surtout d'intérêts supérieurs bafoués et piétinés... ne sommes-nous pas, vous dis-je, sous l'emprise des institutions politiques que le juif nous a donné pour nous détruire ?

Preuves (protocole 3) : « Rappelez-vous la Révolution française que nous avons appelée grande ; nous connaissons bien le secret de sa préparation. *Car elle fut notre œuvre.* »

Et maintenant, le gouvernement tel que l'entendent les Juifs s'ils sont jamais, ce à quoi nous marchons nos autorités aidant, les maîtres absolus.

Au même protocole « Il est nécessaire que chacun sache que l'égalité ne peut exister.

L'organisation de la vie humaine réclame... la séparation du peuple en classes et en castes. » En outre, il faudra éliminer « le libéralisme de toutes les institutions. »

21.   Nécessité aux U.S.A. de distinguer deux pouvoirs régnants, *une dualité du pouvoir* Washington et New York ; Gouvernement fédéral et Kahal Aryens et Juifs, jusqu'au triomphe de l'un des deux, tandis qu'en France, il n'est plus que celui des Juifs régnant souverainement, après avoir empoisonné et démoralisé un pays tout entier qui n'est en rien le leur.

*De Gaulle, l'Isabeau de Bavière du XX*ᵉ *siècle,* l'homme de main et de paille des Juifs le geôlier du maréchal Pétain !

Protocoles de Sion, protocoles de Sion, ou l'*a b c* de la tactique et de la stratégie juives pour la conquête du monde par tous les moyens permis et non permis !

Faisons-en, voulez-vous, lecture pour quelques instants, au protocole 10 à la page 66 (édition Vieille-France), ces protocoles qui mettent à nu les entreprises criminelles du Juif, ces protocoles dont une presse couverte de honte ne parle jamais :

> « Pour réaliser notre plan, nous machinerons l'élection de présidents *(réd.* de république s'entend) *dont le passé recèle quelque scandale caché, quelque « Panama »* ; ils seront alors les fidèles exécuteurs de nos ordres par peur du pilori, et aussi en raison du désir naturel de chaque homme parvenu au pouvoir de garder les avantages et les dignités inhérentes à la situation de président. La Chambre des députés élira, protégera et surveillera les présidents, mais nous la priverons du droit de proposer des lois ou de les amender, car ce droit nous l'accorderons au président responsable, devenu un mannequin entre nos mains. Il va de soi que les pouvoirs du président deviendront la cible d'attaques multipliées, mais nous lui donnerons les moyens de se protéger par l'appel direct au peuple, par-dessus la tête de ses représentants ; en d'autres termes, il retournera au même esclavage aveugle : à la majorité de la plèbe ; de plus, nous donnerons au président le droit de proclamer la loi martiale ; nous justifierons cette prérogative en disant que le président comme chef de l'armée nationale, doit pouvoir s'en servir pour protéger la nouvelle constitution républicaine qu'il a le devoir de défendre en tant que représentant responsable de cette constitution. Il tombe sous le sens que dans ces conditions nous tiendrons les clefs du temple, et que personne d'autre que nous ne pourra diriger le pouvoir législatif. »

Dédié à M. R. Payot grand marchand sans rire « de pouvoir personnel du général de Gaulle ».

22.   Dans les temps modernes, les *deux premières grandes victoires* remportées par les Juifs : l'égalité politique en Angleterre en 1753, et aux U.S.A. malgré l'avertissement de Franklin (voir p. 265) en 1787.

Puis une très grande victoire, la *Révolution française* qui est œuvre juive avant tout autre cause, nous venons de le voir (protocole 3).

On sait certes depuis longtemps que la .·. a joué un rôle capital dans son éclosion, mais le moteur de la .·. ce sont justement les Juifs (protocole 15) et ça on ne le chante pas sur les toits.

Il faut absolument qu'on le chante sur les toits, qu'on dénonce les grands coupables de tous nos maux... encore en cours et à venir.

23.   *Liberté, Égalité, Fraternité*, devise indéfectiblement attachée au blason de la République française et partie des pétitions de principe de Rousseau, mais de confection juive comme nous le voyons au protocole ! :

> Dans toutes les régions du globe, les mots liberté, égalité, fraternité ont entraîné des foules énormes dans nos rangs grâce à nos agents aveugles qui portaient notre drapeau avec enthousiasme.

C'est avec cette formule alléchante pour beaucoup, trompeuse et mensongère que les Juifs détruisent notre société. Ne le disent-ils pas au même protocole :

> Cependant ces mots étaient des vers rongeurs qui ruinaient la prospérité des goyim, détruisant partout la paix, la tranquillité et la solidarité, minant toutes les fondations de leurs États.

Mais le triomphe des Juifs fut l'abolition des privilèges dans la nuit du 4 août 1789 comme ils le disent eux-mêmes à ce même protocole 1 :

> L'abolition des privilèges, en d'autres termes l'essence même de l'aristocratie des goyim qui était la seule protection des peuples et des patries contre nous.
> Les grands ténors de l'aristocratie française, à commencer par Philippe Égalité, ont beaucoup aidé à la révolution espérant de hautes satisfactions ; ils sont joués par les Juifs et c'est alors que M. B. Fay, dans son livre « *La Franc-maçonnerie et la Révolution intellectuelle du XVIIIe siècle* peut parler du *suicide maçonnique de la haute noblesse*.

La noblesse s'en va et les Juifs prennent sa place sans en avoir les obligations et les belles qualités. Sous l'ancien régime, les nobles jusqu'au début du règne de Louis XIV ont basse et moyenne justice sur leurs terres ; pas d'impôt foncier, les privilèges des grades dans l'armée et de la chasse. Sous Louis XV est institué l'impôt du vingtième que la noblesse doit acquitter mais non pas sans de grandes résistances.

Les Juifs auront, en fait, de par leur argent, tout ce que la noblesse aura perdu, sans avoir ces deux obligations majeures, capitales, natales justifiant largement des avantages autres : l'impôt du sang par la carrière obligée des armes et le duel ce fruit dangereux de l'honneur.

En nos temps où rien n'est plus prisé que la vie, fut-elle sans honneur, vie qu'on ne saurait plus sacrifier à rien, qui oserait prétendre que cette noblesse s'exposant tous les jours sans compter portait mal son nom et n'avait pas droit à cette première place ? si mal tenue de nos jours par le Juif du Talmud et des Protocoles de Sion ?

Tout le monde le comprend sauf le Juif de cataclysme, d'espionnage et de révolution.

Civis helvetice cave Judaeos !

Citoyen suisse, prends garde aux Juifs !

Avons-nous gagné quelque chose à ce rouage de puissance ? Sommes-nous mieux depuis que le Juif étranger à nos cœurs et à nos mentalités, ennemi de Dieu et de Jésus-Christ, est à la première place, qui peut tout par son or et ne se connaît à notre égard aucune obligation sinon celle de nous tromper et de nous dépouiller de tous nos biens par le communisme son enfant et autres voleries !

L'état actuel de la société montre de quel côté se trouve ce qui nous avantage et nous élève et nous grandit.

24. Les Juifs maîtres de presque tout, qui commandent le monde après leur Austerlitz des deux guerres mondiales.

25. Fondation de la Société des Nations (avril 1919) sur l'initiative du président des U.S.A. le Juif Wilson, œuvre juive.

Premier président de l'assemblée de la SA.N. : le Juif belge Hymans. Premier secrétaire général de la SA.N. : le Juif anglais Sir Erie Drummond.

En 1922, le 27 août, au Congrès sioniste de Carlsbad, le président du Comité exécutif Nahum Sokolow déclare : « La SA.N. est une idée juive... » Idem pour l'ONU, ajouterons-nous.

26. En toutes choses, citoyen du monde, *fais le contraire* de ce que dit ou fait le Juif l'ennemi mortel des Aryens.

27. La Révolution russe de 1917 *faite de toutes pièces par les Juifs* les U.S.A. s'y prêtant, *avec ses vingt-huit millions de victimes,* de morts, chiffre officiel du gouvernement des Soviets en 1924 dans la célèbre affiche de Kiev (Marie Kerhuel *Le Colosse aux pieds d'argile,* p. 156), *la plupart épouvantablement torturés,* très nombreux crimes rituels ; et ses camps de concentration bien autre chose que ceux d'Allemagne *et dont il n'est jamais parlé* dans notre presse asservie aux Juifs, tout étant à Auschwitz et Buchenwald où les faux témoins chers aux Juifs n'ont pas manqué de pleuvoir comme à Nuremberg d'ailleurs ; on ne peut concevoir de Juifs sans faux témoins, voilà ce que les honnêtes gens doivent se mettre dans la tête, Lausanne ne vient-elle pas d'en être la

démonstration avec son Juif escroc avocat Deutsch pour l'appeler d'une appellation dont personne ne l'appelle ! Ces camps de concentration des Soviets allant jusqu'à contenir vingt millions d'individus (1944-46), encore existant présentement, pour contenir en 1957 sept à huit millions d'enfermés.

Citoyens suisses allez-vous vous inscrire ? Qu'on vous fasse goûter d'une révolution communiste juive ? En évolution déjà chez nos voisins français ? et se préparant chez nous.

28. Les *souffrances endurées* par les Juifs en Allemagne durant la Seconde Guerre mondiale ne sont pas la cent millième partie de celles qu'ils causèrent en Russie dès 1917.

29. À l'Armistice (1918), les Juifs détrônent les Hohenzollern, condition *sine qua non* de l'armistice, et Lloyd George le complice à Versailles (1919) de Wilson voudrait que le Kaiser soit jugé et pendu (*Readers Digest* 1965 janvier, p. 45, T. Alexander) quoique sachant, très probablement, que celui-ci est parfaitement innocent de cette guerre de 1914 ; ils inoculent et propagent le communisme en Allemagne von Rathenau en tête ancien téléphone privé d'avec le Kaiser, *communisme qui fait naître le nazisme.*
Les auteurs du nazisme ce sont les Juifs.

Voilà ce que dirait le roi de France Saint Louis, ce *summum justitiae caput* de tous les temps, et voilà ce que ne disent pas ceux qui ne font qu'entendre et boire les paroles menteuses du Juif ce renégat criminel des Protocoles de Sion !

Dans la règle, les Allemands ne devraient exactement rien aux Juifs auteurs des deux guerres mondiales.

30. Le *Traité de Versailles* (1919) œuvre spécifiquement juive de par le Juif Wilson président des U.S.A. et ses deux acolytes, ces deux complices indiscutables Clémenceau « le commandité du Juif Cornelius Herz » dont il reçoit, nous dit Drumont, des sommes énormes et le très rouge Lloyd George, de Sassoon Rothschild, sans oublier le Juif Mantoux dénommé secrétaire général et qui n'est que « l'œil du Kahal » toujours aux meilleures sources d'information.

Ce Traité de Versailles, qui coupe la Prusse en deux, constituant le plus beau germe de guerre future qu'on puisse créer. Voir ce que dit l'historien polonais Malynski en 1930 (voir l'index) ; les Juifs auteurs de la Seconde Guerre mondiale.

Et voici maintenant la parole révélatrice, accusatrice et terrible du secrétaire d'État Lansing aux affaires étrangères des U.S.A. : « qu'il s'était trouvé dans l'obligation morale de combattre presque toutes les initiatives de son président. » (Cité de Rassinier *Le Procès Eichmann,* p. 193.)

Et ce traité est un *Diktat* contrairement à toutes nos traditions aryennes, *encore un excellent signe que les Juifs frénétiques y sont les seuls maîtres.* Les Allemands ne sont à Versailles que le jour de la signature du traité ! et reçus comme des pestiférés fomentateurs d'une première guerre mondiale par ceux-là mêmes qui en sont les seuls auteurs ; les Juifs.

Le Juif ou le mensonge à la n_me puissance

C'est peut-être ici mieux que partout ailleurs qu'on peut dire les U.S.A. dominés par leurs Juifs ! Dualité du pouvoir aux U.S.A. avons-nous dit plus haut.

Ce *Diktat* à mettre avec cette barbare et sauvage *Résistance* indigne d'un peuple civilisé placé sous la main d'un chef le plus respecté et le plus capable qui soit !

Il fallait de Gaulle et ses Juifs pour la produire !

Autre signe encore de la confection juive du Traité de Versailles, les deux fameux articles financiers 296 et 297 qui assurent, chose sans aucun doute préméditée, la possibilité de leur stupéfiante et colossale escroquerie *roulant sur des milliards de francs* d'avant 1914 pratiquée par des *milliers de Juifs* sur les biens allemands sis et vendus en France (voir index *Lesdain*).

Et ceci rien que pour la France ; qu'en a-t-il été des autres adversaires de l'Allemagne pourvus des mêmes organismes de règlement des dettes en cours que la France, les U.S.A. exceptés n'ayant pas ratifié le Traité de Versailles ? On serait bien étonné que les Juifs des autres adversaires de l'Allemagne n'aient pas suivi l'exemple des Juifs français !

Total des biens allemands dans les pays alliés estimés à huit milliards.

Mais parallèlement *énorme escroquerie des banques juives allemandes en 1920,* qui place l'industrie d'Outre-Rhin dans la main des Juifs (voir index *Lesdain*).

Ouvrier suisse, écoute-moi bien, tous les bourgeois ne sont pas des anges, mais les plus grands voleurs du monde sont les Juifs, et il s'agirait maintenant, pour nos gouvernements, de leur faire rendre gorge de toutes ces voleries faites au grand jour ou parties de cette nuit noire qu'est leur péché.

D'épouvantables razzias ont été exécutées par les Juifs à nos dépens. Voir page 435, ce que le Dr Ratzinger, cité par Drumont, disait, il y a à peu près un siècle je pense, à ce propos.

31.   Le *libéralisme* prôné, adulé, à créer où il n'est pas, élément destructeur par excellence de la société, disent les Juifs dans leurs Protocole, entendez-vous M. Albert Picot ancienne première magistrature de Suisse, imbattable en libéralisme juif ; M. René Payot directeur du *Journal de Genève*, grand marchand sans rire de « pouvoir personnel du général de Gaulle » ; M. Braichet de la *Feuille d'Avis de Neuchâtel* de « l'illustre famille Rothschild » et de l'infâme Juif Giniewski que vous introduisez dans votre journal, auteur d'un livre *Complices de Dieu. Définition et mission d'Israël* et qui exige des excuses collectives de la chrétienté pour les souffrances des Juifs au cours des siècles.

Dieu commettant des délits !

Voilà les gens, ô libéralisme destructeur de la société comme disent les Juifs, dont la *Feuille d'Avis de Neuchâtel* nous offre la lecture !

Entendez-vous, Monsieur Pierre Béguin directeur de la *Gazette de Lausanne*, pourfendeur victorieux (quelle honorable victoire !) du Réarmement moral qui lutte contre le communisme, vous dont les colonnes de votre journal sont pornographiques.

Nous l'avons vu, nous l'avons dit, les Juifs sont les princes de la pornographie !

Ces messieurs font exactement comme si les Protocoles de Sion (p. 135) confirmés pleinement par le document du « Secret Service » des U.S.A. de 1919 n'existaient pas *et je dis que c'est là un crime contre la patrie.*

Procureurs généraux de cantons romands, ces messieurs sont les complices du Juif ! conjurateur !

> Pas de libéralisme pour le bien des chrétiens !
> Pas de libéralisme pour le bien du Juif !
> Pas de libéralisme pour le bien de tous !
> Pas de libéralisme pour le service de Dieu !

Le sursis systématique, expression même du libéralisme judéo-maçonnique.

« Quand nous avons injecté le poison du libéralisme dans l'organisme d'État » disent les Protocoles de Sion, protocole 10, p. 65 (édition Vieille-France) ...

32. Sur les « six millions de gazés », car c'est la première formule, celle qu'il faut garder et dont grâce à Paul Rassinier et ses admirables travaux l'outrecuidance, l'extravagance et l'énormité ont été démontrées.

Dans ce volume (index six millions), nous rapportons d'après les recherches de cet auteur deux ou trois aspects principaux du problème.

En montrant, de notre côté, l'opposition flagrante existant entre les stérilisations « innombrables » dit Bayle dans son volume de mille cinq cents pages, faites sur les Juifs, et les « six millions de gazés » d'autre part.

Les Allemands, surchargés de besogne dans une guerre terrible, vont-ils perdre leur temps à stériliser pour ensuite gazer les gens ?

Parlent encore contre la gazéification l'immense besoin qu'ont les Allemands en main-d'œuvre comme en témoignent les appels et les demandes dès 1942 du ministre Speer et la mortalité effrayante dans les camps pour cause naturelles (26 % au lieu du 20 ‰ normal).

Où les Juifs sont pris dans leurs mensonges et en font la démonstration c'est quand, en 1959, les U.S.A. devant l'immigration illégale « épouvantablement accrue », dit Beaty, depuis 1945, entendent recenser les Juifs en consultant les registres de leurs synagogues.

Immédiatement toutes les organisations juives américaines et mondiales protestent en invoquant des raisons qui n'en sont pas, des raisons religieuses de mensonge (il faut le Juif suintant de mauvaise foi pour réaliser l'association de ces deux mots) qui disent qu'un tel recensement « serait une violation du principe de la séparation de l'Église et de l'État » ou encore que « cela attirerait la colère de Dieu que de vouloir dénombrer le peuple. »

Je sais bien, moi, ce qui attire la colère de Dieu, c'est l'inqualifiable conduite des Juifs serviteurs de l'Antichrist depuis deux mille cinq cents ans.

Que font donc les U.S.A. ? ils s'inclinent devant des raisons qui sont des mensonges et renoncent.

U.S.A., vous devriez rougir de honte et vous jeter dans l'Hudson pour vous en refroidir et laver, alors qu'on pouvait, par ce recensement, confondre le Juif à la face du monde de son magistral mensonge des « six millions », en montrant que ce qui manquait aux quatre millions cinq cent mille retrouvés de Rassinier se trouvait précisément dans vos rangs.

À Versailles (1919) Washington est vaincu par New York, en 1959, le gouvernement fédéral est vaincu par le Kahal !

Dualité du pouvoir aux U.S.A. avec prépondérance marquée de celui des Juifs.

33. Ces « six millions de gazés » partis du *document Gerstein,* « faux historique » dit Rassinier, où les gazés se chiffrent par millions.

Document Gerstein (voir index), annonciateur de Nuremberg et de son esprit et des procédés et tromperies des marchands de faux témoins que sont les Juifs depuis le temps de Jésus et du diacre Etienne.

Combien y eut-il de juges juifs à Nuremberg ? Leur objectivité est-elle concevable ?

34. La tyrannie juive en 1789 : *destruction des corporations* qui laissent les ouvriers sans défense. En 1932, institution chez les Soviets du *livret de travail* qui met les ouvriers en servitude.

35. Impossibilité de bien gouverner les hommes sans la *religion* qui assagit, harmonise, discipline. D'où *l'immense supériorité de l'ancien régime* abominablement calomnié par ce menteur professionnel qu'est le Juif en opposition, d'ailleurs, d'avec les doyens Bridel et Curtat parlant du « gouvernement paternel des Bernois » et en France, d'avec Montesquieu discourant du régime modéré des monarchies d'ancien régime.

36. Le régime sous lequel nous vivons est un régime *sans Dieu,* imposé par *le Juif auteur de la Révolution française et des institutions politiques d'« absurdité »* (P. Bourget) sous lequel nous vivons *faites pour nous détruire* comme l'ont bien dit les Juifs dans leurs Protocoles et comme nous voyons bien qu'il en est (voir par exemple protocole 1 sur les privilèges).

Clémenceau l'homme complet de 1789, à lui aussi l'appellation péjorative de politicien et de la plus basse classe ; toute sa vie dans les Juifs, admirateur passionné de la Convention et adversaire acharné de la religion ; en 1918, il interdit, président du Conseil en exercice, au président de la République et aux membres du gouvernement d'assister au *Te Deum* de la victoire le 17 novembre (*Aspects de la France* 10.5.62, Havard de la Montagne).

37. *Aucune confiance,* voilà la leçon des événements, *en le Juif* voleur, menteur, faussaire, bourreau, assassin, auteur abominable des Protocoles de Sion, escroc, le pire fomentateur de guerres (protocole 7) qui soit, propagateur

du vice et de la débauche (notre chapitre XII), ne visant qu'à détruire l'esprit public.

Le jour de l'Expiation (une fois par an), les rabbins et leurs ouailles récitent trois fois dans les synagogues la prière *Kol Nidré,* dont vous trouvez le contenu au tome VII de la *Jewish Encyclopedia,* p. 539 (édition en cours en 1924) :

> De tous vœux, obligations, serments et anathèmes, qu'on les appelle konam, konas ou autrement, que nous pouvons faire, contracter, prononcer, proférer, ou par lesquels nous pourrions être liés, depuis ce jour de l'Expiation jusqu'au prochain (dont nous attendons l'heureuse venue) nous nous repentons formellement. Qu'ils soient donc jugés résolus, oubliés, annulés, vains et vides de tout effet. Ils ne nous lieront pas et n'auront pas de pouvoir sur nous. Les vœux ne seront pas comptés comme vœux, les obligations n'auront rien d'obligatoire et les serments ne vaudront pas serment.

L'honneur du Juif ! Nous l'avons dit déjà, les officiers prussiens, tout-puissant que fut Bismarck - de Bulow était du même avis que le chancelier de fer, *Mémoires,* tome 1, p. 334 -, bel exemple de pouvoir partagé, jamais ne voulurent recevoir un Juif dans leur sein et il en était encore ainsi en 1914. D'où de dépit et de colère, les violentes campagnes de presse des Juifs, d'avant la Première Guerre mondiale, contre le militarisme prussien et faites aussi, sans doute, préparant leur guerre, aux fins de pouvoir plus facilement accuser les Allemands ! d'en être les auteurs ! La France au moment de l'Affaire Dreyfus comptait cinq cents officiers juifs.

Très Saint Père, dans votre Rome couverte de siècles et d'histoire chrétienne, assailli comme l'est le Vatican de Juifs enrobés des plus belles promesses, qu'Il vous soit donné de vous souvenir de la prière de synagogue du Kol Nidré.

Le Juif, l'« ennemi du genre humain » du marquis de La Tour du Pin, le plus noble et le plus honnête des gentilshommes de France !

C'est à celui-ci qu'il nous est donné de prendre exemple et nullement à l'empoisonneur du genre humain.

38. Voici bien trente ou quarante ans, je pense, une revue dont le nom ne me revient plus, estimait que le tiers du capital mondial était entre les mains des Juifs. Qu'en est-il maintenant ?

Cette proportion certainement augmentée, marchant à de plus hauts échelons de par le travail à la Bourse dirigée contre les Aryens, par les voleries, par les escroqueries dont le nombre et l'audace ne cessent de croître.

Sur les seize à dix-huit millions de Juifs dans le monde, on peut bien estimer que les deux tiers ont peu ou très peu de moyens, d'où l'énorme concentration d'argent chez les magnats.

Actuellement, en ce janvier 1965, pour toutes choses notre société se trouve être l'image parfaite des Protocoles. Or, cette décomposition est l'œuvre des Juifs et de leur franc-maçonnerie comme le montre notre chapitre XII et le disent les Protocoles et le confirme indirectement le document du « Secret Service » des U.S.A. de 1919.

Et les marchés d'argent n'y font pas exception qui sont frappés comme de mort depuis mai 1962. Sans raisons économiques ou financières sérieuses ; c'est que la cause en est politique et c'est bien ce que disent les Juifs dans leurs Protocoles, capables sommes-nous (en 1885 !), par la masse de notre argent et ses retraits et ses mouvements et notre Kahal conjuguant nos manœuvres, de produire de tels états et que nous les produirons. *Nous le voyons à n'en pas douter un instant.*

Ces vilains Juifs, sans un instant de relâche, nous dépouillent progressivement et subrepticement, puis ensuite complètement par le communisme de tout, signifiant en bon français la mise en esclavage, la tyrannie totale, intégrale, absolue.

Qu'attend notre presse indigne, M. R. Payot directeur du *Journal de Genève*, et lâche, corrompue ou craintive ou de bas intérêts personnels alors qu'il s'agit du sort même du pays, pour jeter le cri d'alarme ?

39.   Quelques-unes, je dis bien quelques-unes, des voleries opérées par les Juifs

1815 « La France dut payer jusqu'au dernier sou les réclamations les plus improbables, les réparations les plus fantastiques, les dettes les plus chimériques » James de Rothschild dirigeant les opérations (*France juive*, tome 1, p. 334).

Drumont a pu dire : les Rothschild arrivés chez nous en 1815 sans rien sont milliardaires en 1870. 1848. Rothschild vole à l'État français la somme de cent septante millions (*France juive*, tome 1, p.365).

Rothschild exploite le chemin de fer du Nord pendant quarante ans pour une somme dérisoire dont la construction a été faite par l'État français (cent millions de francs de l'époque) (*France juive*, tome 1, p. 343).

1870. Les Juifs refirent, mais en des proportions prodigieuses, ce que Rothschild avait fait en petit au moment de la liquidation de 1815 ; ils s'enrichirent en prêtant aux Français, ils reprirent aux Prussiens ce que les Français leur avaient payé. Des cinq milliards quatre au moins restèrent dans leurs mains (*France juive*, tome 1, p. 420).

L'emprunt du Honduras : 157 millions, passe dans les mains des juifs, le Honduras n'ayant jamais reçu un centime. Séance à la Chambre du 1er février 1881. (*France juive*, tome 1, p. 420.)

Les sociétés financières du baron Erlanger (*France juive*, tome 1, page X) par la baisse de tous les cours, font que ce juif réalise un profit de plus de deux cents millions ; opération réalisée « dans une impunité absolue ».

Énormes escroqueries de Stavisky qu'on « suicide » en 1934, mise à jour par l'opération des bons de Bayonne (1934) ; très nombreux parlementaires compromis.

Ce Stavisky avait, à lui seul, financé les élections du parti radical-socialiste en 1932 ; beau régime n'est-ce pas ?

Emprunt de la Libération en 1871 où Rothschild retient quatre cent cinquante millions (*Libertés françaises*, avril 1957, p. 50).

Deux cents millions de dollars que Bernard Baruch est accusé en plein Congrès des U.S.A. d'avoir volés par le représentant Mason (Illinois) (*Protocoles de Sion*, édition Vieille-France, p. 278).

Escroquerie de synagogue énorme des six *millions de gazés* (1945) qui se doivent monnayer auprès des Allemands en proportion de leur nombre et se monnayent.

L'Allemagne s'est engagée à payer quarante-trois milliards aux victimes des nazis dont vingt-sept déjà réglés (*Journal de Genève*, 23.12.64, Bonn (DPA).

C'est beaucoup, c'est même trop, ce serait à barrer puisque les Juifs sont les auteurs des deux guerres mondiales et *sont les auteurs du communisme en Allemagne* qui provoque la naissance du mouvement nazi.

Sur cette escroquerie première des « six millions » se greffent naturellement les escroqueries secondes les Juifs étant ce qu'ils sont, celle par exemple du Juif Deutsch « le mécène lausannois » et « bourgeois d'honneur » de Belmont sur Lausanne (1964), se chiffrant à trente-cinq millions par deux faux témoins grassement payés dont l'un reçoit cent mille marks. Honoraires de cet escroc avocat quatre ou cinq millions.

La puissance juive étant ce qu'elle est, ces escrocs ne se connaissent plus d'audace. *Tribune de Lausanne* 1.1.65 : le Juif Hismah s'est fait virer indûment d'une banque genevoise sur une banque de New York un million cinq cent mille francs.

L'affaire Mustapha Pacha de la fin du siècle passé allant à des milliards à partir des biens *inaliénables* du bey de Tunis qui deviennent aliénables (*France juive*, tome 2, p. 473, et la fin, dans *Fin d'un monde* p. 287).

1919-1925. *L'énorme, stupéfiante, colossale escroquerie roulant sur des milliards* d'avant 1914 et déjà vue, accomplie par des milliers de juifs à partir des *biens allemands en France* et vendus par l'État français (index *Lesdain*). D'autres opérations du même genre faites probablement dans tous les États ayant été en guerre avec l'Allemagne, sauf les U.S.A. qui n'ont pas ratifié le Traité de Versailles.

Énorme escroquerie en Allemagne en 1920 des banquiers juifs, mettant alors la main sur les grandes industries du Reich (index *Lesdain*).

Je rappelle encore le vol du garde-meubles national avant Valmy, pour trente millions, par les Juifs accompagnés de Danton (déjà du beau personnel politique !) et de Fabre d'Églantine (*France juive*, tome 1, pp. 296 et 297).

Je rappelle *l'emprunt tunisien* tombé à rien par les manœuvres des Juifs et pour lequel ils circonviennent le ministère des finances de Napoléon, lui-même engagé à Austerlitz, et qui donne la garantie de l'État français : montée vertigineuse des titres et bénéfices en conséquence des Juifs.

Grande victoire à Austerlitz et grande colère de Napoléon de retour à Paris !

Je rappelle une de leurs plus fameuses voleries réalisée sous Bismarck où la Prusse rachète au prix d'émission des titres de chemin de fer tombés à rien par les manœuvres des juifs : sur une opération allant à douze cents millions, les Juifs réalisent au moins cinq cents millions de bénéfice (*France juive*, tome 1, p. 463).

Je rappelle le Juif Bella Kuhn le bourreau de la Révolution hongroise et ses cent nonante- sept millions de couronnes (voir p. 294).

Je n'en finirais pas de rappeler ici tout ce qu'on pourrait, sans oublier Panama, à ce chapitre, rappeler ; ce Panama où les Juifs doivent avoir joliment trempé puisque Drumont en fait son sujet dans *Dernière bataille*.

N'ai-je pas dit tout au début de ce chiffre 39 quelques-unes de leurs...

Ajoutez, maintenant, tout le trafic possible et imaginable en Afrique du Nord et au Sahara à la suite des événements dramatiques de ces dernières années *alors que les Juifs sont les maîtres absolus de la France,* et vous aurez une idée des sommes fabuleuses passées indûment des mains des Français dans celles corrompues du Juif ! sans compter, et l'on se demande pourquoi sinon de servir à quelque autre filouterie, ce que nos voisins versent chaque année à l'Algérie, entre un et deux milliards de francs.

La France exsangue commandée par ses Juifs repus !

Philippe le Bel, Philippe le Bel, toujours toi, viens au secours de la France et de nous tous et suscite un successeur à ta science politique.

Il faut détruire la puissance du Juif en le désarmant de ses monstrueuses fortunes mal acquises et mal employées comme le montrent irréfutablement les Protocoles de Sion et le rapport du « Secret Service » des U.S.A. de 1919 et ce que nous voyons, tout au cours des siècles et tous les jours de nos jours, sous nos yeux, s'être déployé et se déployant !

Amoncellements d'argent prodigieusement accrus dès 1789 !

Ainsi, en arrive-t-il, quand on laisse courir les voleurs et que même tout leur est facilité !

40. Il faut absolument qu'on les désarme, raisons morales, raisons politiques, raisons religieuses, raisons juridiques, raisons de vie et de mort, raisons de salut public, d'en agir ainsi.

a) *Raisons morales* : décomposition de notre société provoquée par le Juif le plus mal intentionné qui soit à notre égard et tel qu'on le voit à notre chapitre XII ;
b) *Raisons politiques* : *conjuration* pour l'hégémonie mondiale par tous les moyens permis et non permis (voir *Protocoles de Sion*, p. 135, et rapport du « Secret Service » des U.S.A. de 1919, p. 286 ;
c) *Raisons religieuses* : ennemis de Dieu se mettant avant Lui dans les Protocoles, et de Jésus-Christ son Fils.
   Le Juif baalien et kahalien ;

d) *Raisons juridiques* : les Protocoles de Sion ne sont pas un faux dit la Cour suprême du canton de Berne (Suisse) le 1er novembre 1937 ;
e) *Raisons de vie et de mort* : il ne s'agit de rien d'autre ;
f) *Raisons de salut public* : comme aux temps les plus critiques de Rome ; les temps de ce vertueux Cincinnatus à sa charrue, et dictateur de seize et dictateur de vingt et un jours qui la quitte, accomplissant de glorieux exploits salvateurs ; et les temps de ce Catilina qui trouva son Cicéron !
Pas d'argument ici pour invoquer une raison d'État tant la cause est juste, tant elle est irréfutable ! tant elle est sacrée !
Monsieur J. Leu, conseiller national suisse, auteur d'une interpellation sur la défense spirituelle urgentissime du pays, et qui restez sans réponse depuis plus de dix-huit mois, soyez notre Cicéron ! (Date de l'interpellation 19 septembre 1963.)

41. Un gouvernement qui ne prendrait pas toutes mesures pour arrêter, décréter d'accusation et juger le Juif de conjuration, de crimes, de forfaits et de communisme sanglant à la porte faillirait à ses devoirs et encourrait *de terribles responsabilités*.

U.S.A. centre du monde et siège du Kahal, êtes-vous encore assez forts pour entreprendre de lutter avec celui-ci et de le détruire ?

Ah ! si vous aviez écouté *Franklin* dans les années 1780 ! Ah ! si vous aviez écouté Henry Ford en 1920 !

Mais les « dames sans tête » de la démocratie peuvent-elles écouter, retenir et prévoir quelque chose et lui donner conséquence dans le présent et dans ce qui suivra ?

Répétons sans nous lasser, les institutions politiques qui nous régissent sont celles que le Juif nous a données pour nous détruire comme il le dit lui-même dans les Protocoles, dans le temps de sa Révolution de 1789.

42. Le 8 mai 1921, le « Times » écrivait entre autres : « Si les Protocoles sont réellement l'œuvre des Sages de Sion, alors tout ce que l'on pourra dire, entreprendre et accomplir contre les Juifs devient légitime, nécessaire et urgent ! »

Or, nous savons maintenant et dès le 1" novembre 1937, qu'ils le sont, et nous n'avons, et c'est un crime contre la patrie et le genre humain, rien fait de ce qu'il était « *légitime, nécessaire et urgent* » que l'on fasse.

Voilà pourquoi nous en sommes où nous en sommes !

Oui, nos autorités ont des œillères comme l'a si bien dit le Réarmement moral !

43. Qui dit, Monsieur René Payot directeur du *Journal de Genève*, courageux pourfendeur de quatre tsars assassinés par le Kahal, que nous n'aurons pas besoin, un jour, de pogromes pour faire place de ceux qui veulent nous séparer de Dieu et de Jésus-Christ son fils bien-aimé ?

De ces pogromes dont vous trouvez commode d'en accuser les tsars et dont nous avons la preuve qu'ils furent toujours provoqués par le Kahal sacrifiant de propos délibéré un million de ses coreligionnaires (voir p. 343).

Nous l'avons vu dans ce texte (index) les *Croisés* de l'an mil et quelques années se formèrent et partirent pour défendre les lieux saints de l'infidèle.

L'infidèle de nos temps est partout, pourquoi donc, s'il le faut, ne partirions-nous pas nous aussi Croisés de l'an deux mille moins quelques années ?

44.   Les deux guerres mondiales 1914, 1939.

Nous n'avons plus, ici, l'espace nécessaire pour résumer ce chapitre qui, d'ailleurs, s'abrège difficilement tant tout est d'intérêt vu l'importance capitale de sa matière. Nous préférons réserver ce qui nous reste de lignes à compléter notre sujet par quelques considérations et citations à notre avis très parlantes.

Lire donc d'abord sur la Première Guerre mondiale les pages 186 à 188 et 473 et suivantes ; lire sur la Seconde Guerre mondiale pages 188 à 190 et page 442 ; accessoirement voir à l'index *Guerres mondiales* d'autres chiffres ; dans le compendium anglais par contre, procédant autrement, nous avons fait de ces deux guerres dans leurs causes un exposé résumé vu l'impossibilité de s'en référer au texte français.

Il nous faut faire d'abord rapprochement des personnes et des attentats atteignant l'archiduc François-Ferdinand et Stolypine, tant apparaissent bien les manières de faire et les audaces de ces forcenés du Kahal qu'aucun obstacle n'arrête si leurs visées politiques d'hégémonie mondiale l'exigent : les crimes les plus abominables ne leur font pas peur.

Stolypine, qui a toute la confiance du tsar Nicolas II il importe de le souligner, accomplissant la rénovation, comme il en a la charge, de la structure agraire de la Russie la divisant en petite moyenne et grande propriété ainsi que le dit *Malynski* ; c'est alors la fin des ambitions conquérantes et criminelles des Juifs du Kahal sur ce pays.

Stolypine manqué, en 1906, par les nihilistes à la solde des fils de judas, est abattu, en 1911, en plein théâtre de Kiev à coups de révolver.

U.S.A., vous logez chez vous les plus redoutables criminels et nous voyons qu'ils sont en liberté Dans le cas de l'archiduc François-Ferdinand au sujet duquel concordent les opinions très compétentes de de Bulow (*Mémoires,* tome 2, p. 240) et de Malynski (voir pp. 205, 206), pour en faire un homme de la Paix ; même situation qu'avec Stolypine, c'est un homme qui conduira et ne se laissera pas conduire, ni circonvenir ; de plus antimagyar et slavophile contre toute aventure dans les Balkans (de Bulow) ; très catholique et très Saint Siège.

C'est là un homme d'importance et de capacité qui, sentent et pensent les Juifs, se mettra en travers de nos projets de révolution et de guerre.

Qu'à cela ne tienne, sa vie nous embarrasse, sa mort nous servira.

Que lit-on dans les *Protocoles de Sion* chiffre 7 p. 66 (édition Vieille-France) de nos Juifs associés de l'Antichrist :

> Bref, pour résumer notre système d'asservissement des gouvernements goyim d'Europe, nous montrerons notre force à l'un d'eux par l'assassinat et le

terrorisme ; s'il arrivait que tous s'élèvent contre nous, nous leur répondrons avec des canons américains, chinois ou japonais.

Il faut détruire la puissance des Juifs, désarmer ces conjurateurs mondiaux en les dépouillant de tous leurs biens ; il faut détruire le Kahal et sa franc-maçonnerie, sans oublier l'Alliance israélite universelle et sans oublier non plus et surtout, la très redoutable bande des *B'naï Brith,* loge secrète composée de Juifs seulement et qui paraît, dit Gohier, dans sa haute compétence, dominer toutes les autres organisations de guerre de la juiverie.

Les B'naï Brith sont magnifiquement installés à Berlin, nonante-sept loges quatorze mille membres et ce, jusqu'à l'avènement d'Hitler (*Protocoles de Sion,* édition Vieille-France, p. 223).

Il faut détruire la puissance des Juifs, qu'il nous soit ainsi donné d'avoir la vie tranquille et douce, noble et belle, et tant soit peu divine !

Homère, Homère, toi qui voulais et voyais du divin partout et nous qui n'en avons plus dans ces temps barbares ! que sont les nôtres !

Nous avons vu les Juifs faisant la guerre dans leurs journaux aux officiers prussiens jusqu'en 1914 ; il n'est plus, d'après le menteur professionnel, que militarisme prussien au monde.

Nous avons vu pourquoi ; double raison ; de ne pouvoir pénétrer dans ce corps d'élite quoique Bismarck et son Juif Bleischröder « le second de l'Empire » et de Bulow par la suite soient pour qu'on les admette ; et seconde raison, de les charger, en agissant ainsi, des responsabilités de la guerre qu'eux-mêmes préparaient !

Surtout que Guillaume II facilitait de singulière façon ce jeu infernal de l'associé de l'Antichrist, prêtant le flanc à la critique qui, trop souvent, s'était, très orateur et doté d'une brillante intelligence, laissé emporter par sa facilité et la griserie qu'elle donne, se répandant alors en propos héroïques et guerriers dépassant sa pensée et qui n'étaient que l'expression d'une nature sensible, impressionnable et tout imprégnée d'énergie verbale... et d'orgueil.

Comme l'a souvent dit de Bulow dans ses *Mémoires,* Guillaume II n'avait pas les nerfs qu'il fallait pour se charger du poids d'une guerre mondiale ; et à tête reposée s'en rendait bien compte.

Quant à l'entrevue Bethmann-Hollweg de Bulow d'août 1914 dans laquelle l'ancien chancelier demande comment les choses se sont passées (p. 483) et qui reçoit la surprenante réponse que l'on sait :

« Ah ! si on le savait ! » il est difficile de fixer une date exacte faute de précisions suffisantes dans le texte des *Mémoires* de de Bulow, probablement entre le 12 et 15 août (1914), et où nous parlons d'un dilemme on pourrait encore, vu les événements très frais et l'affolement général et les préoccupations immédiates de la guerre et surtout, si le retard de transmission des dépêches a été fait par des tiers qui ne peuvent être, comme nous les connaissons, que les Juifs, admettre que Bethmann puisse encore l'ignorer.

Quoiqu'il en soit et de prime abord, il est de fait que cette réponse *charge très considérablement les Juifs* qui, depuis le départ de de Bulow en 1909, avaient eu tout le temps nécessaire pour monter leur affaire très soigneusement, en s'assurant des complicités aux bons endroits, par exemple, dans les centraux télégraphiques

Rappelons-nous la dépêche de la bataille, en 1916, du Jutland dont nous avons parlé et dont l'amiral Perey Scott a pu dire qu'elle était « a terrible crime », et qui ne pouvait avoir été lancée que par les Juifs (voir p. 201).

Le Juif révolutionnaire-né Le juif espion-né.

Quant à Ballin, ami intime de Jakob Schiff (Protocoles de Sion, édition Vieille-France, p. 139) il ne faut cesser de le répéter, et son *suicide,* cet événement tragique fait que les soupçons les plus sérieux se posent sur lui d'être pour quelque chose dans ce retard fatal et voulu, dans leur transmission, de deux dépêches de la plus haute importance susceptibles d'arrêter sur la pente de la guerre (voir pp. 483, 484), surtout quand on sait qu'il est présent et aux côtés de Bethmann et von Jagow (idem) dans les derniers moments cruciaux de paix de 1914 (Mémoires de de Bulow, tome 3, p. 273).

Et si maintenant, l'on permet encore, pour montrer mieux que par des mots partis de la plume de l'auteur de ces lignes, sur quel terrain de facilité manœuvraient les Juifs travaillant à l'accomplissement de leurs intentions homicides mondiales, je donnerai quelques opinions et citations mêlées de quelques commentaires.

Émile Ludwig, dans son *Bismarck,* a pu dire de Guillaume II, p. 556 :

> Ce qu'il y a d'affreusement dangereux dans son caractère, c'est qu'il n'est accessible à aucune influence durable et qu'il l'est à toute influence momentanée.

De Bulow, lui, pouvait dire (tome 3 p. 197 de ses *Mémoires)* :

> Le sort a voulu, qu'au début de la plus grande des guerres, nous ayons eu pour occuper les deux postes les plus importants non des hommes d'action énergiques et habiles, mais des philosophes.

Et sur Bethmann-Hollweg, ce qu'un Juif tant soit peu habile à tromper pouvait réaliser sans beaucoup d'effort, vous le comprendrez bien après la lecture de ces lignes pathétiques d'une épouse sensible et clairvoyante (*Mémoires* de de Bulow, tome 3, p. 197) :

> Quand ma femme (réd. c'est de Bulow qui parle) arriva chez Mme de Bethmann-Hollweg (réd. Bethmann venait d'être nommé chancelier), celle-ci lui dit en pleurant : « Quel malheur pour mon pauvre mari ! J'aime mon mari » et c'est pour cela que j'aurais désiré que ce calice lui fut épargné. Malgré son sentiment du devoir, malgré sa conscience et toutes ses belles qualités, il n'est pas

à la hauteur de cette fonction ; il est si hésitant, si irrésolu, si timoré et parfois il se fourvoie.

Entre nous, nous en plaisantons. Nous disons quelque fois : " Aujourd'hui papa a changé d'opinion pour la troisième fois ! " ou " Voilà trois jours que papa ne peut pas se décider ! " Ma femme eut grand-peine à calmer et à réconforter M$_{me}$ de Bethmann qui, d'ailleurs, pendant les années qu'il lui fut donné de passer sur cette terre eut une influence heureuse sur son mari.

Quelle tragédie ! un tel homme pour conduire les destinées de l'empire le plus puissant du monde à cette heure de l'histoire.

Habileté diabolique des espions-nés !

Et les Juifs qui sont aux premiers postes d'écoute (Ballin, von Rathenau, le très puissant banquier Warburg et d'autres) et qui ont plus que très probablement contribué à cette nomination de 1909, je dirais même plus que contribué, après avoir fait déménager de Bulow (von Rathenau plus que tous les autres, dirons-nous, ancien téléphone privé d'avec le Kaiser) n'en auraient pas profité, utilisant alors ce qui reste de temps jusqu'en 1914, pour monter tous les rouages de leur machine à déclencher la guerre ?

Qui oserait prétendre du contraire après tout ce que nous avons dit et ce que nous connaissons du Juif ? et de ses projets ? et de son information la première du monde ? et de ses visées d'hégémonie mondiale par la révolution russe (décision des cinq Juifs milliardaires (voir p. 461) et de guerre mondiale annoncée notamment par un de leurs grands chefs Max Nordau (1903), par Hanau et Aldersmith (1906) et le journal juif viennois *Hammer* n° 274 particulièrement menaçant (octobre 1913) ?

On dira que nous bâtissons dans les nuages ? Oui, peut-être, si de Bulow avait été remplacé par son *alter ego* ; non, quand il en est exactement du contraire et que le Juif est là et ses Protocoles.

Il faut lire très attentivement les Protocoles qui, à tout moment, se trouvent par leur contenu en concordance d'avec des événements déjà vécus ou présents ; nous en avons donné un certain nombre d'exemples.

Nous avons déjà dit :

> Nous montrerons notre force à l'un d'eux par l'assassinat et le terrorisme (édition Vieille-France, p. 55).

Voilà pour Sarajevo. N'oublions pas que le Kahal est un récidiviste des plus dangereux et qu'il faut toutes les faiblesses très coupables des U.S.A. pour qu'ils n'en continuent pas moins leur chemin.

Et nous avons vu plus haut que de Gaulle se retrouvait sans peine au protocole 10, pp. 66 et 67 (édition Vieille-France) (voir index.)

Grand maréchal cœur de l'armée française victorieuse, image vivante du sacrifice, tu n'es pas, toi, dans ces Protocoles d'infamie et d'épouvante ; mais tu viens de Verdun, tu es Verdun et tu retourneras un jour à Verdun ! un jour qui n'est peut-être pas très lointain !

Ne savons-nous pas depuis Rome que la roche tarpéienne est près du Capitole ?

De Bulow aurait arrêté les Juifs avons-nous dit déjà dans notre texte ; avec son métier, son autorité, son coup d'œil les aurait arrêtés et fait prendre dans leurs propres ruses ; il était donc préférable de faire comme firent les grands Juifs du grand état-major, le démissionner.

Que n'obtient pas le Juif de beaucoup d'hommes avec beaucoup d'argent ou d'autres choses encore ?

Relisez page 291 de ce texte la lettre de Dostoïevsky († 1881) visionnaire, et dans laquelle on trouve cette ligne impressionnante :

« Tout d'un coup, le Juif dira veto et Bismarck tombera comme une herbe fauchée. »

Je crois que de Bulow est parti comme Bismarck, sans raisons pour nous sérieuses mais qui l'étaient bien pour le Juif omnipotent, méditant de ténébreuses ambitions, et si puissamment installé dans ce Reich où bien des choses montrent que de Bulow, lui aussi, a nourri à leur égard de grandes illusions.

En 1914, a pu dire le *Dearborn Independent* d'Henry Ford, l'Allemagne est la grande forteresse des Juifs dans le monde et nous voyons qu'ils nous l'ont, en effet, bien montré.

Leur grande forteresse, c'est leur or et leurs relations mondiales et leur solidarité antigoyim, et cet appétit qui les brûle d'hégémonie mondiale promise par le Talmud, truffé de voleries et d'escroqueries de plus en plus gigantesques à mesure que s'élève leur puissance, et c'est en entrant dans cet or, en le brassant et le mesurant, qu'on écrira l'histoire de nos temps dès 1789, celle qui ne s'écrit pas dans les traités… jusqu'à ce jour peut-être pas très éloigné tant nous sommes tombés bas, de Palestine et d'Harmaguédon, où tomberont à leur tour l'Antéchrist et son associé le Juif et qu'alors, paraîtra le Christ triomphant ! accomplissant les prophéties !

Préparons-nous pour Harmaguédon et soyons un peu les Jeanne d'Arc de notre Seigneur Jésus-Christ ! en lui frayant sa route !

Et si maintenant, à ce que nous avons dit, nous ajoutons la lecture de l'abominable protocole 7 où les Juifs se montrent vraiment ce qu'ils sont, d'abominables crapules, des brigands de grand chemin, des gangsters de ténèbres et de mort mille fois plus barbares que tous les nazis ensemble, alors tout s'éclaire et se couronne et se clôt comme un toit qui coiffe et termine un édifice ; et quand à ce protocole 7 s'ajoutent les déclarations catégoriques, tranchantes, immuables et à toujours qu'à dites Henry Ford quant à son *Peace Ship* (voir p. 186) qui promène les grands Juifs, nous sommes alors en paix avec nous-mêmes et savons que les abominables descendants de Judas sont véritablement les auteurs des deux guerres mondiales. Le président des U.S.A. en 1914 n'est-il pas un Juif ?

Il faut les dépouiller de tout, vous dis-je, ces Catilinas de nos temps mille fois plus Catilina que celui qui fit, sur ses bases, trembler cette Rome solide pourtant, comme de l'airain déjà.

Ce sont là les petits anges de MM. Albert Picot ancienne première magistrature de Suisse et René Payot directeur du Journal de Genève, les Vespasiens des temps d'aujourd'hui, en ce sens qu'on est ami et qu'on soutient la cause des pires criminels qui soient et de leurs monstrueuses fortunes, qui commettent des crimes, des forfaits et les imputent à d'autres ; à Guillaume II, par exemple, pour la Première Guerre mondiale qui n'y est absolument pour rien, accusation contre laquelle il n'a cessé de protester à Dorn (*Historia* janvier 1965), et que cette vieille canaille de Lloyd George commensal des Juifs voulait qu'on prenne et qu'on pende.

Quelques jours après avoir écrit ces quelques lignes sur Ford, exactement le 10 mars 1965, je tombais dans *Les Financiers qui mènent le monde* d'Henry Coston (1956, p. 315), sur la relation de cette même affaire, dont les débuts doivent être de 1923 ou 1922 ou même de plus avant encore. La date de parution du *Boston American*, où nous avions lu les affirmations de Ford, n'était pas donnée (*Protocoles de Sion*, édit. V.-F., p. 238). L'année 1924 cependant ne peut pas être exclue absolument puisque U. Gohier à la date du 21 mars 1924 dit : « Le *Boston American* vient de recueillir de Ford cette déclaration qui met en fureur la *Jewish Tribune*. »

La relation donnée par Coston est dans les grandes lignes telle que la voyait et l'a écrite dans ce texte, l'auteur de ces lignes connaissant les manières de faire des Juifs.

En 1923, il arrive que Ford songe à se présenter pour la présidence des U.S.A., mais note Lewinsohn (in Coston p. 321), comme les deux grands partis américains, républicain et démocrate, et surtout l'industrie, la banque et le commerce, se sont dressés contre cette candidature, Ford n'insiste pas.

> « Les organisations juives, ajoute Coston, qui sont très influentes dans les milieux politiques et à Wall-Street *ne sont certainement pas* étrangères à cette hostilité des deux grands partis, des grandes affaires et des finances. »

On peut, à coup sûr et sans y être allé voir, en être sûr, ajouterons-nous voilà qui est réglé comme du papier à musique.

Les Juifs américains, un État dans l'État et dont les intérêts sont contraires à ceux des U.S.A.

Les U.S.A. le comprendront-ils un jour ? et avant qu'il ne soit trop tard ?

Voir la guerre de Chine et le génial Mc Arthur et le sinistre primaire Truman .'. qui fait la politique communiste des Juifs ! alors que Mc Arthur, en 1945 ou 1946, annonce qu'il peut détruire le communisme chinois *dans l'œuf*, guerre de

Chine qui n'a point encore aujourd'hui fini de charger, et d'embarrasser les U.S.A., et alors que la Chine tout entière est devenue communiste !

Criminel Truman et criminel parti démocrate commandé par les juifs ! qui courent à l'hégémonie mondiale par tous les moyens.

Mémoire de Franklin, le Juif apatride le tendon d'Achille des U.S.A. !

Heureuses institutions politiques, ô antiphrase, qui voient toujours les intérêts de partis écraser ceux supérieurs de l'État !

Il arrive, un jour, que Ford a un accident.

Rappelons ici l'accident de voiture mortel et malgré tout suspect du fils aîné de Louis-Philippe, en 1842, qui n'aimait pas les Juifs ce que ceux-ci savaient parfaitement bien (voir pp. 443, 444). Et Drumont affirme (voir p. 443) que le prince impérial fils de Napoléon III mort dans une embuscade chez les Zoulous l'a été du fait du .'. Carrey.

Un ennemi des Juifs qui meurt d'accident doit toujours être l'objet d'une enquête approfondie ; ceux de France, les Juifs s'entend, nous l'ont bien montré dans l'affaire Philippe Daudet !

S'agissait-il pour Ford d'un attentat ? *On nous l'a affirmé* ajoute Coston renseigné par Gohier qui entretient correspondance avec Ford et ses collaborateurs (in Coston, p. 321).

Le Juif kahalien est capable de tout, ne recule devant rien.

Quoi qu'il en soit, dès ce jour, Ford fait amende honorable, avoue ses torts, demande pardon. Écoutons plutôt ce que dit (idem p. 321) *l'American Jewish Committee* :

> Est-ce la crainte du boycottage de ses produits par le public américain ? (réd. comme si le peuple américain tout entier devait nécessairement prendre le parti du juif contre celui d'Henri Ford, singulière assurance). Toujours est-il qu'Henry Ford envoie des parlementaires à l'« American Jewish Commitee ». Il reconnaissait ses erreurs, regrettait les torts qu'il avait causés aux juifs et demandait quels seraient les meilleurs moyens, les moyens les plus utiles four les réparer. L'« American Jewish Committee » exigea une rétractation publique complète, des excuses sans réserves et la promesse qu'elles ne se renouvelleraient jamais de son chef. Henry Ford accepta et le 30 juin 1927, il désavoue ses imputations dans une lettre adressée au président Marshall. Le 6 juillet, Marshall lui répondait en l'informant que l'on admettait sa rétractation **parce que l'esprit de pardon est l'un des traits essentiels du caractère juif.**

Admirez cette fin par un mensonge le plus beau qui soit, alors qu'il est dans la nature précisément du Juif de mentir.

Impudence du Juif notion de l'infini !

Habitude et seconde nature de mentir depuis plus de deux mille ans.

Le pardon envers le maréchal Pétain, et Pierre Laval auteur des *Accords de Rome* (1935, 1936) qui nous évitaient très probablement la guerre (ceux-ci défaits par le youtre Léon Blum porté au pouvoir par le Front populaire ; encore un beau succès du stupide suffrage universel sourd, aveugle et ignorant). Ce Laval assassiné avant que d'être jugé, par exemple, alors que ces deux grands serviteurs de la France n'ont nul pardon à quémander ayant passé les difficultés terribles de la guerre en faisant tout leur devoir, alors que le beau parleur est à Londres qui ment, excite et pérore ! au service des Juifs et de leur clique maçonnique.

Qu'aux États-Unis, des situations pareilles puissent se dérouler de la sorte sans que l'État intervienne, donne la mesure de la puissance des Juifs. Les accusations de la plus haute gravité de Ford laissent le gouvernement des U.S.A. indifférent et inactif !

Est-ce indifférence ou impuissance à remplir ses devoirs, à prendre position contre les Juifs ? Dommage que nous n'ayons plus de Fénelon pour nous faire entendre « un dialogue des morts » joignant Philippe le Bel à Franklin dans les jardins d'Hadès !

Ford seul et près d'être écrasé, à moins de se reconnaître un malhonnête homme ce qu'il n'est manifestement pas, mais ce qu'il doit néanmoins dire qu'il est en écrivant comme on lui dit d'écrire.

Faut-il que la menace pesant sur l'homme de Détroit ait été grande pour l'amener à une abdication de toute dignité et de tout respect de sa personne ! On le voit même par la suite entrer dans la loge maçonnique Palestina !

L'ampleur même, extraordinaire de son humiliation nous est le gage de la puissance des pressions et des violences exercées par le Juif sur lui.

Il eût été curieux et intéressant de connaître le contenu de la lettre de Ford !

Je dis et je répète : « N'est-il plus de *procureurs généraux* » aux U.S.A. ? Non, il n'en est plus quand les Juifs sont en cause tant ils sont redoutés et tant ils sont puissants ; il n'est plus que des hommes d'affaires, de bonnes et de vilaines affaires ! »

Mais c'est alors, Saint Louis roi de France n'est-il pas vrai, toi, ce *summum justitiae caput* de ton royaume et de partout et de tous les temps, qu'il en est du moment de les détruire et de les dépouiller de tout, ces Juifs de conjuration mondiale contre le genre humain, et peut-être même, nus, de les renvoyer, infestés comme nous en sommes, dans cette Palestine de leurs pères, accomplissant ce que dit Ézéchiel au chap. 39, v. 28 ?

Art. 181 du Code pénal suisse qui doit bien être, j'imagine, à peu près l'égal de celui de tous les codes pénaux de l'univers et qui dit :

> Celui qui, en usant de violence envers une personne ou en la menaçant d'un dommage sérieux ou en l'entravant de quelque manière dans sa liberté d'action, l'aura obligée à faire, à ne pas faire un acte, sera puni de l'emprisonnement ou de l'amende.

C'est là bien dire que la rétractation de Ford ne saurait avoir la moindre valeur politique, juridique et historique et qui ne se produit, il faut le souligner, qu'après au moins quatre bonnes années de résistance, probablement davantage.

Aux U.S.A., la prison n'est pas pour les malfaiteurs publics que sont les Juifs, on laisse plutôt écraser les honnêtes gens comme il en fut de Ford !

C'est ainsi, qu'il en est en Gaule aussi, de par de Gaulle et ses juifs, où ce sont des maréchaux de France, cœur palpitant et sacré d'une armée victorieuse, qui croupissent et meurent dans les prisons, tout couverts de gloire et de lauriers et d'années qu'ils soient !

Seigneur, je le dis ici devant toi, les larmes dans les yeux, il faut jeter loin de nous *cette racaille de Juifs qui nous fait commettre partout des abominations !*

La grande puissance internationale des Juifs, qui porte sur elle la corruption, le désordre, le vol, le crime, les guerres mondiales, la calomnie, les immenses razzias d'or et d'argent, l'irréligion, les crimes rituels mentaux sur la jeunesse et qu'il faut détruire sans qu'il s'écoule encore des siècles, des années même et des jours peut-être.

Le Juif Marshall, ami du mensonge et président de l'American Jewish Committee en 1927, et qui vient de nous dire que l'esprit de pardon est l'un des traits essentiels du caractère juif.

Celui qui a beaucoup à se faire pardonner, l'associé de l'Antichrist, l'auteur de ce *moment d'épouvante que sont les Protocoles de Sion,* qui ne sont pas un faux a dit le jugement de la Cour suprême du Canton de Berne du 1er novembre 1937 (Suisse) ... et qui pardonne !

Voilà qui rejoint notre adage : le Juif est un homme qui accuse toujours et ne s'accuse jamais.

C'est un être déshumanisé par vingt-cinq siècles d'éloignement continu et incessant de Celui qui est la Vie même, de Celui qui nous montre ce qu'Elle est, cette Vie, ce qu'Elle peut être et à tout ce qu'elle peut atteindre et prétendre de beauté, de grandeur, et d'harmonie, d'humilité et d'obéissance.

45. On ne voit pas comment le Vatican pourrait condamner l'antisémitisme alors que la papauté, à de nombreuses reprises, a condamné la .'. et que la .'. ce sont les Juifs (protocole 15).

46. Jurisprudence fédérale en matière de question juive : « La loi n'interdit pas d'émettre sur la question juive des opinions même très hardies, quelque pénibles qu'elles puissent être pour les Israélites. » (In de Vries *Les Protocoles de Sion constituent-ils un faux ?* p. 8.)

47. Un des nouveaux leitmotive des Juifs à mettre avec celui du « peuple élu » auteur des épouvantables Protocoles de Sion, comme ces deux choses vont bien ensemble ! c'est que le peuple juif n'est pas plus coupable que n'importe qui, et que le crime de la crucifixion de Jésus-Christ regarde l'humanité tout entière.

Jésus lui-même a-t-il vitupéré les Juifs ou les Romains, ou les Juifs avec les Romains ? Les Juifs seulement.

48.   Le *Réarmement moral* nous quitte (18.1.65), victoire des partis politiques sur les intérêts supérieurs du pays.

Alors que nous sommes en pleine décomposition sociale et morale de par les Juifs et leur .'., il n'est plus nécessaire de lutter contre le Mal !

Une fois de plus, comme on le dit ici déjà dès la page 262 : Partis politiques devenus calamité publique.

Une fois de plus, grave défaillance de nos autorités.

À l'unanimité, le libéralisme destructeur aidant on ne peut mieux dire ici, le Conseil d'État vaudois, marchant dans les pas de M. Albert Picot ancienne première magistrature de Suisse, réalise son tour de force, d'exclure le Réarmement moral des cent septante-neuf organisations ou sociétés qui jouissent dans le canton de l'exonération fiscale (voir pp. 426 et 427).

Le Conseil d'État vaudois, victime de la tradition et des événements, préfère le communisme et le matérialisme à la parole de Dieu.

> « En France, avait pu dire Drumont, le républicain n'est pas un homme pensant, raisonnant, recherchant la vérité et la proclamant, c'est un orgue de Barbarie qui joue des airs de civilisation » *(France juive,* tome 2, p. 433).

Et qu'en est-il de nous-mêmes ?

49.   Il existe présentement en Israël des groupes organisés de Juifs messianiques reconnaissant notre Seigneur Jésus-Christ comme leur maître, conduits par le rabbin messianique Z.W. Kofsmann, 23, rue des Prophètes à Jérusalem, et un autre rabbin messianique attaché aux missions américaines.

Il faut les admirer et les aimer beaucoup et se réjouir beaucoup aussi de ce petit et grand événement tout à la fois, petit par le nombre limité de ses fidèles et grand parce que se passant en Palestine, sur cette terre même que parcourut le Fils de Dieu ; premier signe de bien d'autres qui suivront nous l'espérons.

Un de ces fidèles, le premier, admis comme tel, à l'Université de Jérusalem, cette année 1964. *(Shalom* n° 31 1964.)

Dans le numéro trente-deux de *Shalom.,* de janvier 1965, le rabbin pasteur messianique W. Kofsmann, le fils sans doute du précédent, projette pour 1966 un congrès mondial des Juifs chrétiens à Jérusalem.

On voit par-là que ces hommes de bien, père et fils, et de révolution dans le meilleur sens du mot ne perdent pas leur temps dans cette Jérusalem dans laquelle ils séjournent depuis plus de seize ans et qu'ils savent vaincre toutes les résistances. Ce fils qui s'élève très vivement contre les autorités d'Israël quand elles prétendent que c'est la croyance qui fait le Juif et non point la race.

Et quand au Ministère des religions, on lui dit de ne pas renforcer et augmenter l'élément messianique (les Juifs croyants) en Israël, il répond :

> Comme les Arabes et les autres ne pourront empêcher Israël de se fortifier et de se multiplier, de même il en sera pour l'Israël messianique.

Autre signe de vitalité de ce beau mouvement de rénovation religieuse, le jeune pasteur rabbin W. Kofsmann publie à Jérusalem un journal *Le Flambeau,* titré en hébreu *Halapid* et tiré à cinq mille exemplaires distribués gratuitement, mais ne l'est plus depuis plusieurs mois faute d'argent.

Inutile de dire que ce magnifique travail doit être aidé, secouru, tant il paraît riche de promesses et tant ces rabbins chrétiens sont pleins de mérite et de feu sacré comme touchés de la grâce du Ciel.

(Pour les dons, les adresser au Comité de l'Israël messianique 17 rue Jean-Jaurès Grandville (Manche France), en indiquant « Pour Halapid ».)

Et c'est maintenant, ne pensant plus à son argent, que le Juif se souviendra ; il comprendra le chevalier d'Estaing sauvant la vie du roi Philippe-Auguste à Bouvines ; lequel, désirant alors témoigner de sa haute reconnaissance, reçoit de son sujet et de son sauveur ce cri du cœur : « Sire, que Votre Majesté daigne accorder qu'à mon blason se mette une nouvelle fleur de lys. »

Et c'est maintenant que le Juif retrouve le libre arbitre, toute sa liberté intérieure, lui permettant de se disposer naturellement pour le Bien.

Et c'est maintenant que le Juif comprend et voit que le chrétien est son meilleur ami. Et c'est, ici, aussi, comme vous voyez, que l'auteur de ce texte n'est plus antisémite !

Dr. J.-A. Mathez

BIBLIOGRAPHIE

AMBRUNNEN A. Juden werden Schweitzer 1935.
ARON R. Les années obscures de Jésus 1960.
Aspect de la France du 11.2.65. La Papauté a condamné le communisme.
— 27.2.53. Sur le connétable de Richemont.
— 15.3.62. Pétain proteste contre l'Armistice.
AUBRY O. Le Roi perdu (Louis XVII retrouvé). Mémoire inédit du comte de Vaisons (17861873) 1924.
BAINVILLE J. Histoire de France 1924.
BAYLE Dr. Croix gammée contre caducée 1950.
BEGUIN P. L'apologue de Caux. Gazette de Lausanne du 12.7.63.
BLANC Louis. Histoire de la Révolution française.
BONNET G. Le quai d'Orsay sous la Troisième République.
BOSSUET. Discours sur l'Histoire universelle.
BRAICHET R. Israël ou cœur de l'actualité, Feuille d'Avis de Neuchâtel du 11.3.64 (sur Complices de Dieu. Définition et mission d'Israël du Juif Giniewski)
BRAICHET R. Qui est Goldwater ? Feuille d'Avis de Neuchâtel 8-9.7.64.
Bulletin patronal (vaudois). L'actualité. Avril et mai 1965.
BULOW (de) B. Mémoires 3 vol.
BUSCH. Le comte de Bismarck et sa suite pendant la Guerre de France.
Candide N° 78 1962. Les Rothschild.
CARDER M. L'agonie du régime en Russie soviétique 1965.
CHESSIN (de) S. Au Pays de la démence rouge. Chez Plon 1919.
COSTON Henry. Les Financiers qui mènent le monde 1956.
— La République du Grand Orient. Janvier 1964.
CREUTZ W. Les Protocoles des Sages de Sion. Leur authenticité.
CROKER G. N. Roosevelt's Road to Russia.
DAUDET L. La Police politique 1934.
— Magistrats et policiers 1935.
DAUDET L. (Mme). La vie et la mort de Philippe 1926.
DEBRAY P. L'Europe des banquiers, Aspects de la France, 28.2.63.
DAUCOURT Éric. Un criminel de guerre : Winston Churchill, Europe réelle Nos 81, 82, 83 1965.
Dictionnaire Bouillet (1864). Duchesse d'Angoulême. Dictionnaire encyclopédique de la Bible, 2 vol., Wesphal 1932.
Dictionnaire (Nouveau) biblique. Édit. Emmaüs Vennes sur Lausanne (Suisse) 1961. Dictionnaire historique et biographique de la Suisse. Article : Juif 1921. A. Nordmann. Dictionnaire des œuvres. 1953.
DIERAUER J. Histoire de la Confédération suisse 1911.

DISRAELI. Coningsby.
DRUMONT Ed. La France juive 2 vol. 1886.
— La fin d'un monde 1889.
— La dernière bataille 1890.
— Le testament d'un antisémite 1891.
DUMOURIEZ (général). Mémoires. Londres 1794.
Europe (l') réelle nov. 1963. Hitler a-t-il déclaré la guerre aux Juifs ou les Juifs ont-ils déclaré la guerre au peuple allemand ?
— juin 1963. Michel Bertrand parle de Marat.
— août et septembre 1964. Serra démissionne.
FAY B. La Franc-maçonnerie et la Révolution intellectuelle au XVIIIe siècle. 1942 édit. de Cluny.
— Louis XVI 1954.
— Les crimes de Roosevelt. Aspects de la France 15.2.1960.
Feuille d'Avis de Lausanne 25-26.1.1964. Encore une grande idée de Roger Nordmams (titre exact sauf erreur).
— (Magazine) (voir blasphème sur le baptême) avril 1964.
Feuille d'Avis de Vevey 13.5.65. Election d'un nouveau général jésuite.
FORD H. Der internationale Jude (édition allemande octobre 1920).
— in the Boston American (voir index Prot. de Sion édit. VF p. 238). FRY. Waters flowing eastworld 1934.
GAGLIARDI. Histoire de la Suisse 1925.
GAULIS E. Sur les Jésuites : écartez les préjugés. Journal de Genève 19.3.65.
GAXOTTE P. Histoire des Français 1951.
— Le Siècle de Louis XV 1953.
Gazette de Lausanne. Le mariage entre hommes, il faut y réfléchir (réd. même numéro, illustration pornographique). G.de L. 23.11.63.
GILLIARD Ch. Dictionnaire historique et biogr. t. 7 p. 63.
GILLIARD P. Comment s'accomplit le crime d'Ekaterinbourg. L'Illustration 18.12.1920.
GODET F. Études bibliques, 2e série, 4e édit. 1889.
GOHIER U. Les Protocoles des Sages de Sion, édit. Vieille-France (abrégé VF) 1924.
GUICHARD Alain. M. Roger Peyreffite est-il antisémite ? Journal de Genève du 23.7.65.
GUIZOT. Histoire de France 1894.
HAVARD DE LA MONTAGNE. Le Te Deum de la victoire du 17 nov. 1918 sans la présence du gouvernement français de par Clémenceau. Aspects de la France du 10.5.62.
HEFELE C.-J. Le cardinal Ximénès et les affaires religieuses en Espagne 1856.
HELIO H. La .' . ..et l'ouvrier.
IMANN-GIGANDET G. L'accident et la mort du duc d'Orléans, Historia, juin 1962.

Journal de Genève du 21.2.64. Pour que réussisse le plébiscite de Roger Nordmann (patronage de l'Exposition nationale suisse).
— 19.3.62 : Daniel Mayer président de la Ligue des Droits de l'Homme reçu à Genève par M. Albert Picot.
Journal de Genève du 23.2.65. Débat sur l'inégalité confessionnelle en Suisse. MM. Nicole Reverdin, abbé Babel, pasteur Rilliet.
— 4.3.65. Débat sur les Jésuites. Avis de R. C.
JOUSSAIN André. Régime républicain mis en question. Écrits de Paris mai 1964.
KERHUEL M. Le colosse aux pieds d'argile 1961.
KISTLER Éric. Sous la pression de l'étranger, la prescription des crimes nazis sera certainement retardée. (Réd. article tout entier en première page du Journal de Genève - comme il se doit dans cette maison - du 27-28 février 1965.
KLAUSNER (le Juif). Vie de Jésus 1934.
LACORDAIRE. Œuvres complètes, t. 8, oraison funèbre du général Drouot.
LAMBELIN. Le Péril Juif. L'Impérialisme d'Israël 1923.
LANDRIEUX (Mgr). Les pharisiens d'autrefois et ceux d'aujourd'hui 1921.
LANGLE (de) Fleuriot. Comment fut arrêtée la duchesse de Berry. Miroir de l'Histoire mars 1951.
LA TOUR DU PIN. Vers un ordre social-chrétien 1929.
LAVAL PARLE. 1947 éd. C. Bourquin, Genève.
LAVISSE. Histoire de France.
LE COSSEC. Israël pays promis peuple choisi. Édit. Études, Vérités à connaître.
LENOTRE. Bleu, blanc, rouge 1927.
LE PLAY. La Réforme sociale en France 1874 3 vol.
LESDAIN (de) J : Vous vous nourrirez de la richesse des peuples, Illustration du 21.12.1940.
LUDWIG E. Bismarck.
MAISTRE (de) J. Considérations sur la France.
MALCOLM THOMSEN G. The twelve Days (traduction française : Et ce fut la Grande Guerre). 1964 édit. R. Laffont.
MALYNSKI. L'empreinte d'Israël. 1926 édit. hisp-franç.
— Le réveil du Maudit. 1926 édit. hisp-franç.
— La veillée des armes. 1929 édit. hispano-américaines.
— Dans la Galerie des Glaces. 1930 édit. hisp.-franç.
MANGEOT N. Lenin aliter consideratus. Vita latina.. Mai 1965.
MARTIN W. Histoire de la Suisse 5e édit.
Match 20 et 27.11.1962. Les Rothschild.
MAURRAS Ch. Enquête sur la monarchie 1925.
— Au Signe de Flore. 1933.
M. E. À propos de la Fondation du Réarmement moral. Le gouvernement vaudois explique ce qu'est la notion de « pure utilité publique. » Feuille d'Avis de Vevey 1965 N° 12.

MIHAILOV M. La lutte contre le stalinisme ne fait que commencer. L'Est européen N° 49 1965.
MIRMAN L. La route nationale 1934.
Mission du bloc antibolchévique des nations A. B. N. Camps de concentration en U.R.S.S. Pourquoi et pour qui existent-ils ? 1960.
MITTERAND J. La politique extérieure du Vatican 1939.
MORTON F. Les Rothschild.
NOGUEIRA F. À propos de l'O.N.U. Portugal. Mars 1965.
NOLHAC (de) P. Louis XV et Madame de Pompadour.
OLLIVIER G. Les francs-maçons américain et les élections, Libertés françaises, nov. 1956, N° 14.
PALEOLOGUE M. Mémoires, 3 vol.
PAYOT R. nous parle du pouvoir personnel du général de Gaulle. Journal de Genève 5.1.64.
— Un pamphlet antisémite. Journal de Genève du 1.4.64.
— Le triomphe de Goldwater, Journal de Genève juillet 1964.
— A propos des criminels nazis, Journal de Genève du 29.1.65.
— Bonn a cédé. Journal de Genève du 12.2.65
— Les tourments dit chancelier Erhard, Journal de Genève 1965 N° 40.
PERRIN G. Pleine lumière sur les « Mirage », Journal de Genève du 30.6.65.
PETITPIERRE M. À la sous-commission de la lutte contre l'antisémitisme. Procès de l'antisémitisme russe. Journal de Genève, 13.1.65.
— L'antisémitisme un phénomène universel. Journal de Genève du 16.1.65.
— Commission des Droits de l'Homme dénonce la discrimination soviétique à l'égard de la religion juive, Journal de Genève du 25.3.65.
— Un entretien avec le juge Haim H. Cohn (juge à la cour suprême d'Israël) La prescription des crimes nazis, Journal de Genève, 23.4.65.
— Journal de Genève du 13.7.65.
PHILIPPE R. Le Judaïsme d'où vient-il ? où va-t-il ? 1964.
PICOT Albert, Votons pour l'honneur de Genève. Journal de Genève 2 avril 1965.
— Quelques années difficiles de la République de Genève. Journal de Genève du 14.5-1963.
PICOT J. Histoire de Genève 3 vol. 1811.
PITT-RIVERS C. World Signification of the Russian Revolution. PLONCARD D'ASSAC. La crise du communisme 1965.
PONCINS (de) L. Espions soviétiques dans le monde 1961.
RASCOL P. Les paysans de l'Albigeois à la fin de l'ancien régime. (question des Cahiers des États généraux), Aspects de la France, 12.4.62.
RASSINIER. Le mensonge d'Ulysse 1955.
— Ulysse trahi par les siens 1961.
— Le véritable Procès Eichmann 1962.

— Le drame des Juifs européens 1964.
RATHENAU (von) W. Wiener Freie Presse du 24.12.1912.
REMUSAT (Mémoires de Madame de). Calman-Lévy 1880.
RIVAROL. Un démocrate se rebiffe, 31.12.64.
ROSSIER Ed. Sur les degrés du trône (Agnès de Méranie) édit. Payot.
ROUSSEAU J.-J. L'Émile.
ROUSSEL A. À l'horizon, La Croisade. Mars 1965.
SALTUS Ed. The imperial Orgy, chez les édit. juif. Boni et Liveright. SCHORER J. Le christianisme universel 1944.
SCHRŒDER A. La réaction du public allemand devant les œuvres littéraires de caractère politique pendant la période 1945-1950. Thèse de Genève N° 149 1964.
SEVENE A.-M. La guérison des écrouelles. Miroir de l'Histoire, mars 1951.
Shalom Journal du messianisme juif (envoyé gratuitement sur demande par le Comité de l'Israël messianique, rue Jean-Jaurès, Grandville (Manche, France.) N° 31 1964.
— janvier 1965. Un congrès mondial des Juifs croyant en notre Seigneur Jésus-Christ projeté pour 1966 à Jérusalem. W. Kopfsmann.
TAINE. Les origines de la France contemporaine 1894.
TALLEYRAND. Mémoires 2 vol. Plon 1957.
THIERS. Histoire de la Révolution française.
— Histoire du Consulat et de l'Empire 1845.
TOUSSENEL A. Les Juifs rois de l'époque, édit. Marpon et Flammarion. 1886.
Tribune de Lausanne du 28.2.64. C'était hier la « Consultation lumière » de la Communauté suisse d'investissement.
VALLAT X. Le cher petit homme. Aspects de la France du 29.7.1965 (p. 3, 4e c.). VALOIS Noël, Guillaume d'Auvergne.
VENCE (Bible) t. 20, p. 156. Dissertation sur les ténèbres arrivées à la mort du Christ 1829.
VRIES (de). Les Protocoles de Sion constituent-ils un faux ? 1938.

Dr. J.-A. Mathez

DÉJÀ PARUS

LES PAMPHLETS de LOUIS-FERDINAND CÉLINE

« ... que les temps sont venus, que le Diable nous appréhende, que le Destin s'accomplit. »

Un indispensable devoir de mémoire

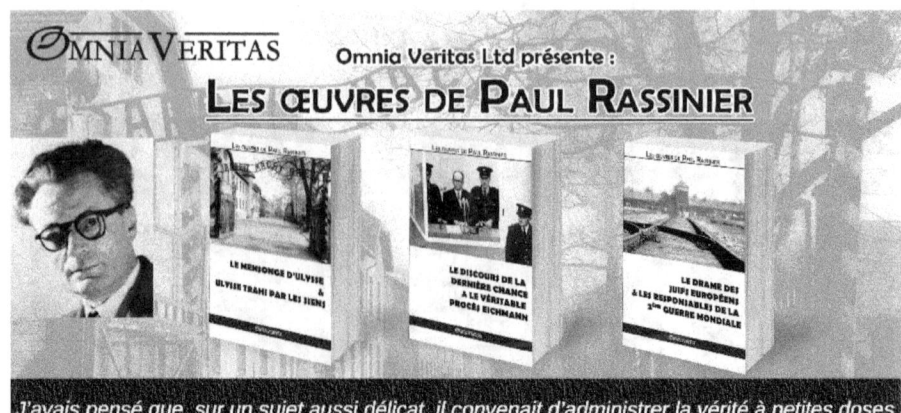

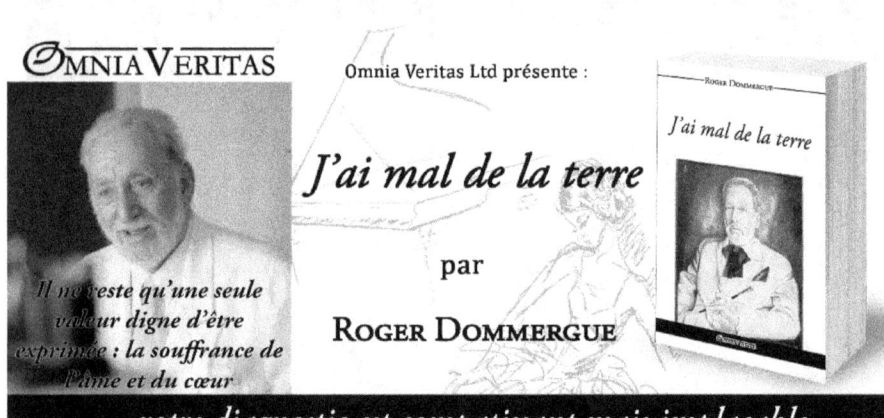

Omnia Veritas Ltd présente :

VÉRITÉ ET SYNTHÈSE
LA FIN DES IMPOSTURES

par

ROGER DOMMERGUE

Seul le peuple élu appartient à l'essence même de dieu...

... les autres hommes sont assimilés à des animaux

Omnia Veritas Ltd présente :

Pierre-Antoine Cousteau
Lucien Rebatet

Dialogues de "vaincus"

«Pour peu qu'on décortique un peu le système, on retrouve toujours la vieille loi de la jungle, c'est-à-dire le droit du plus fort.»

Le Droit et la Justice sont des constructions métaphysiques

Omnia Veritas Ltd présente :

Lucien Rebatet

Les décombres

La France est gravement malade, de lésions profondes et purulentes. Ceux qui cherchent à les dissimuler, pour quelque raison que ce soit, sont des criminels.

Mais que vienne donc enfin le temps de l'action !

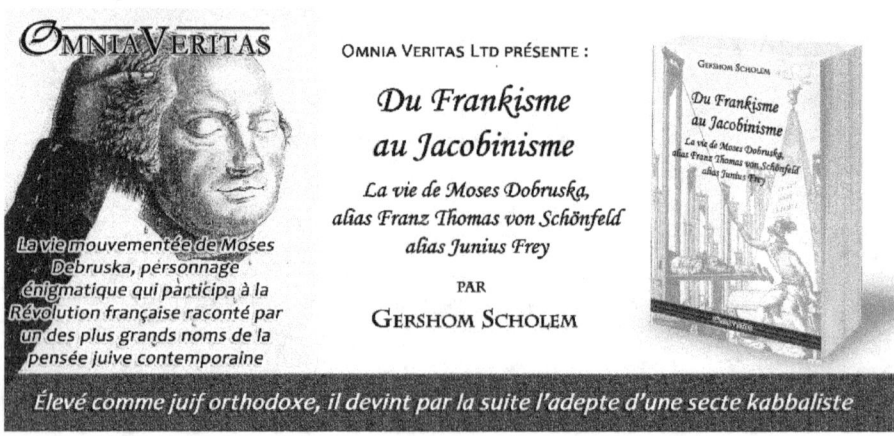

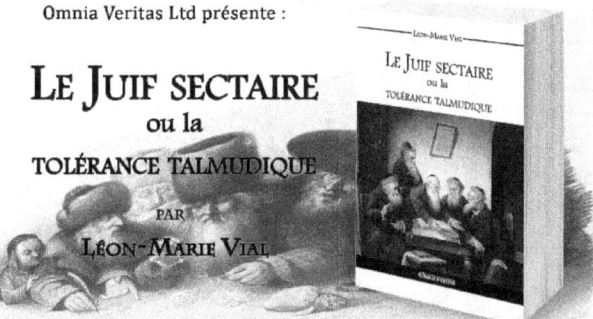

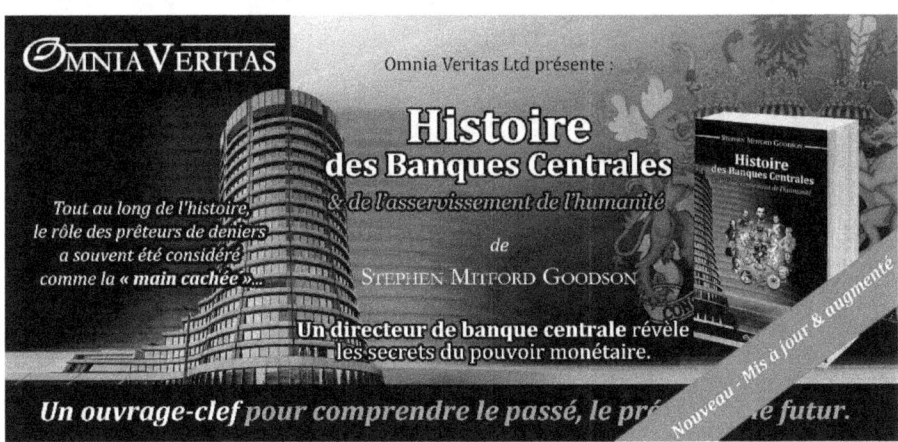

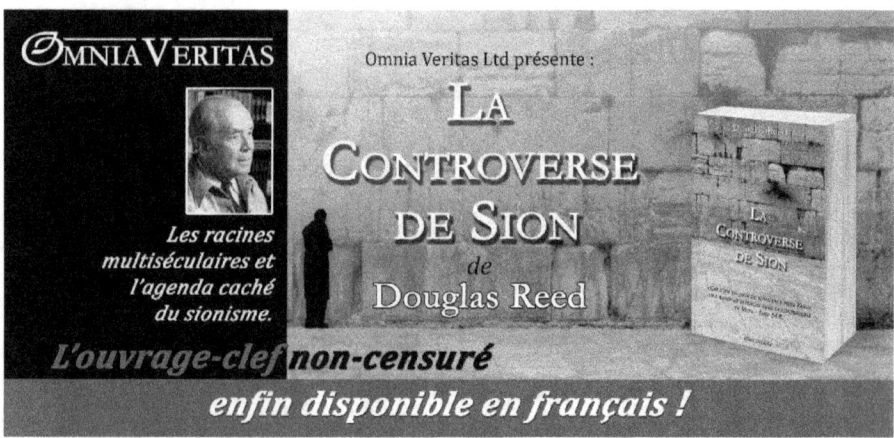

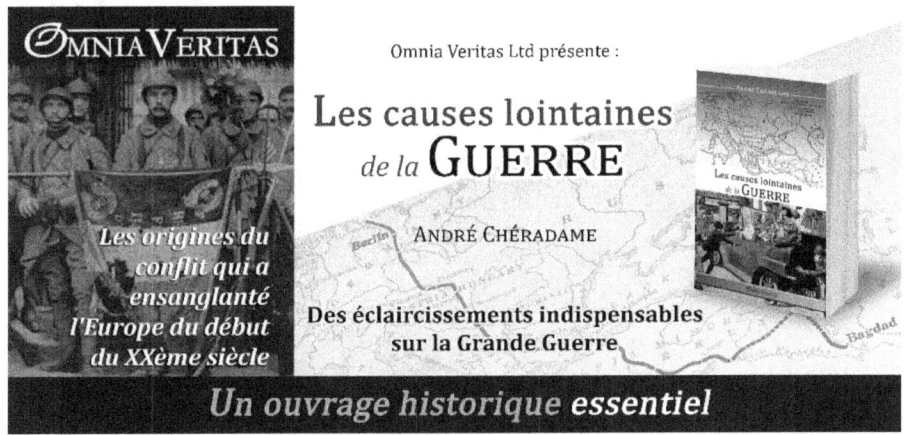

www.omnia-veritas.com